BOLÍVIA

ARGENTINA

Terra do Fogo

Santiago Área por Área

Plaza de Armas e Centro de Santiago
pp. 58-77

Oeste do Centro de Santiago
pp. 78-85

Nordeste do Centro de Santiago
pp. 86-95

0 km   300

CB073845

Norte da Patagônia
pp. 226-239

Sul da Patagônia e Terra do Fogo
pp. 240-257

GUIA VISUAL - FOLHA DE S.PAULO

CHILE
E ILHA DE PÁSCOA

GUIA VISUAL - **Folha de S.Paulo**

CHILE
E ILHA DE PÁSCOA

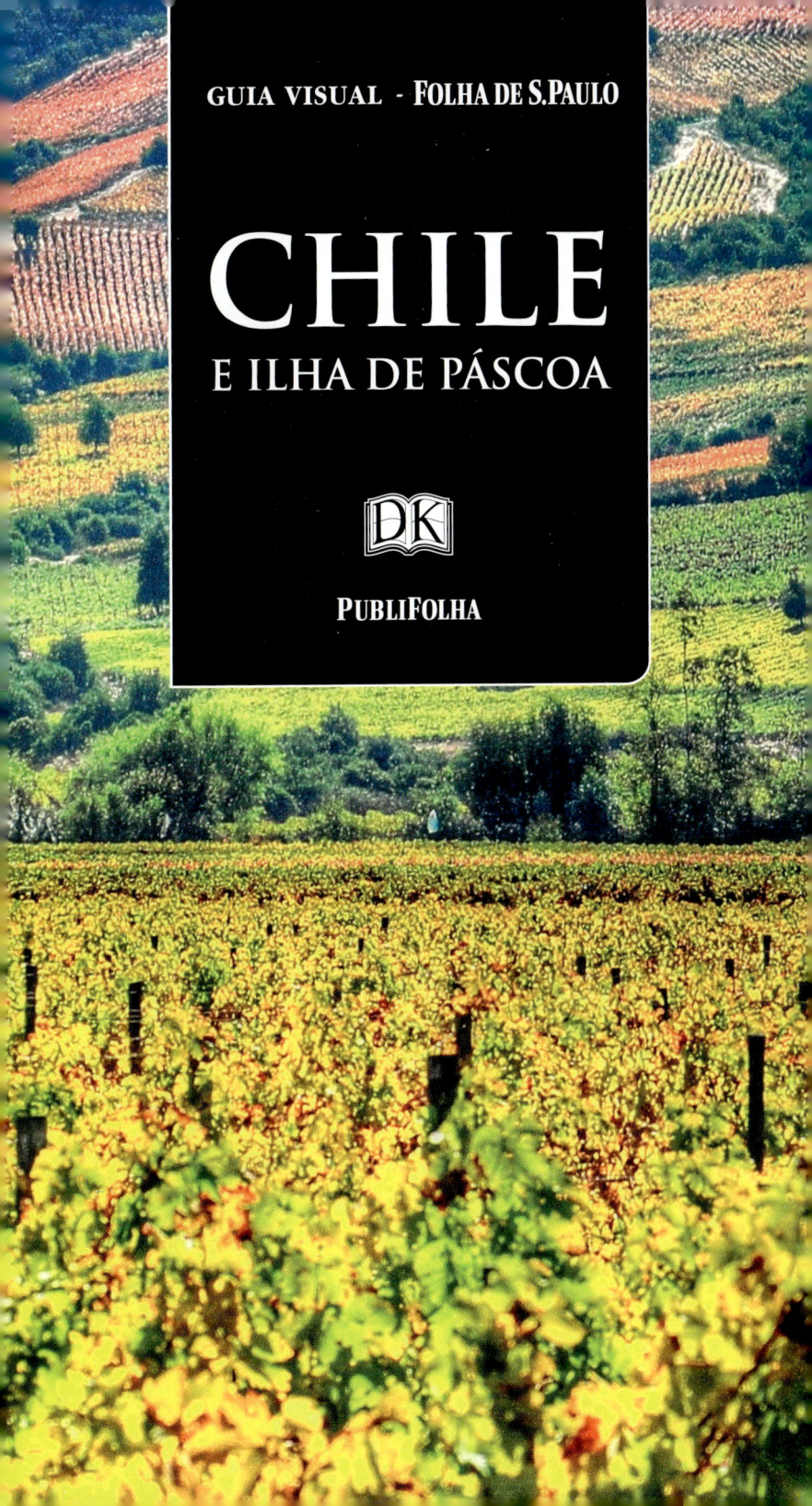

DK

PubliFolha

DK | Penguin Random House

Título original: *Eyewitness Travel Guide – Chile & Easter Island*

Publicado originalmente na Grã-Bretanha em 2010 pela Dorling Kindersley Limited, 80 Strand, WC2R 0RL, Londres, Inglaterra, uma empresa da Penguin Random House.

Copyright © 2010, 2016 Dorling Kindersley Limited
Copyright © 2016 Publifolha Editora Ltda.

ISBN 978-85-7914-292-5
3ª edição brasileira: 2016

Todos os direitos reservados. Nenhuma parte desta obra pode ser reproduzida, arquivada ou transmitida de nenhuma forma ou por nenhum meio sem a permissão expressa e por escrito da Publifolha Editora Ltda.

Proibida a comercialização fora do território brasileiro.

COORDENAÇÃO DO PROJETO: PUBLIFOLHA
Editora-assistente: Adriane Piscitelli
Coordenadora de produção gráfica: Mariana Metidieri
Produtor gráfico: Rodrigo Luis de Andrade

PRODUÇÃO EDITORIAL: PÁGINA VIVA
Edição: Rosi Ribeiro
Tradução: Rosemarie Ziegelmaier, Luis Reyes Gil
Revisão: Beatriz Chaves, Pedro Ribeiro
Editoração eletrônica: Priscylla Cabral, Bianca Galante

DORLING KINDERSLEY
Gerente editorial: Aruna Ghose
Gerente de arte sênior: Savitha Kumar
Gerente de design sênior: Priyanka Thakur
Editor de projeto: Sandhya Iyer
Designer de projeto: Stuti Tiwari Bhatia
Editor: Divya Chowfin
Designer: Neha Dhingra
Gerente de cartografia sênior: Uma Bhattacharya
Cartografia: Mohammad Hassan
Diagramador: Azeem Siddiqui
Chefe de pesquisa iconográfica: Taiyaba Khatoon
Pesquisa iconográfica: Shweta Andrews
Colaboradores: Wayne Bernhardson, Declan McGarvey, Kristina Schreck
Fotografia: Demetrio Carrasco, Nigel Hicks
Ilustração: Chinglemba Chingtham, Surat Kumar Mantoo, Arun Pottirayil, T. Gautam Trivedi

Este livro segue as regras do Acordo Ortográfico da Língua Portuguesa (1990), em vigor desde 1º de janeiro de 2009.

Impresso na Malásia.

Foi feito o possível para garantir que as informações deste guia fossem as mais atualizadas até o momento da impressão. No entanto, alguns dados, como telefones, preços, horários de funcionamento e informações de viagem, estão sujeitos a mudanças. Os editores não podem se responsabilizar por qualquer consequência do uso deste guia nem garantir a validade das informações contidas nos sites indicados.

Os leitores interessados em fazer sugestões ou comunicar eventuais correções podem escrever para atendimento@publifolha.com.br.

PUBLIFOLHA
Divisão de Publicações do Grupo Folha
Al. Barão de Limeira, 401, 6º andar
CEP 01202-900, São Paulo, SP
Tel.: (11) 3224-2186/2187/2197
www.publifolha.com.br

UM MUNDO DE IDEIAS
www.dk.com

Imagem principal da capa: Lago Pehoé e os picos do Parque Nacional Torres del Paine
◀ Vinhedos no vale de Colchagua

Sewell, tombada patrimônio mundial pela Unesco

Sumário

Como Usar Este Guia **6**

Introdução ao Chile e à Ilha de Páscoa

Descubra o Chile e a Ilha de Páscoa **10**

Chile e Ilha de Páscoa Dentro do Mapa **16**

Retrato do Chile e da Ilha de Páscoa **18**

Chile e Ilha de Páscoa Mês a Mês **38**

A Cascada La Vírgen na Reserva Nacional Río Simpson

	Norte Grande e Norte Chico **160**	**Manual de Sobrevivência**
	Região dos Lagos e Chiloé **190**	Informações Úteis **314**
	Norte da Patagônia **226**	Informação de Viagem **324**
	Sul da Patagônia e Terra do Fogo **240**	
	Ilha de Páscoa e Ilha Robinson Crusoé **258**	
A História do Chile e da Ilha de Páscoa **44**	**Indicações ao Turista**	
Santiago Área por Área	Onde Ficar **272**	
Santiago em Destaque **56**	Onde Comer e Beber **284**	Decoração mourisca do Casino Español, em Iquique
Plaza de Armas e Centro de Santiago **58**	Compras **300**	Índice Geral **330**
	Diversão **304**	Agradecimentos **340**
Oeste do Centro de Santiago **78**	Atividades ao Ar Livre e Interesses Especiais **306**	Frases **342**
Nordeste do Centro de Santiago **86**		

Moai da Ilha de Páscoa, Museo Francisco Fonck

Como Circular em Santiago **96**

Compras em Santiago **98**

Diversão em Santiago **102**

Guia de Ruas de Santiago **106**

Chile e Ilha de Páscoa Região por Região

Chile e Ilha de Páscoa em Destaque **116**

Vale Central **118**

Casa Museo Isla Negra

COMO USAR ESTE GUIA

Este guia ajuda a aproveitar ao máximo sua visita ao Chile e à Ilha de Páscoa e oferece informações práticas e orientações de especialistas. *Introdução ao Chile e à Ilha de Páscoa* mapeia o país e suas regiões, mostra seu contexto histórico e cultural e descreve os eventos e as festividades que ocorrem durante o ano. *Chile e Ilha de Páscoa Região por Região* é a principal parte de descrição das atrações, rica em mapas, fotografias e ilustrações. Orientações sobre como escolher um hotel, restaurante, lojas e opções de lazer estão organizadas no capítulo *Indicações ao Turista*. O *Manual de Sobrevivência* reúne dados valiosos sobre horários, bancos e serviços.

Santiago
Área por Área

A capital do Chile é apresentada em uma sessão à parte e dividida por áreas, cada uma com um capítulo específico. Após uma breve apresentação, o leitor encontra uma lista com as principais atrações daquela parte da cidade.

Principais atrações destaca os lugares de maior interesse, como ruas e bairros históricos, museus, igrejas, parques e galerias de arte.

Localize-se mostra onde você está em relação a outras áreas da cidade.

1 Mapa da Área
As atrações são numeradas e indicadas em um mapa. Em cada capítulo aparecem de acordo com a ordem numérica e também são indicadas no Guia de Ruas, nas pp. 106-13.

2 Mapa Rua a Rua
Dá uma visão aérea das áreas-chave descritas em cada parte.

O percurso sugerido para caminhar é indicado por uma linha vermelha.

As páginas relacionadas a Santiago aparecem com o mesmo código de cor.

Quadros aprofundam um tema histórico ou cultural interessante.

3 Informações Detalhadas
Todas as atrações são descritas individualmente, incluindo endereços, horários de funcionamento e se a entrada é paga. A legenda dos símbolos está no final do guia.

… | COMO USAR ESTE GUIA | **7**

Chile e Ilha de Páscoa Região por Região

Além de Santiago, o Chile é dividido em seis regiões, cada uma abordada em um capítulo. Os melhores locais para visitar aparecem no *Mapa da Região*, no início dos capítulos.

1 Introdução
Proporciona uma visão geral da história e do perfil das cidades e regiões importantes, além dos aspectos que podem interessar o turista.

Um código de cores, explicado no início do guia, permite identificar rapidamente cada região.

2 Mapa Regional
Mostra a malha viária principal e dá uma visão ilustrada de toda a região. As atrações são numeradas e há dicas úteis de como circular na área.

Prepare-se resume as informações práticas necessárias para planejar sua visita.

3 Informação Detalhada
As principais cidades e outros locais de visitação são descritos de acordo com a lista dada no Mapa da Região.

4 Principais Atrações
São abordadas em duas ou mais páginas. Edifícios históricos são mostrados inclusive internamente. Estrelas indicam atrações especialmente recomendadas aos turistas.

Pontos Altos indicam os locais que o turista não deve perder.

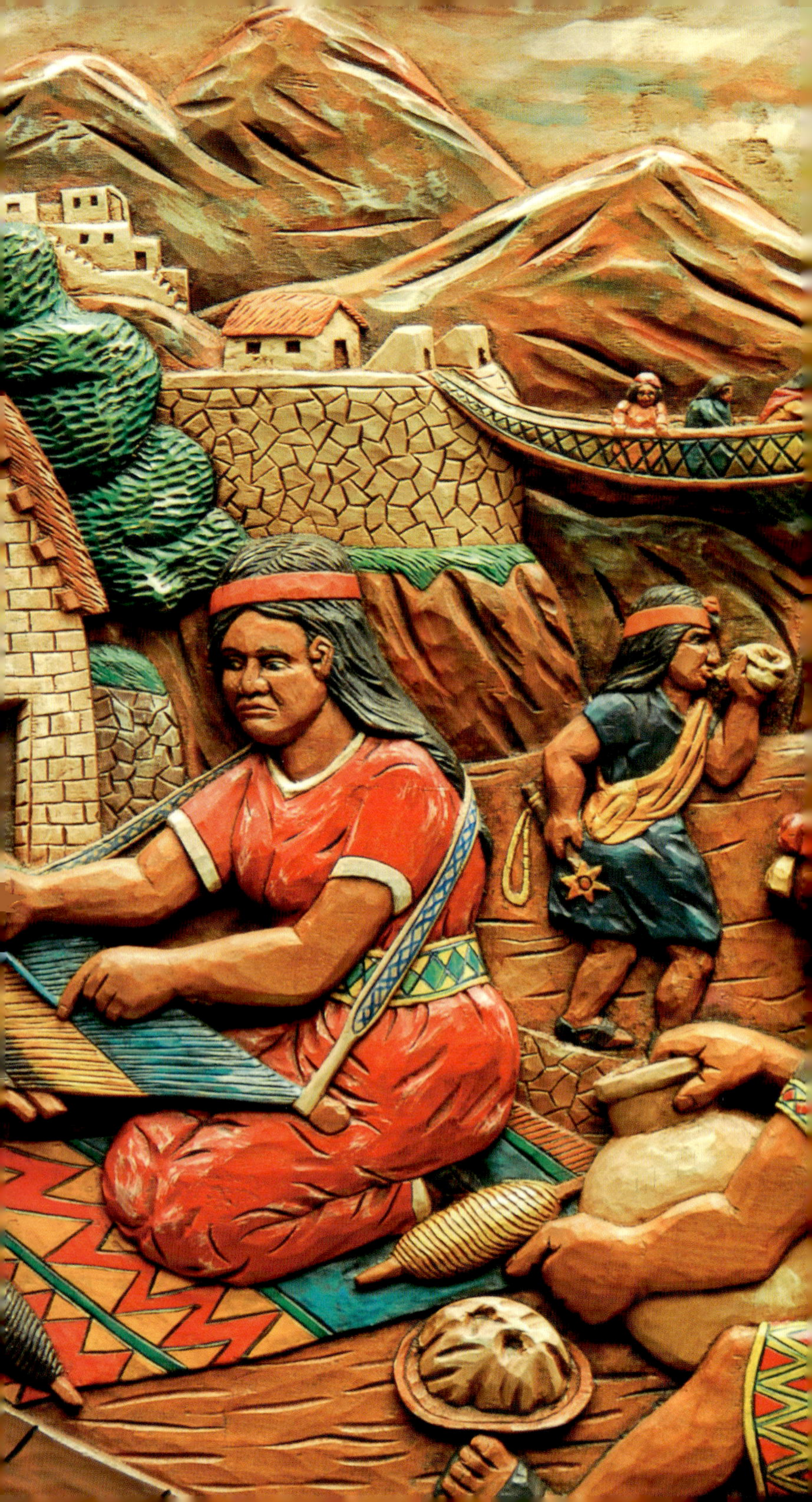

INTRODUÇÃO AO CHILE E À ILHA DE PÁSCOA

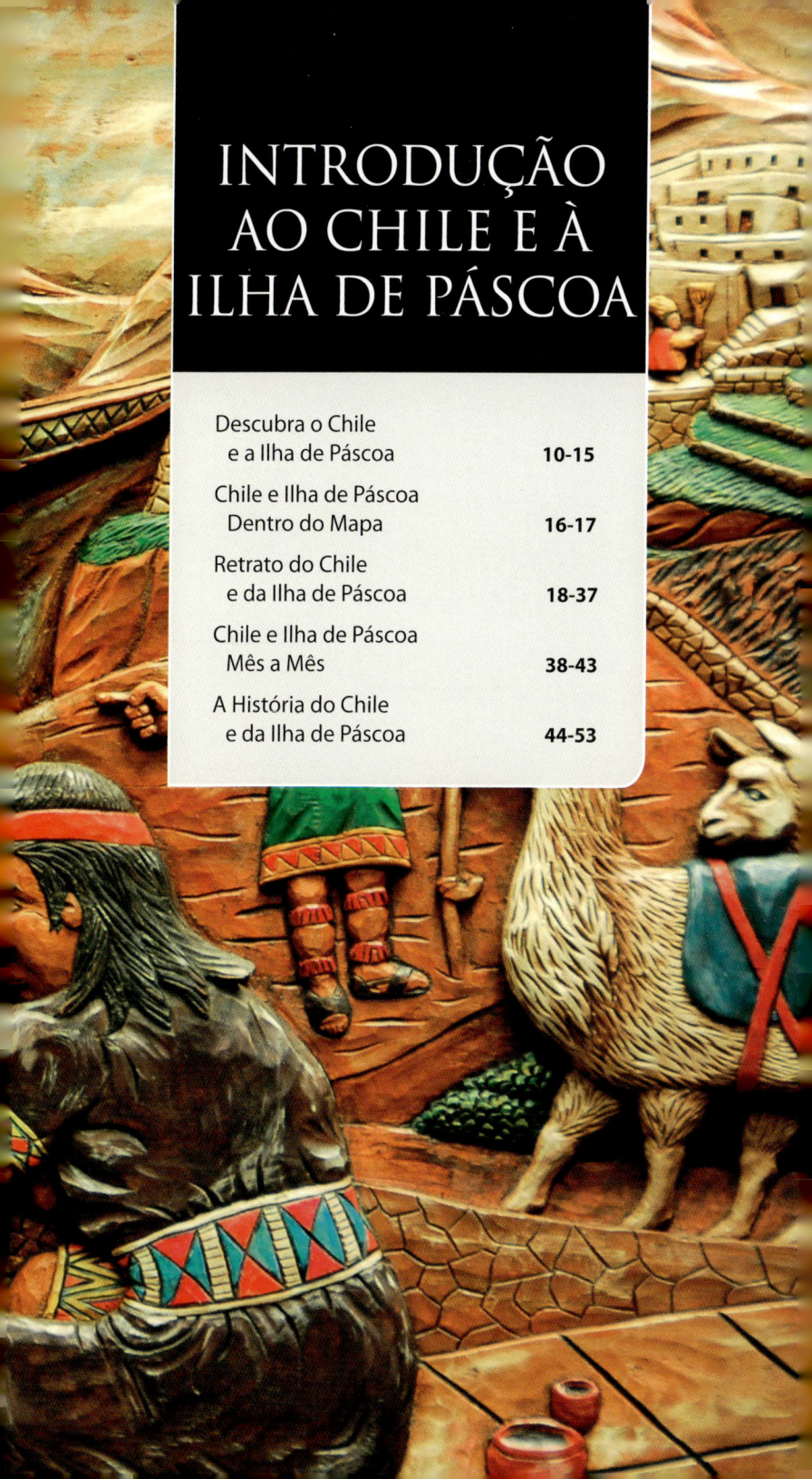

Descubra o Chile e a Ilha de Páscoa	**10-15**
Chile e Ilha de Páscoa Dentro do Mapa	**16-17**
Retrato do Chile e da Ilha de Páscoa	**18-37**
Chile e Ilha de Páscoa Mês a Mês	**38-43**
A História do Chile e da Ilha de Páscoa	**44-53**

DESCUBRA O CHILE E A ILHA DE PÁSCOA

Os passeios a seguir cobrem todo o território chileno. Para começar, há itinerários de dois dias pela capital Santiago e pela histórica cidade portuária de Valparaíso (a visita a Punta Arenas também dura dois dias, mas faz parte do itinerário mais longo da Patagônia). Ambos podem ser acrescentados a qualquer uma das viagens de três semanas que levam ao Atacama, à Patagônia e ao Pacífico Sul.

Como a maioria das pessoas chega ao Chile por Santiago, faz sentido gastar alguns dias explorando a capital antes de sair para um passeio mais amplo. A partir da cidade, é possível viajar para o norte, em direção ao Deserto do Atacama, ou para o sul, rumo à Patagônia. Note que, devido à geografia diferenciada do país, ir de um destino a outro pode ser demorado.

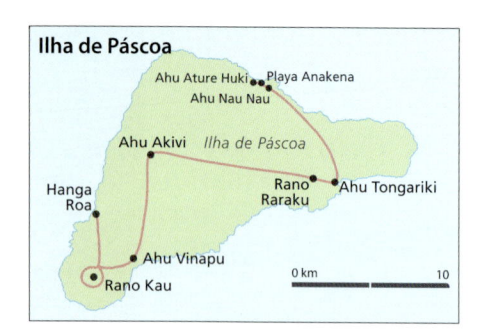

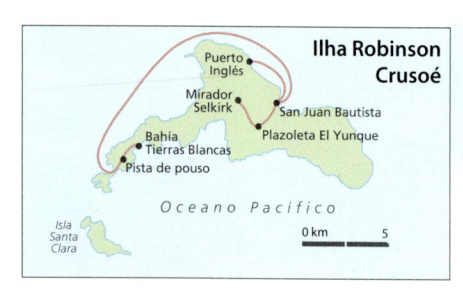

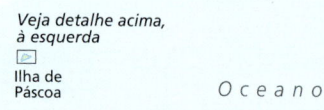

Legenda
- 1 Semana no Pacífico Sul: As Ilhas Chilenas
- 1 Semana no Atacama
- 1 Semana na Patagônia: Puerto Varas e Paine

1 Semana no Pacífico Sul: As Ilhas Chilenas

- Vá ao museu arqueológico em **Hanga Roa**.
- Explore a cratera de **Rano Kau** e a vila cerimonial de **Orongo**.
- Admire os grandes *moais* da **Ilha de Páscoa**.
- Relaxe em uma praia do **Pacífico Sul**.
- Divirta-se com a graça das colônias de **lobos-marinhos**.
- Visite os locais que inspiraram a história de Robinson Crusoé.

Parque Nacional Torres del Paine, Patagônia
Esse local oferece uma variedade de paisagens, inclusive lagos glaciais e incríveis picos irregulares de gelo.

◄ Representação esculpida da vida tradicional nas montanhas do Chile

CHILE E ILHA DE PÁSCOA DENTRO DO MAPA | 11

Atacama

- Pisagua
- Humberstone e Santa Laura
- Iquique
- Cerro Pintados
- Oceano Pacífico
- BOLÍVIA
- CHILE
- El Tatio
- Calama
- San Pedro de Atacama
- Valle de la Luna
- Salar de Atacama
- Lagos do Altiplano
- ARGENTINA

0 km 100

1 Semana no Atacama

- Visite o museu arqueológico de **San Pedro de Atacama**.
- Passe um tempo observando os flamingos nos lagos rasos do **Salar de Atacama**.
- Aprecie o pôr do sol no **Valle de la Luna** ou o amanhecer em meio aos **Gêiseres de Tatio**.
- Observe guanacos e pássaros em meio ao ar rarefeito dos **lagos do altiplano**.
- Admire os geóglifos nas encostas de **Cerro Pintados**.
- Visite **Humberstone** e **Santa Laura**, cidades-fantasma da época de extração de nitrato.
- Explore a cidade histórica de **Iquique** (com uma viagem à praia).

- Arica
- Iquique
- Calama
- Antofagasta
Veja detalhe acima
- Copiapó
- La Serena
- Ilha Robinson Crusoé
Veja detalhe à esquerda
- Valparaíso
- Santiago
- Concepción
- Temuco
- Puerto Varas
- Parque Nacional Vicente Pérez Rosales
- Puerto Montt
- Coyhaique
Veja detalhe à direita
- Puerto Natales
- Punta Arenas

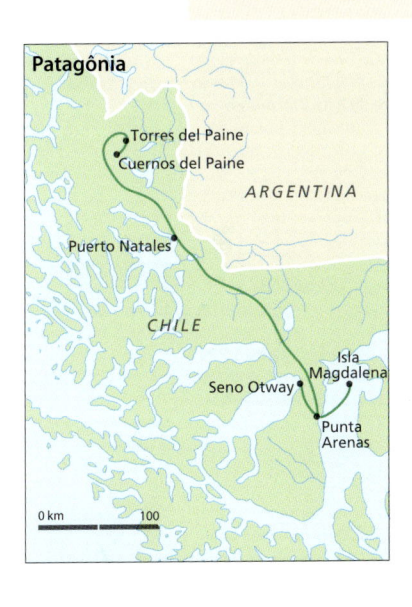

Patagônia

- Torres del Paine
- Cuernos del Paine
- ARGENTINA
- Puerto Natales
- CHILE
- Isla Magdalena
- Seno Otway
- Punta Arenas

0 km 100

1 Semana na Patagônia: Puerto Varas e Paine

- Explore a cidade histórica de **Puerto Varas**.
- Caminhe ao redor do ativo **Volcán Osorno**.
- Desça o **Petrohué** de caiaque ou fazendo rafting.
- Passeie por **Punta Arenas**.
- Aprecie as belas paisagens do **Parque Nacional Torres del Paine**.
- Faça a trilha de um dia até os picos de **Los Cuernos**.
- Visite uma colônia de **pinguins-de-magalhães**.

2 Dias em Santiago

Santiago tem um centro histórico compacto.

- **Chegada** O aeroporto de Santiago (SCL) fica 17km a noroeste da cidade. Ônibus, serviços de traslado e táxis fazem a conexão com o centro.
- **Transporte** Muitos ônibus intermunicipais ligam Santiago à cidade portuária de Valparaíso em menos de 2 horas.

1º Dia
Manhã Passeie pelos pátios do **Palacio de La Moneda** (p. 68), o palácio presidencial, da era colonial. Depois, veja uma mostra no subterrâneo **Centro Cultural Palacio La Moneda** (p. 68), que fica sob os espelhos-d'água da Plaza de la Ciudadanía.

Do Palacio de La Moneda, vá ao Palacio Real de la Casa Aduana, onde está instalado o **Museo Chileno de Arte Precolombino** (pp. 64-5), que possui obras de arte antigas e artefatos de toda a América. Almoce no café do museu ou no colorido **Mercado Central** de peixes e frutos do mar (pp. 76-7).

Tarde Visite **La Chascona** (p. 91), uma das três excêntricas casas do poeta Pablo Neruda. Em seguida, explore o parque do **Cerro Santa Lucía** (p. 74) e aprecie as vistas, ou vá ao **Museo Nacional de Bellas Artes** (p. 75) para ver pinturas do artista Roberto Matta.

2º Dia
Manhã Visite o **Museo de la Memoria y los Derechos Humanos** (p. 80) para conhecer a sombria história da ditadura de Pinochet e suas consequências, obtendo uma visão valiosa sobre o passado e o presente do Chile. Saiba como a elite de Santiago vivia no século XIX com um passeio pelo **Palacio Cousiño** (p. 84), construído pela fortuna de uma família de imigrantes portugueses que vivia da extração de minérios e da produção de vinhos.

Tarde Depois do almoço, visite a **Viña Cousiño-Macul** (p. 144),

Fachada neoclássica do Museo Nacional de Bellas Artes, em Santiago

uma das muitas vinícolas dentro dos limites da cidade.

2 Dias em Valparaíso

Seu porto histórico e seus bairros montanhosos pitorescos deram a Valparaíso o título de patrimônio da humanidade. Explore a cidade a pé.

- **Chegada** Santiago fica à distância de 2 horas de ônibus intermunicipais.

1º Dia
Manhã Somente algumas partes do Barrio Puerto, que fica à beira-mar, estão abertas ao público, mas ainda assim é possível ver monumentos arquitetônicos como a Primera Zona Naval, o memorial de guerra **Monumento a los Heroes de Iquique** (p. 125) e o **Edificio de la Aduana** (p. 124).

Para o leste, o bairro El Almendral abriga o Arco Británico, erigido pela comunidade britânica, e o enorme **Congreso Nacional** (p. 129), transferido de Santiago para Valparaíso durante a ditadura de Pinochet.

Tarde Explore o Cerro Alegre e o Cerro Concepción tomando qualquer um dos **funiculares** (pp. 130-1) e vagando pelas ruas sinuosas. Na passagem, não perca o museu de belas-artes no reformado **Palacio Baburizza** (p. 126), uma elegante mansão em estilo art nouveau.

2º Dia
Manhã No Cerro Bellavista, faça uma visita a **La Sebastiana** (p. 128), outra das pitorescas casas do poeta Pablo Neruda, aberta ao público. Desde 2014, os visitantes podem explorar as casas de Neruda de forma autônoma, portando um audioguia (disponível em inglês, francês, alemão, português e espanhol) que fornece toda a informação necessária para aproveitar o passeio ao máximo.

Tarde Correndo o risco de uma overdose de poesia, faça uma excursão à **Casa Museo Isla Negra** (pp. 136-7), a casa à beira-mar de Pablo Neruda que fica ao sul de Valparaíso, a cerca de uma hora de distância. Apesar do nome, Isla Negra não é uma ilha. Os visitantes podem permanecer por horas nos jardins (que abrigam um restaurante). O poeta foi enterrado no local, e seu túmulo pode ser visitado.

A praça em frente ao Palacio de La Moneda, sede da presidência do Chile

Veja informações úteis para a viagem nas pp. 326-9

Puerto Varas, com a Iglesia Sagrado Corazón de Jesús ao fundo

1 Semana na Patagônia

- **Duração** Sete dias, com possível extensão de dois a três dias.
- **Aeroportos** De Puerto Montt (para Puerto Varas) e de Punta Arenas (para Torres del Paine).
- **Transporte** Prefira viajar de ônibus ou carro alugado.

1º Dia: Puerto Varas
Perambule pelos bairros históricos de **Puerto Varas** *(p. 211)*, com sua característica arquitetura do século XIX, e, depois, pelas margens do **lago Llanquihue** *(p. 210)*. Considere um desvio a **Frutillar** *(pp. 210-1)*, a cidade mais germânica da região, que abriga o Museo Colonial Alemán e o Teatro del Lago, impressionante centro de artes performáticas construído sobre pilares que se estende para dentro do lago.

2º Dia: Parque Nacional Vicente Pérez Rosales
No extremo leste do lago fica o cone perfeito do **Volcán Osorno** *(p. 214)*. Darwin testemunhou a erupção desse vulcão enquanto ancorado perto de Puerto Montt. Traslados de Puerto Varas levam à área de esqui, de onde, no verão, elevadores partem para as terras altas. O pico, no entanto, requer uma escalada técnica, indicada a alpinistas experientes.

3º Dia: Petrohué
Petrohué *(p. 215)* é o ponto de partida do serviço de ônibus e barco que leva a Bariloche, na Argentina, mas também tem um hotel refinado e o Museo Pioneros de la Patagonia, instituição privada que aborda a história da área. Para os aventureiros, há trilhas pela base do vulcão ou rafting e passeios de caiaque que descem o **rio Petrohué** *(p. 214)*.

4º Dia: Punta Arenas
Com tempo bom e um assento na janela, é possível vislumbrar do voo de Puerto Montt para Punta Arenas o **Parque Nacional Torres del Paine** *(pp. 246-7)*. Em **Punta Arenas** *(pp. 250-1)*, admire as atrações ao redor da bela Plaza Muñoz Gamero, entre elas as ricas mansões dos produtores de lã, como a **Casa Braun-Menéndez** *(p. 250)*, hoje Museo Regional Braun Menéndez. A indústria da lã também financiou elaborados túmulos no **Cementerio Municipal** *(p. 251)*.

5º Dia: Torres del Paine
Pegue um ônibus via Puerto Natales ou alugue um carro para visitar o famoso **Parque Nacional Torres del Paine** *(pp. 246-7)*, reserva da biosfera da Unesco e paraíso dos trilheiros. Percorra o Sendero Salto Grande, caminhada de um dia que permite ver as quedas estrondosas do lago Sarmiento – aproveite as vistas.

6º Dia: Los Cuernos
A melhor caminhada do parque vai até a base dos picos de granito conhecidos como **Los Cuernos** *(p. 247)*, ou "os chifres". É um dia inteiro de caminhada, que também marca o ponto de partida para a rota de três dias conhecida como **Sendero W** *(p. 248)*, que inclui estada em camping ou em um dos *refugios* (abrigos) ao longo do caminho. Os *refugios* oferecem beliches, banho quente, refeições e até mesmo vinho, mas a demanda é grande, por isso a reserva é essencial.

7º Dia: Punta Arenas
Viajar do parque de volta para a cidade toma quase o dia todo, mas, se tiver tempo, desvie para a colônia de pinguins-de-magalhães em **Seno Otway** *(p. 251)*. Com um dia a mais, considere uma viagem para **Isla Magdalena** *(p. 251)*, ilha superpovoada de pinguins no estreito de Magalhães que também apresenta um farol histórico. Um ferryboat diário e barcos infláveis fazem excursões de um dia a partir de Punta Arenas.

O icônico perfil do Volcán Osorno, no Parque Nacional Vicente Pérez Rosales

1 Semana no Atacama

- **Duração** Sete dias, com possíveis extensões.
- **Aeroportos** Chegada em Calama, partida de Iquique.
- **Transporte** Viagens de ônibus de Calama para San Pedro e de San Pedro para Iquique via Calama. Ou alugue um carro de Calama para Iquique.

Casas, palmeiras e montanhas em San Juan Bautista, na ilha Robinson Crusoé

1º Dia: San Pedro de Atacama
Viaje de **Calama** (p. 174) para **San Pedro de Atacama** (p. 178) e caminhe pelo centro da cidade, parando para conhecer o Museo Arqueológico, herança do estudioso jesuíta Gustavo Le Paige, que explorou o deserto em busca de artefatos. Ao anoitecer, faça um passeio até a **Pukará de Quitor** (p. 178), fortificação do século XII, ou visite **Catarpe** (p. 178), centro de administração inca.

2º Dia: Salar de Atacama
A exploração das enormes salinas do **Salar de Atacama** (p. 180), ao sul de San Pedro, deve incluir a calcária Laguna Céjar e a Laguna Chaxa, onde se alimentam os flamingos. Ao pôr do sol, faça uma excursão ao **Valle de la Luna** para observar a mudança de tons dos picos andinos (p. 180).

3º Dia: El Tatio
Saia de madrugada para visitar os **Gêiseres de Tatio** (p. 175), já que essa é uma viagem de duas horas por altitudes de até 4.300m. O objetivo é chegar ao amanhecer, quando as fumarolas estão no seu ápice. As temperaturas são congelantes, mas traga seu traje de banho para dar um mergulho em uma das piscinas aquecidas seminaturais.

Volte a San Pedro à noite. A falta de iluminação artificial da cidade torna a **observação de estrelas** (p. 179) uma atividade popular ali. Muitas agências oferecem visitas guiadas aos melhores pontos.

4º Dia: Lagos do Altiplano
Onde os Andes sobem a leste, há um conjunto de lagos de altitude elevada, entre eles o **Salar de Tara** (p. 179) e a **Laguna Miscanti** (p. 180), de água fresca, além da **Laguna Miñeques** (p. 180), que abriga colônias reprodutivas de flamingos andinos e chilenos, além de outros pássaros. Vicunhas, vizcachas, raposas e outros mamíferos também são frequentemente avistados.

5º Dia: Iquique
Leva seis horas a viagem de ônibus de Calama para a cidade portuária de **Iquique** (pp. 170-1), cujo bairro histórico apresenta um extenso conjunto de construções georgianas e vitorianas surgidas com o auge da extração do nitrato, no século XIX e início do século XX. Nos anos 1930, a extração e o processamento do nitrato fizeram a riqueza de muitos chilenos (e de alguns estrangeiros), até que os fertilizantes à base de petróleo ganharam força. Se estiver de carro, faça um desvio para ver os gigantescos geóglifos de **Cerro Pintados** (p. 173). Apesar das águas frias do Pacífico, Iquique tem praias boas, além de ser um centro de prática do parapente.

6º Dia: Humberstone e Santa Laura
Nos pampas áridos e elevados logo acima de Iquique ficam as cidades-fantasma de **Humberstone** e **Santa Laura** (p. 172). O ar desértico manteve essas cidades, hoje patrimônio mundial da Unesco, em fotogênico estado de conservação.

7º Dia: Cerro Pintados
Os povos pré-colombianos dos Andes registraram sua presença por meio dos geóglifos abstratos e figurativos que cobrem as encostas de grande parte do norte do Atacama. Em **Cerro Pintados** (p. 173), parte da Reserva Nacional Pampa del Tamarugal, há uma série ininterrupta desses desenhos que pode ser alcançada por meio de um caminho de 5km. A visita deve ser feita no início da manhã, quando as representações de pássaros, peixes e lhamas não ficam na contraluz.

> **Para esticar a viagem...**
> Acessível de carro a partir de Iquique, **Pisagua** já foi o centro de extração de nitrato mais ao norte do Chile. Entre suas atrações históricas estão um teatro, uma torre de relógio e uma estação de trem. Pisagua serviu como campo de concentração para as vítimas do regime de Pinochet. Hoje a atividade principal é a extração de algas marinhas.

Igreja de adobe na cidade de San Pedro de Atacama

Veja informações úteis para a viagem nas pp. 326-9

DESCUBRA O CHILE E A ILHA DE PÁSCOA | 15

1 Semana no Pacífico Sul: As Ilhas Chilenas

- **Duração** Sete dias, mas a ilha Robinson Crusoé exige flexibilidade.
- **Aeroportos** Mataveri para a Ilha de Páscoa; Tobalaba para a ilha Robinson Crusoé.
- **Transporte** Esse itinerário requer flexibilidade, porque as condições climáticas podem atrasar os voos de/para a ilha Robinson Crusoé.

Barcos coloridos ancorados no porto de Hanga Roa, Ilha de Páscoa

1º Dia: Hanga Roa

Chegue a **Hanga Roa** (pp. 262-3), sede do **Museo Antropológico Padre Sebastián Englert** (p. 263), museu que oferece uma introdução à geografia, à arqueologia e à etnologia da região. Foi batizado com o nome de um estudioso franciscano que habitava a cidade. Visite também sítios arqueológicos como Ahu Tautira, **Ahu Tahai** (p. 262) e Ahu Vai Uri, com suas estátuas *moai*, e aprecie arte sacra na católica Iglesia Hanga Roa. Jante ao pôr do sol em qualquer um dos restaurantes locais.

2º Dia: Rano Kau

Comece a manhã percorrendo a Ruta Patrimonial Te Ara o Rapa Nui, que passa por vários *ahus* (plataformas de pedra) no caminho para a pitoresca cratera **Rano Kau** (p. 264). Siga pela margem da cratera até a vila cerimonial de **Orongo** (p. 264), local de origem da lenda do **Homem-Pássaro** (p. 264) nos séculos XVIII e XIX. Um centro de visitantes oferece informação em espanhol e inglês.

De volta à cidade, faça um rápido almoço em qualquer restaurante da avenida Te Pito Ote Henua, em frente ao campo de futebol. Mais tarde, pegue um táxi para **Ahu Vinapu** (p. 264), a leste do aeroporto. Embora a maioria dos *moais* dali esteja quebrada no chão, as plataformas que os sustentavam são algumas das mais elaboradas da ilha. Outra estrada curta leva a **Ahu Akivi** (pp. 264-5), onde sete *moais* restaurados dão face a uma área cerimonial.

3º Dia: Os *Moais*

Alugue um carro, uma motocicleta ou até mesmo uma bicicleta para percorrer os sítios arqueológicos da ilha. O mais importante é **Rano Raraku** (pp. 266-7), no qual os *moais* estão eretos ou tombados na borda de uma cratera de vulcão com um lago no meio. O apelo cênico só perde para Rano Kau. Leve almoço, pois é fácil ficar horas no local.

Uma curta viagem de carro para o leste leva ao **Ahu Tongariki** (p. 265), a maior plataforma da Ilha de Páscoa, com quinze *moais*. Eles foram derrubados por um tsunami em 1960 e desde então passam por restauração. Esse é também um dos mais importantes sítios de arte rupestre da ilha, com petróglifos de vida marinha e objetos culturais, inclusive antigos tabletes de pedra com inscrições. Continue ao longo da costa norte rumo ao lar de **El Gigante** (p. 267), o maior de todos os *moais*, antes de retornar a Hanga Roa. Jante no Tataku Vave, conhecido restaurante de frutos do mar.

4º Dia: Playa Anakena

Antes de deixar a ilha, visite **Playa Anakena** (p. 265), a melhor praia de areia da região, que também abriga *moais* eretos em Ahu Ature Huki e Ahu Nau Nau.

5º Dia: San Juan Bautista

Após chegar à pista de pouso da ilha Robinson Crusoé, pegue a lancha (incluída na passagem aérea) para **San Juan Bautista** (p. 268), a única cidade da ilha, ou faça a trilha que leva dali até San Juan (a lancha entrega a bagagem em seu local de hospedagem), com um desvio para a colônia de lobos-marinhos da **Bahía Tierras Blancas** (p. 269).

6º Dia: Selkirk

Para admirar a paisagem que o proscrito Alexander Selkirk viu por muitos anos, suba a trilha panorâmica para o **Mirador Selkirk** (p. 269), onde duas placas de metal celebram o exílio do escocês. Outras boas caminhadas são a da **Plazoleta El Yunque** (p. 269) e o **Sendero Salsipuedes** (p. 268), que dá vista para a vila. Se preferir, alugue uma lancha para visitar Puerto Inglés, onde Selkirk talvez tenha acampado. No jantar, aprecie lagostas-de-juan-fernández.

7º Dia: Crusoé pelo Mar

Alugue uma lancha para conhecer as partes menos acessíveis da ilha, como a pouco visitada costa ocidental. Desembarque na pista de pouso para o voo de volta.

Impressionantes estátuas *moai* em Ahu Tahai, em Hanga Roa, Ilha de Páscoa

Chile e Ilha de Páscoa
Dentro do Mapa

O Chile ocupa a porção mais ocidental da América do Sul e limita-se naturalmente pelos Andes, a leste, e pelo oceano Pacífico, a oeste. Faz divisa com o Peru e a Bolívia, ao norte, e com a Argentina, a leste. O aspecto mais peculiar da geografia do país é o formato estreito e alongado do território: com cerca de 4.190km de norte a sul (estende-se do paralelo 17° ao 56°), não conta com distâncias maiores de 300km no sentido leste-oeste. O país divide-se em quinze *regiones* e abriga uma população de 16,3 milhões de habitantes, dos quais cerca de 6 milhões vivem em Santiago. O território chileno inclui ainda a Ilha de Páscoa, a ilha Robinson Crusoé e um trecho da Antártica. Hanga Roa, maior cidade da Ilha de Páscoa, fica a 3.780km a oeste de Santiago.

Legenda
— Rodovia
— Estrada principal
— Ferrovia
— Fronteira internacional

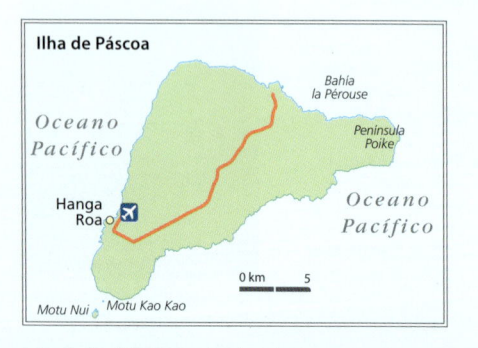

Legenda dos símbolos *na orelha da contracapa*

CHILE E ILHA DE PÁSCOA DENTRO DO MAPA | 17

América do Sul

BOLÍVIA
BRASIL
PARAGUAI
Trópico de Capricórnio
Salta
Assunção
Formosa
Santiago del Estero
Corrientes
Córdoba
Santa Fé
Paraná
Río Cuarto
Rosario
URUGUAI
Buenos Aires
Montevidéu
Santa Rosa
ARGENTINA
Mar del Plata
Bahía Blanca

Oceano Atlântico

Golfo de San Matías
Rawson
Golfo San Jorge
Puerto Deseado
Ilhas Malvinas

VENEZUELA
COLÔMBIA
EQUADOR
PERU
BRASIL
BOLÍVIA
PARAGUAI
CHILE
URUGUAI
ARGENTINA
Oceano Pacífico
Ilha de Páscoa
Ilha Robinson Crusoé
Oceano Atlântico

0 km 300

Vista aérea dos Andes, com o Chile à direita e a Argentina à esquerda

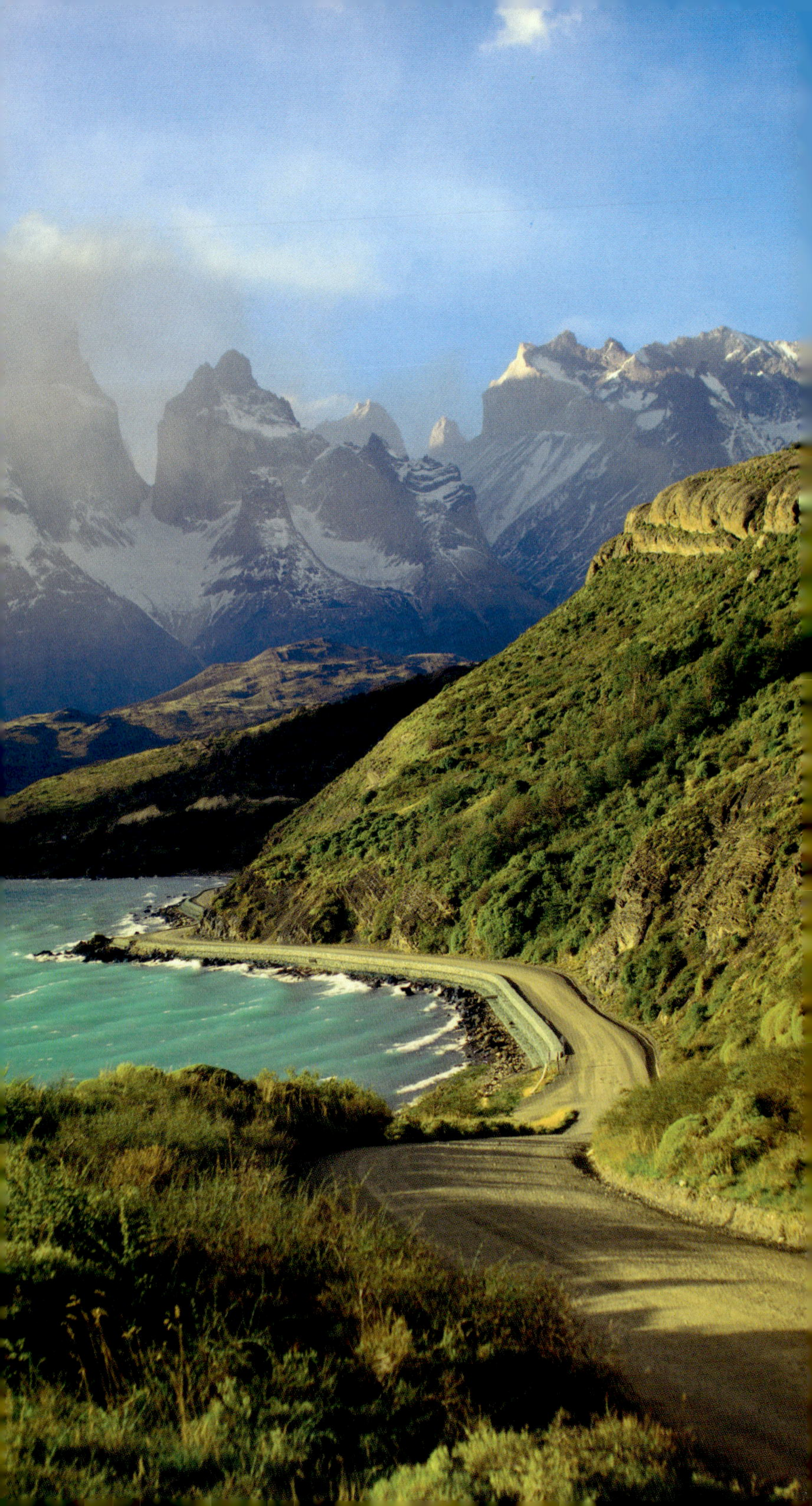

RETRATO DO CHILE E DA ILHA DE PÁSCOA

Uma estreita faixa na extremidade ocidental da América do Sul, o Chile esbanja beleza natural. Outros fatores de orgulho também são o atual cenário de estabilidade política e econômica e a merecida fama de paraíso para os amantes do vinho. Na Ilha de Páscoa, a cultura polinésia encanta os visitantes.

Com uma área que se estende por mais de 39º de latitude, o Chile ocupa um território peculiar, com paisagens que variam do deserto mais seco do mundo até placas de gelo da Patagônia e Antártida. Porém, boa parte da imensa área é desabitada, pois a maioria dos 16,3 milhões de habitantes se concentra em Santiago e em outros grandes centros urbanos. Pertencente ao Chile, a Ilha de Páscoa é o local mais remoto do planeta, com poucos milhares de habitantes reunidos na pequena capital, Hanga Roa.

Há sinais da presença humana no Chile que remontam a 13000 a.C., e até o século XV muitos grupos indígenas viviam na região. Os séculos seguintes foram marcados pela colonização espanhola e pela chegada de imigrantes europeus. Com uma população de 1,5 milhão, os mapuches são o maior grupo indígena do país. Há também outros povos menos numerosos e mais isolados, como os aimarás e os rapa nui.

O Chile que o visitante encontra hoje é um país considerado seguro e bem preparado para receber turistas. Em termos de latitude, a localização no hemisfério Sul torna o Chile um espelho da Costa Oeste norte-americana, onde não faltam oportunidades para a prática de esportes – de escalada em encostas de vulcões a caminhadas pela floresta tropical e surfe na generosa costa do Pacífico. As festas populares chilenas permitem sentir um pouco da intensa herança cultural do país.

Moai em uma plataforma de Ahu Tautira perto do píer de Hanga Roa, Ilha de Páscoa
◀ O lago Pehoé com os picos Los Cuernos ao fundo, no Parque Nacional Torres del Paine

Lhamas na região próxima aos vulcões Pomerape e Parinacota, no Parque Nacional Lauca

Terra e Preservação

Por causa da baixa densidade demográfica, as áreas naturais do Chile são extensas. A parte norte do país é ocupada pelo árido Deserto de Atacama, famoso pelas paisagens que parecem de outro planeta. Ao sul situam-se o Vale Central, de clima mediterrâneo, e o cinturão agrícola do Chile, além das florestas tropicais, dos lagos e dos vulcões que caracterizam a Região dos Lagos. Mais ao sul, os destaques são os impressionantes fiordes, picos de granito e geleiras da Patagônia.

Os recursos naturais sustentam boa parte da economia chilena e por isso atividades como a produção industrial, a mineração, a agricultura e a pesca até recentemente ganhavam mais importância do que as de preservação ambiental. Na Ilha de Páscoa, séculos de intervenção humana destruíram as florestas. A crescente preocupação com as ameaças à ecologia resultou em iniciativas por todo o Chile. A Patagonia Sin Represas, por exemplo, opõe-se aos planos de construção de hidrelétricas no sul do Chile, e a Conservation Land Trust, fundada pelo ambientalista Douglas Tompkins, promove o ecoturismo e a agricultura sustentáveis.

Economia

A economia do Chile destaca-se da de seus vizinhos pela estabilidade, pela incorruptibilidade e pelos amplos investimentos na área de saúde. Suas fundações, curiosamente, foram lançadas durante o regime do ditador Pinochet, que substituiu políticas econômicas socialistas por planos baseados em privatizações, livre mercado e controle da inflação. Na década de 1990, o Chile viveu uma alta econômica, com um crescimento anual de cerca de 7%. Em 2008 enfrentou a desaceleração de mais de US$20 bilhões recorrendo ao fundo soberano, evitando uma crise maior.

Grande exportador de minerais, o Chile é o principal produtor mundial de cobre. A estatal Codelco é a maior empresa de extração do minério do

Barcos de pesca ancorados em Hanga Roa, na Ilha de Páscoa

planeta. O turismo, junto com a pesca e a agricultura de subsistência, constitui a base da economia da Ilha de Páscoa.

A prosperidade econômica provocou um rápido desenvolvimento e a redução da pobreza, mas a desigualdade social ainda é um problema no país, assim como o *pituto* (nepotismo).

Política e Governo

Depois de anos de ditadura militar, o Chile transformou-se em uma república democrática regida pela Constituição. O governo é exercido pelos poderes executivo, judiciário e legislativo sob a liderança do presidente, ao mesmo tempo chefe de Estado e de governo. O país consiste em quinze regiões e a capital.

Anexada pela marinha chilena em 1888, a Ilha de Páscoa é uma província da região de Valparaíso (Región V). Seus moradores só ganharam a cidadania chilena em 1966. E, em 2007, a ilha foi reconhecida como território especial do Chile.

Esportes e Artes

Como em todos os países latino-americanos, o *fútbol* desperta paixões. Nas últimas décadas o país também foi notícia no tênis, graças às conquistas de Nicolás Massú e Fernando González nas quadras internacionais. Esportes como o golfe, o esqui e o surfe também são comuns entre os chilenos, enquanto nas regiões rurais ainda se pratica o rodeio.

No Chile nasceram compositores e músicos de fama internacional. O pianista Claudio Arrau permanece inigualável no cenário da música erudita, mas grupos como Congreso e Los Jaivas colocaram o folclore chileno nos palcos. O Teatro Municipal de Santiago (p. 73) é a instituição cultural mais importante e sedia apresentações de ópera, música erudita e balé. O Chile possui uma longa tradição teatral, representada sobretudo pelo Festival Internacional Teatro a Mil.

O grande pianista chileno Claudio Arrau (1903-91)

A maior contribuição artística do Chile, no entanto, ocorre no campo da literatura. Escritores e poetas chilenos conquistaram destaque mundial, principalmente os ganhadores do prêmio Nobel, os escritores Pablo Neruda e Gabriela Mistral.

Povo e Sociedade

No Chile, é grande o contraste entre a vida urbana e a realidade rural. A capital, Santiago, é conhecida pela elegância cosmopolita e pela animada cena cultural e gastronômica. Mas, enquanto os habitantes das metrópoles desfrutam de todas as novidades tecnológicas, é comum encontrar na zona rural pessoas que ainda cozinham em fogão a lenha e usam bois para arar a terra. O espanhol é a língua oficial do Chile, mas alguns grupos indígenas ainda preservam os próprios idiomas. O cristianismo é a religião predominante, embora a religião popular continue sendo importante para muitos grupos étnicos e nas regiões rurais. Na Ilha de Páscoa, as práticas religiosas refletem o sincretismo de crenças cristãs e polinésias. Em geral, a sociedade chilena destaca-se pela tolerância e cordialidade.

Bandeira chilena na Plaza de la Constitución, Santiago

Fauna e Flora

Cercado pela imponente Cordilheira dos Andes, situada a leste, o oceano Pacífico, a oeste, um vasto deserto no norte e milhares de ilhas e geleiras no sul, o Chile exibe uma variedade de paisagens onde não faltam florestas, lagos e geleiras. Integrante do chamado "anel de fogo do Pacífico", o país acomoda 36 vulcões ativos e diversas nascentes termais. O relativo isolamento do Chile em relação ao resto do continente permitiu a preservação de boa parte da fauna e da flora nativas. Uma amostra interessante dessa riqueza pode ser apreciada nos parques e reservas naturais, alguns de propriedade privada.

Enseada com areias brancas na Playa Anakena, Ilha de Páscoa

Planalto e Deserto
O deserto chileno é o mais árido do mundo. Composto basicamente de areia, picos ricos em minérios e vulcões, inclui alguns oásis alimentados por água subterrânea. Perto da costa, uma neblina chamada *camanchaca* garante a umidade para as plantas e liquens.

Vale Central
Os verdes vales da região central do país são divididos pelos Andes e pelas montanhas costeiras e irrigados pelos rios que descem dos Andes. O clima de ares mediterrâneos é propício para o cultivo, sobretudo de frutas e verduras, e também para a produção de vinho.

Os **flamingos** fazem parte da paisagem dos lagos do altiplano. Alimentam-se de um pequeno crustáceo que lhes dá a tonalidade rosada.

As **vicunhas**, o menor dos camelídeos, pastam nas altitudes elevadas.

Vizcachas são roedores com cauda longa e pelagem marrom-amarelada que pertencem à família das chinchilas. Comem plantas e são mais ativos à noite.

O **quisco** é comum nas partes inferiores dos Andes e uma das poucas espécies de cacto que suporta frio.

A **palmeira-chilena** exibe um tronco cinzento, que pode atingir grandes alturas.

O **condor-dos-andes**, ave símbolo do país, é uma das maiores aves do planeta: as asas abertas medem até 3m.

Movimentos Tectônicos

A imponente Cordilheira dos Andes e as centenas de vulcões que formam a base do território chileno resultam do movimento das placas que cobrem a crosta na Terra e deslizam sobre um material líquido chamado magma. Na costa chilena, a placa de Nazca e a placa sul-americana se chocaram e criaram uma zona de subducção, na qual a primeira foi sobreposta pela segunda, criando a Fossa Peru-Chile. Como a placa de Nazca se desloca com velocidade, o resultado são os sérios terremotos, alguns com intensidade de 8,8 graus, como o que atingiu o centro do Chile em fevereiro de 2010. O sismo mais violento ocorreu em Valdivia em 1960: com intensidade de 9,5 graus, é considerado o maior terremoto registrado no planeta.

Representação de uma zona de subducção

Região dos Lagos e Chiloé

A exuberante região exibe vulcões cobertos de neve, rios e lagos de águas claríssimas e a densa floresta tropical de Valdivia. Nela cresce o alerce, ou cipreste-da-patagônia, segunda árvore mais antiga do planeta, e a nalca, uma planta com folhas de até 2m de diâmetro.

O **copihue** é típico do Chile. Cresce entre outras plantas e dá lindas flores vermelhas, consideradas a flor nacional no país.

O **pudú** (ou guemal) é o menor cervo do mundo e atinge no máximo 85cm. Vive em meio à densa vegetação das florestas tropicais.

As **araucárias** são coníferas que atingem grandes alturas. Destacam-se pelas folhas pontiagudas e pelo formato arredondado.

Patagônia e Terra do Fogo

As amplas áreas de pastagens da Patagônia integram uma região repleta de picos de granito, geleiras, fiordes e várias propriedades de criação de animais chamadas de *estancias*. Durante todo o ano, atrai amantes de atividades como a pesca e a escalada.

O **guanaco** ou lhama é um camelídeo que vive em grupos e pode ser encontrado na Patagônia.

Os **pumas** são donos de grande agilidade. É comum ver esses felinos em bando, alimentando-se de uma presa recém-abatida.

O **huemul** ou cervo-andino está na lista de animais ameaçados. Tímido, vive solitário. Destaca-se pelas orelhas grandes e pernas curtas.

A Biodiversidade do Chile

Verdadeiro paraíso para os amantes da natureza, o Chile exibe uma paisagem que se destaca pela riqueza da fauna e da flora. A variedade natural pode ser apreciada em 36 parques nacionais, 49 reservas e dezesseis monumentos nacionais, que cobrem cerca de 19% do território chileno. O relativo isolamento em relação aos vizinhos, resultante da presença dos Andes, do oceano Pacífico e do Deserto de Atacama, conferiu ao país o apelido de "ilha dentro do continente". O Chile conta com mais de metade de flora nativa, com destaque para a floresta de Valdivia, que se estende até o território argentino e é a única floresta temperada da América do Sul. Por outro lado, após séculos de exploração, boa parte da vegetação nativa da Ilha de Páscoa não existe mais.

Legenda
- Planícies
- Cerrado
- Florestas
- Pradarias
- Deserto

A ilha Robinson Crusoé (pp. 268-9), geologicamente isolada, produziu uma rica flora nativa que hoje corresponde a dois terços da vegetação local e também à maior concentração de plantas endêmicas do planeta. Desde 1997, é considerada pela Unesco uma reserva natural mundial. Porém, os estudiosos temem que a chegada das plantas vindas de outros locais ameace o frágil ecossistema da ilha.

Encantos Incomparáveis

Os diversos microclimas, o isolamento geográfico e a topografia variada oferecem aos visitantes a oportunidade de apreciar paisagens distintas e uma flora rica sem precisar percorrer grandes distâncias. Fenômenos raros, como a neblina que alimenta a paisagem do deserto, chamada de *camanchaca*, atestam a biodiversidade única do país. Além disso, o crescente interesse do Chile pela preservação da natureza aumentou a população de alguns animais em todo o território. A atuação de organizações particulares estimulou as iniciativas de proteção da preciosa fauna e flora que existem no Chile.

O árido Atacama encanta com as flores que surgem após os raros períodos de chuva. O fenômeno é chamado de Deserto Florido (p. 185).

O beija-flor-de-juan-fernandes, espécie nativa da ilha Robinson Crusoé, está entre as aves mais raras do planeta.

RETRATO DO CHILE E DA ILHA DE PÁSCOA | 25

O **Parque Nacional Lauca** *(pp. 168-9)*, no norte do Chile, é um local disputado por quem aprecia a fauna e a flora. Abriga quatro espécies de camelídeos (alpacas, guanacos, lhamas e vicunhas), mais de 140 espécies de aves e outros animais exóticos como as vizcachas, parentes das chinchilas.

No **Parque Nacional La Campana** *(p. 139)* cresce a impressionante *Nothofagus obliqua*. Trata-se da espécie que vive mais ao norte entre as árvores da família *Nothofagus*, comum no Chile.

O **Parque Nacional Alerce Andino** *(p. 217)* é o melhor lugar para apreciar os ciprestes-da-patagônia, que remontam a 3.500 anos. A área pertence ao cinturão da floresta tropical de Valdivia, rica em plantas do supercontinente de Gonduana.

Preservação das Baleias

As águas do litoral chileno abrigam mais da metade das espécies de baleia que existem no mundo. A obra do escritor Herman Melville, *Moby Dick*, foi baseada em um imenso cachalote, Mocha Dick, que no século XIX aterrorizava os navios nas proximidades da ilha Mocha. Nos últimos tempos, a aproximação de baleias-jubarte, baleias-azuis e baleias-francas foi comemorada pelos ambientalistas, preocupados com os altos riscos de extinção dessas espécies. Diversas organizações sem fins lucrativos dedicaram-se ao estudo desses imensos mamíferos e, em 2008, o governo chileno declarou que as águas do país frequentadas pelas baleias são consideradas santuários naturais.

A **Isla Magdalena** *(p. 251)* serve de morada para imensas colônias de pinguins-de-magalhães, que podem ser vistos entre novembro e março. Maiores espécies de clima temperado, dividem os cuidados com os filhotes e costumam se deslocar em uma curiosa marcha em fila, em geral entre os ninhos e o mar, pela manhã e no final da tarde.

Baleia-jubarte

População do Chile e da Ilha de Páscoa

Segundo estudos realizados no sítio arqueológico de Monte Verde, no sul do Chile, os primeiros habitantes chegaram ao atual território chileno há aproximadamente 13 mil anos. Nos séculos seguintes, esses grupos nômades ocuparam quase toda a área, dedicando-se a atividades como caça e pesca, e com o tempo assentaram-se como agricultores ou criadores de gado. A partir do século XVI, começaram as migrações – primeiro os espanhóis, seguidos de grupos de alemães, suíços, ingleses, croatas e italianos. Hoje, a maioria dos 16,3 milhões de chilenos são *mestizos*. Os povos indígenas são a minoria, e a soma de todos os integrantes chega a cerca de 1,75 milhão de pessoas.

Foliões aimarás com coloridos trajes de festa, em Arica

Adorno mapuche de prata para a região da cintura, chamado *trapelacucha*.

O **makuñ** é um poncho colorido e com belos padrões usado pelos mapuches.

Povos Indígenas

O Chile foi o último país conquistado pelos espanhóis, mas as tribos nativas representam por volta de 11% da população atual. A principal comunidade indígena é a dos mapuches, composta por cerca de 1,5 milhão de pessoas, ou 84% do total de indígenas do país. Dos catorze grupos indígenas originais, apenas nove ainda existem, muitos deles com pouquíssimos membros.

Muitos **mapuches** vivem na Região dos Lagos, geralmente em *reducciones* ou reservas. Vários estão envolvidos na luta pela reconquista das terras que passaram para os colonizadores.

Os aimarás formam a segunda maior comunidade indígena do Chile, com cerca de 100 mil pessoas. Vivem no deserto no norte do país e criam lhamas e alpacas, que fornecem lã, carne e transporte. Falam um idioma próprio, com o mesmo nome da etnia.

Os rapa nui são descendentes de polinésios que chegaram à Ilha de Páscoa por volta de 1200 d.C. No século XIX, guerras, fome e doenças reduziram bastante a população, atualmente estimada em cerca de 6 mil pessoas.

A **Terra do Fogo** e a Patagônia já foram ocupadas por diversos grupos nativos. Os selk'nam, por exemplo, estão praticamente extintos, mas etnias como a dos yaghan ainda sobrevivem, apesar da população reduzida.

Imigrantes

Embora o Chile não tenha passado por um processo de imigração em massa, os europeus tiveram grande importância na cultura, arquitetura e culinária de locais como a Região dos Lagos e a Patagônia. Durante o apogeu, no século XIX, Valparaíso era uma cidade cosmopolita, com habitantes vindos da Inglaterra, Itália, Irlanda e Alemanha, que deram traços característicos aos bairros em que moravam.

Os croatas chegaram ao Chile em busca de oportunidades econômicas. Vieram no final do século XIX e se instalaram na Patagônia, sobretudo em Porvenir e Punta Arenas. Hoje, um entre quatro moradores da região tem raízes croatas.

Os imigrantes suíços e alemães desembarcaram em meados do século XIX, estimulados pela Lei de Imigração Seletiva. Criada em 1845, a medida pretendia ocupar a Região dos Lagos com pessoas consideradas "de boa condição social e cultural" pelas autoridades chilenas. Uma escultura em Puerto Montt celebra a imigração.

Mestiços e Outros Grupos Estrangeiros

Embora a maioria da população seja composta de mestiços, *cada região conta com características culturais próprias, em geral influenciadas pelas comunidades de imigrantes que se instalaram nas várias partes do país.*

A boina é o típico boné basco.

As *bombachas* são largas e permitem o trabalho em tarefas pesadas.

Os *baqueanos* são moradores da Patagônia que vivem do pastoreio de ovelhas e de gado e usam um traje característico.

Botas resistentes às vezes são acompanhadas de polainas feitas de couro.

A comunidade roma se concentra no Vale Central. Esse grupo seminômade originário da Europa se destaca pelas saias longas e coloridas e pelas acomodações em barracas nos arredores das cidades.

Os chilotes, naturais do arquipélago de Chiloé, se consideram diferentes dos indígenas que vivem no continente e falam com sotaque regional. A maioria descende de espanhóis e de etnias nativas, como os chono e os huilliche.

Huaso

Concentrados no Vale Central, os huasos *são os caubóis chilenos, que percorrem o interior do país montados em seus cavalos. Os primeiros* huasos *moravam e trabalhavam nos ranchos coloniais. Hoje, ainda podem ser identificados pelo traje característico, que inclui chapéu de palha e ponchos. Em geral, são muito hábeis na montaria. Com o tempo, os* huasos *ganharam espaço na cultura folclórica do Chile e estão presentes nas comemorações, sobretudo nas Fiestas Patrias, quando dançam a* cueca *(p. 28). Costumam cantar* tonadas *(p. 29), músicas acompanhadas de violão.*

Huaso a cavalo, pastoreando ovelhas

Música e Dança

A diversidade da música e da dança chilenas retrata a riqueza das tradições culturais do país. A música internacional contemporânea agrada a boa parte dos moradores das cidades, porém os habitantes das regiões rurais se encantam com os ritmos folclóricos derivados da Nueva Canción Chilena e da música latina vinda da Argentina e do México. No norte do Chile, ritmos tradicionais, como *sajuriana* e *cachimbo*, são muito comuns. A dança típica do Chile é a *cueca*, que surgiu no início do século XIX. Com origens espanholas, acredita-se que tenha recebido influências árabes e africanas.

Na Fiesta de San Pedro, os dançarinos se apresentam com coloridos trajes típicos e coloridos adornos na cabeça.

Dança

A dança típica chilena em geral é associada à folclórica cueca, *que reproduz o processo de corte. Apresentada sobretudo nas comemorações das Fiestas Patrias (pp. 36-7), que reúnem integrantes que se destacam pelos trajes coloridos e vistosos.*

Homens vestidos tradicionalmente usam ponchos listrados, *sombreros* de abas largas e botas com esporas.

Mulheres em trajes cerimoniais vestem saias longas e coloridas, com cintos e adornos.

O lenço agitado pelas mulheres representa a receptividade ao cortejo dos homens.

A *cueca*, dança apresentada sobretudo nas Fiestas Patrias, é bastante apreciada nas regiões rurais. A *cueca chora*, ou *bravo*, é o equivalente urbano, com letras mais relacionadas à vida nas cidades. Na *cueca* de Chiloé *(pp. 214-21)*, o cantor é mais importante que os músicos.

Música Tradicional

A música chilena deve muito à riqueza das tradições e do folclore nativos. Em meio a essa diversidade, a música andina se destaca pelas letras que fazem referência à terra, à natureza e às montanhas. Igualmente baseados na harmonia com a natureza, os sons mapuche seguem ritmos melódicos ancestrais, transmitidos pela tradição oral. Na Ilha de Páscoa, os rapa nui baseiam sua música nos ritmos de origem polinésia com influências latinas. O Chile também tem grande tradição na música folclórica, que deriva de sons indígenas modificados pela música europeia.

A *trutruka* é um instrumento de sopro usado pelos mapuches.

O *kultrun* é um tambor com símbolos que representam elementos cósmicos.

Os ritmos dos rapa nui incluem de cantos ao uso de instrumentos como a *kauaha* (feita com mandíbulas de cavalos), tambores e sanfonas. Muitas famílias formam corais e participam de concursos.

Os mapuches classificam os ritmos como *kantun* (instrumental) ou *öl* (cerimonial). Usam instrumentos como o *kultrun*, tambor feito de madeira e de couro, e a *trutruka*, instrumento de sopro criado com bambu e com chifre de vaca. O belo som evoca o contato com a natureza.

RETRATO DO CHILE E DA ILHA DE PÁSCOA

Sons Contemporâneos

Na década de 1980, a música urbana tinha contornos políticos. A banda mais famosa era Los Prisioneros, mas Fiskales Ad Hok e Electrodomésticos também faziam sucesso. Hoje, rock, pop, música erudita, jazz e hip-hop são muito ouvidos nas cidades.

A música erudita e o jazz têm grandes plateias no Chile, terra natal de maestros e compositores de destaque. Claudia Acuña é o maior nome do jazz chileno e Claudio Arrau destacou-se entre os maiores pianistas do século XX.

Nueva Canción Chilena

A maior influência do Chile para o cancioneiro latino-americano é a Nueva Canción Chilena. O estilo surgiu no início dos anos 1960, baseado em ritmos andinos, e destacou-se pelas letras pautadas na justiça social, sobretudo em relação aos povos indígenas e aos perseguidos pela ditadura de Pinochet. Victor Jara e Violeta Parra disseminaram a Nueva Canción pela América Latina e exerceram grande influência sobre bandas populares, como Inti-Illimani e Los Jaivas.

O músico Victor Jara (1932-73)

A banda de rock La Ley atingiu expressão internacional, assim como o grupo Los Tres. Outras bandas de pop e rock que se destacaram são Los Bunkers, Lucybell, Chanchoen Piedra e Javiera y Los Imposibles.

A *cumbia* é um ritmo musical surgido na Colômbia que conquistou grande espaço entre as classes trabalhadoras da América Latina. Com letras que falam da vida, do amor e das dificuldades, costuma animar festas de casamento. A mais famosa banda de *cumbia* local é a La Sonora Palacios.

A música andina surgiu nas altitudes dos Andes e se destaca pelo som da *quena*, das flautas e dos charangos.

Bombo legüero, tambor andino

Zampoña, flauta feita de bambu

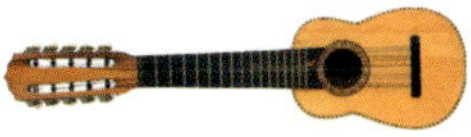

Charango, com dez cordas

A suave *tonada* se assemelha à *cueca*, mas não é acompanhada de dança. Surgiu na Espanha e revela influências árabes e andaluzas. Um dos grupos mais famosos do Chile é o Huasos Quincheros.

Instrumentos folclóricos como a flauta e a *quena* (flauta de bambu com seis furos) são presença constante na música andina. Muitas vezes acompanham o charango e o violino.

Literatura, Teatro e Cinema

O Chile é chamado de "país dos poetas", pois em seu território nasceram alguns nomes importantes da literatura mundial. Entre os escritores mais antigos destacam-se Alonso de Ercilla y Zuñiga (1533-94) e Francisco Nuñez de Pineda y Bascuñán (1607-82). Nos últimos séculos, o país gerou dois ganhadores do Prêmio Nobel e vários romancistas e dramaturgos de renome internacional. Desde o final da ditadura de Pinochet, artistas voltados a literatura, teatro e cinema dedicaram-se a temas atuais e ao processo de "fazer as pazes" com o passado recente.

Antonio Skármeta, escritor chileno exilado durante a ditadura militar

Edição espanhola de *A casa dos espíritos*, de Isabel Allende

Literatura

As primeiras obras literárias do Chile foram escritas no século XVI e abordam sobretudo a conquista e a colonização. Nesse gênero um dos destaques é o poema "La Araucana", uma descrição da atuação dos conquistadores europeus escrita pelo nobre espanhol Alonso de Ercilla y Zúñiga. A obra *O cativeiro feliz*, de Francisco Núñez de Pineda, relata sua experiência quando foi capturado pelos mapuches e, como o poema de Zúñiga, tende a romantizar os eventos.

Nos séculos XIX e XX a literatura aproximou-se de uma representação mais realista. O escritor Alberto Blest Gana (1830-1920) é considerado o pai do romance chileno por causa do retrato fiel da vida e da história que caracteriza a obra *Martín Rivas* (1862). No século XX, o Chile brilhou no cenário literário mundial com a presença de poetas importantes como Vicente Huidobro (1893-1948), respeitado nome da poesia de vanguarda em idioma espanhol. Huidobro criou uma estrutura experimental chamada criacionismo, que tentava dar vida a experiências e temas por meio do jogo de palavras. O poema "Altazor" foi escrito em 1931 durante a estada do poeta na Europa e ocupou papel de destaque no movimento vanguardista do continente. Outros poetas importantes do século XX foram Gabriela Mistral e Pablo Neruda (p. 91), ambos ganhadores do Prêmio Nobel. As obras dos dois poetas concentravam-se sobretudo em temas como o amor e a política, respectivamente. Na segunda metade do século XX, os precursores da cena literária burguesa no Chile incluíam Nicanor Parra (nascido em 1914), que se definia como um "antipoeta", evitava estilos tradicionais e exerceu grande influência sobre a geração *beat* norte-americana.

A ditadura de Augusto Pinochet expulsou do país importantes expoentes da literatura, como Luis Sepúlveda (nascido em 1949), Antonio Skármeta (1940), José Donoso (1924-96) e Isabel Allende (1943). Vários deles dedicaram-se a escrever sobre exílio e perdas. Famosa em todo o mundo graças ao romance *A casa dos espíritos*, Isabel Allende tornou-se expoente do Realismo Fantástico, movimento que combina ficção com elementos da fantasia.

Mas o Realismo Fantástico perdeu força na década de 1990 com a disseminação da Nueva Narrativa Chilena. O termo, criado pelo escritor Jaime Collyer (1955), definia a era

Gabriela Mistral

Primeira escritora latino-americana a ganhar o Prêmio Nobel, Gabriela Mistral (1889-1957) foi uma professora e feminista que se consagrou como poeta. Com voz lírica, falou sobre amor e traição, a vida e a morte e a experiência latino-americana em obras como *Ternura* e *Desolação*. Lucila Godoy y Alcayaga, nome de nascimento da escritora, passou boa parte da vida fora do Chile, atuando como consulesa na Espanha, França, Itália e nos Estados Unidos. Lecionou no México e na Vassar College e Barnard University, em Nova York. Descendente de índios e com origens bascas, celebrou a mestiçagem na obra *Tala*, sua segunda coletânea de poemas.

Gabriela Mistral recebe o Prêmio Nobel, em 1945

pós-ditadura e o ingresso do Chile no mundo globalizado. O movimento gerou escritores como Gonzalo Contreras e Alberto Fuguet, cuja obra propõe uma ruptura com o Realismo Fantástico. Em 2009, o rebelde da literatura Roberto Bolaño (1953-2003) foi o vencedor póstumo do prêmio cedido pelo Círculo Nacional de Críticos de Livros dos Estados Unidos, por seu romance épico *2666*.

Teatro

O teatro surgiu no final do século XIX, basicamente com montagens amadoras de peças europeias, além de comédias e tragédias inspiradas na vida cotidiana. A criação do Teatro Experimental da Universidad de Chile, no final da década de 1930, consolidou a atividade como uma importante forma de arte e de expressão social. Em seguida surgiram diversos teatros em várias cidades do país, que anunciavam desde montagens com inspiração folclórica a peças sintonizadas com a cena europeia, como o Teatro do Absurdo.

Nas décadas de 1960 e 1970, a radicalização política levou os criadores a tentar aproximar o teatro das massas. A rígida censura sobre os meios de comunicação mantida nos anos 1970 e 1980 levou as artes dramáticas à condição de espaço para discussão das dores da sociedade chilena.

O Ictus Theater Group, uma das companhias teatrais mais duradouras do país, exerceu um papel importante na ampliação das fronteiras cênicas, com peças como *Andrés de La Victoria* (1985), que falava sobre um padre morto pela polícia militar. No final da década de 1980, o Gran Circo Teatro montou *La Negra Ester*, de Andrés Pérez, peça de maior sucesso comercial e de crítica no país. A peça se baseava em uma popular tragédia de amor e marcou a passagem para a representação mais contemporânea e baseada na crítica social.

Santiago abriga diversos espaços de exibição, entre eles o prestigiado Teatro Municipal *(p. 73)*, o Teatro Nacional, o San Ginés e a Universidad Católica. Todos os anos é realizado no país o Festival Internacional Teatro a Mil *(p. 39)*, evento que se destaca por oferecer diversas montagens e apresentações em teatros, centros culturais e nas ruas da capital.

Pôster de *La Negra Ester* encenada no Teatro Oriente, Santiago, 2009

Cinema

A indústria cinematográfica chilena surgiu no início do século XX: *El desarrollo de un pueblo*, de 1920, foi sua primeira produção em preto e branco. Na década de 1940 a sétima arte floresceu, com a criação do estúdio Chile Films, mas entrou em decadência e voltou a ganhar expressão nos anos de 1960. Nessa década, os cineastas associavam técnicas do cinema experimental europeu à cultura chilena, a fim de criar uma produção clássica nacional. Entre os filmes desse período destacam-se *A longa viagem* (1967), de Patricio Kaulen, e *O chacal de Nahueltoro* (1969), de Miguel Littín, posteriormente transformado em personagem do livro *As aventuras de Miguel Litín: Clandestino no Chile* (1986), de Gabriel García Márquez. Em 1968, o irreverente diretor Raúl Ruiz (1941-2011) produziu o clássico *Três tristes tigres*, baseado na sociedade chilena.

A ditadura sufocou a criação e obrigou os artistas a se exilarem, e em consequência apenas sete filmes foram feitos em mais de uma década. A volta da democracia propiciou a retomada do cinema chileno e hoje o país produz cerca de doze filmes por ano e tem ganhado prêmios em competições internacionais. Em 2005, *Meu melhor inimigo*, de Alex Bowen, competiu no Festival de Cannes depois de ser consagrado o melhor filme em língua espanhola no Prêmio Goya. Outras produções que ganharam as telas internacionais foram *Tony Manero* (2008), de Pablo Larraín, que retrata a marginalidade na década de 1970, *A criada* (2008), de Sebastián Silva, considerado melhor filme de ficção no Festival de Sundance, e *No* (2012), estrelado por Gael García Bernal, que aborda a transição para a democracia em 1989.

Cena do clássico filme *O chacal de Nahueltoro* (1969)

Arte e Arquitetura

A arte pré-colonial chilena expressou-se sobretudo por obras feitas de pedra, como se pode conferir ao visitar o norte do país. Na era colonial, tanto a arte como a arquitetura tiveram influências da cultura espanhola e dos elementos eclesiásticos. Com a chegada de imigrantes europeus no século XIX, as técnicas e os padrões se diversificaram e cada região desenvolveu características próprias. Hoje, o Chile está entre os países de arquitetura mais fértil e apresenta uma intensa cena artística.

Imenso geóglifo Gigante de Atacama, norte do Chile

Arte
Embora a arte pré-hispânica tenha atingido um bom nível de sofisticação, a arte colonial limitou-se a retratos e paisagens inspirados na vida dos criollos. Hoje, com a integração de grupos de imigrantes e a liberdade que se instalou no país após o fim da ditadura de Pinochet, a criação nacional vem ganhando espaço. Só em Santiago, há diversas galerias e espaços culturais.

Tecidos feitos pelos mapuches, com os tradicionais padrões geométricos

Arte Indígena e Colonial

O deserto do norte do Chile e a região do altiplano reúnem alguns dos maiores conjuntos de inscrições rupestres e geóglifos do país, com destaque para o imenso Gigante de Atacama, com 121m. A arte colonial chilena não se destaca pela complexidade, com exceção das esculturas, das pinturas e da prataria em estilo rococó confeccionadas pelos jesuítas de Calera de Tango no início do século XVIII. O trabalho em prata dos mapuches também é bastante elaborado.

Objetos litúrgicos de prata eram algumas das criações confeccionadas pelos habilidosos jesuítas no século XVI.

Pote em forma de pássaro

Peças de cerâmica com padrões geométricos ou forma de animais, além de objetos em metal e tecidos, estão entre as criações da cultura diaguita (300 a.C.-1500 d.C.), do norte do Chile.

Arte Contemporânea

A cena artística nacional floresceu com a inauguração do Museo Nacional de Bellas Artes *(p. 75)* de Santiago, em 1880. Alguns artistas famosos na época eram Fernando Alvarez de Sotomayor e Arturo Gordon, cujas obras retratavam a vida no país. Entre os pintores contemporâneos, destacam-se o surrealista Roberto Matta e o hiper-realista Claudio Bravo.

Pés Ausentes, de Eugenio Dittborn (n. 1943), obra que integra a série *Pinturas Via Aérea*, que pode ser dobrada e enviada por correio.

Paisagem Lo Contador é uma famosa tela de Arturo Gordon, que integrou o grupo de artistas conhecido como Generación del Trece e retratava a vida de pessoas comuns, tema raro na época.

Arquitetura

A arquitetura chilena é uma combinação de diversas influências. Nas primeiras décadas da colonização, as cidades do país eram recriações dos centros urbanos espanhóis, com uma praça central cercada por uma catedral e prédios governamentais com amplos pátios, paredes sem adorno e portões de ferro. No século XX, os ricos de Santiago encomendavam casas inspiradas nas mansões neoclássicas europeias. Hoje, a economia globalizada do Chile e a influência norte-americana se refletem na construção de edifícios e shoppings.

Corredor com colunas no pátio do convento de San Francisco *(p. 72)*, em Santiago

Colonial

Boa parte da arquitetura colonial ruiu por causa dos terremotos, com exceção de algumas igrejas do século XVII situadas no norte do deserto e de algumas *haciendas* no Vale Central.

A igreja San Francisco de Chiu-Chiu *(p. 174)* é a mais antiga do Chile. O campanário duplo, o telhado de madeira *chañar* e as paredes brancas são típicos das igrejas erguidas no Atacama no século XVII.

A Casa Colorada *(p. 63)*, que deve seu nome ao tom rosado das paredes, é feita de tijolos e cerca um pátio.

Neoclássica

Frontões triangulares, colunas robustas e cúpulas no teto são elementos que marcam as construções governamentais de Santiago, prova da preferência da cidade pela arquitetura neoclássica no século XIX.

O Palacio de La Moneda *(p. 68)* é o melhor exemplo da arquitetura neoclássica do século XIX situada na capital. Inaugurado inicialmente como a Casa da Moeda em 1805, o edifício tornou-se o Palácio Presidencial em 1845.

Vernacular

Ao longo dos séculos, os chilenos construíram edificações utilizando recursos locais e de acordo com as necessidades climáticas. Em alguns casos, a influência dos imigrantes europeus é visível – Valparaíso, por exemplo, é conhecida pelo estilo vitoriano.

As *estancias* da Patagônia eram construções térreas cercadas de pinheiros, que forneciam proteção contra os fortes ventos da região.

As telhas de madeira destacam as casas em estilo alemão da Região dos Lagos e impedem a entrada da chuva.

As palafitas de Chiloé *(p. 221)*, erguidas na era de intensa expansão colonial, no século XIX, permitia que os pescadores vivessem perto do mar.

Esportes

Os esportes tradicionais, como futebol, tênis e rodeio, são os mais apreciados pela população chilena. Porém, os esportes radicais vêm ganhando grande popularidade, em parte devido à abundância de locais propícios para a prática. Os numerosos rios desafiam os adeptos do rafting, enquanto as muitas trilhas e picos desafiadores atraem amantes das caminhadas e das escaladas para os parques nacionais. Quem gosta de mountain bike dirige-se ao deserto. Outras atividades que garantem adrenalina são a asa-delta e o esqui com helicóptero.

Exploração das geleiras, com cabos e prendedores especiais

Futebol

Esporte mais popular no país, o futebol é praticado por pessoas de todas as idades e classes sociais. Em Valparaíso ele foi introduzido por imigrantes ingleses, que em 1895 criaram a Federación de Fútbol de Chile.

Colo-Colo é o único time chileno que conseguiu vencer a famosa Copa Libertadores da América, em 1991. O nome do clube se deve a um destemido líder mapuche que lutou contra os conquistadores espanhóis.

Em 1962, a Copa do Mundo voltou a ser realizada na América do Sul depois de doze anos. Os chilenos, donos da casa, de uniforme vermelho, azul e branco, ficaram em terceiro lugar.

Alexis Sánchez foi o jogador que garantiu a vitória da seleção chilena na Copa América de 2015, sediada no país; ele marcou um pênalti na final contra a Argentina.

Tênis

Tradicionalmente uma atividade de elite, o tênis é praticado sobretudo em clubes privados. Em 2004, Nicolás Massú e Fernando González, hoje aposentados, levaram ao país a primeira medalha olímpica de ouro em competições de duplas. Porém, nenhum jogador chileno está entre os cem melhores do mundo no momento.

Fernando González destacou-se nas semifinais do Torneio Aberto da França de 2009, quando enfrentou o sueco Robin Söderling.

Marcelo Ríos foi o primeiro tenista latino-americano a chegar ao topo do ranking mundial, em 1998.

RETRATO DO CHILE E DA ILHA DE PÁSCOA | **35**

Rodeo

Esporte nacional do Chile, o rodeo surgiu no século XVI, quando era preciso reunir o gado que pertencia às haciendas. *Os grandes astros do evento são os* huasos *(caubóis), que demonstram sua habilidade ao conduzir seus cavalos pela* medialuna, *arena em forma de meia-lua, e tentar aproximar a vaca ou o boi das paredes. Na ocasião é comum o uso de trajes típicos, como o poncho, o chapéu de abas largas, os protetores de couro para as pernas e as esporas. Os* huasos *participam de diversos rodeios promovidos todos os anos, mas o mais importante é o Campeonato Nacional de Rodeo, realizado em Rancagua* (p. 146).

Os *huasos* usam diversas manobras para conseguir vencer um rodeio. Uma delas é a parada em meio a um escorregão, o que exige movimentos laterais.

A *collera*, ou dupla, tenta deslocar o bezerro para a parede da arena. Ganha mais pontos se prender a parte traseira do animal.

Surfe

Apesar da baixa temperatura das correntes de Humboldt que percorrem as costas sul e central do Chile, o surfe é apreciado tanto por moradores como por visitantes, graças às fortes ondas e à grande oferta de praias vazias. Pichilemu (p. 150), *Iquique* (pp. 170-1) *e Arica* (pp. 164-5) *são alguns dos destinos mais disputados.*

O campeão norte-americano Tyler Fox foi um dos destaques do Chile World Tow-In, na Punta de Lobos, em Tichilemu, em 2008. Com duração de uma semana, foi um dos eventos de surfe mais importantes promovidos no país.

Esqui e Snowboarding

Entre meados de junho e início de outubro, adeptos do esqui e do snowboard chegam aos Andes para aproveitar as ótimas pistas e o ambiente descontraído. Os resorts mais disputados situam-se no Vale Central do país (pp. 118-59).

Nevados de Chillán *(p. 156)*, no Valle Nevado, e Sky Portillo, destinos mais procurados, acomodam equipes europeias e americanas que querem treinar no verão do hemisfério norte.

As encostas do vulcão Villarrica *(p. 202)*, ainda em atividade, atraem diversos praticantes de snowboard, como o finlandês Markku Koski.

Fiestas Patrias

Data mais importante do calendário nacional, as Fiestas Patrias celebram a independência do Chile. A proclamação oficial na verdade ocorreu em 12 de fevereiro de 1818, mas a data festiva relembra a primeira tentativa da então colônia de se libertar da Espanha, em 18 de setembro de 1810 (daí o apelido "Dieciocho"). Nas semanas que antecedem a festividade, o país inteiro se volta para suas tradições, a cultura regional, alimentos e danças típicas. O dia das forças armadas tem como destaque o grande desfile militar realizado em Santiago. Os mais animados decoram as ruas ou exibem bandeiras nos carros, em demonstração de orgulho nacional. Muitas crianças vestem trajes típicos ou as tradicionais vestes de *huasos*.

Tropa chilena em desfile militar

A *fonda* ou *ramada* é uma estrutura construída para sediar as festividades, em geral feita com troncos de madeira e teto de palha ou com formato de lona de circo. Quase todas as cidades chilenas exibem uma *fonda*, palco para os músicos e área de dança com chão de terra batida. Ao redor, ficam as mesas e barracas de alimentos.

Desfile Militar
O Dia das Forças Armadas, também conhecido por Día de las Glorias del Ejército (Dia das Glórias Militares), foi declarado feriado em 1915 para comemorar as vitórias do Exército chileno desde a criação do país.

Comidas e Bebidas Típicas
O churrasco é o grande astro das festividades e às vezes se prolonga por diversos dias, partilhado por amigos e familiares. Outros alimentos que marcam as comemorações têm origem no interior do país.

A *chicha* é uma bebida alcoólica produzida no final do verão a partir da fermentação de frutas, em geral maçãs ou uvas. No entanto, a *chicha* costuma ser consumida apenas nas Fiestas Patrias. Os mapuches fazem uma versão regional usando um tipo de milho chamado *muday*.

A *empanada* é um salgado feito com uma massa fina e recheada com *pino*, uma mistura de carne, cebola, ovo cozido e azeitonas. Costuma ser assada em forno de barro.

RETRATO DO CHILE E DA ILHA DE PÁSCOA

A **cueca** (p. 28), dança nacional chilena, costuma ser apresentada durante as Fiestas Patrias. As mulheres exibem vestidos coloridos e os homens se apresentam com calças pretas, botas, esporas e o chapéu típico dos *huasos*, além de casaco branco ou poncho.

Mais de meio milhão de espectadores assistem ao desfile, em geral oportunidade de demonstração das últimas aquisições militares – que variam de aviões e tanques a itens de alta tecnologia.

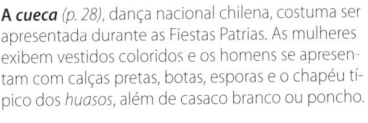

Disputas de rodeio são o destaque nos vilarejos rurais e interior do país como parte da comemoração das Fiestas Patrias. Esporte nacional chileno, atrai muitos espectadores à *medialuna*, arena onde ocorre o evento.

O desfile, no parque Bernardo O'Higgins (p. 85), em Santiago, inclui tropas da Marinha, do Exército, da Aeronáutica e da polícia chilena, que percorrem a imensa esplanada de cimento. O evento conta com a participação de mais de 7 mil militares.

Soltar pipa é uma atividade apreciada, sobretudo quando sopram os ventos da primavera.

Anticucho, prato feito com carne marinada no espeto

Os *asados*, ou churrascos, são sinônimo das Fiestas Patrias. Uma especialidade comum são os *anticuchos*, pequenos espetos com origem que remontam ao Império Inca. Em geral o churrasco começa com um *choripán*, sanduíche de linguiça e *pebre*, um molho feito com tomate e coentro.

A *piscola*, ao lado do *pisco sour*, é a bebida alcoólica tradicional dessa data. Mistura de *pisco*, refrigerante tipo cola e gelo, é presença obrigatória nas Fiestas Patrias.

CHILE E ILHA DE PÁSCOA MÊS A MÊS

As festividades são marcadas pela animação e abundância de cores e algumas se prolongam por vários dias quando comemoradas perto dos fins de semana. A região norte se destaca pelas festas mais animadas, que se distinguem pelos ricos trajes e pelos desfiles. Embora a maioria das comemorações tenha cunho religioso, é grande a influência das tradições pré-cristãs e pré-coloniais. A chegada do Ano-Novo costuma ser celebrada com encontros familiares e queima de fogos, mas o Natal é mais contido. Em fevereiro, a maioria dos chilenos parte para as férias de verão. Por todo o país, diversos eventos *costumbristas* retratam a diversidade das artes, da culinária e da cultura regionais.

Crianças durante as comemorações das Fiestas Patrias

Primavera

A região central do Chile exibe condições moderadas durante essa estação. No deserto, as temperaturas não ficam muito quentes durante o dia nem frias demais à noite. Na Região dos Lagos, mais ao sul, as chuvas são comuns. Já na Patagônia, o clima pode ficar tempestuoso e instável. Com preços mais baixos do que no verão, temperaturas em geral amenas e menor fluxo de turistas, a primavera é considerada uma boa época para visitar o Chile.

Setembro
As **Fiestas Patrias** *(18 e 19 set)* são comemoradas em todo o Chile, com muita animação e desfiles na capital para celebrar o Dia da Independência e o Dia das Forças Armadas *(pp. 36-7)*. Há música e festa por toda parte.
Festival de Cine Internacional *(set)*, em Viña del Mar. Esse festival de cinema exibe produções contemporâneas latino-americanas. Os filmes inscritos no evento concorrem ao PAOA, o prêmio de excelência.

Outubro
Festival de los Mil Tambores *(1º fim de semana out)*, em Valparaíso. A chegada da primavera é celebrada com a Festa dos Mil Tambores. As ruas ganham vida com o som dos instrumentos, apresentações de teatro e dança.
Día de la Raza *(12 out)*, em todo o Chile. Essa festa surgiu para comemorar a chegada de Cristóvão Colombo à América, mas hoje homenageia os diversos povos indígenas do Chile. Em Santiago, os mapuches protagonizam um desfile pelas ruas, vestidos com trajes típicos e tocando instrumentos tradicionais.
Día de las Iglesias Evangélicas y Protestantes *(31 out)*, em todo o Chile. Trata-se de uma comemoração relativamente recente (criada em 2008), realizada na data em que o teólogo alemão Martinho Lutero questionou a Igreja Católica.
El Ensayo *(início nov)*, em Santiago. O Club Hípico *(p. 81)*, dono das primeiras pistas de corrida de cavalos da América do Sul, sedia o páreo mais famoso do país.

Novembro
Feria del Libro *(início nov)*, em Santiago. Nesse evento anual podem-se apreciar as obras de autores latino-americanos. É realizado no Centro Cultural Estación Mapocho *(p. 77)*.
Festival de Colonias Extranjeras *(nov)*, em Antofagasta. Os imigrantes e seus descendentes comemoram a herança cultural variada com apresentações de dança e música.

Folião com máscara colorida, no Festival de Colonias Extranjeras

CHILE E ILHA DE PÁSCOA MÊS A MÊS

Dança típica durante a Fiesta Grande de la Virgen de Rosario

Verão

Nos meses de verão é realizada a maioria das festividades chilenas. Entre dezembro e fevereiro, é grande o número de pessoas que se dirige às praias, à Região dos Lagos e ao norte da Patagônia. Em janeiro e fevereiro, as cidades praianas e os resorts costumam ficar tomados por turistas. No sul do Chile é comum ventar nessa época, enquanto as correntes frias vindas do oceano amenizam as temperaturas nos desertos do norte.

Dezembro

Inmaculada Concepción *(8 dez)*, em todo o Chile. Essa festa religiosa é celebrada em diversos locais do país, porém a mais famosa acontece no Santuario de la Virgen de Lo Vasquez, perto de Valparaíso. Cerca de 100 mil devotos participam da peregrinação até o santuário, muitos descalços ou de joelhos.
Fiesta Grande de la Virgen de Rosario *(final dez)*, em Andacollo. Essa festa atrai cerca de 150 mil devotos, que se reúnem em um pequeno vilarejo do norte do Chile para homenagear a santa padroeira dos mineiros. Além dos trajes típicos e máscaras, há provas esportivas.

Papai Noel no Natal

Noche Buena *(24 dez)*, em todo o Chile. Na véspera do Natal, as famílias chilenas se reúnem, partilham a ceia e muitos vão à missa do galo. As crianças ganham presentes trazidos pelo Viejo Pasquero, enquanto os adultos saboreiam uma bebida tradicional da época chamada *cola de mono*, ou rabo de macaco, preparada com café e aguardente.
Navidad *(25 dez)*, em todo o Chile. As lojas fecham e as ruas ficam vazias enquanto as famílias comemoram o Natal.
Carnaval Cultural de Valparaíso *(25-31 dez)*, em Valparaíso. O Carnaval anual da cidade se estende pela semana que antecede a véspera do Ano-Novo. Há muita animação nas ruas, com peças de teatro e apresentações de dança e de música, além de exposições de arte, cinema e barracas de alimentos, entre outras atrações.
Fin de Año *(31 dez)*, em todo o Chile. Uma das maiores festividades do país, ocorre sobretudo em Santiago ou no litoral, em especial em Valparaíso. Os foliões ocupam as ruas para comemorar o fim do ano e apreciar a queima de fogos. A festa de Valparaíso é considerada a maior queima de fogos de todo o mundo.

Janeiro

Año Nuevo *(1º jan)*, em todo o Chile. No primeiro dia do ano as lojas não abrem e as ruas ganham tranquilidade, pois a maioria das pessoas se recupera do *carrete* (festa) da noite anterior.
Festival Internacional Teatro a Mil *(jan-início fev)*, em Santiago. Maior evento cultural da cidade. Dezenas de produções de alta qualidade, chilenas e internacionais, se apresentam ao longo dos dias. As apresentações de rua atraem muitos espectadores. Artistas consagrados e novos talentos participam do festival.
Semana Musical de Frutillar *(fim jan-início fev)*, em Frutillar. Situada em um belo cenário que conta com um lindo vulcão ao fundo, Frutillar abriga uma sala de espetáculos que sedia um festival de música. Diversos nomes de destaque nos diferentes tipos de música se apresentam no evento, que atrai de amantes do jazz e balé a apreciadores da música de câmara.

Boneco gigante desfila durante o Festival Internacional Teatro a Mil

Fevereiro

Tapati Rapa Nui *(início fev)*, na Ilha de Páscoa. Os moradores relembram as origens polinésias durante as duas semanas de duração dessa festa *(p. 263)*. Um dos acontecimentos mais apreciados do Chile, impressiona pela intensidade das danças e músicas locais. Inclui competições como corrida de cavalo, pesca, concurso de entalhes de madeira e de *kai kai* (imagens feitas com cordas).

Derby de Viña del Mar *(1º dom fev)*, em Viña del Mar. Importante corrida de cavalos, essa competição anual atrai milhares de entusiastas às pistas do Sporting Club.

Encuentro Folclórico *(início fev)*, em Ancud. Essa comemoração inclui apresentações de danças e músicas típicas, culinária regional e peças artesanais do variado arquipélago de Chiloé.

Festival Costumbrista Chilote *(meados fev)*, em Chiloé. Realizado durante um final de semana, esse rico festival promove a cultura, o folclore e a gastronomia de Chiloé. Os visitantes podem provar mais de 50 tipos de pratos locais, conhecer as ferramentas tradicionais e aprender a usá-las, além de comprar peças artesanais.

Noche Valdiviana *(3º sáb de fev)*, em Valdivia. Famosa festa que se estende por toda a noite, com barcos iluminados que percorrem o rio Valdivia e queima de fogos.

Moradores da Ilha de Páscoa, na festa Tapati Rapa Nui

Festival Internacional de la Canción de Viña del Mar *(último fim de semana de fev)*, em Viña del Mar. Festa de cinco dias de duração, com apresentações de música pop, rock e ritmos tradicionais, além de bandas internacionais. A plateia participa da escolha dos vencedores.

Carnaval de Putre *(fim fev)*, em Putre. O pequeno vilarejo andino de Putre é famoso no país por seu carnaval, do qual participa também a comunidade local de índios aimarás. A tradição andina é celebrada por meio da música, dos trajes típicos e das comidas.

Outono

Em março, apesar de as férias de verão terem terminado, muitos chilenos permanecem nas praias ou em outros destinos, em busca do céu ensolarado do final do verão. A Semana Santa é um feriado aproveitado por muitos para viagens curtas, como visitas aos balneários da região ou aos países vizinhos. No Vale Central, a colheita das uvas propicia as festas associadas ao vinho.

Março

Festival de la Vendimia *(mar)*, no vale dos vinhedos. A colheita da uva é celebrada com festas que incluem barracas de alimentos, feiras e degustação de vinho, entre outras atrações. As comemorações em geral começam no início de março nos vales ao norte, como Limarí, e se prolongam pelo mês de março na região de Bío-Bío, ao sul.

Abril

Viernes Santo *(sex antes da Páscoa)*, em todo o Chile. Em alguns locais a Sexta-Feira Santa é celebrada com a encenação da morte de Cristo, e muitos chilenos seguem a determinação de não comer carne.

Fiesta de Cuasimodo *(1º dom depois da Páscoa)*, em todo o Chile. Os padres visitam pessoas doentes que não puderam comparecer à missa durante a Páscoa. Em geral são acompanhados de *huasos* (caubóis), o que resulta em um belo desfile. No passado, os *huasos* protegiam os religiosos dos bandidos.

Huasos se apresentam na Fiesta de Cuasimodo

Maio

Glorias Navales *(21 mai)*, em todo o Chile. Comemoração da batalha naval de Iquique, evento ocorrido em 1879 durante a Guerra do Pacífico *(p. 49)*. Há comemorações militares em Santiago, Valparaíso e Iquique. Tradicionalmente, o presidente chileno faz um discurso.

Inverno

Nos meses de frio as temperaturas caem bastante na Patagônia. Na Região dos Lagos, começam as chuvas. O deserto situado ao norte do país abriga várias festas. Começa a temporada de esqui no sul do Chile, com vários campeonatos e provas realizados nos balneários.

Junho

Fiesta de San Pedro *(29 jun)*, em todo o Chile. Os moradores das regiões litorâneas festejam o dia dedicado a São Pedro, padroeiro dos pescadores, e levam uma estátua pela enseada, enquanto pedem sorte, bom tempo e fartura nas pescas. No interior, sobretudo em San Pedro de Atacama, no norte do Chile, há missas e procissões com trajes típicos também em homenagem ao santo.

Jovens dançarinos se apresentam no Festival de La Tirana

Julho

Festival de La Tirana *(12-16 jul)*, em La Tirana. Festa de cinco dias *(p. 173)* que combina as tradições pré-colombianas com a herança católica. Durante o festival, cerca de 200 mil pessoas visitam o vilarejo de La Tirana para celebrar a Virgen del Carmen, várias delas com máscaras e trajes típicos.

Fiesta de la Virgen del Carmen *(16 jul)*, em Santiago. Essa festividade celebra as forças armadas do país, a luta pela independência e a Virgen del Carmen, padroeira do país.

Carnaval de Invierno *(3º fim de sem jul)*, em Punta Arenas. Essa comemoração é realizada a fim de colorir a sombria paisagem de inverno com desfiles noturnos, danças típicas e queima de fogos.

Feriados

Año Nuevo (1º jan)
Viernes Santo (mar/abr)
Día del Trabajo (Dia do Trabalho, 1º mai)
Glorias Navales (21 mai)
Dia de São Pedro e São Paulo (29 jun)
Asunción de la Virgen (Assunção de Nossa Senhora, 15 ago)
Fiestas Patrias (18 e 19 set)
Día de la Raza (12 out)
Día de las Iglesias Evangélicas y Protestantes (31 out)
Día de Todos los Santos (1º nov)
Fiesta Inmaculada Concepción (8 dez)
Navidad (25 dez)

Chilenos usando máscaras desfilam nas ruas de San Pedro de Atacama, na Fiesta de San Pedro

O Clima do Chile

Com uma extensão de cerca de 4.190km de norte a sul, o Chile exibe uma grande variedade de condições climáticas. A parte norte se destaca pela paisagem extremamentre desértica e de raras chuvas, embora possam ocorrer fortes tempestades com inundações repentinas. No Vale Central predomina o clima mediterrâneo, com verões secos e invernos moderados, porém chuvosos. Na Região dos Lagos e área dos fiordes, em especial em Chiloé, as chuvas fortes podem se estender por várias semanas. Na Patagônia, as condições meteorológicas mudam em poucas horas e um cenário de sol pode ser seguido de chuvas ou ventos. Isolada do continente, a Ilha de Páscoa recebe influências do oceano Pacífico, mas apesar dos ventos enfrenta estiagens e temporais.

Norte Grande e Norte Chico são regiões áridas, com pouquíssima chuva. Durante o dia faz calor no deserto, mas à noite esfria.

Estrada atravessa uma paisagem coberta de neve, no sul do Chile

O Vale Central tem um clima similar ao mediterrâneo, com verões quentes e secos e invernos com temperaturas medianas.

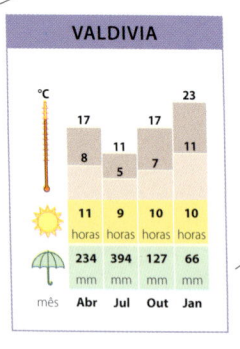

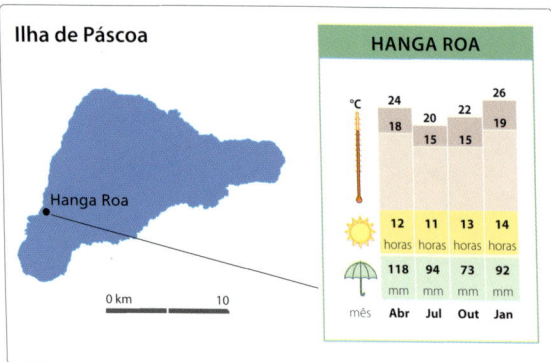

ILHA ROBINSON CRUSOÉ

°C	13	20	15	16	22
			10	10	15
horas	11	10	13	14
mm	100	160	60	20
mês	Abr	Jul	Out	Jan

VALDIVIA

°C	8	17	11	17	23
			5	7	11
horas	11	9	10	10
mm	234	394	127	66
mês	Abr	Jul	Out	Jan

Valdivia

Ilha de Páscoa

Hanga Roa

0 km — 10

HANGA ROA

°C	18	24	20	22	26
			15	15	19
horas	12	11	13	14
mm	118	94	73	92
mês	Abr	Jul	Out	Jan

O norte da Patagônia se caracteriza por invernos com chuva e neve suave. Os ventos são comuns no verão.

No sul da Patagônia, o tempo muda bastante durante o verão. No inverno, faz frio e costuma nevar.

CHILE E ILHA DE PÁSCOA MÊS A MÊS | 43

COPIAPÓ

mês	Abr	Jul	Out	Jan
°C máx	25	21	26	29
°C mín	9	5	10	14
horas de sol	12 horas	11 horas	13 horas	14 horas
chuva	0,6 mm	5,2 mm	0,7 mm	0,1 mm

SANTIAGO

mês	Abr	Jul	Out	Jan
°C máx	23	15	22	29
°C mín	7	3	7	12
horas de sol	11 horas	10 horas	13 horas	14 horas
chuva	19 mm	76 mm	13 mm	0 mm

— Média mensal de temperatura máxima
— Média mensal de temperatura mínima
— Média diária de horas de sol
— Média mensal de chuva

RANCAGUA

mês	Abr	Jul	Out	Jan
°C máx	23	14	22	31
°C mín	7	3	8	13
horas de sol	11 horas	10 horas	13 horas	14 horas
chuva	29 mm	122 mm	21 mm	02 mm

COYHAIQUE

mês	Abr	Jul	Out	Jan
°C máx	11	3	11	17
°C mín	2	-1	3	7
horas de sol	10 horas	9 horas	14 horas	16 horas
chuva	52 mm	84 mm	29 mm	28 mm

A Região dos Lagos e Chiloé são as áreas mais úmidas do Chile, com menos incidência de chuva no verão. Os invernos são frescos, e os verões têm clima moderado.

PUNTA ARENAS

mês	Abr	Jul	Out	Jan
°C máx	10	4	11	14
°C mín	4	-1	3	7
horas de sol	10 horas	8 horas	15 horas	17 horas
chuva	36 mm	28 mm	28 mm	38 mm

Legenda

- Subtropical úmido: verões chuvosos e invernos amenos; chuva o ano todo.
- Deserto e altiplano: condições áridas, com dias quentes e noites frias.
- Semiárido: pouca chuva, verões quentes, invernos moderados.
- Temperado: verões quentes e secos, invernos suaves com chuva.
- Temperado oceânico: verões úmidos, fortes chuvas no inverno.
- Subpolar oceânico: verões úmidos e frios, fortes chuvas no inverno.
- Andino de altas altitudes: quente, seco e chuvoso no norte.
- Tundra e calota polar: verões imprevisíveis, invernos frios.

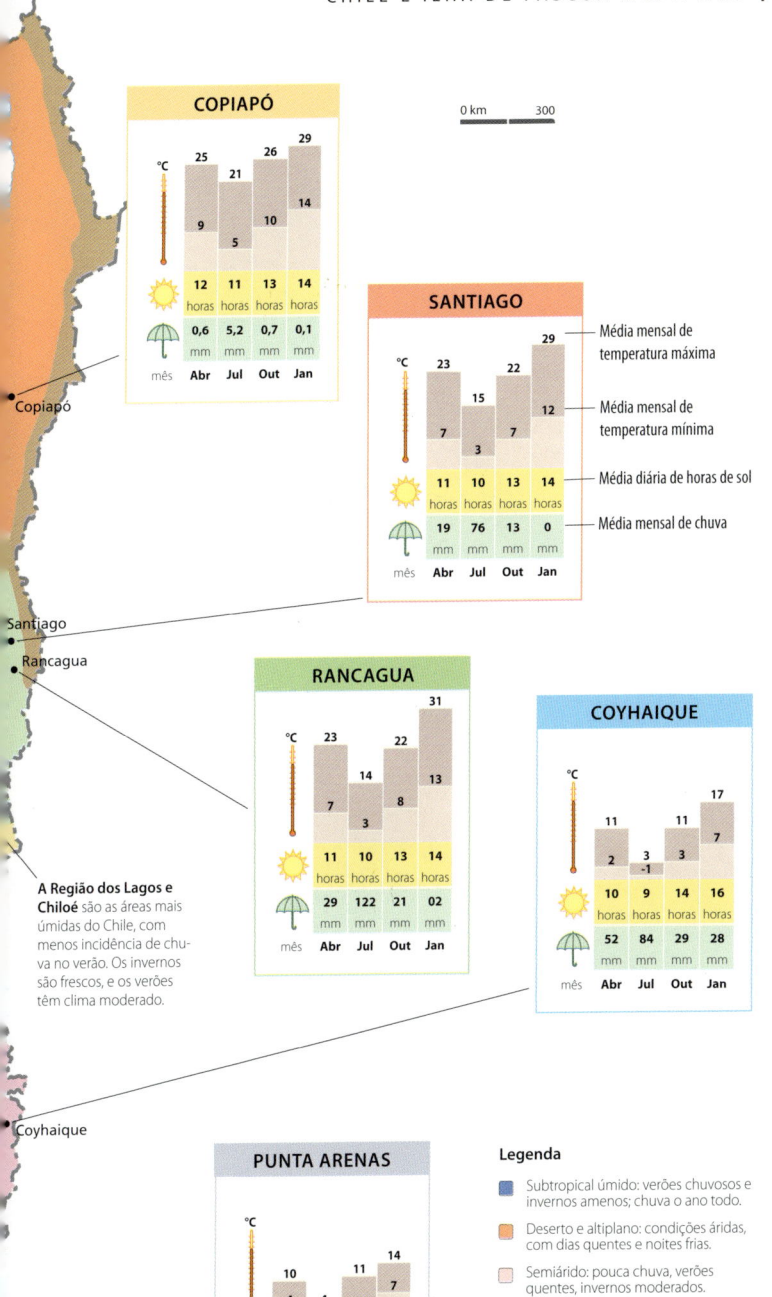

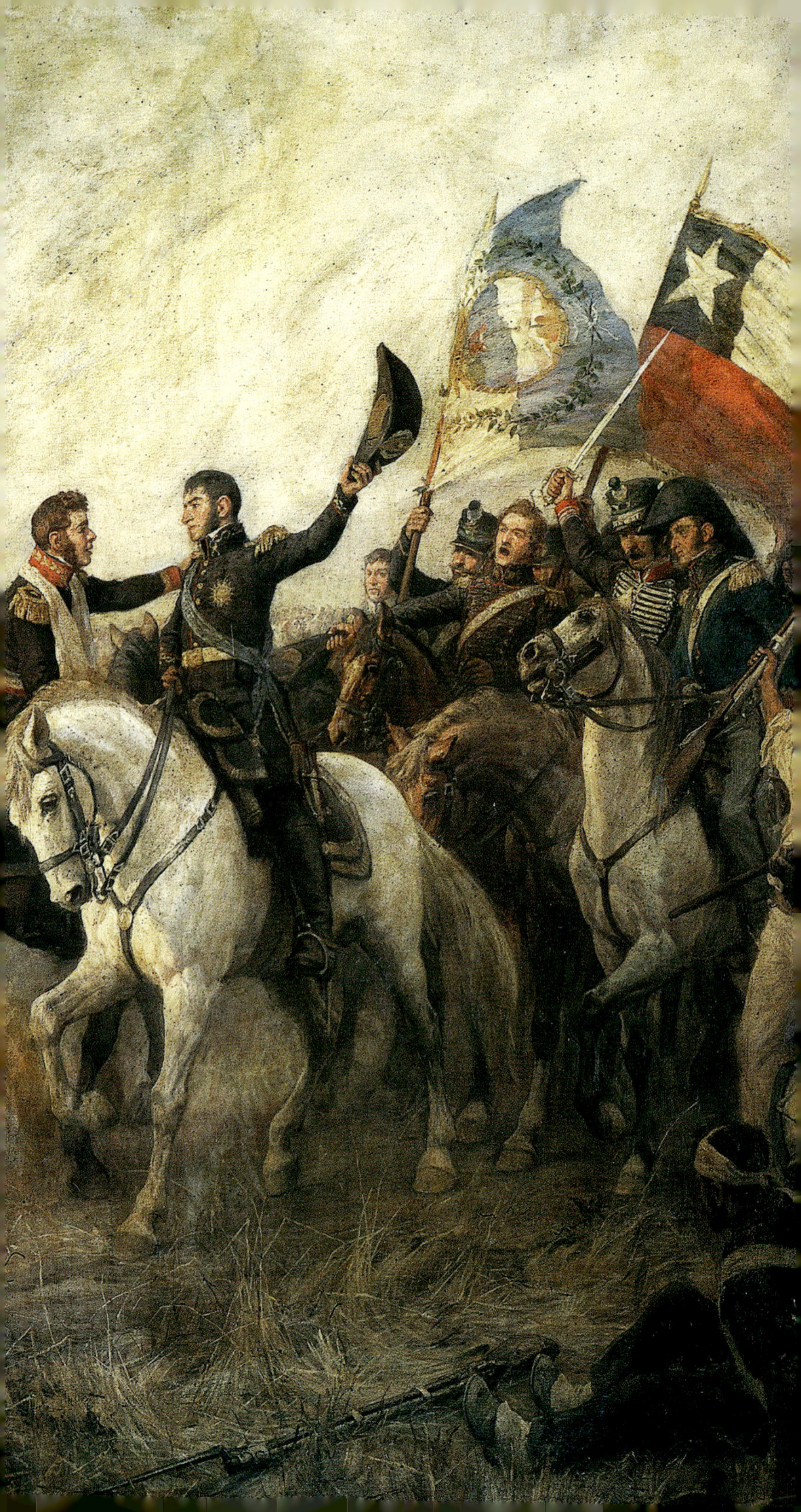

A HISTÓRIA DO CHILE E DA ILHA DE PÁSCOA

Apesar do isolamento geográfico, o Chile tem uma história baseada em civilizações e impérios antigos. O país também desempenhou um papel importante na era das explorações e da colonização europeia, antes de protagonizar um próspero período de independência. A também afastada Ilha de Páscoa tem um passado rico e ainda hoje ocupa o centro de polêmicas.

Os primeiros humanos que chegaram ao continente americano foram coletores que cruzaram o estreito de Bering por uma ligação de terra. Embora seja difícil precisar quando isso aconteceu, a imigração desses grupos ocorreu em ondas, ao longo de milhares de anos, e estima-se que o fluxo se encerrou há cerca de 10 mil anos.

De acordo com as descobertas de escavações em Monte Verde, ao norte de Puerto Montt, na Região dos Lagos, os primeiros povoados chilenos podem ter sido fundados há mais de 13 mil anos. Por volta de 6000 a.C., as plantações de batata, abóbora e feijão alimentavam as comunidades de atacamenhos, aimarás e diaguitas, que viviam na região do Atacama e nas encostas dos Andes. Os aimarás criavam lhamas e alpacas, que forneciam alimento e lã, e trocavam seus produtos com outros grupos, como os changos, que viviam da pesca. Ao sul, os mapuches e os pewenches, huiliches e puelches ocupavam a região. Todas eram tribos seminômades, que tinham subsistência autônoma. Na região hoje chamada de Patagônia, os chonos, kawéskar e yámanas – coletivamente conhecidos como canoês – pescavam peixes e mariscos nos fiordes e canais próximos à costa do Pacífico e ao estreito de Magalhães. Os tehuelches caçavam nas planícies da Patagônia, enquanto os selk'nam (ou onas) estavam estabelecidos na grande ilha da Terra do Fogo.

Isolada do continente, a Ilha de Páscoa teve uma trajetória paralela, e seu passado ainda suscita controvérsias. Os primeiros colonizadores chegaram há cerca de mil anos vindos do leste da Polinésia e encontraram uma ilha de densas florestas. Seus descendentes criaram uma sociedade complexa, lembrada sobretudo pelas tradicionais estátuas chamadas *moais*, comuns por toda a ilha. Porém, a construção de *moais*, associada ao rápido crescimento da população, levou à destruição de boa parte da vegetação. A posterior disputa entre os clãs resultou no declínio da sociedade que vivia na Ilha de Páscoa. A chegada dos europeus e, mais tarde, a anexação da ilha pelo Chile quase aniquilaram essa cultura, que somente hoje começa a recuperar sua importância.

13000 a.C. Fundação de Monte Verde, primeiro povoado do Chile

Retrato do povoado de Monte Verde

1000 Chegada dos polinésios à Ilha de Páscoa

14000 a.C. | 1º d.C. | 400 | 800 | 1200

6000 a.C. Cultivo de batata, feijão e abóbora na região central dos Andes

Moais em Ahu Akivi, na Ilha de Páscoa, datados de c. 1000-1600

◀ José de San Martín e Bernardo O'Higgins no fim da luta pela independência do Chile, em 5 de abril de 1818

La Fundación de Santiago, pintura de Pedro Lira sobre a fundação da cidade por Valdivia

O Império Inca

No século XV, os incas, donos do império mais famoso da região central dos Andes, ampliaram seu território até a atual capital chilena. Por volta de 1438 o poderio inca atingiu seu apogeu, mas o controle das regiões periféricas, como o Chile, era precário e dependia da cooperação e da cobrança de impostos de vários povos. Disputas internas, intensificadas após a morte do imperador Huayna Capac (*c.* 1527), levaram ao início da guerra civil, conflito que pavimentou o caminho dos conquistadores espanhóis.

Exploração e Colonização

As viagens de Cristóvão Colombo (1451-1506) deram início a uma corrida pela exploração do Novo Mundo. Isso resultou no amplo controle espanhol sobre a maioria da América, conforme estabelecido oficialmente em 1494 pela assinatura do Tratado de Tordesilhas. Em 1520, Fernando de Magalhães (1480-1521) tornou-se o primeiro europeu a chegar à Terra do Fogo e a percorrer a passagem que ficaria conhecida como estreito de Magalhães. Na década de 1530, Francisco Pizarro e seus irmãos dividiram o que restou do Império Inca. Diego de Almagro, rival de Pizarro, foi o primeiro a explorar o atual Chile em uma expedição iniciada em 1535. Problemas de planejamento e de logística não permitiram que Almagro ultrapassasse o vale do Aconcágua, no centro do Chile, e vários homens morreram ao tentar cruzar os Andes. A expedição comandada por Pedro de Valdivia em 1541 teve mais êxito: fundou a capital, Santiago; as cidades costeiras de La Serena, Valparaíso e Concepción; Villarrica, no interior do país; e Valdivia, situada à beira de um rio. O conquistador também enviou tropas para explorar o estreito de Magalhães a partir do lado oeste, o que ajudou o país a consolidar a posse das áreas mais meridionais do continente.

As relações entre os espanhóis e os índios mapuche, inicialmente cordiais, não demoraram a se deteriorar, o que resultou nas guerras dos araucanos, que duraram mais de três séculos. Valdivia morreu em 1553 combatendo os índios na batalha de Tucapel. Suas expedições e a capacidade de organização criaram as bases para o futuro território do Chile.

O principal objetivo dos conquistadores era enriquecer, e, quando ficou claro que as imensas jazidas de ouro que buscavam não existiam, seus descendentes tiveram de recorrer a outras alternativas. A coroa espanhola tinha interesse na fundação de novas

Explorador espanhol Francisco Pizarro (*c.* 1471-1541)

- **1400**
- **1438** Consolidação do Império Inca
- *Líder inca Huayna Capac*
- **1450**
- **1492** Primeira viagem de Colombo
- **1494** O Tratado de Tordesilhas divide a América entre Espanha e Portugal
- **1500**
- **1520** Magalhães descobre a Terra do Fogo e o estreito com seu nome
- **1528** Francisco Pizarro chega ao Peru
- **1535** Diego de Almagro parte do Peru rumo ao Chile
- **1541** Pedro de Valdivia funda a cidade de Santiago
- *Pedro de Valdivia*
- **1550**
- **1565** Primeira Audiência de Chile, ocorrida na cidade de Concepción
- **1598** Revolta dos mapuches expulsa os espanhóis do sul do rio Bío-Bío
- **1600**

colônias, oferecidas sob a forma de *encomiendas*, sistema pelo qual os conquistadores espanhóis dispunham do controle da terra e podiam explorar o trabalho escravo dos nativos. Na mesma época, a igreja católica identificou a oportunidade de catequizar e converter milhões de índios. Após o final da liderança indígena, a exploração colonialista e o esforço evangelizador passaram a sustentar a organização social e econômica dos novos territórios.

A *encomienda* perdeu valor conforme a população indígena diminuía, vítima das doenças trazidas pelos espanhóis. Em alguns casos, a queda das populações chegou a 90%. As taxas de mortalidade eram maiores nas planícies costeiras, com clima mais propício para a propagação de doenças.

Na ausência de novos pagadores de impostos, os espanhóis optaram pela criação de grandes propriedades rurais. Chamadas de *haciendas*, tiveram dificuldades para se tornar produtivas por falta de mão de obra, situação que começou a mudar com o nascimento dos *mestizos*. Porém, os *latifundistas* concentraram a posse das terras e os mestiços e *minifundistas* lutavam para não morrer de fome.

Líder chileno Bernardo O'Higgins (1778-1842)

Declínio do Colonialismo

A desigualdade no acesso à terra dividiu os chilenos até meados do século XX, mas no início a terra tinha menos importância do que a crescente dominação espanhola. Apesar da existência de um governador em Santiago, o Chile fazia parte do vice-reinado do Peru, e os *criollos* (filhos de espanhóis nascidos na América do Sul) discordavam das determinações da metrópole sempre que seus interesses divergiam dos objetivos europeus. A tensão se intensificou quando Napoleão Bonaparte invadiu a Espanha e afetou o controle exercido sobre as colônias. Personagens externos ao império, como o chileno Bernardo O'Higgins, filho do vice-rei de Lima, e o argentino José de San Martín, representavam as aspirações da população *criolla* e deram os primeiros passos rumo às reivindicações pela independência.

Gravura do século XIX que retrata a vida em uma *hacienda*

Capitão James Cook

1722 O holandês Jacob Roggeveen é o primeiro europeu a chegar à Ilha de Páscoa, na época em paz

1774 O capitão James Cook visita a Ilha de Páscoa

1650 | 1700 | 1750 | 1800

1778 Nascimento de Bernardo O'Higgins

1740 Na Bahía Corral, que dá acesso a Valdivia, são erguidos dezessete fortes

1808 Napoleão invade a Espanha

Declaração da independência chilena, em 1818, retratada pelo artista chileno Pedro Subercaseaux em 1945

Independência e República

Com o aumento das tensões entre a Espanha e os *criollos*, líderes chilenos se organizaram para libertar o país do controle da metrópole. Comandados por O'Higgins, formaram uma junta de governo em 1810, medida que resultou na reação espanhola, com destaque para a batalha de Rancagua, em 1814. Como consequência, diversos combatentes chilenos foram presos e enviados para a prisão no arquipélago de Juan Fernández. O'Higgins cruzou os Andes rumo a Mendoza, onde se juntou com o libertador da Argentina, José de San Martín. Três anos depois, o Ejército de los Andes, de San Martín, derrotou os espanhóis em Chacabuco e entrou em Santiago, com o convite para que San Martín assumisse o posto de regente do Chile. Mas o líder argentino recusou a oferta em favor de O'Higgins e seguiu rumo ao Peru. Depois de supervisionar a declaração de independência do Chile, em 1818, O'Higgins passou cinco conturbados anos à frente do governo, enfrentando a resistência de setores mais conservadores que se opunham ao secularismo e ao ativismo social do líder. Nos anos seguintes, cresceu a influência de políticos liberais e proprietários de terras. Depois de uma guerra civil, cujo fim se deu em 1830, o empreendedor Diego Portales passou a comandar um regime de perfil mais conservador. Portales foi o criador da Constituição de 1833, que estabeleceu um governo centralizado e decretou a religião católica como credo oficial do país. A constituição de Portales vigorou até 1925.

Sob o aspecto econômico, nessa época o país passou por um intenso crescimento graças à descoberta de depósitos de prata em Chañarcillo, na região do Atacama. Além disso,

1810 Criação da Primeira Junta de Gobierno

1814 Batalha de Rancagua

1817 Batalha de Chacabuco

1818 Declaração de independência

1823 O'Higgins exila-se em Lima

1830 Juan Godoy descobre depósitos de prata em Chañarcillo

1833 Constituição de 1833

1837 Diego Portales é executado após revolta

1849 Exploração de ouro na Califórnia

Diego Portales (1793-1837)

Estátua de Juan Godoy, em Copiapó

a corrida do ouro iniciada em meados do século XIX na Califórnia fez de Valparaíso uma importante parada para os navios que contornavam o cabo Horn, e São Francisco tornou-se um importante comprador do trigo chileno. Os proprietários de terras lucraram com o boom, mas os trabalhadores e camponeses seguiam em condição desfavorável socialmente.

Usina de extração de nitrato no Deserto de Atacama

Expansão Territorial

Na época da independência, o território chileno se limitava entre Copiapó, no Atacama, até Concepción, no Vale Central, além de possessões isoladas como Valdivia e Chiloé. A Bolívia e o Peru eram donos das áreas ricas em salitre. No primeiro caso, o controle das minas estava nas mãos de investidores chilenos, inconformados em pagar impostos de exportação na cidade portuária de Antofagasta. Numa tentativa de driblar a situação, os militares chilenos ocuparam a cidade em 1879. A Bolívia pediu ajuda ao Peru e assim começou a Guerra do Pacífico, que durou quatro anos e terminou com a vitória chilena. O Chile tomou Antofagasta e apossou-se das províncias peruanas de Tacna, Arica e Tarapacá, além da capital. Lima e Tacna foram devolvidas ao país vizinho, mas Arica e Tarapacá tornaram-se chilenas. A consolidação da fronteira norte levou o país a ampliar seu território sul, onde a região abaixo do rio Bío-Bío, controlada pelos índios araucanos, constituía um limite perigoso. Apenas as regiões da Patagônia, os arredores de Punta Arenas e as proximidades da atual Aisén estavam sob controle do Chile. Em 1881 o governo firmou diversos tratados com os mapuches, pondo fim às guerras araucanas. No processo, a área ao sul do rio Bío-Bío abriu-se para a imigração europeia, sobretudo alemã, que deixou profundo impacto na paisagem, como as casas com telhas e a produção de laticínios. A crescente força naval chilena consolidou sua presença entre o deserto, no norte do país, e a Patagônia. Um período de exploração da lã teve início em meados dos anos 1870, trazendo prosperidade à região de Magalhães. Em 1888, o Chile anexou a Ilha de Páscoa.

O presidente José Manuel Balmaceda precisou enfrentar uma guerra civil surgida após iniciativas de distribuir as riquezas do país de forma mais igualitária. O conflito culminou com o suicídio de Balmaceda, em 1891, e a consolidação de um governo conservador.

Batalha de Tarapacá, em 1879, na Guerra do Pacífico

José Manuel Balmaceda (1840-91)

Batalha naval entre Chile e Peru, na Guerra do Pacífico

1855

1870 Exploração de lã na Patagônia

1870

1879 Ocupação chilena da cidade de Antofagasta dá início à Guerra do Pacífico

1881 Acordo com os mapuches encerram as guerras araucanas

1883 Fim da Guerra do Pacífico, vencida pelo Chile

1885

1888 Anexação da Ilha de Páscoa

1891 Guerra civil e suicídio do presidente Balmaceda

Escuela Santa María de Iquique, palco do massacre de 1907

Decadência Econômica

Com o aumento dos rendimentos decorrentes da exploração mineral e do setor naval, o Chile tinha bons motivos para entrar no século XX em um clima de otimismo. Mas havia algumas nuvens no horizonte: o ano de 1907 foi marcado por um dos episódios mais trágicos da história do país, quando forças militares assassinaram centenas de operários grevistas que haviam ocupado uma escola da cidade de Iquique em protesto aos baixos salários e às precárias condições de trabalho. Na mesma época, o salitre sintético começou a substituir o minério de baixo rendimento extraído das reservas do Atacama, e diversas *oficinas* (centros de exploração) e portos sofreram uma forte queda nas atividades. A inauguração do Canal do Panamá, em 1914, reduziu o tráfego ao redor do cabo Horn e o até então próspero porto de Valparaíso entrou em declínio. A eclosão da Primeira Guerra Mundial praticamente extinguiu o comércio com parceiros europeus, como o Reino Unido e a Alemanha. O Chile viu-se isolado.

Com o fechamento das minas de salitre, muitos mineiros mudaram para cidades grandes e passaram a atuar como operários. A população rural tinha poucas oportunidades, sobretudo por causa da concentração de terras nas mãos dos grandes latifundiários. Os pequenos produtores contavam com poucos recursos e tinham dificuldades para sobreviver.

Novo Constitucionalismo

Apesar da depressão econômica e das condições sociais adversas, a década de 1920 começou marcada por boas expectativas, com a eleição do reformista Arturo Alessandri para a presidência do país. Alessandri compreendeu

Navios na baía de Valparaíso, retratados por Edward Willmann em 1840

1907 Massacre dos mineiros na Escuela Santa María de Iquique

1910 A Chile Exploration Company começa a atuar em Chuquicamata

1914 Abertura do Canal do Panamá

1920 Arturo Alessandri é eleito presidente

1923 Chuquicamata é vendida para a Anaconda Copper
Cobre de Chuquicamata

1925 Constituição de 1925; Alessandri renuncia sob pressão de Carlos Ibáñez del Campo

1927 Ibáñez del Campo torna-se ditador

1929 Início da Grande Depressão americana

1931 Ibáñez del Campo renuncia e parte para o exílio

Arturo Alessandri (1868-1950)

a gravidade da situação, mas não conseguiu o apoio do congresso, de perfil conservador. A tensão culminou em um golpe militar e a partida do presidente para o exílio, além da criação de uma nova Constituição, em 1925, que reforçava o poder executivo e separava a Igreja do Estado. No entanto, a Grande Depressão dos anos 1930 associada às tendências autoritárias do novo presidente, o general Carlos Ibáñez del Campo, abriram caminho para a volta de Alessandri. As décadas seguintes se caracterizaram pela fragmentação política, com um eleitorado dividido entre uma esquerda radical, o centro burguês e a direita autoritária.

Carlos Ibáñez del Campo (1877-1960)

O cobre assumiu o posto de principal fonte de renda do país e a Anaconda Copper Company, americana, exercia crescente influência nas decisões do país – apesar do descontentamento da população. Eleito em 1964, Eduardo Frei Montalva tentou criar reformas para conter esses embates e estimular a entrada de investidores chilenos na atividade mineradora. No entanto, as medidas de Frei não agradaram a todos: a extrema esquerda exigia a nacionalização das minas de cobre, enquanto os latifundiários e magnatas da mineração desaprovavam as mudanças. Em 1970, a eleição do socialista Salvador Allende Gossens iria mudar tudo.

Governo Allende

Allende, que concorreu à presidência pela primeira vez em 1952, era um político que acreditava na possibilidade de promover grandes transformações na sociedade chilena. Em 1970, em uma eleição disputada, Allende e seu partido, a Unidad Popular, venceram nas urnas com 36,6% dos votos, enquanto seus rivais Jorge Alessandri Rodríguez e Radomiro Tomic tiveram 34,9% e 27,8%, respectivamente. Na falta de maioria absoluta a escolha coube ao Congresso, que seguiu a tradição e indicou o candidato mais votado. Allende nacionalizou as minas de cobre e confiscou cerca de 20 mil km^2 de terras, estimulando uma ocupação informal que resultou em violência. Para agradar à classe operária urbana, Allende aumentou os salários, ampliando o deficit que estimulava a inflação.

As iniciativas do presidente, no entanto, não contavam com a aprovação do direitista Patria y Libertad e do Movimiento de Izquierda Revolucionaria, de esquerda, que dificultavam a tarefa de governar o país. Em consequência, os assassinatos políticos tornaram-se comuns. Em meio ao caos, Salvador Allende escolheu o general Augusto Pinochet Ugarte para o posto de comandante supremo das Forças Armadas do Chile.

Salvador Allende, eleito presidente em 24 de outubro de 1970

Eduardo Frei Montalva (1911-82)

1952 Salvador Allende concorre à presidência; Ibáñez del Campo vence a eleição

1964 Eduardo Frei Montalva se elege presidente

1970 Eleição de Salvador Allende

1971 O congresso chileno nacionaliza as minas de cobre

1973 Allende nomeia Augusto Pinochet para o comando das forças armadas

Augusto Pinochet Ugarte

General Augusto Pinochet em visita a Los Andes, em julho de 1987

A Ditadura de Pinochet

Oficial pouco conhecido, Augusto Pinochet causou surpresa quando, três semanas após sua indicação para o comando das Forças Armadas, liderou o violento golpe de Estado que depôs Salvador Allende, o qual se suicidou durante o ataque ao Palácio Presidencial em 11 de setembro de 1973. Os meses seguintes foram ainda mais violentos: os golpistas censuraram a imprensa, fecharam os partidos, prenderam oponentes políticos e executaram muitas vítimas nas chamadas "caravanas da morte", comandadas pelo general Sergio Arellano Stark. Cerca de 3 mil pessoas morreram ou "desapareceram" e muitas foram torturadas. Pinochet enviou agentes para outros países para assassinar seu antecessor no comando das Forças Armadas, Carlos Prats, morto em Buenos Aires, e o ex-ministro de relações exteriores de Allende, Orlando Letelier, executado em Washington.

Pinochet não hesitou em aumentar seu poder e em acumular riquezas. Também tentou remodelar a sociedade chilena – convicto dos benefícios do liberalismo econômico, conduziu reformas que eliminaram o controle do Estado, privatizou a saúde e a previdência, estimulou o investimento estrangeiro e privatizou a maioria das empresas estatais. A recuperação econômica deu confiança para que fosse feito um plebiscito em 1980, resultando na ampliação de seu "mandato" por mais nove anos e aprovou uma nova Constituição. Apesar das suspeitas em relação à integridade do plebiscito, Pinochet venceu a consulta popular e em 1987 permitiu que os partidos políticos voltassem à atividade. Criada pelo advogado do partido conservador Jaime Guzmán, a Constituição de 1980 fixava outro plebiscito para 1988, oportunidade de dar ao general o direito de prosseguir no comando do país até 1997. No entanto, dessa vez, uma coalizão dos partidos de centro e de centro-esquerda conseguiu que a maioria dos votos fosse contrária à permanência do ditador.

Restauração da Democracia

Em 1989, o candidato da coalizão de centro-esquerda, Patricio Aylwin, venceu a eleição presidencial, mas a Constituição de Guzmán restringia o ritmo das mudanças políticas no país. Entre outras medidas, estabelecia o cargo de senador vitalício para ex-presidentes, entre eles Pinochet, e garantia imunidade legislativa. Quatro anos depois, o candidato da Concertación (coalizão) Eduardo Frei Ruiz-Tagle venceu a eleição presidencial. Com o bom desempenho da economia, não havia cobrança nem apoio para uma investigação sobre as violações aos direitos humanos sob

1974 Assassinato do general Carlos Prats em Buenos Aires, Argentina

Comemoração do plebiscito que derrotou Pinochet

1988 Pinochet perde o plebiscito

1989 Patricio Aylwin é eleito presidente

1975 — **1980** — **1985** — **1990** — **1995**

1976 Assassinato de Orlando Letelier em Washington, EUA

1980 Plebiscito aprova a Constituição de 1980 e estende por oito anos o regime de Pinochet

1987 Os partidos políticos voltam à legalidade

1991 Jaime Guzmán é assassinado em Santiago

1973 Golpe militar depõe Salvador Allende

1994 Eduardo Frei Ruiz-Tagle é eleito presidente

Eduardo Frei Ruiz-Tagle, presidente de 1994 a 2000

o regime de Pinochet. Convencido de sua impunidade, o ex-ditador fazia várias viagens pelo mundo sem problemas até que, em outubro de 1998, ao visitar Londres para tratamento médico, foi informado da decretação de sua prisão domiciliar, pedida pelo juiz espanhol Baltazar Garzón, que solicitou a extradição de Pinochet como parte de um inquérito sobre as mortes e os desaparecimentos de cidadãos espanhóis após o golpe militar de 1973.

Garzón não conseguiu extraditar Pinochet para a Espanha, mas inaugurou uma nova era. Pouco tempo depois, o juiz chileno Juan Guzmán questionou a imunidade do ditador e abriu investigações sobre a "caravana da morte" e a existência de contas bancárias secretas, destruindo assim a pouca credibilidade que lhe restava. Embora jamais tenha sido condenado pelos crimes que cometeu, até sua morte, no final de 2006, Pinochet foi totalmente isolado da vida pública.

O Chile Depois de Pinochet

A eleição de Ricardo Lagos em 2000 marcou a consolidação da democracia chilena. Antes do final do mandato de seis anos, o terceiro presidente consecutivo da Concertación conseguiu aprovar algumas emendas constitucionais polêmicas: extinguiu os senadores não eleitos e recuperou a atribuição do presidente de afastar o comandante das Forças Armadas. Também reduziu o mandato presidencial para quatro anos, mas permitiu que ex-presidentes voltassem a se candidatar para pleitos não consecutivos. Os governos da Concertación deram continuidade ao plano econômico definido pelos seus antecessores. Essas políticas, ainda que responsáveis pela estabilidade da economia, ampliaram a distância entre ricos e pobres e resultaram no aumento das taxas de desemprego.

Em 2006, os chilenos elegeram a candidata da Concertación Michelle Bachelet, ex-ministra da defesa, como primeira presidente do país. Após um início com altos e baixos, a presidente elevou seus índices de aprovação pela forma como conduziu a economia do país durante a crise global de 2009. Em março de 2010, ao término do mandato de Bachelet, as eleições conduziram ao comando do país o candidato da oposição Sebastián Piñera, do partido Alianza. Em 2014, Bachelet sucedeu Piñera para um segundo mandato.

Michelle Bachelet e o ex-presidente Ricardo Lagos

1998 Decretada a prisão domiciliar de Pinochet, em Londres

2000 Ricardo Lagos é eleito presidente; Pinochet volta para o Chile

2005 O caso do Riggs Bank revela contas bancárias de Pinochet

2006 Michelle Bachelet é eleita presidente; Pinochet morre em dezembro

2010 Sebastián Piñera é eleito presidente; a região central do Chile sofre um sério terremoto

Sebastián Piñera em uma corrida

2015 Os vulcões Villarrica e Calbuco entram em erupção, enquanto ocorrem enchentes no Deserto de Atacama

2014 Michelle Bachelet é reeleita presidente

Caixão de Pinochet em cortejo pelas ruas

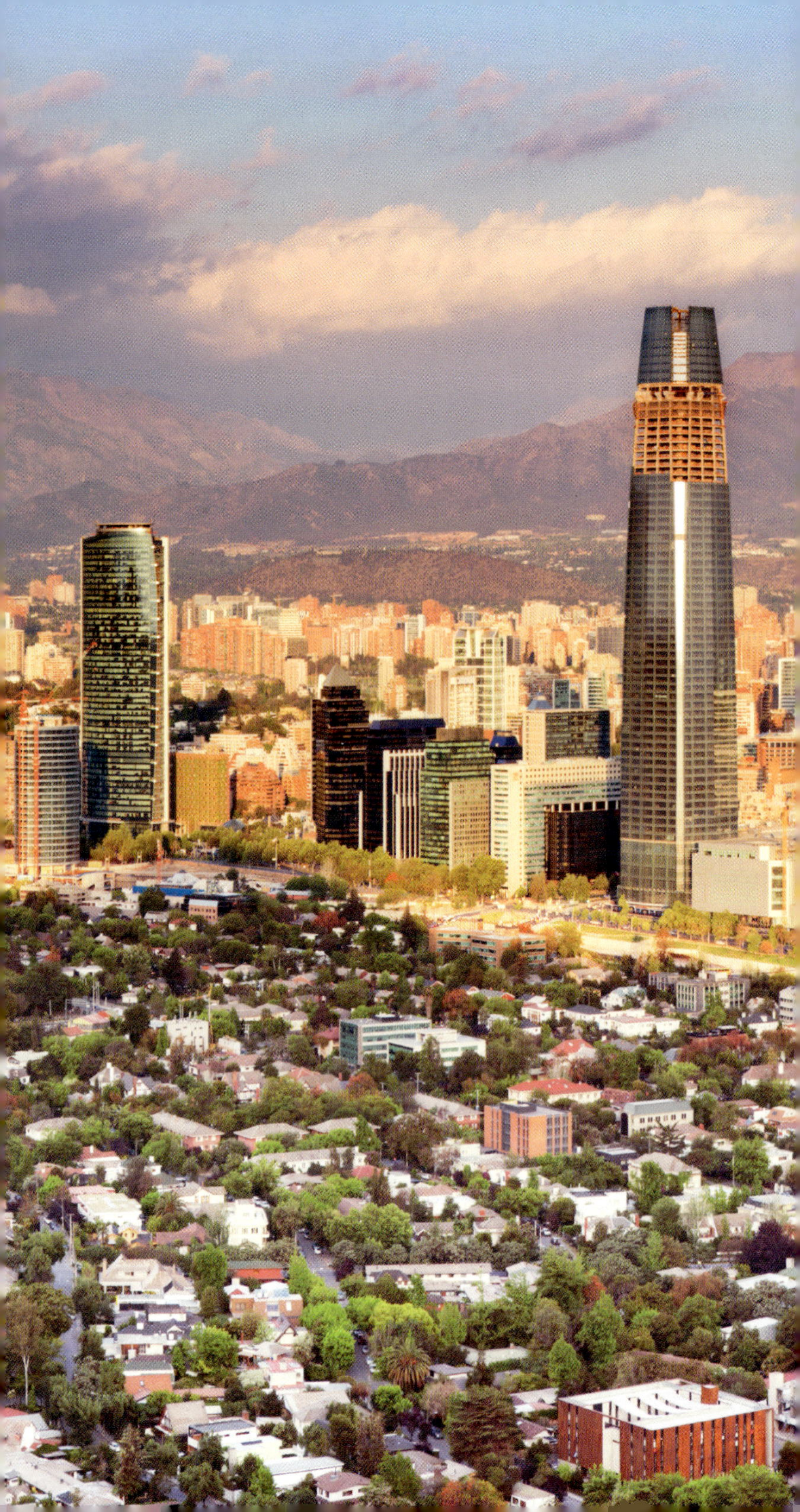

SANTIAGO ÁREA POR ÁREA

Santiago em Destaque	56-57
Plaza de Armas e Centro de Santiago	58-77
Oeste do Centro de Santiago	78-85
Nordeste do Centro de Santiago	86-95
Como Circular em Santiago	96-97
Compras em Santiago	98-101
Diversão em Santiago	102-105
Guia de Ruas de Santiago	106-113

Santiago em Destaque

A capital, Santiago, é a maior cidade do país e acomoda mais de um terço de toda a população. A região metropolitana se estende por aproximadamente 641km² e ocupa uma bacia situada entre os Andes, a leste, e a cordilheira costeira, a oeste. O rio Mapocho corta a cidade, e as principais atrações situam-se perto do seu curso, como os bairros de Las Condes, Vitacura, Providencia, Bellavista e centro de Santiago. As áreas residenciais se espalham junto às encostas dos Andes e, no sentido oeste, nas proximidades do Parque Metropolitano de Santiago.

Localize-se

A Catedral Metropolitana *(p. 62)* é uma importante atração instalada na Plaza de Armas. Maior igreja católica da cidade, é também a sede do arcebispado de Santiago. A construção exibe estilo neoclássico, como a maioria das principais edificações do centro.

A grandiosidade arquitetônica do **Club Hípico** *(p. 85)*, instalado no elegante bairro República, comprova a opulência econômica da capital no final do século XIX.

◀ Os bairros de Providencia e Las Condes, em Santiago, com os Andes ao fundo

SANTIAGO EM DESTAQUE | **57**

O **Barrio El Golf** *(p. 94)* faz parte da região de Las Condes, apelidada de "Sanhattan" por causa dos modernos edifícios. Diversos restaurantes elogiados ocupam as avenidas Isidora Goyenechea e El Bosque.

NORDESTE DO CENTRO DE SANTIAGO *(pp. 86-95)*

A **Galería Isabel Aninat** é uma das diversas galerias de arte do Barrio Vitacura *(pp. 94-5)*, onde se pode apreciar as obras de artistas consagrados e de novos talentos.

O **Parque Metropolitano de Santiago** *(pp. 88-9)*, rico em árvores, é considerado o "pulmão" da capital chilena. Inclui trilhas, jardim botânico, piscinas, zoológico e um teleférico.

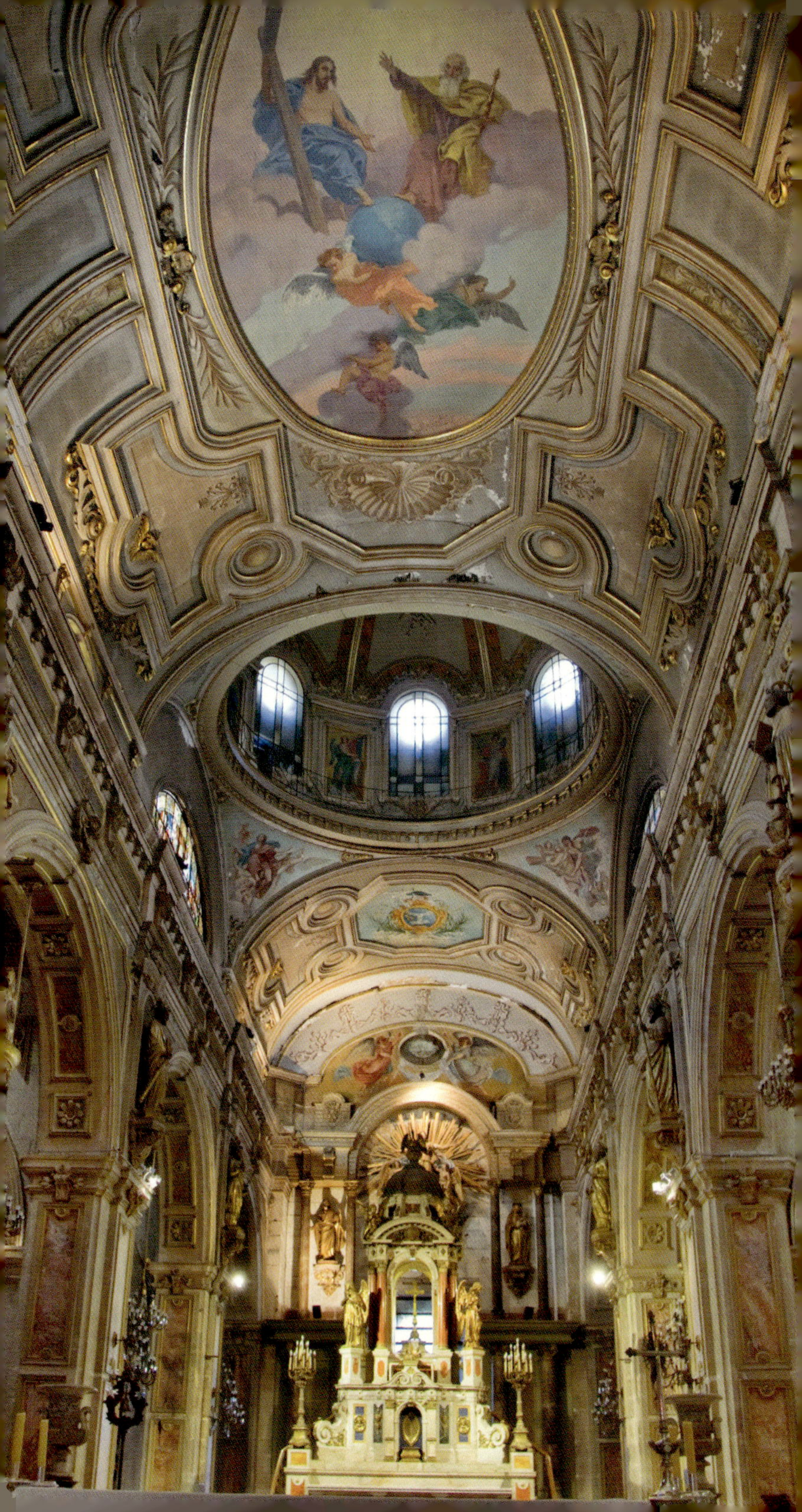

PLAZA DE ARMAS E CENTRO DE SANTIAGO

Fundada em 1541 por Pedro de Valdivia, a Plaza de Armas surgiu como centro cívico e comercial da cidade. Nos arredores foram erguidos o tribunal de justiça, a catedral, o palácio do governador e as casas dos conquistadores do Chile. Com o passar dos anos, várias dessas construções foram destruídas por terremotos e incêndios, e o que resta hoje remonta sobretudo ao século XVIII. A praça e o centro de Santiago constituem o núcleo social dessa parte da cidade, procurada por habitantes locais e turistas que pretendem descansar ou apreciar os numerosos artistas de rua.

Principais Atrações

Locais Históricos, Ruas, Bairros e Praças
- ❷ Correo Central
- ❸ Palacio de la Real Audiencia
- ❹ Municipalidad de Santiago
- ❺ Casa Colorada
- ❼ Paseos Ahumada e Huérfanos
- ❽ Palacio de los Tribunales de Justicia
- ❾ Ex Congreso Nacional
- ❿ Palacio Alhambra
- ⓫ Cancillería
- ⓬ Palacio de La Moneda
- ⓭ Centro Cultural Palacio La Moneda
- ⓮ Plaza Bulnes
- ⓯ Bolsa de Comercio
- ⓰ Club de la Unión
- ⓱ Barrio París-Londres
- ⓲ Biblioteca Nacional
- ⓳ Teatro Municipal
- ㉔ Barrio Lastarría
- ㉘ Posada del Corregidor
- ㉚ Mercado Central
- ㉛ Centro Cultural Estacíon Mapocho

Igrejas e Catedrais
- ❶ Catedral Metropolitana
- ⓲ Iglesia y Convento de San Francisco
- ㉑ Iglesia San Agustín
- ㉒ Basilica y Museo de la Merced
- ㉙ Iglesia de Santo Domingo

Museus e Galerias
- ❻ *Museo Chileno de Arte Precolombino (pp. 64-5)*
- ㉕ Museo de Artes Visuales
- ㉖ Museo Nacional de Bellas Artes
- ㉗ Museo de Arte Contemporaneo

Locais de Interesse
- ㉓ Cerro Santa Lucía

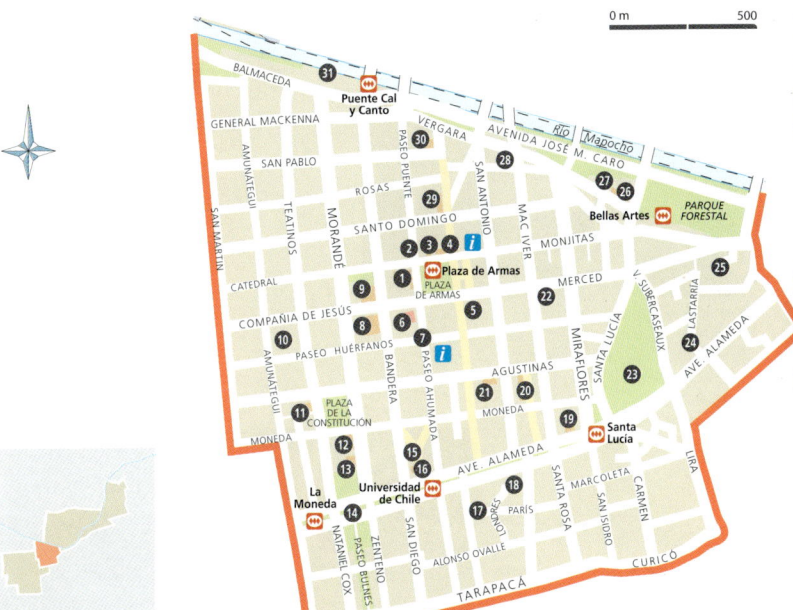

Veja Guia de Ruas, mapas 2 e 3

◀ A magnífica nave central da Catedral Metropolitana

Legenda dos símbolos *na orelha da contracapa*

Rua a Rua: Plaza de Armas

Centro simbólico de Santiago, a Plaza de Armas foi projetada de acordo com a tradição espanhola de reservar um quarteirão da cidade como espaço para desfiles. Durante o período colonial foi cercada de construções governamentais, mas no século XVII transformou-se em uma agitada zona comercial, repleta de galerias com lojas. Em 2000, a praça passou por uma reforma que ampliou esse espaço ao ar livre. Hoje constitui um vibrante centro social, que atrai muitas pessoas em busca de um pouco de descanso em um dos bancos ou de uma partida de xadrez – ou ainda quem quer apenas apreciar o ambiente e os artistas de rua.

⑨ Ex Congreso Nacional
Esse imponente edifício foi erguido entre 1858 e 1876, em estilo neoclássico, e exibe belas colunas coríntias.

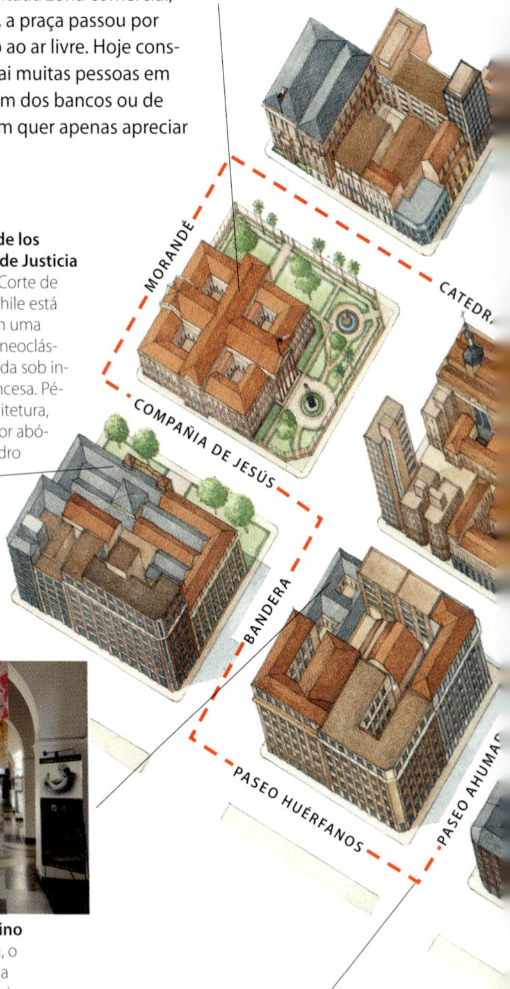

⑧ Palacio de los Tribunales de Justicia
A Suprema Corte de Justiça do Chile está instalada em uma construção neoclássica, projetada sob influência francesa. Pérola da arquitetura, é coberta por abóbadas de vidro e metal.

⑥ ★ Museo Chileno de Arte Precolombino
Instalado no Palacio Real de la Casa Aduana, o Museo Chileno de Arte Precolombino abriga um acervo dedicado às culturas pré-colombianas da América.

⑦ ★ Paseos Ahumada e Huérfanos
Essas duas alamedas exclusivas para pedestres abrigam vários shopping centers, cafés e restaurantes.

Legenda
— Percurso sugerido

Veja hotéis e restaurantes dessa região nas pp. 276 e 290

PLAZA DE ARMAS E CENTRO DE SANTIAGO | 61

❶ Catedral Metropolitana
Consagrada em 1775, a Catedral Metropolitana é a quarta igreja construída nesse local. O projeto original coube a jesuítas da Bavária, mas recebeu as atuais feições neoclássicas entre 1780 e 1789.

Localize-se
Veja Guia de Ruas, mapas 2 e 3

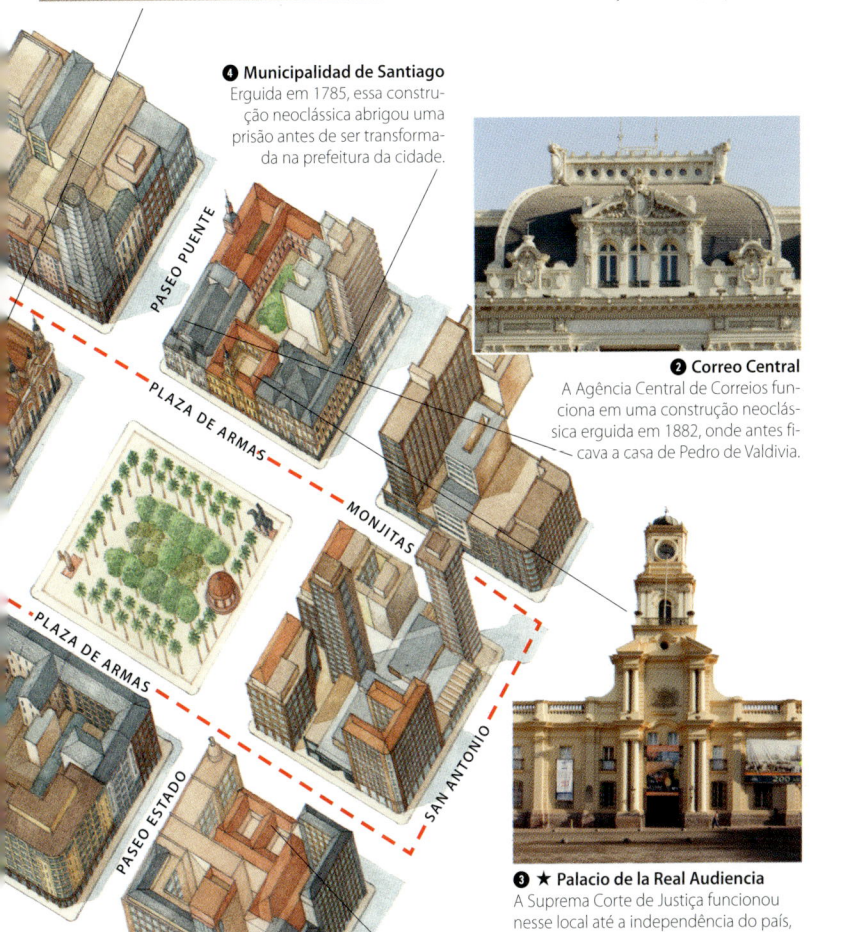

❹ Municipalidad de Santiago
Erguida em 1785, essa construção neoclássica abrigou uma prisão antes de ser transformada na prefeitura da cidade.

❷ Correo Central
A Agência Central de Correios funciona em uma construção neoclássica erguida em 1882, onde antes ficava a casa de Pedro de Valdivia.

❸ ★ Palacio de la Real Audiencia
A Suprema Corte de Justiça funcionou nesse local até a independência do país, em 1810. O Museo Histórico Nacional hoje oferece um passeio pelo passado colonial.

❺ Casa Colorada
Uma das últimas estruturas do século XVIII que resistem em Santiago, a Casa Colorada tem dois andares, característica rara na época. Abriga o Museo de Santiago.

0 m 50

❶ Catedral Metropolitana

Plaza de Armas. **Mapa** 2 E2. Plaza de Armas. 9h-19h diariam.

Instalada na lateral oeste da Plaza de Armas, a Catedral Metropolitana foi inaugurada em 1775, mas é a quarta igreja erguida nesse local – as anteriores foram destruídas por terremotos. É considerada a mais importante do país e sedia a Arquidiocese de Santiago do Chile. Jesuítas vindos da Baváría fizeram o projeto original, como se pode notar pelas imponentes portas com entalhes feitos de cedro que ainda sobrevivem mesmo depois de tantas reformas e modificações arquitetônicas.

O grandioso interior tem 90m de extensão e divide-se em três naves. A nave da direita abriga uma urna onde estão os corações dos heróis que lutaram na batalha de Concepción, durante a Guerra do Pacífico (1879-83). No local também estão os restos da primeira santa chilena, Santa Teresa de los Andes, e um altar dedicado a ela. Entre os destaques da construção estão o órgão, importado de Londres em 1850, o púlpito original, confeccionado no século XVIII, e o altar-mor, construído em Munique em 1912. Atrás do altar fica a cripta onde estão enterrados os cardeais e arcebispos chilenos. A nave da esquerda abriga a Iglesia de Sagrario (tabernáculo), monumento nacional e local onde foi fundada a primeira igreja paroquial do país. A Capilla del Centesimo Sacramento, também dentro da catedral, exibe belos adornos de cobre confeccionados pelos jesuítas.

Quem quer apreciar um belo acervo de obras artísticas e imagens religiosas não deixa de visitar o **Museo de Arte Sagrado**, de pequenas proporções, mas de ambiente acolhedor. O acesso é por dentro da igreja.

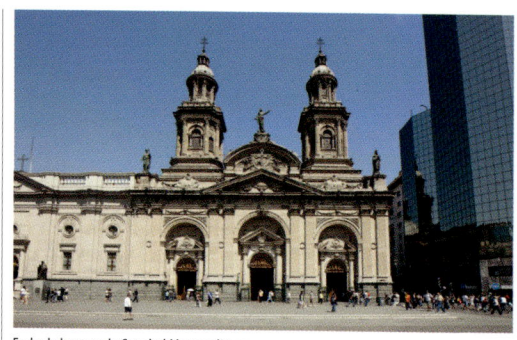

Fachada barroca da Catedral Metropolitana

❷ Correo Central

Plaza de Armas 983. **Mapa** 2 E2. **Tel** (02) 2956-5153. Plaza de Armas. 9h-18h30 seg-sex, 10h-14h sáb. correos.cl

Historicamente conhecido por ser o local escolhido para a construção da primeira casa erguida em Santiago, o atual Correo Central acomodou a residência do fundador da cidade, o espanhol Pedro de Valdivia. Em seguida abrigou o Conselho de Governo e, após a independência, sediou a residência presidencial até 1846. Em 1881, um incêndio destruiu parte da construção. O governo decidiu erguer uma grandiosa sede dos correios na Plaza de Armas e encomendou o projeto ao arquiteto e músico Ricardo Brown, que aproveitou parte da estrutura existente, mas ampliou a espessura das paredes e cobriu o telhado com metal. Em 1908, o arquiteto J. Eduardo Ferham recriou a fachada em estilo renascentista, acrescentou o terceiro andar e a cúpula de vidro.

Hoje, o Correo Central abriga um pequeno museu postal e uma exposição de selos no primeiro andar, oportunidade de apreciar a história dos Correos de Chile.

❸ Palacio de la Real Audiencia

Plaza de Armas 951. **Mapa** 2 E2. **Tel** (02) 2411-7010. Plaza de Armas. 10h-17h30 ter-dom. proibido usar flash. dibam.cl

Erguido entre 1804 e 1808, o Palacio de la Real Audiencia, em estilo neoclássico, testemunhou alguns dos acontecimentos mais importantes da história do Chile. Em 1811, passou a abrigar o primeiro Congresso Nacional, antes de acomodar o local de trabalho do primeiro presidente e libertador do Chile, Bernardo O'Higgins. No século XX, no edifício funcionaram a prefeitura e os correios.

Instalado nesse antigo palácio, o **Museo Histórico Nacio-**

Antigos objetos postais expostos no Correo Central

Veja hotéis e restaurantes dessa região nas pp. 276 e 290

nal retrata a trajetória do país por meio de um acervo cronológico que abrange do período colonial ao golpe militar de 1973. As salas se distribuem ao redor de um pátio central e exibem raras pinturas e móveis do século XVIII, como um armário de sacristia. Confeccionado em policromia barroca de acordo com o estilo renascentista espanhol, o móvel guardava os utensílios usados nas cerimônias católicas. As reproduções da parte interna das casas permitem conhecer a vida na colônia, assim como peças de vestuários e ferramentas da época. Há uma ala sobre educação e transportes. A parte de exposições temporárias, chamada Sala Plaza de Armas, abriga mostras sobre a cultura e tradições chilenas.

Armário de sacristia, c. 1760, no Museo Histórico Nacional

❹ Municipalidad de Santiago

Plaza de Armas s/n. **Mapa** 2 E2. **Tel** (02) 2713-6602. Plaza de Armas. só funcionários. **municipalidaddesantiago.cl**

Embora a sede da prefeitura de Santiago seja fechada à visitação do público, da Plaza de Armas é possível apreciar a arquitetura externa. Fundada em 1548 para abrigar o *cabildo*, nome dado à administração municipal na época da colônia, também funcionou como prisão. Nos anos subsequentes, três edifícios do complexo foram destruídos em decorrência de incêndios e terremotos. Em 1785, o arquiteto italiano Joaquin Toesca, criador de diversas construções em estilo neoclássico de Santiago, remodelou o local. Em 1883, após a transferência da prisão para novas instalações, a prefeitura ganhou mais espaço, mas em menos de uma década desmoronou após ser atingida por um incêndio. Em 1895, a sede municipal instalou-se no edifício reformado. A estrutura neoclássica foi preservada, porém com o acréscimo de detalhes inspirados no Renascimento italiano, como se pode perceber pelas portas em forma de arco cercadas de colunas. Atualmente, a fachada exibe um brasão oferecido pela Espanha à cidade de Santiago.

❺ Casa Colorada

Merced 860. **Mapa** 2 E2. **Tel** (02) 2386-7400. Plaza de Armas. para reforma por tempo indeterminado. **munistgo.cl**

Uma das poucas estruturas coloniais que resistem na capital chilena, a Casa Colorada é considerada um belo exemplo da arquitetura colonial encomendada pela burguesia do país. Construída em 1770, acomodou a família de dom Mateo de Toro y Zambrano (1727-1811), rico empreendedor e primeiro conde da conquista, título comprado da coroa espanhola. Durante o domínio espanhol, Toro y Zambrano foi enviado ao Chile para atuar como líder militar e governador real. Em 18 de setembro de 1810,

Atual fachada da Municipalidad de Santiago

foi escolhido o primeiro presidente da nova junta de governo, durante a tentativa de independência do país. Em 1817, após a Batalha de Chacabuco *(p. 48)*, os revolucionários José San Martín e Bernardo O'Higgins hospedaram-se na Casa Colorada, assim como lorde Cochrane *(p. 207)*.

A Casa Colorada destaca-se por exibir dois andares, uma característica incomum na época. A família vivia no piso superior, enquanto no térreo funcionavam os escritórios de dom Mateo. A construção exibe tijolos pintados de vermelho (daí o nome), com decorativas pedras ao longo da base, janelas em arco com balcões de ferro e um pátio central. Na Casa Colorada hoje funciona o elogiado **Museo de Santiago**, que retrata a história da cidade desde a colônia até a época da independência. A falta de manutenção, agravada pelo terremoto de 2010, acarretou o fechamento do museu até pelo menos 2016.

Bonecos de cera em uma *tertulia* (reunião) no Museo de Santiago

Museo Chileno de Arte Precolombino

Inaugurado em 1981, o prestigiado Museo Chileno de Arte Precolombino dedica-se exclusivamente ao estudo dos aspectos culturais e artísticos dos povos latino-americanos. Está instalado em uma construção em estilo neoclássico, o Palacio de la Real Aduana, erguido entre 1805 e 1807 para acomodar a alfândega, mas que também foi ocupado pela Suprema Corte e pela Biblioteca Nacional. As mostras permanentes são divididas de acordo com seis regiões culturais.

Fachada neoclássica da construção que abriga o museu

Cerâmicas
As culturas bahia, tolita e jama-coaque, do litoral do Equador, produziram elaboradas imagens humanas e de animais, além de representações de templos e de objetos de uso diário que se destacam pela elaboração.

★ Múmia Chinchorro
Hoje extinto, o grupo étnico dos chinchorros (p. 165) vivia no norte do Chile e sul do Peru e praticou a mumificação dos mortos durante mais de 3.500 anos. Cerca de 2 mil anos antes dos egípcios, usavam gravetos, plantas e lama para a conservação dos corpos.

Entrada
Biblioteca
Bilheteria

Guia do Museu
No primeiro andar há um espaço para exposições temporárias com mostras sobre uma cultura específica. As galerias do segundo andar abrigam mostras permanentes sobre grupos nativos de todo o continente americano. No pátio na entrada do museu, há um café e uma área destinada a eventos ao ar livre.

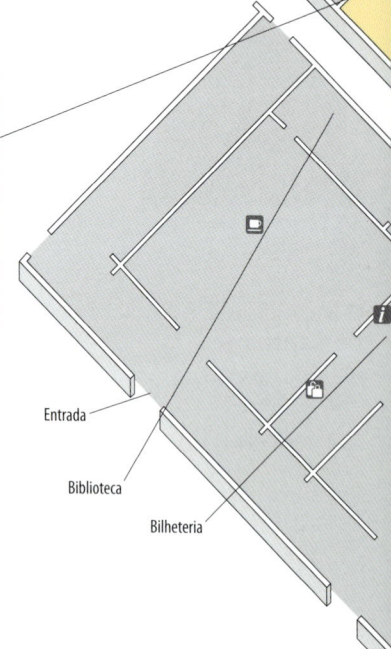

Veja hotéis e restaurantes dessa região nas pp. 276 e 290

PLAZA DE ARMAS E CENTRO DE SANTIAGO | **65**

★ **Quipu Inca**
O amplo Império Inca mantinha registro detalhado dos dados jurídicos e dos números do comércio. A "contabilidade" era feita por um sistema de nós e cordas chamado *quipu*.

PREPARE-SE

Informações Práticas
Bandera 361. **Mapa** 2 E2.
Tel (02) 2928-1522.
10h-18h ter-dom.
grátis para estudantes e crianças. agendar.
w precolombino.cl

Transporte
Plaza de Armas.

Segundo andar

Sergio Larraín García-Moreno

Considerado um carismático boêmio e tenaz defensor da arte europeia e latino-americana, Sergio Larraín García-Moreno (1905-99) foi o criador do Museo Chileno de Arte Precolombino. Arquiteto de formação, mas com imenso interesse por arqueologia e pelas culturas americanas antigas, Larraín começou a trocar e vender peças de arte moderna para comprar relíquias pré-colombianas. Convenceu a Câmara Municipal de Santiago e o prefeito da cidade a ceder as instalações da alfândega, atingidas por um incêndio, para sediar o museu, e contratou especialistas para identificar objetos em coleções particulares da Europa e Estados Unidos. Ao ser inaugurado, em 1981, o museu tinha 1.500 peças, mas hoje o acervo dobrou.

O colecionador Sergio Larraín García-Moreno

A ala dedicada ao Centro dos Andes, com cerâmicas e peças de metal, abriga a maior coleção do museu.

Primeiro andar

★ **Tecidos Andinos**
A domesticação das lhamas e alpacas, ocorrida há muito tempo, permitiu que culturas como a dos paracas e dos nazca (100 a.C.-300 d.C.) criassem belos tecidos. Padrões com significado cultural e político davam a identidade étnica às peças.

Máscaras Mochicas
Os sofisticados mochicas (100-800 d.C.), do Peru, eram hábeis no uso de metais. Criaram belas joias e máscaras funerárias com pedras preciosas incrustadas.

Legenda
- Mesoamérica
- Caribe
- Região intermediária
- Amazônia
- Centro dos Andes
- Sul dos Andes
- Mostras temporárias
- Área sem exposição

❼ Paseos Ahumada e Huérfanos

Mapa 2 E2. Plaza de Armas.

Em 1977, essa região passou por uma reforma que incluiu o fechamento de doze quadras à circulação de veículos. Como resultado, o Paseo Ahumada e o Paseo Huérfanos foram transformados em ruas exclusivas para pedestres, cercadas de galerias comerciais, restaurantes, lojas de eletrônicos e escritórios. Atendendo grande parte da população que circula pelo centro da cidade, os *paseos* oferecem ambiente agradável, com uma circulação diária de milhares de pessoas. Os artistas de rua tornam a caminhada por ali ainda mais interessante.

O Paseo Ahumada se estende da Avenida del Libertador Bernardo O'Higgins, chamada de Avenida Alameda, até o Mercado Central *(pp. 76-7)*. Atravessa diversas ruas, entre elas a Agustinas, em cuja esquina situa-se o antigo Hotel Crillón. O primeiro andar da construção hoje é ocupado pela **Galería Crillón**, uma das diversas *galerías* do centro – conjuntos de lojas que oferecem de peças artesanais a roupas assinadas por criadores famosos.

O Paseo Huérfanos é uma paralela da Agustinas e cruza o Paseo Ahumada perto do histórico **Banco de Chile**. Construído entre 1921-25 pelo arquiteto vienense Alberto Siegel, o banco exibe uma parte interna elaborada e antigos caixas de atendimento que merecem uma visita.

Pedestres descansam no animado Paseo Ahumada

❽ Palacio de los Tribunales de Justicia

Compañía de Jesús, esq. Morandé. **Mapa** 2 E2. Plaza de Armas. 9h-14h seg-sex. Obs.: É preciso deixar documento na entrada.

Erguido entre 1905 e 1930, o Palacio de los Tribunales de Justicia exibe traços neoclássicos e greco-romanos. A impressionante construção se prolonga entre as *calles* Morandé e Bandera e ocupa uma área aproximada de 4 mil m². Desde o início, o local funcionou como palco de diversas manifestações públicas. Em 1818, a primeira junta de governo do Chile reuniu-se ali. Projetada pelo arquiteto francês Emilio Doyère, a construção se destaca pela imponente escadaria de mármore instalada na entrada, cercada de duas belas cariátides. Apesar da fachada austera, na parte interna o visitante encontra uma impressionante demonstração da arquitetura do século XX. Um saguão central aberto e com três andares exibe lindos balcões e, no alto, uma cobertura de abóbadas com teto de vidro e de metal. Instalado sobre a entrada, um baixo-relevo retrata um condor agarrando um livro com a inscrição LEX, "lei" em latim.

Hoje, o local sedia a Suprema Corte do Chile, a Corte de Apelação, os tribunais militares e uma biblioteca.

Escultura de condor, Tribunales de Justicia

❾ Ex Congreso Nacional

Catedral 1158. **Mapa** 2 E2. Plaza de Armas. 9h-14h últ dom mai.

Uma imponente estrutura em estilo neoclássico, com amplas colunas que lembram a fachada do Pantheon de Roma, o Ex Congreso Nacional foi tombado como monumento nacional em 1976. Começou a ser erguido em 1858, mas a obra passou por grandes atrasos e só foi concluída em 1876, sob a direção do arquiteto Manuel Aldunate. Em 1895, quase foi destruído por um incêndio e passou por nova reforma em 1901, comandada por Emilio Doyère.

Até a dissolução do Congresso pelo ditador Pinochet, em 1973, as sessões da casa eram realizadas nesse edifício. Hoje, ele acomoda as instalações do Senado e da Câmara dos Deputados de Santiago.

Ao redor da construção destacam-se belos jardins exóticos, abertos para a população. A estátua da Virgem que domina a paisagem foi instalada em homenagem aos 2 mil mortos no incêndio que em 1863 atingiu a Iglesia Compañía de Jesús, na época situada nas proximidades.

Jardins clássicos na entrada do Ex Congreso Nacional

Veja hotéis e restaurantes dessa região nas pp. 276 e 290

PLAZA DE ARMAS E CENTRO DE SANTIAGO | **67**

❿ Palacio La Alhambra

Compañia de Jesús 1340. **Mapa** 2 D2. **Tel** (02) 2698-0875. La Moneda. para reforma. snba.cl

Verdadeira pérola da arquitetura, o Palacio La Alhambra fica em uma região repleta de construções neoclássicas e fachadas modernas. Erguida entre 1860 e 1862, La Alhambra foi projetada por inspiração na construção homônima existente em Granada, na Espanha. O arquiteto Manuel Aldunate projetou o *palacio* para Francisco Ossa Mercado, rico proprietário de minas de prata, político e militar. Aldunate foi para a Espanha para estudar o palácio mourisco original. Ao voltar, criou uma versão menor, mas incluiu no projeto os tetos de gesso e os pilares trabalhados, além da réplica da fonte com leões. Após a morte de Ossa, o *palacio* foi comprado por dom Julio Garrido Falcón, famoso milionário e filantropo, que doou o prédio para a Sociedade Nacional de Belas-Artes em 1940.

Hoje, a bela construção acomoda a administração da instituição e funciona como centro cultural, com uma programação que vai de aulas de arte a exposições. Encontra-se fechada para o público por tempo indeterminado, até a conclusão de sua restauração.

Padrões e arcos mouriscos do Palacio La Alhambra, Santiago

Entalhe do Palacio La Alhambra

⓫ Cancillería

Teatinos 180. **Mapa** 2 E2. **Tel** (02) 2827-4200. La Moneda.

O Ministério das Relações Exteriores, ou Cancillería, ocupa uma construção de dezessete andares que no passado acomodou o Hotel Carrera. Em atividade entre 1940 e 2003, foi o maior hotel da época. O prédio foi projetado pelo arquiteto Josué Smith Solar com a ajuda de seu filho José, que já era conhecido por seu trabalho na criação do Club Hípico (*p. 85*). Entre os hóspedes do hotel estiveram Fidel Castro, Henry Kissinger, Charles de Gaulle, Nelson Rockefeller, Indira Gandhi e Neil Armstrong, entre outros.

No golpe militar de 1973 (*p. 52*), o Hotel Carrera ganhou fama graças à localização nas proximidades do Palacio de La Moneda (*p. 68*), quando hospedou a maioria dos jornalistas que vieram de outros países acompanhar o evento. A maioria das imagens que mostram a sede da presidência sendo bombardeada foi feita das janelas ou da cobertura do hotel, que também sofreu alguns danos com os bombardeios.

Em 2004, o hotel foi vendido por US$24 milhões e passou por ampla reforma, a fim de acomodar uma parte dos 1.200 funcionários do Ministério das Relações Exteriores. Hoje, com exceção do saguão, a maior parte da estrutura interna exibe feições irreconhecíveis. No saguão, restaram as lindas colunas de mármore com cerca de 15m de altura, além de imponente mural de vidro. Pintado pelo artista espanhol Luis Egidio Meléndez, ele retrata o descobrimento da América.

Murais de vidro escuro contrastam com as colunas de mármore do saguão da Cancillería

Guarda diante do neoclássico Palacio de La Moneda

⓬ Palacio de La Moneda

Avenida Alameda, entre calles Morandé e Teatinos. **Mapa** 2 E3. **Tel** (02) 2690-4000. La Moneda. 10h30-18h seg-sex. Obs.: reserve com 1 semana de antecedência por e-mail (visitas@presidencia.cl); é preciso apresentar passaporte.

O preservadíssimo Palacio de La Moneda é a sede da presidência do Chile. Construído pelos espanhóis entre 1784 e 1799, foi inaugurado em 1805 com o intuito de abrigar a central de cunhagem (Casa de La Moneda). A partir de 1845, passou a acomodar a administração pública e até 1958 também foi usado como residência presidencial. Projetada pelo arquiteto italiano Joaquin Toesca (1745-99), foi a maior construção erguida pelos colonizadores no século XVIII fora da metrópole. Até os dias atuais é considerado um dos maiores exemplos da arquitetura neoclássica chilena.

Na parte nordeste do Palacio de La Moneda fica a **Plaza de la Constitución**, ampla área gramada cortada por caminhos e emoldurada por uma esplanada triangular. Para explorar os pátios do palácio basta apresentar o passaporte, uma facilidade de acesso que pode surpreender visitantes estrangeiros acostumados a regras mais rígidas para visitas equivalentes. A *plaza* foi projetada na década de 1930 para a criação do chamado Barrio Cívico, centro político e administrativo do país; outras construções oficiais que cercam a praça são o Ministério das Relações Exteriores, o Intendente e o Banco Central do Chile. Na esquina sul da praça destaca-se uma estátua que homenageia o presidente deposto Salvador Allende, que morreu dentro do palácio, atacado durante o golpe militar de 1973 *(p. 52)*, início da ditadura de Pinochet. Os visitantes podem ver a cerimônia de troca de guarda, realizada às 10h. Ao sair da *plaza*, pode-se entrar nos pátios internos do palácio, entre eles o Patio de los Cañones, que deve o nome a dois canhões feitos no Peru em 1778 que estão expostos no local, e o Patio de los Naranjos, uma referência às laranjeiras que enfeitam o local.

Monumento a Salvador Allende

⓭ Centro Cultural Palacio La Moneda

Plaza de La Ciudadanía 26. **Mapa** 2 E3. **Tel** (02) 2355-6500. La Moneda. 9h-21h diariam. **ccplm.cl** Obs.: acesso pelos elevadores do térreo da plaza ou pela passarela das calles Morandé e Teatinos.

Projeto de especial predileção do ex-presidente Ricardo Lagos, o ousado Centro Cultural Palacio La Moneda foi inaugurado em 2006 como parte do Projeto Bicentenário 2010, que abriu novos museus e melhorou a infraestrutura das vias da capital. O centro cultural fica a sudoeste do Palacio de La Moneda, no local onde antigamente estavam os porões do palácio.

Projetado pelo famoso arquiteto chileno Cristián Undurraga, o centro cultural conta com três andares subterrâneos que cercam um grande saguão central, construído com cimento e vidro. Três espaços amplos abrigam mostras internacionais, além de shows de artistas chilenos famosos. No local também funcionam a biblioteca do Centro de Documentação de Arte; os Arquivos Nacionais de Cinema, com uma biblioteca digital e um espaço de projeção capaz de acomodar mais de 200 espectadores; diversos restaurantes e cafés; e uma ótima loja de *artesanía*, onde se pode encontrar peças artesanais produzidas em todo o país. A Plaza de la Ciudadanía, que inclui passagens e espelhos-d'água, na verdade cobre o centro cultural.

Interior contemporâneo do Centro Cultural Palacio La Moneda

Veja hotéis e restaurantes dessa região nas pp. 276 e 290

Fonte em meio às muitas árvores próximas à Plaza Bulnes

⓮ Plaza Bulnes

Extremidade norte do Paseo Bulnes. **Mapa** 2 E3. La Moneda.

Batizada em homenagem à esplanada para pedestres que se estende por seis quarteirões e desemboca nela, a Plaza Bulnes foi o centro das comemorações militares e patrióticas durante a ditadura de Pinochet, além de local de manifestações depois da volta da democracia (p. 53).

Em 1975, o general Pinochet inaugurou na praça a controversa Chama da Liberdade, considerada por muitos um símbolo visível da ditadura. Por isso, em diversas ocasiões oponentes do regime tentaram apagá-la, como forma de protesto.

Em 1979, os restos mortais dos heróis revolucionários e do primeiro presidente do Chile Bernardo O'Higgins (p. 157) foram retirados do Cementerio General (p. 90) e levados à *plaza* pelo regime de Pinochet. A mudança ocorreu em uma tentativa de montar um altar patriótico, que representasse um retorno simbólico aos valores históricos tradicionais do país.

A Plaza Bulnes passou por reformas em 2005 e hoje exibe uma cripta que abriga os restos de Bernardo O'Higgins, que podem ser apreciados por uma janela de vidro. A Chama da Liberdade foi retirada durante a reforma.

⓯ Bolsa de Comercio

La Bolsa 64. **Mapa** 2 E3. **Tel** (02) 2399-3000. Universidad de Chile. 9h30-17h seg.-sex. **w** bolsadesantiago.cl Obs: é preciso apresentar identificação.

Aberta em 1884 com a participação de apenas 160 empresas, a bolsa de valores do Chile cresceu rapidamente, a ponto de dobrar o número de participantes em menos de uma década. Os primeiros anos do século XX foram uma época de excelente sorte para a economia do país, sobretudo por causa da alta dos metais e da exploração de salitre no deserto situado no norte.

Hoje essa área funciona como o centro financeiro da cidade, compreendendo um conjunto de graciosas ruas com pavimento de pedra e belas construções antigas. No coração situa-se a Bolsa de Comercio, bolsa de valores do país. Ocupa uma construção em estilo renascentista francês, com pilares romanos e uma cúpula no teto. O elegante edifício foi erguido em 1917 por Emilio Jecquier, já famoso pelo trabalho no Museo Nacional de Bellas-Artes (p. 75). Para percorrer a parte interna os visitantes precisam apresentar os passaportes ou outro documento de identificação. Na parte interna, predominam o agito e os ruídos típicos dos pregões. Apesar dos novos recursos tecnológicos instalados nos últimos anos, a parte interna da Bolsa de Comercio conseguiu preservar o esplendor original.

Símbolo do Club de la Unión

Edifícios históricos em rua com pavimento de pedra, em La Bolsa

⓰ Club de la Unión

Avenida Alameda 1091. **Mapa** 2 E3. **Tel** (02) 2428-4600. Universidad de Chile. **w** clubdelaunion.cl Obs.: entrada só com convite.

O seleto Club de la Unión é uma pérola arquitetônica construída entre 1917 e 1925 pelo famoso arquiteto chileno Alberto Cruz Montt (1879-1955) em estilo neoclássico francês. O clube inclui amplas salas de jantar, saguões, uma galeria de arte e o maior bar de carvalho entalhado do país. A elaborada parte interna exibe lindas paredes de mármore, móveis antigos e candelabros de cristal. Tradicionalmente o clube aceitava apenas homens, mas em 2006 convidou a primeira mulher.

Interior da Bolsa de Comercio, uma fusão de elementos novos e velhos

Fonte de Netuno no Cerro Santa Lucía ▶

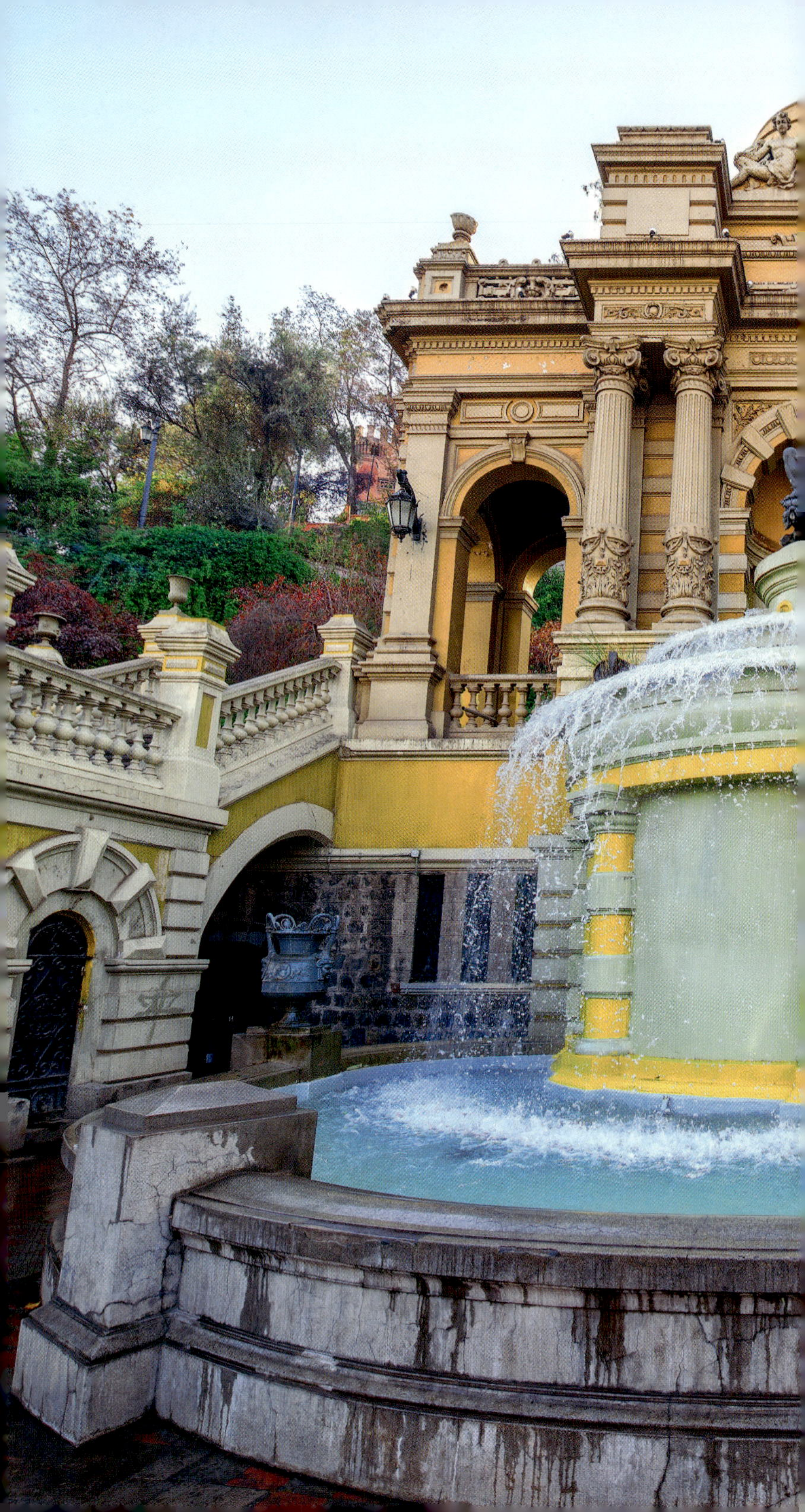

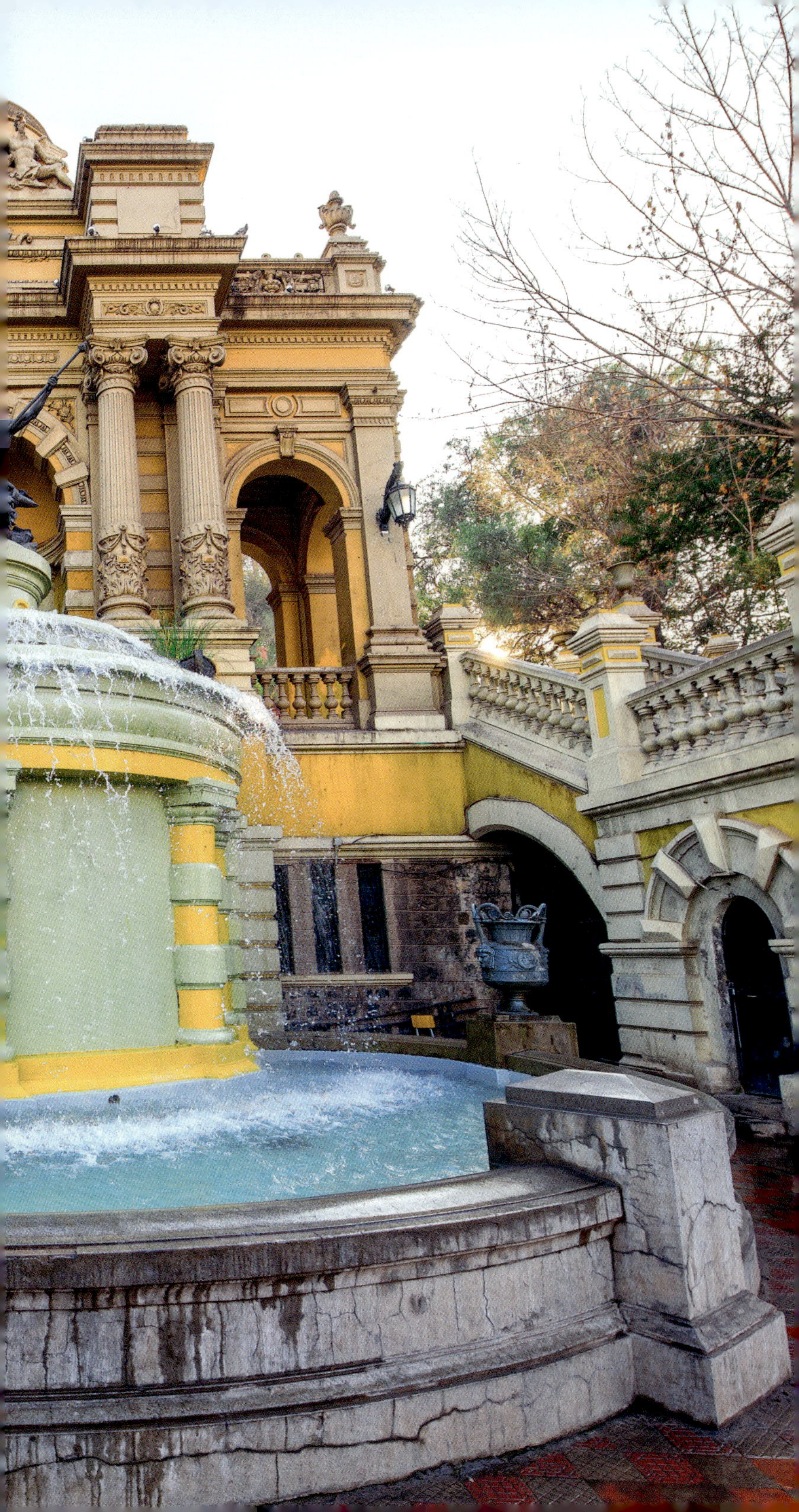

⓱ Barrio París-Londres

Londres e París. **Mapa** 2 F3. Ⓜ Universidad de Chile.

Repleto de mansões de bela fachada, o pequeno bairro de París-Londres é um oásis arquitetônico em uma área cercada por estacionamentos e edifícios comerciais, quase todos erguidos nas décadas de 1960 e 1970. Projetado em 1922, o *bairro* ocupou uma parte dos jardins do Convento de San Francisco. O autor do projeto foi o arquiteto Ernesto Holzmann, que acreditava que no centro de Santiago faltavam bairros simpáticos e próximos das lojas e serviços. Após comprar os jardins do Convento de San Francisco, convenceu outros arquitetos a criar o que chamava de "quadras residenciais modelares", que pretendia instalar em outras partes da cidade.

Até hoje a região se manteve bem preservada e encanta os visitantes com o ambiente elegante, cafés e pátios. Em um trecho de quatro quadras com ruas cobertas de pedras pode-se apreciar construções em estilo neoclássico francês (nº 70 da Londres), renascentista italiano (nº 65) e neocolonial (nº 65). A construção instalada no nº 38 da Londres ganhou terrível fama nos anos da ditadura Pinochet (1973-90), pois no endereço funcionou um centro de tortura.

Residência antiga em uma das calmas ruas do Barrio París-Londres

Imponente interior da Biblioteca Medina, na Biblioteca Nacional

⓲ Iglesia y Convento de San Francisco

Londres 4. **Mapa** 2 F3. **Tel** (02) 2639-8737. Ⓜ Universidad de Chile. ◐ 9h30-13h30 e 15h-18h seg-sex, 10h-14h sáb e dom. 🌐 museosanfrancisco.com

Uma das construções mais antigas de Santiago, a Iglesia y Convento de San Francisco são considerados um monumento nacional e exibem detalhes arquitetônicos de diferentes épocas. No século XVI, o conquistador Pedro de Valdivia mandou erguer uma capela em homenagem à Virgen del Socorro para abrigar a imagem da santa trazida da Espanha. Em 1618, a ordem dos franciscanos construiu uma igreja com paredes de pedra e teto em caixotões e ampliou o conjunto ao acrescentar os claustros, os jardins e uma enfermaria. Com exceção dos campanários, o resto da construção sobreviveu a dois grandes terremotos. A atual torre foi projetada em 1857 por Fermín Vivaceta, em estilo neoclássico.

Ainda dá para perceber as imensas pedras usadas na construção da igreja original, da qual também fazem parte os belos entalhes de madeira da nave e as enormes portas de cedro. O pátio sereno e o teto coberto de telhas são típicos da arquitetura tradicional chilena *(pp. 32-3)*. A igreja acomoda o **Museo San Francisco**, com um valioso acervo de pinturas do século XVII que contam a vida de São Francisco de Assis. O visitante encontra ainda cadeados antigos, imagens sobre a vida da Virgen del Socorro, uma representação da linhagem dos franciscanos e o Salon Gabriela Mistral, que abriga a medalha Nobel dada à poeta chilena *(p. 30)*.

Medalha de Gabriela Mistral

⓳ Biblioteca Nacional

Avenida Alameda 651. **Mapa** 2 F3. **Tel** (02) 2360-5310. Ⓜ Santa Lucía. ◐ dez-mar: 9h-17h45 diariam; abr-nov: 9h-19h seg-sex, 10h-14h sáb. 🌐 bibliotecanacional.cl

O imponente edifício que ocupa todo um quarteirão abriga a Biblioteca Nacional, erguida em 1914-27 pelo arquiteto Gustavo García Postigo seguindo o estilo da Academia francesa. A parte interna exibe escadarias de mármore, balaústres de bronze, murais e entalhes que formam um conjunto elaborado, pouco comum em construções do século XX. A biblioteca guarda um dos acervos de obras literárias do período colonial mais valioso da América Latina; estudiosos acreditam que 60% do que foi impresso nesse período pertença à linda **Biblioteca Medina**, instalada no segundo andar. Entre os destaques estão *Mística Teologia*, do México (1547), *La Doctrina Cristina*, do Peru (1584), e crônicas de exploradores como Francis Drake.

Veja hotéis e restaurantes dessa região nas pp. 276 e 290

⓴ Teatro Municipal

Agustinas 794. **Mapa** 2 F2. **Tel** (02) 2463-8888. Universidad de Chile. seg, qua e sex (e-mail: visitas@municipal.cl). **w municipal.cl**

Construído entre 1853 e 1857, o Teatro Municipal é o palco mais disputado do Chile para apresentações de música erudita, ópera e teatro. A construção foi projetada pelo arquiteto Claude François Brunet des Baines em elegante estilo neoclássico francês, com uma fachada simétrica e proporcional. O evento de estreia foi a ópera *Ernani*, de Verdi. Em pouco tempo o teatro conquistou o papel de centro social e cultural da elite de Santiago, que contribuía para a montagem de óperas importantes. Em 1870, um incêndio quase destruiu o local. No entanto, o arquiteto Lucien Henault conseguiu restaurar a construção e devolver o antigo esplendor. O teatro foi reinaugurado em 1873.

No *foyer*, chamado La Capilla, estão duas esculturas de Nicanor Plaza – *Prólogo* e *Epílogo*. A sala de espetáculos tem capacidade para acomodar 1.500 espectadores, sem contar a Sala Arrau, instalada no segundo andar e com 250 lugares. O interior do teatro foi inspirado na Ópera de Paris, com camarotes laterais e uma ampla cúpula no teto – o imenso candelabro de cristal data de 1930. As espessas cortinas pesam 1.200kg e foram confeccionadas na Alemanha em 1995, em veludo *mohair*. Outras partes do teatro acomodam os ateliês de figurino, os espaços para ensaios e os camarins. A Orquestra Filarmônica, o Balé de Santiago e o Coro do Teatro Municipal são ocupantes permanentes das instalações. Muitos artistas importantes se apresentaram nesse palco, entre eles Plácido Domingo, Igor Stravinsky, Anna Pavlova e o pianista chileno Claudio Arrau.

Cristo de Mayo, na Iglesia San Agustín

㉑ Iglesia San Agustín

Agustinas 828. **Mapa** 2 E2. **Tel** (02) 2638-0978. Universidad de Chile.

A construção da Iglesia San Agustín, antes chamada de Templo de Nuestra Señora de Gracia, marcou a chegada da ordem dos agostinianos ao Chile. A ordem católica instalou-se no país em 1595 vinda do Peru e ergueu a primeira igreja em 1625. Em 1647, um terremoto destruiu boa parte da cidade. Reerguida em 1707, a igreja voltou a ruir no terremoto de 1730, mas foi restaurada pelo arquiteto Fermín Vivaceta, que acrescentou as colunas e as torres dos sinos. Um dos destaques da Iglesia San Agustín é a estátua *Cristo de Mayo*, encontrada intacta após o tremor de 1647. Porém, a coroa de espinhos estava ao redor do pescoço, o que foi considerado um milagre porque a peça tinha dimensões menores do que o diâmetro da cabeça da estátua. Os religiosos desfilaram com a imagem pelas ruas de Santiago para comemorar o acontecimento e a celebração se repetiu durante muitas décadas até dar origem à principal festa religiosa da cidade, celebrada no dia 13 de maio. A festividade ainda mobiliza devotos, porém em escala menor.

Nave cercada de colunas da elaborada Basílica de la Merced

㉒ Basilica y Museo de la Merced

Mac Iver 341. **Mapa** 2 F2. **Tel** (02) 2664-9181. Plaza de Armas. 10h-14h e 15h-18h seg-sex. **w museolamerced.cl**

Fundada pela Ordem de Nossa Senhora das Mercês (que chegou ao Chile junto com a primeira expedição), a Basílica de la Merced foi erguida em 1566. Nos primeiros anos era frequentada pela elite, que escolheu a igreja para enterrar seus mortos – como o governador Rodrigo de Quiroga e sua esposa, Inés de Suárez, única mulher espanhola a participar da conquista do Chile. A atual basílica foi erguida em 1760, mas recebeu detalhes neoclássicos por obra do arquiteto Joaquín Toesca. O interior em estilo barroco abriga um púlpito com entalhes feitos à mão e uma imagem da Virgen de la Merced de 1548, além do maior órgão do país. No segundo andar fica o Museo de la Merced, com objetos da Ilha de Páscoa e peças do século XVIII.

Linhas simples e clássicas caracterizam a fachada do Teatro Municipal

Vista aérea do verdejante Cerro Santa Lucía

㉓ Cerro Santa Lucía

Avenida Alameda 499. **Mapa** 2 F2.
Tel (02) 2633-1418. Santa Lucía.
9h-19h diariam.

Encravada em meio à agitação de Santiago, a colina de Santa Lucía acomoda um parque rico em árvores que no passado funcionou como ponto de defesa para o conquistador Pedro de Valdivia, que fundou a cidade nesse local em 1541. Após a conquista, os mapuches que viviam na área deram à elevação o nome de Huelén, que significa "dor" ou "tristeza". Em 1871, o prefeito Benjamin Vicuña Mackenna transformou a colina devastada em um jardim do Éden, com vegetação densa, balaústres de ferro em estilo gótico, passagens de pedra, estátuas, fontes e mirantes. Vicuña foi enterrado na minúscula capela, a **Capilla la Ermita**. Outra curiosidade histórica é a pedra de 2m de altura com a transcrição de trecho de uma carta enviada por Valdivia a Carlos V, imperador do Sacro Império, com descrição das características territoriais do Chile. Uma estátua representa o Cemitério dos Dissidentes, que ficava no Cerro Santa Lucía – eram considerados "dissidentes" os não católicos e suicidas. No alto destaca-se o **Castillo Hidalgo**, erguido pelos monarquistas em 1816 durante a guerra de independência.

O principal acesso à colina é pela Avenida Alameda, pela escadaria que sai da **Plaza Neptuno**, ou pela rua de pedras que sai da Calle Agustinas. Um elevador de funcionamento errático parte da Calle Huérfanos. Desde o século XVIII, um tradicional tiro de canhão é disparado todos os dias ao meio-dia.

㉔ Barrio Lastarría

José Victorino Lastarría. **Mapa** 3 B4.
Tel (02) 2638-3975. Universidad Católica.
w barriolastarria.com
Plaza Mulato Gil de Castro: Merced, esq. Lastarría. 11h-24h seg-sex.

Também conhecido como Barrio Parque Forestal, o charmoso Barrio Lastarría é uma região disputada sobretudo por artistas, atores e outros jovens criativos. Tanto na Calle Lastarría como nas pequenas vias que partem dela funcionam diversos cafés, restaurantes, lojas de *artesanía*, galerias de arte, livrarias e diversas lojas de roupas, compondo um ambiente que convida para um passeio. Instalada no meio da extensão da Calle Lastarría ergue-se a serena e sóbria **Iglesia de Vera Cruz**, construída em 1858. A igreja foi projetada pela dupla de arquitetos Claudio Brunet des Baines e Fermín Vivaceta em estilo neoclássico, com vivos tons de vermelho e amarelo.

A maior atração do Barrio Lastarría é a minúscula **Plaza Mulato Gil de Castro**, que deve seu nome ao pintor José Gil de Castro, que morou no *barrio*. No século XIX, a *plaza* não passava de um pátio de uma casa antiga. Às quintas-feiras e aos sábados, o local sediava uma animada feira de livros e de antiguidades.

Outro lugar que merece uma visita é a galeria **Observatorio Lastarría**, situada na esquina da Calle Lastarría com a Calle Villavicencio. Aberta à visitação do público, oferece um café acolhedor.

Feira de antiguidades da Plaza Mulato Gil de Castro, no Barrio Lastarría

Veja hotéis e restaurantes dessa região nas pp. 276 e 290

PLAZA DE ARMAS E CENTRO DE SANTIAGO | 75

Teto em estilo art nouveau no Museo Nacional de Bellas Artes

❷ Museo de Artes Visuales

José Victorino Lastarría 307. **Mapa** 3 B4. **Tel** (02) 2664-9337. Universidad Católica. 11h-19h ter-dom. Dom grátis.
w mavi.cl

Aberto em 1994, o Museo de Artes Visuales é o lugar ideal para apreciar a pintura, escultura, fotografia e arte conceitual chilenas da atualidade. O acervo permanente inclui 1.500 obras de artistas como Samy Benmayor, pintor neoexpressionista; Gonzalo Cienfuegos, que criou peças em diversos materiais, entre eles óleo e acrílico; e Rodrigo Cabezas, famoso pelas montagens tridimensionais. No mesmo edifício, no piso superior, funciona o **Museo Arqueológico de Santiago**, com cerca de 3.300 artefatos da era pré-colombiana, entre eles uma múmia dos chinchorros, alucinógenas do Atacama, objetos de uso diário e peças decorativas confeccionadas pelos aimarás, mapuches e pelos habitantes da Terra do Fogo e da Ilha de Páscoa *(pp. 26-7)*.

❷ Museo Nacional de Bellas Artes

Palacio de Bellas Artes, Parque Forestal. **Mapa** 2 F2. **Tel** (02) 2499-1600. Bellas Artes. 10h-18h50 ter-dom.
w mnba.cl

Fundado em 1880 com o nome de Museo de Pintura Nacional e instalado no Parque Quinta Normal *(pp. 80-1)*, o Museo Nacional de Bellas Artes é o museu mais antigo e um dos mais destacados da América do Sul. O gracioso palácio que ocupa foi erguido em 1910, em comemoração ao centenário da independência do Chile. O projeto foi concebido pelo arquiteto franco-chileno Emilio Jecquier, autor das linhas neoclássicas francesas com detalhes em art nouveau, como a imensa abóbada de vidro fabricada na Bélgica e a fachada inspirada no Petit Palais, de Paris. Diante do museu destaca-se a grande estátua de bronze criada em 1922 pela artista chilena Rebeca Matte, *Unidos na glória e na morte*.

Unidos na glória e na morte, de Rebeca Matte

O acervo permanente do museu reúne cerca de 2.700 obras divididas de acordo com critérios estéticos, históricos e temáticos. Entre as peças antigas destacam-se obras de arte colonial – em geral inspiradas em temas religiosos e na fusão das culturas espanhola e indígena –, paisagens do século XIX e retratos dos personagens mais importantes da história chilena, muitos criados pelo artista José Gil de Castro. As pinturas mais valiosas expostas no museu são criações de Roberto Matta, pintor surrealista do século XX. Desde 1990 a instituição tem sediado mostras itinerantes, como as dedicadas às obras de artistas como Damien Hirst e David Hockney.

❷ Museo de Arte Contemporaneo

Palacio de Bellas Artes, Parque Forestal. **Mapa** 2 F1. **Tel** (02) 2977-1741. Bellas Artes. 11h-19h ter-sáb, 11h-18h dom.
w mac.uchile.cl

Instalado em frente ao arborizado Parque Forestal, o Museo de Arte Contemporaneo (MAC) ocupa o Palacio de Bellas Artes, mas o acesso se dá por uma entrada separada. Fundado em 1947 por Marco A. Bontá, o museu exibe um acervo permanente com mais de 2 mil peças, entre elas 600 quadros, 80 esculturas e 250 fotografias que datam do final do século XIX aos dias atuais. Exposições periódicas abordam a criação de artistas internacionais e locais, e a Bienal de Arquitetura merece destaque. O museu conta com outro endereço no Parque Quinta Normal. O acervo reúne diversas obras de arte latino-americana, como as criações dos integrantes do Grupo Signo e da Generación del Trece *(p. 32)*. A influência europeia na criação chilena é bastante visível, apesar dos registros das culturas indígenas, como se pode constatar na obra do artista chileno Hugo Marín, que fundiu técnicas europeias com traços pré-colombianos. O terreno do palácio abriga também uma escultura do famoso artista colombiano Fernando Botero.

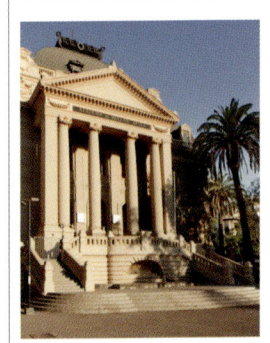

Colunas clássicas na entrada do Museo de Arte Contemporaneo

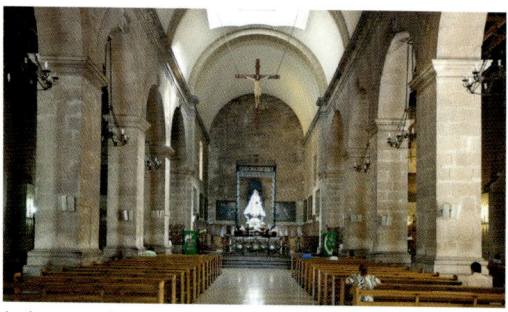

Ampla nave com colunas da Iglesia de Santo Domingo

㉘ Posada del Corregidor

Esmeralda 749. **Mapa** 2 F1. **Tel** (02) 2633-5573. Bellas Artes. 9h30-13h e 14h-18h seg-sex, 10h-14h sáb. santiagocultura.cl

Um dos principais monumentos do país, a Posada del Corregidor foi erguida por volta de 1750 e é uma das raras construções coloniais de adobe de Santiago. As paredes espessas, as fundações de pedra e a varanda que circunda o segundo andar constituem valiosos exemplos da arquitetura urbana do século XVIII. Na década de 1920, tornou-se reduto da boemia da cidade.

Apesar do nome, nunca nenhum corregedor ou magistrado morou no local. A *posada* recebeu esse nome (com uma placa falsa) em referência ao juiz do período colonial Luis Manuel Zañartu, antepassado do comprador do imóvel, Darío Zañartu.

Atualmente, a casa funciona como uma galeria de arte dedicada a exposições temporárias de novos artistas, mas já chegou a abrigar um auditório para apresentações de dança de reputação duvidosa, conhecido como Filarmónica. O terremoto de 2010 provocou grandes danos na Posada, e desde então o local encontra-se em reforma. As portas de madeira e os pilares de canto são aspectos marcantes da edificação, e a praça ao lado, com vários pontos de sombra e uma fonte central, é um ótimo lugar para fazer uma pausa durante passeios turísticos.

㉙ Iglesia de Santo Domingo

Santo Domingo 961. **Mapa** 2 E2. **Tel** (02) 2698-5933. Plaza de Armas.

A igreja de Santo Domingo é a quarta construção da ordem dominicana erguida nesse local, um terreno doado pela Espanha aos religiosos em 1557. A construção atual foi projetada pelo arquiteto Juan de los Santos Vasconcelos. A obra teve início em 1747 – com a ajuda de pedreiros portugueses trazidos para trabalhar na construção – em estilo neoclássico dórico, o que distingue a igreja de outras estruturas do centro. Em 1795-99, o arquiteto italiano Joaquín Toesca assumiu a construção da parte interna da igreja e acrescentou as torres de tijolos, em estilo barroco bávaro. A igreja finalmente foi inaugurada em 1808. Hoje, atrai devotos de Nossa Senhora de Pompeia, representada por uma estátua no altar central.

Virgem de Pompeia, Iglesia de Santo Domingo

㉚ Mercado Central

San Pablo 967. **Mapa** 2 E1. **Tel** (02) 2696-8327. Cal y Canto. 7h-17h dom-qui, 7h-20h sex, 6h30-15h sáb. mercadocentral.cl

Erguido em 1872 por ocasião da Exposição Nacional do Chile, o Mercado Central ocupa o lugar onde ficava a Plaza de Abasto, destruída em um incêndio. A antiga praça havia sido criada no início do século XIX para acomodar o enxame de vendedores que então se reuniam na Plaza de Armas. Projetado pelo arquiteto autodidata Fermín Vivaceta, o mercado é considerado uma das construções públicas mais belas de sua época – o governo considerou a possibilidade de usar o local para acomodar um museu de belas-artes.

A estrutura de metal que sustenta o mercado foi encomendada a uma empresa de Glasgow, na Escócia, e as aberturas e respiros inseridos no teto tinham por finalidade

A estrutura metálica acomoda os disputados restaurantes do Mercado Central

Veja hotéis e restaurantes dessa região nas pp. 276 e 290

Arcos, cúpulas e adornos em metal do Centro Cultural Estación Mapocho

permitir a passagem do ar e garantir a ventilação interna. Parte da estrutura exibe balaústres entrelaçados e as imagens de duas mulheres reclinadas representam a paz e a agricultura. Depois de concluir a fabricação da estrutura, a empresa montou-a em Glasgow, depois desmontou e enviou em partes para o Chile.

Depois da realização da exposição de 1872, o Mercado Central tornou-se um mercado disputado e, mesmo após a saída dos principais atacadistas de peixe e de verduras, ainda funciona como um importante centro de compras. Todos os dias, tanto moradores como visitantes vão ao local para apreciar e comprar diversos tipos de peixes e moluscos pescados no litoral do país ou para jantar em um dos vários restaurantes instalados no mercado.

㉛ Centro Cultural Estación Mapocho

Plaza de la Cultura s/n, Balmaceda e Independencia. **Mapa** 2 E1.
Tel (02) 2787-0000. Cal y Canto.
10h-19h ter-dom.
W estacionmapocho.cl

Inaugurada em 1913, a Estación Mapocho foi construída para acomodar os trens que ligavam Santiago a Valparaíso, no norte do Chile, e Mendoza, na Argentina. O projeto foi encomendado ao famoso arquiteto chileno Emilio Jecquier, que havia estudado na França e voltara ao país com grandes influências do movimento beaux-arts e dos ensinamentos de Gustave Eiffel, criador da Torre Eiffel, de Paris. O estilo beaux-arts fica evidente em alguns detalhes, como a bela fachada, as cúpulas e as colunas no saguão de acesso. O amplo telhado metálico da estação e o "esqueleto" foram produzidos na Bélgica pela construtora Haine Saint Pierre, e as abóbadas internas ficaram sob a incumbência da Casa Daydé, em Paris. Todas as partes foram montadas no Chile.

A Estación Mapocho era apenas uma das obras projetadas para as comemorações do primeiro centenário da independência do Chile, mas a construção durou de 1905 a 1912. Em 1976, foi declarada patrimônio nacional. A estação deixou de funcionar em 1987, com a suspensão das linhas férreas. Abandonado, o local quase desabou. Mas finalmente o governo decidiu recuperar o espaço e transformá-lo em centro cultural, que foi inaugurado em 1994 com o nome de Centro Cultural Estación Mapocho.

Durante a reconstrução, os arquitetos recuperaram a fachada e conseguiram preservar boa parte dos adornos originais, entre eles a cúpula do teto, os vitrais e parte da alvenaria. Ainda hoje, o que torna uma visita à Estación Mapocho um passeio agradável é a peculiar beleza arquitetônica do lugar.

O Centro Cultural abriga uma ampla diversidade de eventos, entre eles espetáculos musicais, apresentações teatrais e filmes. Vários espaços foram transformados em galerias, onde são realizadas mostras temporárias de arte, dança e fotografia; o próprio edifício, porém, já vale a visita.

O evento mais importante do Centro Cultural é a Feria Internacional del Libro de Santiago, normalmente realizada na primavera (em outubro ou novembro). Essa feira do livro com duração de duas semanas atrai tanto autores chilenos quanto escritores estrangeiros de língua hispânica, além de convidados especiais de outros países – em 2015, esse elenco foi representado por Dinamarca, Noruega, Suécia e Finlândia. Para informações atualizadas sobre os eventos relacionados à próxima feira, acesse o site: www.camara dellibro.cl.

Aula de música no Centro Cultural Estación Mapocho

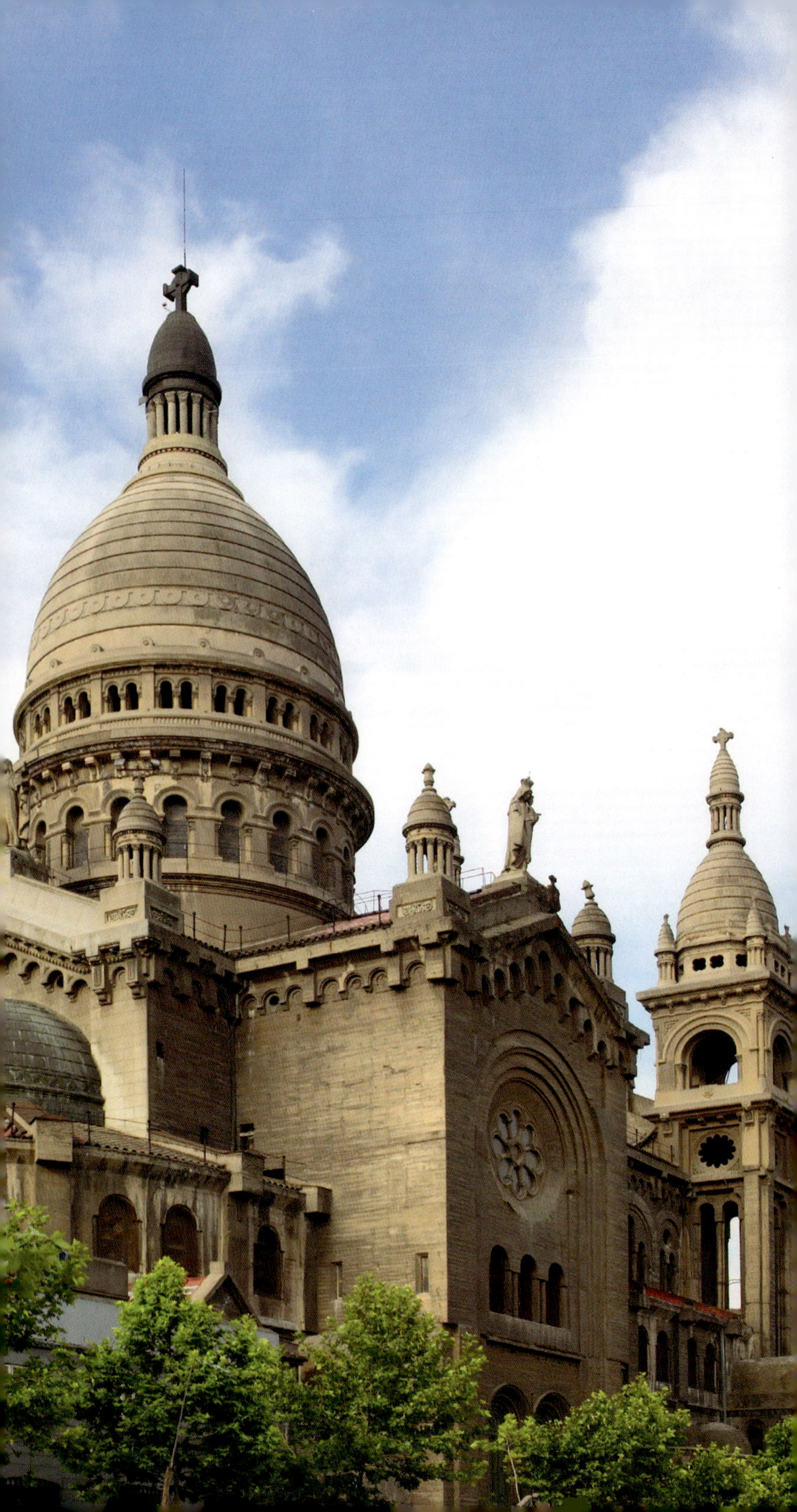

OESTE DO CENTRO DE SANTIAGO

A ampla área a oeste do centro de Santiago inclui os bairros mais antigos da capital, como o Barrio Brasil, Barrio Concha y Toro, Barrio Yungay e Barrio Dieciocho. Era ali que a elite chilena vivia antes de se transferir para as proximidades das encostas dos Andes, a nordeste. Restam poucas construções coloniais, mas ainda se pode apreciar diversas edificações bonitas e bem preservadas erguidas no início do século XX, algumas em estilo neoclássico ou com influência francesa. Alguns dos museus e galerias mais disputados ficam na região, sobretudo próximo ao Parque Quinta Normal, o núcleo cultural.

Principais Atrações

Locais, Ruas e Bairros Históricos
- ❸ Biblioteca de Santiago
- ❻ Barrio Brasil
- ❼ Barrio Concha y Toro
- ❾ Barrio Dieciocho
- ❿ Confitería Torres
- ⓫ Palacio Cousiño

Igrejas e Catedrais
- ⓬ Basílica de los Sacramentinos

Museus e Galerias
- ❷ Museo Pedagógico Gabriela Mistral
- ❹ Matucana 100
- ❽ Museo de la Solidaridad

Parques e Santuários
- ❶ Parque Quinta Normal pp. 80-1
- ⓭ Parque Bernardo O'Higgins

Locais de Interesse
- ❺ Planetario USACH
- ⓮ Fantasilandia
- ⓯ Club Hípico

Veja Guia de Ruas, mapas 1 e 2

◀ A impressionante Basílica de los Sacramentinos, em Santiago

Legenda dos símbolos *na orelha da contracapa*

❶ Parque Quinta Normal

Fundado em 1842 para popularizar espécies estrangeiras, o Parque Quinta Normal destaca-se pela ampla variedade de árvores. Várias foram plantadas pelo naturalista francês Claudio Gay, autor de estudos pioneiros sobre a fauna e a flora chilena que deram origem ao Museo Nacional de Historia Natural e ao parque. No início, o Quinta Normal dedicava-se a pesquisas sobre agricultura, mas em 1928 foi incorporado à Escola de Agronomia e Veterinária da Universidade do Chile. A área atual corresponde a apenas uma pequena parte do espaço ocupado no passado, mas ainda atrai muitos visitantes. Quem vai a esse local idílico encontra museus de ciências, áreas para piqueniques e um lago artificial.

Parque Quinta Normal
① Museo de la Memoria y los Derechos Humanos
② Museo Nacional de Historia Natural
③ MAC Espacio Quinta Normal
④ Museo Artequín
⑤ Museo Ferroviario
⑥ Museo de Ciencia y Tecnología

Museo de la Memoria y los Derechos Humanos
Av. Matucana 501. **Tel** (02) 2597-9600. Quinta Normal. 10h-18h ter-dom. feriados. doações. museodelamemoria.cl

O Museu da Memória e dos Direitos Humanos foi inaugurado em 2010 como um memorial dedicado às vítimas da ditadura militar no Chile (1973-90).

Entre os itens expostos encontram-se cartas pessoais, documentos oficiais e propagandas do governo, além de informações sobre tortura e alguns instrumentos utilizados para esse fim. O conjunto apresenta uma ideia vívida dos horrores da época, assim como da conjuntura histórica que levou à ascensão da ditadura.

O amplo edifício é utilizado para exposições multimídia sobre o regime e seus sobreviventes, a fim de estimular a reflexão e o debate sobre direitos humanos. Embora uma experiência sombria, a visita ao museu é importante para entender o passado e o presente do país.

Museo Nacional de Historia Natural
Parque Quinta Normal. **Tel** (02) 2680-4615. Quinta Normal. 10h-17h30 ter-sáb, 11h-17h30 dom e feriados (exceto seg). mnhn.cl

O museu de história natural de Santiago ocupa uma construção neoclássica erguida em 1875 para a primeira Exposição Internacional. No ano seguinte, passou a acomodar o museu. O amplo saguão principal, próximo à entrada, destaca-se pela presença de um esqueleto de baleia. O acervo divide-se em doze partes, dedicadas a temas como insetos, flora e antropologia cultural. Há ainda um espaço específico sobre as florestas chilenas, com "fatias" de troncos que permitem avaliar a idade de espécies como os imensos ciprestes-da-patagônia, segunda árvore mais antiga do mundo. A construção foi afetada pelo terremoto de 2010 (p. 23) e atualmente passa por reforma, mas permanece aberta.

MAC Espacio Quinta Normal
Av. Matucana 464. **Tel** (02) 6817813. Quinta Normal. 11h-19h ter-dom (18h dom). mac.uchile.cl

Instalado em uma construção neoclássica erguida no início do século XX e chamada de Palacio Versailles, esse museu é uma filial do Museo de Arte Contemporaneo (p. 75). Em 2005, o MAC foi transferido para lá durante a reforma das instalações no Palacio de Bellas Artes e, desde então, é usado pela instituição para diversos eventos. Com doze ambientes dispostos ao redor de uma praça central, oferece mostras temporárias de artistas

Árvores no disputado Parque Quinta Normal

Legenda dos símbolos na orelha da contracapa

Impressionante fachada de vidro e metal do Museo Artequín

chilenos e grandes exposições internacionais, como a Fluxus, da Alemanha, e a Bienal de São Paulo. O museu aguarda o tombamento como monumento nacional.

Museo Artequín
Av. Portales 3530. **Tel** (02) 6825367. Quinta Normal. 9h-17h ter-sex, 11h-18h sáb e dom. fev. **w** artequin.cl

Esse museu nada convencional exibe reproduções de grandes pintores. O Museo Artequín ocupa o magnífico Pabellón París, projetado para representar o Chile na Exposição Universal de 1889 na capital francesa. A bela fachada e os interiores em estilo art nouveau são projetos do arquiteto francês Henri Picq. A estrutura foi confeccionada com ferro, aço e zinco, em clara referência à revolução industrial. Obras de personalidades importantes na época, como o escritor e artista Pedro Lira (1845-1912), já estiveram expostas no local. O Pabellón foi fabricado em Paris, desmontado e remontado no Parque Quinta Normal, onde acomodou um museu sobre minerais e metalurgia. Em 1992, passou por reformas e reabriu como sede do Museo Artequín.

O objetivo da instituição é servir de inspiração e educar crianças e adultos por meio de versões "reais" das telas mais importantes do mundo. O visitante encontra obras de criadores famosos, representados por seus trabalhos de mais destaque. Entre os artistas expostos, estão Goya, Salvador Dalí, Frida Kahlo e Kandinsky.

Museo Ferroviario
Parque Quinta Normal. **Tel** (02) 2681-4627. Quinta Normal. 10h-17h50 ter-sex, 11h-17h50 sáb e dom. **w** corpdicyt.cl

Com um acervo que inclui um dos conjuntos mais numerosos de locomotivas a vapor da América Latina, o Museo Ferroviario ocupa cerca de 2ha na ponta sudoeste da Quinta Normal. Em exposição estão dezesseis locomotivas (das quais a mais antiga é uma Rogers tipo 22 construída em 1893) e três vagões. A locomotiva tipo 20, fabricada pela extinta Sociedad de Maestranza y Glavanizaciones de Caleta Abarca, é um belo exemplo da produção local. Também merece destaque a Kitson-Meyer fabricada em 1909 em Leeds, na Inglaterra. Até 1971, a locomotiva operou na linha Ferrocarril Transandino, que ligava Los Andes (p. 138), no Chile, a Mendoza, na Argentina – um trajeto de 248km por meio dos difíceis picos da cordilheira. Ao todo nove locomotivas faziam a linha, mas restam apenas duas.

Os visitantes também podem apreciar o veículo presidencial de 1923, restaurado, que foi usado pelos ex-presidentes Arturo Alessandri (1868-1950) e Carlos Ibáñez del Campo (1877-1960).

Museo de Ciencia y Tecnología
Parque Quinta Normal. **Tel** (02) 2681-6022. Quinta Normal. 10h-18h ter-sex, 11h-18h sáb e dom. **w** museodeciencia.cl

Fundado em 1985, o Museo de Ciencia y Tecnología foi o primeiro museu interativo do país, criado para estimular o aprendizado e a curiosidade das crianças sobre temas

PREPARE-SE

Informações Práticas
Avenida Matucana 520. **Mapa** 1 A2. **Tel** (02) 2689-0119. Quinta Normal. 9h-19h diariam.

Mostras interativas para crianças, no Museo de Ciencia y Tecnología

como ciência e tecnologia. O museu está instalado em uma construção conhecida como Parthenon, um edifício em estilo greco-romano erguido em 1884 pelo artista napolitano Alejandro Cicarelli e inaugurado pelo pintor chileno Pedro Lira, que queria criar uma ala para exposições artísticas. O acervo interativo abrange áreas como astronomia, geologia, mecânica, tecnologia e muito mais. Apesar de interessante, perdeu espaço para o Museo Interactivo Mirador (p. 105). Em 1887, a Unión de Arte inaugurou no local o primeiro Museu de Belas-Artes. Depois, a instituição foi transformada no Museo de Arte Contemporaneo (MAC) e, em 1974, transferida para o atual endereço, no Parque Forestal, no centro de Santiago.

Locomotiva Kitson-Meyer, de 1909, exposta no Museo Ferroviario

Veja hotéis e restaurantes dessa região nas pp. 276 e 290-1

❷ Museo Pedagógico Gabriela Mistral

Chacabuco 365. **Mapa** 1 A2. **Tel** (02) 2681-8169. Quinta Normal. 10h-17h seg-sex, 10h-16h sáb.
w museodelaeducacion.cl

Instalado na Escuela Normal Brígada Walker, o Museo Pedagógico Gabriela Mistral dedica-se à história e evolução da educação no Chile. A construção, erguida em 1886, passou por uma longa reforma e reabriu as portas em 2006. O nome da instituição homenageia a poeta chilena ganhadora do Prêmio Nobel Gabriela Mistral *(p. 30)*, que atuou como educadora parte de sua vida, apesar de ter abandonado os bancos escolares aos 12 anos. Autodidata e dona de grande habilidade verbal, Gabriela destacou-se por defender o acesso à educação como "antídoto" para a falta de oportunidades no Chile.

Esse museu dedicado à educação foi aberto em 1941, com uma exposição promovida pelo Museo Nacional de Bellas Artes *(p. 75)* em homenagem ao quarto centenário da cidade. O acervo abordava a trajetória da educação desde o período colonial. Como a exposição obteve grande sucesso, o diretor Carlos Stuardo vasculhou escolas de diversos níveis, entre elas as voltadas à mineração e à formação industrial, em busca de materiais para o acervo permanente. Hoje a instituição abriga mais de 6.500 objetos históricos, entre eles mapas antigos, carteiras escolares e equipamentos usados na instrução técnica, como máquinas de costura. A ampla biblioteca especializada reúne cerca de 40 mil textos sobre educação, além de um acervo de imagens com mais de 6 mil fotografias digitalizadas.

Fachada de tijolos do Museo Pedagógico Gabriela Mistral

❸ Biblioteca de Santiago

Avenida Matucana 151. **Mapa** 1 A3. **Tel** (02) 2328-2000. Quinta Normal. 11h-20h30 ter-sex, 11h-17h sáb e dom.
w bibliotecasantiago.cl

Inaugurada em 2005, essa foi a primeira grande biblioteca pública do país. Foi erguida nas proximidades da Quinta Normal *(pp. 80-1)*, com o intuito de criar um centro cultural e de desenvolvimento educacional. Instalada em um depósito do governo erguido na década de 1930, a instituição propiciou acesso à população de Santiago a um diversificado acervo literário, audiovisual e de pesquisa. Abriga um auditório, salas de conferência e seção infantil.

Crianças na sala de leitura da Biblioteca de Santiago

Veja hotéis e restaurantes dessa região nas pp. 276 e 290-1

❹ Matucana 100

Avenida Matucana 100, Estación Central. **Mapa** 1 A3. **Tel** (02) 2964-9240. Quinta Normal. 11h-15h e 16h-20h seg-qua, 11h-15h e 16h-19h qui e sex, 17h-19h sáb e dom.
w m100.cl

Próxima ao Parque Quinta Normal, a galeria Matucana 100 ocupa um imenso depósito de tijolos erguido em 1911 para uso da empresa ferroviária nacional. Em 2001, passou a acomodar um espaço concebido para expor diversas formas de arte – cinema, teatro, artes visuais, fotografia e música. Na última década, o centro se ampliou e ganhou também uma galeria de arte e uma área para concertos. A programação se concentra na obra de artistas contemporâneos, sobretudo nacionais.

❺ Planetario USACH

Avenida Alameda 3349, Estación Central. **Mapa** 1 A4. **Tel** (02) 2718-2900. Estación Central. a partir das 14h sáb, dom e feriados.
w planetariochile.cl

O planetário da Universidade de Santiago é um dos centros de informação astronômica de maior importância na América Latina. A cúpula de projeção, chamada de Sala Albert Einstein, exibe um peculiar formato cônico. Feita de cobre, tem um diâmetro de 22m e abriga um projetor Carl Zeiss modelo VI com 160 lentes, que permite observar a Lua e o sistema solar, além de mais de 5 mil astros distribuídos pelos dois hemisférios. Vale destacar as mostras dedicadas às descobertas feitas pelos principais observatórios do país. O planetário promove oficinas, aulas audiovisuais e mostras que agradam tanto a crianças quanto a adultos.

❻ Barrio Brasil

Mapa 1 C2. Los Héroes, Santa Ana.

No início do século XX, o Barrio Brasil era um bairro de luxo.

Fonte dedicada à liberdade de imprensa, na Plazoleta de la Libertad de Prensa, Barrio Concha y Toro

Na década de 1940, os ricos moradores começaram a mudar para o leste, em direção aos Andes. A construção da rodovia Norte-Sur isolou a área do resto da cidade e o Barrio Brasil caiu no esquecimento. Graças a esse destino, escapou da exploração e muitas das belas mansões em estilos gótico e neoclássico, quase todas do início do século XX, ainda sobrevivem, o que faz do Barrio Brasil uma das regiões mais belas de Santiago. A presença das universidades propiciou um ressurgimento cultural e arquitetônico, e diversos músicos e artistas mudaram-se para o bairro, atraídos pelo ambiente eclético. Hoje, lofts e restaurantes da moda dividem espaço com bares e *picadas*. As ruas nas proximidades do **Barrio Yungay** estão especialmente preservadas, com destaque para as lindas **Pasaje Adriana Cousiño**, situada entre a Huérfanos e a Maipú, e a **Pasaje Lucrecia Valdés**, travessa da Compañía de Jesús, entre a Esperanza e a Maipú. As duas são pavimentadas com pedras e repletas de influências europeias. Interessados em conhecer mais sobre o passado do Barrio Yungay não deixam de visitar o restaurante Boulevard Lavaud (p. 290).

Típica casa do início do século XX, Barrio Brasil

❼ Barrio Concha y Toro

Mapa 1 C3. República.

Desenvolvido na década de 1920, o Barrio Concha y Toro é um dos mais preservados de Santiago, com mansões erguidas pela poderosa elite no início do século XX. A região originalmente pertencia ao engenheiro e empreendedor Enrique Concha y Toro e a sua esposa, Teresa Cazotte, que fizeram fortuna no final do século XIX graças à exploração de minerais. O casal tentou reproduzir as cidades europeias, com ruas pavimentadas de pedra, construções formando fachadas contínuas e uma minúscula praça. Os melhores arquitetos chilenos da época – Larraín Bravo, Siegel, González Cortés, Machiacao e Bianchi – receberam as encomendas dos projetos. O resultado foi um estilo uniforme, com a fusão de influências neogóticas, neoclássicas, barrocas e até da Bauhaus. Entre os destaques está o **Teatro Carrera**, erguido em 1926 por Gustavo Monckeberg e inspirado no Teatre des Presidents, de Paris. A antiga residência do poeta Vicente Huihoje abriga o restaurante Zully (p. 291). A graciosa **Plazoleta de la Libertad de Prensa**, usada como locação para programas de televisão, ganhou o nome em 1994 em homenagem ao Dia da Liberdade de Imprensa.

❽ Museo de la Solidaridad

República 475. **Mapa** 1 C4. **Tel** (02) 2689-8761. República. 10h-18h ter-dom. dom grátis. mssa.cl

Instalado na antiga sede da temida Dina, a polícia secreta da ditadura de Pinochet (p. 52), o Museo de la Solidaridad é o único museu da América Latina formado unicamente por obras doadas pelos criadores. Em um ato de solidariedade ao governo eleito de Salvador Allende (p. 51), em 1971 o museu ganhou cerca de 400 contribuições de artistas como Joan Miró, Alexander Calder, Víctor Vasarely e Roberto Matta. Após a deposição e morte de Salvador Allende, as obras ficaram escondidas no Museo de Arte Contemporaneo (p. 75). A administração do museu foi temporariamente transferida para Paris, onde a instituição continuou a receber doações – o acervo chegou a 1.500 obras, quase todas criadas entre 1950 e 1980. Muitas abordam as lutas sociais da América Latina.

Fachada do século XIX da famosa Confitería Torres

❾ Barrio Dieciocho

Mapa 2 D4. Los Héroes.

Na virada do século XX, o bairro mais elegante de Santiago cercava a Calle Dieciocho. Diversas famílias ricas construíram na área suas mansões, produto dos ganhos com a extração mineral e a navegação. As edificações refletem a influência de estilos europeus, em especial franceses. A elite de Santiago deixou o bairro, mas as pérolas arquitetônicas ainda resistem, apesar do ar de descuido que predomina na região. Entre os destaques estão a Subercaseaux Mansion, no nº 190, a Residencia Eguiguren, no nº 102, e o Palacio Astoreca, no nº 121. As grandiosas instalações hoje estão ocupadas por universidades, bibliotecas e outras instituições.

❿ Confitería Torres

Avenida Alameda 1570. **Mapa** 2 D3. **Tel** (02) 2688-0751. Los Héroes. 10h30-24h seg-sáb.
confiteriatorres.cl

Inaugurada em 1879, a Confitería Torres é a doceria e café mais antiga de Santiago. Por ela passaram políticos, intelectuais e os abastados da cidade, sobretudo na época em que o Barrio Dieciocho era sinônimo de elegância. A reforma de 2004 recuperou os bancos de couro vermelho, as portas francesas e o longo bar de carvalho, de forma que a antiga atmosfera ainda se faz presente. A Confitería gerou alguns itens tradicionais da culinária chilena. O *barros luco*, sanduíche de carne com queijo derretido, deve seu nome ao ex-presidente Barros Luco, que pedia esse lanche. A *cola de mono*, coquetel com aguardente, leite e café, também foi inventada no local.

⓫ Palacio Cousiño

Calle Dieciocho 438.
Mapa 2 D4. **Tel** (02) 2386-7448. Toesca. 9h30-16h30 seg-sex.
palaciocousino.co.cl

Erguido entre 1870 e 1878, o Palacio Cousiño já foi a construção mais extravagante da cidade. Foi projetado pelo arquiteto francês Paul Lathoud para a família Cousiño, que enriqueceu com a extração de minérios e o transporte naval. A abastada família mandou vir da Europa pisos de nogueira e mogno, belas tapeçarias, mármore italiano e cortinas francesas bordadas – além de "importar" os profissionais que instalaram todos esses adereços. A casa abrigou o primeiro elevador do país. Na década da 1940 o imóvel foi leiloado e arrematado pelo prefeito, que o doou à cidade. Mais tarde, acomodou visitas importantes como Golda Meir, Charles de Gaulle e o rei Balduíno, da Bélgica. Em 1968, foi transformada em um museu criado para preservar a casa como era no século XIX, mas sofreu danos com o terremoto de 2010 e passa por reformas. O jardim permanece aberto para visitação.

Peculiar cúpula da Basilica de los Sacramentinos, Santiago

⓬ Basilica de los Sacramentinos

Arturo Prat 471. **Mapa** 2 E4. **Tel** (02) 2638-3189. Toesca. 10h-12h30 e 16h-19h ter-sex.

Projetada pelo arquiteto Ricardo Larraín Bravo, a Basilica de los Sacramentinos foi concebida nos moldes da igreja de Sacré-Coeur, em Paris, entre 1919 e 1931. Destaca-se pela notável arquitetura bizantina e pela cripta, além da ampla câmara mortuária (1.500m) instalada abaixo dela. Os pisos de madeira foram os primeiros desse tipo a ser fabricados no Chile. O púlpito, os confessionários e os bancos foram entalhados à mão pelos religiosos salesianos. Também merecem destaque os vitrais franceses e

Decoração imponente do saguão central do Palacio Cousiño

Veja hotéis e restaurantes dessa região nas pp. 276 e 290-1

o órgão, trazido da Alemanha. Apesar de bastante atingida pelo terremoto de 2010, a igreja já foi reaberta ao público. A parte externa é encantadora e ganha ainda mais charme graças à proximidade do Parque Almagro, em frente à igreja.

⓭ Parque Bernardo O'Higgins

Entrada da Fantasilandia, maior parque de diversões do Chile

Entre a Avenida Beaucheff e Autopista Central. **Mapa** 2 D5. Parque O'Higgins. 6h-20h diariam. Fiestas Patrias (18 e 19 set).

O segundo maior parque da capital é um destino disputado por famílias e o principal palco da comemoração das Fiestas Patrias (pp. 36-7). Com o nome escolhido em homenagem a um dos libertadores do Chile, Bernardo O'Higgins, oferece quadras de tênis, campos de futebol, um lago artificial, o maior auditório musical e uma piscina. Um aspecto curioso do local é o **Campo de Marte**, uma imensa faixa de concreto que lembra uma pista de pouso. Todos os anos, no dia 19 de setembro, as tropas desfilam ali diante de milhares de espectadores.

Uma das atrações do parque é **El Pueblito**, réplica de um vilarejo colonial que abriga restaurantes despretensiosos, onde é possível provar pratos tradicionais. Abriga ainda dois museus: o **Museo de Huaso**, que retrata a cultura e a história dos vaqueiros do Vale Central (p. 27), e o **Museo de Insectos y Caracolas**, que exibe um acervo de borboletas e insetos. Quem procura objetos artesanais deve se dirigir à **Plaza de las Artesanías**.

Durante as Fiestas Patrias, o parque fica repleto de pessoas que disputam lugares nas *fondas*, tendas onde são realizadas as festividades. Por vários dias, uma impressionante comemoração cívica toma conta do espaço, com música e danças típicas, como a *cueca*, barracas de comida e grande abundância de bebidas alcoólicas. O festival de música Lollapalooza Chile também acontece nesse parque, no fim de março ou início de abril.

⓮ Fantasilandia

Beaucheff 938. **Mapa** 2 D5. **Tel** (02) 2476-8600. Parque O'Higgins. jan e fev: 12h-21h diariam; mar-nov: 12h-19h sáb e dom. fantasilandia.cl

Segundo maior parque de diversões da América do Sul, a Fantasilandia ganhou o apelido de "Disneylândia do Chile". Inaugurado em 1978, foi uma iniciativa do empreendedor Gerardo Arteaga, que achava que em Santiago faltava diversão para as famílias. O parque reúne montanhas-russas gigantes e outras atrações desafiadoras, como Xtreme Fall, Raptor e Boomerang. Mas os pequenos frequentadores também encontram opções de lazer, como o carrossel, a área infantil e a Villa Mágica, que sedia apresentações de mágicos e shows musicais.

⓯ Club Hípico

Avenida Almirante Blanco Encalada 2540. **Mapa** 1 C5. **Tel** (02) 2693-9600. Unión Latinoamericana. durante páreos; horários variados. clubhipico.cl

Fundado em 1870, o Club Hípico é a principal pista de corridas de cavalo do Chile e sede da maior competição da modalidade, El Ensayo (p. 38), realizada no fim de outubro/início de novembro. Junto com o Hipódromo Chile e o Valparaíso Derby, forma a Triple Corona.

As pistas foram projetadas pelo arquiteto Josué Smith e inauguradas em 1923, depois que as instalações anteriores ruíram no incêndio de 1892. A construção é um belo exemplo da grandiosidade arquitetônica do início do século XX, fruto do apogeu econômico do Chile no final do século XIX. O Club Hípico exibe belos terraços e plataformas de observação, restaurantes, jardins clássicos e uma área de piqueniques – tudo emoldurado pela elegância do antigo bairro República.

Por ano são realizados no local cerca de 1.500 páreos, entre eles os clássicos Alberto Vial Infante e o Arturo Lyon Peña. O clube também sedia eventos musicais, como o Chilean Rock Summit, e shows internacionais, como o de Elton John e Iron Maiden. Apesar de associado a um esporte de elite, o parque é frequentado por todas as classes sociais.

Espectadores apreciam uma corrida de cavalos no Club Hípico

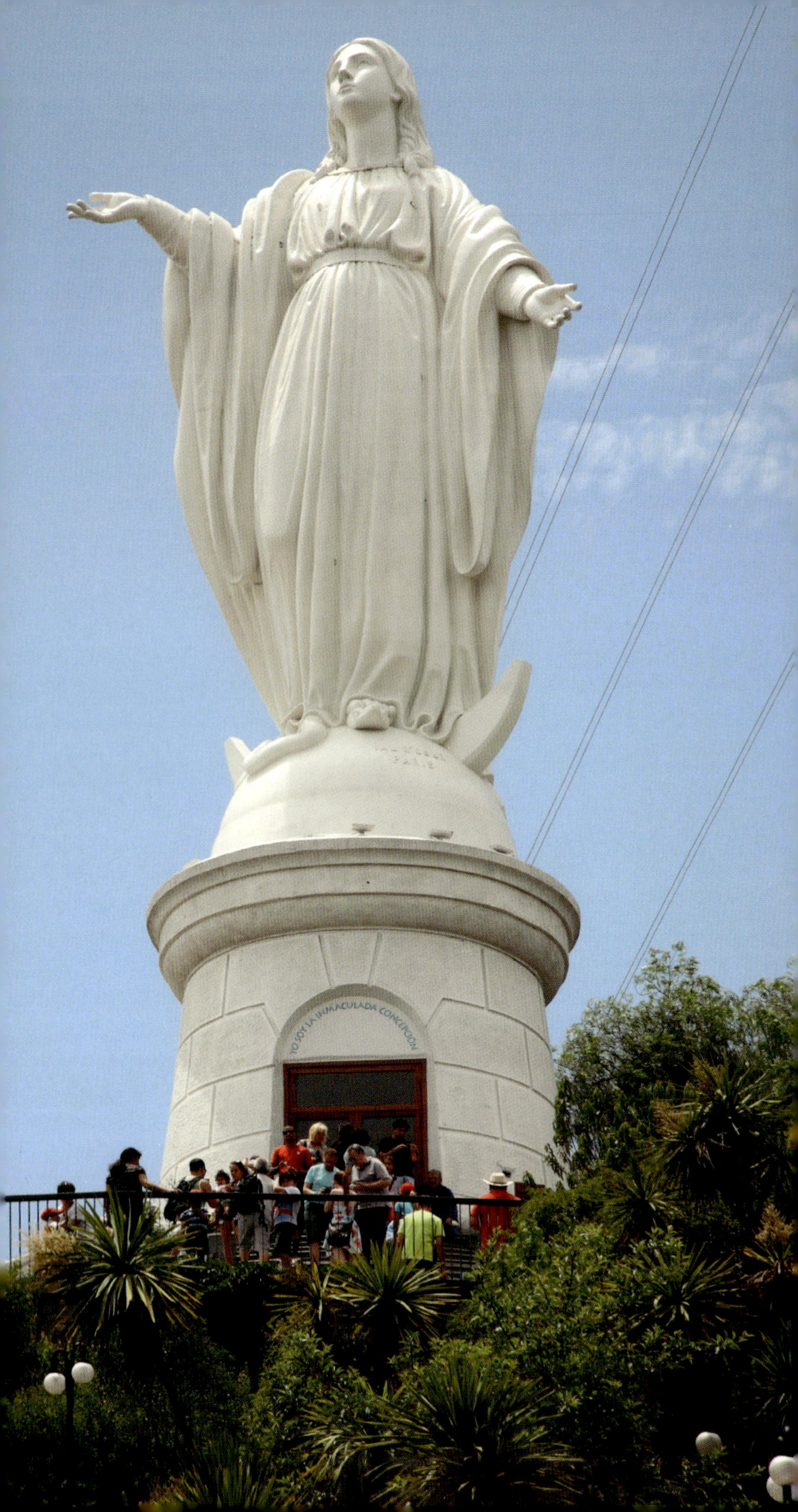
YO SOY LA INMACULADA CONCEPCIÓN

NORDESTE DO CENTRO DE SANTIAGO

Os bairros situados a nordeste do centro de Santiago abrangem áreas residenciais que cercam um centro comercial. Até o final da década de 1950, algumas construções eram as chamadas *parcelas*, ou casas rurais situadas em grandes áreas, intercaladas por favelas onde viviam os mais pobres. Hoje, o Barrio El Golf exibe chamativos arranha-céus e restaurantes luxuosos. O Barrio Bellavista, reduto boêmio da cidade, ocupa os pés do Parque Metropolitano. Já o Barrio Vitacura combina ruas arborizadas com mansões do século XX e condomínios grandiosos.

Principais Atrações

Locais Históricos, Ruas e Bairros
- ❺ Barrio Patronato
- ❼ Plaza Camilo Mori
- ❽ Barrio Suecia
- ❾ Barrio El Golf
- ❿ Barrio Vitacura
- ⓲ Pueblo Los Dominicos

Museus e Galerias
- ❸ Museo de Artes Decorativas
- ❻ Casa Museo La Chascona
- ⓫ Museo de Tajamares
- ⓰ Museo Ralli
- ⓱ Museo de la Moda

Parques e Santuários
- ❶ *Parque Metropolitano de Santiago pp. 88-9*
- ❿ Parque Balmaceda
- ⓬ Parque de las Esculturas

Locais de Interesse
- ❷ Cementerio General
- ❹ La Vega
- ❽ Patio Bellavista
- ❾ Casa de la Ciudadanía Montecarmelo

Veja Guia de Ruas, mapas 2, 3, 4 e 5

◀ Estátua da Virgem no alto do Cerro San Cristóbal, no Parque Metropolitano de Santiago

Legenda dos símbolos *na orelha da contracapa*

❶ Parque Metropolitano de Santiago

Com uma área de cerca de 7km² coberta de vegetação, o Parque Metropolitano de Santiago foi construído entre 1903 e 1927 para funcionar como o "pulmão" da capital. Reúne as colinas de San Cristóbal, Pirámide, Bosque e Chacarillas. Originalmente vazio e seco, o local foi reflorestado com plantas nativas e árvores trazidas de todo o Chile. Depois, foram acrescidos trilhas, áreas para piquenique, piscinas, um centro cultural e um teleférico. Hoje é o maior centro de lazer da cidade. Sedia o Zoológico Nacional e propicia linda vista dos Andes.

★ **Funicular**
Esse funicular de 1925 leva os visitantes até o alto do Cerro San Cristóbal e passa pelo zoo.

★ **Estátua da Virgem**
Essa imagem com 14m foi doada pela França e erguida em 1904. Pode ser vista de quase todo o centro.

★ **Zoológico Nacional**
Situado em uma encosta que se funde com a paisagem da cidade, o Zoológico Nacional abriga cerca de mil animais, entre eles algumas espécies nativas, como condores, pumas, *pudús* e lhamas.

LEGENDA

① **A entrada Pío Nono**, que leva à Estación Funicular, faz parte do jardim da Plaza Caupolicán. Exibe uma fachada em estilo medieval e inclui loja de suvenires.

② **Cerro San Cristobal**

③ **Estación Cumbre**

④ **Casa de la Cultura Anahuac**

⑤ **Estación Tupahue**

⑥ **A piscina Tupahue** é uma das mais disputadas da cidade.

⑦ **O Jardín Mapulemu** abrange uma área de 3ha, coberta com a diversificada flora chilena.

⑧ **Estación Oasis**

⑨ **A entrada alternativa** do parque, pela Avenida Pedro de Valdivia Norte, tem trânsito de carros nas duas mãos. É a única saída de veículo do parque.

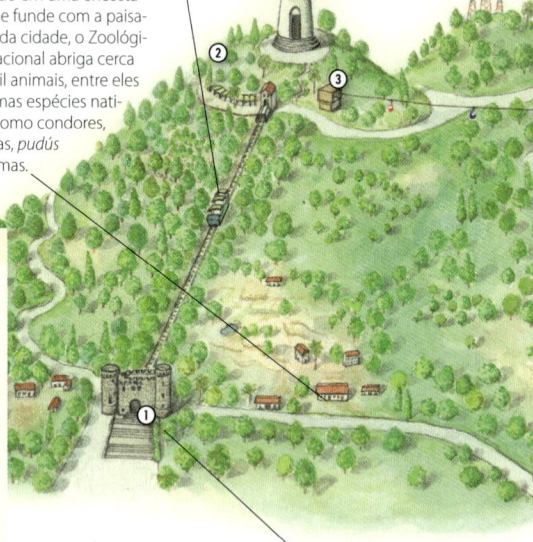

Plaza Caupolicán
A estação de funicular na Plaza Caupolicán é a entrada principal do parque.

Veja hotéis e restaurantes dessa região nas pp. 276-7 e 291-2

NORDESTE DO CENTRO DE SANTIAGO | 89

Jardín Japonés
Inaugurado em 1997 pelo príncipe Hitachi do Japão, esse jardim japonês reúne um lago com ninfeias e um poço. Decorado com cerejeiras e bordos japoneses, constitui um sereno refúgio para os ruídos e a agitação da cidade.

PREPARE-SE

Informações Práticas
Entrada pela Pío Nono e Av. Pedro de Valdivia Norte. **Mapa** 3 B2. **Tel** (02) 2730-1300. grátis para pedestres; veículos pagam 3 mil pesos. 10h-18h diariam (verão: até 21h). Piscina Antilén: ter. Piscina Tupahue: seg. Zoológico Nacional: entrada pelo funicular da Pío Nono. 10h-19h diariam (seg a partir das 13h; até 17h inverno). **w parquemet.cl**

Transporte
Baquedano.

Museu do Vinho
Instalado em um restaurante no Camino Real, esse museu é uma ótima oportunidade para provar boas safras chilenas.

Piscina Antilén
Com lindas vistas para a cidade, essa é a piscina situada em local mais alto de Santiago. No verão, oferece precioso frescor.

Túmulos do Cementerio General, Santiago

❷ Cementerio General

Avenida Alberto Zañartu 951. **Mapa** 3 A1. **Tel** (02) 2637-7800. Cementerios. 8h30-18h diariam. **w** cementeriogeneral.cl

O maior cemitério da capital chilena abriga os túmulos de várias personalidades históricas importantes. A maioria dos ex-presidentes do país está enterrada no local, entre eles Salvador Allende, cujos restos mortais foram trazidos de Viña del Mar *(pp. 132-3)* em 1990. O cemitério foi inaugurado em 1821 pelo primeiro regente chileno, Bernardo O'Higgins, que repousa em uma cripta na Plaza Bulnes *(p. 69)*. O Cementerio General foi projetado para ser uma espécie de cidade, com alamedas arborizadas e belos mausoléus – o que explica a variedade de estilos, que vai do gótico a influências gregas. Como resultado, a diversidade estética é um dos atrativos do cemitério.

Entre as celebridades enterradas no local estão a cantora Violeta Parra; o ex-senador esquerdista Orlando Letelier, assassinado em Washington, nos Estados Unidos; o poeta e cantor Victor Jara e, mais recentemente, a líder do Partido Comunista Gladys Marin. Um monumento sóbrio relembra a ditadura *(p. 52)*: um mural do escultor Francisco Gazitúa chamado *Rostros* (Rostos), que lista os milhares de chilenos executados. Na parte oeste fica a área destinada aos "dissidentes", setor reservado aos protestantes, transferidos para lá do cemitério original, no Cerro Santa Lucía, no fim do século XIX.

❸ Museo de Artes Decorativas

Avenida Recoleta 683. **Mapa** 3 A2. **Tel** (02) 2737-5813. Cerro Blanco. 10h-17h30 ter-sex, 10h30-14h sáb e dom. **w** artdec.cl

Em 1982, a preciosa Colección Garcés foi doada ao governo chileno e deu origem ao Museo de Artes Decorativas. Em 2005, a instituição passou a ocupar o antigo convento do Centro Patrimonial Recoleta Dominica. O acervo com mais de 2.500 peças está dividido em vinte mostras temáticas, e inclui lindos exemplos de porcelanas, copos e vasos de cristal, peças de prata e de mármore, cerâmicas, joias e objetos de arte grega, romana e oriental, em geral confeccionados nos séculos XVIII e XIX.

Influência egípcia em túmulo do Cementerio General

No local funcionam duas outras instituições interessantes. O **Museo Histórico Dominico** exibe objetos sacros dos séculos XVII e XIX, como cálices e roupas usadas em celebrações. A **Biblioteca Patrimonial Recoleta Dominica** é uma das maiores bibliotecas particulares da América Latina e abriga cerca de 115 mil livros, mapas e documentos relacionados à ciência e à religião.

❹ La Vega

Dávila Baeza 700. **Mapa** 2 E1. Cal y Canto, Patronato. **w** lavega.cl

Bem perto do Mercado Central, La Vega é o principal mercado de frutas e verduras de Santiago, muito frequentado pelos amantes da culinária. Em meio à confusão de barracas e caixas e à gritaria das negociações, o La Vega oferece uma experiência colorida e intensa. O mercado ocupa uma estrutura que se estende por diversas quadras, com mais de uma centena de comerciantes vendendo de sapatos e aparelhos eletrônicos a ração de animais. No centro de La Vega ficam as barracas que preparam pratos típicos (e baratos) como a *cazuela*, um tipo de cozido. É o lugar ideal para procurar frutas chilenas como a *chirimoya*, a *pimienta dulce*, com um sabor que lembra o do melão, frutas do cacto tuna e a *lucuma*, fruta usada para fazer sobremesas.

❺ Barrio Patronato

Entre as ruas Loreto, Bellavista, Dominica e Recoleta. **Mapa** 3 A3. Patronato. Lojas: 10h-19h30 seg-sex, 9h30-17h30 sáb. **w** tiendaspatronato.cl

Com uma área de cerca de doze quarteirões, o Barrio Patronato é uma animada região de compras, na qual predominam lojas de roupas e lanchonetes administradas em grande parte por imigrantes vindos da Coreia, China e do Oriente Médio. No

Lojas e clientes em uma rua movimentada do Barrio Patronato

Veja hotéis e restaurantes dessa região nas pp. 276-7 e 291-2

período colonial, o *barrio* acomodava moradores pobres e era chamado de La Chimba, que significa "outro lado do rio". A região continua ocupada principalmente por trabalhadores, e várias das construções originais ainda resistem.

No final do século XIX, imigrantes saídos da Síria, Líbano e especialmente da Palestina instalaram-se no bairro de Patronato. Foram eles os criadores do principal centro de comércio têxtil, pois vendiam tecidos e roupas importados (a produção local ainda era incipiente). Atualmente o bairro do Patronato recebe a visita diária de mais de 10 mil compradores, que lotam as ruas em busca de camisetas, sapatos, vestidos para festa e outras peças de vestuário a preços baixos.

Pablo Neruda

Autor mais adorado do Chile, Pablo Neruda deixou um precioso legado para o mundo com sua obra sobre amor, política, história, a beleza da vida e a natureza. Neftalí Ricardo Reyes Basoalto nasceu em 12 de julho de 1904 e adotou o nome Neruda em homenagem ao poeta checo Jan Neruda, mas também para esconder suas criações de seu pai, que não considerava a literatura uma forma digna de ganhar a vida. Porém, o poeta ganhou fama com o livro *Vinte poemas de amor e uma canção desesperada*. Ocupou funções diplomáticas na Argentina, Birmânia, México e Espanha, país onde, em meados da década de 1930, declarou-se defensor da república espanhola e contrário à ditadura de Francisco Franco. Em 1943, foi eleito senador pelo Partido Comunista. Nessa época, escreveu a obra *Canto geral* (1950), trabalho dedicado à trajetória do continente latino-americano. Em 1971, Neruda ganhou o Prêmio Nobel de Literatura e, dois anos depois, morreu de câncer, duas semanas após o golpe que depôs Allende. Suas três casas, na Isla Negra, Santiago e Valparaíso, foram transformadas em museus.

Pablo Neruda, famoso poeta e diplomata chileno

❻ Casa Museo La Chascona

Fernando Márquez de la Plata 192. **Mapa** 3 B3. **Tel** (02) 2777-8741. Baquedano. 10h-18h ter-dom. fundacionneruda.org

Erguida em 1953 em uma encosta do Cerro San Cristóbal, no bairro Bellavista, o envolvente Museo La Chascona funciona em uma das três casas que pertenceram ao poeta Pablo Neruda. A residência ganhou o apelido de La Chascona ("descabelada") por causa de Matilde Urrutia, amante de Neruda que viveu nesse local durante um ano. Neruda separou-se de sua esposa e casou-se com Matilde em 1966. O projeto original da casa é de autoria do arquiteto catalão Germán Rodríguez, mas Neruda alterou diversos aspectos do projeto e preferiu imprimir uma marca pessoal e bastante peculiar à construção, como se pode constatar pela variedade de saletas ligadas por um labirinto de escadas, corredores e acessos secretos. O amor do poeta pelo mar fica claro nos detalhes arquitetônicos de inspiração marítima comuns em La Chascona, como as janelas copiadas de navios, os ambientes acolhedores com pisos ruidosos e os tetos em arco.

A sala de jantar no passado ficava perto de um riacho, o que dava a ilusão de estar em alto-mar. A parte interna abriga a coleção de objetos de arte do poeta, montada em suas inúmeras viagens pelo mundo.

Neruda era comunista e amigo do antigo presidente Salvador Allende. Por isso, sua casa foi saqueada e inundada pelas tropas de Pinochet logo depois do golpe de 1973, e seu funeral só ocorreu após muitas adversidades. A Fundación Pablo Neruda, que mantém La Chascona e as outras duas casas do escritor, recuperou a residência. O local exibe objetos de uso diário e peças decorativas que pertenciam a La Chascona e também móveis e itens pessoais trazidos do escritório de Neruda na França, onde atuou como embaixador entre 1970 e 1973. A biblioteca exibe a medalha do Nobel, além de fotografias, cartas, livros e outros materiais. É possível participar de uma visita audioguiada para conhecer a casa, que funciona por ordem de chegada. Enquanto aguarda sua vez, desfrute o agradável café do museu, um ótimo local para relaxar.

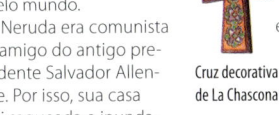

Cruz decorativa de La Chascona

O sereno e lírico jardim da Casa Museo La Chascona

Castillo Lehuedé, em frente à Plaza Camilo Mori

❼ Plaza Camilo Mori

Constitución, esq. Antonia López de Bello. **Mapa** 3 B3. Baquedano.

Situada em pleno coração do bairro boêmio de Bellavista, a Plaza Camilo Mori homenageia um famoso pintor chileno que tinha seu ateliê nessa região, onde também morava. A praça de formato triangular tem por destaque o **Castillo Lehuedé**, uma construção chamativa mais conhecida como Casa Rosa, onde hoje funciona um hotel de luxo. O belo edifício de pedra foi erguido em 1923 pelo arquiteto Federico Bieregel para a família de Pedro Lehuedé. Ao redor da praça estão instaladas algumas lojas e restaurantes, além do **Centro Mori**, que sedia apresentações de teatro.

❽ Patio Bellavista

Constitución 30. **Mapa** 3 B4. **Tel** (02) 2249-8700. Baquedano. 10h-22h diariam. **w** patiobellavista.cl

Inaugurado em 2006 como parte de um projeto de reforma urbana, o Patio Bellavista reúne diversas lojas e restaurantes, distribuídos ao redor de uma praça interna, que no século XIX era cercada por alojamentos para operários. Totalmente restaurado, o Patio Bellavista reúne mais de 80 lojas que oferecem peças de *artesanía*, cerca de duas dezenas de bares e restaurantes, livrarias, galerias de arte, joalherias e o luxuoso Hotel del Patio.

Ali não faltam cafés com mesas ao ar livre, em geral disputadas tanto por moradores como por visitantes. O Patio Bellavista também oferece uma variada programação cultural, que inclui de apresentações de dança e música ao vivo a exposições de pintura e de fotografia.

❾ Casa de la Ciudadanía Montecarmelo

Bellavista 0594. **Mapa** 3 C3. **Tel** (02) 2820-2900. Salvador. 9h30-13h30 e 15h30-17h30 seg-sex. só eventos. **w** providencia.cl

Principal centro cultural do Barrio Bellavista, a Casa de la Ciudadanía Montecarmelo ocupa as instalações que no passado abrigavam um convento com o mesmo nome. No século XIX, o local pertencia às religiosas da Ordem Carmelita de Santa Teresa, conhecida pelo desprendimento e humildade (suas integrantes eram chamadas de *descalzas*). Hoje pertence à Corporación Cultural de Providencia e acomoda um bonito centro de atividades artísticas que organiza aulas e workshops de fotografia, arte, música e dança. A agenda anual da instituição inclui shows, mostras de cinema e apresentações teatrais encenadas em um palco ao ar livre, cercado pelas imponentes paredes de tijolos do antigo convento. Montecarmelo oferece também um espaço para o lançamento de obras de ficção e poesia de autores chilenos.

Fachada do Café Literario, Parque Balmaceda

❿ Parque Balmaceda

Avenida Providencia, entre Baquedano e Del Arzobispo. **Mapa** 3 C4. Baquedano, Salvador.

Construído em 1927, depois da canalização do rio Mapocho, o Parque Balmaceda presta homenagem a José Manuel Balmaceda, um dos primeiros presidentes do Chile e figura central na curta guerra civil de 1891 *(p. 49)*. Na parte oeste do parque, uma estátua celebra a memória do herói nacional.

Objetos coloridos em loja de suvenir do Patio Bellavista

Veja hotéis e restaurantes dessa região nas pp. 276-7 e 291-2

Obras do artista chileno Federico Assler Browne, Parque de las Esculturas

A principal atração do Parque Balmaceda é a relativamente recente **Fuente Bicentenario**, que à noite exibe um arco-íris de cores e luzes. Aos pés da fonte está o **Monumento de Aviación**, escultura abstrata instalada durante a ditadura de Pinochet.

O **Café Literario**, situado no centro do parque, dispõe de jornais e livros. Local indicado para um passeio agradável, o Balmaceda atrai visitantes dos bairros próximos de Providencia e Bellavista e também do centro de Santiago.

⓫ Museo de Tajamares

Avenida Providencia 222. **Mapa** 3 C4. **Tel** (02) 2223-2700. Baquedano. para reforma; telefonar antes.

O complexo sistema de diques e muralhas erguido no século XVIII para conter as águas do rio Mapocho era conhecido como *tajamares*. A massa utilizada em sua construção consistia em uma mistura de clara de ovo, calcário e areia, chamada *cal y canto*. Projetado pelo arquiteto Joaquín Toesca, conseguiu evitar inundações na capital chilena por várias décadas, até a instalação de um sistema de canais mais moderno, no fim do século XIX.

Uma parte dos antigos *tajamares* da cidade foi descoberta durante as escavações no bairro de Providencia no final da década de 1970. O Museo de Tajamares, criado em 1980, exibe trechos bem preservados dessas espessas muralhas e dos diques em forma de arco. Bastante atingido pelo terremoto de 2010, o museu permanece fechado para reforma por tempo indeterminado.

⓬ Parque de las Esculturas

Avenida Santa María 2205, entre Avenida Pedro de Valdivia e Padre Letelier. **Mapa** 4 E2. **Tel** (02) 2335-1832. Los Leones.

Projetado após uma grande inundação do Mapocho em 1982, o Parque de las Esculturas foi uma resposta criativa à necessidade de reforçar a região próxima às margens do rio. Entre 1986 e 1988 o arquiteto Germán Bannen usou recursos da Corporación Cultural de Providencia para enfeitar o parque. Belas trilhas cortam a área, que reúne cerca de 30 valiosas esculturas de artistas chilenos contemporâneos, como as obras *Pachamama*, de Marta Olvín; *O casal*, de Juan Egneau; e *Conjunto escultórico*, de Federico Assler. O parque oferece vista para os picos cobertos de neve da Cordilheira dos Andes.

Trecho de muralha preservado no Museo de Tajamares

⓭ Barrio Suecia

Avenida Suecia, esq. Avenida Providencia. **Mapa** 4 F2. Los Leones.

Quase um "microbairro", o Barrio Suecia é repleto de restaurantes e bares criados com forte inspiração nos estabelecimentos norte-americanos. Um dos destaques da região são as fachadas coloridas.

Em sua época áurea o Barrio Suecia concentrava a vida noturna da cidade, que depois se transferiu para locais como Bellavista. Ainda assim, jovens viajantes, estrangeiros e profissionais dos escritórios das proximidades se reúnem para o happy hour em um de seus diversos bares, que costumam se manter abertos até a madrugada. Em algumas horas, porém, o bairro fica bastante movimentado e não raro os batedores de carteira se aproveitam da aglomeração para surpreender os boêmios.

Agitado café do Barrio Suecia

⓮ Barrio El Golf

Av. El Bosque e Av. Isidora Goyenechea. **Mapa** 5 B4. El Golf.

A concentração de arranha-céus modernos e a influência americana deram a essa região o apelido de "Sanhattan". O Barrio El Golf hoje é a área mais moderna da cidade, onde estão instaladas importantes empresas e diversas embaixadas. As avenidas Isidora Goyenechea e El Bosque formam o coração do *barrio* e se destacam pela abundância de restaurantes e hotéis cinco estrelas. Pouco restou do passado residencial da área, e a maioria das antigas mansões e casas luxuosas hoje acomoda restaurantes. O bairro também sedia a Gran Torre Santiago, o edifício mais alto do Chile – e da América do Sul –, com 300m. Projetada pelo arquiteto argentino César Pelli (o mesmo das Petronas Towers, na Malásia), a torre pode ser vista praticamente de qualquer ponto da cidade e é parte do complexo Costanera Center, que abriga cinema e restaurantes. O local, entre as ruas Nueva Tajamar e Los Leones, está próximo à estação de metrô Tobalaba.

Restaurante e café Tiramisu, na Avenida Isidora Goyenechea, Barrio El Golf

⓯ Barrio Vitacura

Mapa 5 B2. vitacura.cl

O nome do bairro faz referência ao líder mapuche Butacura (Grande Rocha), que ocupava essa região com sua tribo quando os conquistadores chegaram. O Barrio Vitacura foi ocupado em meados do século XVI e transformado em *asentamiento* – povoado espanhol instalado sobre propriedades indígenas. Vitacura situa-se ao norte da cidade e à sombra do cerro Manquehue ("casa dos condores"), local apreciado para um passeio curto. Hoje o bairro reúne as casas de moradores ricos, políticos e a aristocracia da cidade. Destaca-se pelos amplos condomínios, casas modernistas, parques verdejantes, lojas e restaurantes caríssimos. Concentra-se ao redor das avenidas Alonso de Córdova e Nueva Costanera, duas vias cercadas de árvores e ocupadas por lojas seletas, como Louis Vuitton e Longchamp, além de elegantes casas de decoração. Nos últimos anos, a Avenida Nueva Costanera tornou-se ponto central dos restaurantes mais sofisticados e acomoda estabelecimentos famosos (e caros) como Tierra Noble, La Mar e OX (pp. 291-2).

As novas instalações do bairro fazem parte de um intenso projeto de reforma urbana que também inclui o **Parque Bicentenario**, ampla área verde com lagoas e trilhas que deu novas feições às margens do rio Mapocho. O parque funciona como palco para diversos eventos realizados ao ar livre, entre eles exposições de artesanato. Uma instituição importante que também está sediada na região é a **CEPAL**, Comissão Econômica para a América Latina e Caribe. O organismo da ONU ocupa uma pérola arquitetônica projetada na década de 1960 pelo arquiteto chileno Emilio Duhart (1917-2006).

O Barrio Vitacura é o epicentro das galerias de arte da cidade e reúne mais de duas dezenas delas, ótimas para quem quer conhecer a obra de novos talentos do Chile. Instaladas em construções em estilo modernista, quase todas com belos cafés e livrarias elegantes, as galerias garantem espaço para nomes consagrados e para iniciantes no cenário artístico. A mais famosa é a **Galería Animal** (p. 99), primeira galeria de arte sofisticada da cidade e lançadora da ideia de apresentar suas obras em espaços amplos e arejados, atribuindo mais intensidade às peças e com capacidade para acomodar mais visitantes. A Galería Animal também oferece uma ampla variedade de arte chilena e costuma alterar suas mostras. Em 2008, diversas galerias de peso abriram as portas, entre elas a Marl-

Presépio no Parque Bicentenario, no Barrio Vitacura

Veja hotéis e restaurantes dessa região nas pp. 276-7 e 291-2

borough Chile, a Isabel Aninat (famosa pelos novos talentos), a Arte Espacio e a Patricia Ready. Essa última abriga mostras temporárias de nomes de destaque, como Carlos Capelan e Bruna Ruffa, e atrai compradores dispostos a gastar.

⓰ Museo Ralli

Alonso de Sotomayor 4110. **Mapa** 5 C1. **Tel** (02) 2206-4224. 10h30-17h ter-dom (jan: apenas sáb e dom). fev. **museoralli.cl**

Moderna fachada de vidro da Galería Patricia Ready, Barrio Vitacura

Um dos museus menos conhecidos da capital chilena, o Museo Ralli abriga um acervo de arte europeia e latino-americana reduzido, porém notável, com algumas peças de Salvador Dalí, Marc Chagall e Joan Miró, entre outros. Com endereços em outros países (Espanha, Uruguai e Israel), a instituição foi fundada em 1992 por Harry Recanati, colecionador de arte e banqueiro aposentado, e não tem fins lucrativos.

O museu ocupa uma área de 3 mil m^2 e está instalado em uma tranquila rua residencial. Costuma promover exposições temporárias dedicadas a artistas contemporâneos europeus e latino-americanos.

⓱ Museo de la Moda

Avenida Vitacura 4562. **Mapa** 5 C1. **Tel** (02) 2219-3623. 10h-18h ter-dom. **museodelamoda.cl**

Fundado para preservar o legado da família, o Museo de la Moda foi criado em 2007 por Juan Yarur, que transformou a casa modernista de seus pais em um dos museus mais importantes do mundo sobre o tema. Yarur, neto de um magnata das finanças e do setor têxtil, percorreu o planeta durante uma década em busca de itens para o impressionante acervo de 8 mil roupas. Fazem parte da coleção de trajes do século XVIII a vestidos clássicos assinados por Chanel e Lanvin, além de criações modernas de Gaultier e de preciosidades de Hollywood, como o guarda-roupa exibido por Joan Collins na série de televisão *Dinastia*, dos anos 1980. O sutiã de cone usado por Madonna e algumas peças de Marilyn Monroe também foram expostos no local. O acervo muda de acordo com os temas das mostras, que variam de "Rock'n'roll" a "Amor e Guerra", mas uma seção fixa aborda trajes associados ao tênis, esporte praticado por Yarur. Quem visita o museu tem a oportunidade de percorrer a mansão da família do fundador, preservada como era nas décadas de 1960 e 1970 e com informações sobre a trajetória da linhagem na história do Chile. Alguns itens expostos são roupas e acessórios que pertenceram à mãe de Yarur, Raquel Bascuñán. Na antiga garagem da residência funciona um restaurante, chamado apropriadamente de Garage.

Vestidos da exposição "Amor e Guerra", no Museo de la Moda

⓲ Pueblo Los Dominicos

Apoquindo 9085. Los Dominicos. 10h-20h diariam. **culturallascondes.cl**

Uma das regiões de compras mais sedutoras de Santiago, o Pueblo Los Dominicos é um conjunto de construções simples instalado na propriedade antes pertencente à vizinha **Iglesia Los Dominicos**. Em 1982, o *pueblo* passou por ampliação e uma reforma visual, ganhando assim um estilo colonial rústico que evoca o passado. Originalmente o local era um povoado dos índios mapuches liderados pelo cacique Apoquindo, o qual legou seu nome à grandiosa avenida que termina nesse ponto.

Hoje, o *pueblo* reúne 160 pequenas lojas de artesãos, que oferecem cerâmicas, artigos de couro, joias, móveis, tecidos, roupas e até animais, como coelhos e pássaros. Mas o charme está no fato de que muitas lojas funcionam também como ateliês, o que permite apreciar, ainda, a criação dos artesãos. O ambiente idílico costuma agradar aos visitantes, que se encantam com o som do riacho e das flautas que soam por essa réplica de vilarejo. Sábados e domingos são os melhores dias para vir ao local, pois coincide com a celebração de missas na Iglesia Los Dominicos. A igreja está representada em uma cédula chilena (a de 2 mil pesos) e é considerada patrimônio nacional. Durante as batalhas pela independência do país, em 1810, serviu como refúgio para os rebeldes.

COMO CIRCULAR EM SANTIAGO

A dinâmica capital chilena possui um eficiente sistema de transportes. O rápido metrô é o meio mais fácil e barato para chegar às principais atrações da cidade. Grande parte dos monumentos e locais de interesse ficam nas proximidades do centro, atendido pelas linhas 1 e 5. No entanto, o metrô costuma lotar nos horários de pico e nesse caso pode ser mais interessante recorrer aos táxis, numerosos e em geral baratos, ou a opções como os radiotáxis e *colectivos* (táxis com rotas fixas). O sistema de ônibus urbanos de Santiago passou por reforma em 2007, quando os antigos veículos foram substituídos por modelos novos e menos poluentes. Em geral, quem fica pouco tempo na cidade usa mais metrô do que ônibus. À noite, a melhor alternativa são os táxis.

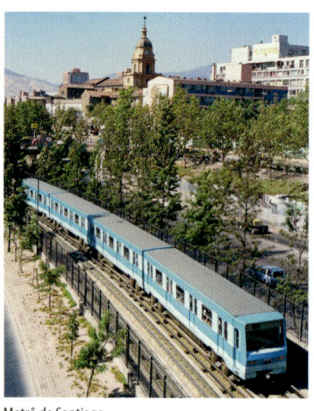

Metrô de Santiago

Sistemas de Metrô e de Trens

O **Metro de Santiago** é um sistema de transporte subterrâneo que atende toda a cidade e boa parte dos bairros afastados. Considerado o mais moderno e amplo da América do Sul, constitui uma forma eficiente, rápida e barata de circular pela capital. A rede abrange quatro linhas, mas a Línea 1, mais central, e também a Línea 5 são as mais usadas pelos visitantes. Curiosamente, não existe Línea 3.

Durante a semana, o metrô funciona entre 5h35 e 0h08. Aos sábados, começa a circular às 6h30 e para à 0h08; aos domingos e feriados opera entre 8h e 23h48. O preço dos bilhetes varia de acordo com o horário – nos momentos de pico da manhã e da tarde, é mais caro. É possível comprar bilhetes unitários, mas custa menos usar as opções Multivía ou Bip! (a medida também evita a necessidade de enfrentar longas filas). Os cartões que permitem fazer vários trajetos custam cerca de US$2,50 e precisam ser recarregados; cada vez que o usuário percorre um trajeto o valor equivalente é descontado do cartão. Outra vantagem do cartão é que ele pode ser usado por vários passageiros, que o passam um para outro na hora de cruzar a catraca. Os vagões do metrô de Santiago são modernos mas oferecem uma capacidade limitada de acomodação de passageiros. Uma recomendação importante é manter-se sempre atento aos pertences, pois nos vagões e nas instalações do metrô é comum a presença de batedores de carteira.

Da Estación saem conexões rumo a Rancagua *(p. 146)* e San Fernando *(p. 150)*. Quem administra essas linhas ferroviárias é a **Empresa de Ferrocarriles del Estado**.

Ônibus

A **Transantiago** nasceu da tentativa de tirar das ruas a numerosa frota de ônibus antigos, malconservados e poluentes. O sistema, implantado em 2007, pretende racionalizar as linhas e oferecer à população ônibus mais confortáveis e com maior capacidade de transporte. Em vez de pagar o trajeto em dinheiro, os passageiros usam cartões chamados Bip!, também aceitos no metrô. Após o fechamento do metrô, os ônibus da Transantiago operam linhas especiais.

Carros

Em geral, só é interessante contar com um carro próprio se o visitante pretende visitar regiões próximas à capital. Santiago é famosa pelo trânsito e não é fácil estacionar. Quem quiser alugar um veículo pode recorrer a empresas como a **Hertz** e a **Budget**.

O uso de cinto de segurança é obrigatório, dirigir embriaga-

Ônibus verdes e brancos da Transantiago, ecologicamente corretos

COMO CIRCULAR EM SANTIAGO | 97

Típico táxi de Santiago, nas cores preta e amarela

do é um delito grave e quem dirige o veículo não pode falar ao celular.

Táxis, Radiotáxis e Colectivos

Os táxis são numerosos e em geral as corridas não custam caro, mas à noite o valor sobe. Os motoristas costumam ser gentis e auxiliar os visitantes, mas há os que escolhem caminhos mais longos para "engordar" a corrida. Existe ainda um sistema de radiotáxis, sem identificação específica e em geral com veículos mais novos e desprovidos de taxímetro – o valor é combinado de acordo com o trajeto.

Os *colectivos* são veículos que levam até quatro passageiros. De cor preta, operam com preços e rotas fixas. Uma identificação no teto informa o destino.

A Pé

O centro de Santiago pode muito bem ser explorado a pé. Outras atrações, como o Cerro Santa Lucía e o Parque Metropolitano, do outro lado do rio Mapocho, também são perfeitos para caminhadas. Regiões como Las Condes e Providencia agradam a quem gosta de andar, mas em alguns trechos as calçadas não favorecem o deslocamento e as rampas para cadeira de rodas são raras. Os motoristas costumam respeitar os pedestres, mas preste atenção ao cruzar vias movimentadas.

Bicicleta

Muitos moradores se deslocam de bicicleta. No entanto, convém evitar as avenidas de maior fluxo, como a Alameda e a Avenida Vicuña Mackenna. As ruas em geral são esburacadas, mas já começam a ser construídas algumas ciclovias na cidade.

AGENDA

Sistemas de Metrô e de Trens

Empresa de Ferrocarriles del Estado (EFE)
Alameda Bernardo O'Higgins 3170, Estación Central.
Tel (02) 2585-5050. **W** efe.cl

Metro de Santiago
Tel 600 600 6292.
W metrosantiago.cl

Ônibus

Transantiago
Tel 800 730 073.
W transantiago.cl

Carros

Budget
Luz 2934, Las Condes. **Tel** (02) 2795-3928. **W** budget.cl

Hertz
Andres Bello 1469, Providencia.
Tel (02) 2360-8618. **W** hertz.cl

Metrô de Santiago

Legenda
- Línea 1
- Línea 2
- Línea 4
- Línea 4A
- Línea 5
- Conexão

COMPRAS EM SANTIAGO

A capital chilena oferece ampla variedade de opções de compra – de roupas de grife a vinhos e artesanato. Muitos visitantes se encantam com as peças de madeira entalhada feitas pelos mapuches, em geral tigelas e utensílios de cozinha, ou ainda com adornos ou objetos confeccionados com *krill* (crina de cavalo). Quem procura ponchos, cobertores de lã de alpaca ou de ovelha e casacos de frio também encontra boas ofertas. A pedra lápis-lazúli, existente apenas no Chile e no Afeganistão, é presença frequente nas vitrines da cidade. Nos últimos anos, jovens estilistas trocaram os shopping centers por charmosas lojas em locais como Bellavista e Bellas Artes. O crescente interesse pela gastronomia do país deu origem a uma miríade de lojas do tipo gourmet e casas especializadas em vinhos.

Cerâmicas e produtos têxteis à venda em loja da capital

Artesanato e Presentes

Diversos estabelecimentos oferecem peças artesanais vindas de outras regiões do Chile, porém às vezes a escolha pode ser limitada. A capital chilena é o melhor lugar para comprar objetos confeccionados com a única pedra semipreciosa do país, o lápis-lazúli *(p. 303)*. Há peças à venda nas inúmeras lojas da Avenida Bellavista, entre as *calles* Capellán Abarzúa e Pío Nono. A **Lapis Lazuli House** oferece diversas criações elaboradas com essa impressionante pedra azul. É possível encontrar joias de lápis-lazúli nas lojas **Morita Gil**, espalhadas por toda a cidade, e **Faba**, em Vitacura.

Peças de cerâmica, artigos têxteis e objetos decorativos são a especialidade da **Artesanías de Chile**, localizado no Centro Cultural Palacio La Moneda *(p. 68)*; outra boa opção é a loja Los Dominicos. A **Ona** exibe criações mais elaboradas, também feitas com produtos locais, e a **La Verveine**, situada em Vitacura, destaca-se pela ampla oferta de peças de *artesanía*, inclusive artigos de decoração.

Para comprar suvenires mais simples, como camisetas e chaveiros, visite as barracas próximas ao Patio Bellavista. A loja de suvenires mais diferenciada de Santiago provavelmente é **The Clinic El Bazar**, que deve seu nome à clínica médica londrina onde o ex-ditador Augusto Pinochet foi informado de sua prisão, em 1998. Para artigos mais sofisticados uma opção é a loja **Pura Artesanos**, em Las Condes, cujas prateleiras acomodam de joias e artigos de couro a brinquedos.

Antiguidades

Quem procura antiguidades em Santiago vai gostar de percorrer os imensos depósitos transformados em lojas. Um lugar com ofertas constantes é a **Antiguedades Balmaceda**, que reúne mais de 200 antiquários independentes e oferece de itens domésticos e móveis a joias e peças de arte decorativa do início do século XX. A **Antiguedades Bucarest** é uma galeria que também abriga vendedores independentes e encanta quem procura espelhos com molduras douradas, quadros antigos, móveis de madeira, enfeites e objetos curiosos de várias épocas.

As lojas de objetos antigos são comuns em diversas partes da cidade. Na esquina das avenidas Italia e Sucre, numerosos estabelecimentos vendem móveis antigos e peças recicladas. A **Brainworks**, situada no Barrio Italia, é especializada em artigos para a casa, mobília retrô e reproduções de objetos criados nas décadas de 1960 e 1970.

Todos os domingos, a Plaza Peru, no bairro El Golf, acomo-

Feira na Plaza Mulato Gil de Castro

COMPRAS EM SANTIAGO

Sofisticada loja da marca Louis Vuitton, na Avenida Alonso de Córdova

da uma animada feira de antiguidades. Outra feira disputada ocorre de quinta-feira a sábado na simpática Plaza Mulato Gil de Castro, que fica na região próxima ao Parque Forestal.

Moda

A região do Parque Forestal tornou-se o centro criativo da nova geração de designers. Entre as lojas mais apreciadas estão o **Atelier Carlos Pérez**, com criações contemporâneas, e a **Tampu**, que se destaca pelas roupas modernas inspiradas em padrões nativos. A **Galería Drugstore**, em Providencia, reúne mais de 30 pontos de venda de roupas e acessórios, entre eles a **Kebo**, onde é possível encontrar peças da designer Carla Godoy. A **Hall Central** oferece novidades dos estilistas em uma antiga mansão.

Boa parte dos consumidores de classe média compra roupas nos shopping centers, onde encontra marcas nacionais e internacionais como Zara, MNG e Nine West. Em Vitacura, as avenidas Alonso de Córdova e Costanera acomodam grifes como Louis Vuitton, Armani e Burberry. Outra atração da região é a **Mor**, uma marca de roupas femininas com diversas lojas pela cidade.

O centro do comércio de preços camaradas é o Barrio Patronato *(p. 90)*, na Recoleta, que concentra centenas de lojas disputadas por uma imensidão de clientes em busca de pechinchas. Alguns dos destaques são a **Óptica Bahía**, que vende óculos retrô, a **Orange Blue**, com roupas e sapatos das décadas de 1960 e 1970, e a **Nostalgic**, centro de acessórios vintage.

Galerias de Arte

O elegante Barrio Vitacura, na região leste de Santiago, reúne a maior concentração de galerias de arte – há pelo menos quinze só nas avenidas Alonso de Córdova e Costanera. A mais célebre é a **Galería Animal**, uma das primeiras de vanguarda da cidade. Nela o visitante encontra belos exemplos da arte contemporânea chilena, de quadros e esculturas a obras de arte conceitual, além de algumas criações do internacionalmente famoso Roberto Matta (1911-2002), pintor surrealista, e do artista espanhol Joan Miró. A **Galería Patricia Ready** inclui amplos espaços, um café elegante e uma enorme área dedicada a livros de arte. Em frente está a **Galería Isabel Aninat**, que já funciona há bastante tempo e se concentra em artistas famosos menos conhecidos. Outro lugar para quem quer comprar arte chilena é a **Galería La Sala**. Criadores de fama internacional podem ser apreciados na **Galería A.M.S. Marlborough**. Situadas no centro de Santiago, a **Galería 13** e a **Galería Gabriela Mistral** apostam em jovens artistas que se dedicam à fotografia e à pintura.

Livros e Música

Na paisagem urbana de Santiago não faltam bancas de jornal. As instaladas no Paseo Ahumada, entre a Avenida Alameda e o Paseo Huérfanos, vendem revistas e jornais de diversos países a preços razoáveis.

Para comprar publicações em inglês o melhor a fazer é procurar as livrarias do aeroporto, mas algumas bancas e livrarias situadas em locais disputados costumam vender *Newsweek* e *Time*.

Quem procura livros, revistas e guias em idioma inglês deve visitar a **Librería Inglesa**, com lojas em várias partes de Santiago. A **Librería Antartica** também oferece títulos em inglês.

A rede de lojas chamada **Feria del Libro** tem diversos endereços na cidade e uma boa oferta de livros e revistas, incluindo uma ampla diversidade de obras de fotografia sobre o Chile, além de diversos títulos em inglês.

A **Librería Eduardo Albers** dedica-se sobretudo a guias de viagem, mas vende somente pela internet.

Para os amantes da música, existem diversas lojas de pequeno porte especializadas em discos por toda a capital.

Escultura da Galería Animal

Livraria no Patio Bellavista

Vinho e Comida

O crescente interesse pela culinária e pelo vinho chilenos, associado ao aumento da produção de alta gastronomia com uso de ingredientes locais, alterou a cena gourmet de Santiago e propiciou o surgimento de diversas lojas especializadas. Embora muitos dos melhores vinhos chilenos possam ser encontrados em outros lugares do mundo, lojas como **La Vinoteca** e **El Mundo del Vino** oferecem rótulos raros, de difícil acesso fora do Chile.

Cruzando o pátio do restaurante de mesmo nome, a **Baco** oferece as melhores produções das maiores vinícolas, além de uma ampla seleção de *bodegas* menos conhecidas. No bairro Providencia, o **Emporio Nacional** foi projetado com inspiração nas lojas de alimentos comuns no início do século XX e vende produtos de todo o país, como carnes, queijos variados e frutas secas. As inúmeras filiais do **Emporio La Rosa** destacam-se pela variedade de saborosos sorvetes caseiros, além de oferecer comida para viagem, como *empanadas* e sanduíches.

Mercados

Diversos mercados de Santiago funcionam como espécies de shopping centers de artesanatos, antiguidades, objetos de arte, acessórios para a casa, animais de estimação e plantas. O Pueblo Los Dominicos (p. 95), um conjunto de lojas que forma uma réplica de um vilarejo colonial, agrada a quem procura peças de artesanato local e constitui um passeio agradável. Mais perto do centro, o elegante Patio Bellavista (p. 92) reúne vitrines de roupas, acessórios, joias e artesanato. A **Feria Artesanal Santa Lucía** e o mercado de **La Aldea** oferecem peças artesanais de todo o país, em geral a preços razoáveis. No mercado mais disputado de Santiago, o **Centro de Exposición de Arte Indígena**, há boa oferta de objetos criados pelos mapuches, aimarás e rapa nui (não abre aos domingos). Para explorar um universo de artigos de segunda mão a dica é o **Persa Bio Bio**, imenso e caótico e mais indicado para visitantes que tenham ao menos conhecimentos básicos do idioma espanhol.

Shopping Centers

Os shoppings de Santiago não ficam atrás dos equivalentes instalados em outras grandes capitais do mundo. Os mais disputados são o **Parque Arauco**, o **Alto Las Condes** e o **Costanera Center**, onde se encontram marcas norte-americanas e europeias, além de lojas de departamentos como Ripley, Falabella e Almacenes París (p. 302). O Parque Arauco forma um amplo complexo com restaurantes sofisticados, pista de boliche e de patinação no gelo. Tanto o shopping Parque Arauco como o Alto Las Condes abrigam cinemas megaplex. Em Alto Las Condes, o **Mall Apumanque** reúne sobretudo pequenas lojas, dedicadas a produtos chilenos.

Vitrines das lojas do Pueblo Los Dominicos

COMPRAS EM SANTIAGO | 101

AGENDA

Artesanato e Presentes

Artesanías de Chile
Plaza de la Ciudadanía 26, Subterráneo. **Mapa** 2 E3.
Tel (02) 2697-2784.
🅦 artesaniasdechile.cl

The Clinic El Bazar
Avenida Providencia 2124, Local 9A.
Mapa 4 F2.
Tel (02) 7623-2948.

Faba
Avenida Alonso de Córdova 4227.
Mapa 5 C2.
Tel (02) 2208-9526.
🅦 lapislazuli.cl

Lapis Lazuli House
Bellavista 08.
Mapa 3 B4.
Tel (02) 2732-1419.
🅦 lapislazulihouse.cl

Morita Gil
Los Misioneros 1991.
Mapa 4 E1.
Tel (02) 2232-6853.
🅦 moritagil.cl

Ona
Victoria Subercaseaux 295. **Mapa** 2 F2.
Tel (02) 2632-1859.
🅦 onachile.com

Pura Artesanos
Avenida Kennedy 5413.
Tel (02) 2211-7875.

La Verveine
Avenida Las Tranqueras 1535. **Tel** (09) 8729-9351.
🅦 laverveine.cl

Antiguidades

Antiguedades Balmaceda
Avenida Brasil 1157.
Mapa 1 C1.

Antiguedades Bucarest
Avenida Bucarest 34.
Mapa 4 F2.

Brainworks
Pasaje Beltrán 330.
Mapa 3 C5.
Tel (02) 2504-2920.
🅦 brainworks.cl

Moda

Atelier Carlos Pérez
Rosal 388.
Mapa 2 F2.
Tel (02) 2664-1463.

Galería Drugstore
Avenida Providencia 2124. **Mapa** 4 F2.
Tel (02) 2335-0822.
🅦 drugstore.cl

Hall Central
Merced 346.
Mapa 3 A4.
Tel (02) 2644-0763.

Mor
Avenida Andrés Bello 2425, Local 2189.
Mapa 4 F1.
Tel (02) 2477-6969.
🅦 mor.cl

Nostalgic
Bandera 569.
Mapa 2 E2.
Tel (02) 2698-8461.
🅦 nostalgic.cl

Óptica Bahía
Merced 374.
Mapa 2 F2.
Tel (02) 2632-7031.
🅦 opticabahia.cl

Orange Blue
Avenida Providencia 2455. **Mapa** 4 F2.
Tel (02) 2232-5373.
🅦 orangeblue.cl

Tampu
Merced 327.
Mapa 3 B3.
Tel (02) 2638-7992.

Galerias de Arte

Galería 13
Girardi 1480.
Tel (09) 7125-6039.
🅦 galeria13.cl

Galería A.M.S. Marlborough
Avenida Nueva Costanera 3723.
Mapa 5 B2.
Tel (02) 2799-3180.
🅦 amsgaleria.cl

Galería Animal
Avenida Nueva Costanera 3731.
Mapa 5 B2.
Tel (02) 2371-9090.
🅦 galeriaanimal.com

Galería Gabriela Mistral
Avenida Alameda 1381.
Mapa 2 E3.
Tel (02) 2406-5618.
🅦 galeriagm.cultural.gob.cl

Galería Isabel Aninat
Espoz 3100.
Mapa 5 B1.
Tel (02) 2481-9870.
🅦 galeriaisabelaninat.cl

Galería Patricia Ready
Espoz 3125.
Mapa 5 B1.
Tel (02) 2953-6210.
🅦 galeriapready.cl

Galería La Sala
Avenida Alonso de Córdova 2700.
Mapa 5 B2.
Tel (02) 2246-7207.
🅦 galerialasala.cl

Livros e Música

Feria del Libro
Huérfanos 670.
Mapa 2 F2.
Tel (02) 2345-8316.
🅦 feriachilenadellibro.cl

Librería Antartica
Avenida Kennedy 5413.
Tel (02) 2242-0799.
🅦 antartica.cl

Librería Eduardo Albers
Patria Vieja 358.
Tel (02) 2964-7450.
🅦 albers.cl

Librería Inglesa
Avenida Pedro de Valdivia 47. **Mapa** 4 E2
Tel (02) 2231-6270.

Vinho e Comida

Baco
Santa Magdalena 116.
Mapa 4 F2
Tel (02) 2231-4444.

Emporio La Rosa
Merced 291. **Mapa** 3 B4.
Tel (02) 2638-9257.
🅦 emporiolarosa.com

Emporio Nacional
Avenida Providencia 2124, Local 60.
Mapa 4 F2.
Tel (02) 2891-1774.
🅦 emporionacional.cl

El Mundo del Vino
Isidora Goyenechea 3000.
Mapa 5 B4.
Tel (02) 2584-1173.
🅦 elmundodelvino.cl

La Vinoteca
Nueva Costanera 3955.
Mapa 5 B1.
Tel (02) 2953-6290.

Mercados

La Aldea
Luis Pasteur 6420, Local 5.
Tel (02) 2219-1009.
🅦 laaldea.net

Centro de Exposição de Arte Indígena
Avenida Alameda 499.
Mapa 2 E3.
Tel (02) 2664-1352.

Feria Artesanal Santa Lucía
Avenidas Alameda e Carmen.
Mapa 2 F3.

Persa Bio Bio
Bío Bío 793.
Tel (02) 2551-0909.
🅦 persa-biobio.com

Shopping Centers

Alto Las Condes
Avenida Kennedy 9001.
Tel (02) 2299-6965.
🅦 altolascondes.cl

Costanera Center
Avenida Andrés Bello 2425. **Mapa** 4 F1
Tel (02) 2916-9200.
🅦 costaneracenter.cl

Mall Apumanque
Manquehue Sur 31.
Tel (02) 2246-2614.
🅦 apumanque.cl

Parque Arauco
Avenida Kennedy 5413.
Tel 600 500 0011.
🅦 parquearauco.cl

DIVERSÃO EM SANTIAGO

Santiago é a capital cultural do Chile e concentra a maioria dos teatros, espaços para shows e locais para prática de esportes. Clubes de jazz, bares e até imensos estádios funcionam como palco para várias atrações nacionais e internacionais, e o Teatro Municipal é a sede das companhias de dança e da orquestra do país. O teatro é uma arte bastante apreciada na cidade, com diversos palcos e um célebre festival internacional, realizado em fevereiro. Os visitantes em busca das emoções dos esportes de espetáculo não perdem uma partida de futebol, esporte que conta com muitos torcedores em todo o Chile.

A elegante fachada do Club Hípico, que recebe apresentações de artistas internacionais

Programação e Ingressos

Não existem muitas fontes de informação sobre os eventos culturais de Santiago. Quem entende inglês recorre ao site **Revolver Magazine**, organizado por estrangeiros que vivem no Chile e divulgam um amplo roteiro com os programas artísticos, culturais e as opções de lazer na cidade. O site oferece um calendário com os maiores eventos, guia de restaurantes, estreias e críticas de shows, além de dicas para quem percorre o país e curiosidades sobre o idioma.

A edição de sexta-feira dos jornais de maior circulação no país, **La Tercera** e **El Mercurio**, inclui um guia de atrações mais atualizado e amplo do que o site *Revolver Magazine*, em idioma espanhol. Os dois periódicos também publicam sugestões e críticas de shows, peças teatrais e filmes em seus sites: no *La Tercera* as dicas estão na parte de "Entretenimiento", e no *El Mercurio* em "Entretención". O site **Solo Teatro** concentra-se em críticas teatrais e na programação dos palcos da cidade.

Quem pretende ir a um grande espetáculo na capital chilena, como shows internacionais, peça teatral destacada ou um evento esportivo, pode comprar os ingressos pelos sites ou nos pontos de venda da **Ticketmaster** e do **Punto Ticket** *(p. 305)*, com balcões nas lojas de departamentos Ripley e nos diversos cinemas da rede Cinemark. Para ir a uma peça ou apresentações musicais menos disputadas, em geral é preciso comprar os ingressos direto na bilheteria do teatro ou da casa de show.

Banca de jornais no Paseo Ahumada, Santiago

Bares e Casas Noturnas

Em Santiago existem relativamente poucos bares que funcionam apenas com esse perfil, e não como combinação de bar e restaurante, porque a legislação municipal exige que locais que servem bebida também ofereçam comida. O melhor "resto-bar", como é chamado, é o **Bar Liguria** *(p. 291)*, com três endereços na capital. Nele o cliente encontra drinques potentes e ambiente animado, em geral bastante agitado depois da meia-noite. O irreverente **Bar The Clinic** recebe o nome do local em que o general Pinochet foi preso em 1998. Os estrangeiros apreciam o **Flannery's Geo Pub**, famoso pelas cervejas e ambiente cordial. No centro, o sofisticado **Ópera Catedral** atrai homens e mulheres do mundo dos negócios em dia com o que está na moda. O bar ao ar livre, instalado no andar superior, torna-se especialmente disputado no verão. Em Bellavista não faltam bares em toda a Calle Pío Nono, muitos voltados para um público formado por estudantes em busca de simples cerveja. Quem prefere uma atmosfera mais contida encontra diversas opções no Patio Bellavista *(p. 92)*. Ainda no mesmo bairro, o **Bar Constitución** é uma atração consagrada na vida noturna da cidade, com som eletro-pop e, às vezes, música ao vivo. Depois da meia-noite, a pista de dança se agita e o lugar lota. Muitos DJs chilenos começaram a carreira na elegante casa noturna **Club La Feria**. Visitantes que gostam de ritmos caribenhos se encantam com o **Havana Salsa**, enquanto boêmios com idade entre 30 e 45 anos costumam preferir o **Las Urracas**, que, além de duas pistas de dança, oferece um restaurante mexicano ao lado e a presença ocasional de celebridades da televisão ou do mundo dos esportes. Em geral, a agitação noturna de Santiago só começa depois da meia-noite e costuma atingir o ponto máximo por volta das 2h; antes disso, em geral as mulheres não pagam entrada e ganham descontos em bebidas.

Música Contemporânea

Na cidade não faltam bons locais para apresentações de astros musicais nacionais e internacionais. O palco mais disputado é o **Estadio Nacional**, na verdade um estádio esportivo. Entre alguns shows ocorridos ali estão os de Madonna, U2 e Lady Gaga. Igualmente amplo é o **Estadio San Carlos Apoquindo**, em Las Condes, palco das apresentações de Black Eyed Peas e Pearl Jam.

Ingressos para grandes shows não são vendidos nas próprias sedes das apresentações – devem ser comprados em pontos de venda.

Um local recentemente aberto para eventos musicais de grande público é o Club Hípico (p. 85), construído no século XIX. Pista de corridas de cavalos mais antiga da cidade, já foi palco de shows de astros como Elton John, Depeche Mode e Jonas Brothers. No mesmo local é realizado todos os anos o festival Cumbre de Rock Chileno, em janeiro. Mas o palco mais moderno da cidade é o **Espacio Riesco**, nos arredores da capital. Além de receber bandas como Coldplay, o espaço que combina área de shows com espaço de exposições sedia festivais anuais de rock e de música eletrônica. O Centro Cultural Estación Mapocho (p. 77), no centro, apresenta bandas de rock, pop e festas comandadas por DJs, apesar da acústica irregular.

No bairro Nuñoa fica **La Batuta**, que prioriza bandas locais e atrações internacionais menos conhecidas, em geral do universo do rock e do hip-hop. O palco do **Teatro Caupolican** destaca-se por receber nomes do rock alternativo, enquanto no **Bar El Clan** alternam-se DJs e algumas bandas de rock.

O famoso **Club de Jazz** de Santiago é considerado um dos melhores da América Latina e se orgulha por ter sido palco de nomes importantes do gênero em seus mais de 65 anos de atividade. O **La Casa en el Aire**, minúsculo bar situado em Bellavista, combina leituras com shows e algumas performances.

Nos fins de semana, a **Confitería Torres** é o estabelecimento mais próximo de um bar de tango portenho que pode ser encontrado em Santiago. Abrigado em um edifício clássico, o local vale a visita a qualquer momento.

Apresentação do U2 no Estadio Nacional

O Centro Cultural Estación Mapocho, uma antiga estação de tem

Atores do festival de teatro Santiago a Mil

Música Erudita, Dança e Teatro

As apresentações de música erudita, ópera e balé ocorrem no Teatro Municipal *(p. 73)*, entre abril e dezembro. Em geral, as atrações são a Orquestra Filarmônica da cidade e o Balé de Santiago, além de orquestras e companhias de dança em visita. O **Teatro Oriente** costuma sediar as apresentações da Fundación Beethoven e o Ballet Folklórico, enquanto o **Teatro Universidad de Chile** tem uma programação mais em sintonia com a dança moderna. No local se apresentam o Balé Nacional do Chile e a Orquestra Sinfônica do Chile.

Não faltam peças teatrais na cidade, em especial durante o festival **Santiago a Mil**, promovido em janeiro. Nesse evento internacional, há espetáculos de rua e apresentações nacionais e internacionais em mais de quinze palcos. No resto do ano, produções de vanguarda costumam estar em cartaz no **Teatro Bellavista** e no **Centro Mori**, mas para assistir a comédias ou montagens contemporâneas vá ao **Teatro La Comedia**.

Esportes de Torcida

O *fútbol* é o esporte mais apreciado do Chile, o que explica a lotação dos estádios em partidas importantes. Os três times mais famosos do país são o Universidad de Chile, o Colo-Colo e o Universidad Católica, que têm como sede, respectivamente, o Estadio Nacional, o **Estadio Monumental** e o Estadio San Carlos de Apoquindo. Para assistir a uma partida em um estádio ao visitar o país, convém tomar as precauções comuns em locais com aglomerações. Para garantir a entrada, mesmo que já tenha o ingresso comprado, chegue ao local da partida com três horas de antecedência.

As corridas de cavalo mais importantes são realizadas durante o ano todo no Club Hípico *(p. 85)* e no **Hipódromo Chile**. El Ensayo, principal torneio do ano e também a competição mais antiga da América do Sul, ocorre no Club Hípico entre o final de outubro e o início de novembro.

Outros Esportes

Muitos moradores de Santiago gostam de passear nos finais de tarde ou fins de semana em um dos parques da cidade, como o Parque Metropolitano de Santiago *(pp. 88-9)*, que oferecem espaço para caminhadas, corridas e trajetos de bicicleta. Nos dias quentes de verão, as piscinas públicas de Tupahue e Antilén, no Parque Metropolitano, ou o **Club Providencia**, que permite a frequência por apenas um dia, atraem quem quer nadar ou se refrescar. Para praticar escaladas em local fechado, mesmo iniciantes, se dirija a **El Muro**, em Las Condes. O **Mall Sport**, shopping center que reúne apenas lojas de artigos esportivos, oferece locais para escalada e pistas de skate.

Diversão para Crianças

Assim como o restante do país, a capital chilena é um local agradável para passeios em família, e não faltam opções de diversão para as crianças. No verão é comum encontrar algum circo montado nos arredores da cidade. Quem procura diversão com adrenalina não deixa de visitar a Fantasilandia *(p. 85)* e o Parque Metropolitano de Santiago *(pp. 88-9)*, onde há oferta de opções como funicular, gôndolas, piscinas e pistas de bici-

Piscina de Tupahue, no Parque Metropolitano de Santiago

cleta. O Zoológico Nacional apresenta a fauna e a flora do país, enquanto o Parque Quinta Normal *(pp. 80-1)* concentra diversos museus, como o Museo Nacional de Historia Natural, o Museo Ferroviario e o Museo Arteqüín. Um pouco mais longe, o **Museo Interactivo Mirador** foi criado para colocar os visitantes mirins em contato com a ciência e a tecnologia por meio de mostras interativas e workshops. Há ainda um cinema 3D com projeções tanto educativas quanto divertidas. O shopping center Parque Arauco *(p. 101)* oferece diversas atrações para crianças, como uma pista de patinação no gelo, boliche, playground e cinema.

Esqueleto de baleia no Museo Nacional de Historia Natural

AGENDA

Programação e Ingressos

El Mercurio
emol.cl

Revolver Magazine
santiagomagazine.cl

Solo Teatro
soloteatro.cl

Ticketmaster
ticketmaster.cl

La Tercera
latercera.cl

Bares e Clubes

Bar The Clinic
Monjitas 578.
Mapa 3 A4.
Tel (02) 2664-4407.
bartheclinic.cl

Bar Constitución
Constitución 62.
Mapa 3 B4.
Tel (09) 7569-8110.
barconstitucion.cl

Club la Feria
Constitución 275.
Mapa 3 B3.
Tel (02) 2735-8433.
clublaferia.cl

Confitería Torres
Alameda 1570. Mapa 2 D3 Tel (02) 2668-0751.
confiteriatorres.cl

Flannery's Geo Pub
Encomenderos 83.
Mapa 5 A4.
Tel (02) 2233-6675.
flannerys.cl

Havana Salsa
Calle Dominica 142.
Mapa 3 B3.
Tel (02) 2737-1737.
havanasalsa.cl

Ópera Catedral
José Miguel de la Barra, esq. Merced.
Mapa 3 A4.
Tel (02) 2664-3048.
operacatedral.cl

Las Urracas
Avenida Vitacura 9254.
Tel (02) 2224-8025.
lasurracas.com

Música Contemporânea

Bar El Clan
Bombero Nuñez 363.
Mapa 3 B3.
Tel (02) 2735-3655.
elclan.cl

La Batuta
Jorge Washington 52.
Tel (02) 2274-7096.
labatuta.cl

La Casa en el Aire
Antonio López de Bello 0125.
Mapa 3 B3.
Tel (02) 2735-6680.
lacasaenelaire.cl

Club de Jazz
Avenida Ossa 123.
Tel (02) 2830-6208.
clubdejazz.cl

Espacio Riesco
El Salto 5000, Huerchuraba.
Tel (02) 2470-4460.
espacioriesco.cl

Estadio Nacional
Avenida Grecia 2001.
Tel (02) 2238-8102.

Estadio San Carlos de Apoquindo
Camino Las Flores 13000.
Tel (02) 2412-4400.

Teatro Caupolican
San Diego 850.
Mapa 2 E5.
Tel (02) 2699-1556.
teatrocaupolican.cl

Música Erudita, Dança e Teatro

Centro Mori
Constitución 183.
Mapa 3 B3.
Tel (02) 2777-5046.
centromori.cl

Santiago a Mil
Juana de Arco 2012, Oficina 11.
Mapa 4 F3.
Tel (02) 2925-0300.
santiagoamil.cl

Teatro Bellavista
Dardignac 0110.
Mapa 3 B4.
Tel (02) 2735-2395.
teatrobellavista.cl

Teatro La Comedia
Merced 349.
Mapa 2 F2.
Tel (02) 2639-1523.
teatroictus.cl

Teatro Oriente
Avenida Pedro de Valdivia 099.
Mapa 4 E2.
Tel (02) 2777-9849.

Teatro Universidad de Chile
Avenida Providencia 043, Plaza Italia.
Mapa 3 B4.
Tel (02) 2978-2480.
ceac.uchile.cl

Esportes de Torcida

Estadio Monumental
Avenida Marathon 5300.
Tel 600 4202222.
colocolo.cl

Hipódromo Chile
Avenida Hipódromo Chile 1715.
Tel (02) 2270-9200.
hipodromo.cl

Outros Esportes

Club Providencia
Avenida Pocuro 2878.
Tel (02) 2426-6400.
clubprovidencia.cl

Mall Sport
Avenida Las Condes 13451.
Tel (02) 2429-3030.
mallsport.cl

El Muro
Avenida Américo Vespucio 1647.
Tel (02) 2475-2851.
gimnasioelmuro.cl

Diversão para Crianças

Museo Interactivo Mirador
Punta Arenas 6711.
Tel (02) 2828-8000.
mim.cl

GUIA DE RUAS DE SANTIAGO

O mapa abaixo mostra as três regiões de Santiago – Plaza de Armas e Centro, oeste do Centro e nordeste do Centro – apresentadas neste guia. As indicações de mapa apontadas em todos os pontos turísticos, atrações históricas, áreas de compras e locais de diversão referem-se aos mapas das páginas seguintes, assim como as indicações informadas nas páginas dedicadas a hotéis *(pp. 276-7)* e a restaurantes *(pp. 290-2)*. Nas referências, o primeiro número indica o mapa correspondente, e a letra e o número que aparecem em seguida informam a localização dentro do mapa. A p. 113 relaciona nomes das principais ruas da cidade. Para identificar os símbolos usados na representação das atrações e locais de interesse, consulte a legenda abaixo.

Arborizada Plaza Caupolicán, no Cerro Santa Lucía *(p. 74)*

Legenda
- Atração principal
- Outra atração
- Outra construção
- Estação ferroviária
- Metrô de Santiago
- Estação de ônibus
- Funicular
- Informação turística
- Hospital
- Polícia
- Igreja
- Via expressa
- Rua para pedestres

Escala dos Mapas 1-5

0 m — 250

GUIA DE RUAS DE SANTIAGO | 107

Carros estacionados perto de uma estátua, na Avenida Libertador Bernardo O'Higgins

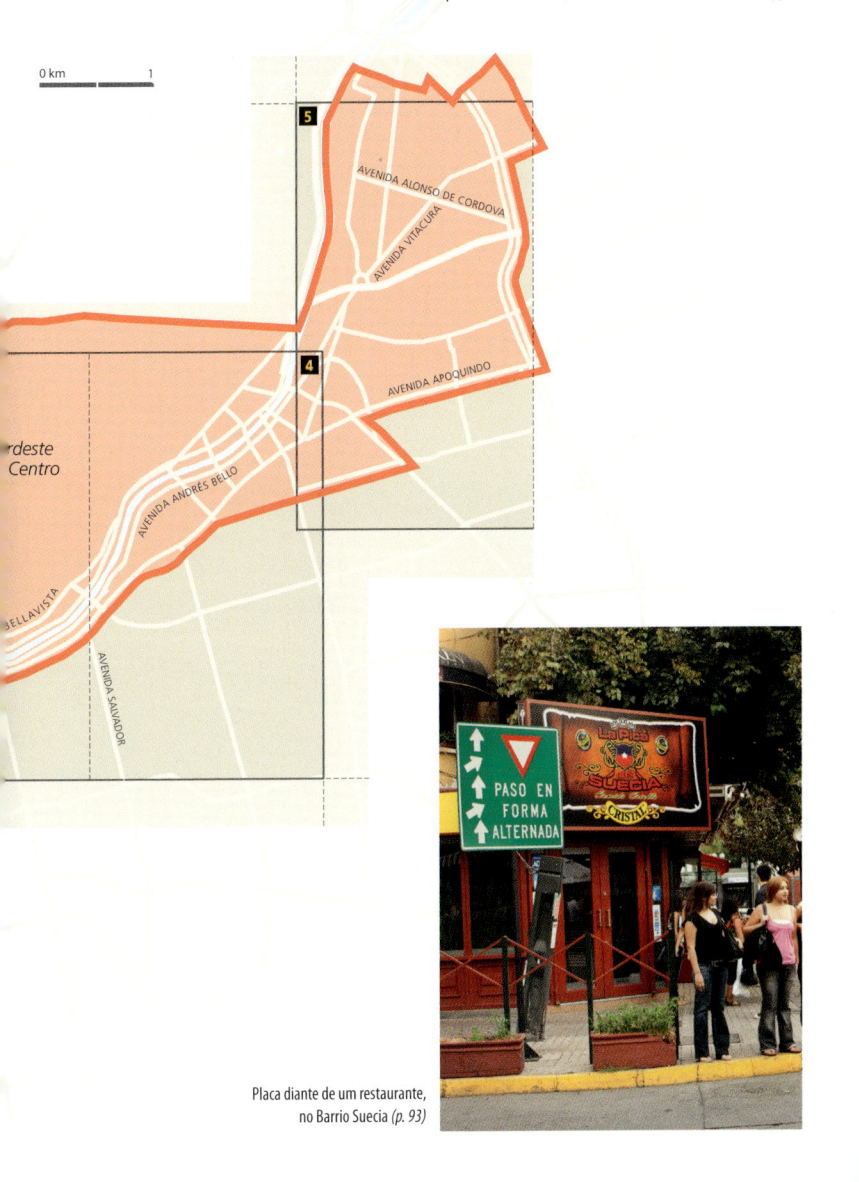

Placa diante de um restaurante, no Barrio Suecia *(p. 93)*

1
A
B
C
AVENIDA MATUCANA
YUNGAY
PJE BALTRA
RAFAEL SOTOMAYOR
CUETO
AVENIDA GENERAL BULNES
AVENIDA BALMACEDA
CHAÑARCILLO
CHACABUCO
HERRERA
ATACAMA
MAIPÚ
ESPERANZA
LIBERTAD
CASTILLO
SAN NICOLAS
FRANCISCO BARDESSI
TRACCIÓN 21
CLENTARU
MATURANA
GENERAL BAQUEDANO
AVENIDA BRASIL
AVENIDA MAPOCHO
AVENIDA RICARDO CUMMING
LOS ANDES
RIVAS VICUÑA
JUAN MIRANDA
PATRICIO LYNCH
MARTÍNEZ DE ROZAS
GARCÍA REYES
CAUTÍN
PJE DELFINA
GENERAL MACKENNA
SAN PABLO
ROSAS
PLAZA YUNGAY
SANTO DOMINGO
Museo de Ciencia y Tecnología
Museo de la Memoria y los Derechos Humanos
PARQUE QUINTA NORMAL
Quinta Normal
CATEDRAL
Peluquería Francés
Cumming
COMPAÑIA DE JESÚS
BARRIO BRASIL
PLAZA BRASIL
PASEO HUÉRFANOS
Museo Nacional de Historia Natural
Museo Pedagógico Gabriela Mistral
San Juan de Dios
Museo Ferroviario
MAC Espacio Quinta Normal
AVENIDA PORTALES
AGUSTINAS
AVENIDA GENERAL BULNES
MONEDA
Museo Artequín
LOS TILOS
Biblioteca de Santiago
SANTA MONICA
ERASMO ESCALA
Zully
Teotro Carrera
LAS SOPHORAS
Matucana 100
BARRIO CONCHA Y TORO
Universidad de Santiago de Chile
ROMERO
República
JOSE T. MEDINA
2
3
4
5
EL BELLOTO
ORIENTE
Planetario USACH
AVENIDA LIBERTADOR BERNARDO O'HIGGINS (AVENIDA ALAMEDA)
Unión Latino Americana
ECHAURREN
ABDÓN CIFUENTES
ALMIRANTE LATORRE
AVENIDA ECUADOR
SAN ALFONSO
SALVADOR SANFUENTES
AVENIDA REPÚBLICA
ESPAÑA
SAZIÉ
PLAZA MANUEL RODRÍGUEZ
Estación Central
Universidad de Santiago
J.L. COO
Terminal de Buses San Borja
UNION AMERICANA
ABATE MOLINA
GRAJALES
OBISPO JAVIER VASQUEZ VALENCIA
GORBEA
Museo de la Solidaridad
CLUB HÍPICO
AVENIDA 5 DE ABRIL
SAN FRANCISCO DE BORJA
EXPOSICIÓN CENTRAL
SAN VICENTE
BACSUÑAN GUERRERO
TOESCA
SAN JAVIER
GAY
OBISPO MANUEL UMANA SALINAS
DOLORES
TACNA
DEL NOGAL
CONFERENCIA
DOMEYKO
LISPERGUER
AVENIDA ALMIRANTE BLANCO ENCALADA
ARICA
PUERTA DE VERA
LINCOLN
MAQUINISTRA ESCOBAR
AVENIDA BEAUCHEFF

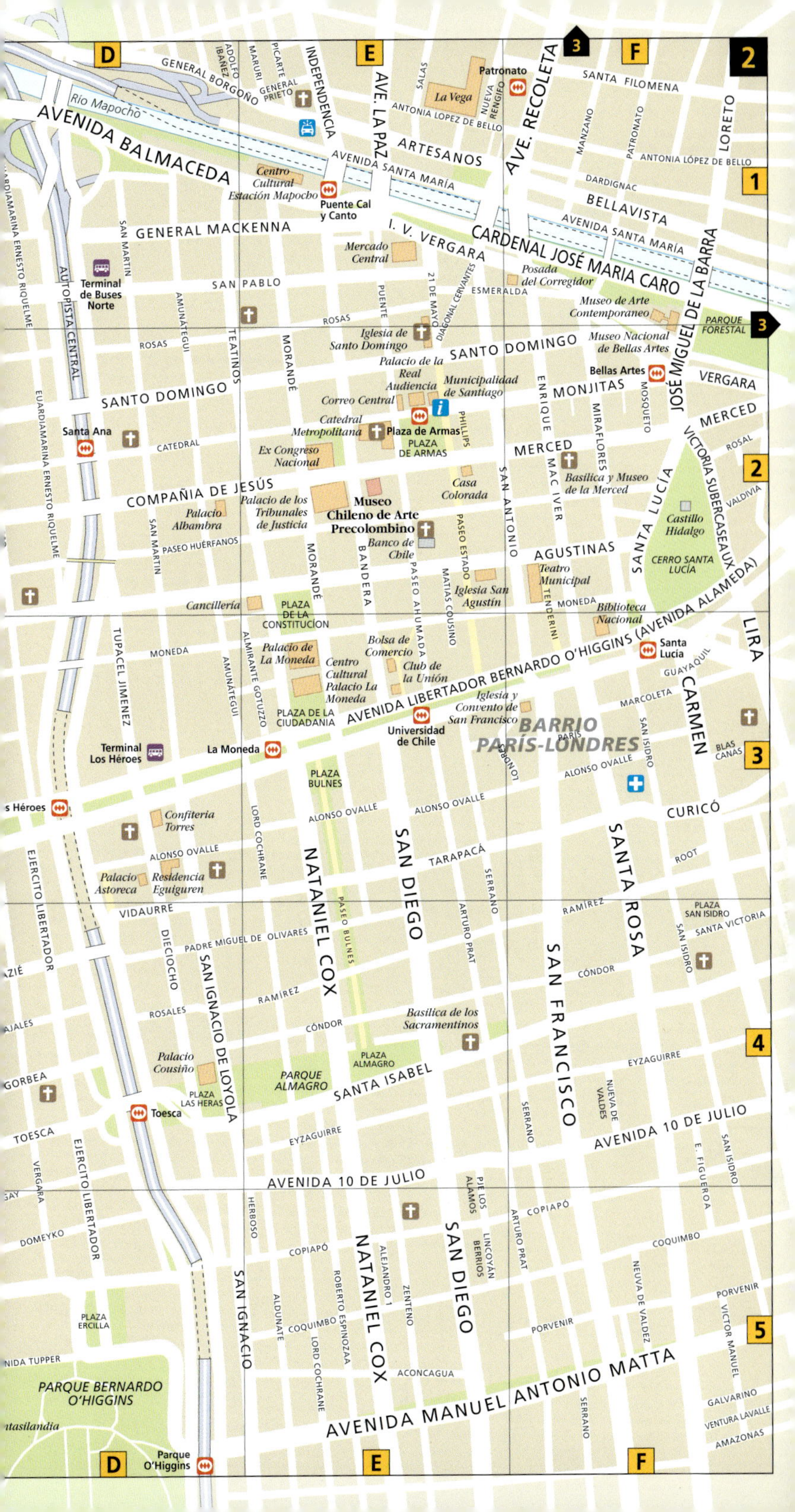

D
E
F
2
3
1
2
3
4
5
D
E
F
GENERAL BORGOÑO
ADOLFO IBÁÑEZ
MARURI
PICARTE
GENERAL PRIETO
INDEPENDENCIA
AVE. LA PAZ
SALAS
La Vega
Patronato
NUEVA RENGIFO
AVE. RECOLETA
SANTA FILOMENA
LORETO
Río Mapocho
AVENIDA BALMACEDA
ANTONIA LOPEZ DE BELLO
ARTESANOS
MANZANO
PATRONATO
ANTONIA LÓPEZ DE BELLO
AVENIDA SANTA MARÍA
DARDIGNAC
BELLAVISTA
Centro Cultural Estación Mapocho
Puente Cal y Canto
GENERAL MACKENNA
I. V. VERGARA
CARDENAL JOSÉ MARIA CARO
AVENIDA SANTA MARÍA
Mercado Central
Terminal de Buses Norte
SAN MARTIN
AUTOPISTA CENTRAL
EUARDIAMARINA ERNESTO RIQUELME
SAN PABLO
PUENTE
21 DE MAYO
DIAGONAL CERVANTES
Posada del Corregidor
ESMERALDA
Museo de Arte Contemporaneo
PARQUE FORESTAL
AMUNÁTEGUI
ROSAS
ROSAS
TEATINOS
MORANDÉ
Iglesia de Santo Domingo
Museo Nacional de Bellas Artes
SANTO DOMINGO
Palacio de la Real Audiencia
Municipalidad de Santiago
Bellas Artes
JOSÉ MIGUEL DE LA BARRA
VERGARA
SANTO DOMINGO
Correo Central
ENRIQUE
MONJITAS
MIRAFLORES
MOSQUETO
MERCED
Santa Ana
CATEDRAL
Catedral Metropolitana
Plaza de Armas
PLAZA DE ARMAS
PHILLIPS
Ex Congreso Nacional
MERCED
MAC IVER
ROSAL
VICTORIA SUBERCASEAUX
Basilica y Museo de la Merced
SANTA LUCÍA
COMPAÑIA DE JESÚS
Palacio de los Tribunales de Justicia
Palacio Albambra
Museo Chileno de Arte Precolombino
Casa Colorada
SAN ANTONIO
Castillo Hidalgo
VALDIVIA
SAN MARTIN
PASEO HUÉRFANOS
Banco de Chile
BANDERA
PASEO AHUMADA
PASEO ESTADO
MATIAS COUSIÑO
AGUSTINAS
Teatro Municipal
CERRO SANTA LUCÍA
Iglesia San Agustín
Cancillería
PLAZA DE LA CONSTITUCIÓN
MORANDÉ
TENDERINI
MONEDA
Biblioteca Nacional
AVENIDA ALAMEDA
LIRA
TUPACEL JIMENEZ
MONEDA
AMUNÁTEGUI
ALMIRANTE GOTUZZO
Palacio de La Moneda
Bolsa de Comercio
Centro Cultural Palacio La Moneda
Club de la Unión
AVENIDA LIBERTADOR BERNARDO O'HIGGINS
Santa Lucía
GUAYAQUIL
CARMEN
MARCOLETA
Iglesia y Convento de San Francisco
PLAZA DE LA CIUDADANIA
Universidad de Chile
BARRIO PARÍS-LONDRES
PARIS
SAN ISIDRO
BLAS CANAS
Terminal Los Héroes
La Moneda
PLAZA BULNES
ALONSO OVALLE
s Héroes
ALONSO OVALLE
ALONSO OVALLE
CURICÓ
Confiteria Torres
LORD COCHRANE
NATANIEL COX
SAN DIEGO
TARAPACÁ
SANTA ROSA
ALONSO OVALLE
ROOT
Palacio Astoreca
Residencia Eguiguren
SERRANO
EJERCITO LIBERTADOR
VIDAURRE
PASEO BULNES
ARTURO PRAT
RAMÍREZ
SAN FRANCISCO
PLAZA SAN ISIDRO
SANTA VICTORIA
SAN ISIDRO
DIECIOCHO
PADRE MIGUEL DE OLIVARES
SAN IGNACIO DE LOYOLA
CÓNDOR
RAMÍREZ
ROSALES
Basilica de los Sacramentinos
CÓNDOR
PLAZA ALMAGRO
Palacio Cousiño
PARQUE ALMAGRO
SANTA ISABEL
EYZAGUIRRE
GORBEA
PLAZA LAS HERAS
NUEVA DE VALDES
SERRANO
Toesca
TOESCA
EYZAGUIRRE
AVENIDA 10 DE JULIO
E. FIGUEROA
SAN ISIDRO
VERGARA
EJERCITO LIBERTADOR
AVENIDA 10 DE JULIO
GAY
PJE LOS ALAMOS
HERBOSO
ARTURO PRAT
COPIAPÓ
DOMEYKO
COPIAPÓ
NATANIEL COX
ALEJANDRO I
ZENTENO
SAN DIEGO
LINCOYÁN BERRIOS
COQUIMBO
SAN IGNACIO
ROBERTO ESPINOZAA
ALDUNATE
COQUIMBO
NEUVA DE VALDEZ
PORVENIR
VICTOR MANUEL
PLAZA ERCILLA
PORVENIR
LORD COCHRANE
ACONCAGUA
NIDA TUPPER
PARQUE BERNARDO O'HIGGINS
AVENIDA MANUEL ANTONIO MATTA
SERRANO
GALVARINO
VENTURA LAVALLE
ntasilandia
AMAZONAS
Parque O'Higgins

3
A
B
C
Cementerios
AVE. ARZOBISPO VALDIVIESO
RICARDO LEMUS
ESTEBAN MERELO
TOMAS TURBINO
JUAN ANTONIO RIOS
EUCALIPTUS
DESIDERIO LEMUS
FRANCISCO SILVA
LAS BRISAS
PUMA
AVILA
CORREA BRAVO
EL SALTO
MARIA GRAHAM
CEMENTERIO GENERAL
1
LA UNION
AVENIDA RECOLETA
AVENIDA PERÚ
SCHLACK
CERRO BLANCO
URRUTIA
CALICHE
PARQUE METROPOLITANO DE SANTIAGO
SAN CRISTOBAL
ALBERTO FIGUEROA
AVENIDA SANTOS DUMONT
Cerro Blanco
2
DOCTOR RAIMUNDO CHARLIN
RIO DE JANEIRO
MAESTRA LIDIA TORRES
SCHIAVETTI
RENGIFO
Museo de Arte Decorativas
LOS OLIVOS
FISCHER
TABARE
CERRO SAN CRISTÓBAL
DOMINICA
RAPA NUI
Santuario Inmaculada Concepción
JUAREZ LARGA
Estación Superior
BUENOS AIRES
MANZANO
PATRONATO
HUMORISTA CARLOS HELO
DAVILA BAEZA
EUSEBIO
LILLO
ALCALDE DAVALOS
GUTENBERG
MONTECARMELO
Jardín Zoológico
BARRIO PATRONATO
LORETO
ZOOLÓGICO NACIONAL
CARLOS REED
Patronato
SANTA FILOMENA
Funicular
MONITOR ARAUCANO
Casa de la Ciudad Montecarmelo
CRUCERO EXETER
MELCHOR CONCHA Y TORO
CASANOVA
GENERAL EKDHAL
Casa Museo La Chascona
ANTONIA LOPEZ DE BELLO
CAPELLAN ABARZUA
PUNTA ARENAS
SALVADOR DONOSO
MAGALLANES
BOMBERO NUÑEZ
PURISIMA
ERNESTO PINTO LAGARRIGUE
PÍO NONO
PLAZA CAMILO MORI
DARDIGNAC
BARRIO BELLAVISTA
CONSTITUCIÓN
MALLINKRODT
ISABEL RIQUELME
FERNANDO MANTEROLA
BELLAVISTA
Río Mapocho
AVENIDA SANTA MARÍA
Patio Bellavista
ALBERTO REYES
ERNESTO REYES
CARLOS WALKER
ISMAEL VALDES VERGARA
Museo de Arte Contemporaneo
Posada del Corregidor
JOSÉ MIGUEL DE LA BARRA
CARDENAL JOSÉ MARIA CARO
AVENIDA ANDRÉS BELLO
PARQUE BALMACEDA
PARQUE FORESTAL
4
SANTO DOMINGO
Museo Nacional de Bellas Artes
Museo de Tajamares
Los Santos Angeles
ENRIQUE MAC IVER
MONJITAS
MOSQUETO
Bellas Artes
Museo de Artes Visuales
Baquedano
RODOLFO VERGARA
OBISPO DONOSO
AVENIDA CONDELL
ARZOBISPO VICUÑA
MONSEÑOR MILLER
MERCED
PLAZA MULATTO GIL DE CASTRO
BARRIO LASTARRÍA
ROSAL
VILLAVICENCIO
LASTARRIA
ARTURO BURHLE
JUANA DE LESTONAC
AVENIDA VICUÑA MACKENNA
AVENIDA GENERAL BUSTAMANTE
Basilica y Museo de la Merced
VICTORIA SUBERCASEAUX
2
PASEO HUÉRFANOS
MARIA LUISA SANTANDER
RICARDO MATTE PEREZ
EULOGIA SANCHEZ
MIRAFLORES
SANTA LUCÍA
Castillo Hidalgo
CERRO SANTA LUCÍA
Universidad Católica
AVENIDA LIBERTADOR BERNARDO O'HIGGINS (AVENIDA ALAMEDA)
PARQUE SAN BORJA
PEDRO BANNEN
SEMINARIO
OBISPO LARRAIN GANDARILLA
AGUSTINAS
Teatro Municipal
PORTUGAL
RAMON CARNICER
MONEDA
Biblioteca Nacional
5
LIRA
MARCOLETA
Parque Bustamante
DIAGONAL PARAGUAY
Santa Lucía
GUAYAQUIL
ALFREDO RIOSECO
ABELARDO PIZARRO
URBANO VERGARA
SANTA ROSA
SAN ISIDRO
CARMEN
GENERAL JOFRE
COUSIN
CURICO
PARIS
MARÍN
BLAS CANAS

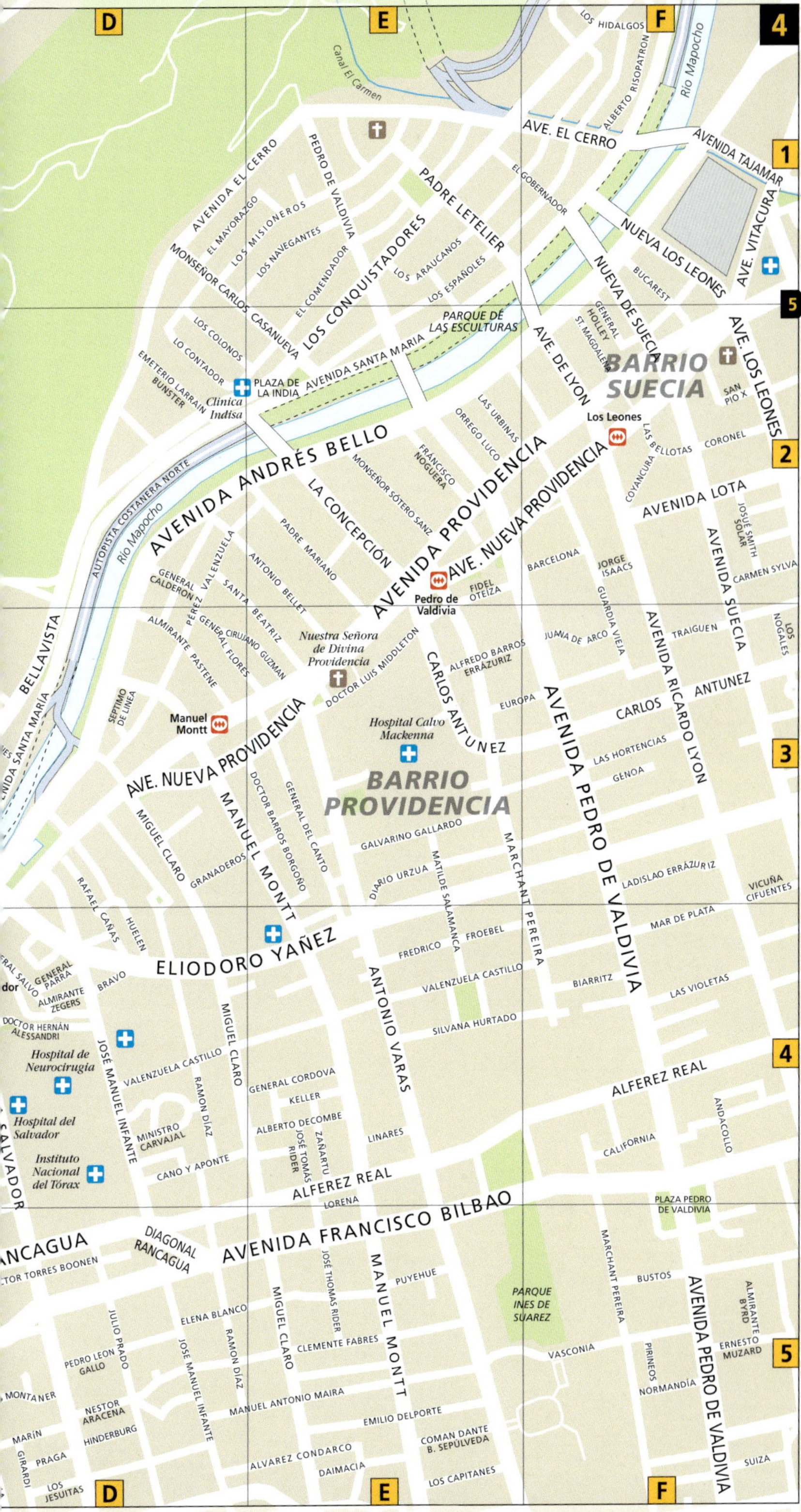

D
E
F
4
1
2
3
4
5
5
Canal El Carmen
Los Hidalgos
Alberto Risopatron
Río Mapocho
Ave. El Cerro
Avenida Tajamar
Avenida El Cerro
Pedro de Valdivia
Padre Letelier
El Gobernador
Nueva Los Leones
Ave. Vitacura
El Mayorazgo
Los Misioneros
Los Navegantes
El Comendador
Los Conquistadores
Los Araucanos
Los Españoles
Nueva de Suecia
Bucarest
Monseñor Carlos Casanueva
Los Colonos
Lo Contador
Emeterio Larrain Bunster
Plaza de la India
Clínica Indisa
Avenida Santa Maria
Parque de las Esculturas
Ave. de Lyon
General Holley
St. Magdalena
Barrio Suecia
San Pio X
Ave. Los Leones
Los Leones
Las Urbinas
Orrego Luco
Francisco Noguera
Monseñor Sótero Sanz
Avenida Andrés Bello
Autopista Costanera Norte
Río Mapocho
La Concepción
Avenida Providencia
Ave. Nueva Providencia
Las Bellotas
Coronel
Coyancura
Avenida Lota
José Smith Solar
Avenida Suecia
Carmen Sylva
Padre Mariano
Antonio Bellet
Valenzuela
General Calderón
Pérez
Santa Beatriz
General Flores
Cirujano Guzmán
Almirante Pastene
Pedro de Valdivia
Fidel Oteíza
Barcelona
Jorge Isaacs
Guardia Vieja
Avenida Ricardo Lyon
Traiguen
Los Nogales
Juana de Arco
Bellavista
Avenida Santa María
Nuestra Señora de Divina Providencia
Doctor Luis Middleton
Carlos Antunez
Alfredo Barros Errázuriz
Europa
Avenida Pedro de Valdivia
Carlos Antunez
Septimo de Línea
Manuel Montt
Hospital Calvo Mackenna
Las Hortencias
Genoa
Ave. Nueva Providencia
Doctor Barros Borgoño
General del Canto
Barrio Providencia
Miguel Claro
Manuel Montt
Granaderos
Galvarino Gallardo
Marchant Pereira
Diario Urzua
Matilde Salamanca
Ladislao Errázuriz
Vicuña Cifuentes
Rafael Cañas
Huelen
Eliodoro Yañez
Fredrico
Froebel
Mar de Plata
General Parra
Almirante Zegers
Bravo
Antonio Varas
Valenzuela Castillo
Biarritz
Las Violetas
Doctor Hernán Alessandri
Miguel Claro
Silvana Hurtado
Hospital de Neurocirugía
José Manuel Infante
Valenzuela Castillo
Ramon Díaz
General Cordova
Keller
Alferez Real
Hospital del Salvador
Ministro Carvajal
Alberto Decombe
José Tomás Rider
Zañartu
Linares
California
Andacollo
Instituto Nacional del Tórax
Cano y Aponte
Alferez Real
Lorena
Plaza Pedro de Valdivia
Salvador
Rancagua
Diagonal Rancagua
Avenida Francisco Bilbao
Torres Boonen
José Thomas Rider
Manuel Montt
Puyehue
Marchant Pereira
Bustos
Avenida Pedro de Valdivia
Almirante Byrd
Parque Ines de Suarez
Julio Prado
Elena Blanco
Ramon Díaz
Miguel Claro
Clemente Fabres
Vasconia
Pirineos
Ernesto Muzard
Pedro Leon Gallo
José Manuel Infante
Montaner
Nestor Aracena
Manuel Antonio Maira
Normandía
Marín
Hinderburg
Emilio Delporte
Coman Dante B. Sepúlveda
Praga
Girardi
Alvarez Condarco
Daimacia
Los Capitanes
Suiza
Los Jesuitas
D
E
F

5
A
B
C
1
2
3
4
5
PARQUE BICENTENARIO
Río Mapocho
PARQUE METROPOLITANO DE SANTIAGO
AVENIDA BICENTENARIO
Galeria Animal
CEPAL
NARCISO GOYCOLEA
ISABEL DE ZARATE
MIGUEL GALLO
OBISPO SIERRA
ESPOZ
JUAN BAUTISTA PASTENES
O'BRIEN
AVE. NUEVA COSTANERA
FRANCISCO DE AGUIRRE
TOMAS DE FIGUEROA
CANDELARIA GOYENECHEA
Museo Ralli
ALONSO DE SOTOMAYOR
PEDRO DE VILLAGRA
EDUARDO MARQUINA
FINLANDIA
SAN PATRICIO
AVENIDA AMÉRICO VESPUCIO NORTE
BARTOLOME DE LAS CASAS
Museo de la Moda
AVENIDA VITACURA
EL COIHUE
EL ULMO
LAS QUILAS
LAS ÑIPAS
LOS COLIGUES
LAS FRESAS
LA LUMA
LAS HUALT
EL TAMARUG
ALONSO DE MONROY
A. DE PASTRANA
R. DE QUIROGA
AURELIO GONZALEZ
FCO. DE AGUIRRE
Parroquia de la Inmaculada Concepcion
AVENIDA ALONSO DE CORDOVA
BARRIO VITACURA
ARMANDO JARAMILLO
LOS ACANTOS
EL LITRE
EL CIRUELILLO
LOS LAURELES
AVENIDA PRESIDENTE KENNEDY
RAUL CLAUDEL
LAS NIEVES
NAVIDAD
LAS CATALPAS
CERRO COL
LOS TALAVERA
CLUB DE GOLF LOS LEONES
AVENIDA ANDRES BELLO
LUZ
SAN PATRICIO
Río Mapocho
AVENIDA VITACURA
CRISTAL DE ABELLI
EL QUISCO
AVENIDA PRESIDENTE RIESCO
BENJAMIN
SAN SEBASTIÁN
CARMENCITA
A. LEGUIA NORTE
GLAMIS
ENRIQUE FOSTER N.
MAGDALENA
AVE. EL GOLF
NTRA. SRA. DE LOS ANGELES
Parroquia Nuestra Señora de los Angeles
ALSACIA
LAS TORCAZAS
EL DANTE
HAMLET
LA GIOCONDA
EL TROVADOR
GOLDA MEIR
Titanium La Portada
AVENIDA ISIDORA GOYENECHEA
PLAZA PERU
BARRIO EL GOLF
LA PASTORA
Alcántara
Escuela M
HELVECIA
ZURICH
EBRO
AVE. EL BOSQUE
SAN SEBASTIÁN
DON CARLOS
REYES LAVALLE
EL ALCALDE
AVENIDA APOQUINDO
AVENIDA TAJAMAR
ENCOMENDEROS
ROGER DE FLOR
El Golf
AVENIDA G. ECHEÑIQUE
ALCÁNTARA
BURGOS
MÁLAGA
Tobalaba
A. LEGUIA SUR
SAN CRESCENTE
ENRIQUE FOSTER S.
HENDAYA
CALLAO
POLONIA
RENATO SÁNCHEZ
VECINAL
NAPOLEON
VERSAL LES
J.A. SOFFIA
AVE. L. THAYER OJEDA
AVENIDA PRESIDENTE ERRÁZURI
BARRIO SUECIA
AVE. HOLANDA
PIO X
STADE FRANÇAIS
AVE. LOTA
HENDAYA
NAVARRA
OVIEDO
ALCÁNTARA
CORONEL
AVENIDA LOS LEONES
AVENIDA LOTA
FERNANDO DE AGUIRRE
AVENIDA EL BOSQUE
LAS CAMELIAS
AVENIDA TOBALABA
AVENIDA M. S. FONTECILLA
MARNE
UNAMUNO
BATZAN
GALICIA
SAN GABRIEL
TOLEDO
LEON
MARTIN DE ZAMORA
N. DE OVANDO
LA FETRA
J. S. SOLAR
CARMEN SYLVA
COPIHUE
CRISANTEMOS
HIPOLITO IRIGOYEN
ORQUIDEAS
LA PINTA
GATH Y CHAVEZ
CARLOS ANTUNEZ
LAS HORTENSIAS
Cristobal Colón
AVENIDA CRISTOBAL COL
4

Índice do Guia de Ruas

Rua	Ref
21 de Mayo	2E1
5 de Abril, Av.	1A5
10 de Julio, Av.	2F4

A

Rua	Ref
Abate Molina	1B5
A. de Pastrana	5B2
Adolfo Ibañez	2D1
Agustinas	3A5
Alberto Risopatron	4F1
Alcántara	5C5
A. Leguia Norte	5B3
A. Leguia Sur	5B4
Almirante Blanco Encalada, Av.	1B5
Almirante Gotuzzo	2E3
Almirante Latorre	1C4
Alonso de Córdova, Av.	5B2
Alonso de Monroy	5B2
Alonso de Sotomayor	5C1
Alonso Ovalle	2E3
Alsacia	5C3
Americo Vespucio Norte, Av.	5C2
Amunátegui	2D3
Andres Bello, Av.	4D2 e 5A3
Antonia López de Bello	2F1
Antonio Varas	4E4
Apoquindo, Av.	5B4
Arica	1A5
Armando Jaramillo	5B2
Artesanos	2E1
Arturo Prat	2F5
Arzobispo Valdivieso, Av.	3A1
Aurelio Gonzalez	5A2
Autopista Central	2D1
Autopista Costanera Norte	4D2

B

Rua	Ref
Bacsuñan Guerrero	1B5
Balmaceda, Av.	2D1
Bandera	2E2
Bartolome de Las Casas	5C1
Batzan	5B5
Beaucheff, Av.	1C5
Bellavista	4D3
Benjamin	5A3
Bicentenario, Av.	5A1
Brasil, Av.	1C3
Burgos	5C4
Bustamante, Av.	3C4

C

Rua	Ref
Callao	5C4
Candelaria Goyenechea	5B1
Cardenal J.M. Caro	3A4
Carlos Antunez	5B5
Carmen	3A5
Carmencita	5B3
Carmen Sylva	5A5
Catedral	2D2
Cerro Colorado	5C2
Chacabuco	1A2
Club Hípico	1C4
Compañia de Jesús	2D2
Condell, Av.	3C4
Cóndor	2E4
Constitución	3B4
Copihue	5B5
Coronel	5A5
Crisantemos	5B5
Cristal de Abelli	5B3
Cristobal Colon, Av.	5C5
Curico	3B5

D

Rua	Ref
Dardignac	3B4
Diagonal Cervantes	2E1
Diagonal Paraguay	3B5
Diagonal Rancagua	4D5
Dieciocho	2D4
Doctor R. Charlin	3A2
Dominica	3B3
Don Carlos	5A4

E

Rua	Ref
Ebro	5A4
Ecuador, Ave.	1A4
Eduardo Marquina	5C1
El Alcalde	5B4
El Bosque, Av.	5A4 e 5B5
El Cerro, Av.	4F1
El Ciruelillo	5C2
El Coihue	5C1
El Litre	5B2
El Presidente Riesco, Av.	5B3
El Quisco	5B3
El Salto	3A1
El Ulmo	5C1
Eliodoro Yañez	4D4
Encomenderos	5A4
Enrique Foster Norte	5B3
Enrique Foster Sur	5B5
Enrique Mac Iver	3A4
Erasmo Escala	1C3
Errázuriz, Av.	5C5
Esmeralda	2F1
España	1C5
Espoz	5C1
Exposición Central	1A5
Eyzaguirre	2E4

F

Rua	Ref
Fernando de Aguirre	5A5
Finlandia	5C1
Francisco Bilbao, Av.	4D5
Francisco de Aguirre	5B1

G

Rua	Ref
G. Echeñique, Av.	5C4
General Borgoño	2D1
General Bulnes, Av.	1C3
General Mackenna	2D1
Glamis	5B3
Golda Meir	5C3

H

Rua	Ref
Helvecia	5A4
Herrera	1A2
Hipolito Irigoyen	5B5
Holanda, Av.	5A5

I

Rua	Ref
I. V. Vergara	2E1
Independencia	2E1
Isabel de Zarate	5B1
Isidora Goyenechea, Av.	5A4
Ismael Valdes Vergara	3A4

J

Rua	Ref
J.A.Soffia	4E1
J.S. Solar	5A5
José Manuel Infante	4D4
José Miguel de la Barra	3A4
Juan Bautista Pastenes	5B1

K

Rua	Ref
Keller	4E4

L

Rua	Ref
La Concepción	4E2
La Fetra	5A5
La Gioconda	5C3
La Luma	5C1
La Pastora	5B4
La Paz, Av.	2E1
Las Camelias	5B5
Las Catalpas	5B2
Las Hortensias	5B5
Las Hualtatas	5C2
Las Nieves	5B2
Las Ñipas	5C2
Las Quilas	5C2
Lastaria	3A4
Las Torcazas	5C3
Libertad	1B2
Libertador Bernardo O'Higgins, Av. (Alameda, Avenida)	2E3
Lira	3A5
Londres	2F3
Los Acantos	5B2
Los Coligues	5C1
Los Conquistadores	4E2
Los Leones, Av.	4F2 e 5A3
Los Laureles	5C2
Los Olivos	3A2
Los Tilos	1A3
Lota, Av.	4F2 e 5A5
Luz	5A3
Lyon, Av. de	4F2

M

Rua	Ref
Magallanes	3C3
Magdalena	5B3
Manuel A. Matta, Av.	2E5
Manuel Montt	4E5
Mapocho, Av.	1B1
Marne	5B5
Martin de Zamora	5C5
Martínez de Rozas	1B1
Matias Cousino	2E2
Matilde Salamanca	4E3
Matucana, Av.	1A3
Maturana	1C3
Merced	3A4
Miguel Claro	4E5
Miguel Gallo	5B1
Miraflores	3A5
Moneda	3A5
Monjitas	3A4
Morandé	2E2
Mosqueto	3A4

N

Rua	Ref
Napoleon	5B4
Narciso Goycolea	5B1
Nataniel Cox	2E3 e E5
Navidad	5B2
Nueva Costanera, Av.	5B2
Nueva de Suecia	4F1
Nueva Los Leones	4F1
Nueva Providencia, Av.	4E2

P

Rua	Ref
Padre Letelier	4E1
Paseo Ahumada	2E2
Paseo Bulnes	2E4
Paseo Estado	2E2
Paseo Huérfanos	3A5
Pedro de Valdivia	4E1
Pedro de Valdivia, Av.	4F3
Pedro de Villagra	5B1
Phillips	2E2
Pío Nono	3B3
Pasaje Los Alamos	2E4
Portugal	3B5
Presidente Kennedy, Av.	5B2
Providencia, Av.	4E2
Puente	2E1
Purísima	3B4

R

Rua	Ref
Rafael Sotomayor	1B3
Recoleta, Av.	2F1 e 3A3
Renato Sánchez	5C4
República, Av.	1C4
Reyes Lavalle	5B4
Ricardo Cumming, Av.	1C3
Ricardo Lyon, Av.	4F3
Roger de Flor	5A4
Rosas	2E1

S

Rua	Ref
Salas	2E1
Salvador, Av.	4D4
San Antonio	2E2
San Crescente	5B4
San Diego	2E2
San Francisco de Borja	1A5
San Gabriel	5C5
San Ignacio de Loyola	2D4
San Isidro	3A5
Santa María, Av.	2F1
San Martin	2D1
San Pablo	2D1
San Patricio	5C1
San Sebastián	5A4
Santa Filomena	3B3
Santa Isabel	2E4
Santa Lucía	3A5
Santa Rosa	2F4
Santo Domingo	3A4
Santos Dumont, Av.	3A2
Seminario	3C5
Suecia, Av.	4F2

T

Rua	Ref
Tajamar, Av.	5A4
Tarapacá	2E3
Teatinos	2D2
Tenderini	2F2
Tobalaba, Av.	5B5
Toledo	5C5
Tomas de Figueroa	5B1
Tupacel Jimenez	2D3
Tupper, Av.	2D5

U

Rua	Ref
Unamuno	5B5

V

Rua	Ref
Valdivia	2F2
Versalles	5B4
Victoria Subercaseaux	3A4
Vicuña Mackenna, Av.	3B4
Vitacura, Av.	4F1 e 5B2

Z

Rua	Ref
Zurich	5A4

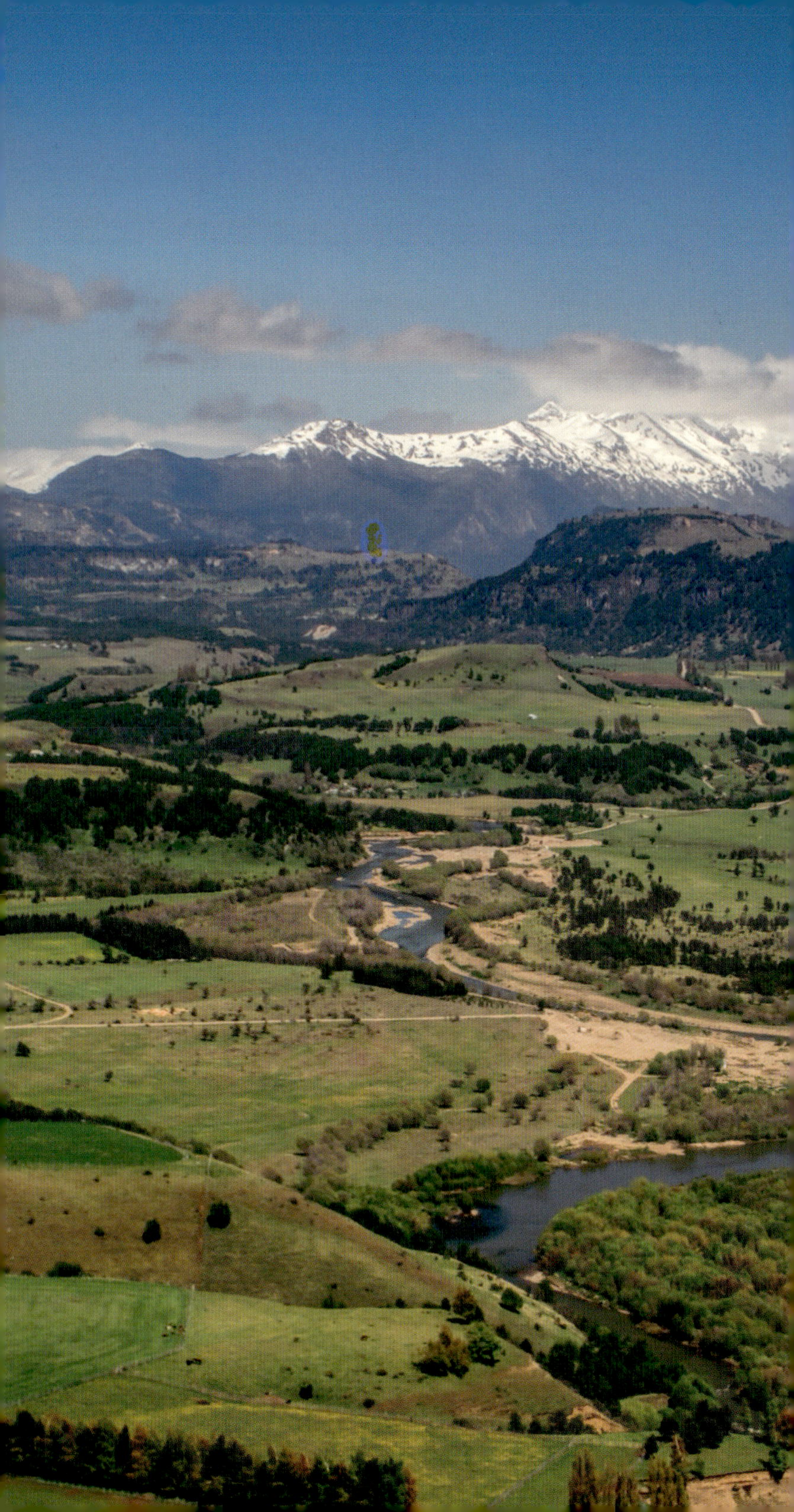

CHILE E ILHA DE PÁSCOA REGIÃO POR REGIÃO

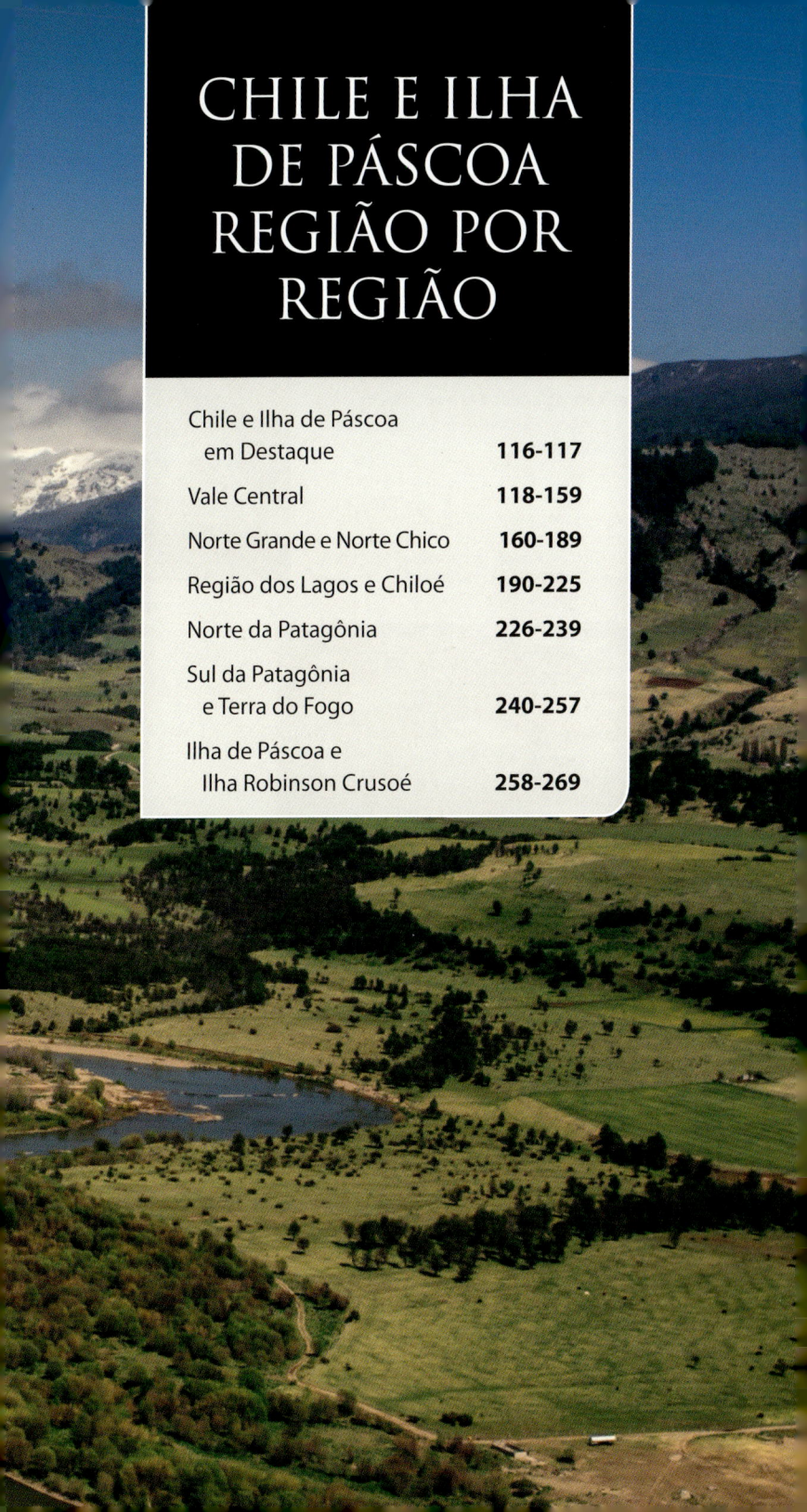

Chile e Ilha de Páscoa em Destaque	**116-117**
Vale Central	**118-159**
Norte Grande e Norte Chico	**160-189**
Região dos Lagos e Chiloé	**190-225**
Norte da Patagônia	**226-239**
Sul da Patagônia e Terra do Fogo	**240-257**
Ilha de Páscoa e Ilha Robinson Crusoé	**258-269**

Chile e Ilha de Páscoa em Destaque

Com uma área costeira talvez maior do que a de qualquer outro país, o Chile abriga uma impressionante diversidade geográfica. O amplo litoral fornece peixes e frutos do mar de excelente qualidade, mas após curta distância o território chega aos Andes. Nessa faixa de terra situam-se o deserto mais árido do planeta, amplas áreas usadas para produção de vinho, a verdejante região do Distrito dos Lagos, com vulcões, fiordes e calotas de gelo. A população do Chile se destaca pela gentileza e pela rica herança cultural, evidente também na variada arquitetura chilena, em cidades como Valparaíso.

Os murais de rua, que propiciam uma surpresa em cada esquina, contribuem bastante para o ambiente boêmio de Valparaíso *(pp. 122-31)*. Nessa labiríntica cidade portuária, Pablo Neruda, ganhador do prêmio Nobel de Literatura, morou por um tempo.

Ilha Robinson Crusoé
(pp. 268-9)

ILHA DE PÁSCOA E ILHA ROBINSON CRUSOÉ
(pp. 258-69)

Concepción

Temuco

REGIÃO DOS LAGOS E CHILOÉ
(pp. 190-225)

As palafitas, casas erguidas sobre madeiras e que no passado simbolizavam a Região dos Lagos e Chiloé, foram quase todas destruídas pelo tsunami de 1960, mas algumas resistem nos arredores de Castro *(pp. 220-1)*.

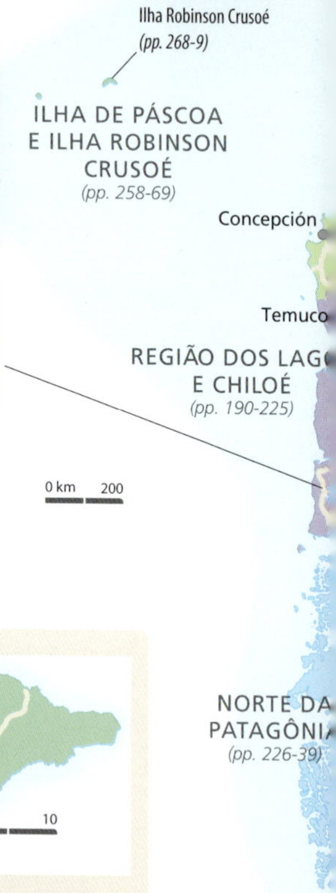

NORTE DA PATAGÔNIA
(pp. 226-39)

Ilha de Páscoa

Hanga Roa

Os *moais* da Ilha de Páscoa
(pp. 258-67), símbolo da cultura polinésia, ficam sobre plataformas cerimoniais, como a de Ahu Tahai. Em Rano Raraku, muitas ocupam o lugar original.

◀ Vista panorâmica do vale em Coyhaique, norte da Patagônia

CHILE E ILHA DE PÁSCOA EM DESTAQUE | 117

A Laguna Céjar, no Salar de Atacama *(p. 180)*, comprova que o deserto mais árido do mundo pode abrigar vegetação e lagoas onde vivem animais e plantas. Por causa do sal, é mais fácil boiar nas águas.

No Parque Nacional Queulat *(p. 233)* ficam florestas de faias e o Ventisquero Colgante, ou "glaciar pendurado", ao qual se chega por uma ponte de madeira que cobre o rio Guillermo.

O magnífico Parque Nacional Torres del Paine *(pp. 246-9)*, no sul da Patagônia, deve seu nome aos picos de granito, formados pela ação do gelo, que se destacam na paisagem. O parque abriga uma rica vida animal e vegetal, entre eles os chamativos bandos de guanaco.

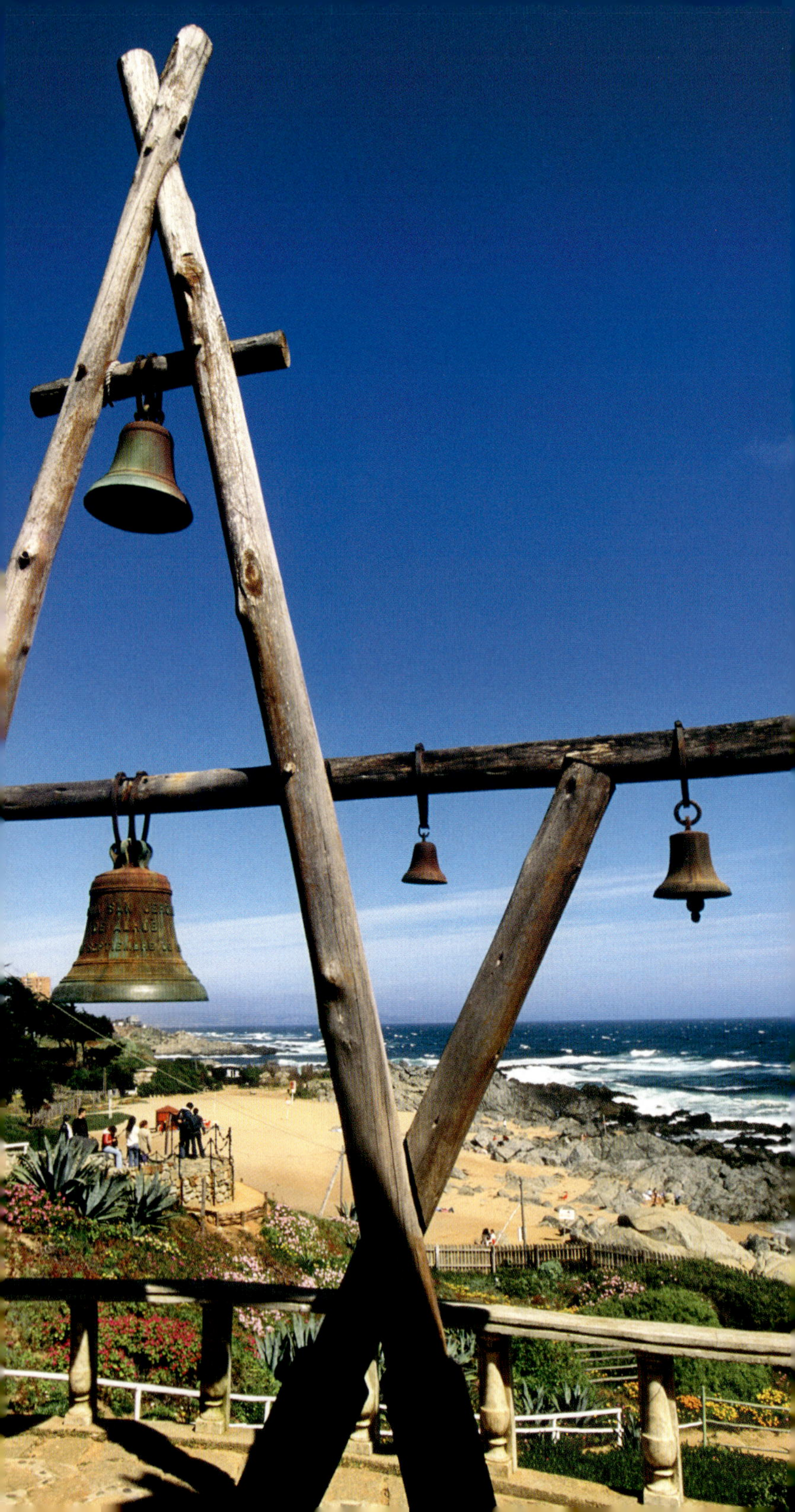

VALE CENTRAL

Coração agrícola do país, o Vale Central é coberto de vinhedos e amplas extensões propícias para o cultivo, onde crescem grandes quantidades de frutas para consumo local e exportação. A leste, a árida Cordilheira dos Andes se encontra com o vale, que acomoda vinícolas e fazendas. Rumo ao oeste, o território ganha a forma de montanhas e praias do Pacífico, onde se alternam aldeias de pescadores e resorts de luxo.

Habitado desde os tempos pré-colombianos, o Vale Central é considerado a região mais antiga do Chile e um bastião das tradições. Os primeiros a ocupar a área foram os mapuches, que resistiram ao domínio do Império Inca (p. 46). Os espanhóis chegaram em 1541, fundaram Santiago aos pés dos Andes, Valparaíso no litoral e depois diversas cidades ao longo do Vale Central. A região tornou-se o centro do Chile colonial, uma espécie de "útero" que permitiu o nascimento do norte e do sul do país, além de núcleo político. O sistema de *haciendas*, pelo qual antigas famílias controlavam amplas extensões de terra, foi bastante difundido ali, de onde se propagou a imagem dos típicos caubóis chilenos, ou *huasos*. A descoberta de minas de prata, minerais e cobre trouxe riqueza à região.

A agricultura (mais especificamente a viticultura) é a maior fonte de renda do Vale Central. O clima quente e os longos verões propiciam a produção de vinhos refinados. As ótimas vinícolas da região, que recebem visitantes e promovem degustações, integram um roteiro turístico disputado. Resorts na montanha agradam a quem quer esquiar, a costa do Pacífico atrai adeptos do surfe, e os parques nacionais encantam praticantes de esportes como rafting ou passeios a cavalo. Nas encostas dos Andes, os destaques são os belos resorts, que rivalizam com os vilarejos de pescadores situados na costa. Nas cidades do Vale Central, o visitante encontra belos museus, parques e *plazas* agradáveis e restaurantes de frutos do mar. Alguns vilarejos preservaram o peculiar charme colonial.

Colorida arte de rua, uma das características da histórica cidade de Valparaíso, tombada pela Unesco

◀ Vista da praia a partir da Casa Museo Isla Negra, onde morou e morreu Pablo Neruda

Como Explorar o Vale Central

A maioria das atrações da região se concentra na parte norte do vale, mas há algumas ao sul. As famosas regiões vinícolas, como os vales de Casablanca e Colchagua, ocupam as planícies centrais. As principais cidades da região são a histórica Valparaíso e Viña del Mar, famosa pelos palacetes em estilo francês e pelos belos museus. De qualquer dessas cidades chega-se facilmente à casa de Pablo Neruda instalada na Isla Negra e a Pichilemu, paraíso dos surfistas. Longe da costa, nas montanhas do leste, resorts, como Portillo, oferecem elogiadas pistas de esqui, enquanto as Termas de Jahuel e as Termas de Cauquenes agradam a amantes das águas minerais. No sul, muitos visitantes prestigiam parques nacionais como a Reserva Nacional Altos de Lircay e o Parque Nacional Laguna de Laja, ambos com ampla oferta de atividades.

Visitantes na tranquila praia de areia de Tomé

Principais Atrações

Vilarejos e Cidades
- ❶ *Valparaíso pp. 122-31*
- ❷ *Viña del Mar pp. 132-3*
- ❸ Quintay
- ❹ Algarrobo
- ❻ Cartagena
- ❼ Cachagua
- ❽ Zapallar
- ❾ Papudo
- ❿ Los Andes
- ⓳ Rancagua
- ㉕ Santa Cruz
- ㉗ Pichilemu
- ㉟ Chillán
- ㊲ Concepción
- ㊳ Tomé
- ㊴ Lota

Resorts e Spas
- ⓫ Portillo
- ⓭ Termas de Jahuel
- ⓰ Centros de Esqui La Parva, El Colorado, Valle Nevado
- ㉓ Termas de Cauquenes
- ㉞ Termas de Panimávida
- ㊱ Termas de Chillán

Parques Nacionais, Reservas e Monumentos Naturais
- ⓮ Parque Nacional La Campana
- ㉔ Reserva Nacional Río de los Cipreses
- ㉛ Parque Nacional Radal Siete Tazas
- ㉝ Reserva Nacional Altos de Lircay
- ㊶ Parque Nacional Laguna de Laja

Áreas de Beleza Natural
- ⓲ *Cajón del Maipo pp. 144-5*
- ㉚ Lago Vichuquén
- ㊵ Saltos de Laja

Passeios
- ⓯ *Rota do Vinho no Vale de Casablanca pp. 142-3*
- ㉘ *Rota do Vinho no Vale de Colchagua pp. 152-3*

Sítios Arqueológicos e Ruínas
- ㉑ *Sewell pp. 148-9*

Locais de Interesse
- ❺ *Casa Museo Isla Negra pp. 136-7*
- ⓬ Cristo Redentor
- ⓱ Vinícolas de Pirque
- ⓴ Valle de Cachapoal
- ㉒ El Teniente
- ㉖ Hacienda Los Lingues
- ㉙ Valle de Curicó
- ㉜ Vinícolas de Maule

Objetos e quadros da Casa Museo Isla Negra

Como Circular

Confortáveis linhas de ônibus ligam Santiago ao Vale Central. A rodovia Pan-Americana, ou Ruta 5, corta a região e liga os principais centros urbanos. Para visitar a maioria das rotas de vinho e as atrações mais afastadas nos Andes, as opções são o aluguel de carro ou os passeios oferecidos pelas agências. Os resorts de esqui e spas em geral oferecem traslado a partir de Santiago.

Veja hotéis e restaurantes dessa região nas pp. 277-8 e 292-4

VALE CENTRAL | 121

Legenda

- Rodovia
- Estrada principal
- Estrada secundária
- Via principal sem asfalto
- Via secundária sem asfalto
- Ferrovia principal
- Ferrovia secundária
- Divisa regional
- Fronteira internacional
- △ Pico

Legenda dos símbolos *na orelha da contracapa*

Locais indicados no mapa

1. VALPARAÍSO
2. VIÑA DEL MAR
3. QUINTAY
4. ALGARROBO
5. CASA MUSEO ISLA NEGRA
6. CARTAGENA
7. CACHAGUA
8. ZAPALLAR
9. PAPUDO
10. PARQUE NACIONAL LA CAMPANA
11. TERMAS DE JAHUEL
12. CRISTO REDENTOR
13. PORTILLO
14. LOS ANDES
15. ROTA DO VINHO NO VALE DE CASABLANCA
16. CENTROS DE ESQUI LA PARVA, EL COLORADO, VALLE NEVADO
17. VINÍCOLAS DE PIRQUE
18. CAJÓN DEL MAIPO
19. RANCAGUA
20. VALLE DE CACHAPOAL
21. SEWELL
22. EL TENIENTE
23. TERMAS DE CAUQUENES
24. RESERVA NACIONAL RÍO DE LOS CIPRESES
25. SANTA CRUZ
26. HACIENDA LOS LINGUES
27. PICHILEMU
28. ROTA DO VINHO NO VALE DE COLCHAGUA
29. VALLE DE CURICÓ
30. LAGO VICHUQUÉN
31. PARQUE NACIONAL RADAL SIETE TAZAS
32. VINÍCOLAS DE MAULE
33. RESERVA NACIONAL ALTOS DE LIRCAY
34. TERMAS DE PANIMAVIDA
35. CHILLÁN
36. TERMAS DE CHILLÁN
37. CONCEPCIÓN
38. TOMÉ
39. LOTA
40. SALTOS DEL LAJA
41. PARQUE NACIONAL LAGUNA DEL LAJA

❶ Valparaíso

Fundada em 1543, no século XIX a íngreme cidade de Valparaíso foi o principal porto do sul do Pacífico. Nesse período, era o porto de chegada de grandes quantidades de imigrantes europeus, que criaram um ambiente diversificado que acolhe de bares de marinheiros a igrejas protestantes. Valparaíso parte de uma estreita faixa costeira e se estende por 45 morros, quase todos cortados por vias estreitas cercadas de casas coloridas, construções pós-coloniais e museus do século XIX. A cidade foi tombada pela Unesco e preservou boa parte de sua rica arquitetura.

Principais Atrações

Ruas e Locais Históricos
❷ Edificio de la Aduana
❸ Plaza Echaurren
❻ Plaza Sotomayor
❽ Palacio de la Justicia
❾ Calle Prat
❿ Calle Esmeralda
⓫ Plaza Aníbal Pinto
⓬ Palacio Baburizza
⓭ Paseo Gervasoni
㉑ Congreso Nacional

Igrejas e Catedrais
⓮ Iglesia Luterana
⓯ Iglesia Anglicana San Pablo
⓴ Iglesia de los Sagrados Corazones
㉒ Iglesia y Convento de San Francisco

Museus
❶ Museo Marítimo Nacional
❺ Cochrane
⓱ La Sebastiana
⓲ Palacio Lyon
⓳ Museo a Cielo Abierto

Locais de Interesse
❹ Bar Inglés e Bar La Playa
❼ Muelle Prat
⓰ Cementerios Católico e Disidentes

Veja hotéis e restaurantes dessa região nas pp. 277-8 e 292-4

VALE CENTRAL | 123

Baía de Valparaíso e as encostas ocupadas pela cidade

PREPARE-SE

Informações Práticas
Mapa rodoviário B6. 120km a noroeste de Santiago. 284.500. Blanco 997; (032) 284-6601; 9h-20h seg-sáb (a partir 10h sáb), 10h-14h dom. Glorias Navales (21 mai); Carnaval Cultural de Valparaíso (fim dez).
w ciuddaddevalparaiso.cl

Transporte

Como Circular

Valparaíso reúne diversos bairros instalados em encostas de montanha e uma parte baixa conhecida como El Plan. Essa área costeira pode ser explorada a pé ou a bordo dos ônibus e *trolebuses (p. 129)* locais. Porém, a maioria das atrações de Valparaíso fica nas encostas, às quais se chega com os funiculares *(pp. 130-1)* ou por íngremes escadarias. O Cerro Concepción e o Cerro Alegre são as principais concentrações de hotéis e de restaurantes de Valparaíso. Um eficiente sistema de metrô acompanha a baía de Valparaíso e faz a conexão com a vizinha Viña del Mar *(pp. 132-3)*.

Legenda dos símbolos *na orelha da contracapa*

Busto do comandante Arturo Prat no Museo Marítimo Nacional

① Museo Marítimo Nacional

Paseo 21 de Mayo 45, Cerro Artillería. **Mapa** B2. **Tel** (032) 243-7651. 10h-17h30 ter-dom.
w museonaval.cl

O excelente Museo Marítimo Nacional está instalado em uma construção erguida em 1893. Abriga dezessete salas, entre elas as alas dedicadas aos principais heróis da marinha chilena, como Thomas Cochrane, Arturo Prat e Bernardo O'Higgins, além dos principais batalhas navais travadas no século XIX. O acervo inclui sabres, espadas, baionetas, revólveres, mapas de batalha e reproduções de embarcações. Em exposição, objetos resgatados da escuna de Prat, *Esmeralda*, a exemplo do relógio que parou de funcionar no exato momento em que o barco afundou, durante a batalha de Iquique (1879).

② Edificio de la Aduana

Plaza Wheelwright 144. **Mapa** B2. **Tel** (032) 213-4712. horários variam.

Erguida em 1855, a construção de tons rosados conhecida como Edificio de la Aduana (alfândega) é um raro exemplo da arquitetura pós-colonial. O funcionário mais famoso da instituição foi o poeta nicaraguense modernista Rubén Darío, que trabalhou ali na década de 1880, enquanto escrevia a obra *Azul* (1888). Visitas guiadas permitem apreciar o pequeno museu, que exibe objetos relacionados à história do local. O Edificio de la Aduana fica diante da **Plaza Wheelwright**, uma homenagem ao norte-americano William Wheelwright, que teve papel crucial na construção das ferrovias chilenas.

③ Plaza Echaurren

Calle Cochrane, esq. Calle Serrano. **Mapa** B3.

Local de fundação e centro histórico de Valparaíso, a Plaza Echaurren marca o local onde o explorador espanhol Juan de Saavedra chegou, em 1543. Hoje, a praça acomoda elegantes estruturas erguidas no século XIX, como o lindo Mercado Puerto.

Em frente à praça situa-se a **Iglesia de la Matriz**, que se destaca pelo frontão em forma octogonal. Foi construída em 1837, no lugar onde antes se situava a primeira igreja da cidade.

④ Bar Inglés e Bar La Playa

Mapa B3. Bar Inglés: Cochrane 851. **Tel** (032) 221-4625. 10h-1h seg-sáb. Bar La Playa: Serrano 567. **Tel** (032) 225-2838. 10h-3h seg-qua, 10h-5h qui-dom.

Dois bares disputados, o **Bar Inglés** e o **Bar La Playa**, relembram os dias de glória de Valparaíso, quando a cidade era um porto movimentado e próspero – o maior do sul do Pacífico.

Coloridas estantes repletas de garrafas do Bar La Playa

Construção histórica em frente à arborizada Plaza Echaurren

O Bar Inglés foi fundado por imigrantes ingleses em 1926. Com enfeites de madeira polida e detalhes de metal, exibe espelhos grandiosos nas paredes, ventiladores no teto e retratos da família real britânica.

Instalado na antiga região portuária da cidade, o Bar La Playa abriu em 1934 e era frequentado por marinheiros e trabalhadores dos navios, que passavam o tempo de folga no local. Ainda hoje um reduto de boêmios, promove saraus de poesia às quartas-feiras.

⑤ Museo del Mar Lord Thomas Cochrane

Calle Merlet 195, Cerro Cordillera. **Mapa** B3. **Tel** (032) 2293-9486. Ascensor Cordillera. dez-mar: 10h-19h ter-dom; abr-nov: 10h-18h ter-dom.

Situada no alto de uma colina, a Casa de Lord Cochrane foi construída em 1842 para o oficial da marinha britânica Thomas Cochrane, que nunca morou no local. Aberta à visitação, a construção é um belo exemplo da arquitetura pós-colonial, com paredes espessas e pesadas portas de carvalho que conduzem a um pátio ao estilo espanhol, onde há um poço com estrutura de ferro. O terraço da frente, cercado de canhões, permite apreciar a baía de Valparaíso. O museu da casa ocasionalmente sedia mostras de arte. Nos fundos, o jardim acomoda eucaliptos e convidativos bancos.

Veja hotéis e restaurantes dessa região nas pp. 277-8 e 292-4

⑥ Plaza Sotomayor

Calle Cochrane, esq. Avenida Tomás Ramos. **Mapa** B3.

A principal praça de Valparaíso é a majestosa Plaza Sotomayor, ampla área aberta que recebe os desfiles realizados no dia de Glorias Navales (p. 41). Na praça ergue-se o imponente **Monumento a los Héroes de Iquique**, uma homenagem à tripulação do navio *Esmeralda*, afundado na batalha de Iquique, em 1879. No conflito, a embarcação mais antiga da marinha chilena enfrentou o navio peruano *Huascar* por quatro horas. A escuna chilena afundou e o comandante Arturo Prat morreu na batalha, considerada um momento crucial da Guerra do Pacífico (p. 49). Um bronze de Prat destaca-se no monumento, que abriga a cripta onde estão seus restos mortais.

Quem visita a Plaza Sotomayor não deixa de notar a elegante fachada neogótica da **Comandancia Jefe de la Armada**. Construída em 1910, foi inspirada no Hôtel de Ville de Paris e abriga uma parte interna multifuncional, usada tanto como residência de verão do presidente do Chile quanto como sede de governo do prefeito e do governador. Ocupada pela marinha chilena em meados da década de 1970, a construção desde então abriga o comando geral da instituição.

O Ministério da Cultura, uma construção modernista erguida em 1936, é aberto para o público e hospeda mostras de arte. Ao lado fica a Compañía de Bomberos, construída em 1851 no lugar da sede do primeiro corpo de bombeiros voluntário da América Latina.

No centro da praça, uma escadaria leva até o **Museo de Sitio Plaza Sotomayor**. Pequeno, o museu arqueológico exibe o que restou do píer que existia na área ocupada hoje pela Plaza Sotomayor.

Museo de Sitio Plaza Sotomayor
Plaza Sotomayor. 10h-14h e 15h30-19h diariam.

Monumento a los Héroes de Iquique, na Plaza Sotomayor

⑦ Muelle Prat

Avenida Errázuriz, em frente à Plaza Sotomayor. **Mapa** C3.

O Muelle Prat é um píer movimentado e ponto de partida para passeios de meia hora pela baía de Valparaíso. Os barcos abrem caminho em meio a enormes navios de cruzeiro atracados na baía e embarcações da marinha chilena. O passeio proporciona uma ótima oportunidade para apreciar a geografia da cidade, íngreme e pontilhada de construções coloridas.

Barcos e navios de cruzeiro ancorados no Muelle Prat

⑧ Palacio de la Justicia

Plaza Justicia. **Mapa** B3. **Tel** (032) 2225-8577. 8h-14h seg.-sex.

Construído em 1939, o Palacio de la Justicia acomoda o tribunal de Valparaíso. Com sóbria fachada retilínea, a construção exibe uma estátua de 3m de altura que representa a Justiça, mas que se difere da imagem tradicionalmente difundida por não exibir olhos vendados, símbolo da imparcialidade, e mostrar uma balança que pende claramente para um dos lados. Segundo uma lenda, um comerciante descontente mandou instalar o monumento após se sentir vítima de um julgamento injusto.

Imponente fachada neogótica da Comandancia Jefe de la Armada

Plaza Aníbal Pinto e a destacada Librería Ivens, em tons de verde e amarelo

⑨ Calle Prat

Mapa B3.

Estreita via que corta o centro financeiro da cidade, a Calle Prat liga a Plaza Sotomayor ao monumental **Reloj Turri**, construído em 1929 e considerado o Big Ben da cidade. Em ambos os lados da rua erguem-se grandiosas construções de pedra e mármore preto, edificadas no início do século XX. Entre elas, destaca-se a antiga sede do Bank of London, hoje Banco de Chile (nº 698), que abriga um monumento instalado em homenagem aos soldados ingleses que morreram na Primeira Guerra Mundial. Outra construção peculiar é a **Bolsa de Valores**, a mais antiga da América do Sul. Os antigos painéis usados nos pregões ainda estão instalados na parte interna, coberta por uma cúpula.

⑩ Calle Esmeralda

Mapa C3.

Prolongamento da Calle Prat, a Calle Esmeralda começa aos pés do Reloj Turri, perto do Ascensor Concepción *(pp. 130-1)*, e se estende até a Plaza Aníbal Pinto. A construção mais imponente da rua é o **El Mercurio**, que acomoda a sede do jornal *El Mercurio de Valparaíso*. No decorado exterior destaca-se uma estátua de bronze que retrata o deus Mercúrio voltado para o céu. Ao lado do El Mercurio, uma escadaria leva à misteriosa **Cueva Chivito**, uma caverna de rocha que, segundo uma lenda da região, no passado foi habitada pelo demônio.

⑪ Plaza Aníbal Pinto

Final da Calle Esmeralda.
Mapa C4.

A conexão entre o centro financeiro de Valparaíso e a área de comércio central é feita pela Plaza Aníbal Pinto, uma praça pequena e caótica que acomoda belas construções e o antigo café **Cinzano** *(p. 293)*. Instalado em uma edificação erguida em 1896, sedia shows de tango.

Em um dos lados da praça destaca-se a elegante **Librería Ivens**. Fundada em 1891, é uma das livrarias mais antigas da cidade. Na entrada vê-se uma peça que encanta o público: uma fonte com uma estátua de Netuno, de 1892.

⑫ Palacio Baburizza

Paseo Yugoslavo s/n, Cerro Alegre.
Mapa B3. **Tel** (032) 225-2332.
Ascensor El Peral.
10h30-19h ter-dom.

Elegante construção em estilo art nouveau, o Palacio Baburizza foi erguido em 1916 para o magnata da mineração italiano Ottorino Zanelli. Em 1925, o local foi vendido para Pascual Baburizza, um imigrante croata que também enriqueceu com as minas. Hoje acomoda o museu de belas-artes de Valparaíso, cujo acervo reúne as obras de arte europeias dos séculos XIX e XX adquiridas pela família Baburizza.

O palácio ocupa o topo do Cerro Alegre e oferece vista do gracioso Paseo Yugoslavo, uma alameda arborizada que permite apreciar as demais colinas, o porto da cidade, o centro financeiro e os lindos tons azulados da baía de Valparaíso.

Reaberto após uma reforma que restaurou sua antiga elegância – e até a superou –, o museu hoje conta com uma nova ala que exibe paisagens chilenas criadas por pintores expatriados. Apresenta também móveis originais e um extraordinário banheiro art déco. O jardim anexo dispõe de um café e de uma loja bastante completa.

O amplo Palacio Baburizza, em estilo art nouveau

Veja hotéis e restaurantes dessa região nas pp. 277-8 e 292-4

⑬ Paseo Gervasoni

Cerro Concepción. 🚡 Ascensor Concepción. **Mapa** C3.

O Ascensor Concepción dá acesso ao Paseo Gervasoni, no alto do Cerro Concepción. Essa romântica alameda pavimentada com pedras e cercada de flores proporciona linda vista da baía de Valparaíso e até da Viña del Mar, ao norte. Abriga também o elegante Café Turri (p. 293), a antiga sede do consulado da Dinamarca (erguida em 1848) e a **Casa Mirador de Lukas**. Essa última é uma construção erguida em 1900, onde funciona um museu dedicado à vida e à obra do cartunista mais apreciado do Chile, Renzo Antonio Pecchenino Raggi (1934-88), mais conhecido como Lukas.

Casa Mirador de Lukas
Paseo Gervasoni 448, Cerro Concepción. **Tel** (032) 222-1344.
🕐 11h-18h ter-dom.
🌐 lukas.cl

Entrada da Casa Mirador de Lukas, Paseo Gervasoni

⑭ Iglesia Luterana

Abtao 689, Cerro Concepción.
Mapa C4. **Tel** (032) 297-5476.
🕐 10h-13h seg-sex.

Erguida pela comunidade alemã em 1898, a Iglesia Luterana foi a primeira igreja protestante da América do Sul com autorização para exibir um frontão e um campanário. A bela fachada austera se prolonga rumo à elegante torre do sino com 35m de altura, que coroa o Cerro Concepción e pode ser vista da parte baixa da cidade. Na parte interna, a nave

Imponente torre do sino da Iglesia Luterana

abriga uma escultura de Cristo na cruz, entalhada em um único tronco de madeira e disposta sobre o altar. Do outro lado destaca-se o grandioso órgão, trazido da Inglaterra em 1884.

⑮ Iglesia Anglicana San Pablo

Pilcomayo 566, Cerro Concepción.
Mapa B4. **Tel** (032) 221-3296.
🕐 10h30-13h ter-sex.
🌐 saintpaulchile.cl

Em estilo neogótico, a Iglesia Anglicana San Pablo foi construída em 1858 pelo engenheiro inglês William Lloyd. Essa igreja se destinava à comunidade britânica de Valparaíso, mas só foi erguida depois que o arcebispo católico da cidade declarou as condições para o que julgava "uma construção rival". Uma das exigências era que as portas fossem menores do que as das igrejas católicas de Valparaíso e até hoje os visitantes não entram pelo pórtico, mas usam uma das portas laterais menores. A parte interna, feita de madeira e pedra, abriga um órgão que homenageia a rainha Vitória.

⑯ Cementerios Católico e Disidentes

Dinamarca s/n, Cerro Panteón.
Mapa C4. Cementerio Católico:
🕐 8h30-17h diariam. Cementerio Disidentes: 🕐 9h-13h e 15h-17h seg-sáb, 9h-13h dom.

Muito bem situados no alto de uma colina, o **Cementerio Católico** e o **Cementerio Disidentes** testemunham com rara precisão o que foi o apogeu dessa cidade portuária no século XIX e retratam a fusão de culturas que se concentrava ali. O Cementerio Disidentes acomoda sobretudo os túmulos simples e até austeros da comunidade não católica, incluindo integrantes da igreja mórmon norte-americana, da anglicana e da luterana, de origem alemã.

Diversas lápides são ilustradas com relatos de guerras e naufrágios. Em frente ao Cementerio Disidentes, um grandioso pórtico leva ao Cementerio Católico, no passado conhecido como Cementerio Nº 1. Os habitantes mais famosos de Valparaíso foram enterrados no local, entre eles diversos integrantes da família Edwards-Ross, proprietária do jornal *El Mercurio de Valparaíso*; José Francisco Vergara, fundador de Viña del Mar; e o cartunista chileno Renzo Pecchenino.

El Mercurio de Valparaíso

Jornal mais antigo em circulação ininterrupta em toda a América espanhola, o *El Mercurio de Valparaíso* foi fundado em 1827 pelo jornalista chileno Pedro Felix Vicuña e pelo tipógrafo americano Thomas Well. Desde a década de 1880, é comandado pela proeminente família Edwards-Ross, que se diz atenta aos ideais declarados por ocasião do nascimento da publicação: manter-se "adequado o bastante a fim de conter as paixões extremas que dividem os homens".

Fachada do edifício El Mercurio

La Sebastiana, antiga residência do poeta Pablo Neruda

⑰ La Sebastiana

Ferrari 692, Cerro Florida. **Mapa** C5.
Tel (032) 225-6606. Ascensor Espíritu Santo. mar-dez: 10h-18h ter-dom; jan e fev: 10h30-18h50 ter-dom.
w fundacionneruda.org

Legítimo ponto de devoção para os admiradores do poeta chileno Pablo Neruda *(p. 91)*, La Sebastiana é a última das três casas que o escritor comprou no Chile. Neruda e dois amigos adquiriram a construção inacabada em 1961 e a nomearam em homenagem ao arquiteto e primeiro proprietário, Sebastian Collado. As diversas intervenções feitas pelos novos donos resultaram em uma arquitetura anárquica, que refletia a própria cidade – a casa abriga um labirinto de passagens e escadarias e exibe diversas cores.

Em 1991, a estrutura foi recuperada e transformada em um museu, destinado a preservar o local como era na época em que Neruda o habitou. Na parte interna, o visitante encontra uma imensa variedade de objetos trazidos pelo poeta, como pônei de carrossel instalado na sala e um lavabo inglês em pleno estúdio. A imaginação de Neruda também fica evidente na escadaria de carvalho trazida de uma empresa de demolição e no piso de mosaico que forma um antigo mapa da Patagônia e da Antártica.

Como as casas de Neruda em Santiago e Isla Negra, La Sebastiana está aberta para visitas audioguiadas, que são organizadas conforme a ordem de chegada dos visitantes.

⑱ Palacio Lyon

Mapa C4. Museo de Historia Natural de Valparaíso: Condell 1546.
Tel (032) 254-4840.
10h-18h ter-sáb, 10h-14h dom.
w mhnv.cl
Galería Municipal de Arte Valparaíso: Condell 1550.
Tel (032) 293-9569.
10h-19h ter-dom.

Construído em 1887, o Palacio Lyon abriga o **Museo de Historia Natural de Valparaíso**, o segundo museu público mais antigo do país. A construção foi erguida com pedras, ferro fundido e vidro e celebra o século XIX como a época áurea da exploração, descoberta científica e da educação pública. O acervo dedica-se à fauna e flora marinhas do Chile e exibe animais empalhados de todo o mundo, além de curiosidades como bois gêmeos contemporâneos.

⑲ Museo a Cielo Abierto

Cerro Bellavista.
Mapa C4.
Tel (032) 259-3156.
Ascensor Espíritu Santo.

Um fascinante museu ao ar livre instalado no Cerro Bellavista, o Museo a Cielo Abierto reúne um labirinto de ruas e passagens decoradas com murais imensos e coloridos, alguns assinados por famosos artistas de destaque. São cerca de vinte murais, que variam de obras abstratas a registros bem-humorados da vida na cidade. A visita autoguiada dura cerca de uma hora. Há várias escadas e ladeiras íngremes ao longo do caminho, então use sapatos confortáveis. Também é recomendado levar uma garrafa de água. A maior concentração de murais pode ser apreciada na Calle Ferrari e na Pasaje Santa Lucía, essa última uma íngreme passagem recoberta com um caleidoscópio de imagens com cores vibrantes.

O museu apresenta obras de artistas chilenos importantes, entre eles o surrealista Roberto Matta, Gracia Barrios, do Grupo Signo, e Nemesio Antúnez, que em 1956 fundou o famoso Taller 99, uma cooperativa de artistas.

Infelizmente, muitos trabalhos foram danificados tanto por intemperismo quanto por vandalismo, mas os murais estão sendo restaurados.

Murais em construções da Calle Ferrari, que integra o Museo a Cielo Abierto

Veja hotéis e restaurantes dessa região nas pp. 277-8 e 292-4

⑳ Iglesia de los Sagrados Corazones

Avenida Independencia 2050-2084. **Mapa** D5. **Tel** (032) 274-6728. diariam.

Construída em 1874, a Iglesia de los Sagrados Corazones foi a primeira igreja construída na América para a ordem religiosa francesa dos Sagrados Corações. A maioria dos elementos arquitetônicos, como a torre do relógio, o altar de madeira, o púlpito e os confessionários, foi trazida da França. Um dos destaques é o impressionante órgão confeccionado por Aristide de Cavalle-Coll, na época o mais famoso construtor desse instrumento. Os vitrais, réplicas dos que decoram a igreja de Santa Gúdula, na Bélgica, iluminam as partes mais altas e milhares de estrelas douradas decoram a cúpula.

Ao lado, o **Colegio de los Sagrados Corazones** existe desde 1837 e é uma das escolas particulares mais antigas do Chile. Vários ex-presidentes estudaram nessa instituição.

Elaborados jardins na entrada do Congreso Nacional

㉑ Congreso Nacional

Avenida Pedro Montt s/n. **Mapa** E4. **Tel** (032) 2250-5000. 9h30-12h30 e 15h-17h seg-sex. reservar um dia antes. **w** camara.cl

Em 1988, o general Pinochet foi obrigado a restituir o regime democrático depois de catorze anos de regime de exceção (p. 52). Na ocasião, escolheu Valparaíso, e não Santiago, para sediar o novo Congreso Nacional. Dois anos depois, as modernas instalações foram inauguradas. Desde o início da construção, o projeto dividiu opiniões – alguns o consideram um símbolo da democracia e da descentralização, mas outros questionam o aspecto estético.

É possível agendar e percorrer o local em visitas guiadas, que apresentam o interior rico em alegorias e simbolismos. Com explicações em espanhol e em inglês, a visita inclui as instalações do Senado, da Câmara dos Deputados e o Salón de Honor – amplo saguão cerimonial no qual importantes visitantes foram recebidos, entre eles Mikhail Gorbachev e Bill Clinton, respectivamente ex-presidentes da antiga União Soviética e dos Estados Unidos.

㉒ Iglesia y Convento de San Francisco

Blanco Viel s/n, Cerro Barón. **Mapa** F3. **Tel** (032) 2225-8735. 9h-13h e 16h-20h30 ter, sex e sáb; 7h-22h qui, 9h-14h dom.

Fundada em 1846, a Iglesia San Francisco é um dos mais belos exemplos de edificação com tijolos à vista. A igreja, declarada patrimônio nacional

Solene torre da Iglesia y Convento de San Francisco

em 1983, exibe uma fachada decorada da qual se eleva um imponente campanário, que no passado era iluminado à noite para orientar os navios que se dirigiam ao porto de Valparaíso. A parte interna da igreja é uma estrutura de incrível simplicidade, com paredes caiadas, piso em estilo espanhol e teto de madeira.

Com entrada pela lateral da igreja, o Convento de San Francisco foi concebido para acomodar os religiosos que visitavam a instituição. Em 2013, enquanto a igreja e o convento passavam por restauração, um incêndio atingiu o local, desperdiçando anos de trabalho. Licitações para a reconstrução ainda estão em análise.

Os Trolebuses

A frota de trólebus que circula por Valparaíso foi importada dos Estados Unidos entre 1946 e 1952 e inclui alguns dos veículos desse tipo mais velhos ainda em atividade. Sob a ditadura de Pinochet, o sistema entrou em decadência por causa dos cortes das verbas de manutenção (a empresa era estatal). Em 1982, alguns empresários da cidade compraram a empresa e reformaram os *trolebuses*. Hoje, os veículos ligam a Avenida Argentina e o Edifício de la Aduana (p. 124). Apesar de lentos, barulhentos e poluentes, oferecem uma opção charmosa de apreciar a paisagem da cidade.

Trolebuses verdes à espera de passageiros, na Avenida Argentina

Funiculares de Valparaíso

Os funiculares de Valparaíso são o meio mais barato, fácil e divertido para se deslocar entre as colinas residenciais da cidade e a parte baixa, chamada de El Plan, onde ficam o porto e o centro financeiro. Antiga forma de transporte, os funiculares começaram a operar entre 1883 e 1912, e dos vinte originais quinze ainda funcionam, embora apenas nove prestem serviço. Os carros movidos por cabos circulam sobre trilhos e passam em meio a fileiras de casas, permitindo apreciar as belas alamedas ao mesmo tempo que revelam a paisagem marinha. Alguns funiculares levam a locais históricos ou atrações turísticas e são considerados monumento histórico da cidade.

Escadaria íngreme que acompanha os trilhos do ascensor Cordillera

O ascensor Concepción foi o primeiro funicular de Valparaíso. Disputado pelos visitantes, tem carros de madeira que ligam o centro financeiro ao Cerro Concepción, colina que acomoda construções históricas, vielas, hotéis e restaurantes. Quem sai do *ascensor* chega ao Paseo Gervasoni e se delicia com a linda vista panorâmica.

O ascensor Polanco desperta curiosidade, pois é um dos três elevadores urbanos existentes no mundo com um trajeto totalmente vertical. O acesso é por um túnel de 150m, e o trajeto de 80m percorre uma torre amarela. No alto, chega a uma estação ligada ao Cerro Polanco por uma passarela.

O ascensor Espíritu Santo liga o centro da cidade ao colorido Cerro Bellavista. Como todos os funiculares de Valparaíso, originalmente funcionava a vapor e carvão e hoje move-se por eletricidade. A estação localizada na parte alta dá acesso ao Museo a Cielo Abierto e fica perto do museu La Sebastiana.

O ascensor Barón sobe o Cerro Barón, na parte leste de Valparaíso. Tem os maiores carros de madeira e os primeiros motores elétricos. Na estação superior há um pequeno museu.

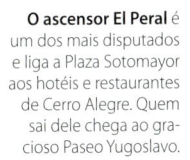

O ascensor El Peral é um dos mais disputados e liga a Plaza Sotomayor aos hotéis e restaurantes de Cerro Alegre. Quem sai dele chega ao gracioso Paseo Yugoslavo.

Ascensor Artillería

Os carros de madeira desse funicular sobem e descem trilhos instalados entre o porto, nas proximidades do Edifício de la Aduana, e o Cerro Artillería. No alto, um passeio em estilo vitoriano permite apreciar o porto. Na antiga casa dos maquinistas funciona um museu e o Café Arte Mirador. Quem se acomoda nas mesas perto das janelas pode apreciar o movimento das rodas que movem os cabos.

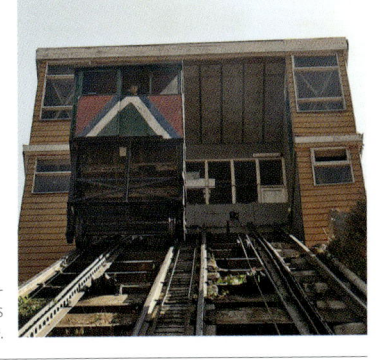

O ascensor Reina Victoria é um dos funiculares mais íngremes da cidade e dá acesso aos coloridos Cerro Concepción e Cerro Alegre.

Funiculares

① Ascensor Villaseca
② Ascensor Artillería
③ Ascensor Cordillera
④ Ascensor San Agustín
⑤ Ascensor El Peral
⑥ Ascensor Concepción
⑦ Ascensor Reina Victoria
⑧ Ascensor Espíritu Santo
⑨ Ascensor Florida
⑩ Ascensor Mariposas
⑪ Ascensor Monjas
⑫ Ascensor Polanco
⑬ Ascensor Larraín
⑭ Ascensor Lecheros
⑮ Ascensor Barón

❷ Viña del Mar

Fundada em 1874, Viña del Mar deve sua origem a uma fazenda que tinha vinhedos perto do mar. A área foi ocupada pela cidade depois que o terremoto de 1906 obrigou a elite de Valparaíso a se mudar para lá. A topografia mais plana era ideal para a construção de palácios com jardins em estilo francês, na moda na época, e a cidade tornou-se reduto de abastados. Hoje é conhecida como *Ciudad Jardín*, graças à abundância de áreas verdes, belas praias e construções que abrigam museus interessantes.

Plaza José Francisco Vergara
Avenida Valparaíso, esq. Avenida Libertad.

A elegante praça central de Viña del Mar, a Plaza José Francisco Vergara, deve seu nome ao fundador da cidade, homenageado com uma estátua em um dos cantos. Além das fontes e estátuas, exuberantes palmeiras chilenas, cedros-do-líbano e *ombus* argentinos decoram o local.

Mas a grandiosidade fica por conta do Hotel O'Higgins. Construído em 1930 em estilo neoclássico, o **Teatro Municipal** é a estrutura de maior destaque na praça. A fachada exibe colunas coríntias que ocultam o saguão da recepção, decorado com estátuas de mármore.

Palacio Vergara
Errázuriz 563-596. **Tel** (032) 218-5723. para restauração. Quinta Vergara: 7h-18h diariam. **W** quintavergara.cl

Construído entre 1906-10 para a família de José Francisco Vergara, o Palacio Vergara abriga o Museo Municipal de Bellas Artes. O edifício foi erguido em estilo neogótico veneziano e exibe uma linda fachada. Na parte interna, abriga mais de 150 obras de arte: o acervo inclui peças sacras confeccionadas entre os séculos XV e XVIII; criações de mestres chilenos do século XIX; obras de pintores cubistas e surrealistas do século XX e peças doadas pela família Vergara. Não deixe de visitar o salão de baile (Salon Dorado), com espelhos rococós, tapeçarias de seda e fios de ouro, além de várias estátuas de mármore italiano.

Ao redor do palácio estende-se a **Quinta Vergara**, antigo jardim da família, decorado com árvores exóticas e estátuas clássicas. Impossível não notar o Anfiteatro Quinta Vergara, impressionante estrutura contemporânea e palco do famoso Festival Internacional de la Canción de Viña del Mar *(p. 40)*.

Reloj de Flores
Balmaceda, esq. Avenida Marina.

Cultivado em 1962 sobre um declive situado em frente ao mar, o Reloj de Flores simboliza o título de "Cidade Jardim" ostentado com orgulho por Viña del Mar. Os números do relógio são indicados com flores nativas coloridas, e os ponteiros de madeira, que marcam as horas, foram trazidos da Suíça.

Castillo Wulff
Avenida Marina 37. **Tel** (032) 218-5751. 10h-13h30 e 15h-17h30 ter-dom.

Instalado na avenida costeira da cidade, o Castillo Wulff foi construído em 1908 encomendado pelo industrial alemão Adolfo Wulff. Monumento nacional e destaque arquitetônico da paisagem de Viña del Mar, foi inspirado nos castelos medievais e exibe torres, bastiões e um pátio central. As escadarias desse pátio levam a um mirante, de onde se tem linda vista. Ocasionalmente, sedia exposições de arte.

Casino Enjoy Viña del Mar
Avenida San Martín 199. **Tel** (600) 700-6000. dez-mar: 24h diariam; abr-nov: 12h-7h diariam. **W** enjoy.cl

Instalado em uma bonita construção em estilo neoclássico, o Casino Municipal de Viña del Mar abriu as portas em 1932, mas hoje é operado pelo grupo privado Enjoy, que adicionou ao complexo o Hotel del Mar, diminuindo o tamanho do edifício original. O cassino oferece jogos de roleta, vinte e um e mais de 1.200 caça-níqueis. Além de espetáculos do tipo cabaré, dispõe de um hotel de luxo com spa para jogadores que não querem se afastar das

Torre medieval do impressionante Castillo Wulff

Fachada neoclássica do Teatro Municipal

Veja hotéis e restaurantes dessa região nas pp. 277-8 e 292-4

mesas. O cassino também dispõe de áreas para família, com locais de diversão especiais para as crianças.

🏛 Museo de Arqueologia e Historia Francisco Fonck

4 Norte N 784. **Tel** (032) 268-6753. 🕐 10h-14h e 15h-18h seg, 10h-18h ter-sáb, 10h-14h dom. 🎫 🚻 ♿
w museofonck.cl

Instalado em uma mansão antiga, o Museo de Arqueologia e Historia Francisco Fonck exibe um acervo com objetos pré-hispânicos coletados por todo o Chile e em outros países latino-americanos. A coleção dedica-se sobretudo às principais civilizações pré-colombianas do Chile, México, Peru e Equador. Cada sala exibe uma seleção de peças relacionadas a um período específico, mas a parte do acervo de maior destaque foi trazida da Ilha de Páscoa (pp. 258-67) em 1951. O museu reúne objetos raros, oferece painéis explicativos em espanhol e inglês e investiga as teorias sobre a construção dos curiosos *moais*. Na entrada o visitante encontra um *moai* original – um dos poucos existentes na parte continental do país.

Moai da Ilha de Páscoa, no Museo Francisco Fonck

🏛 Palacios Rioja e Carrasco

Palacio Rioja: Quillota 214. **Tel** (032) 218-4693. 🔴 para restauração. 🎫 ligar antes. Palacio Carrasco: Avenida Libertad 250. **Tel** (032) 2226-9711. 🔴 para restauração.

Construídos depois do terremoto de 1906, tanto o **Palacio Rioja** como o **Palacio Carrasco** são considerados patrimônios nacionais. Em estilo neoclássico, o Palacio Rioja foi inspirado no Palácio de Versalhes, em Paris, e erguido em 1907 sob encomenda do milionário do tabaco Fernando Rioja. Atualmente abriga um museu de artes decorativas que preserva a residência como era quando ocupada pela família Rioja. Na parte interna um dos destaques é o salão de banquetes, com colunas coríntias e um balcão para a orquestra, e no lindo saguão central muitos admiram as estátuas gregas clássicas. Um jardim com árvores exóticas, caminhos e bancos cercam o palácio. Erguido entre 1912 e 1923 em estilo beaux-arts, o Palacio Carrasco abriga o centro cultural da cidade, com algumas exposições de arte. No momento não há data confirmada para a reabertura dos palácios Rioja ou Carrasco.

PREPARE-SE

Informações Práticas
Mapa rodoviário B6. 9km ao norte de Valparaíso. 👥 290.000. 🛈 Arlegui 755; (032) 218-5710. 🗓 qua. 🎭 Festival Internacional de la Canción de Viña del Mar (fev). **w** visitevinadelmar.cl

Transporte
🚌 🚆

Reñaca
5km ao norte de Viña del Mar. 🏖 🍴 🏨 🚗

Uma linda praia de areia dourada, Reñaca se transforma em um disputado destino de férias de verão para muitos moradores de Santiago. Há diversos hotéis na praia, além de bares e clubes instalados na extremidade sul.

Arredores
A cerca de 10km ao norte de Reñaca, **Concón** é uma pequena cidade com boas praias, como a disputada Playa Amarilla e a simples Playa La Boca, com formato de lua crescente e apreciada por surfistas. Reúne uma escola de surfe e vários restaurantes. No verão, é possível cavalgar pela areia e junto à vegetação costeira.

Viña del Mar

1. Plaza José Francisco Vergara
2. Palacio Vergara
3. Reloj de Flores
4. Castillo Wulff
5. Casino Enjoy Viña del Mar
6. Museo de Arqueologia e Historia Francisco Fonck
7. Palacios Rioja e Carrasco

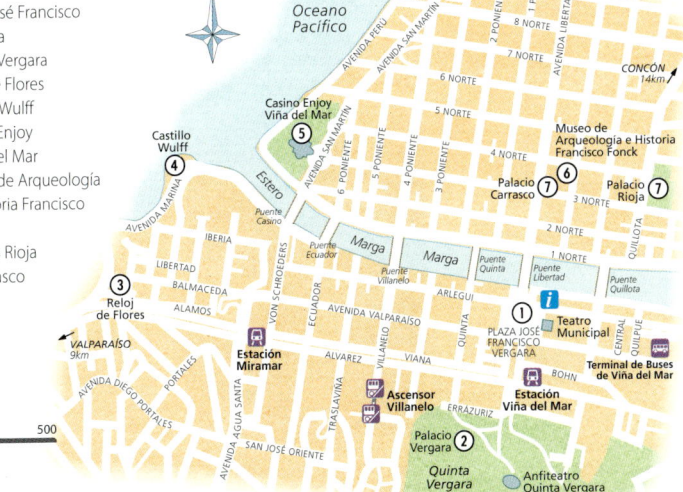

Legenda dos símbolos *na orelha da contracapa*

Calmas águas no acidentado litoral de Quintay

❸ Quintay

Mapa rodoviário B6. 47km ao sul de Valparaíso. 800.

O vilarejo de pescadores de Quintay é um lugar idílico. Os visitantes que chegam de ônibus descem na pequena *plaza*, da qual saem ruelas de areia que levam à *caleta* – uma baía de pescadores em forma de ferradura, cercada por restaurantes de frutos do mar. Lontras-marinhas e aves se reúnem na praia, enquanto pescadores descarregam peixes dos barcos de madeira.

Em frente à *caleta* fica a **Ballenera de Quintay**, maior estação de observação de baleias do país até 1967, quando fechou. Hoje funciona no local um museu dedicado ao imenso mamífero marinho, com uma plataforma para a qual foram trazidos os esqueletos de cerca de 1.600 baleias-azuis, o maior animal do planeta.

Em Quintay há duas praias principais. Uma caminhada de dez minutos a partir da *plaza* em meio à floresta de pinheiros e eucaliptos leva à impressionante **Playa Chica**, uma praia de mar revolto cercada por rochedos e flores silvestres. Ao norte do centro da cidade, a **Playa Grande** é uma longa extensão de areia bastante ocupada por condomínios. Quem quiser mergulhar em Quintay encontra escolas na *caleta* e passeios de caiaque, adequados tanto para iniciantes como para praticantes experientes.

Ballenera de Quintay
Caleta de Quintay. **Tel** (032) 236-2267. 9h30-18h30 diariam. **w** fundacionquintay.cl

❹ Algarrobo

Mapa rodoviário B6. 70km ao sul de Valparaíso. 8.600. **w** vivealgarrobo.cl

Maior cidade na costa do Pacífico ao sul de Valparaíso, Algarrobo é um balneário disputado por famílias e que costuma lotar durante o verão, quando chegam os moradores de Santiago. A cidade tem boa estrutura para acomodar turistas e cerca de catorze praias, nas quais pode-se praticar de mergulho a windsurfe e cavalgadas à beira-mar. A praia mais disputada é **Playa San Pedro**, próxima ao centro da cidade e com águas calmas, ideais para quem quer nadar. A **Playa Grande** oferece grandes ondas. Ao sul do centro da cidade está a **Playa El Canelo**, que se destaca pelas areias finas e águas de um azul intenso. A **Playa El Canelillo** é mais isolada e mais tranquila. Barcos que partem de Algarrobo levam até a **Isla de Pájaros Niños**, uma ilhota rochosa que entre setembro e abril é tomada por pinguins-de-humboldt. Do barco, é possível apreciar diversas aves marinhas.

❺ Casa Museo Isla Negra

pp. 136-7.

❻ Cartagena

Mapa rodoviário B6. 100km ao sul de Valparaíso. 17.000. Municipalidad, Plaza de Armas; (035) 220-0736. **w** cartagena-chile.cl

A acolhedora cidade de Cartagena exibe ruelas estreitas e coloridas que partem da colina que se ergue diante da baía. A melhor época para visitar o local é no final da primavera ou início do outono, pois as praias não lotam tanto quanto no verão.

Na parte alta da cidade fica a Plaza de Armas, arborizada e ligada por uma escadaria à **Playa Chica**, ao sul, e à **Playa Grande**, ao norte. Em uma encosta a leste da Playa Chica situam-se a casa e o túmulo de Vicente Huidobro (1893-1948), poeta chileno que morou vários anos em Cartagena. Apesar do mau estado de conservação, atrai apreciadores – em geral poetas e artistas. Como trata-se de uma propriedade particular, não é possível visitar o local.

Guarda-sóis na disputada praia de Cartagena

Veja hotéis e restaurantes dessa região nas pp. 277-8 e 292-4

VALE CENTRAL | 135

❼ Cachagua

Mapa rodoviário B6. 73km a norte de Valparaíso. 1.500.

Linda cidade praiana, Cachagua se diferencia da paisagem desse trecho do litoral, dominado por resorts de luxo e condomínios. A cidade inclui uma praça com eucaliptos, ponto de partida para as vielas de areia que levam até a bela **Playa Grande**, principal praia de Cachagua. Há boas opções de lazer, como surfe e passeios a cavalo.

Da Playa Grande é fácil avistar o **Monumento Natural Isla Cachagua**, uma ilhota rochosa que serve de refúgio a diversas aves. Entre setembro e abril, colônias de pinguim-de-humboldt se reúnem na ilha para se reproduzir. Alguns barcos levam os visitantes até perto da ilhota, passeio que permite observar de perto essa rara espécie. Muitos se encantam com a **Las Cujas**, uma praia rochosa e disputada por mergulhadores.

Calçadão à beira-mar em Papudo

Pinguins-de-humboldt na Isla Cachagua

❽ Zapallar

Mapa rodoviário B6. 80km ao norte de Valparaíso. 1.600. Municipalidad, Germán Riesgo 399; (033) 274-200. **turismozapallar.cl**

Cidade costeira excepcionalmente graciosa e peculiar destino de férias, Zapallar é pequena e isolada, cercada por montanhas cobertas de vegetação. A cidade fica na encosta, que parece cair em direção a uma praia de areia, em formato de meia-lua. Não faltam casas de veraneio nas montanhas próximas a Zapallar. Desde o final do século XIX, essa cidade se destaca como destino de férias dos afortunados de Santiago. Da praia de Zapallar, uma longa trilha contorna as colinas e permite apreciar o oceano. No verão, todos os dias partem barcos levando turistas até as proximidades do Monumento Natural Isla Cachagua.

Uma trilha arenosa sai da praia e leva até a praça de Zapallar, onde se ergue um pequeno teatro. A construção remonta a 1908 e originalmente abrigava uma igreja. A partir da *plaza*, diversas vielas sobem as encostas rumo ao centro comercial de Zapallar, onde se concentram as lojas, os restaurantes e o posto de informações turísticas.

❾ Papudo

Mapa rodoviário B6. 91km ao norte de Valparaíso. 4.600. Chorrillos 9, 2º andar; (033) 279-0080. qua e dom. Feria Internacional de Integración Papudo (início fev). **municipalidadpapudo.cl**

Menos seleta do que as vizinhas Zapallar e Cachagua, Papudo é uma cidade praiana com menos pretensões, mas com boas opções de caminhada. Um passeio sinuoso acompanha as duas praias principais: **Playa Grande**, uma praia aberta disputada por surfistas; e a menor e mais protegida **Playa Chica**, preferida pelas famílias. Das duas partem trilhas que cruzam os rochedos e permitem encontrar algumas cavernas. Quando o tempo colabora, há passeio de cavalo à beira-mar.

Entre as construções que ocupam a beira-mar destaca-se a **Iglesia Nuestra Señora de las Mercedes**, igreja erguida em 1918 e considerada um patrimônio do país. Pouco adiante está o **Chalet Recart**, sede da prefeitura de Papudo. A arquitetura em forma de chalé alpino da sede do poder municipal é encontrada em outras construções similares, que se acomodam nesse trecho da costa.

Cidade e praia de Zapallar, próxima a uma encosta coberta de árvores

❺ Casa Museo Isla Negra

Atraído pela bela localização em frente à praia de Isla Negra, Pablo Neruda comprou o imóvel de um marinheiro espanhol em 1939. O poeta ampliou a casa criando uma estrutura alongada que parecia se inspirar na forma do território do Chile e a decorou com mais de 3.500 objetos curiosos provenientes de diversas partes do mundo. A casa foi transformada em museu e permanece como era quando Neruda a habitou com Matilde Urrutia, sua terceira esposa.

Praia de Isla Negra
Essa praia deve seu nome aos rochedos escuros e à posição isolada e representa o amor de Neruda pelo mar.

Entrada e centro de visitação

Sala de Estar
Imagens usadas em navios, vitrais e anjos enfeitam esse ambiente. O poeta mandou revestir o chão com conchas para massagear os pés.

LEGENDA

① **Corredores estreitos**, como os dos antigos navios, cortam a casa. Neles, Neruda acomodou a coleção de máscaras.

② **Quarto de Neruda**

③ **Sala de jantar**

④ **Neruda divertia seus convidados** nessa área de recepção, repleta de objetos ecléticos.

Bar
O bar da casa exibe a abrangente coleção de garrafas com formatos incomuns reunida por Neruda. Em exposição, uma festa de cores, formas e tamanhos diferentes.

Veja hotéis e restaurantes dessa região nas pp. 277-8 e 292-4

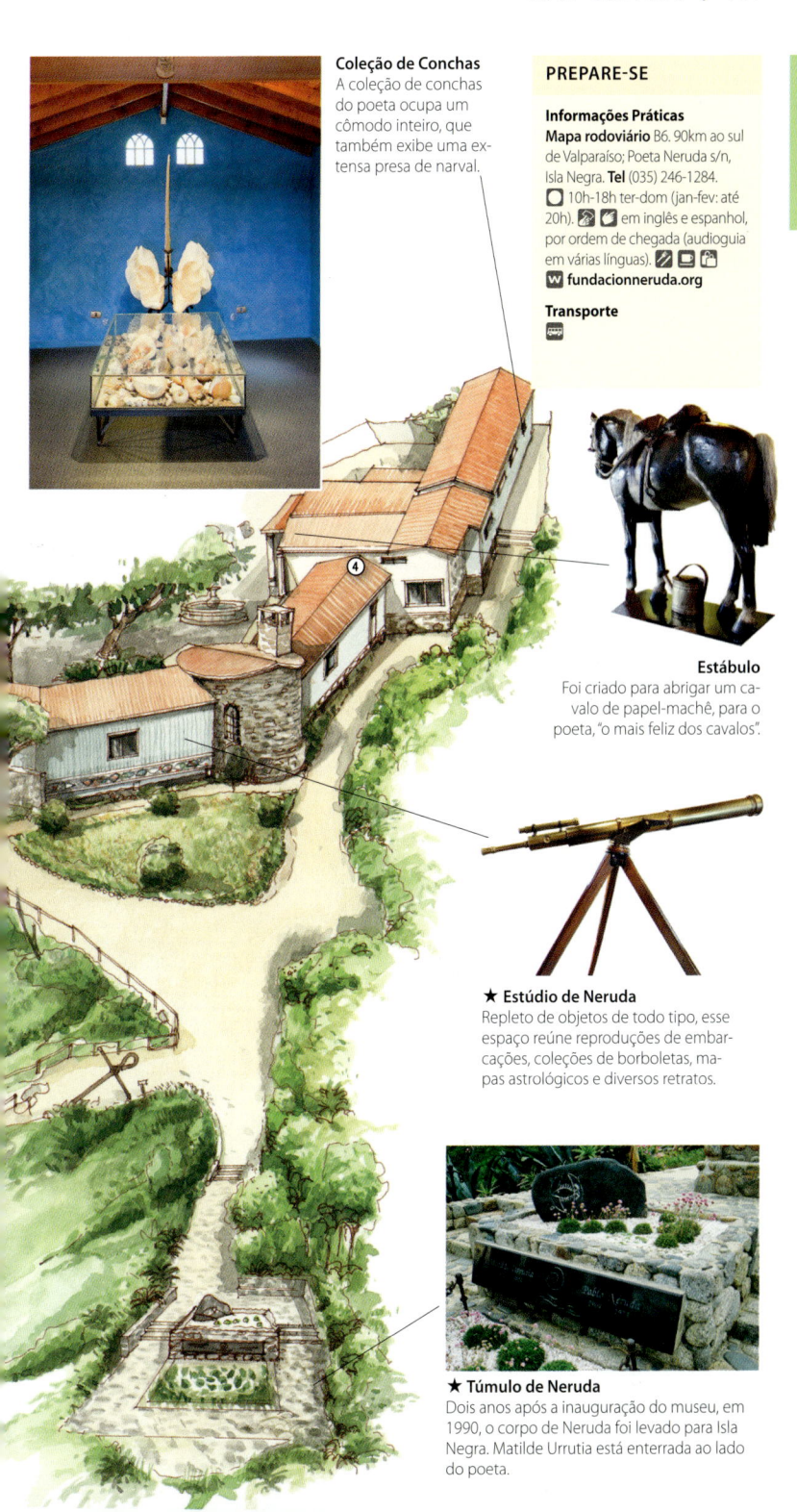

VALE CENTRAL | **137**

Coleção de Conchas
A coleção de conchas do poeta ocupa um cômodo inteiro, que também exibe uma extensa presa de narval.

PREPARE-SE

Informações Práticas
Mapa rodoviário B6. 90km ao sul de Valparaíso; Poeta Neruda s/n, Isla Negra. **Tel** (035) 246-1284.
⭘ 10h-18h ter-dom (jan-fev: até 20h). em inglês e espanhol, por ordem de chegada (audioguia em várias línguas).
w fundacionneruda.org

Transporte

Estábulo
Foi criado para abrigar um cavalo de papel-machê, para o poeta, "o mais feliz dos cavalos".

★ Estúdio de Neruda
Repleto de objetos de todo tipo, esse espaço reúne reproduções de embarcações, coleções de borboletas, mapas astrológicos e diversos retratos.

★ Túmulo de Neruda
Dois anos após a inauguração do museu, em 1990, o corpo de Neruda foi levado para Isla Negra. Matilde Urrutia está enterrada ao lado do poeta.

Convento dedicado a Santa Teresa de Los Andes

❿ Los Andes

Mapa rodoviário B6. 141km a noroeste de Valparaíso. 55.000. Av. Santa Teresa 333; (034) 290-2525. qua, sáb e dom. Festival Folclórico "El Guatón Loyola" (meados set). turismoaconcagua.cl

Cercada pelos vinhedos do vale do Aconcágua, aos pés da cordilheira dos Andes, a cidade de Los Andes foi fundada em 1791 como entreposto de uma rota colonial. Hoje, é a primeira parada para diversos viajantes que atravessam os Andes vindos da Argentina rumo ao Vale Central chileno. O local abriga dois museus interessantes. O **Museo Arqueológico de los Andes** é uma construção colonial com acervo pré-colombiano, enquanto o **Museo Histórico Religioso del Antiguo Monasterio del Espíritu Santu** é um convento dedicado a Santa Teresa de Los Andes, primeira santa chilena. Os visitantes podem explorar os antigos ambientes dedicados aos trabalhos, os dormitórios, o claustro e o pomar. Ao lado, a Capilla Espíritu Santu, em estilo neogótico, é dedicada à santa. A sede do governo regional, erguida entre 1888 e 1891, parece observar a bela *plaza* de Los Andes. Nos limites da cidade, o Cerro de la Vírgen oferece um mirante de onde se tem uma linda vista.

Museo Arqueológico de los Andes
Avenida Santa Teresa 396-398. **Tel** (034) 242-0115. 10h-18h30 ter-dom.

Museo Histórico Religioso del Antiguo Monasterio del Espíritu Santu
Avenida Santa Teresa 389. **Tel** (034) 242-1765. 9h30-13h, 15h-18h30 seg-sex, 10h-18h sáb e dom.

⓫ Portillo

Mapa rodoviário B6. 203km a leste de Valparaíso; Renato Sánchez 4270, Las Condes. **Tel** (02) 2263-0606. do aeroporto de Santiago: só sáb. **Táxi** de Santiago. meados jun-set. skiportillo.com

Com uma impressionante localização a 3 mil m acima do nível do mar, o Portillo é o resort de esqui mais antigo da América do Sul. Oferece pistas para esqui e snowboard tanto para iniciantes como para esportistas experientes. Em geral, os adeptos de emoções adoram a oportunidade de descer encostas de cerca de 3.270m. Outros desafios são as descidas de mais de 50°, as várias trilhas *off-piste* e modalidades como *heli-skiing* e *night-skiing*. Quem desce as encostas é presenteado com uma vista magnífica, em uma paisagem cercada de picos e pela Laguna del Inca, congelada durante o inverno. O resort oferece pacotes com hospedagem e ingresso para os elevadores, além de cinema e piscina aquecida. Outras opções de acomodação são os chalés ou as cabanas disputadas por mochileiros. O resort inclui serviço de *baby-sitting* e aulas para crianças com mais de 4 anos.

Cristo Redentor, na divisa entre o Chile e a Argentina

⓬ Cristo Redentor

Mapa rodoviário B6. 210km a leste de Valparaíso; Camino Cristo Redentor. **Táxi** de Santiago. dez-mar.

Uma estátua imensa do Cristo Redentor marca uma das passagens de fronteira mais famosas do mundo: a divisa entre o Chile e a Argentina em plenos Andes. No meio de um cenário coberto de neve, a imagem está instalada a 3.823m acima do nível do mar e foi colocada sobre um elevado pedestal de granito, que pesa cerca de 4t. O Cristo foi esculpido em Buenos Aires em 1904 e levado de trem até os pés dos Andes. Desmontado, chegou ao local da instalação carregado por mulas. A construção do monumento foi um marco histórico, pois celebrou a paz entre o Chile e a Argentina depois de diversas décadas de conflitos territoriais, que chegaram a provocar guerras entre os dois países. Os ônibus de turismo e os carros que passam pela fronteira chilena chegam ao monumento pelo Camino Cristo Redentor, uma estrada

Bancos de madeira sob as árvores da *plaza* de Los Andes

Veja hotéis e restaurantes dessa região nas pp. 277-8 e 292-4

Palmeiras-do-chile *(Jubaea chilensis)*, Parque Nacional La Campana

de pedras que leva ao **Túnel del Cristo Redentor**, que corta os Andes e tem 3km de extensão.

⓭ Termas de Jahuel

Mapa rodoviário B6. 140km ao nordeste de Valparaíso; Jahuel s/n, San Felipe. **Tel** (02) 2411-1720. **Táxi** de Los Andes.
w jahuel.cl

Instaladas nas encostas áridas dos Andes e voltadas para o fértil vale do Aconcágua, as Termas de Jahuel são um luxuoso spa que oferece pernoites ou estadias durante o dia. O destaque são as terapias naturais sofisticadas, como a que se baseia em massagens feitas com óleo de oliva extraído por processos orgânicos. Uma piscina externa cercada de palmeiras, jasmins e laranjeiras costuma encantar os hóspedes.

As propriedades terapêuticas de Jahuel já eram conhecidas desde os tempos da colônia, quando os viajantes que cortavam os Andes iam se recuperar no local. Hoje os hóspedes ficam acomodados em um pavilhão em estilo colonial ou em um seleto hotel-butique. O resort oferece atividades como passeios a cavalo e mountain bike. As trilhas levam a um platô de onde se tem linda vista do terreno elevado do vale do Aconcágua, coberto por vinhedos.

Vizcacha em La Campana

⓮ Parque Nacional La Campana

Mapa rodoviário B6. 60km a leste de Valparaíso; Paradero 43, Avenida Granizo 9137.
Tel (033) 244-1342.
🚌 de Santiago e Valparaíso.
⏰ 9h-18h sáb-qui, 9h-17h sex.
w conaf.cl

Região tombada pela Unesco, La Campana acomoda um rico hábitat que impressiona os visitantes pela incrível biodiversidade. Um dos destaques do parque é a concentração de palmeiras-do-chile *(Jubaea chilensis)*, espécie de palmeira que vive mais ao sul do planeta. Não faltam aves canoras e várias espécies de águia e falcões. Entre os mamíferos e répteis, o local abriga a *vizcacha*, um roedor de grande porte, além de iguanas, cobras e lagartos. O nome do parque se deve ao principal elemento geográfico, o Cerro La Campana (colina do sino). Próximo da entrada na área Granizo, o **Sendero El Andinista** é uma trilha que leva ao topo do pico.

O explorador Charles Darwin foi um dos que apreciaram a paisagem de 360° que se tem do alto, com os Andes a leste e o oceano Pacífico a oeste. O setor Ocoa fica na parte norte do parque e recebe menos visitantes, mas é rico em palmeiras-do-chile, que podem viver por várias centenas de anos. O parque reúne ainda desfiladeiros, sítios arqueológicos e minas de carvão abandonadas da década de 1930.

Darwin e La Campana

Em agosto de 1834, o naturalista inglês Charles Darwin partiu para uma viagem de duas noites pelo Cerro La Campana. Fez trechos a pé e outros a cavalo, junto com dois caubóis. Subiu a encosta norte e montou acampamento perto da fonte Agua del Guanaco. Em seu registro da viagem, escreveu que "a atmosfera era tão clara que os mastros ancorados na baía de Valparaíso podiam ser distinguidos como marcas pretas". O grupo chegou ao topo na manhã seguinte, quando Darwin exclamou que "o tempo nunca pareceu tão curto como naquele momento. O Chile estava aos nossos pés, uma imensa paisagem limitada pelos Andes e pelo oceano Pacífico". No topo, uma placa relembra a expedição de Darwin.

Charles Darwin, estudioso inglês

Bodegas e vinhedos de Errazuriz, no vale do Aconcágua ▶

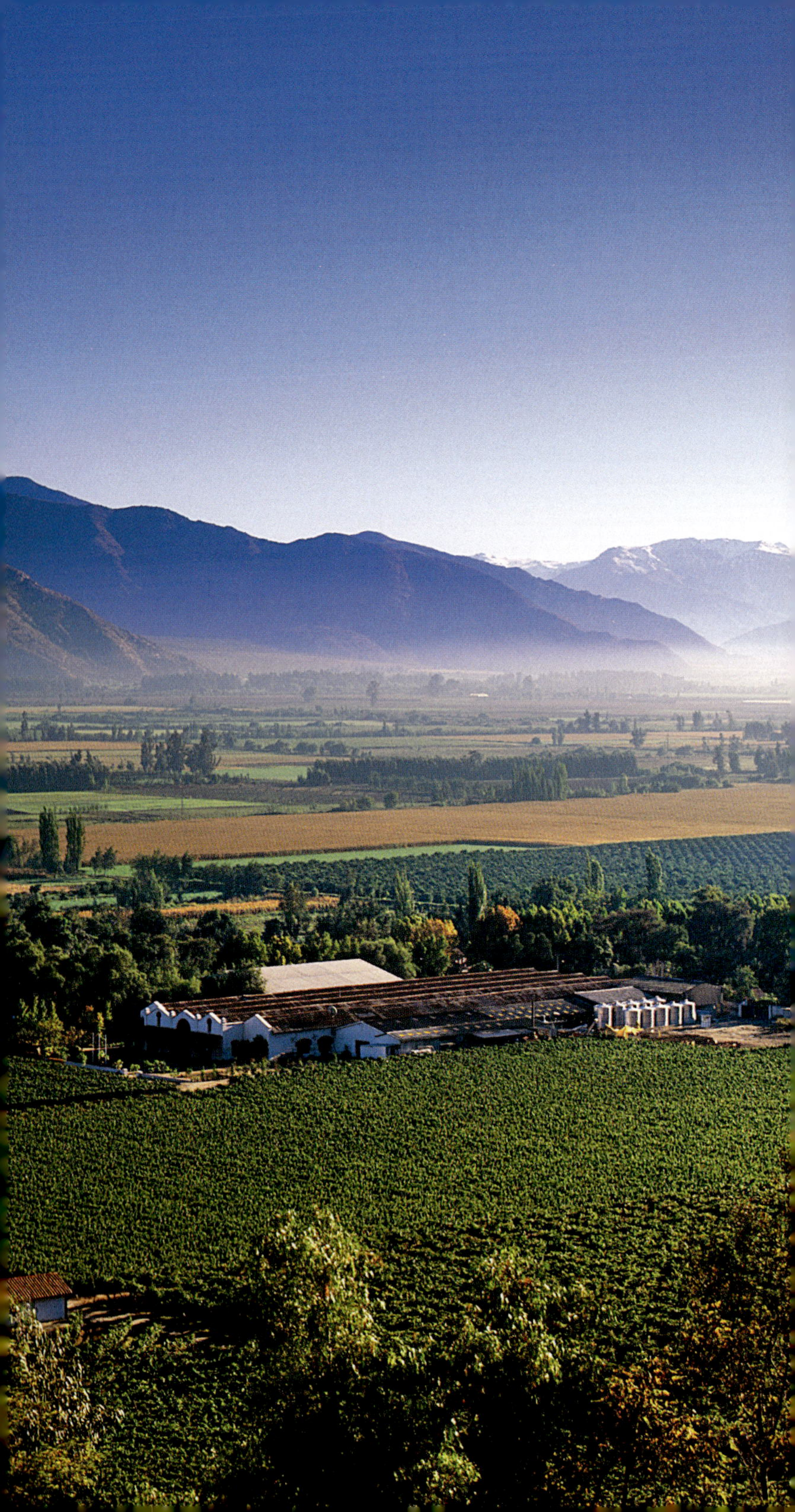

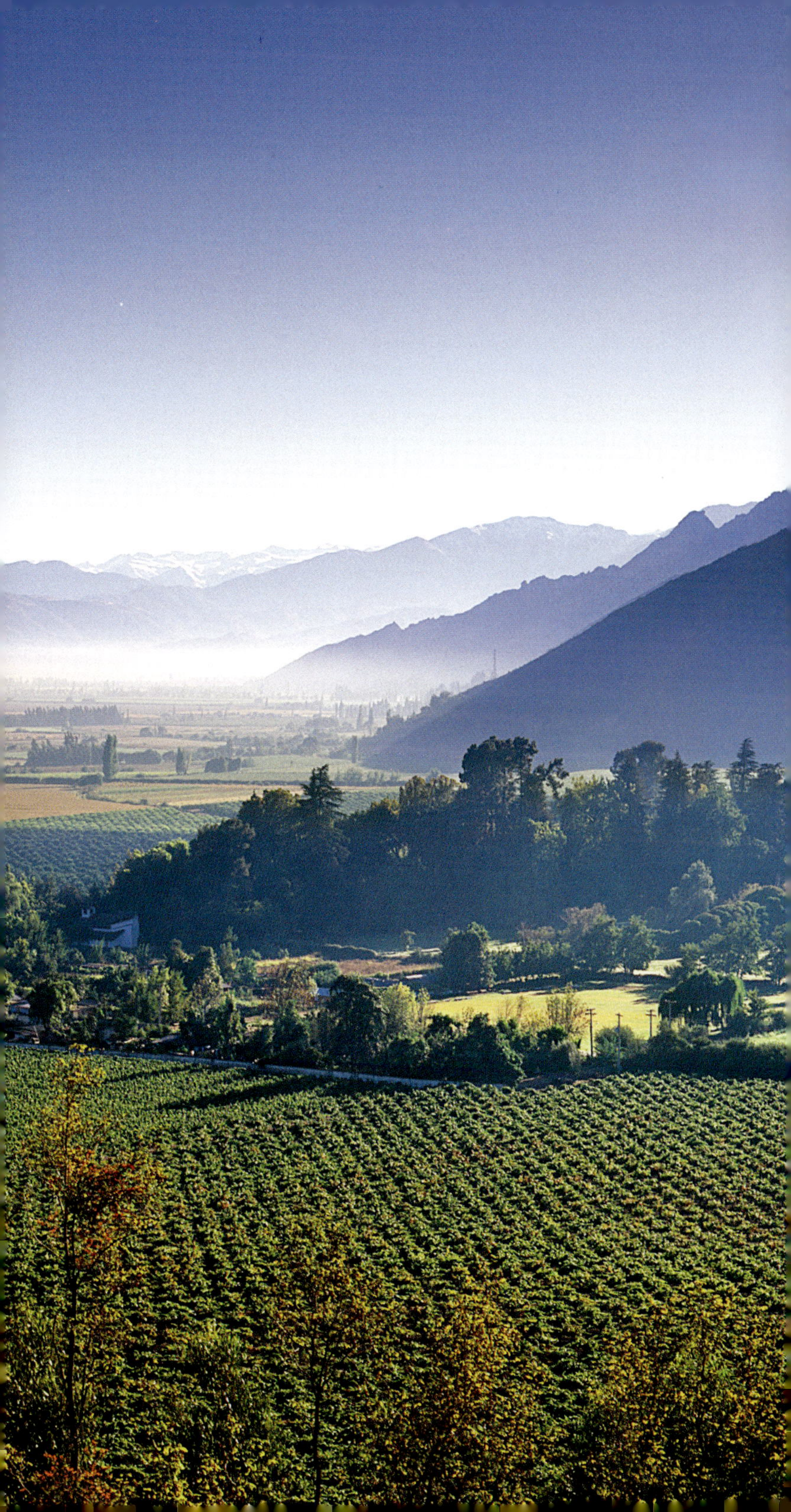

⑮ Rota do Vinho no Vale de Casablanca

Uma das mais recentes regiões dedicadas à produção vinícola no país, o vale de Casablanca tem conquistado fama graças à qualidade dos vinhos brancos. Situado entre Santiago e Valparaíso, o vale conta com um clima com influência marítima e baixas temperaturas, condições ideais para a produção de uvas como a Chardonnay e a Sauvignon Blanc. Protegidas pelas encostas nevadas dos Andes, as vinícolas ocupam grandes propriedades e incluem as chamadas *bodegas*, que costumam promover degustações. No vale de Casablanca funciona a primeira vinícola orgânica do país.

① Viña Catrala
Essa vinícola minúscula se concentra na qualidade do vinho. As degustações são feitas em um belo local cercado de vinhedos.

② Viña Casas del Bosque
Fundada em 1993, essa prestigiada vinícola foi a primeira do vale a produzir vinhos Merlot. Inclui um restaurante requintado e oferece passeios de trator pelos vinhedos.

Dicas para o Passeio

Início: Casablanca.
Extensão: 24km. Reserve dois dias para o trajeto todo e prefira alugar um carro.
Como chegar: agências de viagem de Santiago e Valparaíso organizam passeios de um dia pelo vale. Quem chega de carro deve pegar a rodovia R68, que liga as duas cidades e corta o vale. Vários ônibus saem todos os dias de Valparaíso rumo a Casablanca, onde os taxistas levam às vinícolas próximas.
Onde comer: há restaurantes nas vinícolas Indómita, Matetic, Casas del Bosque e Viña Mar.
Degustações: as visitas guiadas (em inglês e espanhol) duram de 1 a 2 horas. Agende com 2 dias de antecedência.
www.casablancavalley.cl

③ Viña Kingston
Com o nome da família norte-americana proprietária do local, a Viña Kingston é uma *bodega* contemporânea especializada em Pinot Noir, na qual o vinho é feito por métodos artesanais.

⑪ Viña Matetic
Além das degustações em um ambiente subterrâneo, a moderna Viña Matetic organiza visitas personalizadas e passeios a cavalo pelos vinhedos.

Veja hotéis e restaurantes dessa região nas pp. 277-8 e 292-4

VALE CENTRAL | **143**

⑤ Estancia El Cuadro
Esse museu do vinho instalado em uma vinícola exibe maquinários antigos. Além de degustações, oferece shows de rodeio e passeios de charrete.

④ Viña William Cole
Fundada em 1999, a vinícola William Cole é especializada em vinhos de alta qualidade. Recebe visitação e degustações, conduzidas por enólogos da região.

⑥ Viña Veramonte
As visitas a essa vinícola ampla e moderna permitem conhecer todo o processo de produção de vinho. As degustações combinam a bebida com frutas, queijos e chocolates.

Características dos Vinhos do Vale de Casablanca

Localização e Clima
O vale de Casablanca está situado no Vale Central, perto da costa do Pacífico. As influências do oceano e das correntes de Humboldt propiciam condições ideais para a produção de uvas brancas de alta qualidade.

Tipos de Uva
As uvas brancas cultivadas na região são elogiadas. A saborosa Sauvignon Blanc tem aroma de frutas cítricas e pinheiros, enquanto a Chardonnay lembra os sabores do mel e das frutas tropicais. A Pinot Noir, tinta, também tem qualidade.

Boas Safras
2003, 2004, 2007, 2008, 2010, 2013.

Legenda
- Rodovia
- Percurso sugerido
- Outra estrada

⑨ Casa del Vino
Esse restaurante contemporâneo prepara pratos regionais acompanhados de vinhos do vale.

⑦ Viña Emiliana
Essa vinícola que utiliza processos orgânicos já recebeu a visita de famosos como o príncipe Charles, da Inglaterra. Antes de provar os vinhos, o visitante saboreia as uvas.

⑩ Viña Mar
Instalada sobre uma pequena colina, a premiada Viña Mar foi erguida de forma a lembrar uma mansão veneziana. Disputada pelos visitantes, inclui um restaurante elogiado e loja de suvenires.

⑧ Viña Indómita
Uma das vinícolas mais visitadas do vale de Casablanca, a Viña Indómita ocupa uma construção em estilo mourisco e exibe uma sofisticada área de produção de vinho.

Parque de snowboard El Colorado, em meio aos Andes

⓰ Centros de Esqui La Parva, El Colorado e Valle Nevado

Mapa rodoviário B6. **Táxi** de Santiago. jun-out: 9h-17h diariam. El Colorado: 36km a leste de Santiago. **Tel** (02) 2889-9210. **w** elcolorado.cl
La Parva: 42km a leste de Santiago. **Tel** (02) 2889-9210. **w** laparva.cl
Valle Nevado: 55km a leste de Santiago. **Tel** (02) 2477-7705. **w** vallenevado.com

Instalados um ao lado do outro em um trecho central dos Andes, três grandes resorts de esqui atraem visitantes de todo o Chile e de outros países também. O mais próximo de Santiago é o **El Colorado**, que é a alternativa mais econômica. Oferece aulas e acomodações mais simples, e é disputado por iniciantes e adeptos do snowboard.

Ao norte de El Colorado está **La Parva**, ideal para passeios de um dia. É disputado pelos afortunados da capital chilena e agrada tanto a iniciantes nas pistas quanto a esquiadores experientes. Oferece aulas, restaurantes e hotéis.

Mas a maior e mais moderna estação de esqui do Chile é o **Valle Nevado**, a leste de La Parva. Nela o visitante encontra descidas de diversos níveis de dificuldade, ousados trajetos *off-piste* nas encostas dos Andes, *heli-boarding* e *heli-skiing* – tudo a 4.500m acima do nível do mar. O local também ostenta uma das maiores superfícies para esqui da América do Sul e um parque para snowboard. Na primavera, o resort sedia as provas da Nokia Snowboarding World Cup. Entre as excelentes instalações estão três hotéis e uma piscina aquecida a céu aberto. As famílias se sentem acolhidas no Valle Nevado, pois há diversão para todos – inclusive um parque na neve especial para as crianças.

⓱ Vinícolas de Pirque

Mapa rodoviário B6. de Santiago. reserve. Viña Cousiño-Macul: Avenida Quilín 7100, Peñalolén. **Tel** (02) 2351-4135. Línea 4, Estación Quilín. 11h-16h seg-sex, 11h-12h sáb-dom. **w** cousinomacul.com
Viña Concha y Toro: Avenida Virginia Subercaseaux 210, Pirque. **Tel** (02) 2476-5680 (reserve 24h antes). Línea 4, Estación Plaza de Puente Alto. 10h-17h diariam. **w** conchaytoro.com

A região de Pirque, no vale do Maipo, abriga duas das propriedades vinícolas mais antigas do Chile, ambas com programas de visitação e degustação. Fundada em 1856, a **Viña Cousiño-Macul** é a *bodega* de administração familiar mais antiga do país, o que rendeu ótimo acervo de equipamentos ao museu da vinícola. As degustações são feitas em uma adega do século XIX, iluminada por velas.

Outra vinícola da região é a **Viña Concha y Toro**, a maior do país. Fundada em 1883, destaca-se como principal exportadora de vinhos da América Latina. As visitas guiadas percorrem a propriedade, que inclui uma linda casa do século XIX, vinhas quase centenárias e a área destinada à produção.

⓲ Cajón del Maipo

Mapa Rodoviário B6. 33km a sudoeste de Santiago. de Santiago. Comercio 19788, San José del Maipo; (02) 2861-1275. **w** cajondelmaipo.com

Com rica oferta de atividades ao ar livre, o Cajón del Maipo é um disputado destino para viagens de fim de semana para quem vive em Santiago. Caminhadas, camping, mountain bike e esqui são algumas das opções, além de rafting no rio Maipo (entre setembro e abril).

Quem viaja por conta própria em geral se hospeda em **San José del Maipo**, a maior cidade da região. Fundada em 1791, San José del Maipo já é uma atração graças à concentração de casas de arquitetura rústica e sua igreja colonial.

Reserva Nacional Río Clarillo

40km a sudoeste de San José del Maipo. abr-nov: 8h30-18h diariam; dez-mar: 8h30-19h. **w** conaf.cl

Localizada a sudoeste de Cajón del Maipo, essa área de impressionante beleza natural ocupa cerca de 102km². A reserva é ideal para observação de pássaros, hiking, passeios a cavalo e rafting.

Lagunillas

17km a noroeste de San José del Maipo. **Tel** (09) 9789-7959. jun-out. **w** skilagunillas.cl

O centro de esqui de Lagunillas oferece treze pistas, que atraem iniciantes e esquiadores expe-

O rio Maipo atravessa a paisagem do Cajón del Maipo

Veja hotéis e restaurantes dessa região nas pp. 277-8 e 292-4

rientes no inverno. É um dos poucos resorts em que é possível esquiar à noite.

Santuario de la Naturaleza Cascada de las Animas

14km a sudeste de San José del Maipo; 31087 Camino al Volcán, San Alfonso. **Tel** (02) 2861-1303. cascada.net

Ao mesmo tempo um refúgio natural e destino dos adeptos de aventuras, o Santuario de la Naturaleza Cascada de las Animas protege uma área de montanhas escarpadas, rios e quedas-d'água. Visitantes em busca de adrenalina se encantam com opções como rafting no rio Maipo, caminhadas e passeios a cavalo pelos Andes ou tirolesa nos desfiladeiros de Cajón del Maipo. Para quem gosta de caminhar, há trilhas curtas, mas também trajetos de vários dias em meio às montanhas e sob orientação de guias. A trilha mais apreciada é a que leva à **Cascada de las Animas**, uma queda-d'água de 50m de altura. Os visitantes se refrescam com banhos nos lagos aos pés da cascata. Os passeios a cavalo variam de trajetos de duas horas a excursões de onze dias pela região dos lagos alpinos, no centro dos Andes, ou de catorze dias, até a Argentina.

O local oferece transporte para quem vai ou parte para Santiago, além de diversos pacotes de duração variada.

Visitantes nas Termas Valle de Colina

O hóspede pode escolher entre chalés da madeira, a pousada ou o camping.

Monumento Natural El Morado

43km a leste de San José del Maipo. out-mai: 8h30-18h diariam. cajondelmaipo.com

Reserva natural relativamente pequena, o Monumento Natural el Morado inclui o **Cerro El Morado**, de 5.060m de altura. Esse pico coberto de neve pode ser apreciado por quem faz a trilha de três horas de duração que parte da entrada do parque e segue até a **Laguna El Morado**, um lago alpino que marca o início da trilha que leva ao impressionante **Glaciar San Francisco**. Essa geleira acompanha as encostas inferiores do segundo pico mais alto do parque, o Cerro San Francisco, que mede 4.345m de altura. Ao sul desse pico fica a região de **Baños Morales**, conjunto de piscinas de águas quentes disputadas pelos moradores de Santiago nos fins de semana.

Termas Valle de Colina

60km a sudoeste de San José del Maipo. **Tel** (02) 2985-2609. out-mai: diariam. termasvalledecolina.cl

Esse resort de termas de águas quentes é bastante simples. Fica na extremidade leste de Cajón del Maipo e reúne diversas piscinas naturais de águas escuras, que borbulham e liberam vapores em plena encosta das montanhas, sob a vigilância dos picos cobertos de neve. O acesso é difícil e a estrada não permite passagem de transporte público. Em Santiago, a Expediciones Manzur (p. 328) organiza visitas ao local. É possível alugar cavalos e se aventurar até a fronteira com a Argentina, em um trajeto de seis horas.

Legenda
— Estrada secundária
- - Trilha

Legenda dos símbolos *na orelha da contracapa*

Huasos em preparação para a competição de rodeio, em Rancagua

⑲ Rancagua

Mapa rodoviário B7. 87km ao sul de Santiago. 215.000. Germán Riesgo 350; (072) 258-4258. El Campeonato de Rodeo (início abr). **w** rancagua.cl

Fundada em 1743, Rancagua situa-se em pleno coração da região dos *huasos* e destaca-se como cenário do Campeonato Nacional de Rodeo (p. 35), realizado na cidade todos os anos. Foi nela que, em 1814, aconteceu um dos episódios mais sangrentos da história do país – a batalha de Rancagua, embate entre as forças chilenas, comandadas por Bernardo O'Higgins (p. 157), e as tropas espanholas. O **Monumento a Bernardo O'Higgins** é o destaque da *plaza* central (que marca o lugar da batalha) e homenageia os soldados mortos no conflito.

Ao norte da praça ergue-se a **Iglesia de la Merced**, construída em 1778. Bernardo O'Higgins comandou as tropas do campanário, que foi recuperado em 1857. O edifício sofreu consideráveis danos no terremoto de 2010 e desde então encontra-se em restauração.

Ao sul da *plaza* localiza-se o Paseo del Estado, em uma antiga rua em estilo colonial cercada de belas construções históricas. O destaque é o **Museo Regional de Rancagua**, instalado em duas casas que remontam a 1790 e a 1800. A instituição promove interessantes exposições de arte sacra e dedicadas às tradições têxteis e de mineração do Vale Central, além de recriar uma moradia típica da época colonial. Na extremidade sul do Paseo del Estado, outra construção colonial abriga a **Casa de la Cultura** da cidade. Construída no início do século XVIII, serviu de base para as forças espanholas durante a batalha de Rancagua. Hoje, abriga um centro cultural cercado de jardins, que funciona como cenário para exposições de arte.

Museo Regional de Rancagua
Paseo del Estado 685. **Tel** (072) 222-1524. 10h-18h ter-sex, 9h-13h sáb e dom. **w** museorancagua.cl

Casa de la Cultura
Avenida Cachapoal 90. **Tel** (072) 223-8544. 8h30-13h30, 15h-17h seg-sáb.

A unidade de extração de minério de El Teniente

⑳ Valle de Cachapoal

Mapa rodoviário B7. 96km ao sul de Santiago. **Táxi** de Rancagua. **w** winesofchile.org

Situado no centro da região agrícola chilena, o Valle de Cachapoal destaca-se por produzir duas excelentes uvas vermelhas, a Cabernet Sauvignon e a elogiada Carménère (p. 287). A maioria das vinícolas do vale situa-se na extremidade leste, mais fresca, e promove visitação e degustações. A moderna **Viña Altaïr**, inaugurada em 2001, tem um sistema ousado que utiliza a gravidade em vez de bombas e organiza passeios noturnos aos vinhedos. Entre as vinícolas mais tradicionais estão a **Viña Chateau Los Boldos**, em estilo colonial espanhol.

O Valle de Cachapoal está localizado em pleno território *huaso* e algumas visitas a vinícolas podem incluir shows de rodeio e passeios a cavalo pelas montanhas. Embora seja possível explorar o vale em um dia a partir de Rancagua, quem quiser pernoitar no local encontra acomodação na Hacienda Los Lingues (p. 150), propriedade rural administrada por uma família.

㉑ Sewell

pp. 148-9.

㉒ El Teniente

Mapa rodoviário B7. 79km a sudeste de Santiago; Carretera al Cobre. **Tel** (072) 229-2000. de Santiago e Rancagua. 9h-19h30 sáb e dom; para reservar, ligue (072) 221-0290.

Maior mina subterrânea de cobre existente no mundo, El Teniente reúne aproximadamente 2.400km de túneis. Explorada desde o início do século XIX, produz cerca de 440 mil toneladas de minério de cobre por ano. Quem faz a visita guiada tem a oportunidade de percorrer o peculiar labirinto subterrâneo e apreciar o imenso maquinário usa-

VALE CENTRAL | 147

Vale da Reserva Nacional Río de los Cipreses, cercado por picos andinos

do na extração do mineral, além de apreciar a luminosa caverna de cristal descoberta pelos mineiros que escavavam o local em busca de cobre.

❷ Termas de Cauquenes

Mapa rodoviário B7. 117km ao sul de Santiago. **Tel** (09) 9930-9731. **Táxi** de Rancagua. 7h30-18h30 diariam. termasdecauquenes.cl

Instaladas nas encostas andinas a 770m de altura, as Termas de Cauquenes já acomodaram visitantes ilustres, entre eles o naturalista inglês Charles Darwin (1809-82) e o herói nacional chileno Bernardo O'Higgins. Esse histórico complexo de águas fica em meio a uma floresta de eucaliptos, e diversos passeios guiados levam até um mirante, ponto privilegiado para apreciar o voo dos condores. As termas foram construídas no século XIX em estilo neogótico e lembram uma catedral: amplas, exibem teto com pé-direito alto, vitrais nas paredes e mosaicos no chão. Em todos os ambientes há elegantes banheiras de mármore de Carrara do século XIX. Quem pernoita no local fica acomodado em um hotel em estilo colonial, construído ao redor de um pátio espanhol enfeitado com vinhas e uma elegante fonte.

Também é possível aproveitar o resort em visitas de um dia. Além das termas, o visitante pode recorrer a um dos diversos tratamentos terapêuticos. O local oferece uma piscina aquecida, um playground para crianças (aberto) e um elogiado restaurante.

Símbolo da reserva nacional

❷ Reserva Nacional Río de los Cipreses

Mapa rodoviário B7. 131km ao sul de Santiago; Camino Chacayes s/n. **Táxi** de Rancagua. **Tel** (072) 229-7505. 8h30-17h30 diariam. conaf.cl

Criada em 1985, a Reserva Nacional Río de los Cipreses se estende por uma área de mais de 367km² de paisagens andinas, com rios entre desfiladeiros e florestas de ciprestes. Na parte norte, mais disputada, há um centro administrativo que explica a fauna e a flora da região. A partir do centro, várias trilhas cruzam o belo Cajón Alto Cachapoal, de onde parte a trilha chamada **Sendero Tricahues** rumo a um ponto de observação do qual é possível apreciar grupos de *loro tricahue*, ou papagaios-da-patagônia.

Menos visitados, os setores central e sul da reserva ficam mais longe e para chegar é preciso percorrer trilhas maiores ou ir a cavalo, a partir do centro administrativo. Os trajetos acompanham o **Cajón Río Cipreses**, maior destaque da reserva. No caminho, o visitante atravessa florestas de ciprestes e avista bandos de guanacos, além de algumas inscrições rupestres que remotam ao período pré-colonial. Do vulcão Palomo, com 4.860m de altura, a vista para os Andes é belíssima.

Parte interna das Termas de Cauquenes, rica em mosaicos e vitrais

㉑ Sewell: A Cidade das Escadas

Encravada no Cerro Negro a 2.200m de altura, a Sewell, ou Cidade das Escadas, foi fundada pela americana Braden Copper Company em 1905 para acomodar os trabalhadores da mina El Teniente. Em 1960, o local abrigava uma cidade agitada, com cerca de 15 mil moradores, um banco, um tribunal, uma prefeitura, vários clubes e o hospital mais moderno do Chile. Tombada pela Unesco como patrimônio mundial, Sewell hoje não tem mais moradores, mas continua preservada e recebe muitos visitantes.

Plaza Morgan, no passado o centro comercial de Sewell

★ El Teniente Club
Antiga área de lazer para os administradores vindos dos Estados Unidos, El Teniente Club está instalado em uma construção com fachada clássica, que inclui salão de baile e piscina.

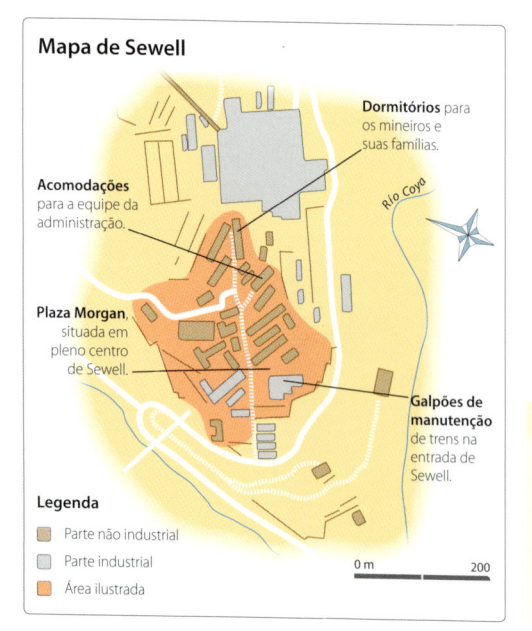

Mapa de Sewell

Dormitórios para os mineiros e suas famílias.

Acomodações para a equipe da administração.

Plaza Morgan, situada em pleno centro de Sewell.

Galpões de manutenção de trens na entrada de Sewell.

Rio Coya

Legenda
- Parte não industrial
- Parte industrial
- Área ilustrada

0 m — 200

LEGENDA
① Depósito
② Acomodação da equipe do hospital
③ Hospital
④ Banco
⑤ Lojas e padaria

Veja hotéis e restaurantes dessa região nas pp. 277-8 e 292-4

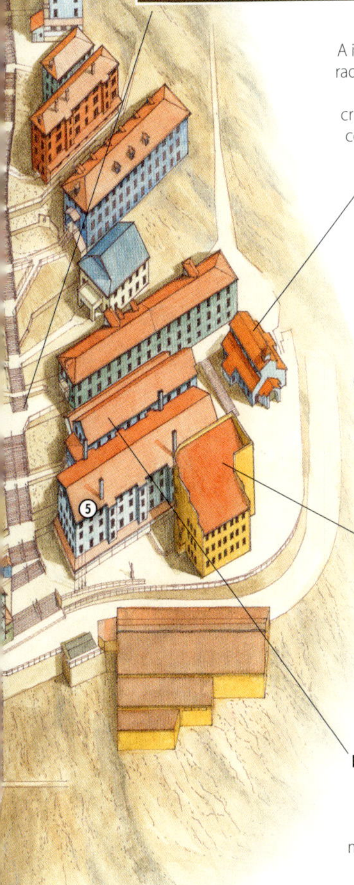

VALE CENTRAL | **149**

Escalera Central
Essa íngreme escadaria constitui a espinha dorsal da cidade abandonada de Sewell. Os caminhos e as escadas secundárias partem dela.

PREPARE-SE

Informações Práticas
B7. 75km a sudeste de Santiago; Carretera al Cobre.
w sewell.cl
Agência de viagens VTS Excursões a partir de Santiago e Rancagua.
9h-17h sáb e dom. **Tel** (072) 295-2692. **w** vts.cl

★ Iglesia de Sewell
A igreja de Sewell, restaurada, foi erguida em 1928. A imagem do Cristo na cruz sobre o altar foi feita com prata da mina de El Teniente *(pp. 146-7)*.

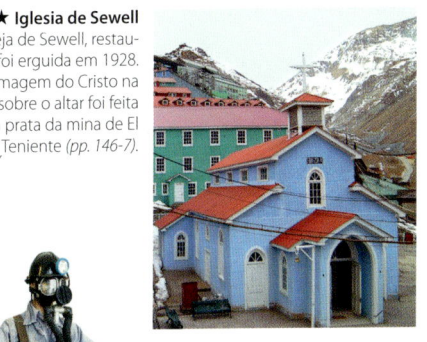

★ Museo de la Gran Minería del Cobre
Instalado na construção modernista onde antes havia uma escola industrial, o Museo de la Gran Minería del Cobre exibe peças históricas e geológicas relacionadas ao passado de Sewell.

Pista de Boliche
Essa antiga pista de boliche exibe os elementos de madeira originais.

1905 A Braden Copper Company funda a cidade

1914 Fundação da escola e de um clube

1915 O local recebe o nome do executivo Bartin Sewell

1928 Construção da igreja

1967 O governo chileno compra a maioria da empresa; a fumaça tóxica liberada das instalações expulsa moradores para Rancagua

1971 Nacionalização da mina El Teniente

1982 Só operários temporários vivem em Sewell

1998 Sewell é declarada monumento nacional

1999 Operários temporários mudam para Rancagua; Sewell recebe turistas

2006 A Unesco declara Sewell patrimônio mundial

Iglesia de Sewell

㉕ Santa Cruz

Mapa rodoviário B7. 182km a sudoeste de Santiago. 18.000.
🛈 Plaza de Armas s/n.
🎉 Fiesta de la Vendimia (mar).
🌐 portalsantacruz.cl

Uma das maiores cidades do vale de Colchagua *(pp. 152-3)*, Santa Cruz foi fundada no século XIX e preserva diversas construções coloniais, entre elas a Municipalidad (prefeitura), um edifício avermelhado decorado com arcadas. Infelizmente, o terremoto de 2010 destruiu a igreja colonial que ficava a seu lado. Mas o grande destaque de Santa Cruz é o belíssimo **Museo de Colchagua**, que reúne mais de 5 mil peças relacionadas à história do país. No acervo, objetos que pertenceram a O'Higgins e criações artísticas dos jesuítas feitas no século XVIII, além de carruagens do século XIX.

Santa Cruz é o ponto de partida para as visitas às vinícolas de Colchagua. Uma opção disputada inclui viagem em um trem da década de 1920, o **Tren del Vino**, que sai de San Fernando, no norte do vale, e chega a Santa Cruz, no sul. Dessa cidade, os visitantes seguem de ônibus para duas vinícolas da região.

🏛 Museo de Colchagua
Avenida Errázuriz 145. **Tel** (072) 282-1050. 🕒 dez-mar: 10h-19h diariam; abr-nov: 10h-18h diariam. 🎫 agendar 2 dias antes. 🌐 museocolchagua.cl

🚂 Tren del Vino
Plaza de Armas 298. **Tel** (072) 282-3199. 🕒 sáb. 🌐 rutadelvino.cl

Acervo histórico do Museo de Colchagua, em Santa Cruz

㉖ Hacienda Los Lingues

Mapa rodoviário B7. 125km ao sul de Santiago; Panamericana Sur km 124,5, San Fernando. **Tel** (02) 22431-0510.
🚕 Táxi de Santa Cruz. 🕒 diariam. 🌐 loslingues.com

Uma das propriedades rurais mais famosas do Chile, a Hacienda Los Lingues remonta ao final do século XVI, quando foi doada pelo rei Filipe III da Espanha a Melchor Jufré del Águila. Sob controle da família do nobre espanhol há mais de quatro séculos, a *hacienda* hoje é administrada pela nova geração.

Quem pernoita no local fica acomodado em luxuosas instalações coloniais, com arquitetura e mobiliário originais. Diversos retratos de família enfeitam as paredes, e a sensação de estar em um ambiente da aristocracia antiga é maior do que os ares de um hotel de luxo. Os visitantes também podem optar pela visita de um dia, mais econômica, que permite visitar a área de cultivo, os jardins, a adega, os estábulos e a capela erguida em 1790. Construídos em 1760, os estábulos acomodam puros-sangue cuja linhagem remonta à Espanha dominada pelos árabes.

㉗ Pichilemu

Mapa rodoviário B7. 259km a sudoeste de Santiago. 13.000.
🛈 Angel Gaete 365; (072) 284-1017.
🕒 qua e sáb. 🎉 Semana Pichilemina (fev). 🌐 pichilemu.cl

Capital do surfe no Vale Central, Pichilemu é o paraíso dos adeptos das pranchas e do bodyboard e também um reduto *hippie*. Já foi um resort de luxo: construído no século XX pelo empreendedor chileno Agustín Ross-Edwards, acomodou o primeiro cassino do país, mas entrou em declínio com a ascensão de Viña del Mar *(pp. 132-3)*, ao norte. Porém, ainda restam vestígios do passado aristocrático. A antiga sede do cassino foi transformada em centro cultural e nas proximidades está o Parque Ross, que inclui diversos mirantes e trilhas.

Hoje, Pichilemu é uma cidade pequena e graciosa que oferece várias praias. O trecho mais disputado é **Las Terrazas**, que concentra as escolas de surfe e, por ter ondas menores, atrai sobretudo os iniciantes no esporte. Cerca de 4km ao norte do centro está a praia de **Los Lobos**, com ondas grandes e ponto de encontro dos surfistas experientes. Parte do circuito internacional de surfe, Los Lobos tem ótima infraestrutura.

Visitantes em uma praia de areias escuras de Pichilemu

Veja hotéis e restaurantes dessa região nas pp. 277-8 e 292-4

História do Vinho no Chile

A produção vinícola chilena remonta ao século XVI, quando missionários católicos trouxeram vinhas da Espanha para produzir o vinho usado nas missas. No século XIX, a demanda pela bebida na capital do país aumentou muito, e entre as famílias da elite virou moda manter vinhedos em suas propriedades rurais. Vinhos de alta qualidade chegaram da França e estimularam a instalação das primeiras vinícolas no Chile. Na década de 1980, a liberalização da economia deu novo ânimo ao setor: produtores estrangeiros, como o espanhol Miguel Torres, no Valle de Curicó, e o francês Michel Rolland, no vale de Colchagua, construíram vinícolas ultramodernas. O Chile redescobriu a especial uva Carménère e a rota do vinho entrou na programação dos turistas que visitam o país.

As uvas eram colhidas à mão e transportadas em cestos feitos com uma madeira nativa, o *raulí*.

Os primeiros vinhedos foram plantados no Vale Central, aos pés dos Andes.

Desde o século XVI, as mulheres eram incumbidas de colher e lidar com a uva, pois as mãos femininas eram consideradas mais delicadas.

Produção de Vinho na Era Colonial

As primeiras uvas vieram da Espanha e foram plantadas nas terras doadas aos conquistadores pela coroa espanhola. Os descendentes dos primeiros imigrantes espanhóis se dedicaram a ampliar a produção de vinho.

Os antigos equipamentos de produção de vinho eram feitos de madeira e tinham operação manual.

Produção de Vinho Hoje

Após a independência, o Chile procurou inspiração na França e passou a cultivar uvas como a Merlot e a Pinot Noir, essenciais para a produção vinícola atual. O Chile foi o primeiro país do Novo Mundo, à frente da Califórnia e da Austrália, a produzir vinhos de alta qualidade.

Tanques de aço substituíram os barris de madeira na etapa da fermentação. Cada tanque tem capacidade para 48 mil litros.

Os vinhos mais caros envelhecem por dois anos em barris de carvalho especiais.

A moderna vinícola do Clos Apalta exibe um visual vertical e estruturas que perfuram o solo a uma profundidade de 35m. A tecnologia aproveita a gravidade para produzir o vinho.

Em locais altos e nas proximidades do Pacífico existem novos vinhedos, pois a região de produção vinícola vem crescendo. Os processos orgânicos também ganham espaço.

㉘ Rota do Vinho no Vale de Colchagua

Principal região produtora de vinhos no país, o vale de Colchagua começa nas encostas dos Andes e se prolonga para o oeste, rumo à costa do Pacífico. O solo fértil e as colinas suaves acomodam muitas vinícolas, quase todas abertas à visitação. Quem visita essas propriedades encontra diversos estilos arquitetônicos – de casas coloniais a estruturas ultramodernas. Uma das atrações da região é o Tren del Vino, uma locomotiva a vapor que transporta os passageiros pelas paisagens cobertas de vinhedos.

Histórico Tren del Vino, que corta o vale de Colchagua

⑧ Viña Los Vascos
Pertencente à família Rothschild, essa vinícola recebe visita de pequenos grupos. O destaque é a Cabernet Sauvignon, envelhecida em barris de carvalho francês.

⑦ Viña MontGras
Em grandioso estilo colonial, a Viña MontGras permite que os visitantes produzam e provem o próprio vinho. No início de março é celebrada a festa anual da colheita, chamada de Fiesta de la Vendimia.

Legenda
- Rodovia
- Percurso sugerido
- Estrada secundária
- Ferrovia

⑥ Santa Cruz
Instalada no centro da principal região produtora de vinho no Chile, Santa Cruz é a porta de entrada para as vinícolas de Colchagua. A cidade funciona como parada final do Tren del Vino.

Dicas para o Passeio

Início: San Fernando, 43km a leste de Santa Cruz (p. 150).
Extensão: 75km. Reserve pelo menos 2 dias.
Como chegar: a Ruta 5 liga Santiago a San Fernando, que dá acesso a Santa Cruz pela Carretera del Vino, ou I-50. Há opções de roteiro na Ruta del Vino.
🌐 rutadelvino.cl
Paradas: a Viña Lapostolle (p. 277) inclui um hotel de luxo e um restaurante sofisticado. A Viña Viu Manent também pode ser uma boa opção para almoçar.
🌐 colchaguavalley.cl

Região Vinícola Premiada

Graças ao ótimo *terroir*, à localização ideal, às excelentes condições climáticas e à tecnologia avançada, o vale de Colchagua produz mais vinhos de alta qualidade do que as demais regiões do Chile. Desde 2000, o vale ganhou muitos prêmios.
- Viña Casa Silva – Melhor produtor sul-americano, de acordo com a Wine & Spirit Competition, 2000.
- Viña MontGras – Melhor produtor chileno de vinhos segundo a International Wine & Spirit Competition, 2002.
- Em 2005, a publicação *Wine Enthusiast* declarou o vale de Colchagua a melhor região produtora de vinhos do mundo.
- Em 2008, a revista *Wine Spectator* apontou o vinho Clos Apalta, da Viña Lapostolle, como o melhor do mundo.

Vinhos do vale de Colchagua

Veja hotéis e restaurantes dessa região nas pp. 277-8 e 292-4

VALE CENTRAL | 153

Características dos Vinhos do Vale de Colchagua

Localização e Clima
Situado no fértil Vale Central do Chile, o vale de Colchagua desfruta de condições climáticas similares às das regiões mediterrâneas, com verões quentes e secos e invernos chuvosos e frios.

Tipos de Uva
Entre as variedades plantadas no vale estão a "prata da casa" Cabernet Sauvignon, ao lado de outras estrelas como Syrah, Merlot, Carménère e Malbec. Os longos verões permitem o desenvolvimento dos aromas que lembram frutas vermelhas e especiarias. Viognier, a única uva branca produzida na área, tem doce aroma floral.

Boas Safras
(tintos) 1995, 1997, 2002, 2005, 2007, 2009, 2010.

① Viña Casa Silva
Vinícola mais antiga de Colchagua, a Viña Casa Silva é administrada por uma família e ocupa uma construção em estilo colonial. As visitas incluem degustações em uma adega centenária, passeios de charrete pelos vinhedos e rodeios.

④ Viña Montes
Projetada de acordo com os princípios do feng shui, essa vinícola produz apenas vinhos premiados. As visitas são feitas em um veículo puxado por trator e propiciam linda vista.

② Viña Viu Manent
Fundada em 1935, essa vinícola ocupa uma *hacienda* em estilo espanhol. Oferece passeios de charrete pelos vinhedos e uma ótima loja de produtos artesanais.

⑤ Viña Lapostolle
Exemplo de vinícola sofisticada, a Viña Lapostolle conta com uma estrutura que usa a força da gravidade para chegar a seis andares abaixo do nível do solo. Os vinhedos orgânicos do local dão origem ao premiado vinho Clos Apalta.

③ Viña Las Niñas
Menor vinícola de Colchagua, a Viña Las Niñas vem sendo administrada por três gerações de mulheres de uma família francesa. Proporciona local para piquenique e caminhadas entre os vinhedos.

Margens verdejantes e encostas que cercam o lago Vichuquén

㉙ Valle de Curicó

Mapa rodoviário B7. 60km ao sul de Santa Cruz; Curicó. de Santiago. de Santa Cruz.

Uma das áreas produtoras de vinho menos visitadas no centro do Chile, o Valle de Curicó oferece atrativos que costumam agradar: visitas mais tranquilas e guiadas por especialistas. Curicó produz ótimos vinhos brancos, sobretudo com Sauvignon Blanc, mas também cultiva vinhas de Cabernet Sauvignon tintas – algumas com mais de 80 anos. Entre as vinícolas da região estão a espanhola Miguel Torres, que inclui um restaurante elogiado. Quem recorre à **Ruta del Vino Curicó** pode escolher o roteiro convencional ou criar um trajeto de acordo com a preferência.

Ruta del Vino Curicó
Prat 301-A, Curicó. **Tel** (075) 232-8972.
9h-14h e 15h30-19h30 seg.-sex.
rutadelvinocurico.cl

㉚ Lago Vichuquén

Mapa rodoviário B7. 96km a sudoeste de Santa Cruz. de Curicó. Manuel Rodríguez 315, Vichuquén; (075) 240-0516.
turismovichuquen.cl

O lago Vichuquén é o mais belo do Vale Central chileno, com águas de tonalidade azul intensa que contrastam com a paisagem de encostas verdes. As imediações reúnem rica fauna e flora, com várias espécies de cisnes e patos.

No período colonial, o local tinha fama de ponto de encontro de bruxas, mas hoje reúne adeptos do windsurfe, ciclismo, esqui aquático e amantes da natureza.

Cerca de 7km a leste situa-se o povoado histórico de Vichuquén, fundado pelos espanhóis em 1585 no local onde havia uma antiga colônia inca. Ainda hoje é possível apreciar o emaranhado de ruelas coloniais, cercadas de laranjeiras e de casas rústicas. Alguns objetos do período inca e da colônia espanhola estão expostos no pequeno **Museo Histórico de Vichuquén**, entre eles uma múmia de 3 mil anos. Tanto Vichuquén como o lago podem ser incluídos no roteiro de visitação às vinícolas do Valle de Curicó.

Museo Histórico de Vichuquén
Rodríguez s/n. 10h-13h e 16h-20h ter.-dom.

Salto de la Novia, no Parque Nacional Radal Siete Tazas

㉛ Parque Nacional Radal Siete Tazas

Mapa rodoviário B7. 125km a sudeste de Santa Cruz. de Curicó, baldeação em Molina. dez-mar: 8h-19h30 diariam.; abr-nov: 8h30-17h30 diariam. de Curicó.
conaf.cl

Esse pequeno parque nacional deve seu nome ao elemento natural de maior destaque ali, uma formação conhecida como **Siete Tazas**. Situada na parte oeste do parque, essas sete cavidades na rocha são consequência da erosão do rio Claro, que forma uma pequena garganta nessa área. Nas proximidades existem duas quedas-d'água de grande beleza: **Salto de la Novia**, com 40m de altura, e **Salto de la Leona**, com 25m. A trilha que liga Salto de la Leona às Siete Tazas permite apreciar tanto trechos da vegetação que caracteriza o Vale Central como partes da floresta temperada, na Região dos Lagos, mais ao sul. Perto das *tazas*, o Sector Parque Inglés oferece trilhas, passeios a cavalo e áreas para mountain bike. Quem percorre o **Sendero El Bolsón** caminha por um dia inteiro. Adeptos do caiaque também procuram o parque.

㉜ Vinícolas de Maule

Mapa rodoviário B7. 76km ao sul de Santa Cruz.

Apesar de não ter uma rota vinícola estabelecida, Maule é uma das melhores regiões produtoras de vinho do Chile, com várias *bodegas* abertas aos visitantes.

A área ao redor da cidade de Talca é famosa pelos tintos, mas alguns brancos refrescantes também são produzidos ali. Ao sul da rodovia internacional que leva à Argentina, a Viña Corral Victoria não oferece visitas, mas seu restaurante serve o Carmènère da casa – o único vinho que a vinícola produz – e uma seleção de outros rótulos de Maule. O estabelecimento tem como foco

Veja hotéis e restaurantes dessa região nas pp. 277-8 e 292-4

pratos tradicionais chilenos e abre só para o almoço.

Apenas 15km ao sul de Talca, a cidade de San Javier abriga a Viña Balduzzi, uma vinícola de gestão familiar que recebe com cordialidade quem deseja conhecer o local e degustar os vinhos. Eles produzem uma variedade de tintos e brancos, inclusive um maravilhoso Sauvignon Blanc, mas os melhores rótulos são os cortes de Cabernet. A oeste de San Javier, na rodovia para Constitución, a Gillmore Winery é especializada em tintos de Cabernet Sauvignon, Cabernet Franc e Merlot, além de blends. Está aberta para visitação e degustações, mas ligue antes, mesmo que em cima da hora. A vinícola dispõe também de pousada e restaurante próprios.

Piscina no spa-resort Termas de Panimávida

Viña Corral Victoria
Km 11, Camino San Clemente, Talca. **Tel** (071) 262-1404.
w corralvictoria.cl

Viña Balduzzi
Avenida Balmaceda 1189, San Javier. **Tel** (073) 232-2138.
9h30-17h30 seg-sáb.
w balduzzi.com

Gillmore Winery
Camino a Constitución Km 20. **Tel** (073) 197-5539.
10h-12h, 13h-17h seg-sáb.
w gillmore.cl

❸ Reserva Nacional Altos de Lircay

Mapa rodoviário B7. 67km a leste de Talca; Ruta Internacional Pehuenche, Cruce Vilches Alto. de Talca.
dez-mar: 8h30-13h e 14h-19h30 diariam; abr-nov: 8h30-13h e 14h-18h diariam.
w conaf.cl

Em meio a uma área coberta de faias e cortada por desfiladeiros que margeiam rios, a Reserva Nacional Altos de Lircay permite a prática de atividades como mountain bike, caminhadas e passeios a cavalo. Do centro administrativo, na entrada do parque, saem diversas trilhas, nas quais o visitante pode apreciar pássaros como o condor e, nas florestas, o *loro tricahue* (papagaio-da-patagônia) e o pica-pau-de-magalhães.

As duas trilhas mais disputadas também saem da entrada do parque. O **Sendero Laguna del Alto** é um trajeto de nove horas de dificuldade média, que corta as florestas de faia rumo à Laguna del Alto, encravada no meio das montanhas. O **Sendero Enladrillado** exige uma caminhada de dez horas, também de dificuldade média. A subida pelos bosques nativos leva os caminhantes até o Enladrillado, uma plataforma de 2.300m de altura formada por basalto hexagonal. Excelente ponto de observação da paisagem, permite apreciar o desfiladeiro e oferece vista de 360° para uma área que inclui os picos de três vulcões – Cerro Azul, Quizapú e Descabezado Grande, que deve o nome ao formato "sem cabeça". Para chegar ao alto, é preciso andar por cinco dias. Agências como a Trekking Chile *(p. 311)* organizam esses trajetos.

❹ Termas de Panimávida

Mapa rodoviário B7. 88km a sudeste de Talca; Panimávida s/n, Linares. **Tel** (073) 221-1743. de Linares.
9h-21h diariam.
w termasdepanimavida.cl

Instalada nas áreas de pasto nas encostas dos Andes, o spa-resort de Termas de Panimávida ocupa uma antiga construção em estilo colonial cercado por jardins com estátuas. Oferece termas cobertas e abertas, com águas com temperaturas entre 36 e 40°C, além de piscinas para crianças. Entre os tratamentos terapêuticos disponíveis estão massagens, saunas e banhos de ervas e de lama.

A cerca de 5km ao sul, as **Termas de Quinamávida** também proporcionam uma estrutura similar, além de terapias como banhos com essência de cactos. O resort fica bem perto das montanhas e ocupa uma moderna construção cor de mel, cercada por florestas de eucaliptos e de pinheiros.

Termas de Quinamávida
Camino Linares-Colbún Km 16. **Tel** (073) 262-7100.
8h-13h e 15h-20h diariam.
w termasdequinamavida.cl

Vulcões Quizapú e Descabezado Grande, na Reserva Nacional Altos de Lircay

Barracas de frutas e legumes do Mercado Chillán

⑤ Chillán

Mapa rodoviário D1. 405km ao sul de Santiago. 🚗 160.000. 🚌
ℹ️ 18 de Septiembre 455; (042) 222-3272. 🎉 Conmemoración Natalicio Bernardo O'Higgins (ago).
🌐 municipalidadchillan.cl

Cidade natal do fundador do Chile, Bernardo O'Higgins, Chillán abriga uma praça central situada em frente a uma catedral modernista, que se apoia em onze imensos arcos de concreto. Construída após o terremoto de 1939, a catedral conta com uma parte interna que lembra um túnel. Sobre o altar, uma cruz de madeira extraída dos restos do terremoto exibe uma imagem de Cristo trazida da Itália.

Também chama a atenção a **Escuela de México**, escola primária que abriga dois enormes murais pintados em 1941-42 pelos artistas mexicanos David Alfara Siqueiros e Xavier Guerrero. A obra de Siqueiros *Morte ao invasor* combina os estilos cubista e impressionista e representa a luta pela independência dos povos mexicano e chileno. Mais realista, o painel *De Mexico a Chile*, de Guerrero, retrata, entre outras imagens, uma cena de uma mexicana que tira um bebê das pedras.

O **Mercado Chillán** encanta quem gosta de alimentos e abriga barracas que preparam especialidades regionais.

🏫 Escuela de México
Ave. O'Higgins 250. **Tel** (042) 221-2012. 🕐 10h-13h e 15h-18h seg-sex, 10h-18h sáb e dom. 🎟️

🛒 Mercado Chillán
5 de Abril, Isabel Riquelme, esq. El Roble. 🕐 8h-20h seg-sex, 8h-17h sáb, 8h-14h sáb. ♿

⑥ Nevados de Chillán

Mapa rodoviário E1. 82km a leste de Chillán. **Tel** (02) 220-6100. **Táxi** de Chillán. 🕐 diariam. 🎿 ⛷️ 🏨 🏠
🏔️ ⛰️ 🌐 termaschillan.cl

Esse resort aberto o ano todo é famoso pela estrutura para a prática de esqui, mas também inclui um sofisticado conjunto de termas. A parte dedicada ao esqui fica nas encostas do vulcão Chillán e oferece 29 pistas, entre elas a mais extensa da América do Sul. Adeptos do esqui *off-piste* gostam do que encontram ali. O complexo do spa inclui termas e fontes de águas quentes, que partem de fissuras geotérmicas. Entre os tratamentos oferecidos o visitante encontra massagens, banhos de lama e hidroterapia. Há vários hotéis, inclusive o Hotel Nevados de Chillán, na área para esqui, e o sofisticado Gran Hotel Termas de Chillán.

⑦ Concepción

Mapa rodoviário D1. 518km a sudoeste de Santiago. 🚗 224.000.
✈️ 🚌 🚆 ℹ️ Aníbal Pinto 460; (041) 274-1337. 🎉 Aniversario de Concepción (meados nov).
🌐 concepcion.cl

Animada cidade universitária, Concepción foi fundada em 1550 para proteger as margens do rio Bío-Bío. Na era colonial, era a porta de entrada para as incursões espanholas de extermínio dos mapuches, instalados ao sul do rio.

Terremoto de 2010

Nas primeiras horas do dia 27 de fevereiro de 2010, um terremoto com intensidade 8,8 na escala Richter atingiu a área central do Chile e destruiu casas, prédios e estradas. O epicentro foi em Concepción, uma das cidades de maior densidade populacional no país. As cidades vizinhas foram bastante afetadas, mas os estragos chegaram até a capital chilena, a 518km de distância. No total, mais de 500 mil casas foram destruídas ou seriamente prejudicadas, e estima-se que 500 pessoas morreram. Os trabalhos de reconstrução têm sido irregulares, mais atrasados em algumas localidades.

Boa parte da herança arquitetônica de Concepción foi destruída no século XIX por terremotos e tsunamis. O maior destaque histórico é o **Mural Historia de Concepción**, um painel com 280m² instalado na sede do governo, o Edifício Gobierno Regional. Pintada em 1945 em estilo sociorrealista pelo artista chileno Gregorio de la Fuente, a obra é uma impressionante descrição visual da turbulenta história da região desde o período pré-hispânico.

Situada em frente ao Edifício Gobierno Regional, a **Plaza España** concentra os restaurantes e bares da cidade. Ao norte, a **Plaza Independencia** marca o local histórico no qual Bernardo O'Higgins declarou a independência do Chile, em 1818 *(p. 48)*.

Detalhe do Mural Historia de Concepción, Edifício Gobierno Regional

Veja hotéis e restaurantes dessa região nas pp. 277-8 e 292-4

VALE CENTRAL | 157

❸ Tomé

Mapa rodoviário D1. 472km a sudoeste de Santiago. 52.000. *Municipalidad*, Mariano Egaña 1115; (041) 240-6410. La Semana de Tomé (início fev). **w** tome.cl

Calma cidade praiana, Tomé foi fundada em 1875 para funcionar como porto de embarque do vinho e do milho produzidos no Vale Central. Mais tarde, tornou-se o principal local de exportação de tecidos. As praias de areia ainda atraem muitos visitantes, mas um terremoto seguido de tsunami em 2010 causaram sérios danos ao balneário. Situado a quatro quadras do centro, **El Morro** é o trecho mais disputado. A **Playa Bellavista**, procurada por famílias e com vários restaurantes, também está próxima do centro. A 5km ao norte do centro, a **Playa Cocholgüe** oferece dunas e ondas para os surfistas.

Bela queda-d'água de Salto de Laja

Visitantes em uma praia da cidade litorânea de Tomé

❸ Lota

Mapa rodoviário D1. 537km a sudoeste de Santiago. 49.000. *Municipalidad*, P. Aguirre Cerda 200; (041) 287-0682. minas. **w** lotasorprendente.cl

Durante 150 anos, Lota esteve no centro da exploração de carvão nessa região do país. As minas pertenciam à família Cousiño, que inspecionava tudo de uma mansão erguida na cidade. Em 1960 um terremoto destruiu a residência, mas seus jardins, instalados em um promontório diante do oceano, ainda podem ser visitados. Na entrada, o **Museo Histórico de Lota** abriga um acervo relacionado sobretudo à trajetória da família Cousiño. Uma extensa avenida, ladeada por casas de madeira, faz a ligação entre os jardins e as minas. Fechadas em 1997, as minas podem ser visitadas por grupos de turistas, mas é preciso agendar o passeio no museu. Ex-trabalhadores atuam como guias.

Museo Histórico de Lota
Avenida El Morro s/n, Lota Alto.
Tel (041) 287-0934. diariam.
w lotasorprendente.cl

❹ Saltos del Laja

Mapa rodoviário D1. 480km a sudoeste de Santiago. de Concepción. diariam.

Considerados verdadeiras maravilhas naturais instaladas na parte sul do Vale Central, os Saltos de Laja são quatro quedas-d'água que mergulham sobre um desfiladeiro cercado de florestas. Há trilhas tanto no alto como nos pés das cachoeiras. Com 51m de altura, a **Salto del Laja** é a maior delas. Nos arredores, o visitante encontra hotéis e campings.

❹ Parque Nacional Laguna del Laja

Mapa rodoviário E1. 561km ao sul de Santiago. dez-abr: 8h30-20h diariam; mai-nov: 8h30-18h30 diariam. **w** conaf.cl

Esse parque compacto protege a concentração de araucárias e ciprestes situada mais ao norte no Chile. O grande destaque é o vulcão Antuco, com 2.979m de altura. Para chegar ao topo, é preciso enfrentar uma caminhada de oito horas, mas a trilha oferece linda vista da Sierra Velluda, próxima aos limites do parque. Entre junho e outubro, as encostas do vulcão acomodam uma estação de esqui. Lago homônimo do parque, a **Laguna del Laja** surgiu em 1752 a partir da erupção de um vulcão, e algumas trilhas de fácil acesso passam por ele e por duas cachoeiras: **Saltos las Chicas** e **Saltos del Torbellino**. Quem percorre a trilha encontra uma variada fauna: o parque abriga mais de 50 espécies de aves, entre elas o condor-andino.

Bernardo O'Higgins

Bernardo O'Higgins (1778-1842) nasceu em Chillán, filho ilegítimo de Ambrosio O'Higgins, integrante do exército espanhol, e de uma moça da região. Ambrosio chegou ao posto de vice-rei do Peru, posição mais importante do Império Espanhol, e Bernardo foi educado na Europa, onde teve contato com ideias liberais e planos para a libertação da América Latina do controle espanhol. Em 1814, O'Higgins comandou a luta separatista do Chile e tornou-se líder do país após a independência (pp. 47-8).

Estátua de O'Higgins

Artesanato Regional

A tradição artesanal do Vale Central, sobretudo a produção de entalhes de madeira, tecidos, objetos de cerâmica e cestaria, remonta ao período pré-colombiano. As peças de ótima qualidade podem ser encontradas nas feiras e mercados de toda a região e nos pequenos vilarejos, cada um famoso por um tipo específico de criação. Pomaire, por exemplo, é conhecida pela produção cerâmica, enquanto Chimbarongo se destaca pela cestaria. Quem visita essas pequenas cidades encontra barracas de ruas e ateliês, nos quais hábeis produtores criam suas peças. Vários artesãos do Vale Central fazem parte de uma cooperativa chamada Artesanías de Chile.

Objetos artesanais expostos em uma barraca de Chillán

Cerâmica

As pequenas cidades próximas a Santiago, no Vale Central, têm uma longa tradição de produção de cerâmica. Talagante se destaca pela porcelana, enquanto Pomaire, 50km a sudoeste de Santiago, dedica-se à produção de cerâmica vermelha, feita com a argila extraída das colinas que cercam o vilarejo. Na rua principal, o visitante encontra diversas lojas de peças de cerâmica e alguns ateliês.

Potes de cerâmica em uma loja de Pomaire

Esse *metawe* (jarro) tem uma forma que lembra um pato e ilustra a tradição mapuche de usar a cerâmica para fins ritualísticos. Para esse grupo indígena, a ave representa a fertilidade feminina e o *metawe* é usado em diversos ritos de passagem.

A Cerámica Artesanal de Los Andes é a criação de cerâmica original dos Andes. Em geral, as peças retratam imagens do vale do Aconcágua, como vinhedos, ou temas mais amplos, como os rodeios ou as *haciendas*. Os artesãos moldam as peças à mão em ateliês como o CALA *(p. 302)*.

Peça de cerâmica com decoração natalina

Imagem de cerâmica de uma camponesa

As peças cerâmicas de Talagante em geral são miniaturas de porcelana que retratam a vida cotidiana no Chile. Os artesãos da pequena cidade, situada 43km a sudoeste de Santiago, confeccionam essas imagens à mão e mantêm viva uma tradição iniciada por duas irmãs que viveram na região no início do século XX.

Crina de Cavalo

Os hábeis artesãos do Vale Central chileno confeccionam pequenas peças coloridas usando crina de cavalo, chamada de crin. Entre as peças mais comuns estão pequenas bonecas, bruxas, borboletas, pássaros e o casal de huaso e huasa. As peças de crin podem ser encontradas por todo o Vale Central, em especial na região de Maule.

As pequenas imagens femininas são muito apreciadas.

Coloridas borboletas estão entre as criações feitas com essa técnica, em geral caracterizadas por bela combinação de tons.

Tecidos

As mulheres mapuche usam a lã de lhama ou de ovelha (ou ainda de alpaca, mais cara) para confeccionar ponchos, mantas, tapetes e xales. A padronagem elaborada e colorida é feita com o uso de corantes naturais.

O poncho, ou *chamanto*, é uma peça retangular com uma abertura para a cabeça, usada pelos chilenos desde os tempos pré-colombianos. Hoje, faz parte da indumentária tradicional dos *huasos*, exibida sobretudo nos rodeios.

Mantas coloridas com padrões abstratos

Objetos de Palha

Os artesãos usam palha e junco para confeccionar cestas, móveis, objetos decorativos e chapéus. Um dos elementos mais usados são as fibras de salgueiro, primeiro mergulhadas em água para se soltar das cascas e depois deixadas para secar.

Os chapéus feitos de palha fazem parte do figurino típico dos *huasos*. As abas largas garantem proteção do sol nas amplas planícies do país. Os chapéus não podem faltar nos trajes usados nas festividades.

As lojas de Chimbarongo, a 153km ao sul de Santiago, exibem as belas cestas produzidas na região.

Madeira

Para os mapuches, o trabalho em madeira constitui uma parte central da cultura do grupo. Os artesãos usam técnicas ancestrais para entalhar e enfeitar objetos decorativos ou utilitários. As peças são feitas com madeira das florestas locais, como raulí, pellín e coigüe. As ferramentas em geral deixam uma marca característica nas peças.

Recipiente de madeira feito pelos mapuches

Talheres de madeira entalhada

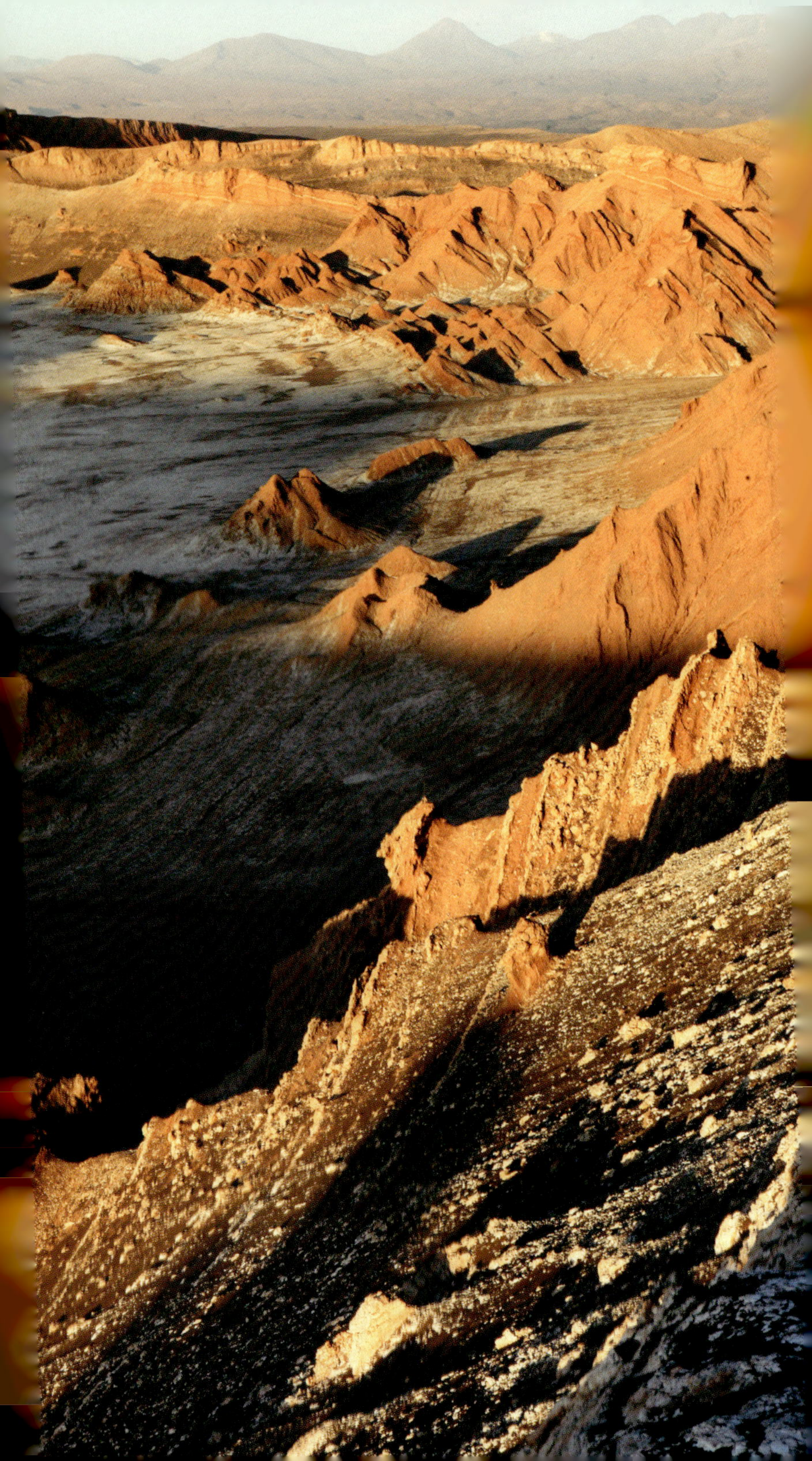

NORTE GRANDE E NORTE CHICO

O norte acomoda a ampla região desértica do Chile – uma impressionante paisagem de dunas de areia, terra de tons ocres e paredões de areia branca. A terra se eleva do nível do mar rumo ao árido altiplano, refúgio de camelídeos e flamingos e marcado por vulcões que cercam lagos de azul intenso. O litoral abriga pequenas cidades e no deserto situam-se povoados indígenas.

A paisagem monótona do Deserto de Atacama cobre boa parte do Norte Grande e do semiárido Norte Chico. No passado, essa região era ocupada pelos povos diaguitas, aimarás e molle, importantes sociedades pré-hispânicas subjugadas pelos Impérios Tiwanaku (500-1000 a.C.) e Inca (1450-1540). Esse último foi derrotado pelos conquistadores espanhóis, que dizimaram os povos nativos em busca dos recursos do deserto – especialmente de ouro, símbolo de riqueza entre os povos pré-hispânicos. Algumas cidades da região, como La Serena, tornaram-se alvo de piratas, sedentos por prata. Mesmo depois da independência do país, o Chile enfrentou várias guerras ocasionadas pelas riquezas minerais do deserto *(p. 49)*.

Hoje, a exploração mineral da região do Atacama constitui a base da economia chilena, e diversas cidades portuárias se desenvolveram graças a essa atividade. No entanto, a região norte abriga vilarejos que exibem belos mercados de produtos artesanais, nos quais ainda se fala o idioma quéchua, bandos de lhama pastam nos altiplanos e as festividades lembram a cultura inca.

Quem explora a área encontra desde locais isolados em grandes altitudes marcados por belos lagos até a paisagem lunar dos vales, além de fontes de água quente e lagos salgados. Alguns locais exibem fortalezas de pedra e registros rupestres. Na região costeira, os destaques são as antigas cidades com belas praias e arquitetura preciosa.

Bando de flamingos-andinos na Laguna Chaxa

◀ A paisagem inóspita do Valle de la Luna, no Deserto de Atacama

Como Explorar o Norte Grande e o Norte Chico

Extremidade setentrional no país, o Norte Grande é uma região desértica. O "vilarejo-oásis" de San Pedro de Atacama funciona como porta de entrada para o impressionante Salar de Atacama e para as ruínas incas da Aldea de Tulor. Na parte litorânea situam-se cidades grandes como Arica, famosa pelos mercados coloridos e pela cultura *mestiza*, a antiga capital mineral de Iquique e a histórica de Antofagasta. A uma curta distância dessas cidades estão os imensos petróglifos (registros em pedra) de Cerro Pintados e o famoso telescópio que atrai muitos visitantes ao observatório de Cerro Paranal. Ao sul do rio Copiapó, a paisagem do Norte Chico tem como destaque a bela cidade de Ovalle e as destilarias de *pisco*. A cidade colonial de La Serena marca a fronteira sul.

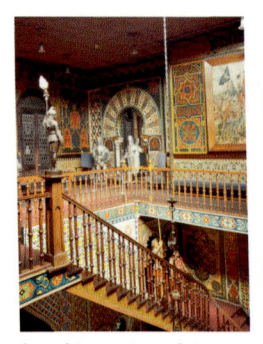

Características mouriscas no Casino Español, Iquique

Principais Atrações

Cidades e Vilarejos
- ❶ *Arica pp. 164-5*
- ❸ Putre
- ❻ *Iquique pp. 170-1*
- ⓫ Pica
- ❿ La Tirana
- ⓭ Calama
- ⓯ Chiu-Chiu
- ⓱ Caspana
- ⓳ San Pedro de Atacama
- ㉖ Antofagasta
- ㉙ Copiapó
- ㉚ Caldera
- ㉞ *La Serena pp. 184-5*
- ㉟ Vicuña
- ㊲ Montegrande
- ㊳ Pisco Elqui
- ㊴ Ovalle

Resorts e Spas
- ⓴ Baños de Puritama
- ㊷ Termas de Socos

Parques Nacionais, Reservas e Monumentos Naturais
- ❹ *Parque Nacional Lauca pp. 168-9*
- ❺ Reserva Nacional Las Vicuñas
- ❽ Parque Nacional Volcán Isluga
- ㉛ Parque Nacional Pan de Azúcar
- ㉜ Parque Nacional Nevado Tres Cruces
- ㊵ Monumento Natural Pichasca
- ㊶ Monumento Nacional Valle del Encanto
- ㊸ Parque Nacional Bosque Fray Jorge

Áreas de Beleza Natural
- ㉒ Salar de Tara
- ㉓ Salar de Atacama
- ㉔ Valle de la Luna
- ㉕ Valle de la Muerte
- ㉝ Laguna Verde

Ruínas e Sítios Arqueológicos
- ❼ Humberstone e Santa Laura
- ⓬ Cerro Pintados
- ⓰ Pukará de Lasana
- ㉑ Aldea de Tulor

Locais de Interesse
- ❷ Iglesia de San Gerónimo de Poconchile
- ❾ Termas de Mamiña
- ⓮ Chuquicamata
- ⓲ Gêiseres de Tatio
- ㉗ La Portada
- ㉘ Observatório de Cerro Paranal
- ㊱ Observatório de Cerro Mamalluca

Arco de La Portada, costa de Antofagasta

Legenda
- Rodovia
- Estrada principal
- Estrada secundária
- Estrada secundária sem asfalto
- Ferrovia secundária
- Divisa regional
- Fronteira internacional
- ▲ Pico

Veja hotéis e restaurantes dessa região nas pp. 277-8 e 292-4

NORTE GRANDE E NORTE CHICO | 163

- **1** ARICA
- **2** IGLESIA DE SAN GERÓNIMO DE POCONCHILE
- **3** PUTRE
- **4** PARQUE NACIONAL LAUCA
- **5** RESERVA NACIONAL LAS VICUÑAS
- **6** IQUIQUE
- **7** HUMBERSTONE E SANTA LAURA
- **8** PARQUE NACIONAL VOLCÁN ISLUGA
- **9** TERMAS DE MAMIÑA
- **10** LA TIRANA
- **11** PICA
- **12** CERRO PINTADOS
- **13** CALAMA
- **14** CHUQUICAMATA
- **15** CHIU-CHIU
- **16** PUKARÁ DE LASANA
- **17** CASPANA
- **18** GÊISERES DE TATIO
- **19** SAN PEDRO DE ATACAMA
- **20** BAÑOS DE PURITAMA
- **21** VALLE DE LA MUERTE
- **22** SALAR DE TARA
- **23** SALAR DE ATACAMA
- **24** VALLE DE LA LUNA
- **25** ALDEA TULOR
- **26** ANTOFAGASTA
- **27** LA PORTADA
- **28** OBSERVATÓRIO DE CERRO PARANAL
- **29** COPIAPÓ
- **30** CALDERA
- **31** PARQUE NACIONAL PAN DE AZÚCAR
- **32** PARQUE NACIONAL NEVADO DE TRES CRUCES
- **33** LAGUNA VERDE
- **34** LA SERENA
- **35** VICUÑA
- **36** OBSERVATÓRIO DE CERRO MAMALLUCA
- **37** MONTEGRANDE
- **38** PISCO ELQUI
- **39** OVALLE
- **40** MONUMENTO NATURAL PICHASCA
- **41** MONUMENTO NACIONAL VALLE DEL ENCANTO
- **42** TERMAS DE SOCOS
- **43** PARQUE NACIONAL BOSQUE FRAY JORGE

Como Circular

Os aeroportos internacionais de Arica, Iquique e Antofagasta oferecem voos diretos para Santiago e algumas linhas regionais. Voos nacionais pousam em Calama, Copiapó e La Serena. Linhas de ônibus percorrem a Ruta 5, mais conhecida como rodovia Pan-Americana, que liga as principais cidades e vilarejos da região. Para visitar áreas remotas no deserto e no altiplano, entre elas parques nacionais e sítios arqueológicos, é preciso procurar uma agência de viagens *(pp. 306-11)* ou alugar um veículo 4x4.

Legenda dos símbolos *na orelha da contracapa*

❶ Arica

A cidade costeira de Arica oferece praças cercadas de palmeiras e um adorável sabor nativo, decorrência da forte presença mestiça e de ascendência aimará e quéchua na população. Até a Guerra do Pacífico (1879-83) a cidade pertencia ao Peru, e algumas construções dessa época, inclusive obras de Gustave Eiffel, ainda podem ser vistas. O artesanato indígena e os mercados dão um colorido especial à paisagem, que conta com amplas praias e diversos destaques arqueológicos. Arica funciona como ponto de partida para quem segue para o altiplano chileno, para o Valle Azapa e para o Parque Nacional Lauca.

Fachada decorada na Catedral de San Marcos, Arica

Morro de Arica
Camino Al Morro, que sai da Colón. 8h-20h diariam. Museu Histórico y de Armas: a pedido; em espanhol.

Esse rochedo com 110m de altura parece vigiar o centro da cidade e marca o final da cordilheira costeira do Chile. Sua localização é um ponto de referência nacional, pois foi ali que, em 1880, as tropas chilenas atacaram as fortalezas peruanas e ganharam a posse de Arica, na Guerra do Pacífico.

No alto, o **Museo Histórico y de Armas** reúne objetos relacionados à guerra e outros tesouros. Um monumento aos soldados desconhecidos do Chile e do Peru e um Cristo de bronze de 10m, instalado para celebrar a paz entre os dois países, adornam o topo.

Museo de Sitio Colón 10
Avenida Colón 10. Tel (058) 220-5041. 10h-18h ter-sáb.
momiaschinchorro.cl

Em 2004, durante escavações para um projeto residencial, operários encontraram uma grande quantidade de múmias e esqueletos da cultura pré-colombiana dos chinchorros. Como já existem muitos achados similares expostos no museu de Azapa, os arqueólogos decidiram deixar as múmias no próprio local, na encosta logo abaixo do morro de Arica, onde compõem uma visão indescritível.

Catedral de San Marcos
San Marcos 260. 9h-14h e 18h-20h diariam.

Construída pelo engenheiro francês Gustave Eiffel, a catedral de Arica, em estilo neogótico, foi pré-fabricada na França e montada em Arica em 1876. A fachada destaca-se na paisagem, enquanto na parte interna as atenções se voltam para o delicado rendilhado que apoia as colunas da catedral – um recurso que Eiffel usou para substituir os arcobotantes comuns nas igrejas góticas. O sino perto da entrada data de 1729 e pertencia à basílica que existia antes no local. Sobre o altar, há uma escultura de Cristo do século XVII.

Ex-Aduana
Manuel González. Tel (058) 206-366. para restauração.

Outro edifício projetado por Gustav Eiffel, a antiga sede da alfândega (chamada de Casa de la Cultura) foi construída na França e montada em Arica em 1874.

Feita com tijolos, exibe uma fachada com faixas rosadas e brancas. A parte interna, com pilares de ferro e uma escadaria em espiral, abriga exposições de arte. Fotografias antigas mostram a cidade em outros tempos, com grupos de pinguins no Morro de Arica.

Terminal Pesquero
Av. Comandante San Martín. 17h-20h diariam. (passeios de barco).

Em plena área portuária de Arica, o Terminal Pesquero oferece uma experiência peculiar. Aves aquáticas e leões-marinhos disputam alimento enquanto os pescadores limpam os peixes recém-pescados. Os barcos que fazem passeios partem desse local.

Praias

Arica conta com quatro praias principais. Ao sul do centro estão a **Playa El Laucho** e a **Playa La Lisera**, com águas calmas e ideais para banho (na primeira há bares e restaurantes). Situada ao norte do centro, a **Playa Chinchorro** destaca-se pelas ondas fortes. Mais isolada, a **Playa Las Machas** atrai surfistas.

Playa El Laucho vista do alto do Morro de Arica

Veja hotéis e restaurantes dessa região nas pp. 278-9 e 294-5

Múmias dos Chinchorros

O grupo indígena dos chinchorros ocupou a região do Norte Grande entre 6000 e 2000 a.C. e deixou as múmias mais antigas do mundo. O método de mumificação era complexo, pois envolvia a remoção da pele, dos órgãos internos e das extremidades. Depois, o corpo era "recheado" com lama, cinzas e substâncias resinosas. Em seguida, as múmias eram enterradas em túmulos coletivos, que abrigavam os corpos preservados de adultos, crianças e fetos.

Múmia de uma mulher

PREPARE-SE

Informações Práticas
Mapa rodoviário B1. 1.664km ao norte de Santiago. 190.000. Sernatur, San Marcos 101; (058) 225-2054; 9h-20h seg-sex, 10h-18h sáb (inverno: até 18h seg-sex, 14h sáb). dom. Carnaval Andino con la Fuerza del Sol (fim jan). **w** aricaturismo.cl

Transporte
Aeroporto Chacalluta.

Poblado Artesenal
Hualles 2825. **Tel** (058) 222-8584. 10h-14h, 16h-20h seg-sáb.

O bairro que abriga os artesãos de Arica é o lugar para quem procura artesanato quéchua, como mantas com lã de alpaca e de lhama, enfeites, potes de cerâmica e artigos de couro. O Poblado Artesenal recria um vilarejo do altiplano e acomoda ateliês e moradias dos artesãos.

Museo Arqueológico San Miguel de Azapa
Camino Azapa, Km 12. **Tel** (058) 220-5555. dez-mar: 9h-20h diariam; abr-nov: 10h-18h diariam.
w uta.cl/masma

Esse impressionante museu de arqueologia exibe objetos que remontam a mais de 10 mil anos, entre eles as múmias mais antigas do mundo, confeccionadas pelos chinchorros. Estão expostos os corpos conservados de um homem, uma mulher e duas crianças, enterrados juntos em túmulos coletivos entre 4 mil e 8 mil anos atrás. O visitante também encontra várias cabeças partidas, vestígios de um "culto às cabeças" praticado entre 500 a.C. e 500 d.C., utensílios entalhados pelos tiwanaku (500-1000 d.C.) para o preparo de alucinógenos e antigos registros em pedra. Há ainda múmias de um pescador inca e de uma garotinha.

Vasos de cerâmica expostos no Poblado Artesenal

Geóglifos Cerro Sagrado
Alto Ramírez, Valle Azapa.

O grande mosaico de pedra situado no Cerro Sagrado é o mais destacado dos enormes geóglifos (conjunto de linhas que lembram os contornos humanos ou de animais) do Valle Azapa. No Cerro Sagrado estão imagens de um adulto e de uma criança, além de lagartos e lhamas – essas inscritas de maneira uniforme, como se acompanhassem a encosta da colina. Os geóglifos remontam ao período de ocupação inca na região (1450-1500 d.C.), época em que os agricultores se instalaram nesse vale.

Centro de Arica

① Morro de Arica
② Museo de Sitio Colón 10
③ Catedral de San Marcos
④ Ex-Aduana
⑤ Terminal Pesquero

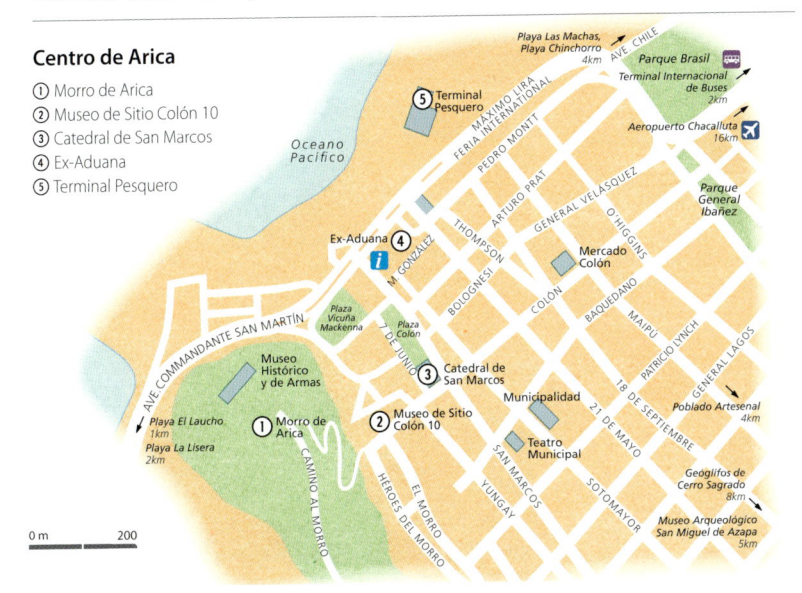

Legenda dos símbolos *na orelha da contracapa*

Plaza de Putre, com vista para o altiplano chileno

❷ Iglesia de San Gerónimo de Poconchile

Mapa rodoviário B1. 35km a leste de Arica; Poconchile.

Situada no vilarejo de Poconchile, a Iglesia de San Gerónimo é a mais antiga entre as igrejas coloniais existentes no norte do Chile. Foi erguida por padres espanhóis em 1580 em uma parada do antigo Camino del Inca e tinha por objetivo ajudar na evangelização dos povos aimarás dessa região. O exterior em cor branca é típico do estilo colonial espanhol, assim como a espessa parede que marca os limites da igreja e as torres dos sinos que cercam a entrada. A parte interna, de madeira, foi restaurada. Nos fundos, um cemitério abriga túmulos antigos, marcados com cruzes de pedra ou de madeira.

❸ Putre

Mapa rodoviário B1. 149km a noroeste de Arica. 1.200.

Maior localidade de altitudes elevadas nas proximidades de Arica, Putre é uma "cidade-oásis" cercada por vulcões cobertos de neve. Situada a 3.500m acima do nível do mar, funciona como ponto de descanso para viajantes que preferem parar um pouco e se acostumar com a altitude antes de seguir rumo ao Parque Nacional Lauca ou à Reserva Nacional Las Vicuñas. As origens da cidade remontam ao Chile anterior à dominação inca, mas a atual Putre foi fundada pelos espanhóis por volta de 1580 como ponto de descanso para os tropeiros que levavam a prata extraída das minas de Potosí, na Bolívia, até a costa do Pacífico. A estrutura mais bonita da cidade é a igreja colonial, restaurada, instalada diante da *plaza*. A igreja remonta a 1670 e ocupa o lugar de um antigo templo, destruído por um terremoto e que, segundo relatos dos coronistas espanhóis, era recoberto de ouro e prata. O resto da cidade é um conjunto compacto de ruas pavimentadas, cercadas de construções de concreto e zinco relativamente novas e casas do período espanhol. Essa agradável cidade do altiplano oferece hotéis e restaurantes, além de uma agência de viagens.

Ñandu, Reserva Nacional Las Vicuñas

❹ Parque Nacional Lauca

pp. 168-9.

❺ Reserva Nacional Las Vicuñas

Mapa rodoviário B1. 230km a leste de Arica. CONAF, Guallatire. passeios saem de Putre e Arica. **w** conaf.cl

Impressionante e isolada, a Reserva Nacional Las Vicuñas protege uma ampla área que inclui enormes vulcões, antigos povoados dos índios aimarás e uma variada fauna nativa. A reserva conta com uma paisagem acidentada, situada em uma faixa entre 4.000m e 5.600m acima do nível do mar. Os vulcões Acotango, Capurata e Guallatire, todos com mais de 6.000m, vigiam o parque, fundado em 1983. A fauna varia de acordo com a região: as vicunhas são mais comuns nas proximidades das *punas* (regiões de salinas), os *ñandus*, aves parecidas com os avestruzes, costumam circular nas planícies e os flamingos constituem parte da paisagem que cerca os lagos. Para ver uma vizcacha (roedor de grande porte), é preciso observar as rochas. Na região central da reserva, o vilarejo de **Guallatire** oferece acomodações e abriga o centro administrativo da CONAF, além de uma igreja do século XVII. Ao sul destaca-se o **Monumento Natural Salar de Surire**, uma incrível planície de sal. Três espécies de flamingo fazem seus ninhos perto da costa nos meses de verão, e na margem oeste um *refugio* (abrigo) da CONAF oferece acomodações simples.

Pico nevado do vulcão Guallatire, na Reserva Nacional Las Vicuñas

Veja hotéis e restaurantes dessa região nas pp. 278-9 e 294-5

Pukarás e o Camino del Inca

As fortalezas pré-incas do norte do Chile, construídas entre 1000 e 1450 d.C., são chamadas de *pukarás*. No século XI houve o declínio do Império dos Tiwanaku, cuja sede ficava no atual território boliviano, o que devolveu a autonomia para os povos aimarás e atacamenhos do Norte Grande. No entanto, começou um período de guerras entre líderes locais, que disputavam os recursos naturais. Para proteger antigas rotas de comércio, foram erguidas *pukarás* em elevações estratégicas. Essas fortalezas exerceram seu papel de defesa até a década de 1450, quando os incas dominaram a região e incorporaram as *pukarás* ao Camino del Inca – uma via com 6 mil km que percorria todo o poderoso império.

Uma extensa muralha de pedra marcava os limites e funcionava como linha de defesa.

As *pukarás* tinham posição estratégica, nas encostas dos vales e de desfiladeiros.

Arquitetura Pukará

Nos períodos de paz, os líderes locais usavam as pukarás *para reforçar sua autoridade sobre os povoados próximos. Em períodos de guerra o lugar era transformado em fortaleza, que abrigava a população. As* pukarás *de Lasana (p. 175) e de Quitor (p. 178) incluem as fortificações defensivas e os vilarejos da região.*

As acomodações das famílias podiam ser circulares ou quadradas, com paredes de pedras ou de pedra com lama. Pequenos depósitos próximos às casas acomodavam milho e outros alimentos.

Estreitas passagens de pedra ligavam o labirinto de fortificações das *pukarás* às áreas de moradias, formadas por diversas casas, depósitos, pátios, praças e cercados para criação de lhamas.

As *pukarás* transformavam encostas em terraços. O topo funcionava como ponto estratégico de observação dos inimigos e o acesso íngreme ampliava a proteção.

❹ Parque Nacional Lauca

Santuário de maior beleza do norte do Chile, o Parque Nacional Lauca abriga uma área aproximada de 1.378km². O espaço preservado inclui trechos a 3.200m de altitude, a oeste, e outros situados a mais de 6.300m acima do nível do mar, no leste. Entre as atrações localizadas em altitudes elevadas destacam-se os lagos coloridos, os vulcões cobertos de neve, as ilhas de lava e os pequenos vilarejos aimarás. A fauna e a flora também são bastante ricas. Mais de 140 espécies de aves se refugiam na área, com destaque para o *ñandu*, similar ao avestruz, e três espécies de flamingo, que fazem seus ninhos à beira dos lagos. Grandes bandos de vicunhas também povoam o parque.

Llareta, planta encontrada em altitudes elevadas

Termas de Jurasi
Essas fontes de água quente situam-se em meio a um desfiladeiro rochoso. Incluem várias piscinas de água borbulhante, uma piscina maior, vestiários e banheiros.

Como Explorar o Parque

Para visitar o Parque Nacional Lauca, é possível tanto alugar um carro como recorrer a uma excursão oferecida pelas agências ou aos ônibus internacionais que partem de Arica rumo à Bolívia e passam pelo local. No parque, a rodovia internacional CH-11 corre de leste a oeste e há trilhas para as atrações mais disputadas, como Parinacota, lago Chungará e as lagunas Cotacotani. Há postos da CONAF em Las Cuevas, Parinacota e lago Chungará – esse com um refugio para pernoites.

LEGENDA

① **Las Cuevas** marca o início do altiplano e é ideal para apreciar a fauna e a flora da região.

② **O Cerro Choquelimpe** mede 4.935m e para chegar ao topo é preciso caminhar cerca de quatro horas. Do alto, o visitante tem uma linda vista dos vulcões e lagos.

Vicunha
O Parque Nacional Lauca protege bandos de vicunhas, que andam perto da *puna* e pastam à beira dos lagos. O número de animais que vivem no parque passou de cerca de mil na década de 1970 para mais de 20 mil atualmente.

Veja hotéis e restaurantes dessa região nas pp. 278-9 e 294-5

NORTE GRANDE E NORTE CHICO | 169

PREPARE-SE

Informações Práticas
Mapa rodoviário B1. 165km a leste de Arica. **Tel** (058) 258-5704. CONAF, Parinacota. diariam. de Arica e Putre. conaf.cl

Transporte
de Arica.

★ Vulcão Parinacota
Os picos gêmeos dos vulcões Parinacota e Pomerape formam o lindo cenário ao fundo do lago Chungará. Com 6.330m de altura, o Parinacota atrai muitos alpinistas, que levam dois dias para chegar ao topo.

Laguna Cotacotani
Visível da CH-11, essa área é uma rede de lagoas de águas verdes, entremeadas com trechos de lava escura e cones cinzentos. Há trilhas nos arredores.

★ Parinacota
Pequeno vilarejo aimará, Parinacota atrai visitantes em busca de artesanatos e da bela igreja, decorada com afrescos que retratam as torturas do inferno.

★ Lago Chungará
Situado a 4.570m, o lago Chungará é um dos mais altos do mundo. Com uma beleza imensa, exibe águas de azul intenso em meio a vulcões nevados. Diversas aves vivem nas margens.

Legenda
— Estrada principal
= = Estrada secundária sem asfalto
- - Trilha
- - Limite do parque
-■- Fronteira internacional

Legenda dos símbolos *na orelha da contracapa*

Iquique

Originalmente parte do território peruano, Iquique foi anexada pelo Chile na Guerra do Pacífico (1879-83). Essa cidade costeira, então já desenvolvida graças à abundância de depósitos minerais, tornou-se mais tarde uma capital mineral. Ruas e construções opulentas testemunham o passado áureo, período em que, segundo alguns, Iquique tinha um consumo de champanhe per capita superior ao de qualquer outra cidade do mundo. Essa importante cidade portuária serve de entrada para quem visita os parques nacionais, as cidades mineiras abandonadas e os "vilarejos-oásis".

Iquique vista da Playa Cavancha

Palacio Astoreca
O'Higgins 350. **Tel** (057) 252-6890.
10h-18h seg-sex, 11h-14h sáb.
apenas para grupos.

Uma das construções mais extravagantes de Iquique, o Palacio Astoreca é uma linda construção com 27 cômodos, erguida em 1903 em estilo georgiano para um magnata das minas. Na construção foi usada madeira de pinheiro trazida dos Estados Unidos. A casa mantém vestígios do passado glorioso, como os papéis de parede de seda, a enorme escadaria e o vitral que ilumina o saguão de entrada. Hoje, o palácio abriga um centro cultural, que sedia oficinas e exposições de arte. No acervo permanente está a reprodução de um ambiente da era da extração mineral, com móveis em estilo art nouveau, além de uma coleção de conchas do mar de tamanhos variados e de diversas partes do mundo.

Teatro Municipal
Calle Thompson 269. **Tel** (057) 254-4734. 9h-18h diariam.

Construído em 1890 no apogeu da extração de nitrato de potássio, o Teatro Municipal de Iquique ocupa uma linda construção de madeira, com uma fachada neoclássica decorada com figuras femininas de pedra que simbolizam elementos associados ao teatro, como a dança. O salão, coberto por uma cúpula, exibe um teto com representações da música, dança, pintura e teatro, além de retratos de mestres da literatura e da música, como Shakespeare, Chopin e Mozart. O teto com a cúpula que coroa o auditório é decorado com referências teatrais, como instrumentos musicais e as máscaras que simbolizam a tragédia e a comédia. Ao lado do palco, uma escada leva ao subsolo, onde antigas rol-

Centro de Iquique
① Palacio Astoreca
② Teatro Municipal
③ Plaza Arturo Prat
④ Casino Español

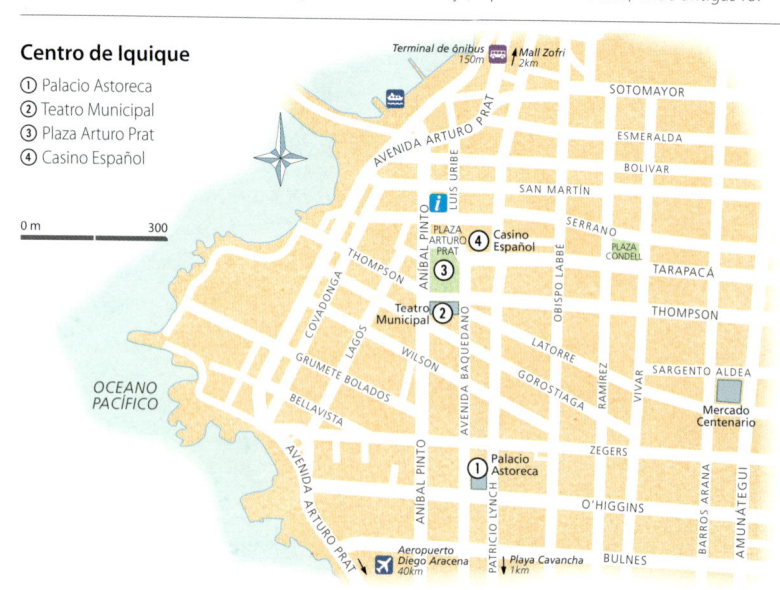

Veja hotéis e restaurantes dessa região nas pp. 278-9 e 294-5

NORTE GRANDE E NORTE CHICO | 171

Interior do Teatro Municipal, com acomodações luxuosas

PREPARE-SE

Informações Práticas
Mapa B2. 316km ao sul de Arica. 220.000. Sernatur, Aníbal Pinto 436; (057) 241-9241; 9h-18h seg-sex, 10h-14h sáb. Festival de la Canción de Iquique (fim jan). iquique.cl

Transporte
Aeropuerto Diego Aracena.

---

danas e rodas de madeira ainda movimentam o maquinário usado em cena.

Plaza Arturo Prat
Entre Calle Aníbal Pinto e Avenida Baquedano.

Principal praça de Iquique, a Plaza Arturo Prat situa-se em pleno centro histórico. Impossível não notar seu elemento de maior destaque, a imponente **Torre Reloj**. Construída em 1877 com madeira de pinho pela comunidade inglesa, a torre é formada por três blocos pintados de branco e mede 25m. Na base há um busto de Arturo Prat, herói naval do Chile. Prat comandou o navio *Esmeralda*, afundado pela embarcação peruana *Huáscar* na batalha de Iquique, durante as Guerras do Pacífico. Prat morreu no conflito, assim como boa parte de sua tripulação, mas a batalha teve grande importância para que Iquique e as áreas próximas, ricas em nitratos, ficassem sob o controle das forças chilenas.

Quem deixa a praça e segue em direção ao sul pode pegar a **Avenida Baquedano**, que concentra parte das construções mais lindas de Iquique. Erguidas no apogeu da extração mineral, algumas das mansões de madeira foram construídas por magnatas ingleses ou alemães no final do século XIX.

Histórica Torre Reloj da Plaza Arturo Prat

Casino Español
Plaza Prat 584. **Tel** (057) 233-3911. 12h-16h e 20h-21h30 diariam.

Construído pela comunidade espanhola em 1904, o Casino Español está instalado em uma construção de madeira em estilo mourisco que exibe uma fachada decorada com arabescos e arcos. A parte interna e suas cúpulas lembram os palácios da Andaluzia e exibem uma elaborada ornamentação dominada por elementos, padrões e inscrições mouriscos. Arcadas e colunas dividem os ambientes e uma profusão de ladrilhos decorados recobrem o piso. O local abriga ainda vitrais, espelhos e estátuas. Dentro do cassino funciona um restaurante, com paredes decoradas com oito pinturas enormes assinadas pelo artista espanhol Antonio Torrecilla. Concluída em 1907, a obra retrata algumas cenas do famoso romance de Miguel de Cervantes, *Dom Quixote de la Mancha* (1605).

Mall Zofri
Edifício de Convenciones, Zona Franca Zofri. **Tel** (057) 251-5600. 11h-21h seg-sáb. zofri.cl

Do centro de Iquique saem *colectivos* que levam as pessoas até a Zona Franca Zofri, situada na parte norte da cidade. O shopping center mais interessante é o Mall Zofri, uma brilhante concentração de lojas situadas em meio a enormes armazéns. O shopping reúne mais de 400 estabelecimentos, que oferecem aparelhos elétricos, perfumes, brinquedos e roupas – tudo isento do imposto de 19% cobrado no resto do país.

Playa Cavancha
2km ao sul do centro. Casino de Iquique: Avenida Arturo Prat 2755. **Tel** (057) 257-7500. diariam. mundodreams.cl

Situada a uma curta caminhada do centro, a Playa Cavancha é a principal de Iquique. Com um bulevar que acompanha o longo trecho de areia dourada, essa praia atrai tanto quem quer nadar como alguns surfistas. Na extremidade sul fica o **Casino de Iquique**, que ocupa a reprodução de uma construção do apogeu da extração mineral. Voltado para as famílias, o **Parque Temático** inclui uma minifazenda com lhamas e alpacas e também shows marinhos. Perto situa-se a **Península Cavancha**, moderna área de hotéis e restaurantes. Para chegar a uma praia mais isolada, basta pegar um táxi até a Playa Brava.

Lojas de artigos diversos no Mall Zofri, de Iquique

Legenda dos símbolos *na orelha da contracapa*

❼ Humberstone e Santa Laura

Mapa rodoviário B2. 48km a leste de Iquique; Ruta A16, Km 3. **Tel** (057) 276-0626. 🚌 de Iquique. ⏰ 9h-19h diariam. 📷 ter-sáb; agendar. ♿

Na década de 1930, investidores ingleses construíram as cidades de Santa Laura e Humberstone para dar moradia e lazer aos operários e administradores que trabalhavam nas minas da região. Por volta de 1960, a descoberta do salitre sintético provocou o fechamento das minas e levou os povoados ao abandono. As duas "cidades-fantasma" foram tombadas pela Unesco e hoje atraem muitos visitantes. A mais procurada é Humberstone, um conjunto de ruas e praças vazias, placas quebradas e restos de construções. A cidade, que chegou a acomodar cerca de 3.700 trabalhadores, tinha um hospital, uma escola, uma piscina, áreas esportivas, um mercado, uma igreja, uma torre de relógio e um teatro com capacidade para 800 espectadores. Cada uma dessas estruturas exibe placas com informações históricas, que ajudam o visitante a explorar o local por conta própria. Ao lado das construções ainda estão algumas das máquinas usadas na extração de nitrato.

A cerca de 1.500km a leste de Humberstone situa-se a cidade-fantasma de Santa Laura, menor e menos disputada por turistas. As instalações de processamento do mineral, com uma chaminé imensa, estão perfeitamente conservadas.

Moradias de funcionários vazias na cidade-fantasma de Humberstone

❽ Parque Nacional Volcán Isluga

Mapa rodoviário B1. 250km a noroeste de Iquique. ℹ️ CONAF; (057) 242-1352. 🚌 de Iquique a Colchane: 16km do parque. ⏰ 8h30-19h30 diariam. 🌐 **conaf.cl**

Menos procurado do que os outros parques situados no norte do Chile, o Parque Nacional Volcán Isluga reúne uma área aproximada de 1.741km² em pleno altiplano. A extensão abrange belos lagos, aldeias aimarás esquecidas e vulcões imponentes, entre eles o vulcão Isluga, com 5.550m de altura. Os destaques do parque ficam na parte leste, acessada pela rodovia internacional A-55, que liga Iquique à Bolívia. Perto da entrada está **Isluga**, vilarejo aimará que abriga uma linda igreja do século XVII e uma *pukará* com o mesmo nome, antiga fortificação que data dos tempos pré-colombianos. Também na área leste situa-se o vilarejo aimará de Enquelga, que dá acesso às termas. Essa parte abriga dois lagos impressionantes: a laguna Arabilla, com uma trilha que acompanha suas margens, e a laguna Parinacota, local ideal para apreciar animais como flamingos, camelídeos e um tipo de cervo andino de médio porte conhecido como *taruca*.

As áridas encostas do vulcão Isluga, Parque Nacional Volcán Isluga

❾ Termas de Mamiña

Mapa rodoviário B2. 125km a leste de Iquique; Mamiña. 🚌 de Iquique. 🌐 **termasdemamina.cl**

Situadas a 2.700m acima do nível do mar, desde a época dos incas essas termas têm fama de auxiliar no processo de cura de males que variam de eczemas a doenças respiratórias. Fazem parte do complexo várias fontes de águas quentes, como **Baños de Ipla**, ricos em sódio, e **Baños Barros Chinos**, famosos pela lama medicinal. Ao lado das fontes fica o vilarejo de Mamiña, com casas de pedra e ruínas incas. A **Iglesia de San Marcos**, erguida em 1632 e totalmente restaurada, destaca-se entre as igrejas andinas por exibir dois campanários.

Uma das piscinas das Termas de Mamiña

Veja hotéis e restaurantes dessa região nas pp. 278-9 e 294-5

❿ La Tirana

Mapa rodoviário B2. 72km a sudeste de Iquique. 1.300. Festival de La Tirana (meados jul).

Calmo "vilarejo-oásis" com casas feitas de barro, La Tirana explode durante o mês de julho, quando ocorre o Festival de La Tirana – festa religiosa que atrai cerca de 200 mil devotos de todo o país.

As origens do vilarejo remontam ao século XVI, quando uma princesa inca, famosa por matar cristãos, governou a região. A soberana, que era chamada de La Tirana, apaixonou-se por um prisioneiro português e converteu-se ao cristianismo, mas os noivos foram mortos pelos revoltados súditos no dia do casamento. Em 1540, um missionário jesuíta encontrou uma cruz que marcava o túmulo da princesa e mandou erguer uma igreja no lugar. Escolheu o nome de Iglesia de la Virgen del Carmen de la Tirana, em homenagem à padroeira do Chile e à princesa inca, e deu origem ao culto que chegou aos dias atuais. O **Santuario de la Tirana** é formado por uma igreja de madeira, uma praça enfeitada com imagens da virgem e da princesa inca e o Museo de la Virgen de la Tirana, com um acervo que exibe roupas e máscaras usadas no Festival de La Tirana. Na parte interna da igreja há um santuário policromado em homenagem à santa.

Santuario de la Tirana
Tel (057) 253-2836. 9h30-13h e 15h30-20h seg-sex, 9h-20h sáb e dom.
fiestadelatirana.cl

Fachada da Iglesia de la Virgen del Carmen de la Tirana

Festival de La Tirana

Maior celebração religiosa do Chile, o Festival de La Tirana deriva de rituais pré-colombianos e tem claras influências da cultura andina. O evento celebra a Virgen del Carmen e, no primeiro dia, os participantes entram na igreja de La Tirana acompanhados de tambores para pedir à santa permissão para dançar. São quatro dias de comemoração, terminando com o Día de la Virgen, quando a imagem é levada em procissão pelas ruas do vilarejo. No último dia, os devotos visitam a igreja para pagar promessas e se despedir da Virgem e saem de joelhos.

Devoto a caráter no Festival de La Tirana

Árvore repleta de frutas na região de Pica, área de cultivo de cítricos

⓫ Pica

Mapa rodoviário B2. 114km a leste de Iquique. 4.700. Balmaceda 299; (057) 274-1841. La Fiesta de San Andrés (fim nov). **pica.cl**

Chamada de "flor da areia", Pica é um "vilarejo-oásis" famoso pelos pomares. O microclima da região permite o cultivo de diversas espécies, entre elas as árvores frutíferas que cercam as ruas. Em frente à praça ergue-se a Iglesia de San Andrés, construída em 1886. O interior policromado abriga uma reprodução em tamanho natural de *A última ceia* em madeira entalhada. A leste da *plaza* está o **Museo de Pica**, cujo acervo inclui algumas das milenares múmias dos chinchorros (p. 165). Nos limites da cidade, as águas quentes das termas de **Cocha Resbaladero** atraem visitantes desde o século XVI.

Museo de Pica
Balmaceda 178. **Tel** (057) 274-1665. 9h-14h e 15h30-18h30 seg-sex.

Cocha Resbaladero
Balneario Cocha Resbaladero. **Tel** (057) 274-1173. 8h-20h diariam.

⓬ Cerro Pintados

Mapa rodoviário B2. 96km a sudeste de Iquique; El Cruce de Geóglifos de Pintados, La Panamericana. **Tel** (057) 275-1055. 9h-16h diariam.

As encostas vazias do Cerro Pintados são marcadas por mais de 350 geóglifos (grandes desenhos em morros ou plantações). Criados entre 500-1450 d.C., quando essa região fazia parte da rota para o Pacífico, os desenhos traçam formas geométricas, antropomórficas (que lembram seres humanos) ou zoomórficas, como as que retratam peixes, lhamas e *ñandus*. Para chegar aos geóglifos é preciso percorrer a trilha de 5km que acompanha as encostas.

⓭ Calama

Mapa rodoviário B2. 390km a sudeste de Iquique. 140.000. El Aeródromo El Loa de Calama. J. J. Latorre 1689; (055) 253-1707. Aniversario de la Ciudad de Calama (fim mar). **calamacultural.cl**

Calama é a base para as visitas às grandes minas de cobre de Chuquicamata. Cidade-oásis instalada na parte mais seca do deserto mais árido do planeta, tem raízes no período pré-colombiano e deve seu nome ao termo atacamenho *kara ama*, que significa "paraíso das águas". Na década de 1920, Calama se transformou em uma cidade de serviços, que oferecia diversão aos milhares de trabalhadores das minas. Desse passado, a hoje bem comportada cidade só oferece o **Parque El Loa**, um parque de atrações que exibe uma reprodução da igreja colonial de Chiu-Chiu. No local fica também o Museo Arqueológico y Etnografico Parque El Loa, com um acervo que reúne objetos relacionados ao passado pré-inca dessa região.

Parque El Loa
Avenida Bernardo O'Higgins s/n. **Tel** (055) 253-1771. 10h-19h diariam.

⓮ Chuquicamata

Mapa rodoviário B2. 16km ao norte de Calama; Entrada al Campamento, J. M. Carrera. **Tel** (055) 232-2122. 14h seg-sex. **codelco.cl**

Possível de ser visitada apenas em passeios guiados, Chuquicamata é a maior mina de cobre a céu aberto do mundo. Esse imenso depósito mede quase 3km de largura, 5km de extensão e uma incrível profundidade de quase mil metros. Chuquicamata tem tanta importância na produção mundial de cobre que qualquer alteração no ritmo é capaz de colocar os mercados mundiais em pânico. A Codelco, maior estatal chilena, supervisiona a extração. Cerca de 20 mil operários trabalham 24 horas por dia. A mina é um importante pilar para a economia chilena, essencial para manter os sistemas públicos de saúde e de educação. Todos os anos, essa imensa cavidade nos Andes ganha mais profundidade, um fenômeno que impressiona quem a visita em passeios de ônibus com duração de uma hora. O trajeto inclui as refinarias e as usinas de processamento, e leva a um mirante que permite ver a mina do alto. Ali, os visitantes podem apreciar a amplidão do depósito e ver os caminhões que sobem e descem as encostas levando toneladas do minério, como formigas operárias.

O projeto de transformar Chuquicamata em uma mina subterrânea está em andamento.

Altar da Iglesia San Francisco de Chiu-Chiu

Mina de cobre de Chuquicamata e as encostas transformadas em pistas

⓯ Chiu-Chiu

Mapa rodoviário B2. 36km a nordeste de Calama. Festival de Nuestra Señora de Lourdes (meados fev). **sanfranciscochiuchiu.com**

Fundada pelos espanhóis por volta de 1610, Chiu-Chiu é um "vilarejo-oásis" com casas de paredes de barro e portas de fibras de cacto. No roteiro dos passeios que partem de Calama ou de San Pedro de Atacama *(p. 178)*, preserva uma das igrejas mais antigas do Chile, a **Iglesia San Francisco de Chiu-Chiu**. Essa igreja de paredes brancas foi construída em 1674 em estilo colonial espanhol, com dois campanários, paredes com mais de 1m de espessura e um interior bem preservado, com pequenos altares e estátuas policromadas da Virgem e de santos. Dentro dos muros que marcam a extensão da área, há um minúsculo cemitério.

A uma quadra da praça principal fica o **Museo Geológico de Chiu-Chiu**, com um curioso acervo de fósseis.

Museo Geológico de Chiu-Chiu
10h-13h e 15h-18h ter-qui. **sanfranciscochiuchiu.com**

Veja hotéis e restaurantes dessa região nas pp. 278-9 e 294-5

⓰ Pukará de Lasana

Mapa rodoviário B2. 45km ao norte de Calama; Pueblo Lasana, Valle Lasana. 9h30-17h diariam.

As ruínas da *pukará* de Lasana ocupam uma formação natural que parte de um desfiladeiro e chega ao verde Valle Lasana. Os povos da civilização atacamenha (400 a.C.-1400 d.C.) construíram essa fortificação no século XI durante um período de guerras, sobre um vilarejo que já ocupava o lugar. Hoje, as bem preservadas ruínas formam um labirinto de muralhas, casas sem telhados, depósitos, pátios, passagens estreitas e fortificações. Os incas ocuparam a *pukará* em 1447 e a transformaram em um centro estratégico para controlar o vale, mas a abandonaram no século XVI, quando os espanhóis chegaram a essa região.

⓱ Caspana

Mapa rodoviário C2. 84km a leste de Calama. 480. La Virgen Candelaria (início fev).

Um dos diversos "vilarejos-oásis" existentes no trajeto pelas montanhas de Calama a San Pedro de Atacama, Caspana tem linda localização a 3.260m acima do nível do mar, em um íngreme desfiladeiro irrigado por um afluente do rio Salado. A pequena cidade é uma joia da arquitetura antiga, com casas feitas de pedra e lama habitadas pelos atacamenhos antes da chegada dos incas e dos espanhóis. Hoje Caspana vive da agricultura, com plantações que ocupam as plataformas incrustadas nas encostas mais baixas do desfiladeiro. Os tubérculos plantados ali são vendidos no cercado de Calama.

Nos limites do vilarejo, a **Iglesia San Lucas** data de 1641 e oculta um pequeno cemitério. O **Museo Etnográfico** reúne um acervo de interesse arqueológico e etnográfico. A pequena praça oferece bancos instalados à sombra e bela vista para o desfiladeiro, para as casas e para as plataformas usadas para cultivo.

Museo Etnográfico
Los Tres Alamos s/n. **Tel** (055) 269-2147. 10h-13h e 14h-18h ter-sex, 14h-18h sáb e dom.

Vapor liberado pelos Gêiseres de Tatio

⓲ Gêiseres de Tatio

Mapa rodoviário C2. 119km a leste de Calama; Camino a Tatio. diariam.

Verdadeiro espetáculo natural, os Gêiseres de Tatio, a 4.320m acima do nível do mar, liberam poderosos jatos de vapor. O local reúne cerca de 40 gêiseres e 70 fumarolas (aberturas na superfície), marcas em uma plana bacia geotérmica cercada por montanhas cor de poeira e vulcões pontiagudos. Os gêiseres decorrem do contato que ocorre embaixo da crosta terrestre entre rios de águas geladas e rochas magmáticas de alta temperatura. O vapor resultante desse choque escapa por aberturas na superfície e produz jatos de até 10m de altura, com temperaturas que se aproximam dos 85°C. A melhor forma de visitar os gêiseres é por meio das excursões a bordo de veículos 4x4, que saem de San Pedro de Atacama às 4h da manhã e chegam ao local ao amanhecer, quando os jatos de vapor estão mais intensos. Quem visita o lugar nesse horário consegue apreciar todo o processo de liberação de vapores, com os ruídos que antecedem a explosão. Passeios de meio dia de duração incluem uma visita às termas ricas em enxofre. Os que ocupam o dia todo seguem para Calama, visitando Caspana, Chiu-Chiu e a *pukará* de Lasana antes de voltar a San Pedro de Atacama.

Plataformas de cultivo nos arredores de Caspana

A deslumbrante paisagem do Deserto de Atacama

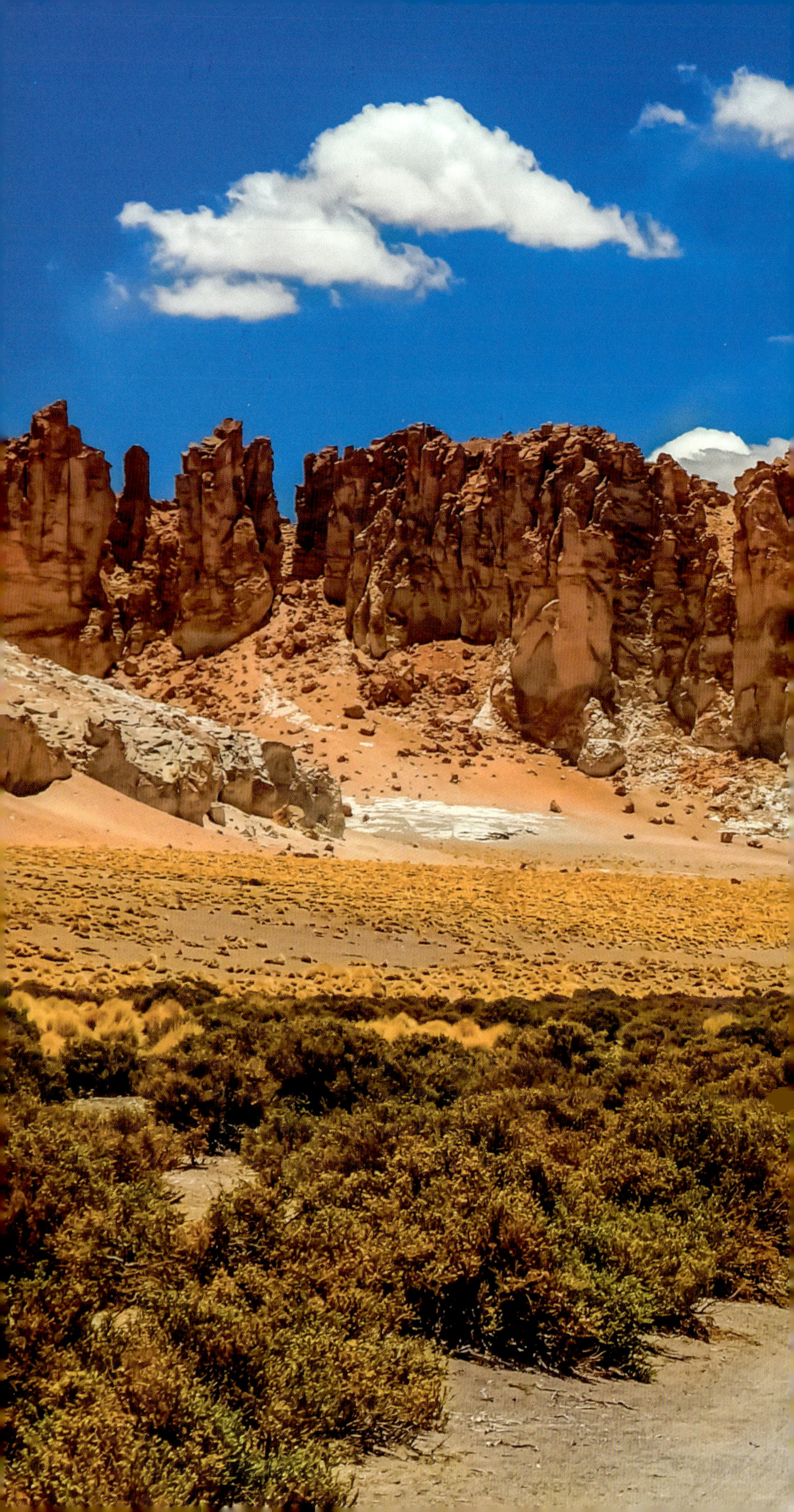

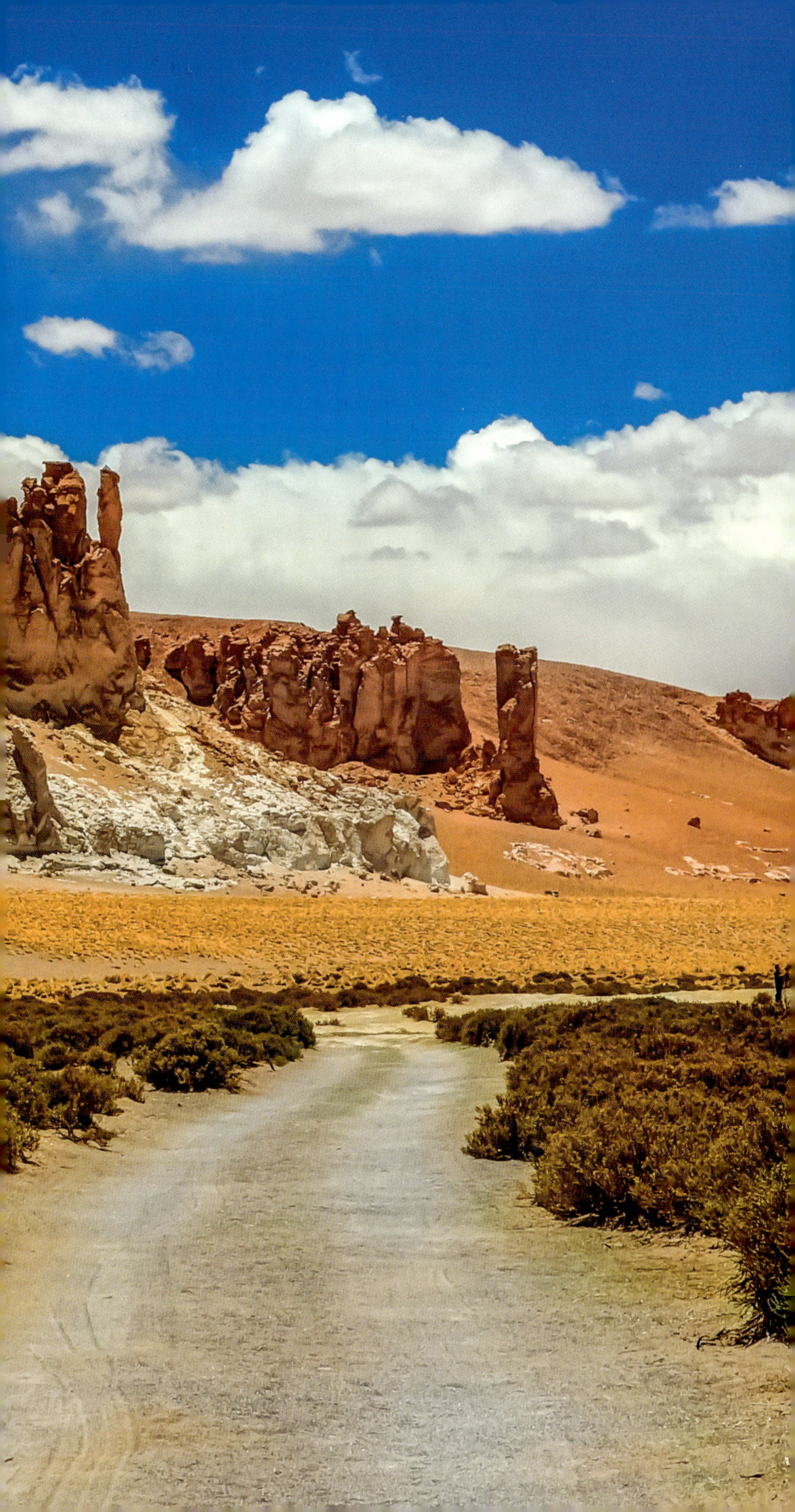

Entrada do Museo Arqueológico Gustavo Le Paige, em San Pedro de Atacama

⓳ San Pedro de Atacama

Mapa rodoviário C3. 490km a sudeste de Iquique. 🛣 5.000. 🚌 ℹ Toconao esq. Gustavo Le Paige. 🎉 La Celebración de San Pedro (fim jul). 🌐 sanpedroatacama.com

A graciosa San Pedro de Atacama é o destino turístico mais disputado do norte do Chile. Pequeno "vilarejo-oásis" com casas cor de terra e ruas sem asfalto, funciona de base para quem vai explorar os incríveis destaques naturais e arquitetônicos da região, e por isso atrai muitos amantes de aventuras. A cidade fica em uma bacia geológica situada a 2.436m acima do nível do mar, nas proximidades das montanhas Domeyko e, na parte leste, de um trecho dos Andes. Tanto a bacia como as montanhas fazem parte de uma paisagem que tem seu ponto culminante a 6 mil m de altura e exibe atrações como lagos de sal, vales lunares, os maiores vulcões do Chile, vários gêiseres e ruínas de aldeias e fortificações anteriores aos incas. Alguns desses locais só são acessíveis com carro 4x4, de bicicleta ou a cavalo.

Importante povoado no período anterior à chegada dos incas, San Pedro de Atacama mantém um charme autêntico apesar da constante presença de turistas e da ampla oferta de acomodações, voltadas tanto para mochileiros como para quem quer hospedagem de luxo. A **Iglesia San Pedro de Atacama** situa-se diante da bela e arborizada *plaza* da cidade. Linda construção com paredes brancas e portas de cactos, a igreja remonta ao início do século XVII. Do outro lado está a **Casa Incaica**, a mais antiga da cidade, erguida em 1540 supostamente para acomodar o fundador do Chile, Pedro de Valdivia. O interessante **Museo Arqueológico Gustavo Le Paige** exibe objetos como peças de pedra entalhadas com imagens de divindades de aparência animal, usadas pelos tiwanakus (500-1000 d.C.) para preparar alucinógenos. As agências de turismo ocupam a rua principal da cidade, chamada Caracoles.

Iglesia San Pedro de Atacama

Arredores
Basta um trajeto a cavalo ou em uma mountain bike para sair de San Pedro de Atacama e chegar à **Pukará de Quitor**, ruína de uma fortaleza inca construída com pedras rosadas no século XII. As ruínas se espalham pela íngreme encosta que marca o belo desfiladeiro de San Pedro e constituem um labirinto de passagens, antigas casas, depósitos de grãos, cercados para os animais de criação e praças. Uma trilha leva até o alto da fortaleza, de onde se tem uma linda vista do desfiladeiro, dos vulcões e do Valle de la Muerte.

Da Pukará de Quitor os visitantes mais ousados caminham mais 5km rumo ao norte até chegar a **Catarpe**, onde resistem algumas ruínas de um *tambo* (centro de administração inca). O local está menos preservado do que a *pukará*, mas o trajeto entre um e outro permite apreciar uma área de desfiladeiros de grande beleza.

🏛 **Museo Arqueológico Gustavo Le Paige**
Gustavo Le Paige 380.
Tel (055) 285-1002.
⏰ 9h-18h seg-sex: 10h-12h, 14h-18h sáb-dom.

🏛 **Pukará de Quitor**
3km ao norte de San Pedro de Atacama; Avenida Pukará.
⏰ 8h30-18h30 diariam.

Cercas vivas e aroeiras na *plaza* principal de San Pedro de Atacama

Veja hotéis e restaurantes dessa região nas pp. 278-9 e 294-5

⑳ Baños de Puritama

Mapa rodoviário C3. 30km a noroeste de San Pedro de Atacama; Camino al Tatio, Km 32. de San Pedro de Atacama. 9h15-18h diariam.

Passeios com meio dia de duração saem de San Pedro de Atacama e levam até os Baños de Puritama, termas de água quente encravadas no meio de um estreito desfiladeiro. Com temperaturas entre 25°C e 30°C, as águas convidam para um banho. Há vestuários e passarelas de madeira que se ligam às várias piscinas.

Banhistas nas tranquilas termas de Baños de Puritama

O gigantesco telescópio do Observatório de Cerro Paranal

Observação de Estrelas

O deserto mais setentrional do Chile exibe um dos céus mais limpos do planeta e atraiu a instalação de observatórios astronômicos moderníssimos, como os de Cerro Mamalluca (p. 186) e Cerro Paranal (p. 181), ambos abertos à visitação. O Observatório de Cerro Paranal abriga um gigantesco VLT, o telescópio mais poderoso do mundo. Mas a inauguração de uma instalação multibilionária em um platô a 5 mil metros de altitude, perto de San Pedro de Atacama, promete mudar o quadro. Financiado pelos governos dos Estados Unidos e de países da Europa e da Ásia em parceria com o Estado chileno, o ALMA será o maior projeto astronômico do mundo, com um conjunto de 50 antenas, cada uma com 12m de diâmetro, que irão funcionar como um telescópio único e proporcionar uma visão dez vezes mais precisa do que a do telescópio Hubble. Com o equipamento será possível ver astros formados há 10 bilhões de anos.

㉑ Aldea de Tulor

Mapa rodoviário C3. 9km a sudoeste de San Pedro de Atacama; Ayllo de Tulor, RN Los Flamencos. dez-mar: 8h30-10h diariam; abr-nov: 9h-17h30 diariam.

Escavações realizadas em 1982 revelaram o que as areias ocultaram por mais de 1.500 anos: a Aldea de Tulor. Esse conjunto de ruínas com cerca de 2.800 anos de existência marca um dos primeiros povoados sedentários do Chile. Os atacamenhos abandonaram o local em 500 d.C., expulsos pela invasão do deserto. Hoje, é possível explorar as muralhas do povoado, assim como os pórticos, as passagens e as construções circulares. A maioria dos visitantes prefere chegar a Tulor vindo de San Pedro de Atacama a cavalo ou de mountain bike, trajeto que inclui a travessia do Deserto de Atacama à sombra de vulcões.

Povoamento neolítico com construções de lama, Aldea de Tulor

㉒ Salar de Tara

Mapa rodoviário C3. 100km a leste de San Pedro de Atacama; Reserva Nacional Los Flamencos. Control de CONAF. **w** conaf.cl

Viajantes mais ousados encaram o trajeto entre San Pedro de Atacama e o Salar de Tara, um lago de águas salgadas situado 4.300m acima do nível do mar. Um caminho rústico leva até essa paisagem espetacularmente branca, decorada com lagos de cores intensas e uma vegetação com fauna variada. Entre as aves comuns no local estão três espécies de flamingo, que fazem ninhos à beira das lagoas, os galeirões-de-cornos *(Fulica cornuta)* e os gansos-andinos *(Chloephaga melanoptera)*. As vicunhas costumam circular nas proximidades do salar.

㉓ Salar de Atacama

Mapa rodoviário C3. 10km ao sul de San Pedro de Atacama; RN Los Flamencos. **Táxi** de San Pedro de Atacama. **i** Control de CONAF, Sector Soncor. **w** conaf.cl

Com uma área de cerca de 3 mil km², o Salar de Atacama é o maior lago de águas salgadas do Chile e o terceiro maior do mundo. Fica 2.350m acima do nível do mar, em uma depressão geológica entre as cordilheiras de Domeyko e dos Andes. O *salar* formou-se quando os lagos que existiam nessa bacia evaporaram, deixando uma espessa camada de cristais de sal sobre a terra. Com uma alvura menos impressionante do que a dos demais lagos salgados da região, ainda assim o Salar de Atacama é um espetáculo de cores e de beleza. A **Laguna Céjar** destaca-se pelas águas azuis e ricas em lítio, que permitem que as pessoas flutuem na superfície. A **Laguna Chaxa**, de águas rasas, fica diante de um vulcão e costuma acomodar bandos de flamingos-andinos.

Arredores
Situadas a cerca de 4 mil m de altitude e a leste do Salar de Atacama, as encantadoras **Laguna Miscanti**, **Laguna Miñeques** e **Laguna Lejía** ganharam fama graças às aves que vivem nas proximidades. Também a leste do *salar* estão os "vilarejos-oásis" de **Toconao**, **Peine** e **Socaire**, que exibem igrejas coloniais, ruínas pré-incas e petróglifos.

Enormes dunas de areia e vulcões na paisagem do Valle de la Luna

㉔ Valle de la Luna

Mapa rodoviário B3. 19km a sudoeste de San Pedro de Atacama; Sector 6, Reserva Nacional Los Flamencos. **Táxi** de San Pedro de Atacama.

Esse vale ostenta uma incrível paisagem lunar, com formações rochosas raras, cavernas de sal, anfiteatros naturais e vastas dunas. Fica 2.400m acima do nível do mar, na chamada Cordillera de Sal, e pode ser explorado por trilhas bem sinalizadas. O trajeto passa por **Las Tres Marias**, esculturas na rocha que lembram três mulheres que rezam, e pela **Duna Mayor**, a maior das formações de areia da região. A maioria dos passeios inclui a subida ao alto da Duna Mayor no entardecer, para apreciar a magnífica vista dos picos andinos e vulcões. Dali é possível avistar o Volcán Licancabur e o Volcán Láscar, este último um dos mais ativos do Chile.

O belíssimo Salar de Atacama

㉕ Valle de la Muerte

Mapa rodoviário B3. 10km a oeste de San Pedro de Atacama; Camino a Calama. **Táxi** de San Pedro de Atacama.

Extensa paisagem de dunas enormes e picos esculpidos em rocha vermelha, o Valle de la Muerte formou-se há cerca de 23 milhões de anos, durante os violentos movimentos que também deram origem à Cordilheira dos Andes. O nome de "vale da morte" não é sem motivo: apesar da grande quantidade de depósitos minerais, é um dos lugares mais secos e inóspitos do planeta e não há sinal de vida por ali. Os passeios guiados ao Valle de la Luna fazem breve parada no Valle de la Muerte. Quem dispõe de mais tempo pode ir até o local a cavalo (alguns trajetos são feitos à noite) ou participar de uma das muitas expedições que partem de San Pedro de Atacama.

㉖ Antofagasta

Mapa rodoviário B3. 313km a sudoeste de San Pedro de Atacama. 345.000. Aeroporto Cerro Moreno. **i** Avenida Prat 384; (055) 245-1820. Día del Aniversario de Antofagasta (meados fev). **w** municipalidadantofagasta.cl

Histórica cidade portuária, Antofagasta funciona como "depósito" dos metais e minerais extraídos do Deserto de Atacama. Fundada em 1869 como parte do território boliviano, a cidade foi anexada pelo Chile durante a Guerra do Pacífico (1879-83) e ganhou grande importância no processo de distribuição da prata, do salitre e, a partir de 1915, do cobre vindo da mina de Chuquicamata *(p. 174)*. Cidade mais moderna do Chile na década de 1930, hoje pode parecer um pouco decadente, mas ainda conserva seu charme histórico.

Instalada em pleno centro histórico, a catedral em estilo neogótico data de 1917 e fica em frente à Plaza Colón. A torre com relógio que enfeita a praça foi doada em 1910 pela comu-

Veja hotéis e restaurantes dessa região nas pp. 278-9 e 294-5

NORTE GRANDE E NORTE CHICO | 181

Ruinas de Huanchaca, com edifícios de Antofagasta ao fundo

nidade inglesa e constitui o maior testemunho da influência britânica em Antofagasta. Ao norte da praça está a antiga Alfândega – erguida em 1869, hoje sedia o **Museo Regional de Antofagasta**. O acervo do museu inclui cerca de 9 mil fósseis encontrados na região, objetos retirados das minas de salitre e alguns móveis antigos.

Quem segue pela mesma rua chega à **Ex-Estación El Ferrocarril de Antofagasta a Bolivia**, uma antiga estação de trem. Construída em 1873 com capital inglês, era o terminal da ferrovia que ligava Antofagasta à Bolívia. Designada patrimônio histórico nacional em 1981, abriga algumas locomotivas escocesas, relógios ingleses e as cabines de telefone vermelhas. Os trens que levam o cobre de Chuquicamata ainda passam pelo local rumo ao porto. Perto do porto situam-se o **Muelle Histórico Salitrero**, um cais construído em 1872, e o Terminal Pesqueiro, mercado de peixe da cidade.

Em frente ao oceano Pacífico, a cerca de 8km ao sul do centro da cidade, estão os vestígios de uma antiga fundição de prata construída entre 1888-92. Conhecido como **Ruinas de Huanchaca**, esse local fascinante ocupa uma encosta deserta e exibe uma escadaria central, uma torre redonda, algumas passagens e fileiras de depósitos feitos de pedra. O Casino Enjoy Antofagasta, em frente às ruínas, é aberto à visitação. A arquitetura brilhante do cassino reflete as ruínas e confere uma peculiar simetria ao local. Um pequeno museu exibe um acervo de objetos arqueológicos, geológicos e antropológicos, entre eles alguns equipamentos usados no processamento da prata.

Museo Regional de Antofagasta
Balmaceda 2786.
Tel (055) 222-7016. 9h-17h ter-sex, 11h-14h sáb e dom.
museodeantofagasta.cl

Ex-Estación El Ferrocarril de Antofagasta a Bolivia
Bolívar 255. **Tel** (055) 220-6100. 8h30-19h diariam.

Ruinas de Huanchaca
Avenida Angamos 01606. **Tel** (055) 241-7860. de Antofagasta. **Táxi** de Antofagasta. 14h30-19h ter-dom.

❷ La Portada

Mapa rodoviário B3. 16km ao norte de Antofagasta; Ruta 5, Lado Norte. de Antofagasta. **Táxi** da Plaza Colón, em Antofagasta. mar-dez: diariam.

La Portada ("o portal") é um arco sedimentar natural no mar, próximo à praia. A formação, resultado da erosão ao longo de mais de 7 milhões de anos, pode ser vista a partir de um estacionamento ao norte dela. Porém, descer do promontório para a praia é proibido devido à instabilidade sísmica.

❷ Observatório de Cerro Paranal

Mapa rodoviário B3. 120km ao sul de Antofagasta; Cerro Paranal, Ruta B-710. **Tel** (055) 243-5335. **Táxi** de Antofagasta. jan-nov: 14h sáb, 10h e 14h dom. agendar. **eso.cl**

Uma das estruturas de observação astronômica mais modernas do mundo, o Observatório de Cerro Paranal está instalado em um complexo futurista formado por duas construções brancas cobertas por cúpulas. Esse observatório fica 2.600m acima do nível do mar, no alto do Cerro Paranal, e conta com a supervisão do European Southern Observatory (ESO). A grande atração da instituição é o **Very Large Telescope** (VLT), um dos instrumentos ópticos mais poderosos do mundo. O VLT (p. 179) reúne quatro telescópios separados, que juntos formam uma poderosa lente com 200m de diâmetro. Essa lente é capaz de mostrar objetos quatro bilhões de vezes mais sutis do que qualquer formação visível a olho nu – o que equivale a perceber os faróis de um carro a partir da Lua. Os passeios guiados duram duas horas e permitem ver o VLT e a sala de controles. Algumas cenas do filme *007 – Quantum of Solace* foram filmadas ali.

Instalações do Observatório de Cerro Paranal

Margens de La Piscina, praia da Bahía Inglesa, ao sul de Caldera

❷⁹ Copiapó

Mapa rodoviário B4. 566km ao sul de Antofagasta. 120.000. Sernatur, Los Carrera 691; (052) 223-1510. Festival de la Virgen de la Candelaria (fev). **W culturacopiapo.com**

Capital da região de Atacama, Copiapó tem atrações relacionadas ao passado. Juan Godoy foi o primeiro a encontrar prata na região em 1832, fato lembrado com uma estátua instalada na *plaza* em frente à Iglesia de San Francisco, de 1872. A primeira ferrovia do Chile (fora de uso) foi construída em 1851 para levar a prata de Copiapó ao porto de Caldera. No início de 2015, inundações e enxurradas de lama danificaram algumas de suas belas construções de madeira do século XIX, localizadas na Avenida Manuel Matta.

No centro da cidade há uma praça e diante dela está a catedral de Copiapó, de 1851. O destaque da construção neoclássica é a peculiar torre do sino com três partes. Na parte oeste da cidade fica o **Palacio Viña de Cristo**, erguido em 1860 em estilo georgiano para um barão da prata. O **Museo Mineralógico** e o **Museo Regional de Atacama** abordam a história e a riqueza mineral da região.

🏛 Museo Mineralógico
Colipi 333. **Tel** (052) 220-6606. para reforma por tempo indeterminado.

🏛 Museo Regional de Atacama
Atacama 98. **Tel** (052) 221-2313. 9h-17h45 seg-sex, 10h-12h45 e 15h-17h45 sáb, 10h-12h45 dom. dom grátis. é preciso reservar. **W museodeatacama.cl**

❸⁰ Caldera

Mapa rodoviário B4. 80km a oeste de Copiapó. 14.000. Plaza Carlos Condell; (052) 231-6076. sáb. La Fiesta de Recreación (meados jul). **W caldera.cl**

A colorida cidade portuária de Caldera se desenvolveu no final do século XIX como ponto de embarque da prata trazida de Copiapó. Hoje, exibe uma simpática área beira-mar, com praias de areia onde pousam pelicanos. Em frente ao mar, o **Terminal Pesquero** é um cais de pescadores que também funciona como mercado de peixes (algumas barracas preparam especialidades com frutos do mar). Nas proximidades está o **Museo Paleontológico**, instalado em uma estação de trem construída em 1850, com acervo de fósseis de animais marinhos. O destaque é o crânio fossilizado de uma espécie de baleia que viveu há 10 milhões de anos. Basta caminhar um pouco para o sul para chegar à réplica de um *moai* da Ilha de Páscoa, instalado em frente ao mar. No coração da cidade, a **Iglesia de San Vicente de Paul**, construída em 1862 em estilo neogótico, parece vigiar a *plaza*. Na parte interna há uma imagem da Virgin de Dolores, padroeira do exército peruano, capturada pelos chilenos na Guerra do Pacífico (1879-83).

Arredores
Ao sul de Caldera fica a praia mais linda do norte do Chile, conhecida como **Bahía Inglesa** por causa dos piratas britânicos que costumavam se abrigar nessa região no século XVII. Esse longo trecho de praia de areia branca conduz a um oceano azul-turquesa de águas tranquilas e seguras, rodeado de poucas edificações, salvo sofisticados hotéis e restaurantes.

🏛 Museo Paleontológico
Centro Cultural Estación Caldera, Wheelwright s/n. **Tel** (052) 253-5604. jan-fev: 10h-14h e 16h-22h ter-dom; mar-dez: 10h-13h30 e 16h-17h30 ter-sex, 10h-16h sáb e dom.

🏖 Bahía Inglesa
6km ao sul de Caldera. perto do Hotel Rocas de Bahía. **W bahiainglesachile.com**

❸¹ Parque Nacional Pan de Azúcar

Mapa rodoviário B4. 194km a noroeste de Copiapó; Ruta C-120, Km 27 de Chañaral. **Táxi** de Copiapó. **W conaf.cl**

Fundado em 1985 com o objetivo de proteger 438km^2 de deserto próximo à costa, esse parque abriga diversas praias, pequenas

Paisagem desértica do Parque Nacional Pan de Azúcar

Veja hotéis e restaurantes dessa região nas pp. 278-9 e 294-5

NORTE GRANDE E NORTE CHICO | **183**

Bando de aves na Laguna Santa Rosa, no Parque Nacional Nevado Tres Cruces

enseadas e impressionantes desfiladeiros. O litoral reúne uma rica fauna marinha, fácil de ser observada em uma visita ao local. Golfinhos, leões-marinhos, pinguins-de-humboldt, andorinhas e pelicanos são algumas das aves que vivem na área. Entre as atrações está a **Isla Pan de Azúcar**, à qual os visitantes chegam de barco, e a **Caleta Pan de Azúcar**, gracioso vilarejo de pescadores que oferece campings e chalés. Mais longe da costa, a fauna e a flora incluem guanacos, raposas, águias, condores e mais de vinte espécies de cactos. Entre os destaques da paisagem estão os desfiladeiros da Quebrada Pan de Azúcar, além dos mirantes de Mirador e Las Lomitas – locais disputados por visitantes em busca de belas vistas do deserto, da praia e do oceano azul.

❸❷ Parque Nacional Nevado Tres Cruces

Mapa rodoviário B4. 151km a leste de Copiapó. **Tel** (052) 221-3404. CONAF, Laguna del Negro Francisco. 8h30-18h diariam. de Copiapó. conaf.cl

Esse parque nacional afastado, porém de grande beleza, abrange uma área de 591km² de paisagens típicas do altiplano, caracterizadas por lagos coloridos, vulcões cobertos de neve e fauna variada. A maioria das visitas se restringe ao setor norte, onde a **Laguna Santa Rosa**, um lago salgado de águas incrivelmente azuis, ocupa uma depressão cercada por picos cobertos de neve do maciço Nevado Tres Cruces. Perto do lago, o notável Salar de Maricunga é o lago salgado mais meridional do Chile.

Acessível para veículos 4x4 a partir da Laguna Santa Rosa, o setor sul do parque recebe menos visitantes. O destaque natural da área é a **Laguna del Negro Francisco**, outro lago de águas cristalinas que reflete a ponta do vulcão Copiapó e as asas dos flamingos. As três espécies dessa ave que vivem no Chile podem ser vistas nas margens desse lago, que também abriga outras 30 espécies de alguns mamíferos, entre eles vicunhas, guanacos, vizcachas e a raposa-andina. Há várias trilhas ao redor da Laguna Santa Rosa e da Laguna del Negro Francisco, onde um *refugio* (abrigo) da CONAF oferece acomodação simples.

❸❸ Laguna Verde

Mapa rodoviário C4. 265km a noroeste de Copiapó. **Táxi** pela CH31 até a fronteira com a Argentina na passagem San Francisco. Sernatur, Los Carrera 691, Copiapó; (052) 221-2838. de Copiapó. Volcán Ojos del Salado: out-mar.

Situada 4.200m acima do nível do mar, a Laguna Verde é um lindo lago com águas de tons verde e azul-turquesa que mudam de aspecto de acordo com a luz e a hora do dia. Na costa oeste do lago, termas rústicas oferecem descanso. Poderosos vulcões, como El Muerto, Peña Blanca, Incahuasi, Barrancas Blancas e Vicuñas, cercam a região. Os picos nevados e as cores marrom, vermelho e ocre das encostas completam a paleta de cores contrastantes. No entanto, a subida da maioria desses picos costuma ser bastante árdua.

A uma altitude de 6.893m, o **Volcán Ojos del Salado** ergue-se sobre a bacia sul da Laguna Verde. Esse é o maior vulcão ativo do mundo e ponto culminante do Chile. Subir até o topo exige preparo e disposição física, mas não requer grandes habilidades técnicas. Para escalá-lo, é necessária uma permissão do Ministério das Relações Exteriores do Chile. Ao longo do percurso, existem diversos pontos de descanso.

As águas de cor azul-turquesa da Laguna Verde

³⁴ La Serena

Fundada em 1544, La Serena é a segunda cidade mais antiga do Chile e um dos maiores balneários do país. Logo após a fundação, a cidade foi destruída por ataques dos índios, reerguida em 1549 e depois saqueada por piratas, como o inglês Bartholomew Sharp. Hoje, no seu centro histórico, campanários de igrejas coloniais tocam seus sinos em meio à arquitetura hispânica contemporânea. No litoral há praias magníficas e avenidas com edifícios modernos. Situada na foz do rio Elqui, La Serena é também a porta de entrada do exuberante Valle del Elqui.

Fonte de granito no centro da Plaza de Armas

Plaza de Armas
Museo Histórico Gabriel González Videla Matta, 495. **Tel** (051) 221-7189. 10h-18h seg-sex, 10h-13h sáb. a pedidos, apenas em espanhol.
w museohistoricolaserena.cl

A praça central de La Serena marca o local da segunda fundação da cidade pelo conquistador Francisco de Aguirre (1507-81). Nela fica a Catedral de La Serena, em arenito, assim como os edifícios neocoloniais dos Tribunales de la Justicia e da Municipalidad. Ambos datam da década de 1930 e têm uma extravagante fachada em vermelho e branco. Uma fonte modernista do escultor Román Rojas enfeita o centro da praça. Numa das esquinas fica o **Museo Histórico Gabriel González Videla**, que durante o século XIX foi residência da família do antigo presidente chileno, cujo nome foi dado à mansão. No primeiro andar há objetos pessoais do falecido presidente, e um museu histórico regional ocupa o piso superior.

Catedral de La Serena
Plaza de Armas.
Museo Sala de Arte Religioso Los Carrera 450. **Tel** (051) 221-8543. 9h-13h e 15h-18h ter-dom.

A fachada neoclássica e a imponente torre da Catedral de La Serena são o grande destaque da Plaza de Armas. Construída em arenito sob a direção do arquiteto francês Juan Herbage em 1844, essa catedral abriga o túmulo do conquistador Francisco de Aguirre. O edifício atual foi erguido ao lado do prédio da antiga Catedral de La Serena, destruída em 1680 pelo pirata inglês Bartholomew Sharp, que saqueou a cidade durante três dias antes de arrasá-la. Há belíssimos vitrais de inspiração francesa nas paredes da catedral. O **Museo Sala de Arte Religioso**, localizado no andar térreo do edifício, exibe peças de arte religiosa e objetos do século XVII ao XIX.

Catedral de La Serena

Iglesia de San Francisco
Balmaceda 640. **Tel** (051) 221-8543. 8h-13h e 16h-21h ter-sex.
Museo de Arte Colonial Iglesia San Francisco: 10h30-13h ter-dom.

Construída entre 1590 e 1627, a Iglesia de San Francisco é a mais antiga das igrejas de pedra de La Serena, e o único templo da cidade que escapou da destruição causada pelo pirata Sharp. Tem um campanário e uma cúpula, e suas paredes externas são repletas de motivos barrocos esculpidos – considerados *mestizos* por sua influência sul-americana. Ao lado da igreja, o **Museo de Arte Colonial Iglesia San Francisco** abriga uma coleção de peças de arte religiosa e de imagens que remontam à chegada da Ordem Franciscana ao Chile no século XVI e inclui ainda uma Bíblia escrita em 1538.

Museo Arqueológico
Cordovez esq. Cienfuegos. **Tel** (051) 222-4492. 9h30-18h ter-sex, 10h-13h e 16h-19h sáb, 10h-13h dom. a pedidos, apenas em espanhol.
w dibam.cl

Com acesso pelo portal barroco do século XVIII, o museu arqueológico de La Serena exibe objetos pré-colombianos do Norte Chico, Norte Grande e da Ilha de Páscoa. Os artefatos incluem petróglifos esculpidos pela civilização molle (1º -700 d.C.) e cerâmica pintada pelos diaguitas entre 1000 e 1536. Há peças muito interessantes, como uma múmia de 1.500 anos de idade escavada do Deserto de Atacama, perto de Chiu-Chiu (p. 174), e um *moai* de 3m de altura da Ilha de Páscoa.

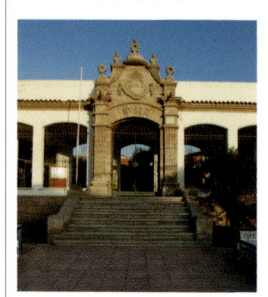

Entrada barroca do Museo Arqueológico da cidade

Veja hotéis e restaurantes dessa região nas pp. 278-9 e 294-5

NORTE GRANDE E NORTE CHICO | 185

Desierto Florido

A cada 4-5 anos, a escassa chuva que cai num trecho do Atacama faz as sementes dormentes sob a areia explodirem numa profusão de vida e cor, no fenômeno chamado de Desierto Florido. Quando isso acontece, o chão monocromático do deserto vira da noite para o dia um tapete de flores coloridas, com azuis, púrpuras, amarelos e vermelhos, que atrai aves e insetos variados, além de milhares de visitantes de todo o Chile. É impossível prever em que ano se dará a ocorrência do Desierto Florido, apenas que será entre setembro e novembro. A última vez foi em 2014.

Glória-do-sol, no Desierto Florido

PREPARE-SE

Informações Práticas
Mapa rodoviário B5. 700km ao sul de Antofagasta. 160.000. Sernatur, Matta 461; (051) 222-5199. Aniversario de La Serena (fim ago).
w turismolaserena.cl

Transporte
Aeropuerto La Florida.

Museo Mineralógico

Benavente 980.
Tel (051) 267-2210.
10h-18h seg-sex, 10h-13h sáb.
a pedidos, apenas em espanhol.

Instalado na Universidad de La Serena, esse museu de mineração e metalurgia possui mais de 2 mil amostras de minerais e rochas recolhidos pelo mineralogista polonês Ignacio Domeyko, que chegou ao Chile na fase áurea da mineração do país, no século XIX. Há amostras das principais zonas de mineração do Chile, com minerais do ouro ao magnésio cintilando dentro das vitrines onde ficam expostos. As peças mais interessantes são as imensas amostras de cristal de rocha, as peças de cristal multicolorido e os meteoritos que caíram no Deserto de Atacama em 1861. Também há amostras minerais recolhidas na Europa, na Ásia e na África.

Vista dos edifícios modernos da cidade e da praia de La Serena

Avenida del Mar

A longa avenida litorânea (6km) de La Serena é a área agitada da cidade, cheia de restaurantes e bares. De um lado ficam as praias e do outro os modernos edifícios de hotéis e apartamentos, além dos bares e restaurantes, que no verão ficam lotados de dia e à noite. No auge da temporada, muita gente passeia à beira-mar, especialmente ao pôr do sol. Uma caminhada de 20 minutos a partir do centro, sentido oeste, pela Avenida Francisco de Aguirre, leva até **El Faro Monumental**, um farol que marca o extremo norte da Avenida del Mar. Nessa área as praias são rústicas, com ondas altas que atraem surfistas. Logo ao sul do farol ficam as melhores praias para banhos, **Playa 4 Esquinas** e **Playa Canto del Agua**, além de vários bares e restaurantes.

Centro de La Serena

① Plaza de Armas
② Catedral de La Serena
③ Iglesia de San Francisco
④ Museo Arqueológico
⑤ Museo Mineralógico

Legenda dos símbolos *na orelha da contracapa*

㉟ Vicuña

Mapa rodoviário B5. 63 km a leste de La Serena. 24.000. Gabriela Mistral, esq. San Martín; (051) 241-9105. Fiesta de la Vendimia (fev).
municipalidadvicuna.cl

Situada no vale do rio Elqui, Vicuña é uma pequena cidade de casas de adobe rodeada por montanhas ondulantes. Cidade natal da ganhadora do Prêmio Nobel, a poetisa Gabriela Mistral *(p. 30)*, é um local popular de visita para poetas, escritores e artistas. O **Museo Gabriela Mistral** exibe objetos pessoais da poetisa, como livros, pinturas e prêmios. No centro da cidade, esculturas inspiradas em obras de Gabriela enfeitam a praça central. Nela fica um dos marcos locais, a **Torre Bauer**, uma incongruente, mas elegante, torre vermelha bávara. Foi construída em 1905 por ordem do antigo prefeito de Vicuña, de origem alemã, Alfonso Bauer. Ao lado da torre, o *cabildo* (prefeitura) data de 1826 e abriga um pequeno museu de história, além do escritório de informações turísticas. Também junto à praça fica a **Iglesia de la Inmaculada Concepción**, construída em 1909, com um interior bem iluminado e bonitos afrescos no teto. Sua pia batismal foi usada para batizar Gabriela Mistral em 1889.

Localizado duas quadras a leste da *plaza*, o **Museo Casa El Solar de los Madariaga** é uma casa de adobe restaurada de 1875 com mobília da época, fo-

Fachada pintada e pináculo da Iglesia de la Inmaculada Concepción, Vicuña

tos e artefatos. No limite da cidade fica a **Planta Capel**, maior destilaria de *pisco* do Chile. Ele oferece visitas guiadas aos vinhedos e instalações, um museu do *pisco* e degustações.

Museo Gabriela Mistral
Gabriela Mistral 759. **Tel** (051) 241-1223. jan-fev: 10h-19h diariam; mar-dez: 10h-17h45 seg-sex, 10h30-18h sáb, 10h-13h dom.
mgmistral.cl

Museo Casa El Solar de los Madariaga
Gabriela Mistral 683. **Tel** (051) 241-1220. dez-mar: 10h-14h e 15h-19h qua-seg; abr-nov: 11h-13h e15h-18h qua-seg. agendar; em espanhol, inglês e francês.
solardelosmadariaga.cl

Planta Capel
Camino a Peralillo s/n. **Tel** (051) 255-4396. jan-fev: 10h-19h30 diariam; mar-dez: 10h-18h diariam.
centroturisticocapel.cl

㊱ Observatório de Cerro Mamalluca

Mapa rodoviário B5. 9km a nordeste de Vicuña. Gabriela Mistral 260, Vicuña; (051) 267-0330. obrigatório; reservas e saídas no centro de informações de Vicuña.
turismoastronomico.cl

Uma grande atração da visita ao Valle del Elqui é olhar o céu no fascinante Observatório Cerro Mamalluca. Complexo futurista de imensos telescópios e edifícios de cúpulas brancas assentadas como bolas de golfe gigantes na encosta da montanha, esse observatório ergue-se acima da vizinha cidade de Vicuña, no Cerro Mamalluca. Pode-se conhecer as instalações por meio de visitas guiadas, em inglês e espanhol, que duram até duas horas. Durante a visita, é possível ver a Via Láctea, constelações de estrelas, planetas, nebulosas e aglomerados, além de estrelas azuis e vermelhas, através das lentes de potentes telescópios. Outros destaques da visita são a observação dos anéis de Júpiter e Saturno, das crateras lunares, tudo com nitidez fotográfica, num céu tido como um dos mais claros do mundo.

Uma divertida apresentação visual high-tech precede a observação pelo telescópio. Pode-se escolher entre a apresentação de planetas, de estrelas e do universo, ou a da antiga cosmologia dos povos indígenas da região.

Parte do complexo do Observatório Cerro Mamalluca, perto de Vicuña, Valle del Elqui

Veja hotéis e restaurantes dessa região nas pp. 278-9 e 294-5

Estátua em homenagem à poetisa Gabriela Mistral, em Montegrande

❸⓻ Montegrande

Mapa rodoviário B5. 101km a leste de La Serena. 🚗 600. 🚌 de La Serena e Vicuña.

A pequena vila andina de Montegrande fica situada nas paisagens excepcionais da parte leste do Valle del Elqui, 1.100m acima do nível do mar. Ali o vale se estreita até uma largura de apenas 400m e é ladeado pelas íngremes e áridas encostas da pré-cordilheira andina, atrás da qual se erguem os picos nevados da poderosa Cordilheira dos Andes.

Montegrande foi também a aldeia onde a poetisa Gabriela Mistral passou a infância, depois de se mudar de Vicuña para lá com a mãe e a irmã adotiva, aos 3 anos de idade. A pequena casa de adobe onde Gabriela cresceu está preservada como o **Museo de Sitio Casa-Escuela Gabriela Mistral**. A casa servia também como escola da aldeia quando Gabriela morava ali e expõe mobília e objetos pessoais da poetisa.

Antes de morrer vítima de câncer, em 1957, Gabriela pediu que fosse enterrada na sua "querida Montegrande". Seu túmulo fica no alto de um morro perto da praça principal da aldeia. Nessa pequena praça arborizada há uma igreja de adobe. Construída em 1879, é coroada por um alto campanário. Foi no seu bonito interior que Gabriela fez a primeira comunhão.

🏛 Museo de Sitio Casa-Escuela Gabriela Mistral
⏰ dez-mar: 10h-13h e 15h-19h ter-dom; abr-nov: 10h-13h e 15h-18h ter-dom.

❸⓼ Pisco Elqui

Mapa rodoviário B5. 105km a sudeste de La Serena. 🚗 500. 🚌 de La Serena e Montegrande.
🌐 piscoelqui.com

Situada 1.250m acima do nível do mar, Pisco Elqui é uma das vilas mais bonitas do Valle del Elqui. Batizada como La Unión pelos espanhóis, foi renomeada em 1936 por iniciativa do governo, visando incentivar o principal produto da região, o *pisco*. Um de seus produtores principais é a **Destileria Pisco Mistral**, antes conhecida como Solar de Pisco Tres Erres. Situada na praça, ela produz *pisco* há mais de um século. As visitas guiadas permitem ver o museu do *pisco*, as salas de produção, armazenamento em barris e engarrafamento, e terminam com degustações.

Um destaque arquitetônico da vila é a **Iglesia Nuestra Señora de Rosario**, com suas elegantes torres de madeira. Em volta da praça há um labirinto de ruas com vários locais para se hospedar.

Destileria Pisco Mistral
O'Higgins 746. **Tel** (051) 245-1358.
⏰ jan-fev: 12h-19h diariam; mar-dez: 12h-17h ter-dom. a cada hora.
🌐 destileriapiscomistral.cl

Extensos vinhedos de *pisco* nas encostas de Pisco Elqui

Pisco

Criado pelos colonizadores espanhóis no século XVI, o *pisco* é um destilado aromático, frutado, feito com uvas moscatel. É a bebida nacional do Chile, em geral consumida como *pisco sour*, um aperitivo refrescante à base de *pisco*, suco de limão e açúcar. Também é tomado como *piscola*, um coquetel forte que mistura *pisco* com cola e é um dos mais consumidos pelos chilenos nas casas noturnas. Visitantes podem provar o *pisco* em suas diferentes versões nas degustações das visitas guiadas pelo Valle del Elqui.

Garrafas de *pisco* produzidas na Planta Capel, Valle del Elqui

⓷⓽ Ovalle

Mapa rodoviário B5. 86km ao sul de La Serena. 98.100. Victoria, esq. Independencia; (053) 262-2108. La Fiesta de Vendimia (mar.). **ovalleencantonativo.cl**

Pouco visitado, o Valle del Limarí é uma área fértil de pomares e fazendas que produz alimentos para boa parte do árido Norte Chico. O maior núcleo da área é Ovalle, uma pequena cidade rodeada de picos monocromáticos. Os produtores do vale vendem seus produtos na **Feria Modelo de Ovalle**, a maior da cidade. A qualquer dia, o espaço fica cheio de especiarias, queijos de cabra, frutas e peixes. Na arborizada praça principal fica a **Iglesia de San Vicente Ferrer**, de 1888, com um campanário muito alto e um interior ornamentado. A principal atração da cidade é o notável **Museo del Limarí**, que exibe peças pré-hispânicas da região e a mais rica coleção de cerâmica diaguita (1000-1536) do país.

Arredores

Ovalle é uma boa base para visitar as vinherias e vilas do Valle del Limarí. A oeste da cidade fica a pitoresca vila de **Barraza**, com estreitas ruas de adobe e uma igreja de 1681. Nas paredes de adobe ficam encerrados túmulos verticais de antigos sacerdotes. Também no setor oeste ficam as vinherias **Viña Tabalí** e **Viña Casa Tamaya**,

Uma das históricas cavernas de lava no Monumento Natural Pichasca

que abrem para visitas e degustações. Ao norte de Ovalle, a **Hacienda Los Andes** é um rancho onde é possível andar a cavalo, com quartos em estilo colonial, uma reserva natural e trilhas até uma mina de ouro abandonada. Ao norte desse rancho fica **Hurtado**, uma bonita vila especializada em frutas semitropicais e geleias.

Museo del Limarí
Covarrubias esq. Antofagasta, Ovalle. **Tel** (053) 243-3680. 10h-18h ter-sex, 10h-14h sáb e dom. dom grátis. agendar. **museolimari.cl**

Viña Tabalí
Hacienda Santa Rosa de Tabalí, Ruta Valle del Encanto. **Tel** (02) 2477-5535. 10h-18h seg-sex; a pedidos sáb e dom. **tabali.com**

Viña Casa Tamaya
Camino Quebrada Seca km 9, Ovalle. **Tel** (053) 268-6014. **tamaya.cl**

Hacienda Los Andes
Río Hurtado, Hurtado. **Tel** (053) 269-1822. **haciendalosandes.com**

⓸⓪ Monumento Natural Pichasca

Mapa rodoviário B5. 55km a nordeste de Ovalle, Valle del Limarí. **Tel** (09) 8923-0010. de Ovalle até 5km antes da entrada. 9h-17h30 diariam. de Ovalle. **conaf.cl**

Local de achados paleontológicos e arqueológicos, o Monumento Natural Pichasca é formado por florestas petrificadas de troncos de árvores fossilizados, gigantescos fósseis de dinossauros e pinturas rupestres de 11 mil anos em antigas cavernas de lava. A área era refúgio de caçadores-coletores por volta de 8000 a.C. Os passeios partem do centro de visitantes, onde há exposições sobre a fauna, a flora, paleontologia e arqueologia da região. Desse ponto, uma trilha de 3km explora o local, que tem réplicas em tamanho natural dos dinossauros que antes vagavam pela área.

Arborizada Plaza de Armas, Ovalle

Veja hotéis e restaurantes dessa região nas pp. 278-9 e 294-5

NORTE GRANDE E NORTE CHICO | **189**

④ Monumento Nacional Valle del Encanto

Mapa rodoviário B5. 25km a sudoeste de Ovalle; D45, Valle del Encanto. **Tel** (09) 468-5400. de Ovalle até 5km da entrada. jan-fev: 8h30-20h diariam; mar-dez: 8h30-18h diariam. de Ovalle.

Antigo terreno cerimonial e de caça, esse local tem a melhor coleção de Chile de petróglifos El Molle, datados de cerca de 700 d.C. Vistos a partir de um circuito demarcado, são mais de 30 petróglifos, gravados na rocha com pedras cortantes. A maioria são desenhos lineares de formas humanas, zoomórficas, abstratas e geométricas. O mais interessantes são os retratos humanos: famílias inteiras mostradas em várias poses com os dedos apontados para o Sol ou para baixo, para a mãe-terra. Os xamãs e divindades desses desenhos são coroados por tiaras e cocares. O melhor é apreciar os petróglifos ao meio-dia, quando a luz forte realça os desenhos.

Outro destaque do sítio são as *piedras tacitas* – lajes de rocha plana cinzeladas com padrões de orifícios idênticos, circulares e profundos, que provavelmente eram usados para moer alimentos em cerimônias, inclusive na preparação de alucinógenos. Há também outras depressões menores, mais novas, conhecidas como *cupules*, cuja finalidade era decorativa.

④ Termas de Socos

Mapa rodoviário B5. 38km a sudoeste de Ovalle; Pan-Americana Norte, km 370. **Tel** (02) 2236-3336. 8h30-19h diariam (spa). **w** termasocos.cl

Rodeada de cânions escarpados no Valle del Limarí, Termas de Socos é um spa de propriedade familiar aberto a visitantes durante o dia e para pernoites. Oferece massagens, sauna, águas termais e piscina ao ar livre rodeada de pimenteiras, cactos e eucaliptos. O local é rústico e refinado ao mesmo tempo – da piscina veem-se cânions, apiários em amplos jardins e muitos beija-flores, e os hóspedes ficam em quartos confortáveis de madeira. Como opção econômica, há um camping separado, com suas próprias águas termais. O spa promove passeios até o Monumento Nacional Valle del Encanto e ao Parque Nacional Bosque Fray Jorge. À noite, os hóspedes podem observar estrelas desde o observatório do spa no alto do cânion.

④ Parque Nacional Bosque Fray Jorge

Mapa rodoviário B5. 90km a oeste de Ovalle; km 26 de la Ruta Patrimonial. **Tel** (09) 9346-2706. 9h-16h diariam. *i* CONAF, entrada do parque. **w** conaf.cl

O destaque dessa reserva da biosfera da Unesco são os vestígios de uma floresta tropical valdiviana – o que restou da floresta temperada que cobria todo o Norte Chico antes do avanço para o sul do Deserto de Atacama, há 30 mil anos.

A mata mais densa fica nas encostas ocidentais das montanhas costeiras, que atingem a altura de até 560m. Ela deve sua sobrevivência ao alto índice de chuvas que atinge o pico da montanha todos os anos – 120cm por ano comparados com apenas 10cm nas terras baixas semiáridas que ficam a leste da montanha. A melhor época para visitar o parque é de outubro a dezembro, quando, depois de muita chuva, o chão da floresta fica totalmente coberto de flores coloridas.

A partir da entrada do parque, onde há um centro CONAF que apresenta exposições sobre a flora da área, um trajeto de carro e uma trilha de 10km rumam para o oeste. Um passadiço estreito com vista para o oceano Pacífico atravessa a exuberante floresta. Quem escolher fazer a subida da encosta no meio da manhã terá a visão mais bonita do parque, quando uma névoa cobre a mata.

Passadiço de tábuas na floresta do Parque Nacional Bosque Fray Jorge

Varanda com móveis de junco, Termas de Socos

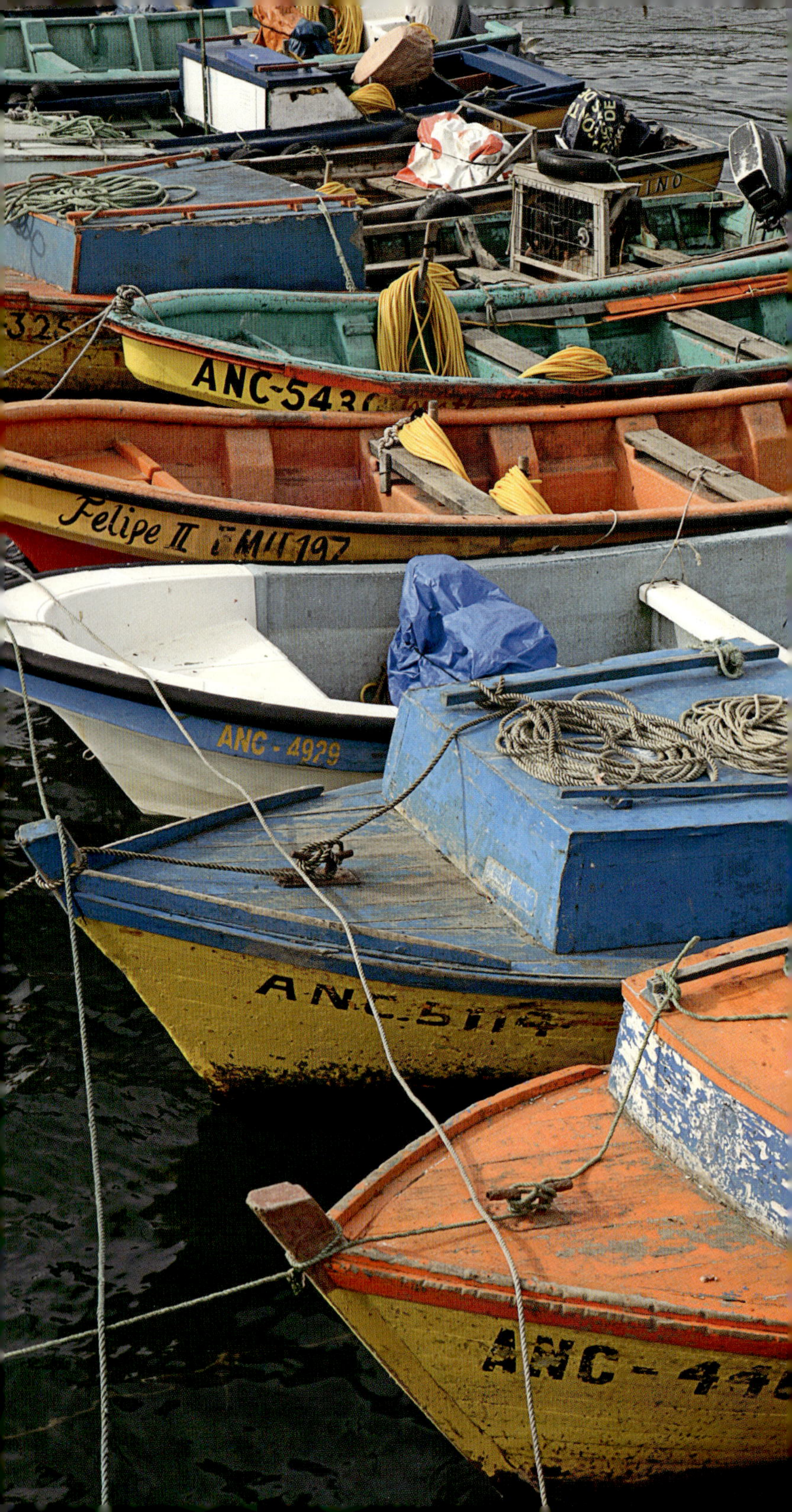
ANC-5430
Felipe II
ANC - 4929
ANC-5114

REGIÃO DOS LAGOS E CHILOÉ

Com sua série de lagos azuis que se estendem por toda a área, a Região dos Lagos chilena é um paraíso de florestas, vulcões ativos, fontes de águas termais, corredeiras e cachoeiras. Logo ao sul da região, e separada dela por um estreito canal, fica o encantador arquipélago de Chiloé, com suas baías enevoadas, curiosas palafitas e igrejas jesuítas históricas.

A Região dos Lagos é limitada ao norte pelo rio Bío-Bío e ao sul pelo canal Chacao, uma via marítima que faz a ligação com o arquipélago Chiloé. Na época pré-colombiana, a Região dos Lagos era povoada por comunidades mapuche, e Chiloé, pelos chono, dedicados à navegação.

Os espanhóis chegaram em 1552 e fundaram aquelas que são até hoje as maiores cidades da área, como Valdivia, Villarrica e Osorno. Grande parte da região, porém, permaneceu reduto mapuche mesmo após a independência, quando o Chile iniciou as guerras araucanas *(p. 49)*, destinadas a suprimir toda resistência indígena. Mais tarde, a área se abriu à imigração europeia, principalmente alemã, que influenciou muito a arquitetura, a arte e a culinária dos centros urbanos fundados na Região dos Lagos.

Ao final do século XIX, as ferrovias incentivaram a agricultura, a silvicultura e o setor portuário, e Temuco tornou-se o principal centro comercial da Região dos Lagos. No arquipélago Chiloé, a pesca, em particular do salmão, tornou-se o esteio da economia. Hoje, o turismo trouxe maior prosperidade tanto à Região dos Lagos como a Chiloé.

Os parques nacionais da região são procurados para atividades ao ar livre, como descer de esqui as encostas vulcânicas e andar a cavalo pelas ancestrais florestas de araucárias. Esses parques são acessíveis a partir de cidades à beira dos lagos, que também oferecem esplêndidos exemplos de arquitetura em estilo teutônico, enquanto o arquipélago de Chiloé fascina por sua rica mitologia, pela culinária original e por suas festas animadas.

A igreja jesuíta de madeira de Degan, do século XVII, em Chiloé

◀ Coloridos barcos de pesca em Ancud, Chiloé

Como Explorar a Região dos Lagos e Chiloé

O sopé dos Andes no lado leste da Região dos Lagos apresenta vulcões, florestas e lagos em reservas como o Parque Nacional Conguillío, o Parque Nacional Vicente Pérez Rosales e o Parque Nacional Villarrica. Cidades à beira dos lagos são paradas ideais: Pucón é a capital do turismo de aventura da área, Frutillar e Puerto Varas são seu coração germânico e Temuco e Villarrica suas cidades mapuche históricas. A oeste das montanhas, o terreno desce e cruza um vale central em direção à costa do Pacífico, até Valdivia, uma bela cidade portuária rodeada de fortalezas históricas. Mais ao sul, um curto trajeto de barco saindo de Puerto Montt leva ao arquipélago Chiloé, onde igrejas jesuítas se alternam com casas sobre palafitas.

Rafting no rio Petrohué, Parque Nacional Vicente Pérez Rosales

Principais Atrações

Cidades e Vilarejos
- ❶ *Temuco pp. 194-5*
- ❽ Villarrica
- ❾ Pucón
- ⓯ Licán Ray
- ⓰ Coñaripe
- ⓱ Panguipulli
- ⓳ *Valdivia pp. 206-7*
- ㉓ Osorno
- ㉗ Puerto Octay
- ㉘ Frutillar
- ㉙ Puerto Varas
- ㉛ *Puerto Montt pp. 216-7*
- ㉝ Calbuco
- ㉞ Ancud
- ㊱ *Castro pp. 220-1*
- ㊳ Dalcahue
- ㊴ Curaco de Vélez
- ㊵ Achao
- ㊶ Chonchi
- ㊷ Quellón

Resorts e Spas
- ❸ Termas de Malalcahuello
- ❹ Centro de Esqui Corralco
- ㉕ Termas de Puyehue

Parques Nacionais, Reservas e Monumentos Naturais
- ❷ Parque Nacional Tolhuaca
- ❺ *Parque Nacional Conguillío pp. 198-9*
- ⓬ Parque Nacional Huerquehue
- ⓭ Santuario Cañi
- ⓮ *Parque Nacional Villarrica pp. 202-3*
- ㉑ Santuario de la Naturaleza Carlos Anwandter
- ㉔ Parque Nacional Puyehue
- ㉚ *Parque Nacional Vicente Pérez Rosales pp. 214-5*
- ㉜ Parque Nacional Alerce Andino
- ㊲ Parque Nacional Chiloé

Áreas de Beleza Natural
- ❼ Nevados de Sollipulli
- ❿ Lago Caburgua
- ⓫ Ojos del Caburgua
- ⓲ Reserva Biológica Huilo-Huilo
- ㉒ Lago Ranco
- ㉖ Lago Llanquihue
- ㉟ Monumento Natural Islotes de Puñihuil

Locais de Interesse
- ❻ Parque Pewenche Quinquén
- ⓴ Fortes nos Arredores de Valdivia

Palafitos à beira d'água na cidade de Castro, Chiloé

Como Circular

A bem pavimentada rodovia Pan-Americana (Ruta 5) corta a Região dos Lagos, por isso o ônibus é a melhor opção para visitar a região. Ônibus maiores ligam as grandes cidades, e os *micros* levam das cidades à beira dos lagos até os grandes parques nacionais. Um carro robusto, de preferência com tração nas quatro rodas, é útil para acessar alguns destinos no sopé dos Andes. Há voos diários de Santiago a Temuco e Puerto Montt, de onde balsas levam os ônibus pelo canal Chacao até Chiloé. Para circular no arquipélago há ônibus e balsas regulares.

Veja hotéis e restaurantes dessa região nas pp. 279-80 e 295-6

REGIÃO DOS LAGOS E CHILOÉ | **193**

ARAUCANÍA

- **PARQUE NACIONAL TOLHUACA** 2
- **CENTRO DE ESQUI CORRALCO** 4
- **TERMAS DE MALALCAHUELLO** 3
- **PARQUE NACIONAL CONGUILLIO** 5
- **TEMUCO** 1
- **PARQUE PEWENCHE QUINQUÉN** 6
- **NEVADOS DE SOLLIPULLI** 7
- **LAGO CABURGUA** 10
- **PARQUE NACIONAL HUERQUEHUE** 12
- **OJOS DE CABURGUA** 11
- **SANTUARIO CAÑI** 13
- **VILLARRICA** 8
- **PUCÓN** 9
- **PARQUE NACIONAL VILLARRICA** 14
- **LICÁN RAY** 15
- **PANGUIPULLI** 17
- **COÑARIPE** 16
- **SANTUARIO DE LA NATURALEZA CARLOS ANWANDTER** 21
- **RESERVA BIOLÓGICA HUILO-HUILO** 18
- **VALDIVIA** 19
- **FORTES NOS ARREDORES DE VALDIVIA** 20
- **LAGO RANCO** 22

LOS LAGOS

- **PARQUE NACIONAL PUYEHUE** 24
- **OSORNO** 23
- **TERMAS DE PUYEHUE** 25
- **PUERTO OCTAY** 27
- **LAGO LLANQUIHUE** 26
- **PARQUE NACIONAL VICENTE PÉREZ ROSALES** 30
- **FRUTILLAR** 28
- **PUERTO VARAS** 29
- **PUERTO MONTT** 31
- **PARQUE NACIONAL ALERCE ANDINO** 32
- **CALBUCO** 33
- **ANCUD** 34
- **MONUMENTO NATURAL ISLOTES DE PUÑIHUIL** 35
- **DALCAHUE** 38
- **PN CHILOÉ** 37
- **CURACO DE VÉLEZ** 39
- **CASTRO** 36
- **ACHAO** 40
- **CHONCHI** 41

ISLA GRANDE DE CHILOÉ

- **QUELLÓN** 42

Legenda
- Rodovia
- Estrada principal
- Estrada secundária
- Estrada secundária sem asfalto
- Ferrovia principal
- Ferrovia secundária
- Divisa regional
- Fronteira internacional
- △ Pico

Legenda dos símbolos *na orelha da contracapa*

❶ Temuco

Situada no coração do antigo território mapuche, Temuco teve origem num forte criado no século XIX – a cidade foi oficialmente fundada em 1881. A construção da ferrovia e a imigração europeia no século XX trouxeram rápido crescimento. Hoje, Temuco é um núcleo comercial com praças movimentadas e museus. Famosa pelos animados mercados frequentados por comerciantes e artesãos mapuche, a cidade é também uma base ideal para explorar a beleza natural da área rural no entorno.

Vista do centro urbano de Temuco, do alto do Cerro Ñielol

🏛 Museo Regional de la Araucanía
Avenida Alemania 084. **Tel** (045) 274-7948. ⌚ 9h30-17h30 ter-sex, 11h-19h sáb, 11h-14h dom.
w museoregionalaraucania.cl

Instalado numa mansão de 1924, esse museu registra a história muitas vezes sangrenta da região de Araucanía (p. 193) por meio de um acervo de mais de 3 mil objetos arqueológicos, etnográficos e históricos. Tem a melhor coleção do país de objetos mapuche, com notáveis tapeçarias e joias do século XIX. Exibe até armas de fogo dos conquistadores, peças religiosas do século XVII, fotos das origens de Temuco e uma réplica em escala natural de uma *ruca* (cabana de palha).

🌲 Monumento Natural Cerro Ñielol
Avenida Arturo Prat s/n. **Tel** (045) 298-222. ⌚ 8h-21h diariam. a pedidos.

Numa encosta protegida, o Cerro Ñielol abriga uma floresta temperada rica em espécies que antes cobria toda a região de Araucanía. Trilhas para caminhadas exploram os bosques nativos de *coigüe* e *arrayan*, e lagoas oferecem refúgio a muitas aves. Uma das trilhas vai até **La Patagua del Armisticio**, local da assinatura do armistício de 1881 entre os mapuches e o governo do Chile, pelo qual esses cederam território para a fundação de Temuco. No alto das montanhas há vista panorâmica da cidade.

🏛 Plaza Teodoro Schmidt
Avenida Arturo Prat, esq. Lautaro.

À sombra de limeiras, carvalhos e palmeiras, a Plaza Teodoro Schmidt leva o nome do arquiteto do século XIX cujo busto enfeita um dos lados da praça. Em outro canto, fica a bonita **Iglesia Anglicana Santa Trinidad**, um dos edifícios mais antigos de Temuco. Construída em 1906 por missionários anglicanos da Inglaterra que vieram evangelizar os mapuches, essa igreja exibe um pináculo e uma fachada de tábuas brancas castigadas pelo tempo. A praça é mais conhecida como local da **Feria Arte**, uma importante feira de artesanato realizada todo ano em fevereiro, com esculturas de madeira, cerâmica e tapeçarias de artesãos de todo o país.

🏛 Mercado Municipal
Entre Calles Diego Portales, M. Rodríguez, Aldunate e Avenida M. Bulnes. **Tel** (045) 297-3445. ⌚ out-mar: 8h-20h seg-sáb, 8h30-15h dom; abr-set: 8h-18h seg-sáb, 8h30-15h dom.

Esse é um grande mercado coberto que combina o esplendor da arquitetura europeia do início do século XX com a vibração do Chile atual. Seu edifício é de 1930 e abriga uma fonte central sob um teto em estilo inglês de ferro fundido. Ao longo de seu perímetro, os comerciantes alinham suas bancas de frutas exóticas, carnes frescas e especiarias aromáticas. No centro, artesãos locais vendem roupas de lã de qualidade, tapeçarias e esculturas de madeira. O mercado também é a melhor opção de Temuco para especialidades de peixe e frutos do mar.

🏛 Plaza Aníbal Pinto
Avenida Arturo Prat, esq. Claro Solar.

A principal praça da cidade é repleta de árvores nativas e palmeiras exóticas, e no centro fica o **Monumento a la Araucanía**, uma escultura de bronze e pedra em homenagem aos principais colonizadores da região. A figura de uma *machi* (uma xamã mapuche) coroa

A entrada em arco para o agitado Mercado Municipal de Temuco

Veja hotéis e restaurantes dessa região nas pp. 279-80 e 295-6

REGIÃO DOS LAGOS E CHILOÉ | 195

Bancas de hortifrútis na Feria Libre Aníbal Pinto

o monumento, que tem ainda quatro outras figuras – um caçador mapuche com uma lança; um conquistador espanhol com a cruz cristã; um soldado do século XIX; e um agricultor. A base do monumento é uma rocha que simboliza os Andes. Atrás do monumento fica a **Galería Municipal de Arte Plaza Aníbal Pinto**, em cujo terraço há lugar para sentar. A catedral da cidade fica num dos cantos da praça.

Feria Libre Aníbal Pinto
Av. Aníbal Pinto, esq. Balmaceda. 7h-17h diariam.

A rústica feira livre de Temuco tem um comércio febril e aromas estimulantes. Nela são vendidos queijos fortes, ervas, especiarias, legumes e frutas, incluindo o *pehuén* (semente da araucária), item básico da dieta mapuche. As mulheres mapuche vêm dos bairros da periferia e se sentam em grupos para vender farinha, ovos e *mote* (trigo debulhado). Restaurantes no centro do mercado servem comida local, como o *pastel de choclo (p. 287)* e pratos de frutos do mar. Outras bancas vendem o tradicional chapéu *huaso*, estribos e esporas, do lado de fora do mercado.

Museo Nacional Ferroviario Pablo Neruda
Avenida Barros Arana 0565. **Tel** (045) 297-3941. out-mar: 9h-18h ter-sex, 10h-18h sáb e dom; abr-set: 9h-18h ter-sex, 10h-18h sáb, 11h-17h dom. **w** museoferroviariotemuco.cl

O museu ferroviário nacional do Chile ocupa a velha sede da ferrovia estatal do país, hoje patrimônio mundial da Unesco.

Trem presidencial no Museo Nacional Ferroviario Pablo Neruda

PREPARE-SE

Informações Práticas
Mapa rod. D2. 620km ao sul de Santiago. 245.000. Bulnes 590. **Tel** (045) 231-2857. El Show Aniversario de Temuco (meados fev). **w** temucochile.com

Transporte

Sua grande atração é a velha **Casa de Máquinas**, uma construção oval em forma de caverna, erguida entre 1929-43 para a manutenção de locomotivas. Hoje, o salão expõe fileiras de trens antigos, como o Trem Presidencial construído na Alemanha em 1920 e usado por todos os presidentes chilenos entre 1924 e 2004, exceto o general Pinochet. Visitas ao luxuoso interior desse trem incluem os aposentos presidenciais, ligados ao dormitório da primeira-dama por uma porta secreta. A antiga Sala da Administração abriga exposições de fotografia.

O museu tem o nome do mais célebre filho de Temuco, Pablo Neruda *(p. 91)*, cujo pai foi funcionário da ferrovia a vida inteira. Várias odes de Neruda à ferrovia chilena estão em placas por todo esse belo museu.

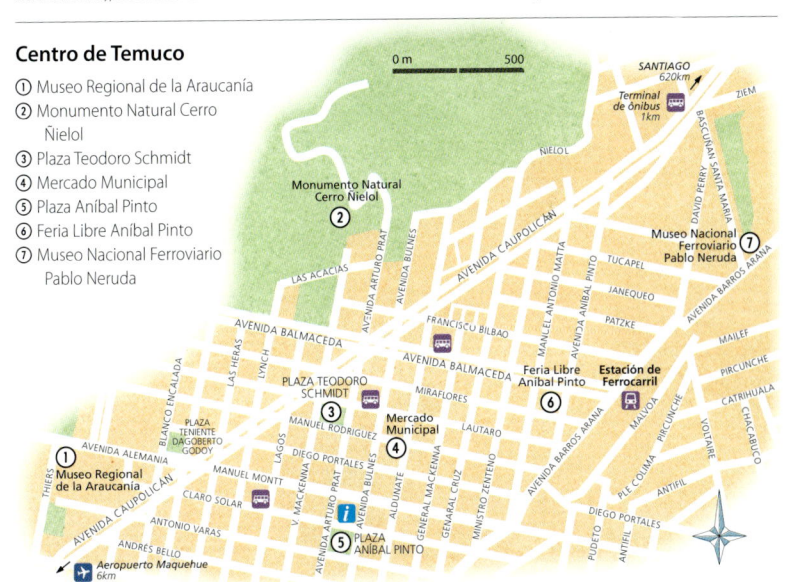

Centro de Temuco

1. Museo Regional de la Araucanía
2. Monumento Natural Cerro Ñielol
3. Plaza Teodoro Schmidt
4. Mercado Municipal
5. Plaza Aníbal Pinto
6. Feria Libre Aníbal Pinto
7. Museo Nacional Ferroviario Pablo Neruda

Legenda dos símbolos *na orelha da contracapa*

❷ Parque Nacional Tolhuaca

Mapa rodoviário E1. 130km a nordeste de Temuco; Acceso 1, pela vila Inspector Fernández. **Tel** (02) 2840-6830. 🚌 de Temuco. ℹ️ Escritório da CONAF perto da entrada sudeste do parque. 🕐 8h30-19h diariam. 🏊 ⛺
🌐 conaf.cl

Situado no extremo norte da Região dos Lagos e afastado dos trajetos mais percorridos da região, o Parque Nacional Tolhuaca conserva uma área de belas paisagens no sopé dos Andes, com altitudes entre 1.000m e 1.821m acima do nível do mar. O parque tem clima de floresta temperada, famoso pela pré-histórica araucária *(Araucaria araucana)*. Belas trilhas pela floresta intocada oferecem grandes oportunidades de observar pássaros; entre os mais fáceis de localizar estão a catita *(Micrositace ferruginea)*, vários tipos de pato e o condor-andino. Nadar, pescar e percorrer trilhas a pé também são atividades populares nesse parque. **Sendero Salto Malleco**, a trilha mais procurada, segue pela margem norte do lago Malleco, a principal atração do parque, e cruza a floresta nativa até o salto Malleco, uma cachoeira de 50m de altura.

Outra trilha pitoresca é a que segue ao longo da **Laguna Verde**, situada 1.300m acima do nível do mar e com várias pequenas cachoeiras e bosques de araucárias no seu percurso. Outras trilhas da área são o **Sendero Lagunillas** e o **Sendero Mesacura**. O primeiro tem uma escalada fácil até um conjunto de lagos de montanha, com vista panorâmica, que inclui o vulcão Tolhuaca (2.806m de altura). O segundo atravessa uma densa floresta. Ambos envolvem uma caminhada que dura o dia inteiro e requer um bom planejamento.

Logo ao sul do parque ficam as **Termas Malleco**. Localizada num cânion, essa sauna natural criada pelas rochas e pelo vapor sulfuroso é o local ideal para relaxar depois de uma longa caminhada.

Antes conhecida como Termas de Tolhuaca e em mau estado de conservação, Malleco reformou suas instalações e hoje fica aberta dia e noite ao público.

O spa Termas de Malalcahuello, no sopé do vulcão Lonquimay

❸ Termas de Malalcahuello

Mapa rodoviário E1. Ruta Bioceánica 181-CH, km 86, Región de la Araucanía, Malalcahuello. **Tel** (045) 197-3550. 🚌 de Temuco. 🕐 9h-21h diariam. 🏊 ♿ 🅿️ 🍴
🌐 malalcahuello.cl

O moderno spa de Termas de Malalcahuello fica em meio a um vale de vegetação exuberante, ao sopé do vulcão Lonquimay, de 2.865m de altura. É possível apenas passar o dia ou também pernoitar. O local oferece três piscinas cobertas, cada uma com um tipo de água mineral, que borbulha de uma nascente situada nas profundezas da crosta terrestre – a temperatura da água varia de 37°C a 43°C. Há janelas do chão ao teto em volta das piscinas, que oferecem uma vista magnífica do fértil vale Lonquimay e dos picos nevados do seu vulcão. Também há um amplo terraço para tomar sol, com vista do vale.

Os tratamentos do spa incluem vinho, mel e massagens com pedras quentes, além de banhos de ervas e de lama e salas de vapor. As opções de hospedagem variam de hotel em estilo alojamento de montanha a cabanas de troncos e chalés familiares. Ônibus locais e vans privadas ligam as Termas de Malalcahuello ao vizinho Centro de Esqui Corralco.

A característica araucária chilena, *Araucaria araucana*

Veja hotéis e restaurantes dessa região nas pp. 279-80 e 295-6

❹ Centro de Esqui Corralco

Mapa rodoviário E1.
Volcán Lonquimay, Camino a RN Malalcahuello. **Tel** (02) 2206-0741.
meados jun-set: 9h-17h sex-dom; out-meados jun: 9h-17h diariam.
w corralco.com

O Centro de Esqui Corralco é um dos mais novos resorts do Chile. Os esquiadores descem as encostas do vulcão Lonquimay por sete pistas, com queda máxima de 920m. As opções *off-piste* são próprias para os mais hábeis. Também há trajetos para snowboard, com quedas abruptas, e circuitos de esqui nórdico. No verão, trilhas, cavalos e mountain bike. O resort tem uma escola de esqui, alojamento na montanha e aluga equipamento.

❺ Parque Nacional Conguillío

pp. 198-9.

❻ Parque Pewenche Quinquén

Mapa rodoviário E2. I. Carrera Pinto 110. **Tel** (045) 289-1110.

Situado no alto dos sopés andinos, o Parque Pewenche Quinquén reúne cinco comunidades do grupo mapuche conhecido como *pewenche*. Recebidos às margens dos lagos Galletué e Icalma, os visitantes saboreiam a tradicional comida mapuche e apreciam seu artesanato. Florestas pré-históricas de araucárias circundam a área e podem ser exploradas por cinco trilhas, com guias que explicam o sentido sagrado da árvore para os mapuches, que usam seu fruto como alimento e para curas. Pode-se acampar nas proximidades.

Escalada no gelo, nas encostas íngremes de Nevados de Sollipulli

❼ Nevados de Sollipulli

Mapa rodoviário E2. Nevados de Sollipulli Dome Camp, Camino hacia Carén Alto. **Tel** (045) 227-6000.
w sollipulli.cl

Há poucos lugares no Chile onde os viajantes podem testemunhar a poderosa força geológica da natureza com maior evidência do que no **Volcán Sollipulli**, parte da serra Nevados de Sollipulli, quase na fronteira do Chile com a Argentina. Essa cratera de vulcão e o glaciar de 12km^2 que a preenche são dois dos elementos primários responsáveis por formar a vasta Cordilheira dos Andes.

Os visitantes podem escalar até a cratera numa caminhada de um dia inteiro, por densas florestas de araucárias, com ampla vista dos picos andinos, de rios cristalinos e inúmeras crateras parasitas. Há também uma trilha de dois dias, que inclui caminhar no gelo do glaciar. Todas as trilhas começam no **Acampamento de Nevados de Sollipulli**. Situado junto a um lago na encosta nordeste do vulcão, esse acampamento tem cinco barracas superequipadas, com aquecimento central, e até banheiras de água quente ao ar livre.

Barcos atracados às margens do lago Galletué, Parque Pewenche Quinquén

❺ Parque Nacional Conguillío

Uma das grandes atrações naturais da Região dos Lagos, o Parque Nacional Conguillío estende-se por 609km² de área vulcânica e é coroado pelo cone fumegante do vulcão Llaima, de 3.125m de altitude. Uma paisagem espetacular circunda esse pico imenso, com florestas ancestrais de araucárias, serras, lagos cristalinos e profundos vales cortados por fluxos de lava irregulares. O parque tem uma rica vida selvagem, incluindo pumas, gatos-selvagens, raposas-vermelhas e cinza, pica-paus, falcões e condores. Fazer esplêndidas caminhadas pelas trilhas, descer de esqui pelas encostas vulcânicas e andar de barco por tranquilos lagos são atividades que atraem muitos visitantes ao parque o ano inteiro.

Pica-pau-de-magalhães, no Parque Nacional Conguillío

Laguna Captrén
Esse lago raso formou-se quando fluxos de lava do vulcão Llaima obstruíram o rio Captrén. Troncos da floresta submersa despontam na sua superfície.

Centro de Esquí Las Araucarias
Esse popular resort de esqui funciona na encosta oeste do vulcão Llaima, rodeado por densas florestas de araucárias. Tem um parque para a prática de snowboard, hospedagem, escola de esqui e aluga equipamento.

PARQUE NACIONAL CONGUILLÍO

Centro de Esquí Las Araucarias
Refugio Llaima
Volcán Llaima 3.125m

Temuco 120km
Curacautín 28km

LEGENDA

① **A Laguna Verde** é um lago esverdeado, com uma trilha para caminhadas que liga a sua praia à estrada principal do parque.

② **O Salto del Truful Truful** desce por fluxos de lava solidificada e rochas.

★ **Volcán Llaima**
Com seu glaciar no cone, esse vulcão ativo domina a paisagem do parque. Escaladores mais experientes sobem até o pico, com guia.

Veja hotéis e restaurantes dessa região nas pp. 279-80 e 295-6

REGIÃO DOS LAGOS E CHILOÉ | 199

★ Lago Conguillío
O magnífico lago Conguillío, o maior do parque, foi criado quando o fluxo de lava bloqueou o rio Captrén. Rodeado de florestas, suas margens oferecem vista fantástica. Junto ao lago há lojas, cabines e locais para acampar e alugar barcos.

PREPARE-SE

Informações Práticas
Mapa rod. E1. 120km a leste de Temuco. *i* out-abr: CONAF, Sector del Lago Conguillío, (045) 229-8210; mai-set: centro de visitantes, Melipeuco. jan-fev: 8h30-19h30 diariam; mar-dez: 8h30-13h e 14h30-18h30 diariam. de Temuco. **w** conaf.cl

Transporte
de Temuco. **Táxi** de Melipeuco e Curacautín.

Como Explorar o Parque

O Parque Nacional Conguillío tem dois setores, separados pelo vulcão Llaima. A oeste fica o Sector Los Paraguas, que oferece esqui de inverno, e a leste o Sector del Lago Conguillío, maior, com ótimas trilhas para caminhadas, como o popular Sendero Sierra Nevada. Esse setor é atendido pelas cidades de Melipeuco ao sul e Curacautín ao norte, que lhe servem de acesso. As pesadas nevascas costumam torná-lo inacessível entre maio e setembro.

★ Sendero Sierra Nevada
Trilha mais popular do parque, o Sendero Sierra Nevada sobe por florestas de araucárias e oferece vista espetacular do vulcão Llaima, do lago Conguillío e da Sierra Nevada.

A Ira do Volcán Llaima

O ardente vulcão Llaima é um dos dois vulcões mais explosivos do Chile; o outro é o Volcán Villarrica *(p. 202)*. Desde 1640 já houve mais de 40 erupções, e a lava incandescente do vulcão Llaima tem moldado a maior parte do Parque Nacional Conguillío. As erupções de 2008-9 formaram colunas de fumaça de 3 mil metros de altura, obrigando a evacuar vilas próximas e espalhando cinzas até a Argentina. Com o tempo, a lava bloqueou rios e transformou florestas em lagos. Hoje, campos de lava substituem as florestas, e os densos bosques são ainda visíveis nas águas.

O Llaima expelindo lava, fumaça e cinzas

Legenda
— Estrada secundária
- - Trilha
-- Limite do parque
▲ Pico

Legenda dos símbolos *na orelha da contracapa*

❽ Villarrica

Mapa rodoviário D2. 87km a sudeste de Temuco. 30.000. Pedro de Valdivia 1070; (045) 220-6619. Semana de la Chilenidad (meados fev).
villarrica.org

Fundada em 1552 pelos espanhóis, Villarrica ganhou esse nome devido aos grandes depósitos de ouro e prata descobertos na área. Em 1598, um levante mapuche arrasou a cidade, que só foi reabilitada em 1883. Hoje é um local pacato, muito procurado por famílias, situado na margem oeste do lago cor de safira de mesmo nome, no sopé do imponente vulcão Villarrica, de 2.847m de altitude. O lago Villarrica, uma atração por si só, tem praias de areia vulcânica preta. São muito populares os passeios de barco que saem da praia El Pescadito.

A herança mapuche de Villarrica pode ser vista no **Museo Arqueológico Municipal Mapuche**, que expõe peças pré-colombianas, como cerâmica e armas. Perto, o **Centro Cultural Mapuche** abriga um mercado de artesanato mapuche nos meses de verão. No limite da cidade, o **Mirador Canela** é um mirante de onde se tem uma bela vista do lago e do vulcão.

Cume nevado do vulcão Villarrica erguendo-se acima da paisagem

Peça do Centro Cultural Mapuche

🏛 **Museo Arqueológico Municipal Mapuche**
Pedro de Valdivia 1050. **Tel** (045) 241-5706.
🕐 9h-18h seg-sex.

❾ Pucón

Mapa rodoviário E2. 112km a sudeste de Temuco. 21.000. O'Higgins 483; (045) 229-3002. Ironman (meados jan).
destinopucon.com

Situada na praia leste do lago Villarrica, Pucón é a capital do turismo de aventura na Região dos Lagos. Fundada em 1883 como fortificação no sopé do vulcão Villarrica, é hoje uma rede compacta de ruas com edifícios baixos ocupados pela florescente indústria do turismo. Localizada numa área de beleza natural, Pucón é boa base para um passeio até as fontes termais ou os parques nacionais vizinhos. Antes de ir até essas áreas, é aconselhável passar pelo escritório CONAF da cidade. Pucón também é o ponto de partida para muitas atividades carregadas de adrenalina, como rafting no rio Trancura; cavalgadas pelos parques nacionais de Huerquehue e Villarrica; trilhas até o vulcão Villarrica; caiaque e pesca esportiva nos lagos vizinhos; passeios em aviões leves sobre o vulcão Villarrica; e excursões de paraquedismo, paragliding e tirolesa. Pucón tem duas praias de areia preta onde é possível nadar e praticar esportes aquáticos. A principal é a **Playa Grande**, margeada por bosques. A oeste fica uma praia menor, **La Poza**, de frente a uma ilhota protegida. No verão, é dali que partem passeios de barco pelo lago Villarrica. No meio de tanta aventura e praias, os visitantes encontram uma pequena concessão à cultura – o **Museo Mapuche**, uma coleção particular de prataria mapuche do século XIX e artefatos de pedra pré-coloniais. Quase fora da cidade, o **Monasterio Santa Clara** ainda está ativo e fica aberto ao público. Oferece vista magnífica do lago.

Arredores

A leste de Pucón há vários locais de águas termais – de spas luxuosos a nascentes rústicas. Em geral, são passeios de um dia, com uma operadora de turismo, de carro alugado ou de táxi.

Entre as melhores estão as **Termas de Huife**, situadas na floresta nativa. São cabanas de troncos às margens do rio Liucura, com piscinas termais, tratamentos e atividades como cavalgadas. No mesmo vale ficam as **Termas Los Pozones**, uma opção mais econômica. Elas têm sete piscinas de pedra às margens verdejantes do rio Liucura, à sombra de rochedos escarpados.

🏛 **Museo Mapuche**
Caupolicán 243. **Tel** (045) 244-1963.
🕐 11h-13h e 14h-18h ter-dom.
museomapuche.cl

🏛 **Termas de Huife**
33km a leste de Pucón; Camino Pucón-Huife, km 33, Valle del Liucura. **Tel** (045) 244-1222.
termashuife.cl

🏛 **Termas Los Pozones**
35km a leste de Pucón; Valle del Liucura. **Tel** (045) 244-3059.

Barcos para alugar nas areias escuras da Playa Grande, Pucón

Veja hotéis e restaurantes dessa região nas pp. 279-80 e 295-6

REGIÃO DOS LAGOS E CHILOÉ | 201

⑩ Lago Caburgua

Mapa rodoviário D2. 122km a sudeste de Temuco via Pucón.

Rodeado de montanhas com bosques, o lago Caburgua é cristalino e tem as únicas praias de areia branca da região. A atividade termal no fundo do lago torna suas águas mais quentes que as dos demais lagos. As praias mais populares são a **Playa Negra**, de areia preta, que tem pedalinhos e barcos para passeios pelo lago. E a **Playa Blanca**, um trecho de praia com areias brancas, cristalizadas. Uma trilha à beira do lago une as duas praias.

Bosques nas encostas do lago Tinquilco, Parque Nacional Huerquehue

⑪ Ojos del Caburgua

Mapa rodoviário D2. 117km a sudeste de Temuco via Pucón. Camino Internacional 7, km 17 ou km 20. 9h-21h diariam.

As águas do lago Caburgua correm para o sul e pelo subsolo por 5km antes de jorrar para formar os Ojos del Caburgua. Essa série de piscinas verde-azuladas de rocha recebe as águas de inúmeras cascatas e fica no meio de uma floresta intocada. Os visitantes acessam as piscinas por entradas sinalizadas na estrada principal que vem de Pucón. Há uma segunda entrada 3km ao norte, na mesma estrada, que oferece uma vista mais íntima das piscinas, das cascatas e da floresta. Essa entrada é assinalada apenas por uma estátua de madeira de Cristo na cruz, à beira da estrada.

⑫ Parque Nacional Huerquehue

Mapa rodoviário E2. 152km a sudeste de Temuco via Pucón; Camino a Caburgua. de Pucón. CONAF Pucón, Lincoyán 336; (045) 244-3781. 8h30-20h diariam. **W** conaf.cl

Criado em 1967, o compacto Parque Nacional Huerquehue protege cerca de 124km² de floresta nativa, com bosques de araucária de 2 mil anos de idade. O parque tem algumas das melhores trilhas curtas da Região dos Lagos e oferece vista espetacular do vulcão Villarrica e arredores. Uma trilha imperdível é o **Sendero Los Lagos**, que atravessa florestas de teixos e faias, cinco diferentes lagos e duas cachoeiras, e oferece vista magnífica do vulcão e do lago Tinquilco, a maior massa de água do parque. A trilha termina no lago Chico, pequeno lago alpino rodeado de rochedos íngremes e araucárias.

Entre uma caminhada e outra, os visitantes podem nadar nos lagos e observar a natureza. Há muitos pássaros na área, com destaque para as diversas espécies de águias. Entre os mamíferos estão o puma; o pudu *(Pudu pudu)*, menor cervo do mundo; e o colocolo marrom-acinzentado *(Dromiciops gliroides)*, um dos poucos marsupiais sobreviventes do sul dos Andes.

⑬ Santuario Cañi

Mapa rodoviário E2. 133km a sudeste de Temuco via Pucón; Camino Termas de Huife, km 21, Pichares. **Tel** (09) 9837-3928. 9h-18h diariam. **W** santuariocani.cl

Esse exuberante trecho de floresta temperada valdiviana protege alguns dos mais antigos redutos de araucárias do Chile. As trilhas de um dia sobem pelas florestas de faias *(Nothofagus)* e revelam lagos de montanha e, em altitudes mais elevadas, florestas intocadas de araucárias. Juntos, esses hábitats abrigam uma rica variedade de aves e muitos mamíferos arredios, difíceis de localizar, como o puma e o pudu. As trilhas terminam num mirante 1.550m acima do nível do mar. Ele oferece vista panorâmica dos quatro vulcões da área – Lanín, Villarrica, Quetrupillán e Llaima – e de seus três maiores lagos – Caburgua, Villarrica e Calafquén. Para trilhas com pernoite, há *refugios* rústicos e áreas de camping.

Uma das cascatas em piscina de pedra de Ojos del Caburgua

⓮ Parque Nacional Villarrica

Voltado à conservação de 629km² de vida selvagem, o Parque Nacional Villarrica estende-se do sul de Pucón à fronteira do Chile com a Argentina. O cone nevado do Volcán Villarrica, com 2.847m de altura, é o destaque desse parque, cuja paisagem abriga ainda dois outros vulcões, vários lagos pequenos, gargantas íngremes e densas florestas de araucárias e faias. O parque confere abrigo a uma rica vida selvagem, com espécies raras como o musaranho-chileno. Grandes erupções em fevereiro e março de 2015 provocaram o fechamento do parque, sobretudo devido à precipitação de cinzas, mas o local já se encontra reaberto ao público.

Araucária florescendo nas encostas do vulcão Villarrica

Centro de Esqui Pucón
Esse popular resort de esqui fica na face norte do vulcão Villarrica.

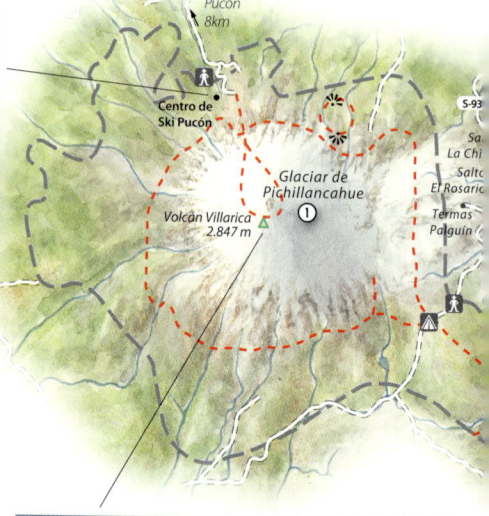

LEGENDA

① **O Glaciar de Pichillancahue**, o maior do parque, é uma imensa massa de gelo azul com cascatas que descem pela parede frontal. O acesso é feito pela trilha principal, no setor oeste do parque.

② **O vulcão Quetrupillán** é inativo. Seu nome quer dizer diabo mudo na língua dos mapuches.

③ **O lago Quilleihue** é tranquilo e seu acesso é feito por uma trilha a pé através de uma densa floresta de araucárias.

★ **Volcán Villarrica**
A trilha até a cratera do vulcão Villarrica é um desafio para o físico, mas é tecnicamente simples. Passa por glaciares e desce as encostas por túneis de neve.

Veja hotéis e restaurantes dessa região nas pp. 279-80 e 295-6

A Casa do Diabo

Os mapuches da região chamam o Villarrica de Rucapillán, ou Casa do Diabo – uma boa descrição para um dos picos mais explosivos do Chile. Só no século XX o vulcão entrou em erupção dezoito vezes. Uma grande explosão em 1971 quase destruiu a vila vizinha de Coñaripe *(p. 204)*. A última erupção foi em 2015, mas o vulcão está sempre ativo. Sua cratera solta fumaça, assobia e jorra, e é uma das quatro únicas crateras do mundo com um lago de lava ativa.

Lava incandescente borbulha no lago da cratera do Volcán Villarrica

PREPARE-SE

Informações Práticas
Mapa rodoviário B2. 8km a sudeste de Pucón. CONAF, Lincoyán 336, Pucón; (045) 244-3781. veja detalhes no site.
w conaf.cl

Transporte
Táxi de Pucón.

Legenda

- Estrada principal
- Estrada secundária sem asfalto
- Trilha
- Limite do parque
- Fronteira internacional
- △ Pico

Como Explorar o Parque

O Parque Nacional Villarrica é dividido em três setores, cada um com suas trilhas e estação de guardas florestais. O setor mais a oeste, com acesso pela cidade de Pucón, tem as maiores atrações do parque, como o vulcão Villarrica. Os dois setores a leste são mais remotos, mas muito bonitos; a área mais selvagem fica na fronteira com a Argentina.

Volcán Lanín
Compartilhado por Chile e Argentina, o vulcão Lanín é o maior do sul do Chile. A caminhada de Laguna Abutardes ao lago Quilleihue oferece vista magnífica desse vulcão.

★ Laguna Azul
Um espelho-d'água ladeado por uma encosta verdejante do majestoso Volcán Quetrupillán, Laguna Azul tem acesso pela trilha de 15km de Los Venados, que começa na estação da guarda florestal do setor de Quetrupillán.

Legenda dos símbolos *na orelha da contracapa*

Passadiço sobre cachoeira nas Termas Geométricas, perto de Coñaripe

⓯ Licán Ray

Mapa rodoviário E2. 113km a sudeste de Temuco. 2.100. General Urrutia, esq. Cacique Marichanquin; (045) 243-1516 (dez-mar apenas). La Semana de Licán Ray (fev). **w** lican-ray.com

Pequeno e tranquilo, Licán Ray é o principal resort do belo **Lago Calafquén**. A vila é um oásis de sossego, exceto em fevereiro, quando as pessoas saem de Santiago em grande número para passar as férias nas águas quentes e vaporosas do lago Calafquén.

Há duas praias nesse resort em miniatura – a **Playa Grande** e a mais pitoresca **Playa Chica**, rodeada de bosques que descem até suas margens de areia preta vulcânica. Uma península com uma pequena floresta divide essas duas praias e é atravessada por trilhas que sobem até mirantes com magnífica vista. Os passeios de catamarã pelo lago partem da Playa Chica. No centro da vila, a praça principal tem calçadas de areia e feiras de artesanato.

⓰ Coñaripe

Mapa rodoviário E2. 134km a sudeste de Temuco. 1.500. **w** coñaripe.com

Situada na margem leste do lago Calafquén e distante da parte mais agitada da região, Coñaripe é uma vila pequena de aspecto sonolento e com duas praias de areias escuras. A área em volta da vila oferece muitas oportunidades para esportes de aventura, como rafting no rio San Pedro, além de cavalgadas, mountain bike e trilhas. Coñaripe oferece diversas opções de hospedagem para quem pretende pernoitar. Quem viaja com pouco dinheiro pode aproveitar os bem equipados campings junto às praias.

Arredores

As montanhas nos arredores de Coñaripe têm mais de uma dezena de águas termais, que vale a pena visitar pelas belas paisagens e por seus efeitos relaxantes. Vão desde piscinas rústicas a modernos spas. Uma das melhores opções são as **Termas Geométricas**. Aninhado numa garganta com bosques, esse spa compreende 60 fontes termais que jorram dentro de piscinas borbulhantes ligadas por uma rede de canais de madeira. Os visitantes simplesmente andam pela garganta num passadiço de 450m e descem por escadas de madeira até a piscina de sua preferência.

As **Termas Coñaripe** são uma boa escolha para pernoitar. Trata-se de um moderno hotel e spa de vidro e madeira que oferece piscinas cobertas, semicobertas e ao ar livre. Os hóspedes podem também desfrutar de banhos de lama e fazer caminhadas e cavalgadas até uma série de cachoeiras e lagoas dos arredores.

Atividades vulcânicas podem ocasionar o fechamento da estrada que leva ao Parque Nacional Villarrica (pp. 202-3), cerca de 18km ao norte.

Termas Geométricas
16km a nordeste de Coñaripe. **Tel** (09) 7477-1708. sem pernoite; dez-mar: 10h-23h diariam; abr-nov: 11h-20h diariam. **w** termasgeometricas.cl

Termas Coñaripe
15km a sudeste de Coñaripe; Camino Coñaripe-Liquine, km 15. **Tel** (045) 241-1111. **w** termasconaripe.cl

Barcos para passeios turísticos pelo lago Calafquén, ancorados na verdejante Playa Chica, Licán Ray

Veja hotéis e restaurantes dessa região nas pp. 279-80 e 295-6

⑰ Panguipulli

Mapa rodoviário E2. 145km a sudeste de Temuco. 16.000. Bernardo O'Higgins s/n, diante da Plaza A. Prat; (063) 231-0436. La Semana de las Rosas (meados fev).
w sietelagos.cl

De frente às águas tranquilas do lago de mesmo nome, Panguipulli é uma parada popular entre os visitantes que se dirigem à Reserva Biológica Huilo-Huilo. Agradável vilarejo à beira do lago, com casas de tábuas de madeira pintadas, situadas em ruas nas encostas da montanha, o lugar tem como maior atração a **Iglesia Capuchina**, uma igreja de madeira com duas torres gêmeas, construída pelos missionários capuchinhos alemães em 1947 no local de uma missão germânica da década de 1890. O edifício tem uma fachada incomum de treliça pintada de vermelho, amarelo e preto – as cores da bandeira alemã. Estátuas religiosas provindas da Alemanha enfeitam o interior. Sobre o altar há um grande alto-relevo esculpido nas madeiras nativas *raulí* e *mañío*, que mostra a ascensão de Cristo.

Arredores

Panguipulli e seu lago ficam no coração da região chilena dos **Sete Lagos** – Calafquén, Pallaifa, Pullinque, Ruñihue, Neltume, Panguipulli e Pirehueico. Esses lagos são ligados entre si por rios, que juntos formam um único sistema hidrológico. Uma série de vilas bonitas e quase sempre pouco povoadas enfeita as margens desses lagos. Embora a área receba apenas uma fração dos visitantes que se dirigem à vizinha Pucón *(p. 200)*, ela oferece boa infraestrutura e serviços turísticos. Panguipulli é o ponto de partida ideal para explorar os Sete Lagos – as operadoras de turismo locais promovem passeios de um dia até os lagos, e os viajantes mais autônomos podem explorar a região com mountain bikes alugadas na cidade.

A Iglesia Capuchina, com suas torres gêmeas, em Panguipulli

⑱ Reserva Biológica Huilo-Huilo

Mapa rodoviário E2. 210km a sudeste de Temuco; El Portal, Camino Internacional Panguipulli-Puerto Fuy, km 56. **Tel** (02) 2887-3510. de Temuco e Valdivia.
w huilohuilo.com

Dirigida por uma fundação privada dedicada ao turismo sustentável, a Reserva Biológica Huilo-Huilo preserva 600km² de floresta temperada que já foi alvo de desmatamento intensivo. A reserva tem paisagens verdadeiramente fascinantes. O destaque sem dúvida é o **Volcán Mocho-Choshuenco**, que na verdade é formado por dois vulcões unidos por um grande glaciar. A paisagem em volta compreende lagos glaciais, rios e pradarias andinas.

Notros, na reserva Huilo-Huilo

Para visitar a reserva é preciso primeiro escolher uma base e explorar a área a partir dela. Há várias opções de hospedagem, de alojamentos de montanha de luxo a acomodações mais baratas nas pequenas cidades de Neltume e Puerto Fuy. Essas são casas construídas na década de 1930 para abrigar empregados das madeireiras. Puerto Fuy fica próxima do belo lago Pirihueico e é uma boa base para excursões de pesca, caiaque e passeios de barco.

O alojamento de montanha da reserva, **La Montaña Mágica**, vale uma visita mesmo para não hóspedes. Construído por antigos trabalhadores das madeireiras, ele se ergue da floresta como um castelo de contos de fadas dos irmãos Grimm e tem uma cachoeira que cai do seu lado. O interior é quase todo construído com madeira nativa. A maioria das atividades na reserva é guiada, e os arranjos são feitos na Montaña Mágica ou no centro de administração perto da entrada principal da reserva. As opções são passeios a cavalo pela floresta, pelas pradarias e por terreno montanhoso, e observação da vida selvagem de uma fauna reintroduzida na reserva – como o guanaco, um camelídeo – e que antes andava livremente pela área. São oferecidas também atividades como tirolesa, mountain bike e trilhas. Há trilhas fáceis, por trechos da floresta nativa, que terminam na cachoeira de 35m de **Salto del Huilo-Huilo**, e também trilhas mais emocionantes, de um dia inteiro, até a cratera do vulcão Mocho.

A bizarra Montaña Mágica, na Reserva Biológica Huilo-Huilo

⑲ Valdivia

Cidade à beira d'água, Valdivia foi fundada em 1552 pelo explorador espanhol Pedro de Valdivia. A colônia se espalhou ao longo de três rios – Cau Cau, Calle Calle e Valdivia, esse último ligando a cidade portuária ao oceano Pacífico. Valdivia era uma possessão muito valiosa para a Espanha, que a protegeu com fortalezas militares por mais de 200 anos, até que as defesas foram vencidas na Guerra da Independência (1810-26). Em 1960, um grande terremoto devastou Valdivia, mas hoje ela é uma cidade dinâmica, com uma orla repleta de museus e arquitetura teutônica do século XIX.

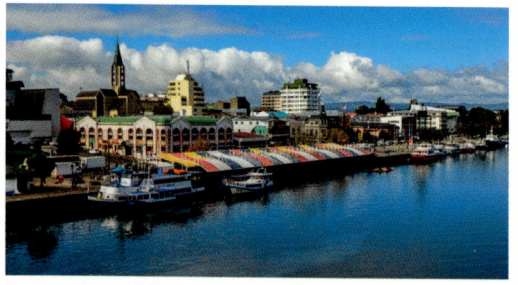

Barcos atracados no rio Valdivia, perto do movimentado Mercado Fluvial

🅐 Mercado Fluvial
Avenida Arturo Prat s/n.
10h-20h diariam.

Localizado às margens do rio Valdivia, o Mercado Fluvial é o movimentado entreposto de peixe da cidade e reflete bem a vida do litoral do Chile. Os comerciantes limpam a pesca do dia para os clientes, enquanto caranguejos vivos correm dentro de engradados e leões-marinhos gritam pedindo restos junto à margem. Disputando os restos há também centenas de aves ruidosas. Pitorescos restaurantes de frutos do mar servem as especialidades locais nas ruas ao redor do mercado.

🏛 Centro Cultural El Austral
Yungay 733. **Tel** (063) 221-3658.
10h-13h e 15h-19h ter-dom.

Instalado numa casa restaurada, o Centro Cultural El Austral de Valdivia data da época em que os alemães vieram para a Região dos Lagos. Foi construída na década de 1870 com madeira local em estilo chalé alemão com uma notável agulha bávara para uma família de pioneiros. O interior é típico dos aposentos dos primeiros colonizadores alemães. Os quartos bem mobiliados têm lustres art nouveau, grandes espelhos de parede e mobília imponente, em estilo europeu do século XIX. Em outras salas, é possível apreciar obras de artistas contemporâneos.

🏛 Museo de Arte Contemporaneo
Los Laureles s/n, Isla Teja.
Tel (063) 222-1968. jan-fev: 10h-14h e 16h-20h ter-dom; mar-mai e set-dez: 10h-13h e 14h-19h ter-dom.
w macvaldivia.cl

Um edifício de uma cervejaria, reformado e dotado de mo-

Centro de Valdivia
① Mercado Fluvial
② Centro Cultural El Austral
③ Museo de Arte Contemporaneo
④ Museo Histórico y Antropológico Mauricio Van de Maele

Legenda dos símbolos na orelha da contracapa

REGIÃO DOS LAGOS E CHILOÉ | 207

Moderna fachada de vidro do Museo de Arte Contemporaneo

derna fachada em vidro, é o cenário pós-industrial do Museo de Arte Contemporaneo da cidade, conhecido como MAC. Ele promove exposições de vídeo e instalações de arte, pintura, fotografia e escultura, de artistas emergentes e consagrados, chilenos e internacionais.

O acervo é distribuído pelos dois andares dessas antigas instalações industriais, com chão de concreto aparente e colunas de ferro. Ainda são visíveis os estragos do devastador terremoto que atingiu a área em 1960.

Museo Histórico y Antropológico Mauricio Van de Maele
Los Laureles s/n, Isla Teja. **Tel** (063) 221-2872. jan-fev: 10h-20h diariam; mar-dez: 10h-13h e 14h-18h ter-dom.
w museosaustral.cl

Ao lado do Museo de Arte Contemporaneo fica a mansão do século XIX e antiga casa do fundador da primeira cervejaria do Chile, Carlos Anwandter (1801-89). Hoje, o edifício abriga o Museo Histórico y Antropológico Mauricio Van de Maele, cujo acervo está exposto em uma série de salas temáticas, cada uma retratando um período diferente da história local, desde o período pré-colombiano até o século XX. Cada sala tem um painel com informações em várias línguas trazendo detalhes históricos sobre o período abordado.

Na **Sala de Platería Mapuche** estão utensílios e tecidos mapuches. A notável joalheria exibida reflete a importância da prataria entre os mapuches como símbolo de poder e prestígio.

Dedicada a Thomas Cochrane (1775-1860), a **Sala Lord Cochrane** expõe alguns de seus pertences pessoais. Esse oficial e pirata inglês liderou as forças navais do Chile no ataque de 1820 a Valdivia, que pôs fim à resistência da área à independência do país.

O museu também recria um salão do período colonial, com várias tapeçarias de parede, tecidos adamascados e um espelho veneziano.

Alaúde, Museo Histórico y Antropológico

PREPARE-SE

Informações Práticas
Mapa rodoviário D2. 162km a sudoeste de Temuco. 140.000. Arturo Prat 555; (063) 223-9060. La Noche Valdiviana (3º sáb de fev), Festival Internacional de Cine Valdivia (meados out).
w valdivia.cl

Transporte

⓴ Fortes nos Arredores de Valdivia

Mapa rodoviário D2. 18km a sudoeste de Valdivia.

No século XVII, a Coroa Espanhola ergueu dezessete fortes perto de Valdivia. De frente à baía Corral, eles eram uma formidável defesa contra ataques navais e de piratas, e tornaram-se o porto inexpugnável. Foi apenas em 1820 que um ataque liderado por lorde Thomas Cochrane, de uma cabeça de ponte, e não do mar, finalmente abriu as defesas de Valdivia. Restam apenas três dos dezessete fortes de pedra originais.

Localizado na foz do rio Valdivia, o **Fuerte de Niebla** foi construído em 1671 e reforçado em 1767. Hoje abriga o Museo de Sitio Castillo de Niebla, com peças históricas como artilharia antiga e mapas da área.

Ao sul de Niebla, o **Fuerte de Mancera** foi fundado em 1645 numa ilhota na baía Corral. A maioria dos acréscimos que vemos hoje foi feita em 1762. O terreno em volta oferece ampla vista do mar e é usado para piqueniques. Mais ao sul de Mancera, cruzando a baía Corral, o **Fuerte de Corral** foi erguido em 1645 e é o primeiro e mais robusto de todos. No verão, são feitas reencenações do ataque de Cochrane.

As ruínas desses fortes mostram túneis secretos, paióis de dinamite, capelas, casernas e fileiras de canhões. Dos táxis aquáticos, que partem regularmente de Niebla para Corral e Mancera, os visitantes podem apreciar uma linda vista.

Fuerte de Niebla
RP350, km 17. **Tel** (063) 228-2084. dez-mar: 10h-19h ter-dom; abr-nov: 10h-17h30 ter-dom.
w museodeniebla.cl

Fuerte de Mancera
Isla Mancera. **Tel** (063) 221-2872. jan-fev: 10h-19h diariam; mar-dez: 10h-13h e 14h-18h ter-dom.

Fuerte de Corral
Calle Blanco s/n. jan-fev: 8h30-21h30 diariam; mar-dez: 8h30-17h diariam.

Mobília de época no Museo Histórico y Antropológico Mauricio Van de Maele

Veja hotéis e restaurantes dessa região nas pp. 279-80 e 295-6

㉑ Santuario de la Naturaleza Carlos Anwandter

Mapa rodoviário D2. 21km ao norte de Valdivia. 🚌 de Valdivia. 🛈 CONAF Valdivia; (063) 224-5200.

Mais de 60km² de pântanos ricos em vida selvagem estão protegidos no Santuario de la Naturaleza Carlos Anwandter. Esses pântanos se originaram do terremoto de 1960, quando um tsunami submergiu as florestas e os pastos da área. O novo ecossistema atraiu uma variedade de aves e foi reconhecido como santuário em 1981.

Mais de cem espécies de aves, como garças, pelicanos e cisnes-de-pescoço-preto, podem ser vistas na área. É possível também localizar lontras de rio e o coipu, um roedor aquático.

㉒ Lago Ranco

Mapa rodoviário E2. 124km a sudeste de Valdivia. 🚌 2.200. 🚍 de Valdivia. 🛈 Linares e Concepción; (063) 249-1348. **w** municipalidadlagoranco.cl

Localizado na praia sul do lago cinza-prateado de mesmo nome, Lago Ranco é um vilarejo tranquilo de ruas de cascalho e casas revestidas de tábuas. Essas edificações antigas, castigadas pelas intempéries, rodeiam a margem verdejante do lago, talvez um dos mais bonitos de toda a Região dos Lagos. Cercado de escarpados picos andinos, tem águas mornas e cristalinas, ótimas para nadar. A atração cultural do vilarejo é o **Museo Tringlo Lago Ranco**, que expõe peças arqueológicas e antropológicas, incluindo cerâmica antiga.

🏛 Museo Tringlo Lago Ranco
Ancud s/n. **Tel** (063) 249-1348. ◯ dez-mar: 10h-13h, 15h-17h seg-sáb. 🛈 a pedidos, só em espanhol.

Arcos e vitrais neogóticos da Catedral de Osorno

㉓ Osorno

Mapa rodoviário D2. 107km ao sul de Valdivia. 🚌 154.000. ✈ 🛈 O'Higgins 667; (064) 223-4104. 🚍 seg, sex. 🎉 Festival Nacional de la Leche y la Carne (jan).

Fundada em 1558 por García Hurtado de Mendoza, então governador do Chile, a cidade de Osorno fica no centro da região pecuária chilena. A maior feira de gado do país, a Feria Ganadera de Osorno, é realizada nela às segundas e sextas – vale a pena visitá-la.

Embora seja basicamente uma cidade agropecuária, Osorno oferece várias atrações. A mais notável é a neogótica **Catedral San Mateo Apóstol**, com sua imensa fachada de concreto reforçado e filigranas nas ogivas. Construída em 1960, ela domina a praça central da cidade.

Ao sul da catedral fica a **Calle Juan Mackenna**, onde é possível apreciar uma série de casas de madeira em estilo teutônico que datam do século XIX, quando os colonizadores alemães chegaram a Osorno. As de número 939, 1011, 1027, 1068 e 1095 são consideradas monumentos nacionais.

Uma quadra a oeste dessas casas fica o elegante edifício neoclássico de 1929 do **Museo Histórico Municipal**. Suas exposições traçam a história da cidade, com cerâmica mapuche e armas do período colonial.

Osorno é uma boa base para quem vai ao vizinho Parque Nacional Puyehue. Antes de seguir até lá, é aconselhável obter informações no escritório da CONAF em Osorno.

🏛 Museo Histórico Municipal
M. A. Matta 809. **Tel** (064) 223-8615. ◯ diariam; consulte o site para mais detalhes. **w** osornomuseos.cl

㉔ Parque Nacional Puyehue

Mapa rodoviário E2. 187km a sudeste de Valdivia; Aguas Calientes. **Tel** (064) 197-4572. 🚍 de Osorno. 🛈 CONAF, Martínez Rosas 430, Osorno; (064) 222-1304. ◯ 9h-19h diariam. 🏨 ⛺ **w** parquepuyehue.cl

Famoso por suas águas termais, o Parque Nacional Puyehue é um dos mais populares do Chile. Ele cobre 1.067km² de vida selvagem, que abrange dois vulcões, cerca de 200 crateras e grandes extensões de floresta tropical valdiviana perene. Perto da entrada do parque, no setor de Aguas

Vista da impressionante paisagem do Parque Nacional Puyehue

Veja hotéis e restaurantes dessa região nas pp. 279-80 e 295-6

REGIÃO DOS LAGOS E CHILOÉ | 209

Piscina de águas termais de Aguas Calientes, Parque Nacional Puyehue

Calientes, as **Termas Aguas Calientes** são um resort rústico de águas termais, com piscinas de pedra ao ar livre ricas em enxofre, cercadas de floresta e cursos d'água. No setor Antillanca do parque, o **Volcán Casablanca**, com 1.990m, tem uma das escaladas mais fáceis da Região dos Lagos. Da sua base partem trilhas de dificuldade variada que se insinuam pela floresta nativa de árvores como a *lenga*, o olmo e a *coigüe*. Há uma variedade de pássaros no parque, como espécies de beija-flor, condor e martim-pescador. Nas caminhadas ouve-se o potente canto do chucao (*Scelorchilus rubecula*), espécie endêmica cujo nome tem raiz onomatopaica. O parque tem ainda mamíferos como pumas, raposas e o *huemul*, espécie nativa em risco de extinção, além do pequeno *possum*, um marsupial arborícola.

O vulcão Casablanca abriga o prestigioso **Centro de Esqui Antillanca**, na parede oeste do vulcão. Esse popular resort de esqui atrai muitos visitantes. Ele oferece ótimas oportunidades para esqui *off-piste*, com dezessete encostas para todos os níveis, percursos de snowboard e descidas de até 500m. Das encostas avista-se o horizonte azul, onde se destacam os cones nevados dos vulcões ao redor. O resort oferece aluguel de equipamentos, escola de esqui e um parque para as crianças brincarem na neve.

Entre as atividades de verão de Antillanca estão mountain bike, cavalgadas, passeios em cavernas e trilhas no vulcão, além de excursões de caiaque e de pesca. Passeios em veículos para neve por florestas virgens são uma atração adicional nos meses de inverno.

No setor norte do parque, menos visitado, os mais experientes podem subir por uma trilha difícil de dois dias até o **Volcán Puyehue** (2.236m de altitude). Ela passa por gêiseres, fumarolas e nascentes de água quente.

Martim-pescador, Parque Puyehue

Termas Aguas Calientes
Km 4 Camino Antillanca.
Tel (064) 233-1700.
w termasaguascalientes.cl

Centro de Esqui Antillanca
Vulcão Casablanca.
Tel (064) 261-2070. ☐ jun-out: 8h-17h30 diariam.
w antillanca.cl

❷⑤ Termas de Puyehue

Mapa rodoviário E2.
183km a sudeste de Valdivia; Ruta 215, km 76, Puyehue.
Tel (064) 233-1400. de Puyehue.
☐ 8h-20h seg-sex, 8h-21h sáb e dom.
w puyehue.cl

Esse spa-resort cinco estrelas é o lugar ideal para aliviar o corpo dolorido depois das longas caminhadas pelo vizinho Parque Nacional Puyehue. Escondido nas florestas à beira do parque, esse spa e hotel de montanha é luxuoso, mas acessível, e recebe tanto visitantes para um dia como hóspedes para pernoite. Pode-se relaxar nas águas terapêuticas de três grandes piscinas termais – coberta, semicoberta e ao ar livre –, com temperaturas que vão de 22°C a 41°C. Há salas quentes e piscinas para hidroterapia, além de uma tentadora variedade de tratamentos, que incluem mel, algas e massagens com ervas, além de banhos de lama ricos em enxofre. O spa tem programação diária de atividades para crianças e uma sala de brinquedos bem equipada. Tem ainda dois restaurantes, uma pequena galeria de arte e quadras de tênis ao ar livre. Os visitantes podem fazer passeios a cavalo até a praia do vizinho lago Puyehue, onde o spa oferece vários esportes aquáticos aos hóspedes.

Entrada do popular resort de águas termais Termas de Puyehue

㉖ Lago Llanquihue

Mapa rodoviário D2. 160km a sudeste de Valdivia.

Parecendo um mar pela sua amplidão, o fascinante lago Llanquihue é o terceiro maior lago natural da América do Sul. Sua superfície é de 875km², profundidade de até 350m e as águas azuis cristalinas são limitadas pelos vulcões Osorno e Calbuco. Para os mapuches, o lago e seus arredores eram reduto de monstros e espíritos malignos. Ele foi descoberto pelos espanhóis em 1552, mas só com a chegada dos imigrantes alemães no século XIX é que os europeus colonizaram as margens do lago. Desde então, Llanquihue tem sido o núcleo mais alemão da Região dos Lagos e hoje é rodeado por vilarejos de aspecto báyaro. Desses, Puerto Octay é o que tem um ar teutônico mais autêntico, enquanto Frutillar é famosa pelas praias e vista dos vulcões e Puerto Varas, por seus restaurantes e vida noturna.

㉗ Puerto Octay

Mapa rodoviário D2. 160km a sudeste de Valdivia. 3.500. German Wulf s/n; (064) 239-1860. Festival de la Leche (jan).
w turismopuertoctay.cl

Situada na margem norte do lago Llanquihue, Puerto Octay foi fundada em 1852 por imigrantes alemães, atraídos por sua localização numa baía abrigada. A cidade virou um importante entreposto do lago na rota comercial entre Osorno e Puerto Montt. Hoje, é um elegante destino de férias, com um cenário natural exuberante e bonitas ruas de arquitetura germânica bem conservada. Casas de madeira e edifícios públicos da época da colonização ocupam a Avenida Pedro Montt, a Calle G. Wulf e a Calle Amunategui. Instalado numa velha casa de colonizador, o excelente **Museo El Colono** exibe objetos de época. Outro edifício digno de nota é a **Iglesia Parroquial**, construída em 1907 em estilo gótico simples.

Puerto Octay fica de frente aos picos de três vulcões – Calbuco, Puntiagudo e Osorno. Todos são visíveis da principal praia da cidade, a **Playa La Baja**, um trecho de areia vulcânica preta ladeado por eucaliptos e pinheiros. O cemitério de Puerto Octay, no alto do morro, com os túmulos dos pioneiros alemães, propicia uma vista ainda mais bonita do lago e de vulcões ao redor.

Museo El Colono
Avenida Independencia 591.
Tel (064) 239-1523. 10h-13h e 15h-19h diariam. agendar.
w museoelcolono.jimdo.com

O vulcão Osorno, ao fundo das águas azuis do lago Llanquihue

㉘ Frutillar

Mapa rodoviário D2. 170km a sudeste de Valdivia. 10.000. Philippi e O'Higgins. qua, sex. Semana Musical de Frutillar (fim jan-início fev).
w frutillar.com

Para muitos a cidade mais bonita da Região dos Lagos, Frutillar foi fundada em 1856 por colonizadores alemães na margem oeste do lago Llanquihue. O elegante bairro de Frutillar Bajo (Baixo Frutillar) tem vista magnífica do vulcão Osorno, cujo cone nevado perfeito parece flutuar sobre a margem oposta do lago cor de safira.

As longas praias de areia de Frutillar Bajo têm hotéis, feiras de artesanato, restaurantes e arquitetura germânica antiga. O **Museo Colonial Alemán** fica numa área ajardinada e recria a era dos pioneiros, com edifícios em escala natural, um moinho, casa de fazenda e

A torre da Iglesia Parroquial ergue-se acima de Puerto Octay, às margens do lago Llanquihue

Veja hotéis e restaurantes dessa região nas pp. 279-80 e 295-6

uma forja. Os edifícios têm mobiliário de época e painéis informativos em várias línguas com todos os detalhes.

À beira do lago, o **Teatro del Lago** é um local para espetáculos e abriga a Semana Musical de Frutillar, um festival de uma semana de duração com ópera, jazz e música erudita. No extremo norte da cidade, a **Reserva Florestal Edmundo Winkler** preserva trechos de floresta valdiviana. Dali, uma trilha curta leva até um mirante, de onde se vê o lago e o vulcão.

Museo Colonial Alemán
Avenida Vicente Pérez Rosales, esq. Arturo Prat, Frutillar Bajo.
Tel (065) 242-1142.
jan-fev: 9h-19h30 diariam; mar-dez: 9h-17h30 diariam.
w museoaustral.cl

Reserva Florestal Edmundo Winkler
Calle Caupolicán s/n, Frutillar Bajo.
Tel (065) 242-2307. 8h-19h seg-sex (inverno: até 17h).

㉙ Puerto Varas

Mapa rodoviário D2. 190km ao sul de Valdivia. 25.000.
Piedraplén s/n; (065) 223-7956.
w puertovaras.org

De frente às margens sul do lago Llanquihue, Puerto Varas é a maior cidade do lago. Foi fundada em 1854 por imigrantes alemães, e ainda preserva casas da época dos pioneiros nas ruas Prat, Miraflores e Decker. O escritório de informação turística oferece um passeio a pé, o Paseo Patrimonial, que mostra 28 casas diferentes. O edifício teutônico mais notável da cidade é a **Iglesia Sagrado Corazón de Jesús**, construída em 1915-8 como réplica de uma igreja da Floresta Negra, na Alemanha. Toda de madeira e com interior barroco, abriga duas cúpulas, construídas na maior altura possível sem suportes de metal. O único museu de Puerto Varas, o pequeno **Museo Pablo Fierro**, é uma eclética mostra de objetos, de máquinas de fliperama a pianos antigos.

A maioria dos visitantes é atraída a Puerto Varas por suas praias de areia preta. A mais popular é a **Playa de Puerto Chico**, com vista do vulcão Osorno. No limite da cidade, uma trilha para carros leva ao Cerro Phillipi, com vista do lago.

Iglesia Sagrado Corazón de Jesús
Verbo Divino, esq. San Francisco.
horários variam. 20h.

Museo Pablo Fierro
Costanera Vicente Pérez Rosales s/n.
9h30-13h e 15h-20h seg-sáb.
w pablofierro.cl

Construção tradicional alemã no Museo Colonial Alemán, Frutillar

Imigrantes Alemães da Região dos Lagos

Em 1845, o governo do Chile aprovou lei de incentivo à colonização da Região dos Lagos, para enfraquecer o controle dos mapuches. Cerca de 150 famílias católicas alemãs aceitaram o convite do governo chileno para povoar a área; logo depois, um grande fluxo de alemães chegou ao Chile fugindo da pobreza e do governo autoritário em seu país. Entre 1846 e 1875, 66 navios fizeram a viagem de cinco meses de Hamburgo, na Alemanha, a Valdivia *(pp. 206-7)*. Famílias de artesãos e agricultores se instalaram em Valdivia, depois em Osorno *(p. 208)* e finalmente na área em volta do lago Llanquihue. Os alemães fundaram três cidades às margens do lago – Puerto Octay, Frutillar e Puerto Varas –, que viraram o núcleo alemão da região. A imigração cessou na década de 1880, mas as cidades do lago Llanquihue continuaram prosperando como escalas no trajeto de Osorno a Puerto Montt *(pp. 216-7)*.

Casa original de colonizador, Frutillar

Estilo teutônico da Iglesia Sagrado Corazón de Jesús, em Puerto Varas

Belíssimo cenário do lago Todos Los Santos, no Parque Nacional Vicente Pérez Rosales

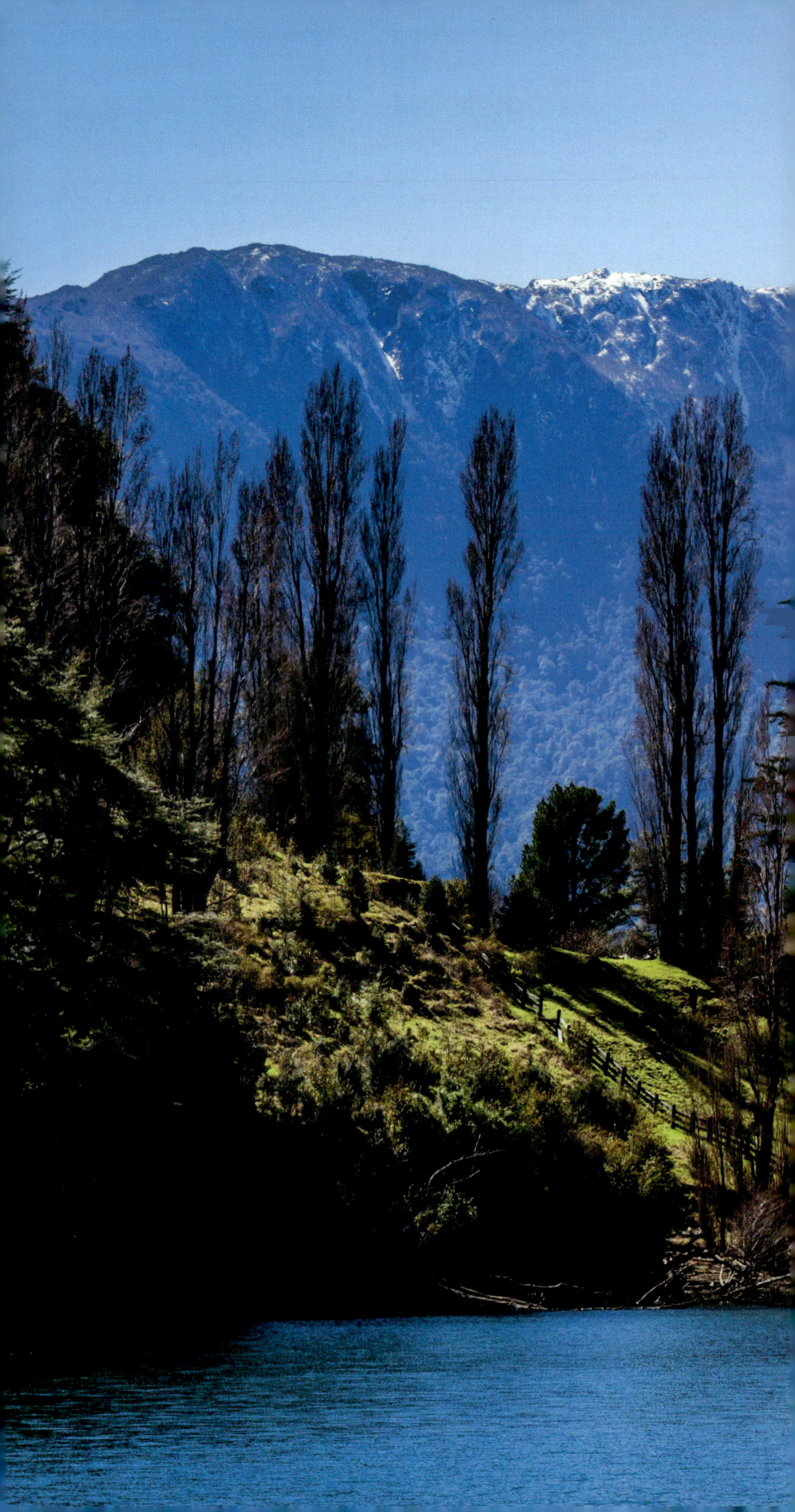

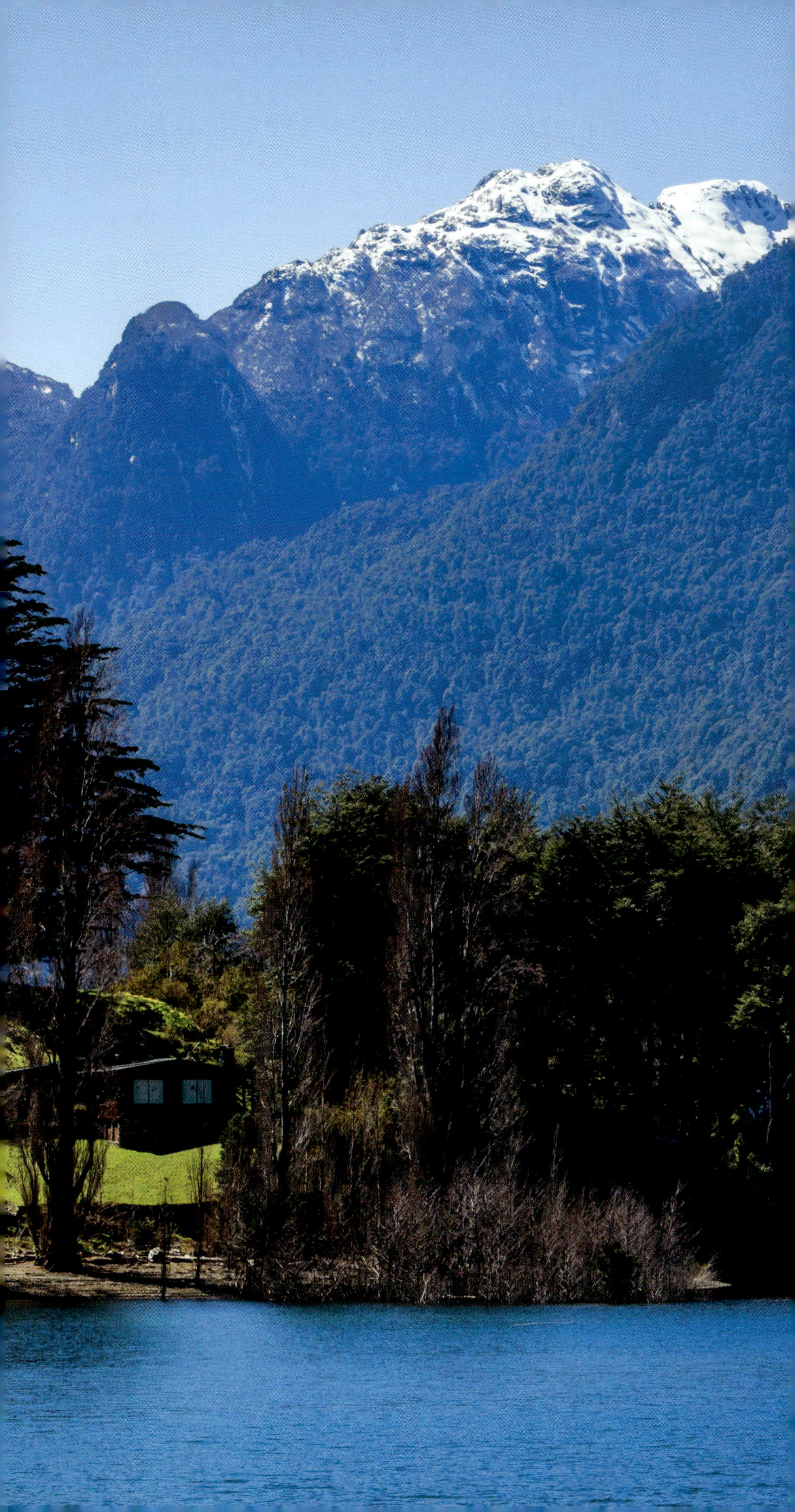

Parque Nacional Vicente Pérez Rosales

Criado em 1926, o Parque Nacional Vicente Pérez Rosales é um dos parques mais espetaculares do Chile. Sua paisagem de rara beleza abrange vulcões, lagos cristalinos, cachoeiras e florestas perenes. O maior destaque é o cone perfeito do Volcán Osorno, ainda ativo. Dois outros grandes vulcões – Tronador e Puntiagudo – também compõem a paisagem e junto com o lago Todos Los Santos e Saltos de Petrohué protegem uma diversidade de aves e mamíferos, e oferecem atividades como passeios de barco, cavalgadas na floresta, trilhas de lava e esqui nas encostas dos vulcões.

Legenda
- PN Vicente Pérez Rosales

★ Volcán Osorno
Visão mais impressionante do parque, o vulcão Osorno atrai muita gente para trilhas e cavalgadas. Uma estrada pavimentada sobe pela encosta até a Estación Base, onde fica um espetacular mirante e um moderno centro de esqui e snowboard. No verão, oferece mountain bike e tirolesa.

★ Saltos de Petrohué
Torrentes de água doce emergindo de um campo de lava que divide o rio Petrohué formam os Saltos de Petrohué. Há caminhos escavados na rocha de lava junto às corredeiras e pode-se ir de lancha até bem perto. Várias trilhas na floresta levam até lagoas cor de jade.

LEGENDA

① **Laguna Verde** é uma lagoa muito verde rodeada de rocha de lava preta e florestas. As trilhas cruzam os campos de lava até o lago Llanquihue, o grande lago cujas águas se infiltram na Laguna Verde.

② **Peulla** é uma aldeia com dois hotéis, à qual se chega de catamarã. Oferece pesca no lago, trilhas e cavalgadas nas encostas do vulcão Tronador.

Rio Petrohué
Originário do lago Todos Los Santos, o rio Petrohué é um dos mais procurados no Chile para atividades como pesca e esportes como caiaque e rafting.

Veja hotéis e restaurantes dessa região nas pp. 279-80 e 295-6

REGIÃO DOS LAGOS E CHILOÉ | 215

★ **Lago Todos Los Santos**
Esse belo lago glacial, rodeado por encostas com bosques e praias de areia preta, é explorado em catamarãs e barcos de madeira. Do lago, são avistados três vulcões.

PREPARE-SE

Informações Práticas
Mapa rodoviário E2. 45km a nordeste de Puerto Varas.
CONAF, Ochagavía 458, Puerto Montt; (065) 248-6102.
8h30-18h30 diariam.
w conaf.cl

Transporte
de Puerto Montt e Puerto Varas, via Ensenada e Petrohué.

Legenda
- Estrada secundária
- - - Trilha
- Limite do parque
- Fronteira internacional
- △ Pico

Como Explorar o Parque

Os pontos altos do parque concentram-se no setor oeste, servido por uma estrada e por ônibus locais, e ligado a Puerto Varas, portal de entrada (p. 211). Os vilarejos de Ensenada e Petrohué abrigam hotéis e campings. De Petrohué, catamarãs fazem a travessia de duas horas até o setor leste do parque, chamado Peulla, onde a vila de mesmo nome conta com dois hotéis.

Cruce de los Lagos

Essa espetacular travessia dos Andes pelas regiões dos lagos do Chile e da Argentina cruza dois parques nacionais e quatro lagos. A viagem de dois dias, partindo de Petrohué, por terra e pelos lagos, termina em Bariloche, Argentina. No caminho há quatro vulcões e muitas cachoeiras e vida selvagem.

Um catamarã cruza as águas do lago Todos Los Santos

Volcán Tronador
O assombroso pico desse vulcão extinto de 3.460m de altitude estende-se entre as fronteiras do Chile e da Argentina.

Legenda dos símbolos *na orelha da contracapa*

③ Puerto Montt

É nessa cidade portuária que a Região dos Lagos se encontra com o oceano Pacífico. Fundada em 1853 na encosta de frente ao Seno de Reloncaví, a cidade cresceu em volta do porto, onde eram embarcados cereais e madeira. Muito atingida pelo terremoto de 1960, Puerto Montt foi praticamente reconstruída. Hoje tem uma forte indústria de criação de salmão e é ponto de partida de barcos que vão para o sul e de cruzeiros pelos fiordes chilenos. No centro há mercados, bons museus e uma arquitetura jesuítica preservada.

Área de compras no centro de Puerto Montt

🏛 Plaza Buenaventura Martínez

Situada no local de fundação da cidade, a praça principal de Puerto Montt foi também a primeira do Chile a ter um jardim. Remodelada diversas vezes após a inauguração em 1853, é um amplo espaço cujo lado sul se abre para uma vista panorâmica do Seno de Reloncaví. Na parte norte fica a neoclássica **Iglesia Catedral**, de 1856-96, inspirada no Partenon grego, com um interior simples e colunas dóricas de cipreste-da-patagônia enfeitando a fachada. Uma dessas colunas esconde a pedra fundamental de Puerto Montt. A capela lateral neogótica de San Francisco de Sales é acessada pelo interior da catedral.

🏛 Campanario de los Jesuitas

Colegio San Javier, Guillermo Gallardo 269. **Tel** (065) 224-5128.
⏰ 16h30-18h seg-sex, 11h-11h30 sáb.

Peça central de um complexo de edifícios jesuítas do século XIX, o Campanario de los Jesuitas foi erguido por missionários dessa ordem em 1894. Monumento nacional, a torre neogótica tem um pináculo e minaretes menores coroados por cruzes. O campanário foi todo construído com madeira nativa, como cipreste-da-patagônia, *coigüe* e *mañío*, e suas partes são encaixadas com pinos de madeira. Essa construção flexível lhe permitiu sobreviver ao terremoto de 1960. No interior, escadas de madeira levam até a torre, que tem seis sinos de 4t trazidos da Áustria em 1890. Visitas à torre começam no **Colegio San Javier**, um colégio jesuíta, e incluem a **Iglesia Jesuita**, de madeira, de 1872.

Puerto Montt

① Plaza Buenaventura Martínez
② Campanario de los Jesuitas
③ Museu Municipal Juan Pablo II
④ Mercado de Peixe de Angelmó

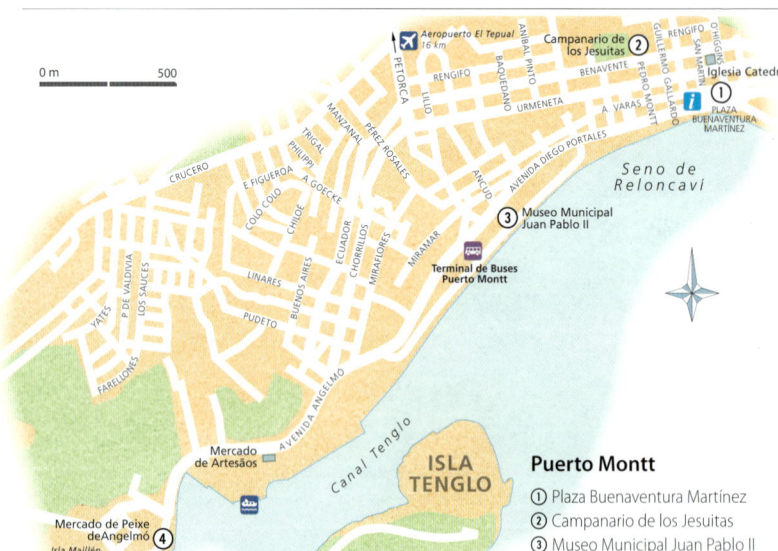

Veja hotéis e restaurantes dessa região nas pp. 279-80 e 295-60

REGIÃO DOS LAGOS E CHILOÉ | 217

Museo Municipal Juan Pablo II

Avenida Diego Portales 997. **Tel** (065) 226-1822. dez-mar: 10h-19h seg-sex, 10h-18h sáb e dom; abr-nov: 10h-19h seg-sex.

Esse museu, cujo nome homenageia o papa João Paulo II, que rezou missa ali para milhares de chilenos em 1987, conta a história de Puerto Montt, Chiloé e do lago Llanquihue. As peças vão do período pré-colombiano aos dias de hoje e incluem artefatos jesuítas e uma rica seleção de objetos trazidos pelos imigrantes alemães no século XIX, como brinquedos antigos e jornais e bíblias em alemão. Também estão expostos comoventes relatos fotográficos do terremoto de 1960 e do posterior tsunami, mostrando Puerto Montt antes e depois do desastre.

Edifício de madeira sobre palafitas no colorido Mercado de Peixe de Angelmó

Mercado de Peixe de Angelmó

Avenida Angelmó s/n. **Tel** (065) 226-1825. 8h-23h diariam.

Localizado à beira do lago, esse agitado mercado é a maior atração de Puerto Montt. É um turbilhão de cores e aromas, um labirinto de corredores estreitos e molhados, repletos de peixes, especiarias e algas. Escadas de madeira sobem até vários pequenos restaurantes que servem os melhores frutos do mar da cidade. Nas ruas próximas, artesãos vendem produtos de lã e esculturas de madeira. Do cais atrás do mercado partem barcos para Tenglo e Maillén, ilhas do Seno de Reloncaví.

㉜ Parque Nacional Alerce Andino

Mapa rodoviário E2. 40km a sudeste de Puerto Montt. CONAF, Sector Correntoso, a leste da vila de Correntoso. dez-mar: 9h-19h diariam; abr-nov: 9h-18h diariam. **w** conaf.cl

Com uma área de 390km², o Parque Nacional Alerce Andino protege o magnífico alerce ou cipreste-da-patagônia *(Fitzroya cupressoides)*. Nativo e exclusivo do sul do Chile e da Argentina, o alerce é uma árvore imponente que alcança até 70m de altura e vive até 4 mil anos. O parque também abrange uma linda paisagem de montanhas, vales profundos, florestas de faias e cerca de 50 lagos de montanha. Observação da natureza, caiaque de rio e trilhas são atividades muito procuradas na área. As mais percorridas são as duas trilhas fáceis que levam às lagoas de Sargazo e Fría, com 800 e 300 anos de idade respectivamente, rodeadas por florestas de alerces. Ambas as trilhas têm muitas espécies de aves.

㉝ Calbuco

Mapa rodoviário D3. 52km ao sul de Puerto Montt. 12.000.

Calbuco, atraente cidade à beira-mar ("Água Azul", em mapuche), é onde o longo e estreito território do Chile se fragmenta em vários arquipélagos. Os espanhóis a fundaram como fortificação em 1603, ao fugirem mais para o sul após um levante mapuche. Mais tarde, a colônia virou um importante porto, de onde eram despachados os troncos de alerce derrubados nas florestas próximas. Hoje, é uma pequena e pitoresca parada, cuja atração principal é a praça de frente para o mar aberto, com maravilhosa vista de ilhas e de três vulcões. Na praça, uma igreja cor de mostarda guarda uma imagem de São Miguel Arcanjo, trazida da Espanha pelos fundadores de Calbuco.

A cidade fica de frente às catorze ilhas do arquipélago de Calbuco, onde colônias de pinguins-de-magalhães e outras aves marinhas se reúnem entre setembro e abril. Barcos vindos de Caleta La Vega, o porto dos pescadores de Calbuco, visitam essas colônias.

PREPARE-SE

Informações Práticas
Mapa rodoviário D2.
210km ao sul de Valdivia.
176.000. San Martín 80; (065) 225-8087. La Semana Puertomontina (meados fev).
w puertomontt.cl

Transporte
Aeropuerto El Tepual.

Trilha por ciprestes-da-patagônia, no Parque Nacional Alerce Andino

Barcos para passeios turísticos, atracados na orla de Calbuco

Legenda dos símbolos *na orelha da contracapa*

Chiloé

Verde, chuvoso e pontilhado de igrejas de madeira, o encantador arquipélago de Chiloé fica ao sul da Região dos Lagos e compreende uma ilha maior, a Isla Grande, e várias menores. Na época pré-colombiana era ocupada pelos chono, nativos dedicados a atividades marítimas, e depois pelos huilliche, um subgrupo sedentário dos mapuches. Os espanhóis chegaram em 1567 e, nos 200 anos seguintes, levaram Chiloé por uma via histórica diversa daquela do Chile continental. Nesse período, Chiloé teve fusões étnicas entre espanhóis e povos indígenas, desenvolveu uma cultura única e foi a última fortaleza espanhola a cair na Guerra da Independência. Hoje, as igrejas jesuítas de Chiloé e de muitas cidades do litoral, bem diferentes das do continente, recebem visitantes provindos da histórica capital regional de Castro.

A cidade de Ancud, com as áreas verdes e os canais nos arredores

❸❹ Ancud

Mapa rodoviário D3. 87km ao sul de Puerto Montt; Isla Grande. 30.000. de Puerto Montt. Libertad 665; (065) 262-2800. Festival Costumbrista Chilote (últ sem de fev). ancud.cl

Pitoresca cidade pesqueira, Ancud é a primeira parada da maioria dos visitantes que cruza o canal de Chacao, vindo da Região dos Lagos para Chiloé. A cidade foi fundada pelos espanhóis em 1768 como fortificação na baía de Ancud, uma faixa de água pontuada por barcos pesqueiros, ladeada por praias cheias de algas e casas coloridas, tendo ao fundo morros verdejantes. A cidade é compacta e fácil de explorar a pé. A Avenida Salvador Allende corre paralelamente à baía, onde ficam as ruínas do **Forte San Antonio**. Essa fortaleza espanhola marca o local onde as forças leais à Coroa ofereceram a última resistência na Guerra da Independência do Chile, em 1826. Um obelisco no forte celebra a derrota final dos espanhóis. Nas proximidades, entre rochedos, fica a **Playa Arena Gruesa**, uma praia em forma de ferradura muito boa para nadar.

O **Museo Regional de Ancud** na praça central mostra peças arqueológicas e etnográficas. Tem também uma coleção de artefatos jesuítas dos séculos XVII e XVIII, demônios esculpidos da mitologia chilote e uma réplica em tamanho natural da *Goleta Ancud*, a escuna construída em Ancud que levou os primeiros colonizadores chilenos até o estreito de Magalhães em 1843. Ao lado do museu fica a catedral, cuja fachada de pedra lembra a das casas chilotes.

Fuerte San Antonio
Cochrane esq. San Antonio.
8h30-21h seg-sex, 9h-20h sáb e dom.

Museo Regional de Ancud
Libertad 370. **Tel** (065) 262-2413.
10h-17h30 ter-sex; 10h-14h sáb e dom (jan-fev: 10h-19h diariam.)
10h-12h e 15h30-17h.
museoancud.cl

❸❺ Monumento Natural Islotes de Puñihuil

Mapa rodoviário D3. 27km a oeste de Ancud; junto à Playa de Lechagua, Bahia Puñihuil, Isla Grande. de Bahia Puñihuil: set-abr: 10h-19h diariam. set-abr: 10h-19h diariam. conaf.cl

Formado por três ilhotas de origem vulcânica, o Monumento Natural Islotes de Puñihuil é um reduto de colônias de pinguins-de-humboldt e de magalhães, que nidificam ali todo ano. São um dos raros locais do mundo onde os vulneráveis pinguins-de-humboldt compartilham o hábitat com seus parentes magalhães. Passeios em pequenos barcos partem da baía de Puñihuil na costa noroeste da Isla Grande para observar os pinguins e outros membros da fauna, como lontras marinhas, que se arrastam pelas rochas pretas à beira d'água, ágeis cormorões mergulhando atrás de crustáceos, patos-vapor e duas espécies de ostreiros.

Colônia de pinguins no Monumento Natural Islotes de Puñihuil

Veja hotéis e restaurantes dessa região nas pp. 279-80 e 295-6

Mitos e Folclore de Chiloé

Há muitos séculos, contos e mitos enriquecem a vida dos chilotes, passados oralmente de geração para geração. Deusas que protegem a terra, perversos seres da floresta que enganam adolescentes para roubar-lhes a virgindade, uma serpente que suga a vitalidade de uma família e bruxas disfarçadas de corujas, vistas como arautos da morte: esses são apenas alguns dos bons e maus espíritos, bruxos, feiticeiras e monstros que os ilhéus acreditam vagar por Chiloé. As origens dessas histórias remontam a lendas de milhares de anos dos mapuches e à sua fusão posterior com superstições hispânicas e crenças católicas. Além disso, a paisagem do arquipélago constitui um cenário ideal para isso: as baías imersas em neblina, as florestas silenciosas, os picos escarpados e os céus cor de chumbo evocam de fato mundos fantásticos.

O perverso El Trauco é um pequeno ser da floresta, sem calcanhares nem dedos dos pés, que anda de bengala e carrega um machado capaz de derrubar uma árvore em três golpes. Ele vaga por seus domínios à procura de virgens jovens, sozinhas pela floresta. Ao ver uma, seu machado se torna uma flauta, a mulher é encantada pelo som e engravidada. Essas crianças mais tarde serão chamadas para a floresta a fim de substituir o pai quando ele se ausentar.

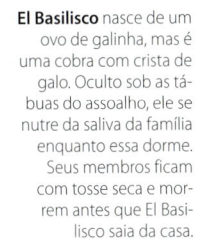

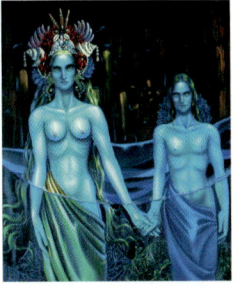

El Basilisco nasce de um ovo de galinha, mas é uma cobra com crista de galo. Oculto sob as tábuas do assoalho, ele se nutre da saliva da família enquanto essa dorme. Seus membros ficam com tosse seca e morrem antes que El Basilisco saia da casa.

La Pincoya, mulher de beleza inigualável, aparece à meia-noite e dança loucamente nas praias de Chiloé. Se dançar de frente para o mar, é sinal de boa pesca; se voltada para a praia, indica pesca ruim.

El Coo é uma bruxa disfarçada de coruja que, ao pousar no peitoril da janela de uma casa chilote, anuncia a morte de um ente querido.

El Camahueto, um bezerro do brejo com um chifre apenas, emigra para o mar ao ficar adulto. Ele destrói a roça ao ir embora e causa uma maré de ondas desastrosas quando submerge no mar.

㊱ Castro

Joia da ilha, Castro é a capital de Chiloé e parada obrigatória em qualquer visita ao arquipélago. Terceiro assentamento mais antigo do Chile, foi fundada pelos espanhóis em 1567 num morro de frente ao enevoado Fiordo Castro. Tornou-se a cidade mais austral do mundo e o foco dos esforços espanhóis para conquistar o arquipélago e das tentativas dos jesuítas de evangelizá-lo. Atualmente, é um local pitoresco, de ruas íngremes, linda vista do mar e palafitas históricas.

Palafitas de madeira pintadas em cores vivas, nas praias do Fiordo Castro

🏛 Museo Regional de Castro
San Martín 261.
Tel (065) 263-5967.
🕐 jan-fev: 9h30-13h, 15h-19h seg-sex, 9h30-18h30 sáb, 10h30-13h dom; mar-dez: 9h30-13h e 15h-18h seg-sex, 9h30-13h dom.
só câmeras sem flash.

Esse pequeno museu narra a história de Chiloé desde a chegada dos grupos de caçadores-coletores ao arquipélago – há 6 mil anos – até os tempos modernos. Objetos históricos e painéis informativos registram a colonização das ilhas pelos chonos e huilliches, a subsequente conquista espanhola no século XVI e o papel principal desempenhado por Chiloé como fortaleza da Coroa durante a guerra de independência com o Chile (1810-18). Entre as peças da história moderna há fotos da destruição causada pelo terremoto e pelo tsunami de 1960, que atingiram as vilas costeiras de todo o arquipélago. Seções temáticas do museu exploram a rica mitologia de Chiloé (p. 219), sua arquitetura religiosa e as origens da cultura chilote.

🏛 Iglesia San Francisco
Plaza de Armas.
🕐 9h30-21h30 diariam.

O principal marco de Chiloé é a linda Iglesia San Francisco, obra extraordinária da habilidade artesanal local. Patrimônio da Unesco, ela foi projetada pelo arquiteto italiano Eduardo Provasoli em 1910, totalmente construída com madeiras nativas como o alerce e a *coigüe*, e com exuberante acabamento policromático. A notável fachada neogótica do edifício é revestida de folhas de lata ondulada, pintadas de dourado e púrpura, e ostenta dois campanários de 40m de altura. Por décadas, essas torres serviram para guiar os navios que chegavam ao porto. Hoje seu *status* de edificações mais altas de Castro é protegido por lei. O interior em abóbada da igreja tem rica imagística religiosa,

Centro de Castro
① Museo Regional de Castro
② Iglesia San Francisco
③ Palafitos

Veja hotéis e restaurantes dessa região nas pp. 279-80 e 295-6

e o altar, o púlpito e o confessionários ostentam entalhes refinados em madeira nativa, feitos por artesãos locais.

A impressionante fachada neoclássica da Iglesia San Francisco

Palafitos
Margens do Fiordo Castro.

Os *palafitos* de Castro, principal cartão-postal da cidade, são casas tradicionais de madeira assentadas em palafitas, ao longo da margem do Fiordo Castro. Essas pitorescas casas são construídas com madeiras locais e pintadas em cores vivas. Cada palafita tem duas fachadas: uma de frente para a rua, outra voltada para a água. Exemplo curioso da arquitetura local, as palafitas foram projetadas originalmente no século XIX para os pescadores locais, que atracavam seus barcos na água antes de subir por uma escada de madeira até sua casa. Antes do terremoto de 1960, havia palafitas na maior parte da margem leste da Isla Grande. Agora, seu número se reduziu muito e eles se concentram na Avenida Pedro Montt, junto à costa. Os passeios de barco que partem do cais oferecem vista espetacular dessas construções singulares.

Museo de Arte Moderno Chiloé
Galvarino Riveros s/n, Parque Municipal. **Tel** (065) 263-5454.
jan-fev: 10h-18h diariam; mar-dez: 10h-17h diariam. a pedidos.
mamchiloe.cl

Instalado num antigo armazém de cereais, o Museo de Arte Moderno Chiloé fica no alto de um morro com fortes ventos e vista magnífica da cidade. É um ótimo museu de arte contemporânea, que cobre vários estilos, incluindo instalações, grafites e arte digital. O acervo permanente exibe obras de artistas chilenos renomados, como Arturo Duclos e Ricardo Yrarrázaval.

Muitas peças do museu utilizam material indígena, como lã de carneiro e madeira nativa. Elas também exploram temas locais e enfatizam a diferença entre a identidade cultural de Chiloé e a do Chile continental.

PREPARE-SE

Informações Práticas
Mapa rodoviário D3. 77km ao sul de Ancud. 39.000. Plaza de Armas. Festival Costumbrista Chiloé (fev). **municastro.cl**

Transporte

❼ Parque Nacional Chiloé

Mapa rodoviário D3. 52km a sudoeste de Castro; Sector Chanquín, Cucao.
CONAF, Gamboa 424, Castro; (065) 253-2501. de Castro.
9h-19h diariam.
conaf.cl

O lado oeste do Parque Nacional Chiloé fica à beira do oceano Pacífico e a leste fica a cadeia de montanhas costeiras do Chile. Entre os dois, protege mais de 426km² de floresta indígena, incluindo as florestas de alerce mais ao sul do país. No parque há exuberante vida selvagem, e seus trechos litorâneos abrigam colônias de leões-marinhos, pinguins-de-magalhães e de humboldt e várias aves marinhas.

A maioria das visitas ao parque se concentra no setor sul, onde a vila de Cucao oferece acomodações rústicas na entrada do parque. É dessa vila que parte a **Chanquín-Cole Cole Trail**, que percorre um trecho do litoral do Pacífico com praias de areia branca, grandes ondas e dunas de areia junto à floresta nativa. No final da trilha, membros de uma comunidade huilliche organizam passeios a cavalo por bosques verdejantes.

O setor norte do parque, embora menos visitado, tem florestas de maior porte e densidade. Ali, a excelente **Castro-Abtao Trek**, de 18km de extensão, cruza uma densa floresta de alerces e termina no oceano Pacífico.

Paisagem varrida por fortes ventos, com rochas e dunas à beira do oceano Pacífico, Parque Nacional Chiloé

Legenda dos símbolos *na orelha da contracapa*

Artesanato local à venda no mercado perto do porto, Dalcahue

㉟ Dalcahue

Mapa rodoviário D3. 28km a nordeste de Castro. 11.000. Ramón Freire s/n; (065) 264-2376. dom. La Fiesta del Ajo y de las Tradiciones (meados fev). **w** dalcahue.cl

Localizada na costa leste da Isla Grande, a cidade de Dalcahue fica em frente às ilhas menores do arquipélago de Chiloé. Dalcahue não tem uma data particular de fundação, mas foi evoluindo a partir do século XVIII como parada da Missão Circular dos jesuítas – viagens anuais feitas pelos jesuítas por Chiloé.

Sua principal atração é a **Iglesia Dalcahue**, protegida pela Unesco. Essa edificação neogótica foi construída em 1903 no local de uma antiga missão jesuíta. Perto dela, o **Museo Cultural de Dalcahue** exibe peças históricas locais.

Dalcahue é também um núcleo de artesãos das ilhas vizinhas, que chegam todo dia de barco para vender seus produtos no mercado.

Museo Cultural de Dalcahue
Avenida Pedro Montt 105.
Tel (065) 264-2375. dez-mar: 8h-17h diariam; abr-nov: 8h-17h seg-sex.

㊴ Curaco de Vélez

Mapa rodoviário D3. 37km a leste de Castro. 3.600. de Castro. de Dalcahue. Entrada de Curaco de Vélez, Plazoleta la Amistad. Festival Costumbrista Chilote (fev). **w** curacodevelez.cl

Saindo de Dalcahue, barcos cruzam o canal Dalcahue – parte do Mar Interior que separa Chiloé do Chile continental – para chegar à Isla de Quinchao, pontuada por pequenas vilas costeiras.

Nessa ilha, diante do canal, fica a vila de Curaco de Vélez, de beleza excepcional, e o menor assentamento de todo o arquipélago de Chiloé. Suas origens remontam ao século XVII, quando jesuítas ancoraram na área pela primeira vez em sua rota missionária. A igreja jesuíta original foi destruída num incêndio em 1971, mas ainda há muita arquitetura local com mais de um século para ser vista. A **Calle Errázuriz** tem várias casas cinza de madeira revestidas de telhas de alerce no estilo típico chilote. Elas atestam o passado próspero de Curaco de Vélez, quando o setor madeireiro trouxe riqueza e fez florescer o artesanato. Hoje a vida pacata da cidade gira em torno da praça onde o **Museo Municipal de Curaco de Vélez** conta um pouco da história local. A praça tem ao fundo um trecho bonito de praia de conchas, em frente à estreita faixa de mar. Colônias de cisnes-de-pescoço-preto pontuam a água no verão. A Isla de Quinchao também se destaca pelas igrejas jesuítas, casas históricas de madeira, restaurantes de frutos do mar e mercados de artesanato.

Museo Municipal de Curaco de Vélez
Calle 21 de Mayo s/n. **Tel** (065) 266-7317. 9h-13h30, 12h30-18h seg-sex, 10h-13h dom.

㊵ Achao

Mapa rodoviário D3. 45km a leste de Castro. 9.000. de Castro e Curaco de Vélez. Amunátegui s/n, Plaza de Armas. Encuentro Folclórico de las Islas del Archipiélago (fev).

Aninhada na costa leste da Isla de Quinchao, a pequena cidade de Achao vale uma visita. A **Iglesia Santa María de Loreto**, a mais antiga do arquipélago, é a única edificação que sobreviveu à missão jesuíta original. Construída em 1754, ela fica na praça principal da cidade e tem toda a estrutura em madeira: até os pinos e pregos usados na sua construção são de madeira. O interior em abóbada tem colunas barrocas e um altar e púlpito muito bem esculpidos. A fachada neoclássica da igreja é em telhas de alerce, no tradicional estilo chilote. Na praça fica também o **Museo de Achao**, que tem interessantes exposições sobre os chonos, o povo nômade que colonizou Chiloé na era pré-colombiana, além de coloridas exposições de tapeçarias feitas pelos chilote.

Fachada da igreja de madeira de Achao

Museo de Achao
Amunátegui 014. jan-fev: 10h-18h diariam.

Busto de herói naval local enfeita a arborizada praça de Curaco de Vélez

Barcos de pesca e para passeios turísticos atracados no protegido porto de Chonchi

41 Chonchi

Mapa rodoviário D3. 23km ao sul de Castro. 4.600. Centenario, esq. Sgto. Candelaria. Festival Costumbrista Chilote (fev).

Chamada de Cidade dos Três Andares por sua topografia em desnível, Chonchi é na verdade uma vila na encosta do morro, de frente para uma linda baía da Isla Grande. A cidade era vista pelos jesuítas como uma cabeça de ponte para evangelizar a área sul do arquipélago e se desenvolveu em torno da Missão Circular dos jesuítas no século XVII.

No final do século XIX, viveu seu auge comercial como porto madeireiro, e ainda há vários edifícios de madeira em suas ruas de cascalho, como na Calle Centenario. A **Iglesia de Chonchi**, de 1883, é uma das dezesseis protegidas pela Unesco no arquipélago. Tem fachada de madeira, em baunilha e azul, e um interior em abóbada decorado com milhares de pequenas estrelas.

Vale a pena também ver o **Museo de las Tradiciones Chonchinas**, numa mansão construída por um barão da madeira em 1910. Seus quartos recriam uma típica casa chilote da era dos pioneiros.

Museo de las Tradiciones Chonchinas
Centenario 116. **Tel** (065) 267-2802. 10h30-13h30 e 14h30-18h seg-sex, 10h30-13h30 sáb. permitido para câmeras sem flash.

42 Quellón

Mapa rodoviário D3. 99km ao sul de Castro. 13.000. 22 de Mayo 251; (065) 268-3500. Festival Costumbrista Chilote (fev).

Porto pesqueiro comercial, Quellón cresceu na virada do século XX em torno de uma destilaria de álcool e acetona. Embora a cidade tenha sido atingida pelo terremoto e pelo tsunami de 1960, assim como pelo declínio econômico que se seguiu, ela conta hoje com uma florescente atividade turística de observação de baleias, que atrai visitantes todos os anos. O ponto mais procurado para isso é o Golfo de Corcovado, a sudeste de Quellón, que fica na rota migratória anual da baleia-azul. Na cidade, vale a pena visitar o **Museo Inchin Cuivi Ant**, com mostras da tecnologia e da história chilote e representações escultóricas de figuras mitológicas de Chiloé *(p. 219)*. A cidade serve também como ponto de partida para barcos que se dirigem ao norte da Patagônia *(pp. 226-39)*, e é também o ponto final da grande rodovia Pan-Americana. Essa rede de estradas percorre 20 mil km pelas Américas do Sul e do Norte, até terminar no centro de Quellón. O Monumento Hito Cero assinala o local onde termina a rodovia.

Museo Inchin Cuivi Ant
Avenida Juan Ladrilleros 225. **Tel** (065) 268-1901. dez-mar: 10h-13h e 15h-18h diariam.

Festival Costumbrista Chilote

Vibrante celebração da cultura chilote, o Festival Costumbrista Chilote é o maior evento anual de Chiloé, realizado em todas as cidades e vilas do arquipélago em janeiro e fevereiro. As festividades têm música e dança folclóricas, feiras de artesanato e demonstrações de atividades tradicionais da ilha. Os visitantes experimentam tosquiar carneiros, conduzir bois, fazer geleias ou aprender métodos tradicionais de tecelagem chilote. Bancas servem comidas e bebidas chilotes, como *empanadas* de frutos do mar, *curanto (p. 291)*, *licor de oro* (um licor de leite de vaca fermentado) e o doce de mel de olmo, feito a partir dessa árvore nativa. As festividades envolvem ainda outros eventos em épocas e locais diferentes, por isso veja os detalhes no escritório de informação turística.

Crianças em trajes típicos, no Festival Costumbrista Chilote

Igrejas Jesuítas em Chiloé

Em 1608, padres jesuítas chegaram a Chiloé para evangelizar os huilliche. Nesse processo, fundaram a Missão Circular e construíram igrejas de madeira por todo o arquipélago. Tais construções constituíram uma nova forma de arquitetura religiosa – a Escola Chilote –, com raízes na arquitetura jesuíta de igrejas da Europa do século XVII. Hoje há mais de 60 igrejas jesuítas no arquipélago, algumas delas reconstruídas nos séculos XVIII e XIX após incêndios ou terremotos. Todas compartilham aspectos arquitetônicos essenciais, apesar das diferenças nas dimensões e nos detalhes. Dezesseis são patrimônio mundial da Unesco.

Um teto em abóbada cobre a nave central, como na Iglesia de Castro. Esse detalhe elegante pode receber pinturas ou ser deixado sem adornos.

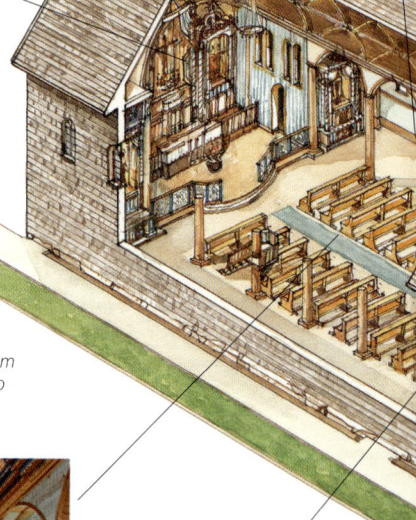

O interior da igreja pode ser simples e austero ou muito decorado.

As duas naves laterais amparando a nave central têm tetos planos.

O altar ergue-se no extremo norte da igreja. É feito de troncos de alerce nativo, cipreste e *mañio* por artesãos locais, e com frequência ricamente esculpido com imagística católica. Pintados em cores vivas, santos de madeira enfeitam o espaço acima do altar.

Arquitetura da Igreja

As igrejas chilote têm aspectos- -chave característicos e todos eles estão presentes na Iglesia de Achao. Os mais típicos são o campanário e a fachada simétrica. A forma da igreja, com telhado inclinado, teto em abóbada e longas naves, sugere um barco invertido. As igrejas ficam diante de um porto natural e têm face sul, como proteção para as chuvas que vêm do norte.

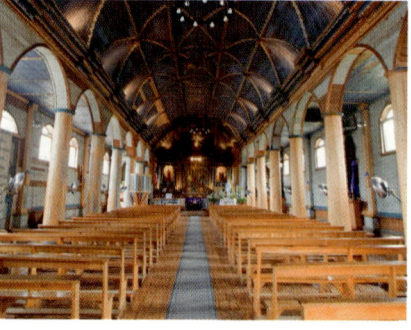

As janelas estão dispostas ao longo do pórtico da igreja, no campanário e nas paredes laterais.

Uma longa nave central ocupa o coração da igreja. Colunas de madeira, assentadas na pedra e feitas de troncos de madeira nativa, separam essa parte das naves laterais. Apenas a nave central se estende do fundo da igreja até o altar.

A Missão Circular dos Jesuítas

Iglesia de Tenaun

Os jesuítas tinham um grande obstáculo para evangelizar Chiloé: o excepcional isolamento das ilhas e das populações huilliche. Para superá-lo, faziam viagens circulares anuais pelo arquipélago por mar. Nessa Missão Circular, desembarcavam em cada assentamento indígena, convertiam a população, deixavam lá um leigo para dar assistência espiritual contínua e voltavam no ano seguinte. Em cada missão, uma igreja era construída – no total foram 200 –, e em torno dela a vila crescia. Após a expulsão dos jesuítas do Novo Mundo hispânico em 1767, os franciscanos assumiram a Missão Circular.

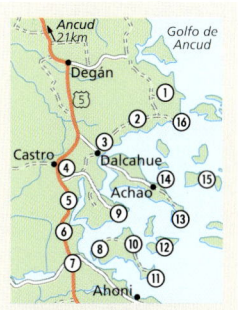

Igrejas Protegidas pela Unesco em Chiloé

1. Iglesia de Colo
2. Iglesia de San Juan
3. Iglesia de Dalcahue
4. Iglesia de Castro
5. Iglesia de Nercón
6. Iglesia de Vilupulli
7. Iglesia de Chonchi
8. Iglesia de Ichuac
9. Iglesia de Rilán
10. Iglesia de Aldachildo
11. Iglesia de Detif
12. Iglesia de Chelín
13. Iglesia de Quinchao
14. Iglesia de Achao
15. Iglesia de Caguach
16. Iglesia de Tenaún

Uma cruz coroa a torre. Ela serve como guia para pescadores no mar.

Um campanário ergue-se sobre o coro no centro da fachada, dando à igreja um desenho simétrico. A torre tem uma base retangular e evolui como um cone octogonal com janelas.

A fachada simétrica é de uma beleza austera. O telhado tem um frontão e às vezes é revestido de telhas de alerce.

Visitas e Passeios

Há muitas igrejas no centro das cidades de Chiloé. Elas ficam o dia inteiro abertas e têm fácil acesso. Para quem vai de carro a Chiloé, a Ruta de las Iglesias é um passeio de meio dia pelas igrejas protegidas pela Unesco. Em Castro e Ancud há passeios a igrejas selecionadas.
Veja mais detalhes no site
W rutadelasiglesias.cl

O coro fica acima da entrada, formando um triângulo quando visto do exterior.

A entrada pode ter um pórtico com colunas e arcadas em estilo neogótico ou neoclássico, como na Iglesia de Dalcahue. Os jesuítas abriam praças diante da entrada para as procissões religiosas.

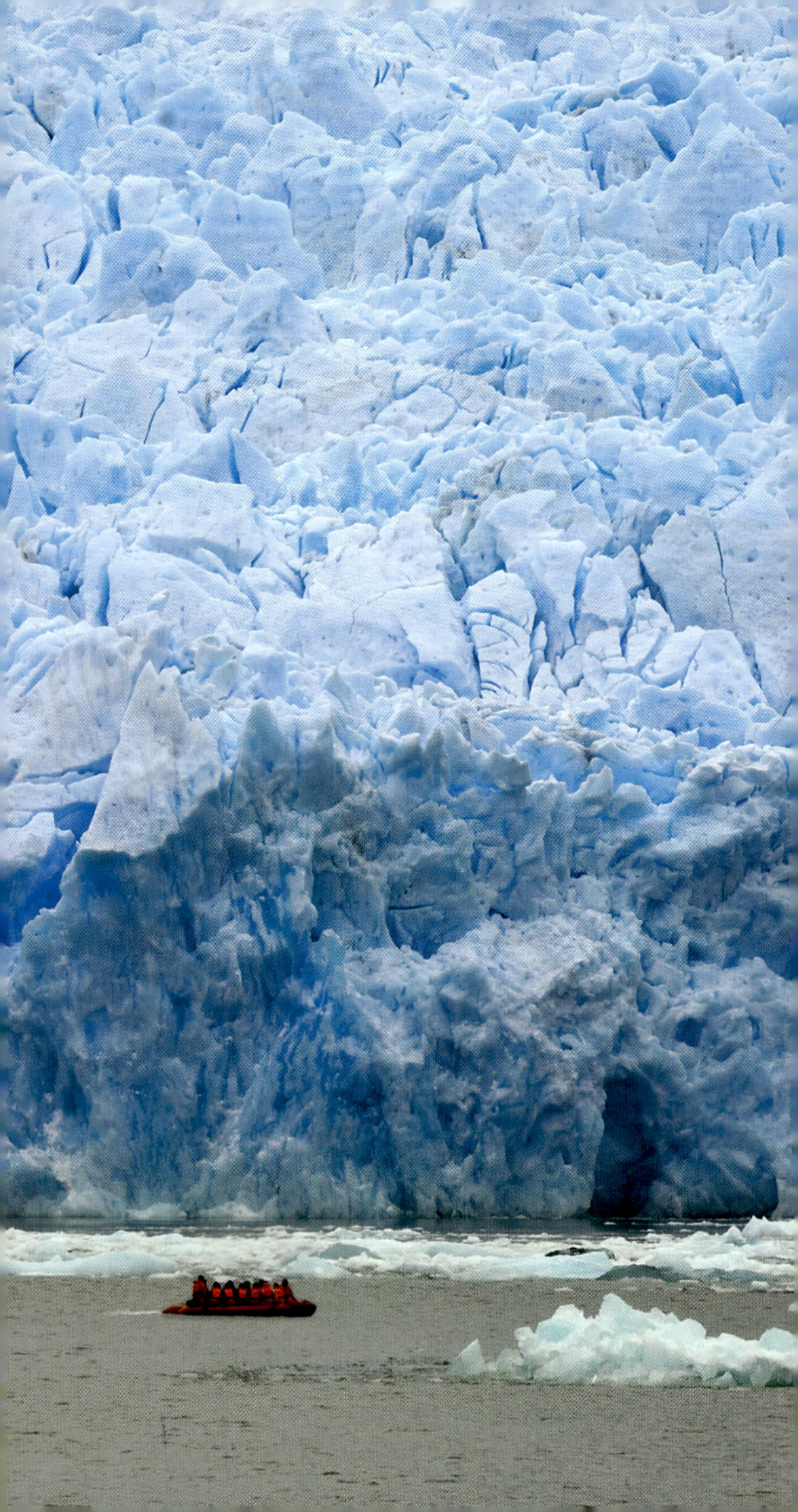

NORTE DA PATAGÔNIA

O norte da Patagônia é pouco povoado e abriga uma das áreas mais selvagens do continente e também a estrada de paisagens mais espetaculares do Chile, a Carretera Austral. Por ali há glaciares azuis e icebergs, picos andinos e grandes reservas florestais. Vilarejos e pequenas cidades esparsas como Coyhaique são bases ideais para explorar as inúmeras atrações da região.

Os fiordes, florestas e estepes do norte da Patagônia eram originalmente habitados por caçadores-coletores tehuelche e pescadores kawéskar. Na era das explorações, poucos europeus chegaram ao local, além dos missionários jesuítas baseados em Chiloé. Navegadores e cientistas britânicos como John Byron (1723-86) e Charles Darwin (1809-82) produziram os melhores registros antigos. Mesmo após a independência, o Chile demorou a colonizar a região. Só no início do século XX é que a concessão de uma imensa área para criação de carneiros e silvicultura incentivou o seu crescimento econômico.

Essa concessão do governo chileno em 1903 foi feita a empresas agrícolas privadas, na nascente capital regional de Coyhaique e arredores. Isso levou de início a grandes queimadas, deflorestamento e erosão, o que fechou Puerto Aisén, principal porto da área, numa época em que quase todo o transporte era marítimo. O acesso rodoviário teve início na década de 1970 com a Carretera Austral – uma estrada que desce do norte da Patagônia e está sendo aos poucos pavimentada. A nova rodovia ajudou a promover o turismo, incentivou a mineração e a criação do salmão e introduziu grandes projetos hidrelétricos, que também geraram controvérsias.

Os muitos parques nacionais do norte da Patagônia conservam grandes florestas nativas milenares, rios intocados, picos e exuberantes cachoeiras. Acessados por rotas de barco e por estradas com lindas paisagens que saem da Carretera Austral, são ideais para rafting, pesca, trilhas e outras atividades.

Paseo Horn, rua comercial do centro de Coyhaique

◀ O Campo de Hielo Norte, enorme manto de gelo no Parque Nacional Laguna San Rafael

Como Explorar o Norte da Patagônia

A região se caracteriza pela ausência de grandes cidades, exceto a capital provincial, Coyhaique, porta de entrada para os glaciares do Parque Nacional Laguna San Rafael e para o paraíso dos trilheiros, a Reserva Nacional Cerro Castillo. A maioria dos visitantes explora o norte da Patagônia pela Carretera Austral, que se estende pela região de norte a sul. Entre as atrações acessíveis por essa rodovia estão os importantes destinos de água doce: o rio Futaleufú e o rio Baker, as reservas florestais do Parque Pumalín e a Reserva Nacional Lago Jeinemeni, e ainda a produtora de frutas Chile Chico. A rodovia termina perto de Villa O'Higgins, onde uma emocionante trilha por terra leva até a Argentina. Barcos e catamarãs navegam por canais de ilhas até chegarem à aldeia de Melinka e ao isolado Puerto Edén.

Caiaque nas águas do lago Bertrand, junto à Carretera Austral

Principais Atrações

Cidades e Vilarejos
1. Hornopirén
3. Chaitén
4. Futaleufú
5. Palena
6. Melinka
7. Puerto Puyuhuapi
10. Puerto Cisnes
11. Coyhaique
12. Puerto Chacabuco
17. Chile Chico
19. Cochrane
21. Caleta Tortel
22. Villa O'Higgins
23. Puerto Edén

Resorts e Spas
8. Puyuhuapi Lodge e Spa

Parques Nacionais, Reservas e Monumentos Naturais
9. Parque Nacional Queulat
14. Reserva Nacional Río Simpson
15. Reserva Nacional Cerro Castillo
16. Parque Nacional Laguna San Rafael
18. Reserva Nacional Lago Jeinemeni

Áreas de Beleza Natural
2. Parque Pumalín
13. Parque Aiken del Sur
20. Río Baker

Paisagem acidentada dos arredores da cidade de Chile Chico

Veja hotéis e restaurantes dessa região nas pp. 280-1 e 297

NORTE DA PATAGÔNIA | 229

Como Circular

O aeroporto de Balmaceda, perto de Coyhaique, tem voos para outras partes do Chile. O transporte público pela Carretera Austral (Ruta 7), a maior da região, é restrito, por isso em geral opta-se pelo transporte privado; é possível alugar carros em Coyhaique. A rodovia também é percorrida por ciclistas de longa distância. Alguns resorts e hotéis organizam excursões, e a maioria dos parques nacionais e acampamentos de rafting em Futaleufú está incluída em pacotes. Barcos e catamarãs também ligam partes da região.

Legenda

— Estrada principal
= Estrada secundária
= = = Estrada secundária sem asfalto
— Divisa regional
— Fronteira internacional
△ Pico

Legenda dos símbolos na orelha da contracapa

Pontos no mapa

1. HORNOPIRÉN
2. PARQUE PUMALÍN
3. CHAITÉN
4. FUTALEUFÚ
5. PALENA
6. MELINKA
7. PUERTO PUYUHUAPI
8. PUYUHUAPI LODGE E SPA
9. PARQUE NACIONAL QUEULAT
10. PUERTO CISNES
11. COYHAIQUE
12. PUERTO CHACABUCO
13. PARQUE AIKEN DEL SUR
14. RESERVA NACIONAL RÍO SIMPSON
15. RESERVA NACIONAL CERRO CASTILLO
16. PARQUE NACIONAL LAGUNA SAN RAFAEL
17. CHILE CHICO
18. RESERVA NACIONAL LAGO JEINEMENI
19. COCHRANE
20. RÍO BAKER
21. CALETA TORTEL
22. VILLA O'HIGGINS
23. PUERTO EDÉN

Barcos no cais de Hornopirén, com o cenário de fiordes ao fundo

❶ Hornopirén

Mapa rodoviário E3. 936km ao sul de Santiago. 🚗 1.500. 🚢 de Puerto Montt. 🚢

Localizada numa linda paisagem à beira de um sereno fiorde, Hornopirén deve seu nome ao vulcão Hornopirén (1.570m), que se ergue ao lado da cidade. Hornopirén tem prosperado desde o século XIX. Porém, em 2008, foi atingida pela erupção do vulcão. Atualmente, é a porta de entrada do Parque Nacional Hornopirén, 12km a noroeste, e uma excelente opção para observar a vida selvagem e para trilhas. Lanchas atracadas no cais levam visitantes até as águas termais dos arredores. No cais há peixe fresco à venda.

❷ Parque Pumalín

Mapa rodoviário E3. 132km ao sul de Puerto Montt; Caleta Gonzalo. 🚢 de Hornopirén: jan e fev apenas. ℹ️ Klenner 299, Puerto Varas; (065) 250-079. 🛏️
W parquepumalin.cl

Maior reserva natural de propriedade privada do mundo, o Parque Pumalín protege mais de 3.170km² de floresta temperada numa área de montanhas escarpadas e fiordes. Criado em 1991, o parque foi o resultado da iniciativa de preservação de seu fundador, o milionário americano Doug Tompkins. De início, o projeto enfrentou forte resistência de alguns nacionalistas chilenos, que tinham objeções à ideia de um estrangeiro adquirir uma extensão tão grande de terras no país. No entanto, a gradual abertura do parque ao público, com áreas para acampar, *cabañas* e trilhas para caminhadas, tornou muitos chilenos favoráveis à ideia. Desde 2003, o local está sob a direção da Fundación Pumalín, que é chilena, e em agosto de 2005 foi declarado um santuário natural.

O Parque Pumalín é muito procurado para trilhas, que serpenteiam por paisagens espetaculares de alerces verdejantes, cachoeiras e fiordes intocados. A maior parte dessas trilhas é curta, mas algumas delas são desafiadoras e exigem que os trilheiros escalem encostas íngremes atados por cordas. O parque tem várias nascentes de águas termais; algumas ficam abertas ao público de graça, outras são acessadas mediante o pagamento de uma taxa. A erupção do vulcão Chaitén em maio de 2008 comprometeu alguns serviços do parque, mas a situação foi normalizada e hoje há uma passarela que leva até a beira da cratera.

❸ Chaitén

Mapa rodoviário E3. 160km ao sul de Puerto Montt. 🚢

Localizado na Ruta 7, mais conhecida como Carretera Austral, Chaitén ficou popular por sua mistura de cidade litorânea e estância de montanha, até que o vulcão Chaitén, a apenas 10km de distância, entrou em erupção em 2 de maio de 2008. Essa catástrofe foi seguida por uma grande inundação, que arrancou várias casas de seus alicerces e as enterrou sob cinzas encharcadas.

A tentativa do governo de realocar os moradores se mostrou impopular, e muitos deles voltaram para a cidade. Apesar da presença do vulcão, a área continua atraindo muitos visitantes. Barcos de Puerto Montt e do arquipélago de Chiloé ainda chegam ao porto de Chaitén, e muitos hotéis e outros serviços continuam operando.

Cabañas, no meio da exuberante vegetação do Parque Pumalín

Veja hotéis e restaurantes dessa região nas pp. 280-1 e 297

Caiaques nas águas calmas do rio Azul, perto de Futaleufú

❹ Futaleufú

Mapa rodoviário E3.
154km a sudeste de Chaitén.
🏠 1.200. 🚌 de Chaitén.
ℹ️ O'Higgins 536; (065) 272-1241.
🌐 futaleufu.cl

Situado num vale isolado e pitoresco, perto da fronteira com a Argentina, o vilarejo de Futaleufú é famoso por seu rio homônimo. Popularmente chamado de Fu, o rio Futaleufú é um dos destinos favoritos do circuito internacional de praticantes de rafting e caiaque. As operadoras mantêm acampamentos junto ao rio para os que se arriscam a testar as corredeiras de Classe 5, que incluem os Portões do Inferno, o Terminator e a Tempestade Perfeita. Novatos praticam nas partes mais calmas do rio ou vão para os rios Azul e Espolón, próximos e bem mais tranquilos. É possível fazer caiaque de mar no lago Yelcho, que se junta ao oceano Pacífico pelo rio Yelcho. Nos arredores do Futaleufú pode-se também fazer trilhas, cavalgadas, mountain bike e pesca com mosca.

O vilarejo, assim como boa parte da área a leste do rio Futaleufú, faz parte da **Reserva Nacional Futaleufú** (49km²), que abriga florestas de lenga, *coigüe* e cedro-chileno, e funciona como santuário de inúmeras espécies animais, como o cervo *huemul*, em risco de extinção.

A erupção de maio de 2008 do vulcão Chaitén cobriu a área de cinzas, mas hoje quase não se veem evidências disso.

❺ Palena

Mapa rodoviário E3. 257km a sudeste de Puerto Montt.
🏠 1.700. 🚌 de Chaitén.
ℹ️ O'Higgins 740; (065) 274-1217.
🎪 Rodeo de Palena (jan).

Próxima da fronteira com a Argentina, a vila de Palena é cortada pelo rio homônimo, mas não foi atingida pela febre de esportes aquáticos que transformou a vizinha Futaleufú. Em vez disso, é famosa por seu **Rodeo de Palena**, que mostra a tradição chilena dos *huasos*. No principal evento desse rodeio, *huasos* trajados e a cavalo tentam imobilizar bezerros.

O Sendero de Chile (p. 306), uma rede de trilhas pelo Chile, passa por Palena a caminho da pouco conhecida Reserva Nacional Lago Palena, de onde a estrada prossegue até a fronteira com a Argentina.

Pesca numa ponte de madeira sobre o sinuoso rio Palena

❻ Melinka

Mapa rodoviário D3. 276km a sudoeste de Puerto Montt. 🏠 1.400.
✈️ de Puerto Montt. 🚢 de Puerto Montt e Quellón.

Junto ao continente a oeste de Palena, o arquipélago Guaitecas é formado por várias ilhas pequenas. Uma delas, a Isla Ascensión, abriga a vila pesqueira de Melinka, principal núcleo do arquipélago. A vila fica diante do golfo de Corcovado, conhecido por sua população de baleias-azuis, visíveis da praia. Melinka possui vários alojamentos simples e confortáveis, e alguns restaurantes pequenos.

Os Fiordes do Norte da Patagônia

A viagem de três dias para o sul, saindo de Puerto Montt (p. 216) até Puerto Natales (p. 244) a bordo do *M/V Edén*, operado pela Navimag (p. 329), é uma das principais atrações do norte da Patagônia. Essa viagem encantadora passa por inúmeros fiordes, canais e milhares de ilhas desabitadas da Patagônia. Do convés, os passageiros podem apreciar a espetacular paisagem – densas florestas temperadas, lagos serenos, imensos glaciares e montanhas de picos nevados. Também é possível apreciar a vida selvagem, incluindo algumas colônias de leões-marinhos. Bandos de golfinhos às vezes seguem os barcos, e gaivotas e albatrozes circulam pelo céu. A bordo, são feitos relatos sobre história natural e projeções de documentários sobre o Chile. Quando o barco passa pelo sul de Chiloé, as luzes de Melinka podem ser vistas ao longe.

Lago tranquilo no Parque Pumalín

❼ Puerto Puyuhuapi

Mapa rodoviário E4. 434km a sudeste de Puerto Montt. 830. Otto Übel s/n; (067) 232-5244. puertopuyuhuapi.cl

A maioria dos assentamentos ao longo da Carretera Austral é, como a própria rodovia, relativamente nova. Mas a pequena vila pesqueira de Puerto Puyuhuapi é uma exceção. À margem de um encantador fiorde, a vila foi fundada por imigrantes alemães dos Sudetos (mais tarde parte da Tchecoslováquia) na década de 1930. Por isso, grande número de casas da área tem o característico estilo teutônico.

O vilarejo é mais conhecido por sua **Alfombras de Puyuhuapi**, uma fábrica de propriedade familiar que produz tapetes sob encomenda para exportação. Criada em 1945 pelo engenheiro têxtil alemão Walter Hopperdietzel, a fábrica emprega mulheres do arquipélago de Chiloé para produzir refinados tapetes feitos à mão. Teares verticais únicos são usados para criar esses belos tapetes, disponíveis em diversos desenhos e tamanhos. A fábrica, que fica aberta à visitação, vende peças prontas e também aceita encomendas.

Puerto Puyuhuapi também é uma base ideal para quem quer explorar destinos vizinhos como o Parque Nacional Queulat e a adjacente Reserva Nacional Lago Rosselot. Perto também ficam as águas termais do luxuoso Puyuhuapi Lodge e Spa.

Piscina de águas termais coberta, Puyuhuapi Lodge e Spa

Arredores

Localizadas 6km ao sul de Puyuhuapi, as **Termas Ventisquero de Puyuhuapi** abrem para visitas de um dia. É um ótimo spa de nível médio, com piscina ao ar livre e café.

Alfombras de Puyuhuapi
Aisén s/n. **Tel** (09) 9359-9515.
10h-13h30, 15h-18h30 seg-sáb.
puyuhuapi.com

Termas Ventisquero de Puyuhuapi
Carretera Austral Sur km 6.
Tel (09) 966-6862. 9h-22h diariam.
termasventisquero puyuhuapi.cl

❽ Puyuhuapi Lodge e Spa

Mapa rodoviário E4. 447km a sudeste de Puerto Montt; Bahía Dorita s/n. **Tel** (02) 2225-6489. da recepção na Carretera Austral, 14km ao sul de Puyuhuapi. puyuhuapilodge.com

Num país conhecido por seus resorts de águas termais, o Puyuhuapi Lodge e Spa é uma das melhores opções. O alojamento fica em local isolado no lado oeste da magnífica enseada de Seno Ventisquero, e se funde à floresta cheia de samambaias e flores. O local tem uma flora refinada, com espécies como as *nalcas* (similares ao ruibarbo), de folhas enormes.

No Puyuhuapi Lodge e Spa é possível apenas passar o dia ou pernoitar. As unidades são atraentes, com fachadas que lembram as casas com revestimento de madeira das ilhas Chiloé, em frente à baía Dorita. Os interiores são de madeira polida. Quem vai para passar o dia pode usar as três piscinas termais ao ar livre e o café; os hóspedes do hotel podem também usar a piscina coberta aquecida e optar por várias terapias, tratamentos corporais e massagens.

Os hóspedes de pernoite contam com várias opções de pacotes. Eles incluem atividades ao ar livre, como caminhadas pela paisagem intocada do Parque Nacional Queulat, pesca nos rios vizinhos e uma visita ao vilarejo de Puerto Puyuhuapi e sua famosa fábrica de tapetes. A maioria das estadias termina com um passeio de um dia até o Parque Nacional Laguna San Rafael *(p. 237)*, a bordo do catamarã de alta velocidade *Patagonia Express*, que cruza as águas calmas de fiordes e canais. Ao final do passeio o barco volta para Puerto Chacabuco, de onde os hóspedes são transferidos para Coyhaique *(p. 236)* e para seu aeroporto em Balmaceda.

Casa Ludwig, em estilo teutônico, característico de Puerto Puyuhuapi

Veja hotéis e restaurantes dessa região nas pp. 280-1 e 297

❾ Parque Nacional Queulat

Mapa rodoviário E4. 434km a sudeste de Puerto Montt. CONAF, Sector Ventisquero Colgante, Carretera Austral. de Puerto Puyuhuapi. conaf.cl

Cobrindo um dos terrenos mais rústicos do norte da Patagônia, o Parque Nacional Queulat estende-se de La Junta, ao norte, até Puerto Cisnes, ao sul, e chega quase até a fronteira da Argentina a leste. Sua densa floresta, os lagos límpidos, as correntes cristalinas de trutas e as montanhas de encostas íngremes cobrem uma área de mais de 15 mil km². As altitudes no parque variam bastante – desde o nível do mar até 2.255 metros, onde a maior parte da precipitação é em forma de neve.

Embora o parque nacional fique de frente à Carretera Austral, sua parte mais afastada em geral é inexplorada. Mesmo assim, o Sector Ventisquero Colgante de Queulat oferece boas trilhas para caminhadas. Uma estrada que sai para leste da Carretera Austral leva até o centro de visitantes da CONAF. Desse ponto, duas trilhas naturais oferecem vista espetacular do **Ventisquero Colgante**, um glaciar elevado que no início do século XIX chegava quase até o mar. Dessa massa de gelo sólido descem cachoeiras que caem nas águas cor de jade da **Laguna Témpanos** (lago dos Icebergs), que, apesar do

Ponte estreita sobre o rio Guillermo, Parque Nacional Queulat

seu nome, não tem icebergs. O lago pode ser alcançado pelo **Sendero Río Guillermo**, um longo trajeto de 600m de extensão que cruza por uma ponte suspensa o rio do qual deriva seu nome.

Saindo do lago, uma trilha de 3,5km de extensão, o **Sendero Ventisquero Colgante**, sobe por uma floresta temperada densa e escura até um mirante. Quando o sol aquece a face do glaciar, é possível ver blocos de gelo se soltando e caindo e quebrando as rochas abaixo.

Perto da entrada sul do parque, o **Sendero Río de las Cascadas** é um caminho mais curto até um belo anfiteatro natural de granito. Há outra estrada no setor sul que sobe 500m em zigue-zague até a passagem de Portezuelo Queulat. Dali, outra trilha leva ao **Salto Padre García**, uma atraente cachoeira.

Situado na parte norte do parque, o **Lago Risopatrón** é indicado para pesca. O parque só tem campings, mas há bons alojamentos de pesca na estrada e acomodações em La Junta e Puerto Puyuhuapi.

❿ Puerto Cisnes

Mapa rodoviário E4. 520km a sudeste de Puerto Montt. 2.500. Sotomayor s/n; (09) 7663-7208.

Situada na foz do rio de mesmo nome, Puerto Cisnes foi fundada em 1929 como uma pequena madeireira. Hoje é uma bonita vila pesqueira, com barcos coloridos na orla marinha. Um dos seus destaques é o edifício neoclássico de madeira da **Biblioteca Pública Genaro Godoy**. A fachada é ornamentada com estatuetas da mitologia grega. Puerto Cisnes é também o ponto de acesso ao **Parque Nacional Isla Magdalena**, e os pescadores locais fazem viagens para levar os visitantes até esse exuberante parque.

Na Carretera Austral, logo a leste da saída para Puerto Cisnes, encontra-se um marco da engenharia chilena: o Viaducto Piedra El Gato, pelo qual a estrada corre em paralelo ao rio e quase colada à face de um rochedo de granito. Há vários mirantes nos acessos ao viaduto para que os motoristas possam admirar a estrutura e a paisagem.

Cachoeiras descem do glaciar Ventisquero Colgante e deságuam na Laguna Témpanos, Parque Nacional Queulat

O rio Simpson corre através do belíssimo vale entre Coyhaique e Puerto Aisén ▶

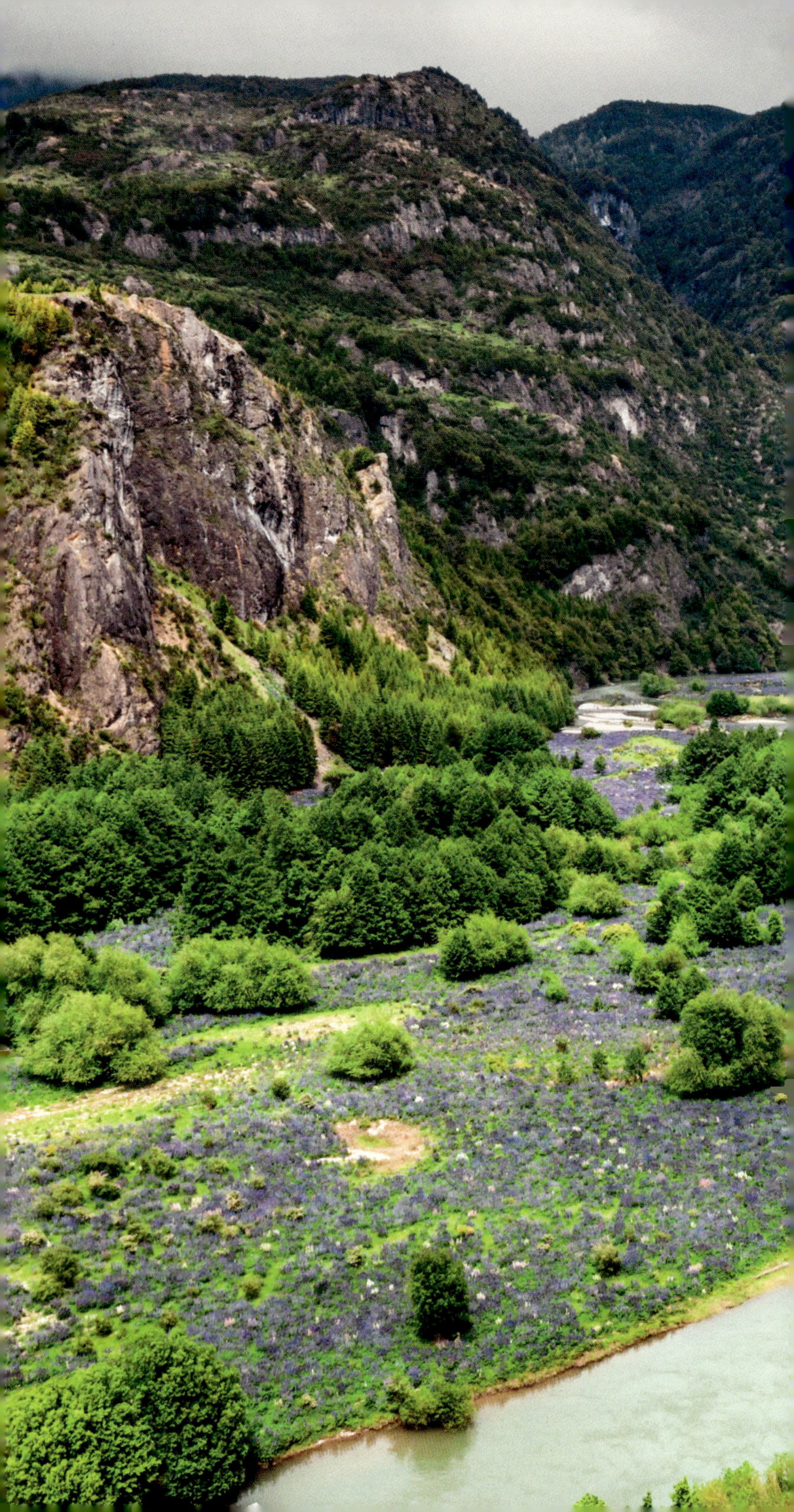

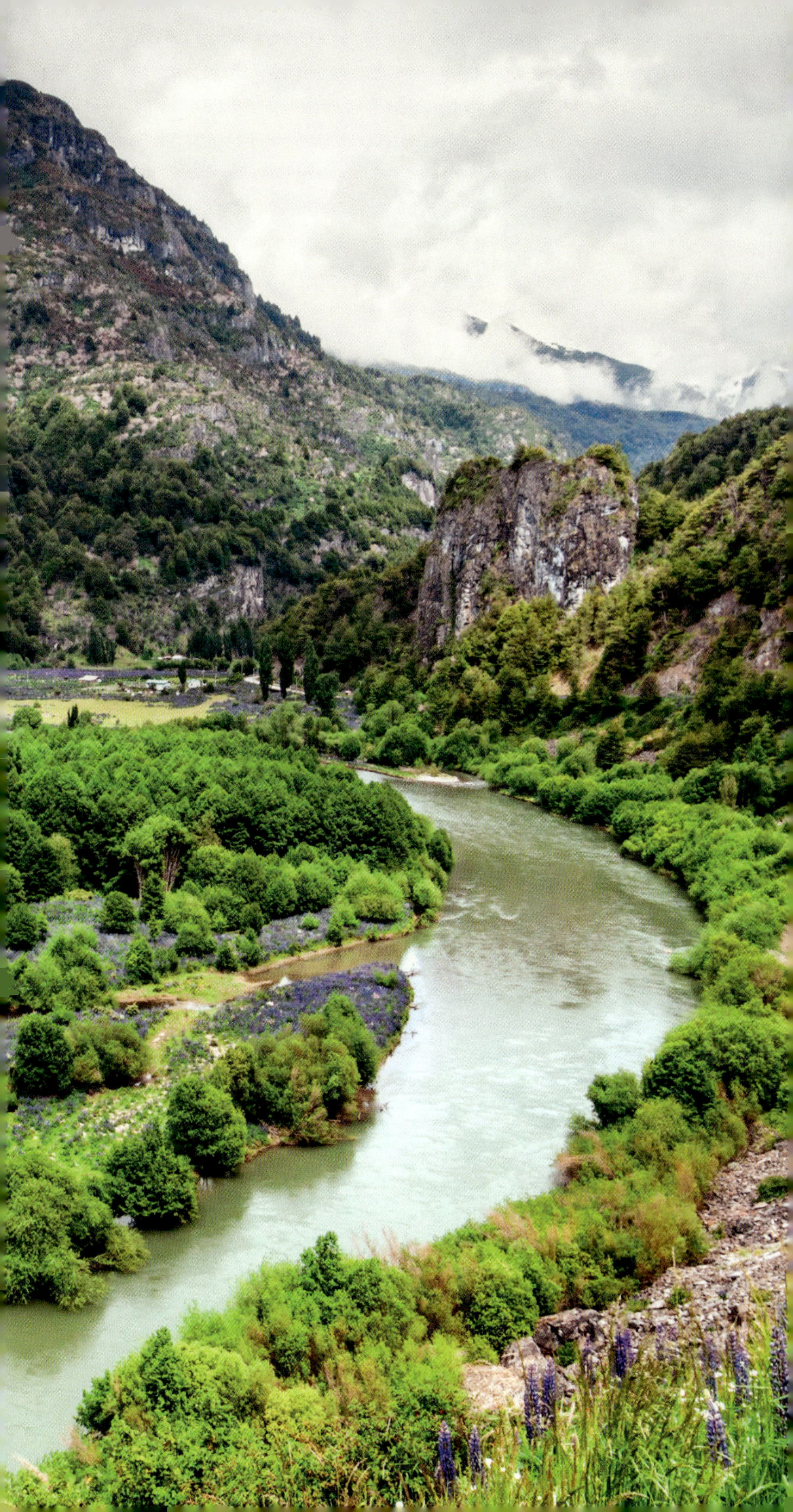

Rua arborizada de Coyhaique e, ao fundo, o Cerro Macay

⓫ Coyhaique

Mapa rodoviário E4. 461km a sudeste de Puerto Montt. 50.000. Bulnes 35; (067) 224-0290. **w** coyhaique.cl

Capital da região chilena de Aisén e única cidade de algum porte do norte da Patagônia, Coyhaique é um labirinto de ruas concêntricas em torno da pentagonal Plaza de Armas, as quais mudam de nome a cada duas quadras. Apesar dessa desorientação, a cidade tem o atrativo visual do maciço de basalto Cerro Macay e oferece a melhor infraestrutura turística da região, com fácil acesso ao lago Elizalde e à Reserva Nacional Río Simpson.

Apesar de Coyhaique não ter grandes atrações, a praça principal e o adjacente Paseo Horn constituem agradáveis passeios por algumas horas. Quem quiser explorar a Carretera Austral pode alugar um carro na cidade.

Logo após os limites da cidade, a **Reserva Nacional Coyhaique** é um parque de 27km², com trilhas pela sua floresta de *coigües* e lengas. Além de área de camping, oferece magnífica vista da cidade e dos arredores.

Reserva Nacional Coyhaique
Ruta 7 Norte.
Tel (067) 221-2225. dez-mar: 8h30-21h diariam; abr-nov: 8h30-17h30 diariam.
w conaf.cl

⓬ Puerto Chacabuco

Mapa rodoviário E4. 60km a oeste de Coyhaique. 1.200. de Coyhaique. de Puerto Montt e Quellón.

Situado às margens de um atraente porto natural, Puerto Chacabuco é uma cidade pequena, mas dinâmica, e um importante núcleo pesqueiro. Ela superou a vizinha Puerto Aisén como principal porto da região de Aisén na década de 1940. Naquela época, o desmatamento das florestas da Patagônia obstruiu a saída do rio Aisén com sedimentos que tornaram impossível atracar em Puerto Aisén.

Hoje, Puerto Chacabuco é a porta de entrada para atrações vizinhas, como o Parque Aiken del Sur e o Parque Nacional Laguna San Rafael.

⓭ Parque Aiken del Sur

Mapa rodoviário E4. 87km a sudoeste de Coyhaique. de Puerto Chacabuco. J. M. Carrera 50, Puerto Chacabuco; (067) 235-1115. exige-se reserva.
w aikendelsur.cl

Essa reserva natural de propriedade particular e o Jardim Botânico do Parque Aiken del Sur cobrem uma área de densa floresta com 3km². Abriga quatro boas trilhas com painéis informativos e mirantes, além de um viveiro com identificação das espécies de plantas. O Parque Aiken é do mesmo dono do Hotel Loberías del Sur, de Puerto Chacabuco, que organiza passeios guiados ao parque. Esses passeios terminam com uma *parrillada* (churrasco) e com apresentações de folclore, onde é possível apreciar a dança nacional do Chile, a *cueca (p. 28)*.

A Cascada La Vírgen, na Reserva Nacional Río Simpson

⓮ Reserva Nacional Río Simpson

Mapa rodoviário E4. 25km a oeste de Coyhaique. de Coyhaique e Puerto Chacabuco. CONAF, Ruta 240, km 37. 8h30-17h30 diariam.
w conaf.cl

Estendendo-se pela Carretera Austral e pelo rio Simpson estão as úmidas montanhas com bosques da Reserva Nacional Río Simpson. Essa reserva pro-

Montanhas verdejantes na entrada do Parque Aiken del Sur

Veja hotéis e restaurantes dessa região nas pp. 280-1 e 297

tege uma área de mais de 426km² e se caracteriza por cânions profundos, cachoeiras e florestas de *tepa*, *coigüe* e lenga. O parque também é um importante santuário para o *pudú* e o cervo *huemul*, em risco de extinção.

O centro de visitantes da CONAF tem um pequeno museu que fornece informações sobre a flora e a fauna nativas. Uma trilha curta leva do centro até a atraente **Cascada La Vírgen**, rodeada de samambaias e arbustos.

⓯ Reserva Nacional Cerro Castillo

Mapa rodoviário E4. 45km ao sul de Coyhaique. 🚌 de Coyhaique.

Cobrindo mais de 1.340km² de terreno andino escarpado, a Reserva Nacional Cerro Castillo tem o nome do impressionante morro de 2.581m de altura que coroa a reserva. Destino procurado por trilheiros, o local oferece várias trilhas pela natureza, que serpenteiam pela floresta de lenga e em torno de cachoeiras e glaciares. Entre as espécies selvagens encontradas na área estão o *huemul*, o puma e a raposa.

A maior atração da reserva é a trilha de três dias pela densa vegetação, que termina na pequena aldeia de Villa Cerro Castillo. A curta distância rumo ao sul dessa vila fica **Alero de las Manos**, um refúgio natural de pedra que abriga pinturas pré-colombianas. Exemplos refinados de arte rupestre, essas pinturas têm mais de 3 mil anos.

Situado ao longo da fronteira norte da Reserva Nacional Cerro Castillo, o **lago Elizalde** é um lago estreito que se estende por 25km, mas com menos de 2km de largura. Bosques verdejantes de *coigüe* e lenga rodeiam o lago, que é muito procurado para pesca, vela e caiaque. Na margem leste do lago há barcos para alugar no pequeno porto para iates. No verão, as operadoras de turismo locais organizam atividades ao ar livre, como cavalgadas, trilhas e passeios de bicicleta nas bonitas paisagens dos arredores do lago.

A sudeste da reserva, encontra-se a cidade portuária de **Puerto Ingeniero Ibáñez** às margens do lago General Carrera, o maior do Chile. Notável pelos seus pomares, é uma boa base para conhecer outras áreas vizinhas de cultivo de frutas.

O lago Elizalde, na Reserva Nacional Cerro Castillo

🏠 Alero de las Manos
5km ao sul de Villa Cerro Castillo. 🕙 10h-18h diariam.

⓰ Parque Nacional Laguna San Rafael

Mapa rodoviário D4. 190km a sudoeste de Coyhaique. 🚌 de Coyhaique. ⛴ de Puerto Chacabuco.
w conaf.cl

Reserva de Biosfera protegida pela Unesco, o Parque Nacional Laguna San Rafael é um dos maiores parques nacionais do país. Quase metade da reserva de 17.420km² é coberta pelo **Campo de Hielo Norte**, o segundo maior lençol de gelo do hemisfério sul. Ele inclui o monte San Valentín, que com seus 4.058m de altura é o cume mais alto da Patagônia. O Campo de Hielo Norte alimenta mais de dezoito glaciares, incluindo o destaque do parque, o **Ventisquero San Rafael**, com 60m de altura, que fica em frente à Laguna San Rafael. Da frente desse glaciar, imensos pedaços de gelo azul se desprendem e caem na lagoa abaixo dele.

Várias operadoras de turismo fazem excursões de veleiro até o glaciar, percorrendo um labirinto de fiordes e canais. Embora os barcos mantenham uma distância segura do glaciar, é possível desfrutar de uma visão bem próxima usando botes infláveis. Um passeio de avião sobre o parque também oferece vista magnífica do campo de gelo.

Entre os nomes famosos associados ao lugar estão o do naturalista inglês Charles Darwin (1809-82), que visitou o glaciar em sua viagem a bordo do HMS *Beagle*. John Byron, avô do famoso poeta inglês Lorde Byron, naufragou ali em 1742 e fez extensas descrições da área.

Glaciar envolto em névoa no Parque Nacional Laguna San Rafael

⓱ Chile Chico

Mapa rodoviário E4. 110km a sudeste de Coyhaique. 🚗 3.000. ✈ 🚌 🚢 de Puerto Ingeniero Ibañez. ℹ️ O'Higgins 192; (067) 241-1303. 🌐 **chilechico.cl**

Localizado perto da fronteira com a Argentina, Chile Chico é parte do cinturão de cultivo de frutas do lago General Carrera. O melhor acesso à cidade é por uma estrada íngreme com belas paisagens que sai da Carretera Austral.

Chile Chico data de 1909, quando os argentinos cruzaram a fronteira e se instalaram na área. Ganhou destaque em 1917, quando colonizadores e sitiantes se enfrentaram na Guerra do Chile Chico. Em 1991, a erupção do vulcão Hudson quase acabou com o cultivo de maçãs e peras da área. Esse passado e a história natural da região estão no **Museo de la Casa de Cultura**, instalado no navio *Los Andes*, que agora está em terra, e que antes viajava pelo lago.

🏛 **Museo de la Casa de Cultura**
Calle O'Higgins em Lautaro. **Tel** (067) 241-1123. ⏰ 8h30-13h, 14h30-19h seg-sex; horários variam sáb e dom. ⬤ dez-mar: dom.

⓲ Reserva Nacional Lago Jeinemeni

Mapa rodoviário E4. 143km ao sul de Coyhaique; Blest Gana 121, Chile Chico. **Tel** (067) 241-1325. 🦌 ⛺ 🌐 conaf.cl

Junto à fronteira da Argentina, e acessível apenas a carros 4X4, a Reserva Nacional Lago Jeinemeni é um imenso santuário de 1.600km² com o nome de seu lago, muito procurado por quem gosta de pescar. No seu setor nordeste tem uma trilha a pé que leva até as pinturas rupestres pré-colombianas de **Cueva de las Manos**.

A vasta paisagem montanhosa da Reserva Nacional Lago Jeinemeni

⓳ Cochrane

Mapa rodoviário E4. 192km ao sul de Coyhaique. 🚗 3.000. ✈ 🚌 ℹ️ Dr. Steffen e Esmeralda; (067) 252-2115. 🌐 **cochranepatagonia.cl**

Situada na margem oeste do lago de mesmo nome, a ordeira Cochrane é o último grande centro de serviços da Carretera Austral. Os motoristas vão encontrar o último posto de combustível, que é mais caro do que em qualquer outro ponto do país. Cochrane é também o acesso para a **Reserva Nacional Lago Cochrane**, importante santuário do cervo *huemul*, em risco de extinção. Passeios guiados para observar o *huemul* de barco podem ser agendados com a CONAF, a autoridade florestal nacional.

🦌 **Reserva Nacional Lago Cochrane**
6km a leste de Cochrane; CONAF, Río Nef 417. **Tel** (067) 252-2164. 🦌 ⛺ 🌐 conaf.cl

⓴ Río Baker

Mapa rodoviário E5. 235km ao sul de Coyhaique. 🚌 de Cochrane. 🦌 ⛺

Correndo entre Caleta Tortel e o lago Bertrand, o rio Baker, com 170km de extensão, é o maior do Chile em volume. Devido ao seu fluxo e ao terreno montanhoso que atravessa, esse rio agitado e de belas paisagens é um dos principais candidatos para sediar um grande projeto de hidrelétrica. Por enquanto, porém, a obra, que causaria imenso impacto na beleza natural da área, foi adiada. A região ao sul de **Puerto Bertrand**, especialmente na

O navio Los Andes, que abriga o Museo de la Casa de Cultura, Chile Chico

Veja hotéis e restaurantes dessa região nas pp. 280-1 e 297

NORTE DA PATAGÔNIA | 239

impressionante confluência do rio Baker com o rio Nef, é um paraíso para quem gosta de acampar, fazer trilhas, rafting, pesca e outras atividades de lazer. Num vale afluente a leste, em direção à fronteira da Argentina, os filantropos ambientalistas Doug e Kris Tompkins (p. 230) compraram a antiga Estancia Chacabuco e estão em vias de transformá-la em um novo parque nacional ligado à Reserva Nacional Lago Jeinemeni, ao norte, e à Reserva Nacional Lago Chacabuco, ao sul.

O rio Baker, uma faixa de azul pelas colinas verdes da Patagônia

㉑ Caleta Tortel

Mapa rodoviário D5. 172km a sudoeste de Coyhaique. 531. de Coyhaique.

Situado numa enseada junto ao Fiordo Mitchell, que faz parte do rio Baker, Caleta Tortel é talvez a vila mais pitoresca da Patagônia. O núcleo não tinha acesso por estrada até 2003. Ainda não tem ruas, mas sim passadiços e escadas, que ligam suas palafitas (p. 116) à beira da água. Essas edificações mostram influência da arquitetura do arquipélago Chiloé (p. 218-25). A maioria é feita de cipreste guaiteca, a espécie conífera localizada no ponto mais austral do mundo.

Nos últimos anos, o setor do turismo cresceu, com trilhas até locais próximos como **Cerro La Bandera** – acessível por terra – e **Cascada Pisagua**, uma cachoeira que requer um barco para se chegar ao início da trilha. A vila é também uma base ideal para visitar o vizinho Parque Nacional Laguna San Rafael, o Parque Nacional Bernardo O'Higgins e a Reserva Nacional Katalalixar, todas acessíveis de lanchas a motor.

㉒ Villa O'Higgins

Mapa rodoviário E5. 328km ao sul de Coyhaique. 612. de Coyhaique. de Cochrane. de Puerto Yungay. Carretera Austral 267, (067) 243-1821. **w** villaohiggins.com

Depois de Cochrane, quase não há serviços nos últimos 200km da Carretera Austral. Mas há uma balsa que sai de Puerto Yungay, perto do rio Bravo, que leva os visitantes até o final da rodovia: a Villa O'Higgins. Essa vila data de 1966 e deriva seu nome do herói chileno Bernardo O'Higgins (p. 157). Desde a chegada da Carretera Austral, em 1999, a vila cresceu graças ao turismo. Rodeada por um cenário selvagem de montanhas e ainda com vista do **Campo del Hielo Sur**, Villa O'Higgins oferece muitas trilhas para caminhadas, incluindo uma parte do Sendero de Chile, projeto em andamento que irá ligar as principais trilhas que cruzam o país. A área também se tornou destino de uma trilha ousada, de carro ou a pé, até a meca das trilhas argentinas, El Chaltén.

㉓ Puerto Edén

Mapa rodoviário D5. 438km a sudoeste de Coyhaique. 275. balsa e dias de navios de cruzeiro.

Situado na Isla Wellington, uma das áreas mais chuvosas dos fiordes do Pacífico, Puerto Edén nasceu de uma iniciativa da força aérea de criar um pouso para hidroaviões entre Puerto Montt (pp. 216-7) e Punta Arenas (pp. 250-1). Mas o local logo virou o último posto avançado dos caçadores-coletores kawéskar, que foram para lá depois que a força aérea o abandonou. Hoje, Puerto Edén abriga os poucos sobreviventes da comunidade kawéskar, que recriaram seus abrigos tradicionais. Pode-se comprar artesanato indígena ali. Quando o tempo e os horários permitem, a cidade é uma parada para navios de cruzeiro Skorpios e barcos da Navimag que vão para Puerto Natales (p. 244).

Palafitas e passadiços na isolada vila ribeirinha de Caleta Tortel

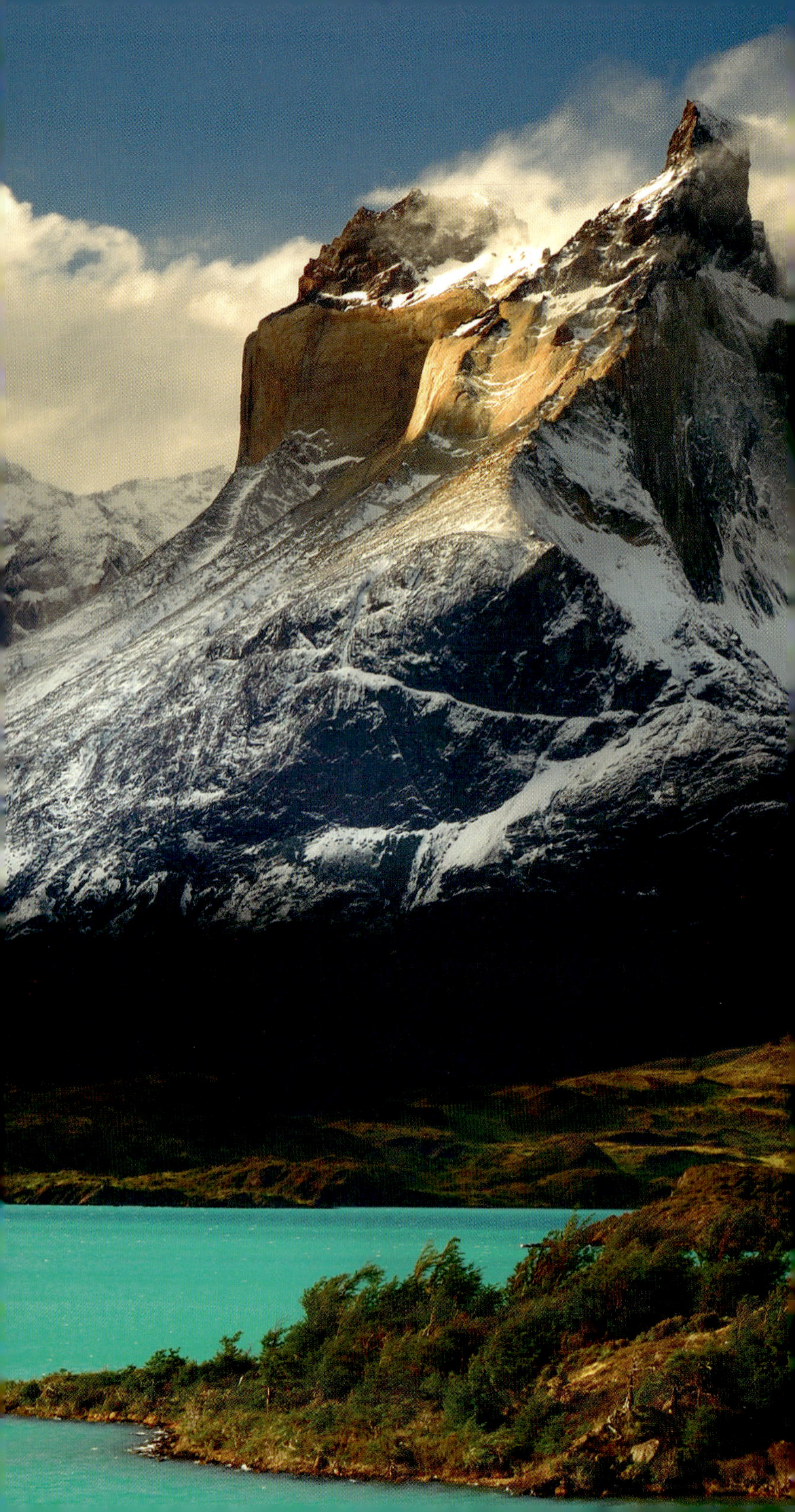

SUL DA PATAGÔNIA E TERRA DO FOGO

Arquipélago labiríntico e fina faixa de terra continental, o sul da Patagônia é uma região selvagem, com fiordes cor de esmeralda, grandes extensões de gelo, picos escarpados e pradarias varridas por fortes ventos. Separada do continente pelo estreito de Magalhães, a Terra do Fogo estende-se por um território inóspito até o cabo Horn, o fascinante extremo sul da América do Sul.

Os habitantes originais do sul da Patagônia e da Terra do Fogo eram as comunidades ona, yámana, tehuelche e alacalufe (kawéskar), hoje extintas ou em número muito reduzido. Em 1520, o navegador português Fernão de Magalhães tornou-se o primeiro europeu a explorar a área. No entanto, só foram criados assentamentos permanentes no século XIX, quando missionários, aventureiros e mercadores chegaram da Espanha, Inglaterra, Croácia e norte do Chile. Também vieram imigrantes para trabalhar nas fazendas de carneiros estabelecidas na região.

No fim do século XIX, houve maior prosperidade devido à criação de carneiros em larga escala. Ao mesmo tempo, começou a se desenvolver uma dinâmica indústria naval, que se beneficiava das condições de navegabilidade do Estreito de Magalhães, principal ligação entre o Pacífico e o Atlântico até a abertura do Canal do Panamá em 1914. Hoje, a criação de carneiros, junto com a extração de petróleo e o turismo, é a base da economia.

Atrações naturais espetaculares e uma gama de atividades atraem muitos turistas. Os grandes parques são ótimos para pesca, trilhas, caiaque, cavalgadas e escaladas de montanha. No litoral, observação de baleias e passeios até colônias de pinguins são muito populares. Navios de cruzeiro levam passageiros por canais magníficos e pela paisagem rochosa da Terra do Fogo, onde é possível avistar leões-marinhos, albatrozes e flamingos.

Leões-marinhos junto a um fiorde perto de Puerto Williams, Terra do Fogo

◀ Os cumes de Los Cuernos erguem-se majestosamente sobre o lago Pehoé, no Parque Nacional Torres del Paine

Como Explorar o Sul da Patagônia e a Terra do Fogo

A área de Magalhães é conhecida pelos fiordes, pelas densas florestas e pelas estepes ventosas. O Campo de Hielo Sur cobre a maior parte do sul da Patagônia e seus glaciares podem ser visitados partindo-se de Puerto Natales. A cidade também é uma boa base para explorar as trilhas do Parque Nacional Torres del Paine, o sítio arqueológico de Cueva del Milodón e o zoológico particular perto da Villa Tehuelche. Punta Arenas é a porta de entrada para o monumento nacional de Puerto Hambre e para as grandes colônias de pinguins-de-magalhães da Isla Magdalena. Cruzando o estreito de Magalhães, a Terra do Fogo é o destino menos visitado, com um punhado de alojamentos e uma das cidades mais austrais do mundo, Puerto Williams.

Principais Atrações

Cidades e Vilarejos
1. Puerto Natales
5. Villa Tehuelches
6. *Punta Arenas pp. 250-1*
9. Puerto Hambre
11. Porvenir
12. Puerto Williams

Parques Nacionais, Reservas e Monumentos Naturais
3. *Parque Nacional Torres del Paine pp. 246-9*
4. Parque Nacional Bernardo O'Higgins

Áreas de Beleza Natural
7. Seno Otway
8. Isla Magdalena
10. Estreito de Magalhães

Ruínas e Sítios Arqueológicos
2. Cueva del Milodón
13. Cabo Horn

Legenda
— Estrada principal
═ Estrada secundária
= = = Estrada secundária sem asfalto
▬ Fronteira internacional
△ Pico

Passadiço até o Monumento al Navegante Solitario, cabo Horn

Veja hotéis e restaurantes dessa região nas pp. 281-3 e 297-9

Vista de Punta Arenas, ao longo do estreito de Magalhães, com a Terra do Fogo ao fundo

Como Circular

Pode-se circular pelo sul da Patagônia de avião, barco ou ônibus. Muitos visitantes chegam pelo aeroporto de Punta Arenas. Também há aeroportos locais em Puerto Natales e Puerto Williams, para voos fretados. Os serviços de ônibus são bons. A maioria das estradas não é asfaltada e há poucos postos de gasolina, por isso é bom levar um galão de reserva. Da região partem barcos e cruzeiros com destino à Terra do Fogo.

Legenda dos símbolos *na orelha da contracapa*

❶ Puerto Natales

Mapa rodoviário E6. 2.040km ao sul de Santiago. Pedro Montt 19, (061) 241-2125. 17.000.
w torresdelpaine.com

Capital da província chilena de Última Esperanza, Puerto Natales é uma localidade de fortes ventos, aninhada na Sierra Dorotea. A cidade fica em frente ao Seno Última Esperanza – assim chamado porque foi nesse canal que o explorador espanhol Juan Ladrilleros alimentou sua última esperança de localizar o Estreito de Magalhães em 1557. A região originalmente era habitada pelos nativos tehuelche e kawéskar; a cidade atual só foi fundada em 1911, quando uma leva de fazendas de carneiros e o subsequente estabelecimento de dois frigoríficos nos arredores criou um influxo migratório de croatas, ingleses e alemães, além de habitantes do arquipélago de Chiloé. Hoje, a economia de Puerto Natales se baseia em seu florescente setor de turismo.

No centro da cidade, a restaurada **Plaza de Armas** ostenta uma antiga locomotiva a vapor que atesta os dias do apogeu da criação de carneiros. Ela era usada para transportar trabalhadores do matadouro que ficava na vizinha Puerto Bories. Localizado algumas quadras a oeste

Locomotiva histórica na Plaza de Armas, Puerto Natales

Cisne-de-pescoço-preto, Puerto Natales

da praça, o **Museo Histórico Municipal** apresenta mostras de ferramentas antigas e de itens domésticos, além de fotos das comunidades indígenas kawéskar e aonikenk, que não existem mais na região. A principal rua da cidade, a Avenida Pedro Montt, popularmente conhecida como Avenida Costanera, oferece linda vista de picos coroados por glaciares e do estreito cor de turquesa, pontuado por cormorões, pelos nativos cisnes-de-pescoço-preto e por outras aves marinhas.

Puerto Natales é a principal porta de entrada para o famoso Parque Nacional Torres del Paine, no sul da Patagônia. Como resultado, a cidade vive do atendimento a numerosos viajantes que nela param em seu caminho para o parque.

Arredores

Localizado 5km ao norte de Puerto Natales, **Puerto Bories** é uma pequena comunidade que reúne o conjunto residencial e a sede do Frigorífico Bories, antiga unidade de processamento de carne de carneiro de 1915. Fazia parte da Sociedad Explotadora de Tierra del Fuego, na época a maior empresa de pecuária ovina da Patagônia, que se estendia por 30 mil km^2 pelo Chile e pela Argentina. Hoje, o Frigorífico Bories é um monumento nacional e uma parte do seu prédio foi convertida em hotel. Entretanto, a garagem de locomotiva, a ferraria, os escritórios e as instalações de escaldagem e curtume ainda podem ser vistos de fora. O mais notável é o estilo arquitetônico dessa fábrica feita de tijolos, que lembra a Inglaterra pós-vitoriana.

Cerca de 20km a noroeste de Puerto Natales, **Puerto Prat** abriga os vestígios do primeiro núcleo de imigrantes da área. Estabelecido em 1897 como o principal porto do Seno Última Esperanza, é hoje uma área extensa, ocupada por edifícios curiosos e por um antigo cemitério.

A curta distância a noroeste de Puerto Prat, a **Estancia Puerto Consuelo** foi fundada pelo

A cidade de Puerto Natales defronte as águas do Seno Última Esperanza

Veja hotéis e restaurantes dessa região nas pp. 281-3 e 297-9.

Réplica de preguiça-gigante do Pleistoceno, diante da Cueva del Milodón

imigrante alemão Hermann Eberhard. Uma das fazendas mais antigas da Patagônia chilena, essa *estancia* propicia uma visão espetacular do Parque Nacional Torres del Paine. Os visitantes podem andar a cavalo, fazer caminhadas, andar de caiaque, observar os peões em seu trabalho e concluir o dia com um delicioso churrasco.

Museo Histórico Municipal
Manuel Bulnes 285. **Tel** (061) 220-9534. 8h-17h seg, 8h-19h ter-sex, 10h-13h, 15h-19h sáb.

❷ Cueva del Milodón

Mapa rodoviário E6. 24km a noroeste de Puerto Natales. de Puerto Natales. out-abr: 8h-20h diariam; mai-set: 8h30-18h diariam.

Talvez o mais importante sítio paleontológico e arqueológico do sul da Patagônia, a Cueva del Milodón tem esse nome devido à hoje extinta preguiça-gigante, ou *milodón* (*Mylodon darwinii*), cujos vestígios parciais foram descobertos no local por Hermann Eberhard em 1895. O lento *milodón*, que media até 3m de altura quando se erguia sobre as patas traseiras e pesava cerca de 180kg, vagou pela Patagônia até o período Pleistoceno, há cerca de 10 mil anos. Hoje, uma réplica dessa preguiça domina a entrada da caverna. Um pequeno centro de visitantes mostra restos fósseis da preguiça e de outros animais extintos, como o cavalo-anão e o tigre-dentes-de-sabre.

❸ Parque Nacional Torres del Paine

pp. 246-9.

❹ Parque Nacional Bernardo O'Higgins

Mapa rodoviário E6. 145km a noroeste de Puerto Natales. CONAF, Manuel Baquedano 847, Puerto Natales; (061) 241-1438. pela Turismo 21 de Mayo de Puerto Natales; ligue (061) 241-1978 para detalhes. incluso no preço do catamarã. **W turismo21demayo.cl**

Criado em 1969, o Parque Nacional Bernardo O'Higgins é limitado a leste pelo imenso Campo de Hielo Sur e formado por uma série de pequenas ilhas, fiordes e canais. Com uma área de 35.260km², é o maior parque nacional do Chile, mas a falta de acesso por terra faz dele um dos menos visitados. O navio da Navimag (p. 329) que liga Puerto Montt e Puerto Natales chega até perto do parque em Puerto Edén (p. 239). Também se chega ao parque por um cruzeiro de catamarã de um dia, que sai de Puerto Natales. Refazendo a viagem do século XVI de Juan Ladrilleros pelo Seno Última Esperanza, o passeio permite ver leões-marinhos, cascatas e paisagens rústicas. A viagem inclui uma visita ao Glaciar Balmaceda e uma trilha curta até a Laguna do Glaciar Serrano, dentro de um iceberg. Da laguna, caiaques e botes navegam pelo rio Serrano por uma rota pouco conhecida, marcada por um cenário de glaciares, picos e densas florestas, que termina no centro administrativo do Parque Nacional Torres del Paine. Também é possível fazer a viagem no sentido oposto, partindo de Torres del Paine.

❺ Villa Tehuelches

Mapa rodoviário E6. 154km a sudeste de Puerto Natales. 700. de Puerto Natales. Festival de la Esquila (terceiro fim de semana de jan).

O núcleo de Villa Tehuelche nasceu em 1967 como centro de serviços para a população da região, com lojas, correio, igreja, escola e posto policial. A vila é famosa pelo Festival de la Esquila, ou Festival da Tosquia, que atrai todo ano centenas de pessoas de toda a Patagônia para rodeios, competições de tosquia de carneiros e churrascos.

Situada 58km ao sul de Villa Tehuelche, a velha **Estancia Lolita** virou atração, principalmente como zoológico particular, onde é possível ver espécies da fauna local, como pumas, guanacos, o raro gato-do-mato-grande e raposas.

Vista da pacata cidade de Villa Tehuelche

❸ Parque Nacional Torres del Paine

O mais fascinante parque nacional do Chile, Torres del Paine (Torres de Azul) é uma Reserva da Biosfera da Unesco. O parque tem esse nome devido ao maciço Paine, um bloco de picos e agulhas metamórficos entre o Campo de Gelo do Sul e as estepes da Patagônia. O próprio nome é uma mistura de palavras em espanhol e em línguas da Patagônia: *paine* é o termo *tehuelche* para "azul", cor frequente na área em glaciares, icebergs, rios e lagos. O parque é o principal reduto de trilhas do Chile, com várias trilhas de um dia além de outras que levam de dois a dez dias, com pernoites.

Laguna Amarga, entrada para o Parque Nacional Torres del Paine, Patagônia

★ Glaciar Grey
Com 4km de largura, o Glaciar Grey desce do Campo de Gelo Sul. Os barcos vão até a frente do glaciar; pode-se andar pelo glaciar usando *crampons* ou remar de caiaque pelos icebergs no lago Grey.

Salto Grande
Essa cachoeira liga o lago Nordenskjold ao lago Pehoé, que drena a água que derrete do glacier no setor norte.

LEGENDA

① **O Circuito Grande** é uma trilha longa que explora as principais atrações do parque.

② **A área do lago Sarmiento** é menos frequentada por pessoas e mais por guanacos, flamingos, e raposas. Há pinturas rupestres antigas nas proximidades.

Como Explorar o Parque

O parque nacional é dominado pelo maciço Paine, que inclui a formação de montanhas Cuernos, os picos de Torres del Paine e o maior pico do parque – o Cerro Paine Grande, com 3.050m de altura. Além desses picos escarpados, há vários outros microclimas e formações geológicas que fazem parte do parque. Entre elas, glaciares, cones de granito, florestas de faias, lagos e estepes, que podem ser explorados a pé, de carro, a bordo de um catamarã ou a cavalo. O parque também dispõe de uma série de áreas para acampar e refúgios, além de vários hotéis (pp. 281-2).

Veja hotéis e restaurantes dessa região nas pp. 281-3 e 297-9

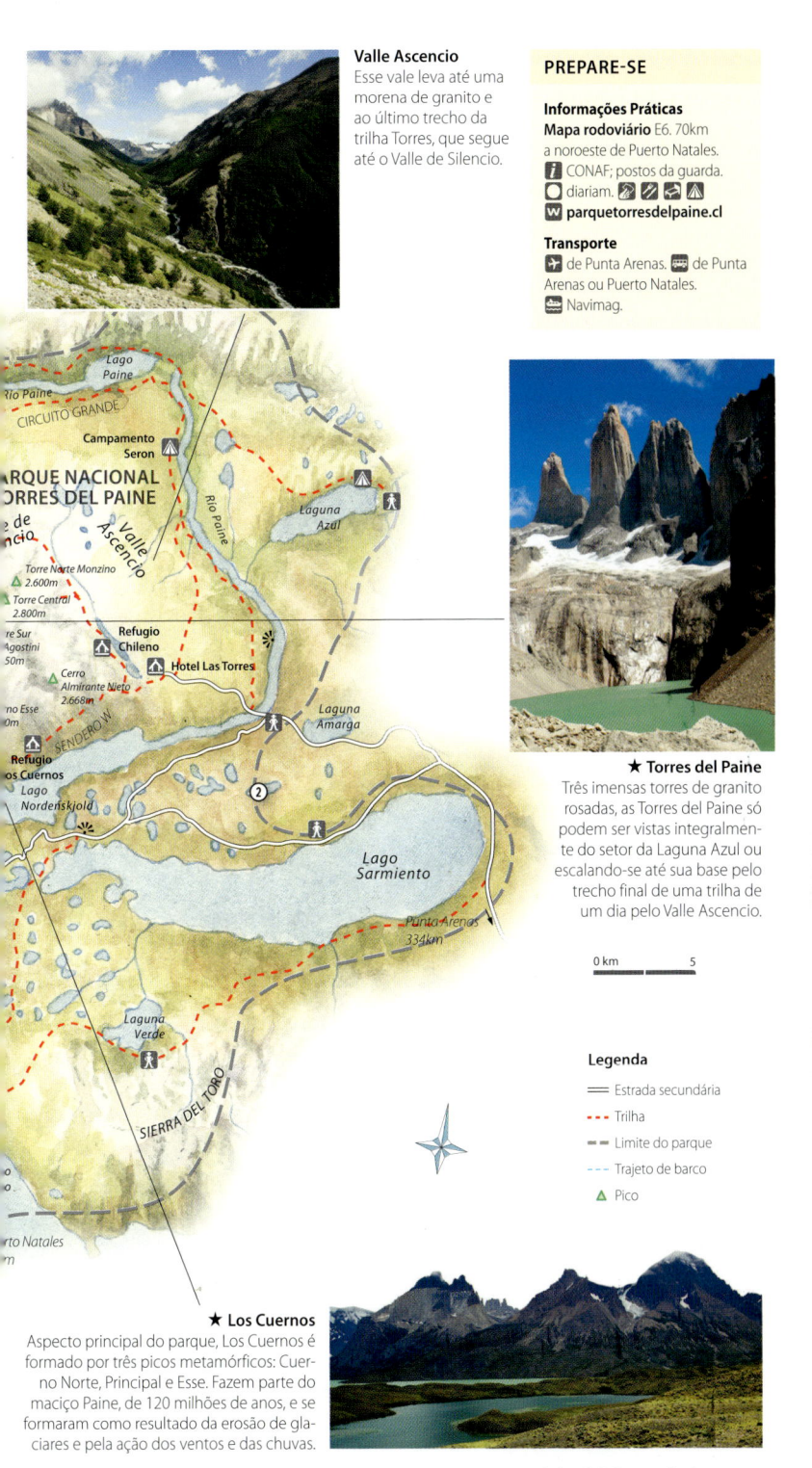

PARQUE NACIONAL TORRES DEL PAINE | 247

Valle Ascencio
Esse vale leva até uma morena de granito e ao último trecho da trilha Torres, que segue até o Valle de Silencio.

PREPARE-SE

Informações Práticas
Mapa rodoviário E6. 70km a noroeste de Puerto Natales.
🛈 CONAF; postos da guarda.
🅾 diariam. 🏕🏕🏕🏠
🌐 parquetorresdelpaine.cl

Transporte
✈ de Punta Arenas. 🚌 de Punta Arenas ou Puerto Natales.
⛴ Navimag.

★ Torres del Paine
Três imensas torres de granito rosadas, as Torres del Paine só podem ser vistas integralmente do setor da Laguna Azul ou escalando-se até sua base pelo trecho final de uma trilha de um dia pelo Valle Ascencio.

Legenda
═══ Estrada secundária
- - - Trilha
– – Limite do parque
- - - Trajeto de barco
△ Pico

★ Los Cuernos
Aspecto principal do parque, Los Cuernos é formado por três picos metamórficos: Cuerno Norte, Principal e Esse. Fazem parte do maciço Paine, de 120 milhões de anos, e se formaram como resultado da erosão de glaciares e pela ação dos ventos e das chuvas.

Legenda dos símbolos *na orelha da contracapa*

Como Explorar o Parque Nacional Torres del Paine

O acesso ao parque partindo de Punta Arenas é feito por estrada, ou então de Puerto Natales, por uma de duas estradas ou, ainda, de bote inflável pelo rio Serrano. Há cinco entradas para o parque, todas gerenciadas pelos postos de guarda florestal da CONAF. Dentro dos limites do santuário, há 250km de trilhas bem sinalizadas. A mais popular é o Circuito Grande, uma trilha que exige em geral oito dias e leva até o maciço Paine, passando pelos cintilantes lagos Paine, Dickson e Grey. Também há trilhas até o lago Paine, os picos Torres e o Valle del Francés, que podem ser combinadas numa única trilha, chamada de Sendero W, devido à sua forma.

Manada de guanacos, Parque Nacional Torres del Paine

Sede da Administración CONAF

Sector Lago del Toro, entrada sul do parque. **Tel** (061) 269-1931. 8h30-20h30 diariam.

A estrada sul que provém de Puerto Natales é a mais bonita de todas do parque e leva até a sede da Administración CONAF. Esse centro fornece informações gerais sobre o parque e também promove exposições educativas sobre a flora, a fauna e os aspectos geológicos do santuário. A plataforma que há no local é excelente para apreciar aves aquáticas. Um pequeno quiosque vende mapas, livros e itens variados.

Sendero W

Essa trilha, de média a difícil, tem forma de W, daí seu nome. O Sendero W é a trilha de vários dias mais popular, pois leva os visitantes aos três destaques principais do parque: as Torres del Paine, o Valle del Francés e o Glaciar Grey. A maioria dos trilheiros começa o trajeto por Las Torres *(p. 282)*, um complexo em estilo fazenda, com áreas para acampar e o **Hotel Las Torres**. A trilha circular de sete a oito horas até as Torres del Paine é extenuante; começa atravessando a bela floresta de faias do **Valle Ascencio** e termina com uma subida íngreme de 45 minutos por pedregulhos até as Torres, três impressionantes formações de granito que se erguem imponentes diante do lago glacial.

O Sendero W continua rumo a sudoeste a partir do Hotel Las Torres, ao longo das margens azuladas do **lago Nordenskjold** e beirando os flancos de dois tons dos famosos Los Cuernos.

Depois de 11km por essa rota chega-se à pousada e às áreas de camping do Refugio Los Cuernos. Os trilheiros podem pernoitar ali ou, se estiverem acampando, seguir em frente mais 6km até o **Valle del Francés** e seu Campamento Italiano. Nesse local, no entanto, não há serviço. A trilha que sobe pelo Valle del Francés tem cerca de 8km de extensão e alcança boa altitude nesse vale rodeado de picos de granito, com magnífica vista das estepes da Patagônia.

Da base do Valle del Francés, são cerca de 8km até o Refugio Paine Grande, o camping e a área onde atraca o catamarã que cruza o **lago Pehoé** até o setor Pudeto. A partir desse ponto, a trilha segue para o norte rumo ao trecho final do Sendero W, que tem 11km até o Refugio Grey. Quem vai visitar esse *refugio* pode combinar excursões a pé até o Glaciar Grey. A maioria dos trilheiros volta até o lago Pehoé e pega

Florestas de faias cobrem o Valle Ascencio

Veja hotéis e restaurantes dessa região nas pp. 281-3 e 297-9

PARQUE NACIONAL TORRES DEL PAINE | 249

Trilheiros no Circuito Grande, perto de Laguna Azul

o catamarã até Pudeto, onde há transporte disponível para Puerto Natales. No entanto, também é possível andar 18km em terreno plano até o centro administrativo do parque.

Circuito Grande

Para uma exploração completa do parque, uma boa opção é o Circuito Grande, que dá a volta no maciço Paine. Essa caminhada leva de seis a oito dias, conforme as condições físicas de cada um e o tempo. A trilha usualmente segue no sentido anti-horário, a partir do Hotel Las Torres ou da estação de guarda florestal de Laguna Amarga. Como alternativa, os mochileiros podem começar a trilha no setor Laguna Azul, embora isso exija uma travessia de bote do rio Refugio Dickson.

A trilha que sai do Hotel Las Torres começa com uma caminhada de quatro horas pelo Valle Ascencio, com gado pastando e florestas até o Campamento Seron. Ela então segue 19km até o Refugio Dickson, que tem vista privilegiada do **Glaciar Dickson**.

A trilha vai ficando cada vez mais extenuante a partir desse ponto e a vista é cada vez melhor, com glaciares, picos e florestas de faias. Depois de 9km por florestas e terreno pantanoso a partir do Refugio Dickson, chega-se ao acampamento Los Perros. A subida de 12km desse ponto até o **Paso John Gardner** pode ser difícil se fizer mau tempo. A vista eletrizante do Glaciar Grey e do **Campo de Gelo Sul** a partir desse passo é o grande destaque da rota; o vasto trecho de gelo é de tirar o fôlego. Quem faz trilha por lazer pode passar a noite no Campamento Paso, pois os próximos 10km até o Refugio Grey são difíceis, com gargantas íngremes e rochosas e troncos de árvores caídos. Depois os trilheiros seguem do Refugio Grey até o lago Pehoé, para iniciar a jornada de volta até Puerto Natales.

Orquídea-porcelana floresce no parque

Sendero Pingo-Zapata

Essa trilha pouco percorrida é boa para observar pássaros, e tem nível de médio a difícil.

A trilha começa na estação CONAF do lago Grey e segue o rio Pingo por pradarias, mata de arbustos e vista das paredes oeste de granito do maciço Paine. Depois de umas cinco horas, chega-se ao Campamento Zapata, onde há um degradado *refugio*, e meia hora depois um mirante com vista do espetacular **Glaciar Zapata** e suas várias fileiras de morenas glaciais.

Glaciar Grey

Apesar de sua taxa de recessão ter aumentado, o Glaciar Grey é um dos maiores e de acesso mais fácil da Patagônia. Os icebergs que se desprendem dele flutuam até o final do lago Grey e podem ser vistos ao longo de um curto trecho a pé em praia rasa a partir do setor Grey da estação da guarda florestal, perto do Refugio Grey. No final da praia, depois de meia hora a pé, uma península com uma plataforma oferece vista do Glaciar Grey a distância. Um passeio popular é pegar o catamarã *Grey II*, que no verão sai duas vezes ao dia do Refugio Grey e vai até o glaciar.

Caiaque perto dos icebergs flutuantes do lago Grey

❻ Punta Arenas

Capital da região de Magalhães, Punta Arenas é de onde partem os cruzeiros para a Terra do Fogo e a Antártica. Fundada em 1848, a cidade foi colônia penal e centro disciplinar para o pessoal militar. Entre o fim do século XIX e o início do século XX, atraiu milhares de europeus que fugiram da Primeira Guerra Mundial e foram criar carneiros ou trabalhar com ouro, mineração de carvão ou na indústria naval. O melhor lugar para começar a explorar a cidade é a Plaza Muñoz Gamero.

Sala de estar, Museo Regional Braun Menéndez

🏛 Museo Regional Braun Menéndez
H. de Magallanes 949.
Tel (061) 224-2049. ⏲ 10h30-17h qua-seg e feriados (mai-set: até 14h). 🌐 reservar.
w museodemagallanes.cl

Quem visita Punta Arenas pode apreciar a riqueza da família Braun Menéndez – proprietários de uma imensa fazenda no início do século XX – no Museo Regional Braun Menéndez. O edifício de 1903 está preservado com sua mobília e adereços originais, importados da Europa, além de lareiras de mármore, tapeçarias francesas, lustres de cristal e exemplares da melhor arte europeia da época. O museu tem ainda uma sala dedicada à história etnográfica da região.

Logo ao sul do museu fica a praça principal da cidade, Plaza Muñoz Gamero, que tem no seu centro o monumento a Magalhães. Existe um ritual de beijar o dedo do pé da estátua do índio que enfeita o monumento, para ter boa sorte ou, segundo a lenda, para que o visitante volte a Punta Arenas. Na praça também fica o **Palacio Sara Braun**, outra mansão da família Braun Menéndez que hoje abriga um hotel e o Club de la Unión.

🏛 Museo Regional Salesiano Maggiorino Borgatello
Av. M. Bulnes e Maipú. **Tel** (061) 222-1001. ⏲ 10h-12h30 e 15h-18h ter-dom. 🌐 **w** museo maggiorinoborgatello.cl

Fundado em 1893, o Museo Regional Salesiano Maggiorino Borgatello trata da história, ecologia e antropologia da região de Magalhães. As visitas começam no lobby, que exibe exemplares empalhados da fauna local, espécies marinhas e amostras geológicas recolhidas pelos missionários salesianos no início do século XX. Há também mostras etnográficas dos índios kawéskar e selk'nam,

Punta Arenas
① Museo Regional Braun Menéndez
② Museo Regional Salesiano Maggiorino Borgatello
③ Cementerio Municipal Sara Braun

Veja hotéis e restaurantes dessa região nas pp. 281-3 e 297-9   Legenda dos símbolos *na orelha da contracapa*

SUL DA PATAGÔNIA E TERRA DO FOGO | 251

PREPARE-SE

Informações Práticas
Mapa rodoviário E6.
247km ao sul de Puerto Natales.
132.000. Lautaro Navarro 999. Carnaval de inverno (jul).
puntaarenas.cl

Transporte

Bandeira do Chile tremula no Fuerte Bulnes, próximo a Puerto Hambre

com utensílios, trajes e fotos em branco e preto; uma história do trabalho missionário na região e artefatos religiosos católicos; e ainda um andar dedicado à história industrial da cidade.

Ciprestes e túmulos no Cementerio Municipal Sara Braun

Cementerio Municipal Sara Braun
Avenida M. Bulnes e Rómulo Correa. out-mar: 7h30-20h diariam; abr-set: 8h-18h diariam.

Esse antigo mausoléu abriga vários túmulos de família e sepulturas simples, e exibe ciprestes podados de modo extravagante ao longo de seus caminhos. É interessante ver a estátua do Indiecito (Indiozinho), que representa os grupos indígenas desaparecidos e é também um totem de boa sorte.

Museo del Recuerdo
Avenida M. Bulnes 1890. **Tel** (061) 221-7173. 8h30-11h30 e 14h30-18h30 seg-sex, 8h30-12h30 sáb.

Situado no limite da cidade, o Museo del Recuerdo mostra artefatos e antiguidades dos primeiros dias de Punta Arenas. O complexo consiste de réplicas de casas e estabelecimentos construídos no estilo da arquitetura do início do século XX. Nesses edifícios há lojas de carpintaria, armazéns, o interior de uma residência e a casa de um peão de fazenda. Espalhados pela propriedade há carroças e maquinaria e implementos agrícolas.

❼ Seno Otway
Mapa rodoviário E6. 65km ao norte de Punta Arenas. meados out-mar: 8h-18h30 diariam. turisotway.cl

Pode-se visitar a colônia de pinguins num passeio de meio dia, saindo de Punta Arenas. Boa parte do trajeto é feita em estrada sem asfalto. Anualmente, entre novembro e março, 5 mil pinguins-de-magalhães nidificam na área e seguem para o norte até a Argentina ou a costa do centro-sul do Chile.

A reserva de 45ha tem passarelas com cordas e mirantes em plataformas, além de uma loja de suvenires. No caminho até Seno Otway, é possível ver aves como o nandu-de-darwin, ave não voadora.

❽ Isla Magdalena
Mapa rodoviário E6. 35km a nordeste de Punta Arenas. de Punta Arenas; dez-fev: 16h ter, qui e sáb.

A viagem de barco de duas horas até Isla Magdalena vale o esforço: a ilha abriga 60 mil pares de pinguins-de-magalhães. Cada par produz dois filhotes entre novembro e março, elevando a população da ilha para 240 mil pinguins. Uma passarela com cordas corre pela área, e um velho farol faz as vezes de posto de guarda florestal e de pesquisa. Os pinguins adultos se revezam para tomar conta do ninho e pescar, e toda manhã e toda tarde os visitantes podem ver as aves bamboleando, indo e vindo do mar, passando a poucos centímetros deles.

❾ Puerto Hambre
Mapa rodoviário E7. 58km ao sul de Punta Arenas. 9h30-18h30 diariam. phipa.cl

A primeira tentativa de criar um assentamento no estreito de Magalhães deu-se em 1584, quando o capitão espanhol Pedro Sarmiento de Gamboa deixou centenas de colonizadores 50km ao sul de Punta Arenas. Ele chamou o núcleo de Rey Felipe, mas o nome foi mudado para Puerto Hambre (Porto Fome) em 1587 pelo capitão inglês Thomas Cavendish, que chegou ao local e encontrou apenas um sobrevivente – os demais haviam morrido de fome ou frio. As ruínas do núcleo são hoje monumento nacional.

Cerca de 4km ao sul fica o monumento nacional **Fuerte Bulnes**, criado em 1843 por colonizadores de Chiloé que, em 1848, foram relocados para a atual Punta Arenas. Foi a segunda colonização do estreito, mas a primeira bem-sucedida. O lugar, muito bem reconstruído, oferece uma visão de como era a vida dos colonizadores.

Visitantes entre pinguins-de-magalhães, Isla Magdalena

Punta Arenas com o estreito de Magalhães ao fundo ▶

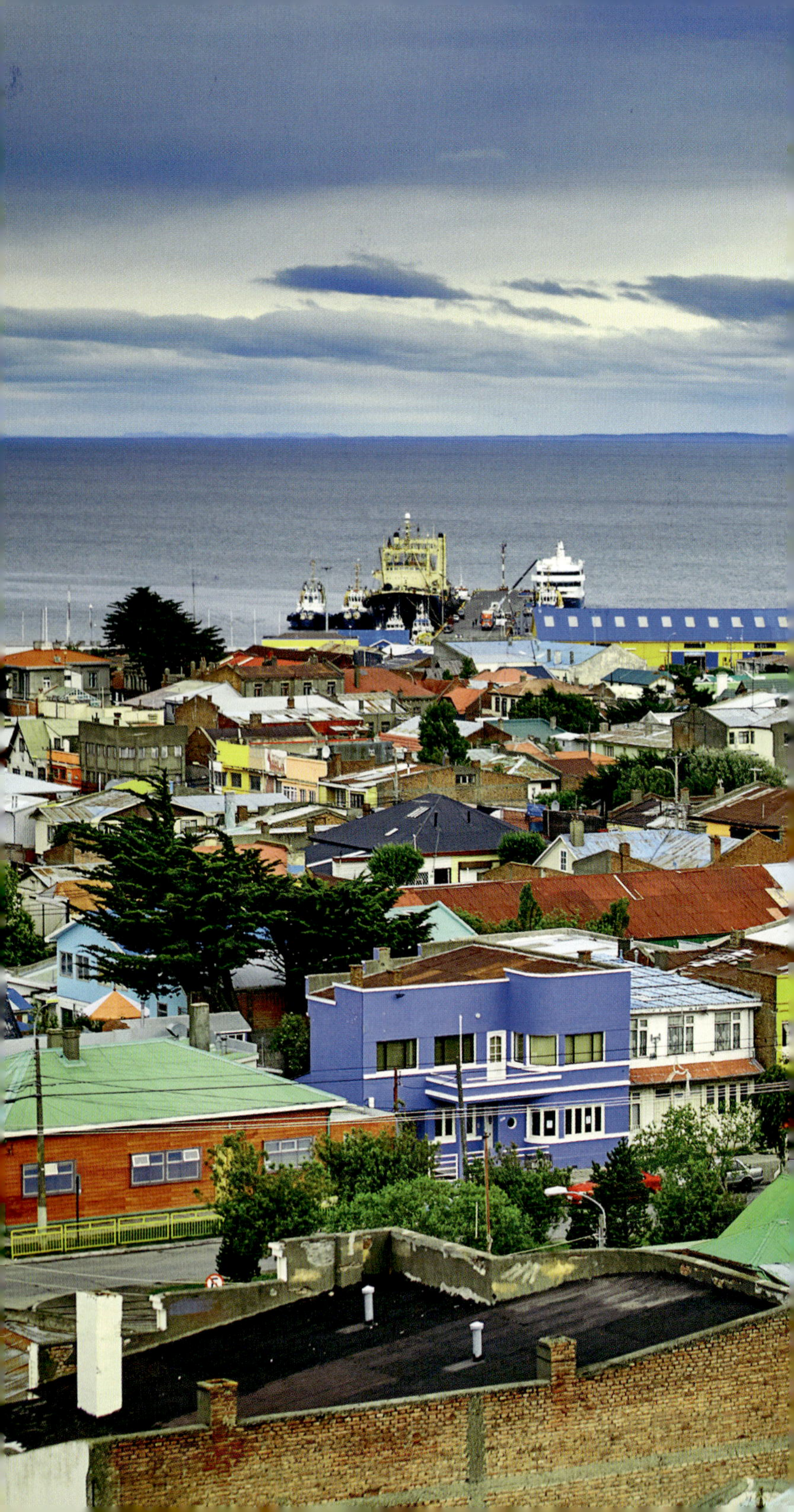

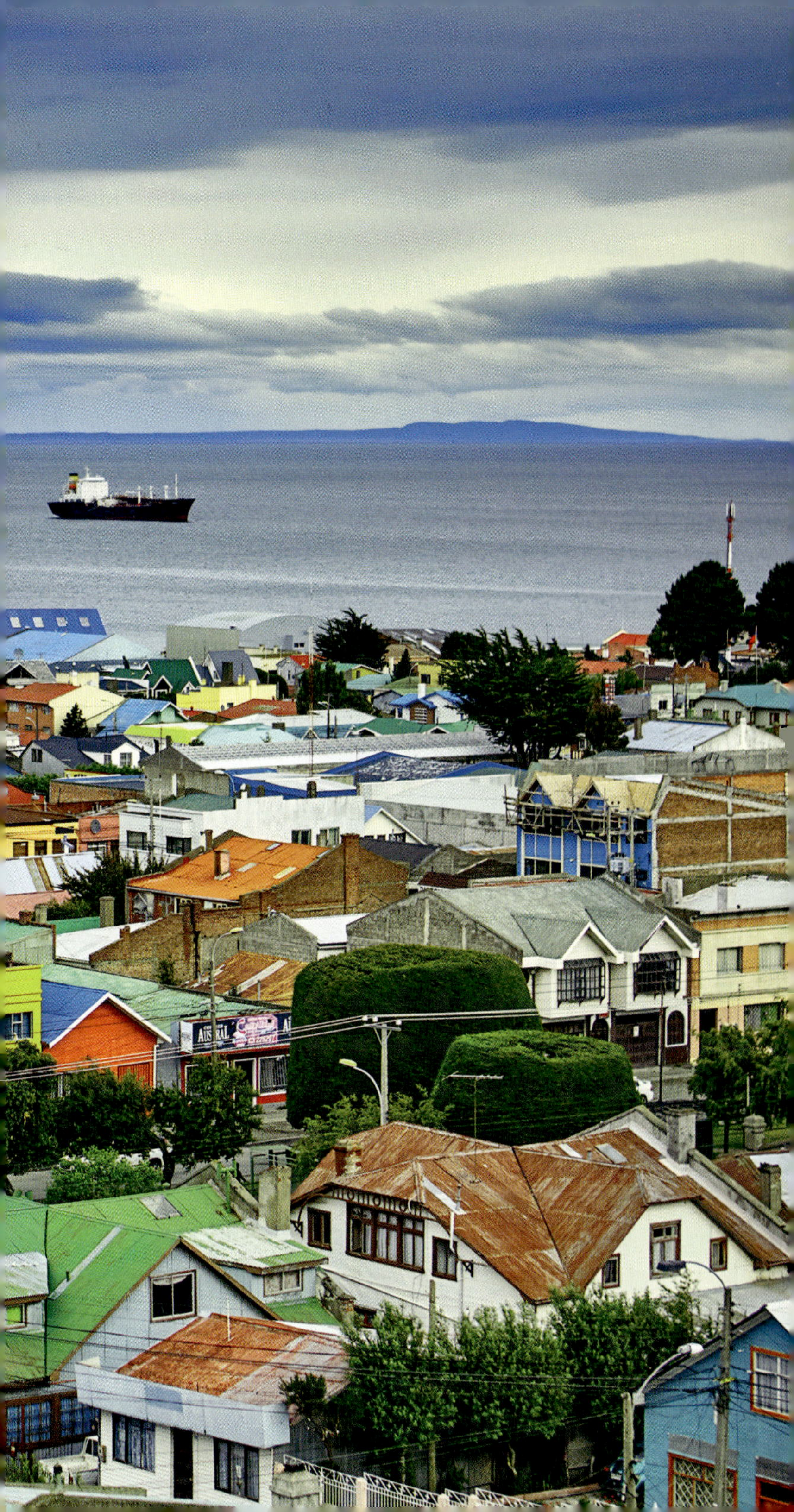
AUSTRAL

Barco de pesca cruza o estreito de Magalhães

⓾ Estreito de Magalhães

Mapa rodoviário E7. 100km ao sul de Punta Arenas. 🚌 de Punta Delgada a Puerto Espora e de Punta Arenas a Porvenir.

Rota marítima navegável ligando o oceano Atlântico ao Pacífico, o estreito de Magalhães deve seu nome a Fernão de Magalhães, primeiro europeu a descobrir essa passagem em 1520. Com 570km de extensão, esse estreito separa a Terra do Fogo do continente chileno e, apesar das correntes e dos fortes ventos, oferece uma rota mais segura para os navios que circundam o continente sul-americano do que a Passagem de Drake mais ao sul. Até a abertura do Canal do Panamá em 1914, o estreito de Magalhães fazia parte da principal rota dos navios a vapor que viajavam entre os oceanos Atlântico e Pacífico.

O estreito é área de reprodução e alimentação de baleias-jubarte, leões-marinhos, pinguins e outras espécies marinhas nos meses de verão. Colônias de acasalamento podem ser vistas na Isla Carlos III, perto da entrada oeste do estreito. As águas em volta da ilha formam os 670km² do **Parque Marino Francisco Coloane**, primeira reserva marinha do Chile. As viagens de barco até a Isla Carlos III incluem paradas no cabo Froward, a ponta mais ao sul do continental chileno, e no cabo San Isidro. Localizado na costa sudeste da península de Brunswick, esse cabo tem um farol que data de 1904. Antes usado para guiar os navios que cruzavam o estreito de Magalhães, o farol foi convertido em museu e mostra a cultura e a história dos diversos grupos indígenas da região, como os selk'nam e os yámana.

⓫ Porvenir

Mapa rodoviário E6. 40km a sudeste de Punta Arenas. 🚩 5.000. ✈ 🚢 🚌
🌐 **muniporvenir.cl**

Datada de 1834, mas oficialmente estabelecida como cidade em 1894, Porvenir, com seus fortes ventos, cresceu primeiro como entreposto para os mineiros que trabalhavam na serra de Baquedano numa das corridas do ouro de meados do século XIX. Mais tarde, no surto de produção de lã do século XX, a cidade foi um centro de serviços para as fazendas de carneiros implantadas principalmente pelos imigrantes croatas. Hoje, Porvenir é a capital da província da Terra do Fogo. As casas com muros de lata são intercaladas com edifícios construídos na década de 1930 e seu destaque principal é o **Museo Provincial Fernando Cordero Rusque**. O museu tem mostras da fauna local e exposições sobre arqueologia e antropologia das culturas indígenas que antes habitavam a área. Quatro quadras ao norte do museu, o **Cementerio Municipal** abriga mausoléus antigos à sombra de ciprestes podados em formato cilíndrico. Situado na Avenida Manuel Senoret, a principal via costeira da cidade, o **Parque del Recuerdo** exibe maquinaria antiga e veículos do século XIX. Na mesma rua, a Plaza de las Américas ostenta um monumento construído em homenagem aos índios selk'nam, habitantes originais da região.

Arredores
Localizado 6km ao norte de Porvenir, o **Monumento Natural Lagunas de los Cisnes** é conhecido pelos bandos de flamingos cor-de-rosa e cisnes-de-pescoço-preto. Mais ao sul, o belo lago Blanco é famoso pela pesca da truta-arco-íris e da truta-marrom. O lago fica do lado nordeste do Parque Natural Karukinka. Essa reserva natural de administração particular foi fundada em 2004 pela Wildlife Conservation Society com fundos do Goldman Sachs, com a finalidade de proteger as florestas de faias da região da exploração por madeireiras internacionais.

🏛 **Museo Provincial Fernando Cordero Rusque**
Padre Mario Zavattaro 402.
Tel (061) 258-1800. ⏰ 8h-17h30 seg-qui, 9h-16h sex, 10h30-13h30 e 15h-17h sáb, dom e feriados.
🌐 **museoporvenir.cl**

Casas pintadas em cores vivas na cidade de Porvenir

Veja hotéis e restaurantes dessa região nas pp. 281-3 e 297-9

A Prisão Mais ao Sul do Mundo

Após o golpe militar de 1973 *(p. 52)*, o regime de Pinochet enviou líderes do governo deposto para a pequena Isla Dawson no estreito de Magalhães. Com um clima frio, chuvoso e instável e um isolamento que tornava quase impossível uma fuga, a ilha abrigou cerca de 400 prisioneiros, que eram submetidos a tortura e a duríssimas condições de vida e de trabalhos forçados. Esses prisioneiros foram executados ou transferidos a outras prisões em 1974. Muitos dos que sobreviveram tiveram importante papel na restauração da democracia no Chile. A experiência dos prisioneiros foi documentada no filme de 2009 *Dawson: Isla 10*, dirigido pelo ex-exilado Miguel Littín. O filme inspira-se na obra autobiográfica do antigo ministro das Minas, Sergio Bitar, um dos ministros do gabinete de Allende que ficaram presos na ilha de 1973 a 1974.

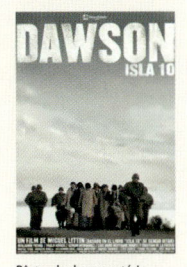

Pôster do documentário *Dawson: Isla 10*

⓬ Puerto Williams

Mapa rodoviário F7. 293km a sudeste de Punta Arenas. 2.500.
de Punta Arenas.
w imcabodehornos.cl

Solitária cidade na Isla Navarino, ao sul do continente do Chile, Puerto Williams é a capital da região de Magalhães e da Antártica chilena e também a cidade mais ao sul do mundo. Fundada em 1953 como base naval chilena, foi depois chamada de Puerto Williams em homenagem ao oficial irlandês Juan Williams, que capturou o estreito de Magalhães para o Chile em 1843. A cidade ostenta o fantástico cenário dos picos de granito chamados Dientes de Navarino, uma área que abriga algumas das melhores trilhas da região. A principal atração da cidade é o **Museo Martín Gusinde**, criado em 1974 e dedicado ao antropólogo e sacerdote austríaco Martín Gusinde (1886-1969), que fez importantes pesquisas sobre as comunidades indígenas yámana e selk'nam da região. O museu tem mostras etnográficas sobre esses grupos e sobre a geologia, fauna e flora locais. A ilha é muito frequentada por marinheiros e iatistas, que se reúnem no Club de Yates Milcalvi, um barco antigo reformado como bar.

Localizado 32km a leste de Puerto Williams, um vilarejo conhecido como Villa Ukika abriga um punhado de sobreviventes da comunidade indígena yámana.

⓭ Cabo Horn

Mapa rodoviário F7.
703km a sudeste de Punta Arenas.
de Punta Arenas e Puerto Williams.
de Punta Arenas e Puerto Williams.

"Ponta" sul da América, o cabo Horn, ou Hornos, como é mais conhecido no Chile, compreende na verdade um grupo de ilhas que formam o Parque Nacional do Cabo de Hornos. O cabo foi descoberto pelos europeus numa expedição naval holandesa em 1616, e seu nome deriva da cidade holandesa de Hoorn. Do século XVIII até a abertura do Canal do Panamá em 1914, a região foi uma importante rota de navios de carga.

As águas em volta das ilhas do cabo Horn são traiçoeiras, com mar agitado, ondas perigosas, fortes correntes e em particular os *williwaws*, rajadas de vento intensas e repentinas. Essas condições de navegação adversas dificultam alcançar a própria ponta, e a **Isla Hornos**, a noroeste dela, em geral é o mais longe que se consegue ir.

A Isla Hornos, coberta de musgo, tem uma estação naval, um farol e uma capela. Em forma do albatroz, o Monumento al Navegante Solitario homenageia os marinheiros que morreram nessas águas. A ilha tem uma rica vida selvagem, com pinguins, condores e albatrozes. É possível avistar também golfinhos e baleias.

Monumento na Isla Hornos

Cidade litorânea de Puerto Williams, tendo ao fundo os picos Dientes de Navarino

Visita à Argentina

Quem visita a Patagônia chilena tem a opção de viajar até a Patagônia argentina, pois as principais atrações dessas regiões dos dois países ficam bem próximas. Em poucas horas, os visitantes do Parque Nacional Torres del Paine podem chegar a El Calafate, cidade argentina voltada para o turismo, que serve de base para visitar os glaciares Perito Moreno e o Parque Nacional Los Glaciares. Muitos navios de cruzeiro têm a opção de parar por um dia ou uma noite em Ushuaia, cidade argentina rodeada por picos de incrível beleza.

Legenda
— Estrada
= Estrada secundária
• • Fronteira internacional

Principais Atrações
① PN Los Glaciares
② Ushuaia
③ PN Tierra del Fuego
④ Cerro Castor

① Parque Nacional Los Glaciares

336km a noroeste de Puerto Natales; 80km a oeste de El Calafate. ✈ El Calafate. 🚌 El Calafate. ℹ Avenida del Libertador 1302, El Calafate; (02902) 491-005.
🌐 losglaciares.com

Criado em 1937, o Parque Nacional Los Glaciares é um destino adicional para muitos visitantes do Parque Nacional Torres del Paine, pois há dois cruzamentos de fronteira perto dele. Com o nome dos glaciares que descem do Campo de Gelo Sul, essa reserva é o segundo maior parque nacional da Argentina e um excelente local para trilhas e escaladas. O parque, a maior parte dele inacessível, cobre 647 mil ha de terreno montanhoso, lagos azul-turquesa, glaciares e rios. Seu aspecto principal é o imenso maciço Fitz Roy, um imponente grupo de agulhas de granito. Quem vai fazer trilhas na área pode participar de passeios baseados em campings, que duram vários dias, ou de caminhadas curtas, de duas a seis horas. Os passeios saem da aldeia de montanha de **El Chaltén**, uma área de hotéis e restaurantes que surgiu na década de 1990 ao longo do rio Las Vueltas.

O que atrai mais gente no Parque Nacional Los Glaciares é o **Glaciar Perito Moreno**, que flui por 29km antes de fazer contato com uma península, onde ficam os mirantes ideais para apreciar essa maravilha glacial. Na verdade, esse glaciar é um dos poucos da Patagônia que não está em recessão, embora não possa crescer muito, pois seu término está obstruído por terra. De tempos em tempos, a pressão acumulada pelo contato do gelo com a terra faz o glaciar se partir, provocando um estrondo, algo que muitos visitantes esperam poder ver quando vão ao parque. Várias agências oferecem trilhas pelo glaciar com *crampons* e cordas, além de caminhadas pela natureza, passeios de barco pelos glaciares de Upsala e Spegazzini, e ao redor de icebergs flutuantes.

Los Glaciares é acessado por **El Calafate**, uma cidade turística às margens do lago Argentino, a cinco horas de carro de Puerto Natales, no Chile. Antigas *estancias* (fazendas) de carneiros locais foram convertidas em hotéis e restaurantes e dão aos visitantes um vislumbre da vida e da cultura dos gaúchos da Patagônia.

Visitantes no Glaciar Perito Moreno, Parque Nacional Los Glaciares

SUL DA PATAGÔNIA E TERRA DO FOGO | 257

Vista de Ushuaia, no extremo sul da Argentina, de manhã bem cedo

② Ushuaia

564km a sudeste de El Calafate. 57.000. Avenida Prefectura Naval 470; (02901) 432-000. Festival de Música Clássica de Ushuaia (abr).
w turismoushuaia.com

Às margens do canal de Beagle, tendo ao fundo os majestosos picos do Parque Nacional Tierra del Fuego, Ushuaia é a cidade mais ao sul da Argentina. Atração turística por sua beleza natural, Ushuaia é escala obrigatória dos navios de cruzeiro e ponto de partida para as viagens à Antártica.

O nome da cidade deriva da língua dos primeiros habitantes da região, os indígenas yámana; Ushuaia significa "baía que penetra o oeste". Foi fundada formalmente como capital da Terra do Fogo em 1904. Missionários britânicos se instalaram na área em meados do século XVIII, e em 1896 o presidente Julio Argentino Roca montou uma colônia penal no local para criminosos e presos políticos do norte e de Buenos Aires. A colônia servia para isolar os criminosos mais perigosos e também para estabelecer uma presença argentina mais forte na Terra do Fogo. A vasta prisão foi fechada em 1947 e hoje abriga o **Museo Marítimo y Presidio**, com um grande acervo de peças históricas, náuticas, científicas e culturais da área. Também há artefatos da época da prisão e exposições que retratam a vida dos prisioneiros e dos guardas.

③ Parque Nacional Tierra del Fuego

11km ao norte de Ushuaia. de Ushuaia. Ruta Nacional 3, km 3047; (02901) 421-315. 24h diariam.
w parquesnacionales.gob.ar

Fundado em 1960 para proteger 610km² de florestas de faia e terreno rústico, o Parque Nacional Tierra del Fuego foi o primeiro parque nacional no litoral argentino. A maior parte do parque é inacessível, mas ainda assim ele é popular entre os habitantes locais como área de lazer, para piqueniques, trilhas, andar de barco, observar aves e pescar trutas. Trilhas curtas e longas para caminhadas cortam a floresta e os pântanos de águas escuras, os *turbales* (turfas). É possível ver guanacos e raposas-vermelhas, ou o flagelo da ilha, o castor-canadense, introduzido na década de 1940 para a obtenção de peles. Agora eles se multiplicaram muito e são uma ameaça ao ambiente.

A área é ainda mais bonita no outono, quando as folhas das faias mudam de cor. Crianças e adultos adoram passear no **Tren del Fin de Mundo**, uma locomotiva a vapor que antes levava prisioneiros até a floresta para cortar lenha, quando Ushuaia era colônia penal. O trem sai da estação fora do parque, e a viagem dura uma hora, passando por florestas, cascatas e rios.

PREPARE-SE

Transporte
El Calafate: voos fretados de Punta Arenas. de Puerto Natales via Control Fronterizo Dorotea no Río Turbio ou Control Fronterizo Río Don Guillermo em Cerro Castillo. Ushuaia: de Santiago; voos fretados de Punta Arenas. de Punta Arenas e Porvenir via controle de fronteira em Paso San Sebastian.

④ Cerro Castor

26km a nordeste de Ushuaia; Ruta Nacional 3, km 3047. **Tel** (02901) 242-2244. de Ushuaia. meados jun-meados out.
w cerrocastor.com

Resort de esqui mais ao sul da Argentina, Cerro Castor atrai não só habitantes de Ushuaia como fãs de esqui e snowboard de Buenos Aires e do Chile. A base fica 195m acima do nível do mar, com a maior elevação a 1.057m, embora Cerro Castor tenha muita precipitação de neve.

Esse retiro moderno e refinado compreende o Castor Ski Lodge, com quinze cabanas rústico-chiques e acolhedoras, quatro restaurantes e quatro *refugios* ou cafés de montanha. O resort oferece cerca de 607ha de terreno propício para esquiar e 800m de queda vertical, um parque na neve e sete *lifts*. Oferece muitas atividades, incluindo uma série de eventos sobre esqui e culinária que se estende por toda a estação.

Passadiço para a baía Lapataia, Parque Nacional Tierra del Fuego

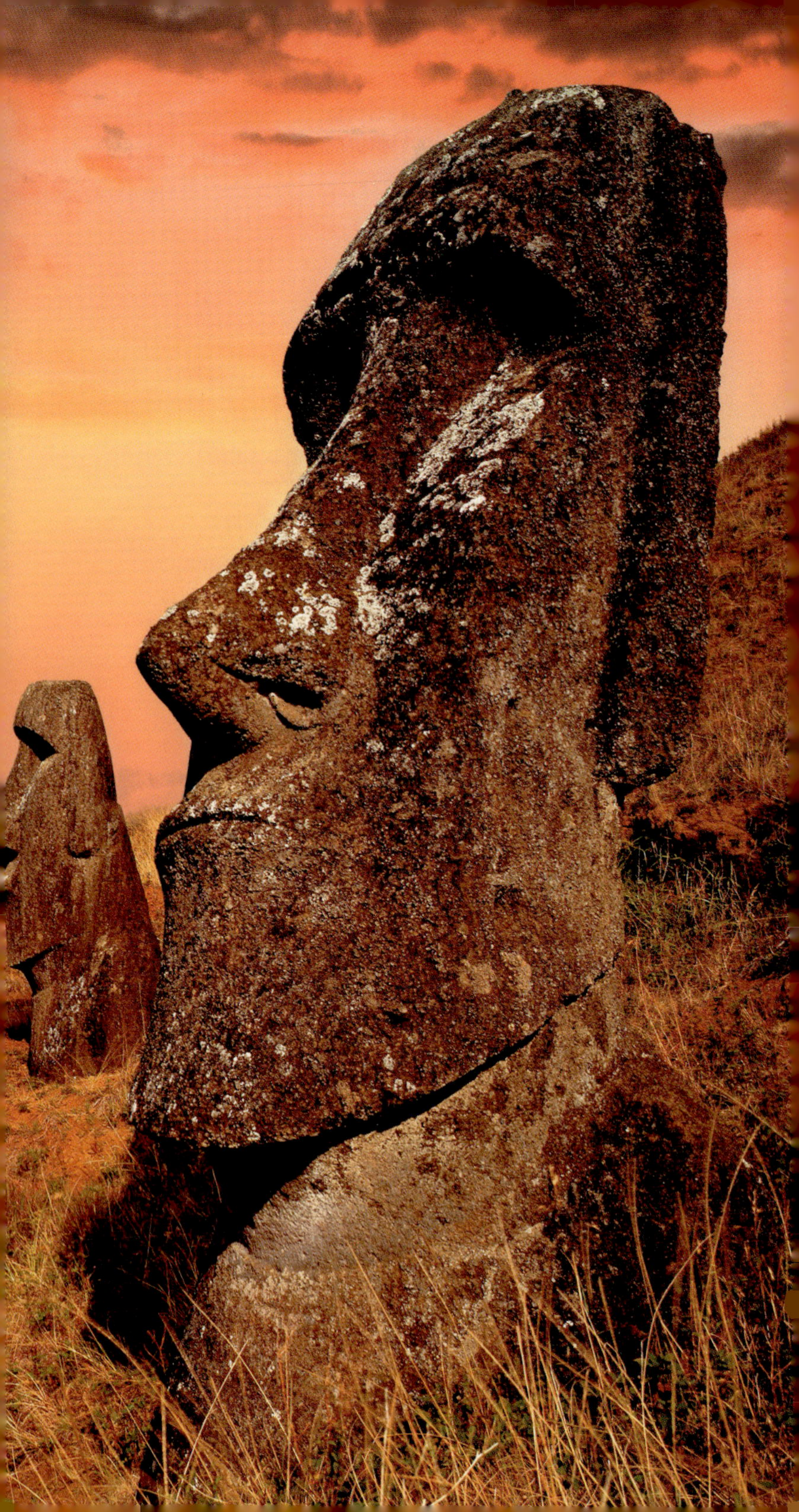

ILHA DE PÁSCOA E ILHA ROBINSON CRUSOÉ

As fronteiras do Chile abrangem duas das ilhas mais remotas e exóticas do planeta. A Ilha de Páscoa, que seus habitantes chamam de Rapa Nui, destaca-se pelas estátuas de pedra, os *moais*, célebres ícones da arqueologia e vestígios enigmáticos de uma sociedade desaparecida. Mais perto do continente, a ilha Robinson Crusoé é o provável local da conhecida saga da literatura mundial.

A cinco horas de avião do continente, a Ilha de Páscoa é uma pequena ilha vulcânica com uma cultura que, apesar do vínculo político com o Chile, é mais polinésia do que latino-americana. Os ocupantes originais cruzaram o Pacífico Ocidental de ilha em ilha até chegarem à Ilha de Páscoa por volta de 1000 d.C. Embora em número reduzido, compensavam isso com engenhosidade e criatividade, esculpindo monumentos gigantes que tornaram a ilha célebre. Trazidos de volta às plataformas originais, os *moais* atraem milhares de visitantes. Atividades como trilhas, mergulho, cavalgadas e surfe, além do ambiente polinésio, complementam seus recursos culturais únicos.

Menos visitada por turistas, a ilha Robinson Crusoé faz parte do arquipélago Juan Fernández, nome do navegador espanhol que desembarcou no local em 1574. A ilha ganhou o nome do romance *Robinson Crusoé*, inspirado numa história real do escocês Alexander Selkirk *(p. 269)*, do século XVIII. Os primeiros assentamentos permanentes datam de meados do século XVIII e a autoridade chilena foi estabelecida no início do século XIX. Os habitantes atuais, concentrados na minúscula cidade de San Juan Bautista, vivem da pesca de lagosta e do turismo. A cidade é também a base para explorar florestas endêmicas no norte da ilha e as trilhas que foram percorridas por Selkirk.

A densa floresta, lar de numerosas espécies endêmicas, da ilha Robinson Crusoé

◀ Estátuas *moai* nas encostas de Rano Raraku, Ilha de Páscoa

Como Explorar a Ilha de Páscoa

A base ideal para explorar a Ilha de Páscoa é Hanga Roa, uma vila bem espalhada com algumas das principais atrações da ilha por perto, como a cratera e a vila cerimonial de Rano Kau. Atrações mais remotas, como os *moais* de Rano Raraku, Playa Anakena e península Poike, podem ser visitadas num passeio de um dia inteiro pelas praias do leste da ilha e de volta para Hanga Roa. A ilha Robinson Crusoé é sobretudo um destino de verão, e os voos até ela são mais frequentes em janeiro e fevereiro. Ali, a vila de San Juan Bautista é uma das poucas bases. O terreno escarpado é ideal para trilhas, especialmente as do Sendero Salsipuedes e do Mirador Selkirk. O transporte limitado torna os passeios lentos – mas sempre compensadores.

Moais em Ahu Nau Nau, na Playa Anakena, Ilha de Páscoa

Veja hotéis e restaurantes dessa região nas pp. 283 e 299

Principais Atrações

Vilarejos
1. *Hanga Roa* pp. 262-3
8. San Juan Bautista

Áreas de Beleza Natural
5. Playa Anakena
6. Península Poike
9. Sendero Salsipuedes
11. Mirador Selkirk

Sítios Arqueológicos
2. Rano Kau
3. Ahu Akivi
4. Ana Te Pahu
7. *Rano Raraku* pp. 266-7
10. Cueva Robinson
12. Plazoleta El Yunque

ILHA DE PÁSCOA E ILHA ROBINSON CRUSOÉ | 261

Vista espetacular do Mirador Selkirk, de onde se avista a ilha Robinson Crusoé

Como Circular

Tanto a Ilha de Páscoa como a ilha Robinson Crusoé têm uma área pequena, mas a circulação em ambas é diferente. A Ilha de Páscoa tem um bom sistema de estradas, adequado para carros, motos e bicicletas. Mas nem todas as estradas são asfaltadas e algumas são esburacadas. Hanga Roa tem uma frota de táxis, além de operadoras de turismo que levam os clientes até as atrações e os trazem de volta. É possível alugar cavalos para excursões. Há muitas rotas boas para caminhadas, mas não é permitido acampar fora de Hanga Roa. Já na ilha Robinson Crusoé, não há estradas. Costuma-se utilizar as trilhas, algumas das quais são bastante difíceis. É possível alugar barcos para conhecer pontos de difícil acesso a pé.

Legenda

— Estrada principal
═══ Estrada principal sem asfalto
≡≡≡ Estrada secundária sem asfalto
--- Trilha
--- Trajeto de barco
▲ Pico

Legenda dos símbolos *na orelha da contracapa*

Hanga Roa

Único assentamento permanente da Ilha de Páscoa, Hanga Roa é uma vila subtropical que reúne quase todos os habitantes da ilha. A maior parte de suas ruas é de casas compactas com jardins na frente. A população é basicamente polinésia, mas há estrangeiros residentes, além de chilenos do continente, voltados para a crescente indústria do turismo na ilha. A vila é a base dos visitantes que vão conhecer as atrações únicas da área, como sua surpreendentemente sofisticada cozinha de ingredientes frescos com toques do Pacífico Sul.

Iglesia Sagrado Corazón
Tuukoihu, esq. Avenida Te Pito Ote Henua.

Originalmente uma edificação simples, a Iglesia Sagrado Corazón passou por grande reforma em 1982 e agora se destaca dos demais edifícios de Hanga Roa, em geral de função utilitária. Exibe uma fachada atraente com baixos-relevos de imagística rapa nui, como o Homem-Pássaro (p. 264), e figuras de peixes, fragatas e tartarugas. Em uma das laterais, a igreja tem a cripta do frade capuchinho e estudioso Sebastián Englert (1888-1969), que se dedicou a pesquisar a história e a cultura da ilha. Seu túmulo fica junto ao do primeiro missionário da ilha, Eugene Eyraud, que morreu no local em 1864.

Dentro do luminoso interior, a igreja tem entalhes em madeira que retratam a imagística cristã tradicional e também símbolos rapa nui – o Homem-Pássaro é mostrado como um anjo. A igreja abriga uma intensa celebração do domingo de Páscoa, cujo ponto alto é a chegada a cavalo do sacerdote local. A missa celebrada inclui cantos na língua rapa nui, com ritmos de caráter nitidamente polinésio.

Mercado Artesanal
Tuukoihu, esq. Ara Roa Rakei. 9h-13h, 16h-20h diariam.

Localizado em frente à Iglesia Sagrado Corazón, o Mercado Artesanal é o movimentado núcleo dos artesãos de Hanga Roa. Trata-se do melhor lugar para comprar artesanato local, tecidos, enfeites e suvenires *moai* feitos sob encomenda, entalhados em madeira ou feitos com rocha vulcânica. São vendidas também réplicas de madeira de antigas tabuletas de pedra com inscrições, chamadas de *rongorongo*, e de *moai kavakava* de madeira, que são entalhes esqueléticos, com costelas proeminentes. É melhor vir nas primeiras horas da manhã, antes que o local fique lotado e quente demais.

Suvenir no Mercado Artesanal

Túmulos bem cuidados com flores no Cementerio Hanga Roa

Cementerio Hanga Roa
Perto de Petero Atamu.

Situado no extremo norte da vila, o Cementerio Hanga Roa data oficialmente de 1951, embora o lugar venha sendo usado para enterros desde o início do século XX. Muito bem conservado, o cemitério fica de frente à enseada da baía Cook e é rodeado por um muro de pedras vulcânicas. Lápides simples, feitas em casa, marcadas com cruzes e decoradas com flores artificiais pontuam os lotes do cemitério. É um bom lugar para apreciar a história contemporânea da ilha, além de sua enigmática epopeia anterior à chegada dos europeus.

Ahu Tahai
Tahai.

Situado ao norte do cemitério de Hanga Roa, Ahu Tahai é o mais notável sítio arqueológico perto o suficiente da vila para poder ser acessado a pé. É um complexo de três *ahus* (plataformas de pedra), restaurado pelo antropólogo americano William Mulloy nas décadas de 1960 e 1970. A plataforma central, que é de fato a Ahu Tahai, tem um único *moai*. Ao norte desse, o *moai* Ahu Ko Te Riku tem um topete restaurado e olhos de cerâmica. Ao sul, Ahu Vai Ure é coroada por cinco *moais*.

O complexo de Ahu Tahai abriga ainda os alicerces de várias *hare paenga* (casas em forma de barco) e uma rampa de barcos. Mulloy, falecido em 1978, está enterrado no local junto da sua esposa, Emily.

Imagística rapa nui na entrada da Iglesia Sagrado Corazón

Museo Antropológico P. Sebastián Englert

Tahai s/n. **Tel** (032) 255-1020.
9h30-17h30 ter-sex, 9h30-12h30 sáb, dom e feriados.
museorapanui.cl

Fundado em 1973, o Museo Antropológico P. Sebastián Englert tem o nome do caridoso capuchinho que passou muitos anos na ilha. As mostras do museu se concentram na navegação e migração transpacíficas e nos artefatos icônicos rapa nui, como os *moais* e as tabuletas *rongo-rongo*, criados por esse povo após terem ocupado a ilha. O museu explora também a crise, provavelmente demográfica, que levou à derrubada de vários *moais* no século XVIII.

A seção de antropologia do museu oferece informação sobre a maior parte da Oceania, a região geográfica que compreende as ilhas do Pacífico desde a Nova Guiné e a Austrália até os pequenos atóis da Polinésia.

Em 2003, a **Biblioteca William Mulloy**, de Viña del Mar, que leva o nome do pioneiro arqueólogo, foi transferida para esse museu. Essa biblioteca de pesquisa científica tem muitas fotos, vídeos e literatura que documentam a rica história e a cultura dessa ilha.

Aves pintadas de vermelho e branco no teto de Ana Kai Tangata

Ana Kai Tangata

Perto da Avenida Policarpo Toro.
Notável sítio de arte rupestre, Ana Kai Tangata é uma caverna costeira com andorinhas pintadas no teto. Diz a lenda que o canibalismo era praticado ali, e o ambíguo nome da caverna, segundo a arqueóloga americana Georgia Lee, poderia significar caverna onde os homens comem, caverna onde homens são comidos ou caverna que come homens. Mas a teoria tem base frágil. Um crânio cerimonial esculpido foi encontrado no local, mas sem marcas cortadas no osso que indicassem práticas canibalistas. Ana Kai Tangata também é o ponto de partida do Sendero Te Ara O Te Ao, rede de trilhas que sobe até Rano Kau *(p. 264)* e Orongo.

PREPARE-SE

Informações Práticas
3.765km a noroeste de Santiago
3.800. Avenida Policarpo Toro, em Tuu Maheke; (032) 210-0255. Tapati Rapa Nui (início fev).

Transporte
Aeropuerto Mataveri.

Tapati Rapa Nui

Maior evento anual da Ilha de Páscoa nos últimos 30 anos, o Tapati Rapa Nui sempre lota as ruas de Hanga Roa com música e dança folclórica e competições. Nessa festa, realizada em fevereiro, os habitantes da ilha têm a oportunidade de mostrar sua arte, com entalhes em pedra e madeira, pintura corporal e cozinha no estilo polinésio. O Tapati Rapa Nui enfatiza a tradição e a identidade, apesar de usar também instrumentos importados, como bateria e guitarra.

Dançarinas em trajes típicos

Hanga Roa

① Iglesia Sagrado Corazón
② Mercado Artesanal
③ Cementerio Hanga Roa
④ Ahu Tahai
⑤ Musco Antropológico P. Sebastián Englert
⑥ Ana Kai Tangata

Legenda dos símbolos *na orelha da contracapa*

A cratera cheia de água do Rano Kau, com o Pacífico ao fundo

❷ Rano Kau

5km ao sul de Hanga Roa; Sector Orongo. ⏰ 9h-19h diariam.

Parte de um parque nacional na Ilha de Páscoa, a cratera cheia de água de Rano Kau é o aspecto natural mais notável da ilha – o panorama da sua borda, com as águas do Pacífico estendendo-se pelo horizonte, é uma das visões mais inesquecíveis da ilha. Não é mais permitido descer pela cratera, mas andar em volta da sua borda ondulada é uma experiência única. No lado sudoeste da cratera, a vila cerimonial localizada em **Orongo** é um complexo de 53 casas que estavam associadas à seita do Homem-Pássaro nos séculos XVIII e XIX. A seita deve seu nome ao Homem-Pássaro, um posto influente cujo ocupante era escolhido a cada ano num ritual que culminava com a coleta de um ovo de andorinha preta. Pede-se aos visitantes desse sítio histórico muito frágil que não deixem marcas na trilha nem entrem nas casas, feitas de terra e lajes sobrepostas, com portas tão baixas que é preciso engatinhar para entrar nelas.

Rano Kau e Orongo têm acesso por uma estrada que passa pela ponta oeste do aeroporto de Mataveri e dá a volta pelo seu lado sul. No entanto, é possível também andar até lá e voltar, pela trilha Te Ara O Te Ao, que tem início em Ana Kai Tangata (p. 263). O ingresso para Rano Kau, cobrado pela CONAF, também vale para entrar em Rano Raraku (p. 266-7).

Arredores

Cerca de 4km a nordeste de Rano Kau, **Ahu Vinapu** é um dos sítios antes tidos como prova da influência sul-americana na Ilha de Páscoa, pois suas pedras ajustadas lembram os sítios incas no Peru. Ahu Vinapu é formado por três plataformas distintas, cujos *moais* foram derrubados em conflitos nos séculos XVIII e XIX. O sítio é famoso também pela descoberta de fósseis de palmeiras, que para alguns provam a existência de um núcleo antigo na ilha, de 1300 d.C. A teoria é que essa árvore se extinguiu, pois era cortada pelos ilhéus para abrir espaço para erguer os *moais*.

Penedos compactos formam a plataforma de Ahu Vinapu

❸ Ahu Akivi

6km a nordeste de Hanga Roa; Sector Akivi.

Com sete *moais* em pé, restaurados em 1960 pelo antropólogo americano William Mulloy e seu colega chileno Gonzalo Figueroa García-Huidobro, Ahu Akivi é uma das poucas *ahu* (plataformas de pedra) do interior da ilha. Ao contrário da maioria dos *ahus*, seus *moais* estão voltados para o mar. Tam-

A Lenda do Homem-Pássaro

No século XVI, a cultura dos rapa nui, baseada no culto aos ancestrais, cedeu lugar ao sistema de crenças *makemake*, nome do seu deus criador. Um dos rituais da nova seita era a competição anual para escolha do Tangata Manu (Homem-Pássaro), que detinha bastante poder na ilha. Cada concorrente apadrinhava um ilhéu, um *hopu*, cuja tarefa era descer os 400m da encosta do Rano Kau, nadar em águas infestadas de tubarões até a ilhota de Motu Nui e pegar um ovo de andorinha preta. O primeiro *hopu* a consegui-lo subia até Orongo e era cumprimentado por seu padrinho, que se tornava o Homem-Pássaro daquele ano. O povo do Homem-Pássaro desapareceu com as incursões para aprisionar escravos da década de 1860 e a chegada de missionários cristãos.

Petróglifo de Homem-Pássaro, Orongo

bém olham para o centro cerimonial da plataforma e, nos equinócios, para o sol poente.

❹ Ana Te Pahu

6km a nordeste de Hanga Roa; Sector Ahu Akivi.

Hoje, boa parte da comida da Ilha de Páscoa provém do continente, mas antes que isso fosse uma opção os ilhéus plantavam em cavernas dentro de tubos de lava, os *manavai*, ou "jardins submersos". Ana Te Pahu é uma dessas cavernas. Com a total ausência de cursos d'água no poroso terreno vulcânico da Ilha de Páscoa, a agricultura em larga escala sempre foi um desafio. Nas cavernas, o microclima úmido e os solos mais profundos permitiram o cultivo de bananas, por exemplo; elas também são cultivadas em Ana Te Pahu e locais similares da ilha. Pode-se descer até a caverna, mas é preciso levar uma lanterna.

❺ Playa Anakena

16km a nordeste de Hanga Roa; Sector Anakena.

Localizada nas praias do nordeste de Rapa Nui, a Playa Anakena é a única da ilha com uma faixa larga de areia e, com suas palmeiras e águas azuladas, é quase uma caricatura de uma paisagem idílica do Pacífico Sul. A praia é perfeita para

A impressionante fileira de *moais* em pé, Ahu Tongariki

nadar e tomar sol. Tem ainda churrasqueiras, mesas de piquenique, cabines para trocar de roupa e várias lanchonetes, atraindo por isso muitos habitantes locais.

Segundo a tradição oral da Ilha de Páscoa, a Playa Anakena é o lugar onde chegaram os primeiros polinésios, sob o chefe Hotu Motu'a. Anakena tem algo que não existe em nenhuma outra parte da Polinésia – os sete *moais* de **Ahu Nau Nau**, quatro deles com *pukao*s (topetes) que foram restaurados em 1979 sob a direção do arqueólogo da ilha Sergio Rapu. Dois desses *moais* estão danificados, mas os demais mostram-se em ótimo estado. Também na mesma praia fica **Ahu Ature Huki**, com um único *moai*. De Anakena, é possível caminhar pelo litoral norte mais inóspito e voltar para Hanga Roa por dois outros sítios – Ahu Tepeu e Ahu Tahai. No entanto, isso exige uma viagem de um dia inteiro, partindo de manhã bem cedo.

❻ Península Poike

21km a nordeste de Hanga Roa; Sector Poike.

A península na ponta leste da ilha deve seu nome ao vulcão Poike, o ponto mais alto da área. Antes da chegada dos europeus havia ali uma vila, e os petróglifos do período mostram uma tartaruga, um Homem-Pássaro e um atum. A área tem ainda marcos fascinantes associados às lendas da ilha. Um dos principais é o longo "dique" de 4km de extensão, que talvez seja o vestígio de uma linha de fortificações criada durante uma guerra entre clãs rivais. No lado sudoeste da península fica o aspecto mais notável de Poike – **Ahu Tongariki**, com quinze *moais*, a maior plataforma da ilha.

Moais de Ahu Nau Nau na Playa Anakena, rodeada de palmeiras, junto ao oceano Pacífico

# ⑦ Rano Raraku

Entre as atrações mais fascinantes da Ilha de Páscoa estão o lago na cratera e as encostas cobertas de *moais* de Rano Raraku. Na verdade, a borda sudeste desse vulcão é o berço dos icônicos *moais* dessa ilha. Foi nessa área, muito antes da chegada dos europeus, que os escultores rapa nui produziram suas imensas estátuas de rocha vulcânica e, com substancial esforço, removeram-nas da pedreira e as levaram pela ilha. Hoje, cerca de 400 dessas estátuas podem ser vistas ainda em pé ou tombadas ao lado da sua *ahu* (plataforma de pedra). Embora diferentes nos detalhes, os *moais* têm muito em comum. As trilhas abertas pela CONAF em volta das encostas da cratera são o único meio de explorar a área.

Um *moai* inclinado nas encostas da cratera de Rano Raraku

★ **Lago na Cratera**
O centro do Rano Raraku é ocupado por um tranquilo lago rodeado de bambus totora, o junco peruano. O acesso à cratera é por uma abertura no lado oeste. Hordas de cavalos selvagens costumam visitar a área, e eles podem ser vistos pisando os canteiros verdes de totora.

★ **Hinariru**
Localizado num dos pontos mais baixos da trilha, o bastante fotografado Hinariru, de 4m de altura, é também chamado de *moai* do pescoço torto, referência à sua base saliente. Segundo o folclore, Hinariru era cunhado de Hotu Motu'a, o lendário líder dos primeiros ocupantes da ilha e talvez o mestre que levou os *moais* para lá.

0 m   200

Piropiro
Logo a oeste do Hinariru fica outro *moai* de 4m de altura, o Piropiro. Quase 7m do corpo desse *moai* estão enterrados no solo vulcânico.

Veja hotéis e restaurantes dessa região nas pp. 283 e 299

ILHA DE PÁSCOA E ILHA ROBINSON CRUSOÉ | 267

PREPARE-SE

18km a leste de Hanga Roa. **Táxi** de Hanga Roa. *i* estação de guarda florestal e guardas no local. 9h-19h diariam. **w** conaf.cl

★ El Gigante
Subindo até as encostas mais altas do Rano Raraku, a trilha chega a El Gigante, que com seus 20m é o maior *moai* esculpido. Ainda preso à rocha, estima-se que deva pesar cerca de 270 toneladas.

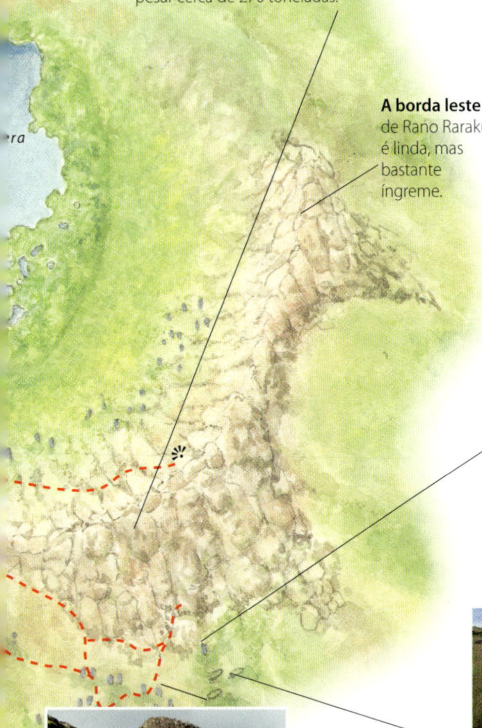

A borda leste de Rano Raraku é linda, mas bastante íngreme.

Tukuturi
Esse *moai* sem proteção de cerca está ajoelhado, de barba, e numa postura similar à dos cantores cerimoniais polinésios. Para a arqueóloga americana Joanne van Tilburg, pode ter sido o último *moai* esculpido, ligado ao culto do Homem-Pássaro *(p. 264)*.

Legenda
- - - Trilha
☙ Mirante

Ko Kona He Roa
O *moai* conhecido como Ko Kona He Roa evidencia o contato com europeus por sua imagem de um veleiro de três mastros, que foi rusticamente gravada no tronco da estátua.

Hare Paenga
Logo a leste do Tukuturi ficam os alicerces de basalto de várias *hare paenga*, cabanas em forma de barco reservadas a chefes e sacerdotes. Há outras espalhadas em torno da cratera.

Ilha Robinson Crusoé

Com uma área de apenas 93km², a ilha Robinson Crusoé é um pontinho de rocha vulcânica com uma rica herança natural – 70% de suas espécies de plantas são endêmicas. Originalmente conhecida como Isla Masatierra, ela ganhou o nome do romance de Daniel Defoe de 1719, *Robinson Crusoé*, inspirado na história real do escocês Alexander Selkirk, abandonado na ilha então deserta. Hoje, ela abriga uma pequena comunidade pesqueira que sobrevive da exportação de lagosta para Santiago. Grande parte da ilha integra o Parque Nacional Archipélago de Juan Fernández, patrimônio da humanidade da Unesco, e sua principal atração são as magníficas trilhas.

O Tsunami de 2010

O grande terremoto de 27 de fevereiro de 2010 provocou um tsunami que atingiu a vila de San Juan Bautista, demoliu edificações da orla e fez vários mortos. A maioria das trilhas e atrações da ilha, como o Mirador Selkirk e a Plazoleta El Yunque, não foi afetada, pois fica mais para o interior. Desde então a situação foi normalizada, mas é bom se informar no órgão de turismo do Chile, o Sernatur (p. 317), sobre as atuais opções de hospedagem.

Colônia de leões-marinhos da ilha Juan Fernández se aquece ao sol

❽ San Juan Bautista

759km a oeste de Santiago.
650. de Santiago. de Valparaíso. Larraín Alcalde s/n.
Día de la Isla (22 nov).
w comunajuanfernandez.cl

Único núcleo permanente da ilha Robinson Crusoé, San Juan Bautista fica na bela baía Cumberland. Logo ao sul da praça da cidade, o pequeno **Fuerte Santa Barbara** ergue-se no alto de um morro. Esse forte de pedra foi construído em 1770 pelos espanhóis em reação à presença dos ingleses no Pacífico Sul. Ele foi reconstruído em 1974, mas os vários canhões do forte, apontados para o porto, ainda se conservam.

Situadas perto do forte, as **Cuevas de los Patriotas** são o local onde, no início do século XIX, os espanhóis prenderam os líderes chilenos que lutavam pela independência. Na ponta oeste da vila, o **Cementerio San Juan Bautista** guarda túmulos de antigos colonos e dos marinheiros alemães que ficaram na ilha em 1915 depois que o navio *Dresden* foi encurralado na baía Cumberland pela marinha inglesa e afundado.

Desde o tsunami de 2010, a **Casa de Cultura Alfredo de Rodt**, que leva o nome de um antigo colonizador suíço, divide espaço com a CONAF, centro de informações do parque.

🏛 Casa de Cultura Alfredo de Rodt / CONAF
Vicente González 130. 8h-13h, 14h-18h seg-sex.

❾ Sendero Salsipuedes

2km a oeste de San Juan Bautista.
Tel (032) 268-0381.
w conaf.cl

Com início na Calle La Pólvora, logo a oeste de San Juan Bautista, o Sendero Salsipuedes é uma trilha natural com muitos zigue-zagues. O trajeto serpenteia por uma vegetação densa e por florestas de acácias, eucaliptos, ciprestes e pinhos-de-monterey e a nativa *murtilla* (goiaba-chilena), antes de chegar à serra de Salsipuedes. Dali se tem uma vista magnífica, com panoramas de San Juan Bautista e das águas azuis da baía de Cumberland que rodeia a vila.

A partir desse ponto é possível descer das montanhas para Puerto Inglés e a Cueva Robinson, mas é mais seguro fazer a trilha com um guia local.

O assentamento de San Juan Bautista, nas praias da baía Cumberland

Veja hotéis e restaurantes dessa região nas pp. 283 e 299

⑩ Cueva Robinson

3km a noroeste de San Juan Bautista de barco; Puerto Inglés. 🛥️ 🏕️
w conaf.cl

Da serra de Salsipuedes, uma trilha íngreme desce até a praia de Puerto Inglés e a Cueva Robinson, local que supostamente abrigou Alexander Selkirk. É uma descida perigosa, por isso recomenda-se contratar um guia local. Embora não haja nenhuma prova irrefutável de que Selkirk tenha habitado essa caverna, uma réplica de seu suposto refúgio domina o lugar. A partir de 1995, o americano caçador de tesouros Bernard Keiser passou vários anos na área em volta da Cueva Robinson procurando um imenso tesouro espanhol do século XVIII, que teria sido achado pelos ingleses e escondido ali.

Cueva Robinson, a suposta casa na caverna de Alexander Selkirk

⑪ Mirador Selkirk

3km ao sul de San Juan Bautista. 🥾
w conaf.cl

Local muito procurado para trilhas, o Mirador Selkirk é a elevação de onde, com desalento e esperança, o proscrito Alexander Selkirk procurava o navio que iria resgatá-lo de seu solitário exílio. A trilha até esse mirante começa na ponta sul da praça central de San Juan Bautista e sobe por um íngreme caminho numa zona erodida cheia de arbustos de amoras. Conforme a trilha ganha altitude, ela passa por uma floresta tropical, com altas samambaias, antes de chegar ao mirante.

No alto, duas placas de metal, uma colocada pela marinha inglesa em 1868 e a outra por um parente distante em 1983, homenageiam o exílio de Selkirk. Desse ponto se pode apreciar uma vista magnífica da baía Cumberland e de San Juan Bautista a leste. Para o sul, a paisagem muda radicalmente, da densa floresta para o deserto das Tierras Blancas, onde o litoral recortado oferece um ótimo hábitat para o endêmico lobo-marinho-de-juan-fernández, *Arctocephalus philippii*.

Alexander Selkirk

A história de Alexander Selkirk, que foi abandonado na Isla Masatierra no século XVIII, serviu parcialmente de modelo para o romance de Daniel Defoe, *Robinson Crusoé* (1719). Selkirk, escocês que servia ao corsário inglês William Dampier, foi deixado na ilha deserta em 1704 pelo ex-sócio de Dampier, Thomas Stradling, depois que Selkirk questionou as condições de navegação do navio de Stradling, o *Cinque Ports*. Em seus anos de náufrago, Selkirk sobreviveu comendo cabras selvagens, peixes e plantas silvestres, vestiu-se com peles de animais e ficou escondido de navios espanhóis até ser resgatado em 1709 pelo navio-corsário inglês *Duke*, do capitão Woodes Rogers. Ironicamente, como Selkirk previra, o *Cinque Ports* naufragou em um mês e, tragicamente, a maioria da tripulação se afogou no mar.

Resgate de Alexander Selkirk pelo Duke, em 1709

⑫ Plazoleta El Yunque

3km ao sul de San Juan Bautista.
🥾 🏕️ **w** conaf.cl

Saindo da estação elétrica da cidade, uma estrada curta para o sul vira uma agradável trilha pela natureza que leva até a Plazoleta El Yunque, uma clareira na floresta com um camping. Foi nesse local que o alemão Hugo Weber, sobrevivente do naufrágio do *Dresden*, ergueu uma casa cujos alicerces ainda são visíveis.

A trilha íngreme e difícil que sai da Plazoleta El Yunque corta uma densa floresta até chegar a El Camote, de onde se tem vista ampla da ilha. Mais adiante, uma trilha mais fatigante culmina no **Cerro El Yunque** (morro da Bigorna), que com seus 915m é o ponto mais alto da ilha Robinson Crusoé. A CONAF fornece guias para aqueles que desejam empreender essa caminhada.

O Cerro El Yunque ergue-se junto às margens verdejantes da ilha

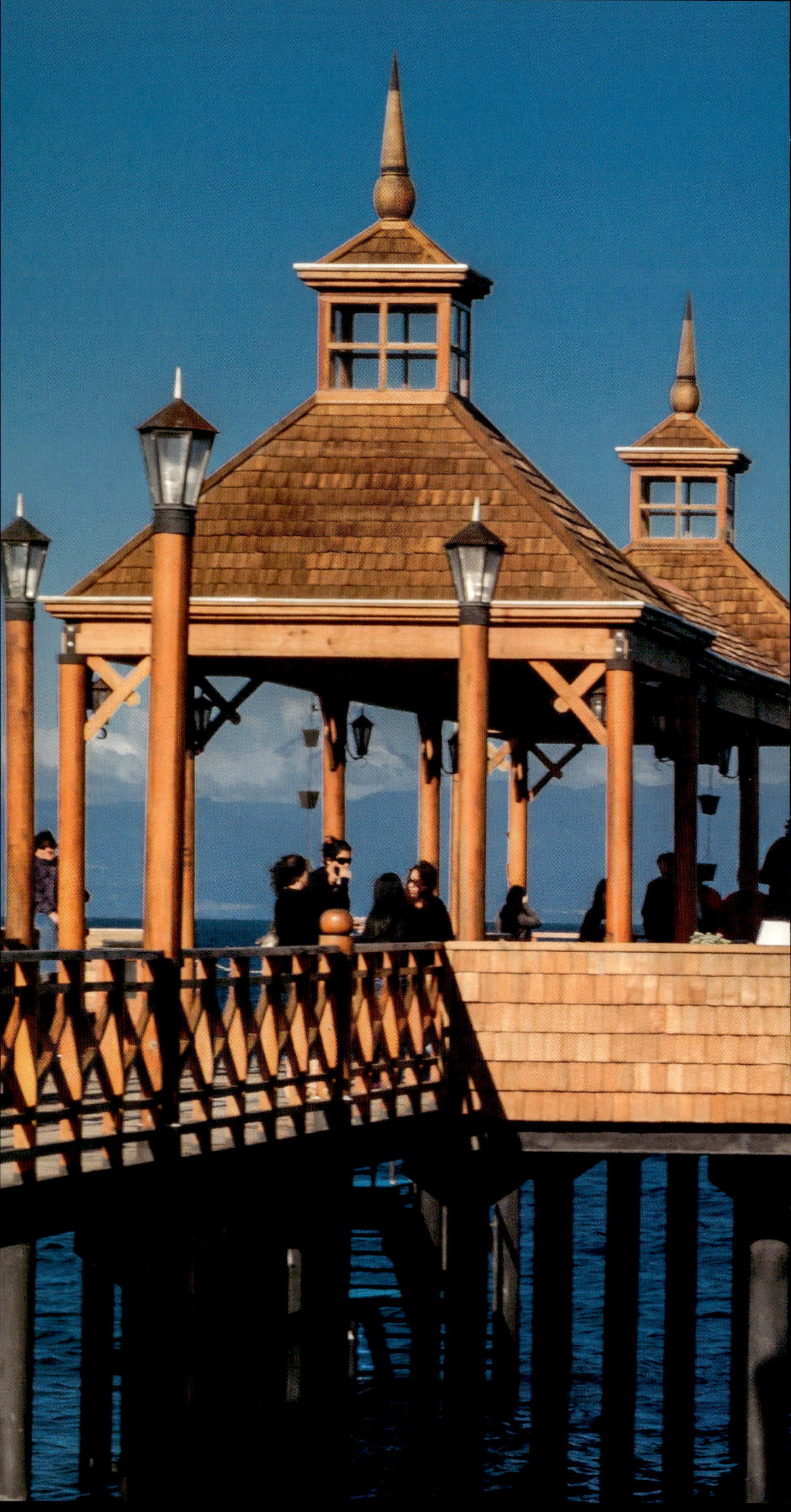

INDICAÇÕES AO TURISTA

Onde Ficar	**272-283**
Onde Comer e Beber	**284-299**
Compras	**300-303**
Diversão	**304-305**
Atividades ao Ar Livre e Interesses Especiais	**306-311**

ONDE FICAR

O Chile oferece diversas opções de hospedagem, para exigências e orçamentos variados – de hotéis cinco estrelas a campings e albergues. A maioria das grandes redes hoteleiras concentra-se na capital e nos resorts de praia. Os hotéis-butique também são comuns em cidades grandes, nas regiões próximas às áreas vinícolas do país e na Patagônia, e na Região dos Lagos vários deles têm termas. No Chile muitos visitantes se hospedam em *estancias*, fazendas de criação de gado e de ovelhas que foram adaptadas para receber turistas. Hotéis de categoria média e superior costumam aceitar pagamento em dólares. As alternativas econômicas, em especial os albergues, podem valer a pena, pois alguns quartos com banheiro privativo custam menos do que um equivalente oferecido por hotel uma ou duas estrelas. Na alta temporada, o preço das diárias nos resorts e principais centros urbanos aumenta consideravelmente.

A idílica piscina no topo do Ritz-Carlton, em Santiago (p. 277)

Classificação

O órgão responsável pelo turismo no país classifica os hotéis de uma a cinco estrelas. No entanto, o sistema pode não ser muito exato porque os critérios avaliam apenas a estrutura oferecida e não a qualidade do atendimento. Assim, alguns três ou quatro estrelas podem ser melhores do que concorrentes mais graduados, e um hotel-butique pode ser subestimado por não oferecer estacionamento amplo, por exemplo. As *cabañas*, boa opção para quem viaja em família, em geral não entram na classificação. Mas as redes internacionais mantêm o padrão (e os preços) mundiais.

Preços

O preço das diárias depende de três fatores: a temporada, a localização e a situação econômica, verificada a paridade cambial entre o dólar e o peso chileno. Os locais em que a hospedagem custa mais caro são a capital, Santiago, o oásis no deserto San Pedro de Atacama, resorts de praia como Viña del Mar e La Serena, áreas próximas a lagos, como Pucón e Puerto Varas, e os parques nacionais da Patagônia, como o Torres del Paine. Todas as demais regiões oferecem alternativas econômicas.

A diária em um hotel cinco estrelas pode chegar a US$300, mas pernoitar em um hotel refinado no sul da Região dos Lagos ou na Patagônia pode se aproximar de US$500. Redes hoteleiras de luxo, como a Explora, e até alguns hotéis-butique aceitam hospedagem apenas para vários dias. Embora na capital os preços não variem muito de uma temporada a outra, é mais caro se hospedar em Santiago em janeiro e fevereiro (muitos chilenos saem em férias). Para economizar, vá em novembro e dezembro ou março e abril. No inverno, fica mais caro se hospedar nos resorts próximos a estações de esqui.

Impostos

Os preços das diárias podem incluir ou não 19% referentes ao *imposto de valor agregado*, o IVA (confirme ao fazer a reserva). Viajantes que pagam em dólares ou cartão de crédito internacional estão isentos, mas nem todos os hotéis informam isso e em alguns casos é preciso pedir a isenção ao fechar a conta, mediante apresentação do passaporte e do cartão de turista (p. 314). Vale observar que nem todos os estabelecimentos chilenos partipam; em geral as opções mais econômicas não aderem. Antes de pagar, verifique se as

Explora Patagonia, no Parque Torres del Paine (p. 282)

◀ Lago Llanquihue, com o pico nevado do vulcão Osorno ao fundo tarifas propostas incluem ou não o imposto.

Redes Hoteleiras

As redes internacionais **Marriott**, **Ritz-Carlton**, **Hyatt** e **Sheraton** são algumas das muitas que atuam no Chile, sobretudo em Santiago, mas com endereços em outras cidades. Entre as redes chilenas estão a **Hoteles Diego de Almagro**, com vários hotéis básicos – porém confiáveis – em todo o país. Outra cadeia chilena é a **A y R Hoteles**, que reúne estabelecimentos tão variados quanto estruturas modestas para quem viaja a trabalho e sofisticados hotéis-butique ou luxuosos hotéis cinco estrelas.

Sala de estar da moderna Clos Apalta, *bodega* na Lapostolle Residence *(p. 277)*

Hotéis de Luxo e Hotéis-Butique

Em Santiago estão concentrados muitos hotéis de luxo. Por causa do risco de terremotos, em geral ocupam construções novas com comodidades de alto nível. Os mais destacados situam-se nos bairros de Vitacura e Las Condes e normalmente incluem piscina, academia, estrutura para negócios e restaurante sofisticado. No resto do país os hotéis de luxo costumam ser menores, mas muitos oferecem ampla área verde e acesso a praias privativas.

Os hotéis-butique são cada vez mais comuns e alguns constituem ótimas opções, sobretudo no Vale Central, Re-

Entrada do Hotel Las Torres, no Parque Nacional Torres del Paine *(p. 282)*

gião dos Lagos e na Patagônia. Alguns deles, como o Noi Indigo Patagonia *(p. 282)*, de Puerto Natales, estão entre as opções mais ecologicamente corretas do país.

Bodegas

A explosão do turismo voltado à apreciação do vinho chileno levou as vinícolas a investir na criação de luxuosas estruturas de hospedagem. As melhores ficam na Ruta del Vino *(p. 152)* de Colchagua. Da base, os visitantes exploram a região de carro ou trem, a bordo do Tren del Vino.

Hospedagem Econômica

A variedade de opções para quem visita o Chile com o orçamento limitado inclui de hotéis uma e duas estrelas até acomodação em locais administrados por famílias, as *hospedajes* e *residencias*, em geral com quartos e banheiros coletivos. A

qualidade varia, mas costumam custar pouco e muitas incluem na diária um café da manhã básico.

Hostales e Hosterías

Em geral propriedades pequenas, os *hostales* e as *hosterías* são a opção que mais se aproxima do que no Brasil chamamos de pousada. Raramente têm mais de doze quartos e podem apresentar qualidade variada, mas algumas são bastante boas. As situadas em parques nacionais em geral ocupam construções novas – muitas são concebidas de acordo com o gosto dos chilenos e não pensando em turistas estrangeiros. Algumas ficam em locais históricos, enquanto outras são funcionais. No entanto, trata-se de uma opção mais barata na comparação com a oferta equivalente em hotéis.

Estancias e Haciendas

As *estancias* e as *haciendas* são propriedades rurais adaptadas para hospedar turistas. São muito comuns na Patagônia, mas há algumas também na região central do Chile. Em alguns casos, os locais passam por reformas para se adaptar às expectativas do seu público-alvo e chegam a contratar chefs para assinar o cardápio. Muitas oferecem passeios a cavalo e, nas mais isoladas, o visitante encontra maior sensação de privacidade – ideal para quem deseja descansar.

Quarto com varanda na Hacienda Tres Lagos, na Patagônia *(p. 281)*

Quarto em estilo de tenda nômade em camping no sul da Patagônia

Albergues

Os mais baratos são os da **Hostelling International Chile** e da **Backpackers Chile**, ambas com boas opções de acomodação privativa ou coletiva e alguns *bed-and-breakfasts*.

Apart-Hotéis e Cabañas

Os apart-hotéis em geral oferecem conforto a preços mais baixos do que hotéis com serviço completo. Muitos incluem recepção, quitinetes, salas de estar e serviço de limpeza, mas não têm restaurantes e outras comodidades.

As *cabañas* são indicadas para casais ou famílias. Podem ter de um a três quartos, além de uma cozinha. São comuns em todo o país, mas sobretudo nos lagos e na Patagônia.

Apartamentos

A organização **Contact Chile** tem mais de 600 opções em Santiago e cerca de 60 em Viña del Mar e Valparaíso. Em geral, os contratos são para dois ou três meses no mínimo, mas períodos menores podem ser negociados.

Campings e Refugios

Para a maioria dos chilenos, acampar significa estacionar um trailer ou montar uma barraca em um local com eletricidade, fogueira e banheiros com chuveiros quentes. Esses locais, muitos administrados pela **CONAF**, são comuns na Região dos Lagos, na Patagônia e em alguns parques nacionais. Muitos campings cobram uma taxa mínima para quatro ou cinco pessoas, o que torna a opção cara para casais ou para quem viaja sozinho.

Os *refugios* instalados em parques nacionais variam de acomodação básica a dormitórios. Alguns têm refeições e banho quente, cobrados à parte.

Portadores de Deficiência

Os hotéis chilenos, sobretudo os mais sofisticados, têm ao menos um quarto adaptado. Quando isso não ocorre, os atendentes tomam as providências necessárias para instalar o hóspede e fornecer toda a ajuda necessária.

Gorjetas

Uma moeda de 500 pesos normalmente é suficiente para porteiros de hotéis e carregadores de bagagem. Nos restaurantes, deixe 10% do valor da conta sobre a mesa, mesmo que já tenha sido incluído na conta.

Hotéis Recomendados

As opções de hospedagem listadas neste guia abrangem desde as redes internacionais e hotéis clássicos históricos até hotéis-butique de design arrojado e albergues. Antes, apenas Santiago e os principais balneários ofereciam acomodação de qualidade, mas o aumento do turismo em destinos como San Pedro de Atacama, Ilha de Páscoa, Pucón, Puerto Varas e Patagônia proporcionou o surgimento de ótimas escolhas em todo o país.

Os quadros de "Destaque" indicam estabelecimentos com características excepcionais, que podem se traduzir por um prédio histórico ou localização notável, serviço fantástico, design primoroso, restaurante extraordinário ou estrutura de spa. São garantia de uma estada memorável.

AGENDA

Redes Hoteleiras

A y R Hoteles
Tel (032) 268-1424.
w ayrhoteles.cl

Hoteles Diego de Almagro
w dahoteles.com

Hyatt
Tel (02) 2950-1234.
w hyatt.cl

Marriott
Tel (02) 2426-2000.
w marriott.cl

Ritz-Carlton
Tel (02) 2470-8500.
w ritzcarlton.com

Sheraton
Tel (02) 2233-5000.
w starwoodhotels.com

Albergues

Backpackers Chile
w backpackerschile.com

Hostelling International Chile
Hernando de Aguirre 201,
Oficina 401,
Providencia, Santiago.
Tel (02) 2577-1200.
w hostelling.cl

Apartamentos

Contact Chile
Rafael Cañas 174,
Providencia, Santiago.
Tel (02) 2264-1719.
w contactchile.cl

Campings e Refugios

CONAF (Corporación Nacional Forestal)
Paseo Bulnes 285, Santiago.
Tel (02) 2663-0000.
w conaf.cl

ONDE FICAR | 275

Hotéis-Butique

Estabelecimentos pequenos constituem um fenômeno recente no Chile. Alguns se situam em locais de valor histórico, como as colinas de Valparaíso e a região vinícola, mas outros ocupam construções erguidas para esse fim, em geral na Região dos Lagos e na Patagônia. Mas existem combinações dessas características: hotéis novos que respeitam a tradição sem deixar de lado as comodidades modernas, mais comuns em San Pedro de Atacama e na Ilha de Páscoa.

O **Zero Hotel** *(p. 278)*, instalado em uma mansão com inspiração vitoriana, tem vista para a baía de Valparaíso. Fica em uma área que convida a fazer caminhadas.

O **Hotel Awasi**, apesar do luxo dos quartos e das áreas comuns, tem estrutura rústica que não destoa do cenário, a simpática aldeia de San Pedro de Atacama *(p. 179)*.

The Aubrey *(p. 276)*, primeiro hotel-butique de Santiago, está situado no gracioso e boêmio bairro de Bellavista. Ocupa uma construção de 1927 totalmente reformada.

O **Puyuhuapi Lodge e Spa** *(p. 232)* é um dos estabelecimentos mais elegantes do norte da Patagônia.

Ilha de Páscoa

O **Explora Rapa Nui** é um hotel de luxo inspirado na arquitetura tradicional da ilha.

O **Noi Indigo Patagonia** *(p. 282)*, à beira-mar de Puerto Natales, é um local com projeto ousado. Do spa situado na cobertura podem-se ver as Torres del Paine e a Calota Polar Sul.

Onde Ficar

Santiago

Centro

Andes Hostel $
Albergue **Mapa** 2 F2
Monjitas 506
Tel *(02) 2632-9990*
🌐 andeshostel.com

Quartos dignos de um hotel-butique nesse bonito albergue bem localizado em uma área agradável para andar a pé, com parques, restaurantes, bares e casas noturnas.

Hotel Foresta $
Moderno **Mapa** 2 F2
Victoria Subercaseaux 353
Tel *(02) 2639-6261*
🌐 forestahotel.cl

Esse estabelecimento bem conservado com aspirações francesas fica nas proximidades do arborizado Cerro Santa Lucía. O bom serviço e a receptividade fazem com que muitos hóspedes retornem.

Hotel Galerías $$
Moderno **Mapa** 2 F3
San Antonio 65
Tel *(02) 2470-7400*
🌐 hotelgalerias.cl

Quartos contemporâneos e áreas comuns decoradas com uma vasta coleção de peças de museu do país inteiro.

Hotel Plaza San Francisco $$
Luxuoso **Mapa** 2 E3
Alameda 816
Tel *(02) 2639-3832*
🌐 plazasanfrancisco.cl

Localizado na avenida mais movimentada de Santiago, esse hotel moderno com mobília tradicional é perfeito para viajantes de negócios, que apreciam o fácil acesso às áreas comerciais das proximidades.

Destaque

Lastarria Boutique Hotel
Hotel-butique $$$
Mapa 3 B4
Coronel Santiago Bueras 188
Tel *(02) 2840-3700*
🌐 lastarriahotel.com

O primeiro hotel-butique do Barrio Lastarria combina exterior histórico com quartos e áreas comuns contemporâneos. Os hóspedes podem relaxar na pequena mas atraente piscina do jardim. Há ótimos restaurantes nas redondezas, aos quais é possível ir a pé.

The Singular Santiago $$$
Luxuoso **Mapa** 3 A4
Merced 294
Tel *(02) 2306-8820*
🌐 thesingular.com

Esse hotel foi construído para combinar perfeitamente com os arredores históricos do bairro Lastarria. Os hóspedes podem esperar o conforto de um cinco estrelas em todos os aspectos.

Oeste do Centro

Happy House Hostel $
Albergue **Mapa** 2 D3
Moneda 1829
Tel *(02) 2688-4849*
🌐 happyhousehostel.com

Com piscina, deque e pátio enorme, o Happy House está à altura de um hotel-butique. Também dispõe de dormitórios e quartos com banheiro compartilhado.

Nordeste do Centro

Hotel Orly $$
Hotel-butique **Mapa** 4 E2
Avenida Pedro de Valdivia 027
Tel *(02) 2630-3000*
🌐 orlyhotel.com

Em uma área voltada sobretudo para pedestres, o Orly ocupa uma mansão em estilo francês com quartos bem iluminados. Desfrute o chá caseiro.

Meridiano Sur Petit Hotel $$
Pousada **Mapa** 4 D2
Santa Beatriz 256
Tel *(02) 2235-3659*
🌐 meridianosur.cl

As acomodações nessa antiga residência particular vão de quartos individuais pequenos a apartamentos amplos.

Fachada moderna do sofisticado W Santiago (p. 277)

Categorias de Preço

Diária de um quarto padrão para duas pessoas, na alta temporada, com taxas de serviço e impostos.

$	até $100
$$	$100-$200
$$$	acima de $200

Radisson Santiago $$
Moderno **Mapa** 5 A4
Avenida Vitacura 2610
Tel *(02) 2433-9000*
🌐 radisson.cl/plazasantiago

Escolha ideal para quem viaja a negócios, graças ao fácil acesso aos escritórios de empresas que ficam nas proximidades. Há também alguns bons restaurantes por perto.

Vilafranca Petit Hotel $$
Pousada **Mapa** 4 D2
Pérez Valenzuela 1650
Tel *(02) 2235-1413*
🌐 vilafranca.cl

De propriedade catalã, essa acolhedora e hospitaleira pousada consiste em duas residências reformadas, fundidas em um único prédio.

Destaque

The Aubrey $$$
Hotel-butique **Mapa** 3 B3
Constitución 299
Tel *(02) 2940-2800*
🌐 theaubrey.com

No passado uma mansão em ruínas, o restaurado Aubrey, aos pés do Cerro San Cristóbal, oferece todas as conveniências modernas, mas mantém seus magníficos detalhes dos anos 1920. O Barrio Bellavista, bastante animado à noite, fica próximo.

Grand Hyatt Regency Santiago $$$
Luxuoso **Mapa** 5 C2
Avenida Kennedy 4601
Tel *(02) 2950-1234*
🌐 santiago.grand.hyatt.com

O edifício do Grand Hyatt Regency desponta no bairro de Vitacura e proporciona vistas surpreendentes dos Andes. Seu átrio é uma joia arquitetônica.

Holiday Inn Express $$$
Moderno **Mapa** 5 A4
Avenida Vitacura 2929
Tel *(02) 2499-6000*
🌐 hilatam.com/cl

Essa filial de Santiago de uma confiável rede hoteleira internacional tem localização privilegiada perto de escritórios empresariais, restaurantes e metrô.

Hotel Panamericana $$$
Moderno Mapa 4 E2
Francisco Noguera 146
Tel *(02) 2432-3300*
W panamericanahoteles.cl
É uma opção confiável, com ótima localização, no bairro de Providencia. Tem fácil acesso ao metrô e a restaurantes.

Hotel Le Rêve $$$
Hotel-butique Mapa 4 E2
Orrego Luco 023
Tel *(02) 2757-6000*
W lerevehotel.cl
Inspirado no estilo francês, o Le Rêve ocupa uma mansão reformada no bairro de Providencia, em um quarteirão repleto de restaurantes e lojas. O metrô também fica bem perto.

Hotel Santiago Park Plaza $$$
Moderno Mapa 4 F2
Ricardo Lyon 207
Tel *(02) 2372-4000*
W parkplaza.cl
As antiguidades no saguão do Park Plaza contrastam com a decoração contemporânea de seus quartos, que variam bastante de tamanho.

InterContinental Hotel $$$
Luxuoso Mapa 5 A3
Avenida Vitacura 2885
Tel *(02) 2394-2000*
W intercontisantiago.com
Quase todas as paredes desse imenso estabelecimento são cobertas por videiras e musgos irrigados por gotejamento. Conte com todas as comodidades possíveis fornecidas por qualquer hotel desse porte.

Marriott Santiago $$$
Luxuoso Mapa 5 C2
Avenida Kennedy 5741
Tel *(02) 2426-2000*
W marriott.com/hotels/travel/scldt-santiago-marriott-hotel
Cobertas por cobre, as torres gêmeas do Marriott sobressaem no bairro de Vitacura e oferecem lindas vistas dos Andes. Frequentado por celebridades, inclusive astros do rock em turnês.

The Ritz-Carlton Santiago $$$
Luxuoso Mapa 5 B4
El Alcalde 15
Tel *(02) 2470-8500*
W ritzcarlton.com
O serviço, as instalações e os quartos são comparáveis aos oferecidos pelo Hyatt e pelo Marriott, mas o The Ritz-Carlton desfruta uma localização mais central. A estação de metrô El Golf fica na entrada do hotel e há muitos bons restaurantes nas proximidades.

Charme e requinte no The Aubrey *(p. 276)*

Sheraton San Cristóbal Tower $$$
Luxuoso Mapa 4 D2
Josefina Edwards de Ferrari 0100
Tel *(02) 2707-1000*
W sancristobaltowersantiago.com
Apesar de pertencer à mesma rede de hotéis do Sheraton Santiago, o San Cristóbal mantém instalações independentes, em uma versão mais luxuosa.

Sheraton Santiago Hotel $$$
Luxuoso Mapa 4 E2
Avenida Santa María 1742
Tel *(02) 2233-5000*
W sheraton.com/santiago
Do outro lado do rio Mapocho, em Providencia, o hotel fica um pouco isolado da cidade, mas provê todas as comodidades que o nome sugere.

Destaque

W Santiago $$$
Luxuoso Mapa 5 B4
Isidora Goyenechea 3000
Tel *(02) 2770-0000*
W whotels.com
Em ambiente descontraído mas marcado pela eficiência, o excelente W Santiago tem piscina na cobertura e bar que oferece vistas da cidade e dos Andes. Possui vários restaurantes, inclusive um de sushi.

Vale Central

CONCEPCIÓN:
Hotel Alborada $$
Moderno Mapa D1
Barros Arana 457
Tel *(041) 2911121*
W hotelalborada.cl
Hotel moderno e prático, o Alborada encontra-se em localização central. É indicado para visitantes que pretendem se hospedar por períodos mais curtos.

MAITENCILLO:
Marbella Resort $$$
Resort Mapa B6
Carretera Concón-Zapallar, km 35
Tel *(032) 2795900*
W marbella.cl
Resort amplo com campos de golfe e polo, ao norte de Viña del Mar. No alto de um penhasco acima do Pacífico, tem um teleférico que faz o trajeto de/para a praia.

PICHILEMU:
Pichilemu Surfhostal $
B&B Mapa B7
Avenida Eugenio Lira 167
Tel *(09) 9270-9555*
W surfhostal.com
De gerência holandesa, oferece quartos pequenos mas bem acabados. O bar, do outro lado da rua, tem comida, bebida e relaxantes banheiras de água salgada.

RANCAGUA:
Hotel Mar Andino $$
Moderno Mapa B7
Bulnes 370
Tel *(072) 2645400*
W hotelmarandino.cl
Na capital chilena do caubói, esse hotel fica bem longe do mar, apesar de seu nome. É ideal para uma cidade na qual pouca gente passa mais de uma noite.

SANTA CRUZ:
Hotel Terraviña $$
Moderno Mapa B7
Camino los Boldos s/n
Tel *(072) 2821284*
W terravina.cl
Refúgio chileno-dinamarquês na periferia oeste de Santa Cruz, cercado por vinhas. Muitos bons restaurantes por perto.

SANTA CRUZ:
Hotel Santa Cruz Plaza $$$
Histórico Mapa B7
Plaza de Armas 286
Tel *(072) 2209600*
W hotelsantacruzplaza.cl

Mais informações sobre hotéis *nas pp. 272-5*

Difícil de ser categorizado, o Santa Cruz Plaza situa-se em uma região vinícola, mas tem também um cassino e uma enorme loja de suvenires, além de ser integrado ao museu histórico adjacente.

Destaque

TALCA:
Lodge Casa Chueca $
Lodge Mapa B7
Viña Andrea s/n, Sector Alto Lircay
Tel *(09) 9419-0625*
w trekkingchile.com/casa-chueca

Nos arredores a leste de Talca, essa mistura de albergue, hotel e apartamento espalha-se por quase 17ha arborizados à beira do rio. Organiza passeios pelo interior andino. As refeições à noite são uma experiência coletiva vegetariana; lanchinhos são servidos o dia todo.

VALE DE CASABLANCA:
La Casona $$$
Hotel-butique Mapa B6
Fundo Rosario, Lagunillas, Casablanca
Tel *(02) 2601-1501*
w matetic.com

A pousada da vinícola Matetic, em estilo colonial, oferece excursões com degustação de vinho, café da manhã e atividades ao ar livre.

Destaque

VALE DE COLCHAGUA:
The Lapostolle Residence $$$
Hotel-butique Mapa B7
Viña Lapostolle, Apalta, Km 4
Tel *(072) 2953360*
w lapostolle.com

Provavelmente o melhor hotel em vinhedo do Chile, o Lapostolle Residence tem quatro chalés nas encostas das montanhas. Como áreas comuns, dispõe de restaurante, bar de vinhos, piscina e a Clos Apalta – uma vinícola que produz a partir de uvas selecionadas individualmente.

VALPARAÍSO:
Hostal Luna Sonrisa $
Albergue Mapa B6
Templeman 833, Cerro Alegre
Tel *(032) 2734117*
w lunasonrisa.cl

O Luna Sonrisa ocupa um casarão decorado com arte moderna. Os quartos são pequenos, porém charmosos, alguns com banheiro privativo. Há também um apartamento autônomo para as famílias. O café da manhã inclui compotas de frutas.

A bonita fachada histórica do Zerohotel, em Valparaíso

VALPARAÍSO:
Hotel Fauna $$
Hotel-butique Mapa B6
Paseo Dimalow 166, Cerro Alegre
Tel *(032) 3270719*
w faunahotel.cl

Os quartos do Hotel Fauna apresentam tamanhos, formas e sobretudo vistas bastante diferentes. Com localização privilegiada, fica no terminal superior do funicular Reina Victoria. Seu restaurante é bem conceituado.

Destaque

VALPARAÍSO:
Hotel Palacio Astoreca $$$
Hotel-butique Mapa B6
Montealegre 149, Cerro Alegre
Tel *(032) 3277700*
w hotelpalacioastoreca.com

O Palacio Astoreca é o resultado da união colorida, e com tendência francesa, de duas residências que se deterioraram por anos de negligência. As áreas comuns mantêm seu verniz histórico, ao contrário dos quartos e do restaurante, que apresentam decoração contemporânea.

VALPARAÍSO:
Somerscales Hotel $$$
Hotel-butique Mapa B6
San Enrique 446, Cerro Alegre
Tel *(032) 2331006*
w hotelsomerscales.cl

Essa construção do século XIX foi a casa do artista britânico Thomas Somerscales. Hoje é um hotel restaurado, decorado com mobília de época, ideal para uma experiência histórica com confortos contemporâneos.

VALPARAÍSO: Zerohotel $$$
Hotel-butique Mapa B6
Lautaro Rosas 343, Cerro Alegre
Tel *(032) 2113113*
w zerohotel.com

Quartos com pé-direito alto e grandes banheiras, em prédio de 1880. Seus jardins oferecem vistas para o porto de Valparaíso.

VIÑA DEL MAR:
Hotel del Mar $$$
Moderno Mapa B6
Avenida Perú e Avenida Los Héroes
Tel *(600) 7006000*
w enjoy.cl

Parte de um cassino à beira-mar, tem quartos grandes com sacada e vistas para a cidade ou para o oceano, além de imensos banheiros. Excepcional bufê de café da manhã.

ZAPALLAR: Hotel Isla Seca $$
Hotel-butique Mapa B6
Camino Costero F-30-E nº 31
Tel *(033) 2741224*
w hotelislaseca.cl

Apesar de se situar na rodovia costeira, esse é um hotel calmo, com a maioria dos quartos voltados para o oceano. O restaurante Cala serve ótimos frutos do mar.

Norte Grande e Norte Chico

ANTOFAGASTA:
Hotel del Desierto $$$
Luxuoso Mapa B3
Avenida Angamos 01455
Tel *(600) 7006000*
w enjoy.cl

Todas as espaçosas suítes desse hotel (parte do grupo de cassinos Enjoy) tem grandes varandas e vistas panorâmicas do oceano.

ARICA:
Hotel Boutique Casa Beltrán $$
Hotel-butique Mapa B1
Sotomayor 266
Tel *(058) 2253839*
w hotelcasabeltran.cl/en

Primeiro hotel-butique de Arica, o Casa Beltrán apresenta interior moderno e aquecimento solar, em uma histórica casa de madeira. Alguns quartos dispõem de sacada. Oferece café da manhã e refeições leves.

IQUIQUE:
Hotel Terrado Suites $$
Moderno Mapa B2
Los Rieles 126
Tel *(057) 2363901*
w terrado.cl

Perto de bons restaurantes, na Playa Cavancha. Quartos com varandas e vistas do oceano.

Categorias de Preço na p. 276

SAN PEDRO DE ATACAMA:
Hotel Altiplánico $$$
Design **Mapa** C3
Domingo Atienza 282
Tel *(055) 2851245*
w *altiplanico.cl*
Recria o estilo tradicional da região com casinhas de adobe cobertas por telhado de palha.

SAN PEDRO DE ATACAMA:
Hotel Alto Atacama $$$
Hotel-butique **Mapa** C3
Camino Pukará s/n, Sector Suchor, Ayllu Quitor
Tel *(02) 2912-3910*
w *altoatacama.com*
Chalés de adobe cobertos de palha entre jardins de cactos e ervas. Há também uma piscina.

Destaque
SAN PEDRO DE ATACAMA:
Hotel Awasi $$$
Hotel-butique **Mapa** C3
Tocopilla 4
Tel *(02) 2233-9641*
w *awasiatacama.com*
Membro do grupo Relais & Chateaux, segue o sistema "tudo incluso". Ocupa um local discreto no centro de San Pedro, o que o diferencia de seus concorrentes. Os passeios são individualizados – um guia por quarto, mesmo se houver um só hóspede.

SAN PEDRO DE ATACAMA:
Hotel Tierra Atacama $$$
Luxuoso **Mapa** C3
Camino Sequitor s/n, Ayllu de Yaye
Tel *(055) 2555976*
w *tierratacama.com*
Pertencente a uma pequena cadeia luxuosa, oferece quartos grandes e confortáveis, e spa.

Região dos Lagos e Chiloé

ANCUD: Hostal Mundo Nuevo $
B&B **Mapa** D3
Av. Costanera Salvador Allende 748
Tel *(065) 2628383*
w *newworld.cl*
As áreas comuns são elegantes e bem iluminadas nesse albergue/B&B indicado tanto para mochileiros como para aqueles com orçamento mais folgado.

CASTRO: Hotel Boutique Palafito del Mar $$
Hotel-butique **Mapa** D3
Pedro Montt 567
Tel *(065) 2631622*
w *palafitodelmar.cl*
No extremo norte de Castro, tem quartos exóticos e acolhedores.

CASTRO: Palafito 1326
Hotel Boutique $$
Hotel-butique **Mapa** D3
Ernesto Riquelme 1326
Tel *(065) 2530053*
w *palafito1326.cl*
Um dos primeiros hotéis a se instalar em um *palafito*. Os quartos com vista para o mar são mais caros do que aqueles que se abrem para a cidade, porém todos os hóspedes têm acesso ao amplo terraço na cobertura.

Destaque
CASTRO: Tierra Chiloé $$$
Resort **Mapa** D3
San José Playa s/n
Tel *(02) 2207-8861*
w *tierrachiloe.cl*
Resort *all-inclusive* no meio do caminho entre Castro e Dalcahue. Deve seu design à tradicional arquitetura local, com quartos enormes e cozinha gourmet, além de vista para o mar.

CURACAUTÍN:
Hostal Andenrose $$
B&B **Mapa** E1
Ruta 181, km 68,5
Tel *(09) 9869-1700*
w *andenrose.com*
Quartos simples mas confortáveis em B&B com gerência bávara perto da entrada norte do Parque Nacional Conguillío. Refeições gourmet e uma pequena área de camping à beira do rio.

FRUTILLAR:
Hotel Ayacara $$
Hotel-butique **Mapa** D2
Avenida Philippi 1215
Tel *(065) 2421550*
w *hotelayacara.cl*
Essa é uma clássica casa no estilo da Europa Central em Frutillar Bajo. A maioria dos quartos desfruta vistas do lago Llanquihue e do vulcão Osorno.

OSORNO: Hotel Lagos del Sur $$
Moderno **Mapa** D2
O'Higgins 564
Tel *(065) 2243244*
w *hotelagosdelsur.cl*
Hotel central e utilitário com fachada art déco e quartos amplos.

PN VICENTE PÉREZ ROSALES:
Petrohué Lodge $$$
Resort **Mapa** E2
Ruta 225, km 64
Tel *(065) 2212025*
w *petrohue.com*
Com vistas deslumbrantes a partir dos andares superiores, esse hotel inclui um museu sobre o povoado local. Organiza excursões guiadas ao parque nacional.

PUCÓN: Hostería ¡École! $
Albergue **Mapa** E2
General Urrutia 592
Tel *(045) 2441675*
w *ecole.cl*
Alguns dos dormitórios e quartos desse albergue dispõem de banheiros privativos, enquanto outros usam os compartilhados. Há um restaurante vegetariano e um pátio com um caramanchão de videiras.

PUCÓN: Aldea Naukana Posada Boutique $$
Hotel-butique **Mapa** E2
Gerónimo de Alderete 656
Tel *(045) 2443508*
w *aldeanaukana.com*
Hotel peculiar com design irregular e madeiras naturais polidas. Decoração e restaurante asiáticos.

PUCÓN: Hotel Antumalal $$$
Design **Mapa** E2
Camino Pucón-Villarrica, Km 2
Tel *(045) 2441011*
w *antumalal.com*
Serviço impecável nessa construção de inspiração Bauhaus que dispõe de vastos jardins e um grande spa.

Elegante banheiro do Hotel Alto Atacama, inspirado na natureza, em San Pedro de Atacama

Mais informações sobre hotéis *nas pp. 272-5*

PUCÓN: Villarrica Park Lake Hotel $$$
Luxuoso Mapa E2
Camino Pucón-Villarrica, Km 13
Tel *(045) 2450000*
🌐 villarricaparklakehotel.com
Localizado entre Villarrica e Pucón, esse hotel à beira do lago tem quartos grandes, todos com varandas, além de um spa enorme. Apenas a praia é pequena. É o único hotel cinco estrelas legítimo da região.

PUERTO MONTT: Hotel Gran Pacífico $$
Moderno Mapa D2
Urmeneta 719
Tel *(065) 2482100*
🌐 hotelgranpacifico.cl
Essa é a melhor opção de acomodação fora dos limites de Puerto Varas. Quartos grandes e restaurante no décimo andar com vistas panorâmicas.

PUERTO OCTAY: Hostal Zapato Amarillo $
B&B Mapa D2
Ruta U-55, km 2,5, La Gruta
Tel *(064) 2210787*
🌐 zapatoamarillo.cl
Suítes, quartos com banheiros compartilhados e um loft que pode receber até sete pessoas estão entre as acomodações desse B&B que oferece excursões e aluguel de scooters. Café da manhã e jantar excelentes.

PUERTO VARAS: The Guest House $$
Hospedaria Mapa D2
O'Higgins 608
Tel *(065) 2231521*
🌐 theguesthouse.cl
Edifício em estilo germânico com fama de monumento nacional. Em área de pedestres, fica a curta distância de restaurantes e do lago.

TEMUCO: Hotel RP $
Design Mapa D2
Diego Portales 779
Tel *(045) 2977777*
🌐 hotelrp.cl
Se o centro de Temuco se revela um pouco deserto, esse hotel com design moderno e decoração regional, inclusive de motivos mapuches, é um pequeno oásis.

TEMUCO: Hotel Dreams Araucanía $$$
Moderno Mapa D2
Avenida Alemania 945
Tel *(045) 2379000*
🌐 mundodreams.com
O hotel mais bem equipado da cidade fica em um cassino (com todos os prós e contras que isso possa trazer). Bons restaurantes.

VALDIVIA: Hotel Melillanca $$
Moderno Mapa D2
Avenida Alemania 675
Tel *(063) 2212509*
🌐 melillanca.cl
Sem frescuras, o Melillanca é uma boa e confiável opção. Apesar da fachada estéril, tem um excelente bar e uma sauna, além de serviço atencioso. O ruído da rua pode ser um problema para quem tem sono leve.

Norte da Patagônia

CALETA TORTEL: Hostal Costanera $
B&B Mapa E5
Antonio Ronchi 141
Tel *(067) 2234815*
Embora seus quartos variem de qualidade e tamanho, esse é, entre os muitos B&Bs de Caleta Tortel, aquele com história mais longa e melhores instalações. Prepare-se para carregar suas malas do estacionamento, na cidade, por passarelas de madeira.

CALETA TORTEL: Entre Hielos Lodge $$
Design Mapa E5
Sector Centro s/n
Tel *(09) 9579-3779*
🌐 entrehielostortel.cl
Acomodações adequadas para uma clientela mais exigente. Madeiras da mata nativa cobrem os quartos e áreas comuns. O restaurante é aberto somente para os hóspedes do hotel.

CHILE CHICO: Hostería de la Patagonia $
B&B Mapa E4
Chacra 3, Camino Internacional s/n
Tel *(067) 2411337*
🌐 hosteriadelapatagonia.cl
B&B composto por uma casa principal com instalações modernas e uma área de camping separada. Oferece também uma forma bastante diferente de acomodação: em uma embarcação que serviu como transporte no lago e hoje funciona como *cabaña* para até cinco pessoas.

COCHRANE: Hotel Último Paraíso $$
Design Mapa E4
Lago Brown 455
Tel *(067) 2522361*
🌐 hotelultimoparaiso.cl
Os jardins do Último Paraíso se revelam surpreendentemente áridos, mas os quartos, estilosos, são um convite aos pescadores. O salão de jantar é para uso exclusivo dos hóspedes.

Destaque

COCHRANE: The Lodge at Valle Chacabuco $$$
Ecológico Mapa E4
Parque Patagonia, Valle Chacabuco
🌐 patagoniapark.org
Elegante hospedagem movida a energia solar, atende uma clientela mais abastada. Amplo complexo com centro de visitantes e restaurante (aberto ao público), assim como área de camping.

COYHAIQUE: Hostal Gladys $
B&B Mapa E4
General Parra 65
Tel *(067) 2245288*
🌐 hostalgladys.cl
Boa opção para viajantes a negócios, tem também um anexo com quartos mais espaçosos. Básico, o café da manhã é pago à parte.

COYHAIQUE: Hotel El Reloj $$
Hotel-butique Mapa E4
Avenida Baquedano 828
Tel *(067) 2231108*
🌐 elrelojhotel.cl
O El Reloj já foi o mais elegante hotel da cidade, e ainda tem alta classificação. As instalações, especialmente nos banheiros, são modernas, mas o tamanho dos quartos varia. Excelente restaurante.

COYHAIQUE: Nómades Hotel Boutique $$$
Hotel-butique Mapa E4
Avenida Baquedano 84
Tel *(067) 2237777*
🌐 nomadeshotel.com
De frente para o rio, o Nómades tem dois amplos apartamentos para famílias. A decoração patagá apresenta madeiras nativas, objetos indígenas e tecelagens, além de tapetes de peles de animais.

Detalhes em madeira natural no Lodge at Valle Chacabuco, Cochrane

FUTALEUFÚ
Hotel El Barranco $$
Lodge Mapa E3
O'Higgins 172
Tel *(065) 2721314*
🅦 elbarrancochile.cl

Rústico e confortável, orgulha-se de ter as melhores instalações da cidade. Entre as especialidades do restaurante estão frutos do mar da Patagônia e carne de caça.

FUTALEUFÚ Uman Lodge $$$
Luxuoso Mapa E3
Fundo La Confluencia s/n
Tel *(065) 2721700*
🅦 umanlodge.cl

Essa hospedaria oferece instalações de spa e uma grande adega, além de vistas para o vale do rio. Empreende ações ecológicas no uso de energia.

LA JUNTA:
Hotel Espacio y Tiempo $$
Lodge Mapa E3
Carretera Austral 399
Tel *(067) 2314141*
🅦 espacioytiempo.cl

La Junta é só um pequeno ponto na Carretera Austral, porém oferece algumas das melhores acomodações de estrada da região, além de um restaurante.

PARQUE PUMALÍN:
Cabañas Caleta Gonzalo $$
Lodge Mapa E3
Carretera Austral s/n
Tel *(065) 2250079*
🅦 parquepumalin.cl

Cabanas bastante compactas com tetos baixos demais, sem equipamentos de cozinha. Contudo, a hospedagem fica próxima ao centro de visitantes, às trilhas e ao restaurante do parque.

PUERTO BERTRAND:
Lodge BordeBaker $$$
Design Mapa E4
Carretera Austral, 8km ao sul de Puerto Bertrand
Tel *(09) 9234-5315*
🅦 bordebaker.cl

Por meio de uma série de passarelas, a recepção do hotel, na beira do rio, se conecta aos quartos, amplos e autônomos. Diante da ausência de TV, aprecie as vistas.

PUERTO CHACABUCO
Hotel Loberías del Sur $$$
Resort Mapa D4
José Miguel Carrera 50
Tel *(067) 2351112*
🅦 loberiasdelsur.cl

Um dos mais polivalentes hotéis da região, oferece excursões, entre elas trilhas pelo Parque Aiken del Sur. Quartos espaçosos (mas só alguns com Wi-Fi) e excelente restaurante.

Convidativa *cabaña* na Hacienda Tres Lagos, Puerto Guadal

PUERTO GUADAL:
Hacienda Tres Lagos $$$
Resort Mapa E4
Cruce El Maitén, Carretera Austral, km 274
Tel *(02) 2233-4082*
🅦 haciendatreslagos.com

O foco principal desse hotel são os pacotes turísticos, entre eles passeios a cavalo e pescaria. Tem *cabañas* espalhadas e um prédio com suítes separado. Há também restaurante, cinema e sauna.

PUERTO PUYUHUAPI:
Casa Ludwig $
B&B Mapa E3
Avenida Übel 202
Tel *(067) 2325220*
🅦 casaludwig.cl

Monumento histórico nacional, esse B&B chileno-germânico é um dos pontos altos da Carretera Austral. Os quartos no sótão, com banheiro compartilhado, são ideais para mochileiros.

PUERTO PUYUHUAPI:
Cabañas El Pangue $$
Lodge Mapa E3
Carretera Austral, km 240
Tel *(067) 2526906*
🅦 elpangue.cl

Esse estabelecimento confortável com decoração rústica e atmosfera informal compreende um hotel e uma série de *cabañas* autônomas. Os pacotes de estada incluem excursões.

PUERTO PUYUHUAPI:
Puyuhuapi Lodge & Spa $$$
Resort Mapa E3
Bahía Dorita s/n
Tel *(067) 2450305*
🅦 puyuhuapilodge.com

Primeiro resort/spa de águas termais da região, esse lodge calmo e isolado é acessível apenas por barco. É possível fazer trilhas nas proximidades, mas o Puyuhuapi organiza também viagens mais longas para os hóspedes.

VILLA O'HIGGINS:
Hostería El Mosco $
B&B Mapa E5
Carretera Austral, Km 1240
Tel *(067) 2431821*
🅦 villaohiggins.com/elmosco

Local bastante sociável, decorado com certo estilo. Combina albergue, no primeiro andar, com um B&B, no andar superior. Também dispõe de uma *cabaña* para mais de seis pessoas e uma área de camping um tanto desolada.

VILLA O'HIGGINS:
Robinson Crusoe Deep Patagonia Lodge $$$
Lodge Mapa E5
Carretera Austral, km 1240
Tel *(09) 9357-8196*
🅦 robinsoncrusoe.com

Primeira hospedaria luxuosa de Villa O'Higgins, esse estabelecimento de nome curioso possui uma grande recepção e duas alas autônomas de seis quartos cada uma. Base ideal para explorar o sul da Patagônia, a hospedaria é especializada em excursões.

Sul da Patagônia e Terra do Fogo

Destaque

PN TORRES DEL PAINE:
Cascada EcoCamp $$$
Resort Mapa E6
Sector Las Torres
Tel *(061) 2414442*
🅦 ecocamp.travel

Perto do ponto de partida da trilha conhecida como Sendero W, esse grupo de tendas esféricas oferece acomodação básica em camas ou beliches, com acesso a banheiros coletivos ou privativos. O café da manhã e outras refeições são servidos em um restaurante independente.

Mais informações sobre hotéis *nas pp. 272-5*

PN TORRES DEL PAINE:
Explora Patagonia $$$
Resort Mapa E6
Sector Lago Pehoé
Tel *(02) 2395-2800*
🌐 explora.com/hotels-and-travesias/patagonia-chile

Graças ao panorama do maciço Paine, do qual se destacam os irregulares Cuernos, as acomodações do Explora Patagonia, primeiro dos resorts de montanha luxuosos, são referência no conceito de "quarto com vista".

PN TORRES DEL PAINE:
Hotel Lago Grey $$$
Lodge Mapa E6
Sector Lago Grey
Tel *(061) 2712100*
🌐 lagogrey.com

A qualidade do Lago Grey se compara à do Explora Patagonia ou à do Hotel Las Torres. Nas margens do lago homônimo, o hotel oferece acesso fácil a catamarãs que levam às geleiras na extremidade superior do lago. Áreas comuns, como o bar e o restaurante, podem ficar cheias.

PN TORRES DEL PAINE:
Hotel Las Torres $$$
Resort Mapa E6
Sector Las Torres
Tel *(061) 2617450*
🌐 lastorres.com

Esse hotel no ponto de partida oriental da trilha chamada Sendero W oferece quartos confortáveis e passeios com cavalos do próprio estábulo. O Wi-Fi, disponível apenas nas áreas comuns, não é muito confiável.

PN TORRES DEL PAINE:
Patagonia Camp $$$
Resort Mapa E6
Ruta 9 Norte, km 74
Tel *(02) 2334-9255*
🌐 patagoniacamp.com

O Patagonia Camp se assemelha ao Cascada EcoCamp (p. 281), mas, localizado nos limites do parque, oferece hospedagem em tendas. A praxe é seguir o esquema "tudo incluso", mas é possível optar por pernoite apenas com café da manhã.

PORVENIR:
Hostería Yendegaia $
B&B Mapa E6
Croacia 702
Tel *(061) 2581919*
🌐 hosteriayendegaia.com

Essa clássica casa dos anos 1920 tem as melhores acomodações de Porvenir e recorda o passado da Terra do Fogo – exceto por instalações modernas com TVs de tela plana, loja de suvenires, biblioteca e serviço de lavanderia.

PUERTO NATALES:
Casa Cecilia $
B&B Mapa E6
Tomás Rogers 60
Tel *(61) 2412698*
🌐 casaceciliahostal.com

Esse B&B suíço-chileno, pioneiro na tendência local dos albergues, tem átrio iluminado e oferece café da manhã caseiro.

PUERTO NATALES:
Bories House Hotel $$
Lodge Mapa E6
Puerto Bories 13-B
Tel *(061) 2412221*
🌐 borieshouse.com

Empreendimento anglo-chileno, o Bories House transformou uma construção tradicional em um hotel moderno. Possui também outras casas reformadas para alojamento de famílias.

PUERTO NATALES:
Kau Lodge $$
B&B Mapa E6
Pedro Montt 161
Tel *(061) 2414611*
🌐 kaulodge.com

Alguns dormitórios nesse hotel à beira-mar são pequenos, com beliches, porém todos os quartos oferecem vistas agradáveis para o mar. Café da manhã no Coffeemaker Café, aberto ao público.

PUERTO NATALES:
Hotel Altiplánico del Sur $$$
Resort Mapa E6
Ruta 9 Norte, El Huerto 282
Tel *(061) 2412525*
🌐 altiplanico.cl

Construído em uma encosta ao norte, a curta caminhada da cidade, esse inovador hotel ecológico forrou paredes e tetos com blocos de turfa para reduzir a perda de calor.

Entrada iluminada do Hotel Las Torres, Torres del Paine

PUERTO NATALES:
Hotel Costaustralis $$$
Moderno Mapa E6
Pedro Montt 262
Tel *(061) 2412000*
🌐 hotelcostaustralis.com

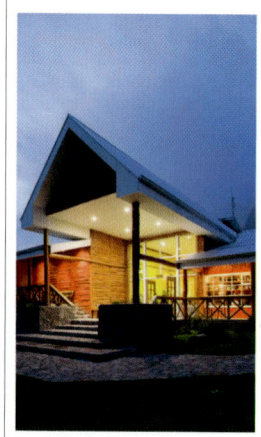

Apesar de não ter design inovador, esse é o maior hotel da cidade. Os quartos servem a seu propósito, com mobília prática em vez de moderna.

PUERTO NATALES:
Hotel Remota $$$
Resort Mapa E6
Ruta 9 Norte, km 1,5
Tel *(02) 2387-1500*
🌐 remota.cl

A poucos passos do Altiplánico, o Remota se distingue no horizonte. Sua fachada é diferenciada, repletas de janelas que fazem o hotel se encher de luz, mesmo em dias nublados.

PUERTO NATALES:
Noi Indigo Patagonia $$$
Design Mapa E6
Ladrilleros 105
Tel *(061) 2740670*
🌐 noihotels.com/hotel/noi-indigo-patagonia

Esse hotel apresenta materiais tradicionais do lado de fora, enquanto o interior é uma obra-prima do design contemporâneo, com passarelas de metal e um spa no último piso. Os quartos, com painéis de pinho, são pequenos e minimalistas, mas têm banheiros modernos.

Destaque
PUERTO NATALES:
The Singular Patagonia $$$
Resort Mapa E6
Puerto Bories s/n
Tel *(061) 2722030*
🌐 thesingular.com

Um matadouro em ruínas foi transformado nesse hotel, cujo complexo abriga um museu industrial. Todos os quartos têm vistas para o Seno Última Esperança, e há um restaurante gourmet e um bar no local. Também organiza uma série de excursões.

PUERTO WILLIAMS:
Lakutaia Lodge $$$
Resort Mapa F7
Seno Lauta s/n
Tel *(061) 2615108*
🌐 lakutaia.cl

À direita do Canal de Beagle, esse é o melhor lugar para se hospedar em Puerto Williams, base para trilhas, pesca, esqui de helicóptero e até passeios de iate de quinze dias pelos fiordes da Terra do Fogo.

Categorias de Preço *na p. 276*

PUNTA ARENAS:
Whalesound $
Resort Mapa E6
Isla Carlos III
Tel *(09) 9887-9814*
🅦 whalesound.com
Whalesound é uma empresa de turismo que mantém um acampamento no estreito de Magalhães e faz passeios ecológicos para o local onde as jubartes se alimentam. A hospedagem ocorre em tendas em formato de domos, e as refeições são servidas em um espaço separado.

PUNTA ARENAS:
Hotel Chalet Chapital $$
B&B Mapa E6
Armando Sanhueza 974
Tel *(061) 2730100*
🅦 hotelchaletchapital.cl
B&B com quartos de porte médio, boa mobília e banheiros modernos. As tarifas incluem café da manhã, e entre as comodidades disponíveis estão Wi-Fi e TV a cabo, além de serviço de lavanderia. Vários restaurantes e a maioria dos pontos turísticos da cidade estão localizados nas proximidades.

PUNTA ARENAS:
Hotel Rey Don Felipe $$
Moderno Mapa E6
Armando Sanhueza 965
Tel *(061) 2295000*
🅦 hotelreydonfelipe.com
Hotel eficiente, oferece quartos caros e confortáveis (alguns tem até banheira de hidromassagem), com muito espaço de trabalho para os visitantes a negócios. Também atrai turistas.

PUNTA ARENAS:
Hotel Cabo de Hornos $$$
Moderno Mapa E6
Plaza Muñoz Gamero 1025
Tel *(061) 2715000*
🅦 hotelcabodehornos.com
Opção ideal tanto para turistas quanto para quem viaja a negócios. Muitos passageiros de cruzeiros se hospedam no local. O bar-restaurante está entre os melhores da cidade.

PUNTA ARENAS:
Hotel Dreams del Estrecho $$$
Moderno Mapa E6
O'Higgins 1235
Tel *(061) 2204500*
🅦 mundodreams.com/hotel/hotel-dreams-del-estrecho
Essa torre de vidro e aço reluzente contribuiu muito para o processo de reurbanização do que no passado era uma área degradada na orla de Punta Arenas. Entre as instalações do hotel há um cassino.

Poltronas confortáveis diante da paisagem no Explora Patagonia, Torres del Paine *(p. 282)*

Ilha de Páscoa e Ilha Robinson Crusoé

HANGA ROA:
Residencial Kona Tau $
Albergue
Avareipua s/n
Tel *(032) 2100321*
🅦 hostelling.cl
No prédio principal desse albergue estão disponíveis tanto dormitórios quanto quartos independentes. Os visitantes podem se deliciar com as mangas em abundância no jardim.

HANGA ROA:
Aloha Nui Guest House $$
B&B
Avenida Atama Tekena s/n
Tel *(032) 2100274*
Os proprietários dessa pousada – Ramon Edmunds e Josefina Mulloy, neta do arqueólogo William Mulloy – estão entre os habitantes mais célebres da região.

HANGA ROA:
Hotel Otai $$
Moderno
Te Pito o Te Henua s/n
Tel *(032) 2100560*
🅦 hotelotai.com
Protegido da rua por jardins exuberantes, o Otai é um hotel tradicional e confortável, adequado a todos os públicos. A decoração das áreas comuns é mais atraente que a dos quartos.

HANGA ROA:
Hotel Taura'a $$
B&B
Atamu Tekena s/n
Tel *(032) 2100463*
🅦 tauraahotel.cl
Todos os detalhes de decoração são cuidadosamente pensados nesse hotel gerenciado por uma simpática "equipe" de marido e mulher. O Taura'a também oferece excelente serviço.

HANGA ROA:
Explora Rapa Nui $$$
Resort
Sector Te Miro Oone
Tel *(02) 2206-6060*
🅦 explora.com/hotels-and-travesias/rapa-nui-chile
Luxuoso resort *all-inclusive* em zona arqueológica. Oferece excursões guiadas e um spa, além do próprio pomar orgânico.

Destaque

HANGA ROA: Hangaroa Eco Village & Spa $$$
Resort
Avenida Pont s/n
Tel *(032) 2553700*
🅦 hangaroa.cl
No terreno de um antigo hotel deteriorado, investidores internacionais criaram suítes espaçosas espalhadas por um exuberante jardim subtropical. O resort tem instalações de spa, restaurante e um centro empresarial. A equipe é muito atenta às necessidades dos hóspedes.

SAN JUAN BAUTISTA:
Residencial Mirador de Selkirk $$
B&B
El Castillo 251
Tel *(09) 8845-7024*
Esse B&B tem cozinha excelente, mas optar pela pensão completa impede de provar os frescos frutos do mar oferecidos em outros lugares da cidade. Quartos confortáveis e deque com vista do mar.

SAN JUAN BAUTISTA:
Crusoe Island Lodge $$$
Resort
Sector Pangal
Tel *(09) 9078-1301*
🅦 crusoeislandlodge.com
A curta viagem de barco ou caminhada de San Juan, esse belo resort em estilo de B&B oferece spa e uma série de atividades.

Mais informações sobre hotéis *nas pp. 272-5*

ONDE COMER E BEBER

O Chile oferece uma culinária sofisticada, baseada no uso de ingredientes cultivados nas fazendas do Vale Central e nos recursos da ampla costa marítima. Apesar de não ser considerado um destino gastronômico, o país se orgulha da diversidade de restaurantes, que variam das *parrillas*, estabelecimentos especializados em grelhados, a locais que servem sobretudo frutos do mar. Nas cidades grandes, é ampla a oferta de opções internacionais. Em Santiago, assim como em outros centros, o visitante encontra pratos feitos com carne bovina, cordeiro ou pescado, mas em locais mais remotos os cardápios podem ser mais restritos. Quem procura *fast food* não tem dificuldades para encontrar hambúrgueres e pizzas, mas muitos turistas ficam encantados com a oferta de comidas de rua, onde os chilenos apreciam sanduíches variados e os disputados *completos* (cachorros-quentes).

O churrasco é popular no Chile; *parrillas* à beira da estrada ou em campings são comuns

Restaurantes

Os estabelecimentos mais simples encontrados em todo o país são os *comedores* ou *cocinerías*, que muitas vezes servem frutos do mar bastante bons para o preço que cobram. As *picadas* são restaurantes informais administrados por uma família, em geral dentro da casa ou anexos a ela. As chamadas *fuente de soda*, literalmente "fontes de soda", são locais onde os clientes não encontram bebidas alcoólicas, enquanto em um *salon de té* o grande destaque é o café. Os chilenos chamam de *restaurante* apenas os locais mais formais e com cardápios mais amplos. As *parrillas* servem basicamente carne grelhada, mas nas cidades maiores podem oferecer massas e frutos do mar, esse último um item predominante nas especializadas *marisquerías* – que também preparam carnes. Apenas em restaurantes mais sofisticados é preciso fazer reserva, mas pode ser necessário nos fins de semana e feriados. Quem procura por algo mais específico, como menu vegetariano, deve ligar antes.

Horários

Na maioria dos restaurantes e até em algumas pousadas é difícil tomar café da manhã antes das 9h. Os chilenos costumam almoçar por volta das 14h ou mais tarde, nos fins de semana.

É costume fazer um lanche (chamado *onces*) entre 17h e 19h, em geral composto de um sanduíche ou um doce acompanhado de chá ou café. O jantar é servido entre 20h e meia-noite. No entanto, restaurantes menores situados em locais afastados raramente ficam abertos depois das 21h ou 22h.

Pagamento e Gorjeta

Além dos cardápios com pratos *à la carte*, muitos restaurantes servem no almoço refeições a preço fixo (em geral convidativo), mas a prática é menos comum no jantar.

Os preços incluem os 19% referentes ao *impuesto al valor agregado* (IVA), mas não acrescentam gorjetas. A maioria dos restaurantes aceita cartões de crédito MasterCard, Visa e American Express, esse último um pouco mais raro. Poucos locais aceitam pagamento em traveler's cheques, e estabelecimentos menores, sobretudo em cidades pequenas, podem aceitar apenas dinheiro.

Não existe uma regra definida para as gorjetas no Chile, mas em geral quando a taxa de serviço não está incluída na conta é comum deixar o equivalente a 10%, caso o atendimento tenha agradado o cliente.

Restaurante Ancud, no Hostal Mundo Nuevo (p. 279)

Clientes no animado Café Ricer, Coyhaique *(p. 297)*

Portadores de Deficiência

Em Santiago e em algumas outras cidades grandes do Chile, os restaurantes mais sofisticados contam com rampas ou outras formas de acesso para cadeiras de rodas, o que raramente ocorre em locais instalados em construções antigas.

Em geral, existe preocupação em ajudar quem precisa de auxílio para se locomover, mas os banheiros adaptados são raros. Ao fazer uma reserva, pergunte se o local tem acesso especial.

Crianças

As crianças costumam ser bem recebidas em quase todos os locais. Os cardápios infantis não são muito disseminados e a opção mais comum é que os pais dividam os generosos pratos com seus filhos.

Vegetarianos

Apesar da abundante produção de legumes, verduras e frutas nos férteis vales chilenos, a alimentação habitual se baseia em carnes e frutos do mar. Mas em Santiago e em destinos turísticos como Pucón há ótimos restaurantes vegetarianos. Em outros locais, a saída é recorrer às saladas e massas oferecidas nos cardápios.

Fumantes

No início de 2013, o Congresso chileno aprovou uma legislação mais rígida contra o tabagismo. Antes era prerrogativa de cada restaurante permitir ou não o fumo em ambiente interno ou estabelecer seções exclusivas para fumantes, mas hoje o fumo em qualquer área fechada é estritamente proibido, e a regra se aplica também a bares e casas noturnas. As novas medidas melhoraram a qualidade do ar dentro dos estabelecimentos e tornaram o ato de comer fora mais agradável. Note, porém, que fumar ainda é permitido em áreas externas, inclusive em mesas na calçada ou em pátios.

Também é proibido fumar no transporte público, o que abrange ônibus locais e de longa distância *(p. 316)*.

Restaurantes Recomendados

Os restaurantes listados nas páginas seguintes foram selecionados de modo a abranger as mais variadas opções da cena gastronômica chilena; há desde cozinha internacional gourmet e restaurantes que servem os mais frescos frutos do mar até pizzarias e lanchonetes com bom custo-benefício.

Os frutos do mar chilenos, sejam preparados em estilo internacional ou à moda tradicional local, estão entre os mais variados do mundo. Sua popularidade no país sobrepõe-se à chamada "cozinha do interior", que usa ingredientes agrícolas frescos e às vezes sazonais.

O setor gastronômico sofisticado inclui alguns dos melhores restaurantes do Chile, em grande parte situados em Santiago, mas por vezes também em surpreendentes localidades históricas e de belíssima paisagem. Restaurantes no estilo de churrascaria, que servem carne bovina, assim como cordeiro e frutos do mar, existem em grande número, com cardápios que podem incluir até carne de caça, sobretudo na Patagônia. Em geral, eles oferecem também opções vegetarianas. Muitas vinícolas contam também com restaurantes próprios, que dão destaque aos rótulos da casa.

Os quadros de "Destaque" indicam restaurantes fora do comum que, além de comida excepcional, oferecem qualidades únicas, em termos de ambiente, localização ou diversão.

Muitos cafés margeiam as ruas de Santiago e oferecem cardápios variados

Os Sabores do Chile

A culinária chilena sempre usou ingredientes básicos da cultura andina: batata, quinua (cereal nativo dos Andes) e carne de lhama. Os chilenos apreciam o consumo de carne, sobretudo bovina, mas a carne de cordeiro também é comum, com destaque para a Patagônia, além da carne suína e de frango. Algumas carnes de caça, como javali e ema, ganham popularidade. Muitos pratos se baseiam na incrível vida marinha da costa chilena, que, graças às frias correntes de Humboldt, permite a pesca e a extração de peixes e moluscos que não existem em outras partes do mundo.

Quinua

Tradicionais *empanadas* recheadas com carne

Cozinha Tradicional

A comida *criolla* é a culinária tradicional chilena, baseada em ingredientes como batata, milho, cebola, alho e azeitonas, em geral preparados em forma de cozido. As *humitas*, parecidas com os tamales mexicanos e as pamonhas brasileiras, podem ser recheadas com carne ou outro ingrediente. Uma herança espanhola presente em vários países da América Latina é a *empanada*, uma espécie de pastel assado e recheado com carne ou queijo. A *empanada* chilena é maior e mais robusta do que a encontrada em outros países.

O tempero forte é bastante raro na culinária chilena. Nos últimos anos, porém, vem ganhando popularidade uma combinação de especiarias de origem mapuche conhecida como *merkén* (uma mistura de pimentas, cominho e coentro), que trouxe novos sabores a pratos tradicionalmente suaves.

Peixes e Frutos do Mar

A imensa costa marítima do Chile fornece ingredientes pre-

Loco — Caranguejo — Mexilhões — Corvina — Linguado — Congrio — Mariscos — Vieiras — Ostras

Magnífica variedade de pescados e frutos do mar

Especialidades Chilenas

Os melhores pratos da culinária chilena são sazonais, pois dependem tanto da colheita das lavouras como do que é extraído do mar. A principal refeição dos chilenos é o almoço. Na capital os restaurantes lotam, enquanto no interior as pessoas podem dedicar duas ou três horas a uma refeição tranquila. Alguns pratos tradicionais do cotidiano são o *pastel de papas* (cozido de batata), *caldillo de congrio* (sopa de congrio), *chupe de locos* (cozido de molusco) e *palta reina* (abacate preparado com atum, frango ou presunto e bastante maionese). Um ingrediente apreciado e muitas vezes servido com pão ou sobre a carne grelhada é o *pebre*, um molho líquido preparado com cebola picada, tomate, coentro fresco, azeite de oliva, alho e pimentas ají.

Pimentas ají

Cazuela de ave é um cozido de frango (em geral feito com a coxa ou a sobrecoxa) com milho, batata e arroz.

ONDE COMER E BEBER

Verduras e legumes à venda no mercado de Santiago

ciosos. Entre os peixes mais consumidos estão o *congrio*, a corvina, o linguado e a merluza, entre outros. No entanto, o que destaca a culinária do país são os peculiares frutos do mar, variados e ricos. Caranguejos, vieiras, ostras, mexilhões, mariscos, camarões e lulas são alguns exemplos, mas o que encanta quem visita o Chile sobretudo pela primeira vez são as espécies que só existem no litoral do país: o *choro zapato* (mariscos com formato que lembra um sapato), *erizos* (ouriços-do-mar) e os moluscos chamados de *locos* e *picoroco*.

O salmão é criado na Região dos Lagos e a truta proveniente também dessa área costuma ser muito saborosa.

Os peixes em geral são fritos (imersão). Porém, quem prefere alternativas mais leves pode pedir o preparo *a la plancha* (grelhado) e *al vapor* (cozido no vapor).

Grelhados

O churrasco *(parrillada)* é uma paixão nacional. Além da carne bovina, é comum encontrar diversos tipos de linguiça, como a *morcilla* (morcela) e *chunchules* (miúdos) e carnes de porco e de frango. Os acompanhamentos mais comuns são saladas e bons vinhos.

Lanches

O lanche favorito no país é o *completo*, cachorro-quente com maionese, mostarda, ketchup e repolho azedo. É comum comer um sanduíche no lanche da tarde *(onces)*. Uma herança alemã são as *kuchen*, bolos com frutas. A *sopaipilla* (um bolinho frito, que pode ser salgado ou doce) é um alimento comum nas barracas de rua.

Queijo chanco e longaniza à venda em uma barraca de feira

Influências Peruanas

Não há dúvida de que o Chile e o Peru mantêm uma relação política tensa (boa parte do norte do Chile já pertenceu ao Peru e os dois países disputam a paternidade histórica da bebida conhecida como *pisco*). Da mesma forma que a comida mexicana invadiu as mesas americanas, os chilenos adotaram as especialidades do vizinho. Alguns dos melhores chefs dos restaurantes de Santiago são peruanos. Para descobrir o que tem encantado os chilenos, prove pratos como *aji de gallina* (pedaços de frango com um molho cremoso, servido com batata e azeitonas) e o *lomo saltado* (filé frito com legumes). Para quem gosta de sabores fortes, os peruanos investem na variedade de pimentas. A *papa a la huancaína* é um prato com batatas picantes bastante apreciado.

Pastel de choclo, servido em um recipiente especial e assado no forno, mistura carne moída e purê de milho.

Porotos granados, um espesso cozido feito com feijão e abóbora, tem origem na culinária típica dos Andes.

Curanto, prato de frutos do mar típico do sul do país, inclui carne de porco e legumes. O preparo é lento.

O que Beber

Os vinhos chilenos desfrutam fama internacional e são bastante apreciados pelos moradores, mas o consumo de cerveja tem aumentado bastante nos últimos tempos. O *pisco*, uma aguardente feita de uva nos desertos de Norte Chico, constitui a base do coquetel nacional, o *pisco sour*. Entre as bebidas não alcoólicas estão vários refrigerantes locais, e a água da torneira pode ser consumida sem problemas, embora muitos visitantes prefiram comprar água mineral. Os chilenos apreciam os chás pretos e herbais, mas, com exceção da capital e dos principais destinos turísticos, o café solúvel é a opção mais comum para os apreciadores de cafeína.

Pisco sour, o coquetel nacional

Clientes no famoso restaurante Cinzano, em Valparaíso

Pisco

Bebida destilada produzida a partir da uva moscatel cultivada em Norte Chico, o *pisco* é uma aguardente forte e incolor. O produto final se distingue de acordo com o teor alcoólico, que é definido em graus. O *pisco* de menor qualidade varia de *selección* (30°) a *especial* (35°), enquanto as melhores versões vão de *reservado* (40°) a *gran pisco* (cerca de 50°). Em geral, o tipo *reservado* é considerado ideal para preparar o famoso *pisco sour*, coquetel mais apreciado do país. A receita mistura o *pisco* com suco de limão, clara de ovo, gotas de angostura e açúcar.

Os chilenos gostam de misturar *pisco* também com bebidas de cola – o resultado é a *piscola*, equivalente chileno da *cuba libre*. Qualquer *pisco*, de baixa ou alta qualidade, pode ser consumido puro ou usado na criação de coquetéis.

Cerveja

Os vinhos chilenos são conhecidos e exportados para todo o mundo, mas a população consome em maior quantidade a cerveja. As cervejas mais comercializadas são as produzidas por grandes empresas como Cristal e Escudo, mas estão surgindo novas microcervejarias chilenas que oferecem uma variedade maior de opções. A Compañía Cervecera Kunstmann, de Valdivia, por exemplo, produz excelentes cervejas tipo *ale* e *bock*, enquanto a Szot, com sede em Santiago, atua em um nicho de mercado (*pale ale*, *amber ale* e *stout*). Essas marcas locais nem sempre são encontradas fora de restaurantes ou de estabelecimentos especializados.

Funcionário rotula garrafa na cervejaria Szot, de Santiago

Bebidas Não Alcoólicas

Em quase todos os lugares do país a água da torneira é potável, mas quem preferir pode comprar garrafas de água mineral, *con gas* ou *sin gas*. Já encontrar um bom café não é tão fácil – em geral, os entusiastas da bebida recorrem a expressos ou café coado, disponíveis nos melhores hotéis e restaurantes das principais cidades e destinos turísticos.

No Chile o visitante encontra diversos chás de ervas, como boldo e *cachamai*, colhidas nas florestas do sul. Com sabor e aroma peculiares, essas infusões são ótimas alternativas para o chá-preto vendido em saquinho.

Na Patagônia, muitos chilenos tomam *mate*, uma versão similar ao chimarrão consumido no sul do Brasil. As folhas trituradas da planta são acomodadas no fundo de uma cuia e a bebida é sorvida por meio de um "canudo" metálico, chamado *bombilla*. O *mate* tem sabor amargo e costuma ser consumido bastante quente.

Vinhos Chilenos

Boa parte do território chileno se caracteriza por invernos úmidos e verões secos, ideais para o cultivo de uvas e para a produção de vinhos. Em geral, os vinhos brancos são produzidos no norte, enquanto os tintos saem de vinícolas situadas mais ao sul. Mas existem exceções: o vale de Casablanca, a nordeste de Santiago, produz ótimos Sauvignon Blanc e Chardonnay, além de bons Pinot Noir e outros tintos. As principais áreas produtoras de uva recebem visitantes interessados em degustações e passeios, porém regiões menos conhecidas, como o Valle del Elqui, também merecem atenção. As vinícolas chilenas variam de operações em grande escala, como a Viña Concha y Toro, a pequenas unidades que produzem quantidades limitadas por ano.

Uvas Mais Comuns

A Cabernet Sauvignon provavelmente é a uva plantada em maior escala no país, mas a Carménère é a mais característica. No século XIX, uma doença chamada filoxera quase exterminou a espécie em Bordeaux. Enólogos franceses, porém, a redescobriram entre plantações de Merlot no Chile, na década de 1990. A mistura não intencional deu ao Merlot chileno um sabor único. Entre as outras espécies cultivadas no país estão a Shiraz e a Pinot Noir. Os brancos mais comuns – e muito apreciados – são o Chardonnay e o Sauvignon Blanc.

Entre os vinhos mais procurados estão brancos como o Sauvignon Blanc da Castillo de Molina e o Chardonnay da Cono Sur. A Viña Casa Silva *(p. 153)* produz tintos em vinhedos antigos.

Dona Dominga da Casa Silva

Rótulo de Shiraz da Falernia

Como Comprar e Beber

Por cerca de US$5 pode-se comprar vinhos razoáveis nos supermercados do país, mas garrafas nobres custam mais e estão disponíveis em lojas especializadas. Rótulos de grande destaque, como os produzidos pela Viña Montes e pela Viña Lapostolle, ambas no vale de Colchagua *(pp. 152-3)*, não são encontrados tão facilmente. Em Santiago e em outras cidades principais, os restaurantes costumam oferecer uma boa carta de vinhos. A bebida é servida em garrafas; o tradicional *botellín* ou *vino individual* é a garrafa menor. Não é comum servir vinho em taças.

Clos Apalta, o único vinho produzido pela franco-chilena Viña Lapostolle *(p. 153)*, é uma peculiar combinação de uvas Petit Verdot, Merlot, Cabernet Sauvignon e Carménère.

Merlot, Sauvignon Blanc e Shiraz servidos no restaurante Tanino, na Viña Casas del Bosque

Onde Comer e Beber

Santiago
Centro

Bar Nacional $
Internacional   Mapa 2 E2
Paseo Huérfanos 1151
Tel *(02) 2696-5986*   **Fecha** *dom*
Tem como foco os pratos tradicionais chilenos, mas oferece também uma variedade de carnes, massas e frutos do mar em ambiente despojado. O serviço pode ser lento nos horários de pico.

Confitería Torres $
Internacional   Mapa 2 D3
Alameda 1570
Tel *(02) 2688-0751*   **Fecha** *dom*
A opção mais popular na Confitería Torres é o barros luco, um sanduíche de filé e queijo apreciado pelo ex-presidente Ramón Barros Luco. Só os shows de tango já valem a visita.

Fuente Alemana $
Alemã   Mapa 3 B4
Alameda 58
Tel *(02) 2639-3231*   **Fecha** *dom*
Não perca o lomito (lombo de porco) dessa famosa lanchonete. Dado o tamanho das refeições, alguns clientes podem querer dividir os pratos.

El Hoyo $
Café   Mapa 1 B5
San Vicente 375
Tel *(02) 2689-0339*   **Fecha** *dom*
A fachada do El Hoyo é singela, mas sua comida é deliciosa e apreciada por visitantes e moradores locais. Prove o terremoto, feito com vinho branco fermentado e sorvete de abacaxi.

El Naturista $
Vegetariana   Mapa 2 E3
Moneda 846
Tel *(02) 2380-0704*   **Fecha** *dom*
Em funcionamento desde 1927, esse venerado restaurante vegetariano tem uma equipe com muita experiência na área. Até mesmo clássicos chilenos como o pastel de choclo são feitos sem carne, mas há poucas opções veganas.

Blue Jar $$
Internacional   Mapa 2 E3
Almirante Gotuzzo 102
Tel *(02) 6155-4650*   **Fecha** *sáb e dom*
O Blue Jar prioriza o uso de ingredientes frescos sazonais. Na primeira quinta-feira de cada mês ocorre um jantar especial (reserva obrigatória), com pratos que não figuram no menu regular.

Destaque
Bocanáriz $$
Internacional   Mapa 3 A5
Lastarria 276
Tel *(02) 2638-9893*
O melhor bar de vinhos da cidade ostenta uma carta com cerca de 400 rótulos, muitos deles disponíveis em taça. Também prepara pratos para harmonizar com os vinhos. O dono, francês, mantém um ambiente agradável contemporâneo e serviço impecável.

Donde Augusto $$
Frutos do mar   Mapa 2 E1
San Pablo 967
Tel *(02) 2821-2678*
Guisados como o chupe de jaiva (de caranguejo) e o locos (de falso abalone) são as melhores pedidas no maior restaurante de frutos do mar do Mercado Central. Os clientes comem nas mesas do mercado.

Japón $$
Japonesa   Mapa 3 B5
Barón Pierre de Coubertin 39
Tel *(02) 2222-4517*   **Fecha** *dom*
Um dos melhores restaurantes de comida japonesa de Santiago, o Japón prepara sushis, sashimis e outros pratos autênticos – inclusive sorvete de tempurá – com apresentação criativa. A decoração é discreta.

Patagonia Sur $$
Internacional   Mapa 3 A5
Lastarria 96
Tel *(02) 2664-3830*
Nesse restaurante é possível conhecer os sabores da Patagônia.

Refeição no restaurante de frutos do mar Donde Augusto, no Mercado Central

Categorias de Preço
Por pessoa, para uma refeição composta de três pratos e meia garrafa de vinho da casa, mais taxas.

$	até $15
$$	$15-$35
$$$	acima de US$35

No cardápio há clássicos da região, como cordeiro, carne de caça (veado, javali) e guanaco.

Ópera Catedral $$$
Francesa/Internacional Mapa 3 A4
Merced 395
Tel *(02) 2664-3048*   **Fecha** *dom*
Esse local é uma combinação de restaurante sofisticado francês, café e casa noturna animada.
O café oferece um cardápio mais chileno, com algumas exceções, como os guiozas.

Oeste do Centro

Destaque
Boulevard Lavaud $$
Internacional   Mapa 1 B2
Compañia 2789
Tel *(02) 2682-5243*
Esse é um dos restaurantes mais famosos de Santiago. Em seu salão, com decoração eclética, os clientes saboreiam panquecas, frutos do mar e pratos de carne, além de uma enorme variedade de acompanhamentos. A barbearia ao lado ainda funciona.

Ocean Pacific $$
Frutos do mar   Mapa 1 C3
Avenida Ricardo Cumming 221
Tel *(02) 2697-2413*
Os objetos marítimos dão o tom da decoração no Ocean Pacific, que serve bons pratos de frutos do mar. Sucesso com as famílias, pode ficar bem cheio.

Ostras Azócar $$
Peixe/Frutos do mar Mapa 1 C3
Bulnes 37
Tel *(02) 2681-6109*
Ostras de Chiloé chegam vivas ao Azócar e são servidas em amostras no início do jantar, com uma taça de Chardonnay. O restaurante é famoso em Santiago há quase 80 anos, e comer ali constitui uma experiência inesquecível.

Plaza Garibaldi $$
Mexicana   Mapa 1 C3
Moneda 2319
Tel *(02) 2699-4278*   **Fecha** *dom*
Esse é o lugar para quem procura um picante pollo al mole, um

ONDE COMER E BEBER | **291**

guacamole fresco ou margaritas fortes. Acolhedor, com decoração inspirada no México.

Las Vacas Gordas $$
Parrilla Mapa 1 C2
Cienfuegos 280
Tel *(02) 2697-1066*
Com ótima relação custo-benefício, o Las Vacas Gordas é uma das melhores *parrillas* de Santiago. Não perca a versão da casa da salada chilena com tomate e cebola. O restaurante tende a encher rapidamente, então reserve ou chegue cedo.

Zully $$$
Internacional Mapa 1 C3
Concha y Toro 34
Tel *(02) 2696-1378* **Fecha** *dom*
O Zully ocupa uma mansão restaurada com várias particularidades arquitetônicas, como salões resguardados e um pátio rebaixado. Serve sofisticados pratos internacionais produzidos com ingredientes chilenos.

Nordeste do Centro

Galindo $
Café Mapa 3 B4
Dardignac 098
Tel *(02) 2777-0116*
Situado em um bairro dominado por restaurantes gourmet, o Galindo serve clássicos chilenos, como pastel de choclo e plateada, além de sanduíches, muita cerveja e vinho.

El Huerto $
Vegetariana Mapa 4 E2
Orrego Luco 54
Tel *(02) 2233-2690*
A culinária servida nesse local é tão saborosa que os carnívoros não notarão a falta de carne. Curries e especiarias mexicanas distinguem o El Huerto das opções vegetarianas convencionais.

Kleine Kneipe $
Alemã Mapa 4 D3
Román Díaz 21
Tel *(02) 2235-1374*
Pequeno e discreto, o Kleine Kneipe tem um menu de hambúrgueres e sanduíches, além de servir uma respeitada cerveja de trigo. Música ao vivo ocasional e happy-hour nos dias de semana, das 19h às 22h.

Baco Vino y Bistro $$
Internacional Mapa 4 F2
Nueva de Lyon 113
Tel *(02) 2231-4444*
Esse popular bar de vinhos serve pratos inspirados na culinária francesa, como steak au poivre e salmão tartare. Os vinhos são servidos em taças.

Bar Liguria $$
Café Mapa 4 D3
Avenida Providencia 1373
Tel *(02) 2235-7914* **Fecha** *dom*
O cardápio desse restaurante informal celebra a substanciosa comida do interior, com carnes e ensopados, além de pratos de frutos do mar. Pôsteres e fotos antigos decoram as paredes.

Café Melba $$
Café Mapa 5 A4
Don Carlos 2898
Tel *(02) 2905-8480*
Com gerência neozelandesa, o Melba recebe muitos funcionários de escritórios da região, para café da manhã, brunch e almoço. Há também uma seleção de sanduíches.

Divertimento $$
Internacional Mapa 4 E1
Avenida El Cerro com Pedro de Valdivia
Tel *(02) 2975-4600*
O Divertimento oferece todas as opções – de carne a peixe, de pratos de massa à cozinha chilena mais tradicional, como pastel de choclo (apenas no verão). Particularmente popular entre famílias e grupos grandes.

Pôsteres antigos enfeitam as paredes do Bar Liguria

Le Flaubert $$
Francesa Mapa 4 E2
Orrego Luco 125
Tel *(02) 2231-9424*
Situado num edifício em estilo francês, o Le Flaubert é ideal para quem procura culinária francesa básica, como sopa de cebola, tortas caseiras e crème brûlée. Sua clientela é composta sobretudo por trabalhadores locais.

La Mar $$
Peruana/Frutos do mar Mapa 5 B1
Avenida Nueva Costanera 4076
Tel *(02) 2206-7839*
O La Mar é especializado em ceviche, mas também serve ótimos pratos asiáticos, inclusive sushi. O pisco sour à moda peruana é espetacular.

Pantaleón II $$
Peruana Mapa 3 B3
Antonia López de Bello 98
Tel *(02) 2735-8785*
Experimente um ceviche misto (frutos do mar misturados) como aperitivo e peça o chupe de mariscos, um ensopado tradicional chileno, como prato principal. Não perca também o pisco sour. Tudo no Pantaleón II representa excelente custo-benefício.

Pinpilinpausha $$
Basca Mapa 5 A3
Isidoria Goyenechea 2900
Tel *(02) 2233-6507*
O Pinpilinpausha serve sua culinária basca há aproximadamente 45 anos. Além de especialidades da casa, como a paella, também oferece uma seleção de risotos, carnes e massas.

A exuberante fachada da Confitería Torres (p. 290)

Mais informações sobre restaurantes *nas pp. 284-5*

Tiramisú $$
Pizza Mapa 5 B4
Isidora Goyenechea 3141-A
Tel *(02) 2519-4900*
Talvez a mais criativa pizzaria da cidade, a Tiramisú oferece ampla escolha de coberturas, além de uma variedade de cervejas e uma longa carta de vinhos. Aperitivos, calzone e focaccia também figuram no cardápio.

El Toro $$
Internacional Mapa 3 A3
Loreto 33
Tel *(02) 2737-5937*
Pratos peruanos, principalmente ceviche, aparecem em peso no cardápio desse restaurante com gerência argentina. Local popular, às vezes fica lotado.

Astrid y Gastón $$$
Peruana Mapa 4 E2
Antonio Bellet 201
Tel *(02) 2650-9125* **Fecha** *dom*
Além do ambiente, a apresentação, o preço e o tamanho das porções diferenciam o Astrid y Gastón de outros restaurantes peruanos. Perfeito para uma noite romântica.

Barandiarán $$$
Peruana Mapa 3 B4
Constitución 38
Tel *(02) 2737-0725*
No complexo Patio Bellavista, serve deliciosos ceviches, parihuela (sopa de frutos do mar) e seco de cordero (ensopado de cordeiro). A atmosfera de praça de alimentação faz o jantar ficar informal.

Boragó $$$
Internacional Mapa 5 B2
Avenida Nueva Costanera 3467
Tel *(02) 2953-8893* **Fecha** *dom*
O chef Rodolfo Guzmán procura ingredientes clássicos chilenos para criar dois menus com preço fixo diferentes a cada noite. Toda a mesa deve optar pelo mesmo menu. Bebidas são pagas à parte.

Etniko $$$
Fusão asiática Mapa 3 B3
Constitución 172
Tel *(02) 2732-0119* **Fecha** *dom*
Aberto até as primeiras horas da manhã, o Etniko é um híbrido de restaurante asiático e danceteria. O sushi é excelente.

Europeo $$$
Internacional Mapa 5 B2
Alonso de Córdova 2417
Tel *(02) 2208-3603* **Fecha** *dom*
Como o nome indica, esse local propõe cardápio europeu, com pratos como ragu de veado e o risoto do dia. Também oferece peixe fresco local e ceviche.

Entrada da barbearia adjacente ao famoso restaurante Boulevard Lavaud (p. 290)

OX $$$
Grelhados Mapa 5 B1
Avenida Nueva Costanera 3960
Tel *(02) 2799-0260*
Esse restaurante moderno serve excelentes cortes de carne bovina, além de frutos do mar e massas, a preços elevados.

Peumayén $$$
Internacional Mapa 3 B3
Constitución 136
Tel *(02) 2247-3060* **Fecha** *seg*
O Peumayén se orgulha de sua "comida ancestral". A especialidade da casa é a rabada com ingredientes andinos nativos, além de uma colorida variedade de batatas.

Puerto Fuy $$$
Internacional Mapa 5 B1
Avenida Nueva Costanera 3969
Tel *(02) 2208-8908* **Fecha** *dom*
Famoso por sua gastronomia molecular, introduzida pelo chef Giancarlo Mazzarelli, o Puerto Fuy usa ingredientes locais para criar pratos franceses.

Tierra Noble $$$
Parrilla Mapa 5 B4
Reyes Lavalle 3310
Tel *(02) 2232-4797*
Oferece uma grande variedade de aperitivos e acompanhamentos, como ostras frescas e a tradicional salada chilena de tomates e cebolas. Ampla carta de vinhos.

Vale Central

CASABLANCA: Tanino $$$
Internacional Mapa B6
Viña Casas del Bosque, Hijuela 2, Ex-Fundo Santa Rosa
Tel *(02) 2480-6940*
Fecha *seg (exceto no verão)*

Essa vinícola-restaurante combina restrito menu sazonal com a própria produção de vinhos. Quem preferir se sentar nas mesas externas que se prepare para as brisas e os nevoeiros de fim de tarde.

CHILLÁN: Fuego Divino $$
Churrasco Mapa D1
Avenida Gamero 980
Tel *(042) 2430900* **Fecha** *dom e seg*
O Fuego Divino prepara seus bifes em uma churrasqueira aberta, e os acompanhamentos recebem temperos mapuches, como a pimenta merkén. Há alguns pratos de massa e uma impressionante adega.

CHILLÁN: Sureño $$
Frutos do mar Mapa D1
5 de Abril 325
Tel *(042) 2239865* **Fecha** *dom*
Restaurante de frutos do mar com algumas opções de carne, o Sureño usa ingredientes frescos do mercado local. A decoração é luminosa e alegre.

CONCEPCIÓN: Las Américas $$
Peruana Mapa D1
San Martín 514
Tel *(041) 2747231*
Especialidades como ceviche e parihuela (ensopado de frutos do mar) consagraram esse restaurante peruano.

CONCEPCIÓN: Centro Español $$
Espanhola Mapa D1
Barros Arana 675
Tel *(041) 2214954* **Fecha** *dom*
A fachada, a decoração e o cardápio desse restaurante são todos evocativos da Espanha. Há um bar de tapas e, em geral, um menu barato de almoço.

CUNACO: Rayuela Wine & Grill $$$
Grelhados Mapa B7
Carretera del Vino, km 37
Tel *(02) 2840-3180*
Rayuela, o restaurante da vinícola Viu Manent, prepara pratos de carne e peixe que harmonizam com os rótulos da casa. Há vários aperitivos de mariscos disponíveis.

CURICÓ: Viña Torres $$$
Internacional Mapa B7
Panamericana Sur, km 195
Tel *(075) 2564100*
O restaurante da Viña Torres é uma ótima opção para ir antes ou depois de visitar as instalações da vinícola. Os pratos principais favorecem as carnes, mas há alternativas como risoto de açafrão e frutos do mar. Grande variedade de vinhos da casa.

Categorias de Preço *na p. 290*

ONDE COMER E BEBER | 293

A alegre fachada do disputado Le Filou de Montpellier, em Valparaíso

PAPUDO: Gran Azul $$
Frutos do mar Mapa B6
Avenida Irrarázabal 86
Tel *(033) 2791584*
A clientela é atraída pela idílica localização costeira, assim como pelos peixes e frutos do mar frescos. O serviço, porém, pode ser lento.

PICHILEMU: Casa Roja $$
Italiana Mapa B7
Avenida Ortúzar 215
Tel *(072) 2841555* **Fecha** *seg*
As pizzas de massa fina e os pratos de massa da Casa Roja levam ingredientes mais sofisticados do que aqueles usados em outros restaurantes italianos do Chile.

PICHILEMU: Puente Holandés $$
Frutos do mar Mapa B7
Eugenio Díaz Lira 167
Tel *(09) 7492-6848*
Aprecie frutos do mar frescos e saladas em um ambiente com design arrojado. Localização perfeita, com vista para a praia.

RANCAGUA:
El Viejo Rancagua $
Local Mapa B7
Paseo del Estado 607
Tel *(072) 2227715*
Antes de tudo um palco para música ao vivo, El Viejo Rancagua também oferece almoços a preço fixo e cozinha chilena básica à noite. Propagandas antigas revestem as paredes. Proporciona uma experiência mais cultural do que gastronômica.

RANCAGUA: Sapore Italiano $$
Italiana Mapa B7
Avenida Miguel Ramires 96
Tel *(072) 2768417* **Fecha** *seg*
Em uma construção moderna, o Sapore Italiano produz pizzas de massa grossa com uma variedade de coberturas, em geral com bastante queijo. Há também especialidades italianas como calzone e pratos de massa.

SAN FERNANDO:
Restaurant Casa Silva $$$
Internacional Mapa B7
Viña Casa Silva, Hijuela Norte
Tel *(09) 6847-5786* **Fecha** *dom e seg*
A Casa Silva prepara carnes, peixes e comida do interior chileno, além de massas, tapas e sanduíches. Oferece também um menu para crianças.

SANTA CRUZ:
Club Social de Santa Cruz $$
Local Mapa B7
Plaza de Armas 178
Tel *(072) 2822529*
O Club Social é um restaurante tradicional que atrai uma clientela local com seus pratos substanciosos inspirados na culinária do interior do país. O estilo colonial é complementado pelo pátio coberto por videiras.

VALPARAÍSO:
Amor Porteño $
Local Mapa B6
Almirante Montt 418, Cerro Concepción
Tel *(032) 2216253* **Fecha** *seg*
Vá a essa charmosa sorveteria e café em estilo argentino e prove um sundae, os churros ou as medialunas (croissants doces). Para acompanhar, café com leite.

VALPARAÍSO:
Allegretto $$
Pizza Mapa B6
Pilcomayo 259, Cerro Concepción
Tel *(032) 2968839*
Essa pizzaria informal oferece uma grande variedade de coberturas criativas, entre elas a de frango ao curry. Tem também um menu de almoço especial e pratos de massa e risotos, além de extensa carta de vinhos.

VALPARAÍSO: Bar Cinzano $$
Local Mapa B6
Plaza Aníbal Pinto 1182
Tel *(032) 2213043* **Fecha** *dom*
As paredes do Bar Cinzano são pontilhadas de imagens e objetos marítimos. É frequentado pelo público local, que aprecia as carnes, os sanduíches e os frutos do mar da casa. Apresentação de tango nas noites de sexta e sábado.

VALPARAÍSO: Café Turri $$
Frutos do mar Mapa B6
Templeman 147, Cerro Concepción
Tel *(032) 2252091* **Fecha** *seg*
Moderno, o menu da casa tem salada de peito de pato, camarão em tinta de lula e lasanha de vieiras, além de muitos clássicos chilenos. O terraço é um dos melhores locais da cidade para comer ao ar livre, com vista para o porto.

Destaque
VALPARAÍSO:
Le Filou de Montpellier $$
Francesa Mapa B6
Almirante Montt 382, Cerro Alegre
Tel *(032) 2224663* **Fecha** *seg*
Desde a inauguração, em 1998, esse restaurante de aparência modesta se tornou um modelo de excelência em Valparaíso, com preços moderados no almoço e no jantar de sexta e sábado. O cardápio tem sopa de cebola, tortas e peixe ou carne.

VALPARAÍSO: Ápice $$$
Internacional Mapa B6
Almirante Montt 462, Cerro Concepción
Tel *(032) 2089737* **Fecha** *ter e qua*
Esse restaurante tem decoração minimalista e um criativo menu que muda regularmente. Entre as opções de prato há polvo com emulsão de chouriço, ostras com queijo de cabra e suflê de chocolate com sorvete de canela.

Fregueses conversam no temático Bar Cinzano, Valparaíso

Mais informações sobre restaurantes *nas pp. 284-5*

Destaque

VALPARAÍSO:
Pasta e Vino $$$
Italiana Mapa B6
Papudo 427, Cerro Concepción
Tel *(032) 2496187* **Fecha** *dom*
Localizado dentro do Gran Hotel Gervasoni, o Pasta e Vino já faz sucesso há algum tempo na região. Entre os pratos principais há oito variedades de nhoque, além de uma extensa carta de vinhos. Apesar da grande oferta de mesas, inclusive em uma parte externa, é essencial fazer reserva.

VIÑA DEL MAR: Entre Masas $
Empanadas Mapa B6
5 Norte 235
Tel *(032) 2979919*
Pequena padaria especializada em saborosas empanadas. Entre as dezenas de variedades estão a de chouriço com queijo de cabra e a de espinafre com ricota. Pode-se comer no local ou levar para viagem. Há uma filial em Reñaca.

VIÑA DEL MAR:
Hampton Deli $
Delicatéssen Mapa B6
Etchevers 174-176
Tel *(032) 2714910* **Fecha** *dom*
Típico exemplo do que os chilenos chamam de *picada*, a Hampton Deli é uma empresa familiar que produz pratos clássicos nacionais a preços baixos. Entre os fregueses estão trabalhadores de escritórios do centro.

VIÑA DEL MAR:
Delicias del Mar $$
Frutos do mar Mapa B6
Avenida San Martin 459
Tel *(032) 2901837*
O Delicias é um restaurante de frutos do mar em estilo basco que tem como decoração inúmeras fotos de Marilyn Monroe, além de uma truta na parede que canta *Take Me to the River*. A paella é a especialidade da casa, mas há muitos outros pratos saborosos. O uso de celulares é vetado.

VIÑA DEL MAR: Fellini $$
Italiana Mapa B6
Tres Norte 88
Tel *(032) 2975742*
Trata-se de uma homenagem ao grande diretor de cinema italiano, mas sem reproduzir seu estilo onírico. O cardápio da casa oferece uma diversidade de pratos de massa e outros clássicos italianos, com foco nos frutos do mar. É um restaurante familiar, apesar de um pouco escuro.

Categorias de Preço na p. 290

Paella, uma opção comum nos muitos restaurantes de frutos do mar do Chile

VIÑA DEL MAR:
Jaiba y Cordero $$
Fusão de frutos do mar Mapa B6
Siete Norte 76
Tel *(032) 3209971*
Embora o cardápio apresente um suculento cordeiro da Patagônia, o Jaiba y Cordero é essencialmente um criativo restaurante de frutos do mar. Tem um pitoresco terraço com vista para o oceano e permite o fumo.

ZAPALLAR: El Chiringuito $$
Frutos do mar Mapa B6
Caleta Zapallar s/n
Tel *(033) 2741024*
El Chiringuito é provavelmente o restaurante que tem os frutos do mar mais frescos do Chile – dele, é possível ver os pescadores atracando seus barcos carregados na areia. Do terraço descortinam-se lindas vistas, mas tome cuidado para que pelicanos e gaivotas não abocanhem seu almoço.

Norte Grande e Norte Chico

ANTOFAGASTA:
El Horno de Barro $
Local Mapa B3
Washington 2356
Tel *(055) 2955608* **Fecha** *ter*
Com gerência familiar, o El Horno de Barro é uma *picada* que oferece pratos chilenos, como filés e pastel de choclo (feito com milho e carne ou frango). Músicos folclóricos se apresentam às sextas e aos sábados no jantar.

ARICA:
Maracuyá $$$
Internacional Mapa B1
Avenida Comandante San Martín 0321
Tel *(058) 2227600*
A invejável localização do Maracuyá (acima da Playa El Laucho e abaixo do histórico Morro) faz dele o restaurante com as melhores vistas de Arica. O extenso cardápio de frutos do mar inclui algumas especialidades peruanas, além de uma seleção de massas e sobremesas.

Destaque

ARICA: Rayú $$$
Peruana Mapa B1
Ingeniero Raúl Pey 2590
Tel *(058) 2216446*
O Rayu, na Playa Chinchorro, é hoje o ponto alto das refeições em Arica, com menu peruano elaborado e apresentação requintada. Ceviche e pratos de peixe são as estrelas, mas há também opções andinas, como seco de cordeiro (ensopado de cordeiro com coentro).

CALDERA: Nuevo Miramar $$
Frutos do mar Mapa B4
Gana 090
Tel *(052) 2515381*
À beira do Pacífico, o Nuevo Miramar serve frutos do mar chilenos de qualidade acima da média, com destaque para os mariscos. A decoração se mostra um pouco antiquada, mas o salão é confortável e razoavelmente espaçoso. Bom serviço.

COPIAPÓ: Legado $$
Internacional Mapa B4
O'Higgins 12
Tel *(052) 2523894* **Fecha** *dom*
O Legado conquistou a atenção do mundo todo durante o famoso resgate dos mineiros em 2010. O ambiente é discreto, e a comida, sofisticada, em grande parte composta por carne de caça trazida de outras partes do país.

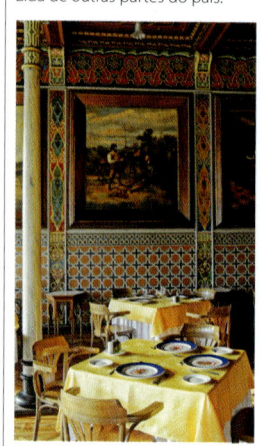

Espetacular interior mourisco do Casino Espanol, em Iquique *(p. 295)*

IQUIQUE: Casino Español $$
Espanhola Mapa B2
Plaza Prat 584
Tel *(057) 2333911*
A boa comida espanhola servida nesse restaurante acaba ficando em segundo plano devido à suntuosidade do ambiente, decorado como um palácio mourisco, com belos azulejos e pesadas armaduras.

IQUIQUE: El Tercer Ojito $$
Fusão asiática Mapa B2
Patricio Lynch 1420-A
Tel *(057) 2413847*
Em um cenário ajardinado, o El Tercer Ojito combina pratos asiáticos com tendências latino-americanas. Oferece desde rolinhos tailandeses e sushis até comida peruana e italiana. Ambiente bastante descontraído.

IQUIQUE: El Viejo Wagón $$
Frutos do mar Mapa B2
Thompson 85
Tel *(057) 2341428*
Os inúmeros objetos que decoram o ambiente desse restaurante promovem a sensação de se estar comendo dentro de um dos museus regionais. Os frutos do mar se destacam, mas as carnes também aparecem no cardápio. Graças à influência peruana, alguns pratos apresentam um toque picante.

LA SERENA: Casona del 900 $$
Parrilla Mapa B5
Francisco de Aguirre 443
Tel *(051) 2520767* **Fecha** *dom*
O menu dessa casa aconchegante é bastante extenso. Muitos clientes compartilham a imensa parrillada, mas há também uma seleção de cortes à la carte e frutos do mar. A carta de vinhos é relativamente pequena e convencional.

LA SERENA: La Casona del Guatón $$
Grelhados Mapa B5
Brasil 750
Tel *(051) 2211519*
La Casona del Guatón é o local para se fartar de carne e batatas, com algumas opções de massa e frutos do mar, em ambiente tradicional. Além da comida, pode-se apreciar uma serenata de *charros* mexicanos.

LA SERENA: Porota's $$
Internacional Mapa B5
Avenida del Mar 900-B
Tel *(051) 2210937* **Fecha** *seg*
Esse chalé com frontões é belamente mobiliado, tornando-se um cenário charmoso para pratos finos como ravióli, risoto e frango tailandês. O cardápio sofre alterações sazonais.

OVALLE: Los Braseros $$
Parrilla Mapa B5
Vicuña Mackenna 595
Tel *(053) 2624917*
Em uma casa de adobe com elegante decoração, Los Braseros é uma pequena e confiável *parrilla* cuja especialidade são as carnes. Oferece também uma fantástica carta de vinhos.

SAN PEDRO DE ATACAMA: Tierra Todo Natural $
Internacional Mapa C3
Caracoles 271
Tel *(055) 2851585*
Instalado em uma construção que se assemelha a um abrigo Nissen, o Tierra Todo Natural é ótimo para o café da manhã. O menu tem especialidades vegetarianas, mas também muito bom para os carnívoros. Um forno de barro aquece o espaço à noite.

SAN PEDRO DE ATACAMA: Baltinache $$
Local Mapa C3
Domingo Atienza, Sitio 2
Tel *(09) 7658-2677* **Fecha** *qua*
A fusão de comida regional e andina é a especialidade desse restaurante intimista que usa ingredientes pouco conhecidos, coletados no deserto dos arredores. O menu muda a cada refeição. O salão é pequeno, por isso faça reserva.

SAN PEDRO DE ATACAMA: Café Adobe $$
Internacional Mapa C3
Caracoles 211
Tel *(055) 2851132*
Um dos pontos mais populares da cena noturna de San Pedro, o Café Adobe serve versões bem apresentadas de clássicos da cozinha chilena. O espaço em si é uma atração à parte, aquecido por uma lareira depois que escurece. A decoração tem como inspiração o Museu Arqueológico de San Pedro. Há apresentações de música andina ao vivo.

Região dos Lagos e Chiloé

CASTRO: La Brüjula del Cuerpo $
Café Mapa D3
O'Higgins 308
Tel *(065) 2633229*
Situado na Plaza de Armas, esse café animado serve comida de pub simples mas deliciosa. O cardápio tem sanduíches e pratos de carne e frango, além de uma incrível seleção de sorvetes e cervejas artesanais. O La Brüjula oferece sem dúvida o melhor custo-benefício da cidade.

CASTRO: Nueva Galicia $$
Frutos do mar Mapa D3
Pedro Montt 38
Tel *(065) 2532828*
O único defeito desse restaurante requintado, decorado com vibrantes tecidos locais, é que ele fica do lado errado da rua, ou seja, sem vista para o mar. Apesar do cardápio convencional, a comida é excelente.

CASTRO: Octavio $$
Frutos do mar Mapa D3
Avenida Pedro Montt 261
Tel *(065) 2632855*
Os barcos de pesca ficam amarrados ao longo das janelas do pomposo Octavio. Especializado em frutos do mar, prepara também pratos de carne. Interior espaçoso e mesas externas.

CURACAUTÍN: Hotel Andenrose $$
Internacional Mapa E1
Ruta 181, km 68,5 + AY19
Tel *(09) 9869-1700*
Durante a alta estação esse hotel oferece ótimas refeições alemãs e italianas a preços moderados. Se não estiver hospedado, telefone antes de ir, mas de todo modo vale a pena desviar da estrada para ver se há alguma mesa livre.

Salão de La Casona del Guatón, em La Serena

Mais informações sobre restaurantes *nas pp. 284-5*

Destaque

OSORNO: Mumbai-Lima $$
Internacional Mapa D2
Manuel Rodríguez 1701
Tel *(064) 2421337* **Fecha** *dom*
No Mumbai-Lima, pratos sul-asiáticos e peruanos sobrepujam ícones como Bratwurst e Leverwurst, que são a herança histórica de Osorno. Apesar do exterior sugerir uma típica casa alemã, o enorme interior – que inclui um mezanino – e a decoração são inovadores. A cozinha fecha uma hora antes do bar.

OSORNO:
La Parrilla de Pepe $$
Parrilla Mapa D2
Mackenna 1095
Tel *(064) 2249653*
Marco arquitetônico da cidade, esse importante restaurante de grelhados se destaca ao final de uma fileira de casas históricas construídas por pioneiros alemães. O interior é mais simples, embora as paredes com lambris sejam bonitas. La Parrilla de Pepe conquistou – e mantève – prestígio no cenário gastronômico da região.

PANGUIPULLI:
Gardylafquen $$
Café Mapa E2
Martínez de Rosas 722
Tel *(063) 2310921*
Com atmosfera contemporânea, pé-direito alto e vigas aparentes de madeira natural, o Gardylafquen oferece menu chileno convencional bem-feito, assim como serviço atencioso. Na hora do almoço, considere dividir um dos enormes sanduíches.

PUCÓN: ¡École! $$
Vegetariana Mapa E2
General Urrutia 592
Tel *(045) 2441675*
Ambiente informal que atrai uma clientela composta sobretudo por turistas e franceses expatriados em busca de delícias vegetarianas. No café da manhã, considere dividir as porções, que são grandes.

PUCÓN: Latitud 39 $$
Internacional Mapa E2
Gerónimo de Alderete 324
Tel *(09) 7430-0016* **Fecha** *dom*
Café descontraído, dirigido por californianos, cujo menu diversificado propõe hambúrgueres, sanduíches, burritos e tacos. Há também uma seleção de cervejas artesanais. Apenas as mesas na calçada proporcionam acesso a cadeiras de rodas.

PUCÓN: La Maga $$
Grelhados Mapa E2
Gerónimo de Alderete 276
Tel *(045) 2444277*
Fecha *seg; mar-dez*
Estabelecimento uruguaio, o La Maga tem decoração inspirada nas tradições gaúchas, embora no menu faça pequenas concessões aos sabores chilenos, com itens como a salada de tomate e cebola e o tempero indígena merkén.

PUCÓN: Naukana $$
Fusão asiática Mapa E2
Colo Colo 181
Tel *(045) 2444677*
Fecha *dom e seg (no inverno)*
Mesmo na heterodoxa Pucón, o Naukana se destaca pela ousadia nos pratos pan-asiáticos e na eclética decoração sul-asiática. O cardápio é amplo, com opções bastante apimentadas, algo incomum no Chile.

PUERTO MONTT:
Club de Yates $$$
Local Mapa D2
Avenida Juan Soler Manfredini 200
Tel *(065) 2284000*
Projetado-se no Seno de Reloncaví, esse clube de iatismo modernizado oferece um cardápio diversificado que destaca peixes e frutos do mar, além de clássicos chilenos e uma seleção de pratos de carne. Decoração marítima.

PUERTO OCTAY:
El Fogón de Anita $$
Grelhados Mapa D2
Ruta U-55, km 49
Tel *(064) 2391240*
Restaurante com gerência familiar em um *quincho*, cujo nome salienta o foco na carne (principalmente bovina, mas também carne de caça). Agradável, El Fogón de Anita serve também chá da tarde, além de churrasco de cordeiro aos domingos.

Pebre, tradicional vinagrete chileno feito com coentro, cebola, alho e pimentas ají

PUERTO VARAS: Mawen $
Café Mapa D2
Santa Rosa 218-B
Tel *(065) 2236971*
Esse colorido café produz um expresso excelente e genuíno. Serve sanduíches, saladas e sobremesas, além de uma grande variedade de chás, tanto preto como de ervas.

PUERTO VARAS:
Las Buenas Brasas $$
Grelhados Mapa D2
San Pedro 543
Tel *(065) 2232154*
Restaurante-jardim que tem no cardápio carne e uma seleção de peixes e mariscos ainda mais elaborada. Pode ficar lotado, mas a comida vale a visita.

PUERTO VARAS:
El Cucharón Alemán $$
Alemã Mapa D2
Los Colonos 1175
Tel *(065) 2235309*
"A Colher Alemã" serve pratos enormes de substanciosa comida europeia, com ampla seleção de cervejas e vinhos. Tem também uma versão chilena do licor Klosterbitter e, às vezes, recebe música ao vivo.

PUERTO VARAS:
Mediterráneo $$
Mediterrânea Mapa D2
Santa Rosa 068
Tel *(065) 2237268* **Fecha** *dom*
Em uma casa à beira do lago reformada com primor, o Mediterráneo usa ingredientes locais para recriar os pratos mais famosos do sul da Europa, entre eles massas, risotos e sobremesas tentadoras. Vistas espetaculares do lago e do vulcão.

PUERTO VARAS: La Olla $$
Frutos do mar Mapa D2
Ruta 225, km 0,9
Tel *(065) 2233540*
Esse é um restaurante de frutos do mar e peixes imensamente popular cujas ofertas têm qualidade bem acima da média, embora o enorme salão seja despojado. Pode ser difícil encontrar vaga para estacionar.

PUERTO VARAS: Ibis $$$
Internacional Mapa D2
Vicente Pérez Rosales 1117
Tel *(065) 2235533*
O Ibis ganhou reputação em todo o Chile por seus frutos do mar gourmet, que são servidos com molhos variados, e por sua pequena seleção de pratos de massa e carne. Ocupa um belo espaço contemporâneo com teto alto de madeira.

TEMUCO: El Corralero $$
Grelhados Mapa D2
Vicuña Mackenna 811
Tel *(045) 2401355*

Um dos restaurantes mais notáveis do centro de Temuco, o El Corralero prepara alguns pratos de peixe para complementar as carnes. A decoração é exuberante, e o serviço, excelente.

TEMUCO: El Criollito $$
Local Mapa D2
Manuel Rodríguez 960
Tel *(045) 2911370*

Um dos muitos *puestos* do Mercado Municipal, El Criollito é popular entre as famílias chilenas que querem aliar preços baixos a refeições fartas. É servida uma variedade de bons frutos do mar, mas há também enormes sanduíches e tábuas de carne.

TEMUCO:
Madonna Pizza & Pasta $$
Pizza Mapa D2
Avenida Alemania 0660
Tel *(045) 2329393*

Pizzas de massa grossa e muito queijo são uma regra da casa. As massas, com frutos do mar, constituem outra opção atraente, e há também aperitivos de mariscos e alguns pratos de carne. A carta de vinhos impressiona mais do que a comida.

VALDIVIA: La Calesa $$
Peruana Mapa D2
O'Higgins 160
Tel *(063) 2225467* **Fecha** seg

A cozinha peruana do La Calesa prepara comida um pouco mais apimentada do que manda o gosto da maioria chilena. Pratos como o lomo saltado são bastante coloridos. Apesar de simples, a fachada do prédio apresenta decoração exuberante.

VILLARRICA: The Travellers $
Internacional Mapa E2
Valentín Letelier 753
Tel *(045) 2413617*

Começou como um ponto de encontro para turistas e moradores estrangeiros, mas ao longo dos anos se tornou local de agito dos chilenos, com diversos lanches e curries. Fecha às 4h.

VILLARRICA: Fuego Patagón $$
Grelhados Mapa E2
Pedro Montt 40
Tel *(045) 2412207*

Apesar da aparência rústica, esse restaurante à beira do lago tem carnes grelhadas imperdíveis, entre elas cabrito e até mesmo carne de caça, como javali. Pratos com bela apresentação e carta de vinhos confiável.

Lomo saltado, tradicional prato peruano à base de carne

VILLARRICA:
El Rey del Marisco $$
Frutos do mar Mapa E2
Valentín Letelier 1030
Tel *(045) 2412093*

Há tempos um dos favoritos da cidade, esse restaurante é um destino popular entre as celebridades chilenas. À beira do lago, é uma boa opção para famílias e para comer pratos de marisco, em particular.

Norte da Patagônia

COYHAIQUE: Café de Mayo $
Café Mapa E4
21 de Mayo 543
Tel *(09) 6217-4897* **Fecha** dom

Uma revelação no cenário gastronômico de Coyhaique, esse café descontraído prepara expressos, quiches, sanduíches e kuchen em interior rústico. Também dispõe de mesas no jardim, ideais para quando o tempo está bom.

COYHAIQUE: Café Ricer $$
Local Mapa E4
Paseo Horn 48
Tel *(067) 2232920*

O Café Ricer é especializado em pratos da Patagônia, com destaque para o cordeiro no espeto. Enquanto a área no térreo oferece opções em estilo de café, como sanduíches, pizza e sorvete, no andar de cima fica um restaurante mais formal, com fotografias históricas nas paredes.

COYHAIQUE: La Casona $$
Local Mapa E4
Obispo Vielmo 77
Tel *(067) 2238894*

Uma antiga residência com pé-direito alto passou a sediar esse restaurante de frutos do mar convencional e confiável, que também dispõe de churrasqueira para carnes. Não tem rampa de acesso, mas os funcionários ficam felizes em ajudar os cadeirantes.

COYHAIQUE: Lito's $$
Local Mapa E4
Lautaro 147
Tel *(067) 2254528* **Fecha** dom

Do lado de fora, o Lito's parece um bar qualquer, mas o cardápio de carnes, peixes e frutos do mar é uma surpresa fantástica – os pratos apresentam a comida local em seu esplendor. Além disso, o restaurante oferece o melhor custo-benefício de Coyhaique e uma atmosfera bastante agradável.

Destaque

COYHAIQUE:
Mamma Gaucha $$
Pizza Mapa E4
Paseo Horn 47
Tel *(067) 2210721*

Estabelecimento cativante que opera sobretudo como pizzaria – suas redondas com massa fina e criativas coberturas variadas sem muito queijo são assadas em forno de barro. Tem também boa seleção de cervejas artesanais. As fotos e obras de arte expostas prestam homenagem à herança gaúcha da região.

O ambiente contemporâneo do Mumbai-Lima *(p. 296)*

Mais informações sobre restaurantes *nas pp. 284-5*

COYHAIQUE: Tamango $$
Peruana Mapa E4
Arturo Prat 176
Tel *(067) 2242588* **Fecha** *dom*
Primeiro restaurante peruano de Coyhaique, o Tamango tem apimentado o cenário local desde que foi inaugurado. Os favoritos ají de gallina (frango com molho cremoso) e lomo saltado (tiras de carne fritas) são bons, mas vale a pena experimentar a parihuela (ensopado de frutos do mar).

COYHAIQUE: El Ovejero $$$
Local Mapa E4
Baquedano 828
Tel *(067) 2231108* **Fecha** *dom*
Ostentando as melhores vistas de Coyhaique, o restaurante do hotel El Reloj se concentra no cordeiro da Patagônia. Lebre selvagem e salmão também estão no menu. Reserve, principalmente se não estiver hospedado no hotel.

FUTALEUFÚ:
Martín Pescador $$
Internacional Mapa E3
Balmaceda 603
Tel *(065) 2721279*
Em prédio rústico mas sofisticado, com biblioteca própria, o Martín Pescador serve sobretudo salmão, mas às vezes prepara também pratos como quiche de caranguejo-real, nhoque ao pesto de amêndoas e carne ou vegetais refogados.

Sul da Patagônia e Terra do Fogo

MN CUEVA DEL MILODÓN:
Caverna del Milodón $$
Parrilla Mapa E6
Ruta Y-290, km 8
Tel *(09) 9940-8276*
Situado na estrada da Cueva del Milodón, esse restaurante moderno é especializado em parrillada mista, mas também serve sanduíches e frutos do mar. Local conveniente para os visitantes que se dirigem ao parque almoçarem.

PN TORRES DEL PAINE:
Coirón $$$
Internacional Mapa E6
Sector Las Torres
Tel *(061) 2617450*
Apesar da proximidade com os famosos picos de granito, o Coirón, no Hotel Las Torres, não oferece vistas tão boas quanto as do Hotel Lago Grey ou da Hostería Pehoé. O mesmo pode ser dito sobre a qualidade da comida.

PN TORRES DEL PAINE:
Hostería Pehoé $$$
Internacional Mapa E6
Sector Lago Pehoé
Tel *(061) 2617727*
Como o Hotel Lago Grey, a Hostería Pehoé tem um restaurante com vistas para o maciço Paine, mas suas janelas são menores. Oferece um bufê a preço fixo aberto ao público.

PN TORRES DEL PAINE:
Hotel Lago Grey $$$
Internacional Mapa E6
Sector Lago Grey
Tel *(061) 2712100*
No Hotel Lago Grey, onde os clientes veem icebergs da geleira de mesmo nome flutuando, há bufês a preço fixo de almoço e jantar, abertos ao público. A comida pode não ser tão impressionante quanto a vista.

PORVENIR:
Club Social Croata $$
Frutos do mar Mapa E6
Señoret 542
Tel *(061) 2580053* **Fecha** *dom*
Os croatas desempenharam um importante papel na colonização da Terra do Fogo, o que se reflete no ambiente informal com vista para o mar desse restaurante, apesar da comida ser estritamente chilena.

PUERTO NATALES: El Living $
Café Mapa E6
Arturo Prat 156
Tel *(061) 2411140*
Charmoso, com sofás e poltronas, El Living é um estabelecimento vegetariano. O cardápio destaca sanduíches, sopas, lanches e doces, tudo regado a café, chá e sucos. Os proprietários também fazem troca de livros.

PUERTO NATALES: Angélica's $$
Frutos do mar Mapa E6
Bulnes 501
Tel *(061) 2410007*
Um dos melhores restaurantes de frutos do mar e peixes da região, o Angélica's também serve carnes e massas. Prove o canelone de caranguejo-real, a pescada grelhada ou o assado de cordeiro. Uma delicatéssen ao lado vende café, sanduíches, pizza e kuchen.

PUERTO NATALES:
El Asador Patagónico $$
Grelhados Mapa E6
Arturo Prat 158
Tel *(061) 2413553*
Restaurante convencional cujo ambiente revela a botica que funcionava no local. Bom para repor as energias depois de fazer trilhas em Torres del Paine.

PUERTO NATALES:
Cormorán de las Rocas $$
Local Mapa E6
Sánchez 72
Tel *(061) 2413723*
Cardápio diversificado com porções fartas que servem facilmente duas pessoas famintas. Há um bar ao lado com comida de pub, como empanadas de camarão, além de uma loja de vinhos e chocolates especiais no térreo. O restaurante tem vista para o Seno Última Esperanza e para o distante Paine.

PUERTO NATALES:
Mesita Grande $$
Pizza Mapa E6
Arturo Prat 196
Tel *(061) 2411571*
Uma instituição de Puerto Natales, essa pizzaria proporciona uma experiência culinária e social – os clientes sentam-se ao longo de duas mesas compridas de madeira e batem papo com desconhecidos enquanto saboreiam uma das 25 pizzas de massa fina. Há também saladas, massas e sorvete.

Destaque
PUERTO NATALES:
Afrigonia $$$
Fusão africana Mapa E6
Eberhard 343
Tel *(061) 2412877*
O menu do Afrigonia oferece uma combinação única de sabores da Zâmbia e do Chile. O chef adiciona pimenta aos ingredientes da Patagônia para produzir pratos como masala de frutos do mar ao curry. Prove o cordero MacLean à la menta (costeletas de cordeiro com hortelã).

Exterior simples do La Taverne de Pecheur, em Hanga Roa (p. 299)

Categorias de Preço na p. 290

PUNTA ARENAS: Lomit's $
Café Mapa E6
José Menéndez 722
Tel *(061) 2243399*
Quase sempre lotado, o Lomit's é um marco local para sanduíches e cerveja. Prepara comida de excelente qualidade, especialmente para os padrões de fast-food.

Destaque
PUNTA ARENAS:
Damiana Elena $$
Internacional Mapa E6
Magallanes 341
Tel *(061) 2222818* **Fecha** *dom*
Em uma magnífica casa com pequenos e íntimos salões à beira do estreito de Magalhães, o Damiana Elena é tido como o melhor restaurante da cidade. O cardápio muda toda noite, mas a carta de vinhos é bastante convencional. Reservas são quase sempre essenciais, e falar espanhol pode ser útil – os garçons explicam o cardápio, mas nem todos dominam o inglês.

PUNTA ARENAS:
Los Ganaderos $$
Grelhados Mapa E6
O'Higgins 1166
Tel *(061) 2225103*
Pertence aos mesmos donos do restaurante de frutos do mar Puerto Viejo, cujos pratos também aparecem no cardápio do Ganaderos. A comida em geral apresenta qualidade acima da média.

PUNTA ARENAS:
La Leyenda del Remezón $$
Local Mapa E6
21 de Mayo 1469
Tel *(061) 2241029* **Fecha** *dom*
Restaurante discreto, mas de ótima qualidade, o La Leyenda ostenta um cardápio repleto de pratos com carneiro, caranguejo-real e carne de caça, inclusive de guanaco e ema. O interior reflete o período áureo da indústria da lã na Patagônia.

Destaque
PUNTA ARENAS: La Luna $$
Frutos do mar Mapa E6
O'Higgins 1017
Tel *(061) 2228555*
Com decoração excêntrica, o La Luna é um deleite visual para moradores locais e turistas. Trata-se de uma parada obrigatória para um pisco sour ou um ensopado de caranguejo-real. Os clientes indicam sua cidade natal em mapas nas paredes.

O encantador cenário rural do Martin Pescador, em Futaleufú (p. 299)

PUNTA ARENAS: El Mercado $$
Frutos do mar Mapa E6
Mejicana 617
Tel *(061) 2242746*
O El Mercado já gozou de muita fama, mas vem perdendo espaço para a cozinha e só fecha às primeiras horas da manhã. Pizzas, massas e pratos chilenos, inclusive de frutos do mar, matam a fome, mas ficam em segundo plano.

PUNTA ARENAS:
Santino Bar e Cucina $$
Italiana Mapa E6
Avenida Colón 657
Tel *(061) 2710882*
No Santino o bar leva a melhor sobre a cozinha e só fecha às primeiras horas da manhã. Pizzas, massas e pratos chilenos, inclusive de frutos do mar, matam a fome, mas ficam em segundo plano.

PUNTA ARENAS: Sotito's Bar $$
Frutos do mar Mapa E6
O'Higgins 1138
Tel *(061) 2243565*
Apesar do nome, é sobretudo um restaurante. Não perca o canelone de caranguejo-real ou a sazonal musse de calafate. Eficiente e profissional, o Sotito's tem alegre decoração minimalista.

Ilha de Páscoa e Ilha Robinson Crusoé

HANGA ROA:
Au Bout du Monde $$
Frutos do mar
Policarpo Toro s/n
Tel *(032) 2552060* **Fecha** *ter*
Essa casa de influência francesa, belga e polinésia serve pratos de peixe saborosos, ensopados da Polinésia e algumas opções vegetarianas, além de excelentes sobremesas. Em algumas noites há música local ao vivo e dança folclórica.

HANGA ROA: Tataku Vave $$
Frutos do mar
Caleta Hanga Piko s/n
Tel *(032) 2551544* **Fecha** *dom*
Um pouco fora do roteiro turístico (embora ofereça serviço de transporte), o Tataku Vave atrai uma multidão em busca de seus peixes e frutos do mar com molhos subtropicais. O prato do dia na hora do almoço é uma pechincha, mas as opções à la carte são mais caras.

HANGA ROA: Te Moana $$
Internacional
Av Policarpo Toro s/n
Tel *(032) 2551578* **Fecha** *dom*
Ótimo local para um coquetel ou uma cerveja ao pôr do sol – experimente a Hinano, uma lager taitiana. Bar e restaurante sofisticado, o Te Moana tem localização privilegiada e vista direta para o mar. Os pratos de peixes e frutos do mar também valem a pena.

HANGA ROA:
La Taverne du Pecheur $$$
Internacional
Caleta Hanga Roa s/n
Tel *(032) 2100619* **Fecha** *dom*
Uma refeição no La Taverne du Pecheur pode ser sua melhor experiência gastronômica na Ilha de Páscoa. O chef-proprietário, francês, cozinha de forma brilhante, e a localização é fantástica.

Paredes decoradas por fregueses no La Luna, Punta Arenas

Mais informações sobre restaurantes *nas pp. 284-5*

COMPRAS

O Chile não é conhecido como destino de compras, mas oferece diversos itens que agradam os visitantes. A abertura da economia trouxe ao mercado ampla diversidade de artigos estrangeiros, mas os produtos nacionais continuam bastante apreciados. As vitrines chilenas exibem artigos de todo o país, como roupas feitas com lã de alpaca e ovelha, dos Andes e da Patagônia, acessórios para montar a cavalo chamados *huaso*, do Vale Central, cestas feitas pelos mapuches, além de joias de prata e teares da Região dos Lagos. As peças feitas com a pedra chamada lápis-lazúli são muito procuradas pelos turistas, assim como os vinhos e o *pisco*. Não dá para deixar de notar as estatuetas de pedra ou de madeira que reproduzem as estátuas *moai* da Ilha de Páscoa. Confeccionadas pos artesãos da etnia rapa nui, essas miniaturas podem ser encontradas para vender em todo o país.

Lojas de suvenires nas proximidades do Ascensor Artillería, em Valparaíso

Horários

As lojas e os shoppings em geral abrem entre 10h e 21h ou 22h. Muitas lojas funcionam aos sábados pela manhã até por volta das 13h. Aquelas situadas em locais turísticos, como as do Patio Bellavista *(p. 92)*, em Santiago, abrem aos domingos. Em cidades menores, os estabelecimentos costumam fechar para o almoço e a *siesta*, entre 13h e 17h.

Pagamento, Impostos e Pechinchas

O pagamento em dinheiro, de preferência em pesos chilenos, é a forma mais comum, sobretudo nas áreas rurais, barracas de rua e mercados de artesanato. No entanto, a maioria das grandes lojas das cidades maiores aceita cartão de crédito. Visa e MasterCard são os mais aceitos. Não há acréscimos no valor se a compra for no cartão, mas em geral a administradora do cartão cobra uma taxa pelas compras no exterior *(p. 320)*. Muitos locais frequentados por turistas recebem pagamento em dólares, mas o euro é menos aceito. O imposto de valor agregado (IVA) é de 19% e em geral incluído no preço de qualquer compra ou serviço.

Pechinchar não é um costume no Chile. A prática pode acontecer em mercados de artesãos, mas em geral é considerada inadequada nas lojas e outros estabelecimentos.

Artesanato e Suvenires

Objetos artesanais como cerâmicas, cestas, entalhes de madeira e peças com lã de alpaca podem ser encontrados nos mercados de artesãos e lojas por todo o Chile. Los Andes, no Vale Central, destaca-se pelas cerâmicas. **Cerámica Cala**, um dos principais ateliês, recebe visitas e oferece ampla oferta de objetos. A **La Mano Arte**, em San Pedro de Atacama, é uma interessante loja de artesanato especializada em esculturas de cerâmica com inspiração regional.

Lojas de Museu

Alguns museus chilenos têm lojas que valem uma visita. O Museo Chileno de Arte Precolombino *(pp. 64-5)*, em Santiago, vende livros, vídeos e réplicas das obras expostas, com destaque para os tecidos e as cerâmicas dos Andes.

Sob administração da **Fundación Neruda**, as três casas do poeta Pablo Neruda, situadas em Santiago, Valparaíso e Isla Negra, têm peças de cerâmica e livros sobre o autor.

Barracas de artesanato instaladas em uma rua de Pucón

O **Almacruz**, no Museo de Colchagua (p. 150), em Santa Cruz, oferece boa variedade de suvenires e vinhos produzidos na região.

Situado nos arredores da cidade de Arica, o Museo Arqueológico San Miguel de Azapa (p. 165) – onde estão expostas as famosas múmias dos chinchorros – tem uma lojinha que vende peças de lã de alpaca e bolsas produzidas na região, além de reproduções de cerâmicas.

Mercados de Artesãos

A qualidade do artesanato chileno vem aumentando desde o final do século XX, em parte por causa do desenvolvimento de cooperativas como a Artesanías de Chile (p. 101), que auxiliam a produção e ajudam os artesãos a colocar seus produtos em um mercado mais amplo.

O Centro de Exposição de Arte Indígena (p. 101) é o mercado de artesanato mais acessível de Santiago, mas o maior mercado da capital é o do Pueblo Los Dominicos (p. 95). Funciona diariamente e costuma lotar aos domingos. Situado no território dos mapuches, o Mercado Municipal de Temuco (p. 194) oferece belas peças artesanais, como cestas e entalhes de madeira, criados por vários povos indígenas do Peru e do Equador.

Em Puerto Montt, na Região dos Lagos, a **Feria Artesanal de Angelmó** é uma das maiores exposições de artesanato do país, com fileiras de barracas que vendem tecidos, cerâmicas, peças de lã e joias.

No arquipélago de Chiloé (pp. 218-25), os mercados de artesanato de Ancud e Castro, além dos que ficam nos pequenos povoados de Dalcahue, Achao e Chonchi, merecem uma visita. Na Ilha de Páscoa, o Mercado Artesanal de Hanga Roa (p. 262) oferece réplicas das estátuas de pedra chamadas *moai* e placas de *rongorongo*, o sistema de escrita dos rapa nui.

Vinhos Cabernet Sauvignon e Carménère, do vale de Colchagua

Alimentos e Vinhos

Nos meses de verão, quem visita o Chile encontra uma diversidade de frutas, como cerejas, amoras e uvas.

Puerto Varas, no sul do Chile, é um bom lugar para comprar chocolates. Instalada na cidade, **Vicki Johnson** cria deliciosos chocolates caseiros e outras delícias, como salmão defumado temperado com açúcar e mel, licores e geleias. Mel orgânico e compotas de frutas são algumas das ofertas encontradas no posto de vendas Puma Verde, no Parque Pumalín (p. 230), que também vende livros e peças de artesanato local.

O Chile é famoso pela produção de vinhos. Embora o terremoto de 2010 tenha destruído boa parte da produção que estava envelhecendo, a indústria vinícola recuperou-se rapidamente. As melhores garrafas são vendidas em lojas especializadas ou nas próprias vinícolas. Duas das melhores lojas especializadas de Santiago são La Vinoteca e El Mundo del Vino (p. 101), ambas em Las Condes.

A maioria das melhores áreas de cultivo de uva concentra-se no Vale Central, onde ficam as excelentes Viña Cousiño-Macul e Viña Concha y Toro (p. 144), ambas abertas para visitação e degustação. No vale de Casablanca (pp. 142-3), a noroeste da capital, a melhor escolha é a Viña Veramonte.

Diversas vinícolas do vale de Colchagua (pp. 152-3), entre elas a Viña Montes e a Viña Casa Silva, vendem rótulos de safras especiais. O centro de informações da Ruta del Vino de Colchagua, em Santa Cruz, também oferece boa variedade de vinhos.

Uma bebida apreciada no país é o *pisco*, uma aguardente feita de uva. Há boa oferta da bebida por todo o Chile, mas quem compra uma garrafa pensando em preparar o *pisco sour* deve levar uma do tipo *reservado*, com teor alcoólico 40°. As principais marcas são Planta Capel (p. 186) e **Centro Turistico Capel**, encontradas em todas as partes. O *pisco* de produtores menores, como **Fundo Los Nichos**, é menos comum, mas muito bom. Alguns rótulos mais raros só são encontrados nas destilarias, em geral situadas no Valle del Elqui (pp. 186-7).

Fachada do Mercado Municipal de Temuco

Livros e Discos

A maioria das grandes livrarias do Chile oferece títulos em espanhol e inglês. A apreciada Feria del Libro (p. 101) tem diversos endereços pela capital. Para livros usados, há diversos sebos ao longo da Calle San Diego, ao sul da estação de metrô Universidad de Chile.

Em Punta Arenas, a **Southern Patagonia Souvenirs & Books** vende livros sobre a fauna, a flora e a cultura da região.

Lojas em outras partes do país também vendem discos de ritmos tradicionais chilenos e música folclórica. A **Billboard**, em Providencia, oferece uma grande variedade de CDs. O Hotel Santa Cruz Plaza (p. 278), em Santa Cruz, tem uma pequena loja especializada em livros e discos chilenos.

Antiguidades

No século XIX, a elite e a classe média do Chile tinham recursos para importar móveis e itens de decoração da Europa. Muitas dessas peças, ao lado de objetos de arte pré-hispânica, podem ser encontradas nas muitas lojas de antiguidades de Santiago e Valparaíso. Em Santiago, a Antiguedades Bucarest e a Antiguedades Balmaceda (p. 101) são espaços que acomodam diversos vendedores independentes. A capital também conta com uma ótima feira na Plaza Perú, em Las Condes. A Plaza O'Higgins, em Valparaíso, sedia uma feira de antiguidades nos fins de semana e feriados. Peças com valor arqueológico não podem sair do país.

Lojas de Departamentos

Esses estabelecimentos vendem de roupas e acessórios a eletrônicos e móveis. A maior é a **Falabella**, mas a **Almacenes París** e a **Ripley** também têm endereços em diversas cidades do Chile.

Shopping Centers

Muitos shoppings são grandes construções situadas fora da área central de Santiago. Na capital, os maiores são o Mall Apumanque e o Alto Las Condes (p. 101).

Cidades como Antofagasta, Iquique, Puerto Montt e Temuco também abrigam modernos shopping centers. Quem procura preços mais baixos vai até a Zona Franca de Iquique (p. 171) e à **ZonAustral**, em Punta Arenas. A maioria oferece praça de alimentação, cinemas multiplex e lazer para crianças. Em Temuco, o shopping da Avenida Alemania tem um cassino.

Shopping center na Zona Franca de Iquique

AGENDA

Suvenires

Cerámica Cala
Las Heras 150, Los Andes.
Tel (034) 242-3740.
w ceramicacala.cl

La Mano Arte
Caracoles 450-A, San Pedro de Atacama. **Tel** (055) 285-1312.
w ceramicalamano.cl

Lojas de Museu

Almacruz
Plaza de Armas 286, Santa Cruz.
Tel (072) 220-9600.
w hotelsantacruzplaza.cl

Fundación Neruda
w fundacionneruda.org

Artesanato

Feria Artesanal de Angelmó
Avenida Angelmó, Puerto Montt.

Alimentos e Vinho

Centro Turístico Capel
Camino a Peralillo s/n, Vicuña.
Tel (051) 255-4337.

Fundo Los Nichos
Pisco Elqui. **Tel** (051) 245-1085.
w fundolosnichos.cl

Vicki Johnson
Santa Rosa 318, Puerto Varas.
Tel (065) 223-2240.
w vicki-johnson.com

Livros e Discos

Billboard
Avenida Providencia 2124, Local 5. **Tel** (02) 2233-7393.
w billboard.cl

Southern Patagonia Souvenirs & Books
Avenida Bulnes Km 3,5, Punta Arenas. **Tel** (061) 221-6759.

Lojas de Departamentos

Almacenes París
w paris.cl

Falabella
w falabella.com

Ripley
w ripley.cl

Shopping Center

ZonAustral
Avenida Bulnes Km 3,5, Punta Arenas. **Tel** (061) 236-2000.
w zonaustral.cl

Lápis-Lazúli

Pedra semipreciosa, a brilhante lápis-lazúli causa admiração desde a Antiguidade. Os antigos egípcios a usavam em itens de arte decorativa e na fabricação de cosméticos – segundo a lenda, o lápis de olho usado por Cleópatra era feito com essa pedra. Os romanos atribuíam a ela propriedades afrodisíacas, e no Chile pré-colombiano era presença constante nos adornos e objetos de uso ritualístico. Hoje, os maiores depósitos da pedra de intensa cor azul ficam no Afeganistão e nos Andes chilenos, nas regiões de Norte Grande e Norte Chico. Muitas lojas vendem belas peças de lápis-lazúli.

Do Ateliê para a Loja

Depois que o lápis-lazúli é extraído e levado para os ateliês, é cortado com lâmina de diamante e esmeril abrasivo para assumir a forma desejada. Em seguida começa a etapa de polimento, a fim de garantir o brilho da pedra. Depois a peça é combinada com metais preciosos, em geral ouro e prata, e usada na confecção de acessórios ornamentais ou utilitários. As peças prontas podem ser encontradas em lojas, entre elas a Lapis Lazuli House (p. 101).

Pedra em estado natural

Gemas polidas de tamanhos variados

Colares, brincos e pulseira

Broches feitos com lápis-lazúli e prata

Bracelete com padrão decorativo

Pingente de flor

Brincos de tons variados

A combinação de ouro e prata com o lápis-lazúli resulta em acessórios diferentes e muito bonitos. O preço de cada peça depende da quantidade de metal utilizado, da singularidade do design e do tamanho e número de pedras incrustadas. As peças mais comuns são colares, pulseiras, brincos, abotoaduras e broches.

Entre as peças ornamentais e utilitárias feitas com lápis-lazúli estão belos vasos, pesos de papel, cinzeiros e conjuntos de talheres. A pedra é combinada com cristais, metais ou outras pedras e o resultado são objetos de grande beleza.

Candelabro com entalhes

Ânfora de prata

Máscara de lápis-lazúli

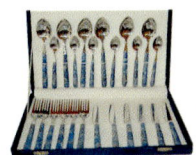

Faqueiro com peças de lápis-lazúli

Jogo de xadrez

Relógio de mesa

Reprodução de carro antigo

DIVERSÃO

A oferta de diversão no Chile é um reflexo da riqueza cultural e da personalidade do povo chileno. Os esportes de espetáculo constituem uma parte importante da vida do país e o futebol atrai multidões aos estádios, apesar da dificuldade da seleção em se sobressair em um continente que conta com adversários como o Brasil e a Argentina. Os esportes equestres também têm seu público, que prestigiam as corridas em várias cidades.

A vida noturna é agitada e não faltam bares e casas noturnas. O animado mundo da música e da dança oferece opções que vão dos ritmos folclóricos a sons contemporâneos, como rock e reggae, além de música e dança clássicas. A cena teatral também é movimentada, sobretudo em Santiago, e nos últimos anos as produções cinematográficas chilenas começaram a chegar em telas do mundo todo.

Informações Úteis

Suplementos dos jornais locais, como o *"Wikén"*, do *El Mercurio*, são boas fontes para saber o que acontece em Santiago. Atendentes de hotel e postos de informação orientam sobre atrações e eventos. A **Punto Ticket** vende ingressos pela internet, com quiosques dentro das lojas Ripley, em Santiago, La Serena, Antofagasta e Concepción. Uma alternativa é a **Ticketek**, que vende ingressos nas lojas de departamentos Falabella.

Esportes

O futebol chileno não conta com estrelas como outros países do continente, mas ainda assim o país sediou a Copa do Mundo de 1962, encerrada no Estadio Nacional. Os clássicos da primeira divisão entre os times **Universidad de Chile** e **Colo Colo** são realizados no mesmo estádio, mas existem outros na cidade e outros times que também fazem parte da primeira divisão. Para comprar ingressos basta se dirigir às sedes dos clubes. Quem gosta de corridas de cavalo não deixa de ir ao Club Hípico (p. 85) e ao Hipódromo Chile (p. 105), em Santiago. O **Valparaíso Sporting Club** é o palco do Chilean Derby Stakes. O tênis vem ganhando cada vez mais apreciadores, graças a vários jogadores chilenos talentosos (p. 34).

Bares e Casas Noturnas

As cidades chilenas, com destaque para Santiago e o resort de Viña del Mar, destacam-se pela vida noturna. As danceterias e casas noturnas funcionam até o amanhecer, sobretudo no Barrio Bellavista, em Santiago, onde se concentra a comunidade gay da cidade. Os resorts na Região dos Lagos, como Pucón e Puerto Varas, também se destacam como destino de boêmios.

Interior do Bar La Playa, na Calle Cochrane, em Valparaíso

Música Folclórica

Graças à influência de músicos que se destacaram pela atuação política, como Violeta Parra e Victor Jara (p. 29), a música chilena ganhou admiradores fora do país. Em apresentações em locais chamados de *peñas*, esses artistas deram um toque moderno à tradição folclórica surgida entre os mais pobres. Grupos como o Quilapayún e Inti-Illimani absorveram as tradições do altiplano andino no Peru e da Bolívia, usando inclusive instrumentos típicos como o *charango* (instrumento de cordas) e a *zampoña* (de sopro). O teor político do trabalho desses músicos é claro no disco *Cantata Popular Santa María de Iquique*, inspirado no massacre no qual o exército chileno matou milhares de trabalhadores das minas de salitre, em 1907, na cidade de Santa Maria de Iquique, no Atacama.

Em todo o Chile, há espaços para manifestações folclóricas como a *cueca*, mistura de mú-

Corrida de cavalos no Club Hípico, de Santiago

Apresentação da dança nacional chilena, a *cueca*

sica e dança que reproduz a aproximação amorosa entre uma mulher e um homem. Típica sobretudo nas comemorações de setembro (pp. 36-7), a *cueca* é a face tradicional da música folclórica chilena e pode ter influências africanas e espanholas.

Apesar da raiz argentina, o tango conquistou adeptos em várias cidades chilenas, em especial Santiago, Valparaíso e Coquimbo. Um bom local para apreciar a dança é a Confitería Torres (p. 84), em Santiago.

Música Erudita

Com nomes de peso no cenário mundial, como o pianista Claudio Arrau e o tenor Tito Beltrán, o Chile conta com um cenário de música erudita e dança pequeno, porém representativo. As óperas e mostras de música erudita ocorrem no Teatro Municipal e no Teatro Universidad de Chile (p. 105), em Santiago. Várias companhias europeias e norte-americanas também se apresentam nesses palcos.

Música Contemporânea

O panorama de música pop e rock é menos conhecido fora do país do que a tradição folclórica, mas bandas de rock como Los Tres, La Ley e Lucybell vêm conquistando audiência na América Latina. O melhor lugar para apreciar música ao vivo é Santiago (pp. 102-3). Uma tradição que persiste no cenário musical chileno é o **Festival de la Canción** de Viña del Mar, que em fevereiro reúne nomes como Carlos Santana, Ricky Martin, Marc Anthony e Tom Jones.

Teatro e Cinema

Existe no país uma comunidade teatral bastante ativa, com algumas companhias grandes e diversas menores. Entre os dramaturgos atuais que se destacam estão Ariel Dorfman, que escreve em inglês e em espanhol, e Marco Antonio de la Parra. *La Negra Ester*, obra de Roberto Parra sobre uma prostituta de San Antonio, é uma peça encenada com grande frequência. Entre os principais teatros estão o **Teatro Nacional Chileno** e a **Sala Agustín Siré**, da Universidade de Chile, além do aconchegante Teatro La Comedia (p. 105).

Tango em um clube de Santiago

Nos últimos anos, a atividade cinematográfica chilena ampliou suas fronteiras, porém a maioria dos cinemas exibe produções internacionais, em geral filmes norte-americanos. Alguns são legendados, mas as animações em geral são dubladas. Há complexos multiplex como o **Cine Hoyts** e o **Cinemark** e, para quem quer assistir a mostras ou filmes de arte, o **Cine Arte Biógrafo** ou o **Cine Arte Normandie**.

AGENDA
Informações Úteis

Punto Ticket
Avenida Providencia 2198, Santiago. **Tel** (02) 2231-1061.
w puntoticket.com

Ticketek
Tel (02) 2690-2000.
w ticketek.cl

Esportes

Colo Colo
Avenida Marathon 5300, Macul, Santiago. **Tel** (02) 2460-2600.
w colocolo.cl

Universidad de Chile
Tel (02) 2899-9900.
w udechile.cl

Valparaíso Sporting Club
Avenida Los Castaños 404, Viña del Mar. **Tel** (032) 265-5610.
w sporting.cl

Música Contemporânea

Festival de la Canción
w festivaldevina.cl

Teatro e Cinema

Cine Arte Biógrafo
Lastarria 181, Santiago.
Tel (02) 2633-4435.
w elbiografo.cl

Cine Arte Normandie
Tarapacá 1181, Santiago.
Tel (02) 2697-2979.
w normandie.cl

Cine Hoyts
Moneda 835, Santiago.
Tel (02) 2756-0400.
w cinehoyts.cl

Cinemark
Avenida Kennedy 9001, Local 3092, Las Condes, Santiago.
Tel (600) 586-0058.
w cinemark.cl

Sala Agustín Sire
Morandé 750, Santiago.
Tel (02) 2977-1787.
w agustinsire.uchile.cl

Teatro Nacional Chileno
Morandé 25, Santiago. **Tel** (02) 2977-1701. w tnch.uchile.cl

ATIVIDADES AO AR LIVRE E INTERESSES ESPECIAIS

Dono de uma impressionante diversidade geográfica, que apresenta de regiões tropicais a paisagens subárticas, passando pela costa do Pacífico e os picos andinos, o Chile permite a prática de atividades ao ar livre de diversas naturezas. Os vários parques nacionais encantam quem gosta de caminhar, escalar, apreciar a natureza e andar a cavalo. No inverno, o país recebe muitos turistas atraídos pelas pistas de esqui. Os esportes aquáticos também são comuns, com boas oportunidades para quem gosta de rafting e caiaque em rios de forte correnteza. Não faltam opções para quem quer pescar truta ou surfar no amplo litoral chileno. Visitantes menos ousados podem gostar dos sítios arqueológicos do Atacama ou de apreciar o céu em uma latitude que permite ver astros só visíveis do Chile. Há ainda várias termas e spas, além da oportunidade de visitar excelentes vinícolas.

Caminhada no Parque Nacional Torres del Paine, sul da Patagônia

Caminhada

Quem gosta de caminhar encontra diversas trilhas nas proximidades dos Andes e na cadeia de montanhas próxima ao litoral, mas o Parque Nacional Torres del Paine, no sul da Patagônia, é considerado o melhor lugar para a atividade. Em geral, as trilhas não ficam muito afastadas das cidades, e o Sendero de Chile, ainda em construção, foi projetado para acomodar pedestres, ciclistas e para quem anda a cavalo ao longo de toda a extensão do país.

Além de Torres del Paine, os locais mais disputados são as cidades de Pucón e Puerto Varas, na Região dos Lagos, mas há boas caminhadas a apenas uma hora de Santiago, em Cajón del Maipo. Também ao sul da capital, as montanhas a leste da cidade de Talca propiciam boas trilhas, embora menos conhecidas. A área da Reserva Nacional Cerro Castillo, ao sul da cidade de Coyhaique, vem ganhando popularidade entre os adeptos de longas trilhas, mas ainda recebe menos visitantes do que Torres del Paine. Em Talca, a **Trekking Chile** oferece hospedagem e informações sobre os arredores, mas também orienta quanto às caminhadas em outras partes do país. Em Santiago, a **Cascada Expediciones** mantém um acampamento como base para as excursões com vários dias de duração a Torres del Paine. Instalada nos arredores de Cochrane, no norte da Patagônia, a **Patagonia Adventure Expeditions** é especializada na trilha da geleira Aisén, destino exclusivo dessa agência.

Escalada

Tanto iniciantes como alpinistas experientes encontram desafios no Chile. Quem tem poucas pretensões pode investir em escaladas leves, que contemplam várias outras atividades ao ar livre. É possível acessar o topo do vulcão Villarrica, em Pucón, na Região dos Lagos, em apenas um dia, embora atividades sísmicas e vulcânicas possam impedir a subida. As escaladas mais suaves incluem também a do vulcão Osorno, em Puerto Varas, mas é preciso pernoitar. Em geral, essas excursões têm como destaque a apreciação da magnífica paisagem. Entre as agências que organizam excursões com escaladas estão **Sol y Nieve Expediciones**, situada em Pu-

Escalada do vulcão Villarrica

cón, e a **Alsur Expeditions**, em Puerto Varas.

Alpinistas mais experientes e dispostos a enfrentar subidas mais difíceis, como os picos de Osorno e Villarrica, às vezes também enfrentam a desafiadora escalada (por causa da altitude) de 6.893m ao topo do vulcão Ojos del Salado, no norte do deserto. Outra subida considerada árdua são as íngremes encostas de granito das Torres del Paine, no sul da Patagônia. As agências **Antares Patagonia Adventure**, em Puerto Natales, e **Azimut 360**, em Santiago, ajudam na organização de excursões e oferecem apoio logístico.

Observação de Aves

O variado ecossistema do Chile abriga uma rica diversidade de aves, que encanta quem visita o país pela primeira vez. Existem agências especializadas em atender quem tem interesse em observar pássaros, como a **Birds Chile**, em Puerto Varas, que atua em toda a Patagônia, da Região dos Lagos até a Tierra do Fuego. O site **Birdwatching in Chile** permite que entusiastas contem com a companhia de um observador de pássaros conhecedor do hábitat local. Em Punta Arenas, a **Natura Patagonia** atua no estreito de Magalhães, na Terra do Fogo e na Patagônia.

Equitação

A tradição de cavalgar é comum em todo o Chile, e existem locais especializados em passeios a cavalo por regiões afastadas. Em pleno deserto, a leste da cidade de Ovalle, a Hacienda Los Andes (p. 188) oferece acomodação em estilo colonial e passeios acompanhados de guia por trechos dos Andes. A leste de Puerto Varas, a **Campo Aventura** organiza excursões pela área próxima às florestas tropicais de Valdivia. A agência mapuche **Kila Leufú** leva os visitantes em passeios de um dia de duração ou mais às proximidades da cidade de Pucón, na Região dos Lagos.

Ciclista na Carretera Austral, que atravessa a Patagônia

Ciclismo e Mountain Bike

O Chile apresenta uma geografia própria para percursos longos ou curtos sobre duas rodas. A maioria das cidades e resorts, do Atacama à Região dos Lagos, conta com locais para aluguel de bicicleta, em geral a preços razoáveis. Os melhores destinos são San Pedro de Atacama, Pucón e Puerto Varas, mas quase todo o país permite a exploração de bicicleta – tanto que já começou a ser aberta uma trilha que irá acompanhar toda a longa extensão do Chile.

Ciclistas de longa distância percorrem a famosa Ruta 5 ou rodovia Pan-Americana, que liga o Alasca à Terra do Fogo, mas trechos mais íngremes impedem o caminho na Região dos Lagos. A Carretera Austral também atrai ciclistas dispostos a cruzar a Patagônia. Para quem prefere contar com apoio, a **Backroads** organiza passeios por essa região do Chile e áreas da Argentina.

De Carro

Quem já foi ao Chile deve ter ouvido falar da Carretera Austral, ideal para ser transcorrida de carro. Com lindas paisagens, a longa estrada começa em Puerto Montt e, após vários trechos a bordo de balsas, termina nas proximidades de Villa O'Higgins. O percurso entre o norte de Chaitén e o Parque Pumalín passou por uma reconstrução devido a erupção do vulcão Chaitén. A forma mais fácil de percorrer a Carretera Austral é alugar um carro em Coyhaique e seguir rumo ao norte ou ao sul. A maior parte da estrada é de cascalho, mas há cada vez mais trechos asfaltados, principalmente ao norte de Coyhaique. Veículos 4X4 raramente são necessários.

Outros locais indicados para dirigir são a Região dos Lagos, entre o sul de Temuco e Puerto Montt, e Chiloé, sobretudo pelas vias secundárias afastadas da moderna rodovia Pan-Americana. Boa parte dessas estradas é asfaltada, mas há trechos de pedra.

Quem percorre de carro o Deserto de Atacama consegue chegar a locais isolados, mas em geral é preciso andar bastante e a baixa velocidade. Uma agência situada em Santiago, a **Pachamama by Bus**, opera algumas linhas de ônibus com destino a San Pedro de Atacama e, ao sul, para Puerto Varas e Puerto Montt. Essas viagens partem mesmo com um número reduzido de passageiros e fazem paradas nos principais locais de interesse.

Passeio a cavalo perto da Playa El Faro, em La Serena

Esqui e Snowboarding

O Chile é um dos poucos lugares em que a prática de esqui é possível entre julho e setembro. O destino mais tradicional é Ski Portillo (p. 138), perto da fronteira com a Argentina, mas há ótimos locais perto de Santiago, em resorts como El Colorado e o Valle Nevado (p. 144). Ao sul, Nevados de Chillán (p. 156) é a melhor opção, mas muitos adeptos se dirigem também ao vulcão Villarrica (p. 202), vulcão Osorno (p. 214) e ao Centro de Ski Antillanca, no Parque Nacional Puyehue (p. 208). Em Santiago, a **Skitotal** organiza passeios de um dia para resorts próximos à capital. A **PowderQuest Ski Tours** leva os turistas a seletas pistas no Chile e na Argentina.

Rafting

Os rios acidentados que cortam o Chile permitem percorrer corredeiras situadas a uma hora de Santiago e também em plena Patagônia. Os destinos mais procurados pelos adeptos do esporte são o rio Trancura, perto de Pucón; o Petrohué, em Puerto Varas; e os rios de Cajón del Maipo. Mas o rio Futaleufú, na Patagônia, é considerado uma das dez melhores corredeiras do mundo.
  Agências de Santiago, como a **Cascada Expediciones**, organizam excursões disputadas também por quem quer fazer trilhas. A **Politur**, de Pucón, e a **KoKayak**, de Puerto Varas, são outras possibilidades. A **Expediciones Chile**, **Bío Bío Expeditions** e **Earth River Expeditions** mantêm campings perto do rio Futaleufú para permanências mais longas.

Corredeiras no rio Futaleufú

Pesca

Pescadores do mundo inteiro chegam ao Chile em busca dos calmos lagos e rios de águas limpas, distribuídos desde Temuco até Aisén e a Terra do Fogo. A **Southern Chile Expeditions** oferece acomodações em locais próprios para a pesca, como o Yan Kee Way, perto de Puerto Varas, e El Patagón, na região de Aisén. Agências e guias das cidades de Coyhaique, no norte da Patagônia, e Pucón, na Região dos Lagos, também organizam expedições.

Surfe

Com uma costa que se estende por milhares de quilômetros e várias praias, o Chile atrai muitos adeptos do surfe. A única região que não permite a prática do esporte é a Patagônia. Os trechos mais disputados pelos surfistas são na costa central do Chile, nas proximidades de Viña del Mar e de Pichilemu e perto de algumas cidades situadas ao norte, como Iquique e Arica. Embora seja possível surfar o ano todo, as ondas mais intensas se formam no inverno. No entanto, a passagem da fria corrente de Humboldt torna essencial o uso de trajes especiais para evitar o risco de hipotermia, e em algumas praias é preciso ficar atento à força da correnteza.
  Existem diversas acomodações para quem quer surfar, como o **Pichilemu Surf Hostal** e a **Posada Punta de Lobos**, que oferece aulas e aluguel de pranchas. Na maioria das áreas onde se pratica surfe, o windsurfe também é uma alternativa possível.

Caiaque

Como se pode imaginar pela longa costa do país, os praticantes de caiaque contam com muitas áreas para praticar o esporte. No entanto, os trechos do litoral do Pacífico são menos disputados do que as enseadas e baías do arquipélago de Chiloé. No continente, a Patagônia abriga enseadas remotas às quais o acesso pode ser difícil. A **Altué Sea Kayaking**, instalada no verão na cidade Dalcahue, em Chiloé, é uma agência de destaque, mas uma alternativa é a Alsur Expeditions, que também organiza escaladas.

Mergulho

As frias águas do Pacífico são menos procuradas por mergulhadores do que as límpidas águas do Caribe, por exemplo. No entanto, na Ilha de Páscoa funcionam duas empresas, a **Mike Rapu Diving Center** e a **Orca Diving Center**.

Exploração submarina perto da Playa Anakena, na Ilha de Páscoa

Cruzeiro ancorado em Punta Arenas, no sul da Patagônia

Cruzeiros

Diversos navios de cruzeiro contornam o cabo Horn no trajeto entre Santiago, no Chile, e Buenos Aires, na Argentina. Mas existem embarcações menores, em geral representadas por agências locais, que percorrem trechos mais curtos, em viagens de 3 a 5 dias de duração. Uma das melhores empresas é a **Cruceros Australis**, que leva passageiros de Punta Arenas a Ushuaia, na parte argentina da Terra do Fogo. Já os **Cruceros Marítimos Skorpios** exploram os percursos entre Puerto Montt e Puerto Chacabuco até a Laguna San Rafael, e de Puerto Natales aos fiordes do Campo de Hielo Sur – mas, segundo alguns, oferecem uma experiência inferior.

Observação de Baleias

No Chile, a estrutura para a observação de baleias não é muito avançada, mas os visitantes podem apreciar as baleias-azuis no golfo de Corcovado, em Chiloé, e sobretudo as calmas baleias-jubarte, no estreito de Magalhães. A **Whalesound** mantém uma base na ilha Carlos III, com acomodação em barracas.

Paragliding

Nas proximidades de Iquique a cadeia de montanhas se eleva de forma íngreme, e os ventos do mar são ideais para a prática de paragliding. A administração local criou um ponto de decolagem, a fim de estimular o esporte. Algumas agências locais levam o visitante para voos acompanhados, nos quais é possível se encantar com a linda vista aérea da cidade e das dunas. Praticantes experientes conseguem avistar até Tocopilla, situada 260km ao sul. A **Escuela de Parapente Altazor** oferece orientações para os iniciantes e também disponibiliza hospedagem para os clientes.

Golfe

Ao contrário da Argentina, no Chile o golfe não é muito disseminado. Os campos disponíveis no país em geral ficam em clubes e são acessíveis só para sócios ou convidados. Mas alguns hotéis oferecem acesso diário, e o **Marbella Resort**, em Maitencillo, norte de Viña del Mar, tem campo para uso dos hóspedes.

Astronomia

O céu do hemisfério sul é tão diferente do que se vê ao norte do Equador que vários observatórios internacionais construíram instalações sofisticadas no Chile, como o Observatório de Cerro Paranal *(p. 181)*. Os centros de observação mais fáceis de visitar são o **Observatório de Cerro Tololo Inter-American**, perto de La Serena, e o **Observatório de La Silla**, perto de Santiago. Outro observatório menor é o Cerro Mamalluca *(p. 186)*. Perto de San Pedro de Atacama, o centro **San Pedro de Atacama Celestial Explorations**, de propriedade particular, pode ser uma visita interessante.

Observatório do Cerro Mamalluca, no Valle de Elqui, em Vicuña

Vista da Casa Lapostolle na vinícola Clos Apalta, Região dos Lagos

Arqueologia

A aridez quase perfeita do Deserto de Atacama e a conservação das ruínas e objetos depois de milênios fizeram do norte do Chile um destino disputado pelos interessados em arqueologia. As pérolas da região são os imensos geóglifos (vestígios representados por desenhos geométricos) associados a história e geografia das civilizações andinas. Fortalezas pré-colombianas e aldeias antigas são outras atrações do deserto, e as famosas múmias dos índios chinchorros *(p. 165)*, em Arica, encantam os estudiosos de todo o mundo. Vestígios históricos de antigas sociedades que dominavam a escrita ainda resistem em cidades do Atacama como Santa Laura e Humberstone *(p. 172)*.

A **Far Horizons Archaeological and Cultural Trips**, com sede na Califórnia, EUA, organiza passeios pelo Atacama, mas é especializada em excursões para a Ilha de Páscoa e conta com guias com sólidos conhecimentos sobre o intrigante passado da ilha.

O sítio arqueológico mais importante do Chile é Monte Verde, perto de Puerto Montt, na Região dos Lagos. Com origens estimadas em 13000 a.C., reúne vestígios da presença humana mais antiga em toda a América. Cerca de 18km ao sul de Santiago, na bacia do rio Maipo, fica o sítio de Cerro Chena, onde foram escavados vestígios de antigas fortalezas construídas pelos incas.

Spas e Termas

Como o Chile situa-se na formação geológica conhecida como "anel de fogo do Pacífico", conta com diversos vulcões em atividade – o que também significa a abundante presença de gêiseres e fontes de água quente, sobretudo ao sul de Santiago. Várias termas podem ser visitadas em viagens de um dia, como as Termas Geométricas, em Pucón, mas outras integram hotéis de luxo. As mais famosas são as Termas de Puyehue *(p. 209)* e o Puyuhuapi Lodge e Spa *(p. 232)*.

Enogastronomia

Não faltam rotas do vinho no Chile, em especial nos vales de Colchagua e Casablanca. Os trajetos não se limitam a ótimos vinhos, mas também proporcionam boas experiências gastronômicas e, em alguns casos, hospedagem. A Ruta del Vino *(p. 152)* oferece serviço completo, e alguns dos integrantes, como a **Viña Casa Silva** e a **Viña Matetic**, apostam na combinação de boa comida, bons vinhos e hotelaria de alto nível. A **Santiago Adventures** organiza visitas a essas vinícolas e outras no vale do Aconcágua.

Agências de Viagens

Muitas operadoras internacionais oferecem passeios voltados para a prática de atividades específicas. A **LAN Vacations** pertence à empresa aérea Lan Chile, enquanto a **Wildland Adventures** é especializada em roteiros pela Patagônia. No Brasil, a **Terra Mundi** organiza pacotes para diferentes regiões do Chile.

As Termas de Puyehue, perto do Parque Nacional Puyehue, têm fontes de água quente

ATIVIDADES AO AR LIVRE E INTERESSES ESPECIAIS | 311

AGENDA

Caminhada

Cascada Expediciones
Las Condes, Santiago.
Tel (02) 2923-5950.
[W] cascada.travel

Patagonia Adventure Expeditions
Puerto Bertrand.
Tel (067) 241-1330.
[W] adventurepatagonia.com

Trekking Chile
Talca. **Tel** (071) 197-0096.
[W] trekkingchile.com

Escalada

Alsur Expeditions
Puerto Varas. **Tel** (065) 223-2300. [W] alsurexpeditions.com

Antares Patagonia Adventure
Puerto Natales.
Tel (061) 241-4611.
[W] antarespatagonia.travel

Azimut 360
Eliodoro Yáñez 1437, Providencia, Santiago.
Tel (02) 2235-1519.
[W] azimut360.com

Sol y Nieve Expediciones
Lincoyan 361, Pucón.
Tel (045) 244-4761.
[W] solynievepucon.com

Observação de Aves

Birds Chile
Puerto Varas.
Tel (09) 9890-7291.
[W] birdschile.com

Birdwatching in Chile
[W] birdingpal.org/Chile.htm

Natura Patagonia
[W] naturapatagonia.cl

Equitação

Campo Aventura
Cochamó.
Tel (065) 223-2910.
[W] campo-aventura.com

Kila Leufú
Tel (09) 9876-4576.
[W] kilaleufu.cl

Ciclismo e Mountain Bike

Backroads
Tel (800) 462-2848 (EUA).
[W] backroads.com

De Carro

Pachamama by Bus
Moneda 2350, Santiago.
Tel (02) 2688-8018.
[W] pachamamabybus.com

Esqui e Snowboarding

PowderQuest Ski Tours
Tel (888) 565-7158 (EUA).
[W] powderquest.com

Skitotal
Las Condes.
Tel (02) 2246-0156.
[W] skitotal.cl

Rafting

Bío Bío Expeditions
Tel (800) 246-7238 (EUA).
[W] bbxrafting.com

Cascada Expediciones
Las Condes, Santiago.
Tel (02) 2923-5950.
[W] cascada.travel

Earth River Expeditions
Tel (800) 643-2784 (EUA).
[W] earthriver.com

Expediciones Chile
Tel (888) 488-9082 (EUA).
[W] exchile.com

KoKayak
Puerto Varas.
Tel (065) 223-3004.
[W] kokayak.cl

Politur
Pucón. **Tel** (045) 244-1373. [W] politur.com

Pesca

Southern Chile Expeditions
Tel (866) 881-9215 (EUA).
[W] southernchilexp.com

Surfe

Pichilemu Surf Hostal
Tel (09) 7492-6848.
[W] pichilemusurfhostal.com

Posada Punta de Lobos
Tel (09) 8154-1106.
[W] posadapuntadelobos.cl

Caiaque

Altué Sea Kayaking
Dalcahue.
Tel (09) 9419-6809.
[W] seakayakchile.com

Mergulho

Mike Rapu Diving Center
Hanga Roa.
Tel (032) 255-1055.
[W] mikerapu.cl

Orca Diving Center
Hanga Roa.
Tel (032) 255-0375.
[W] seemorca.cl

Cruzeiros

Cruceros Australis
Santiago.
Tel (800) 877-3772 (EUA).
[W] australis.com

Cruceros Marítimos Skorpios
Santiago.
Tel (02) 2477-1900.
[W] skorpios.cl

Observação de Baleias

Whalesound
Punta Arenas.
Tel (09) 9887-9814.
[W] whalesound.com

Paragliding

Escuela de Parapente Altazor
Iquique.
Tel (057) 238-0110.
[W] altazor.cl

Golfe

Marbella Resort
Km 35, Camino Concón Zapallar.
Tel (032) 279-5900.
[W] marbella.cl

Astronomia

Cerro Tololo Inter-American Observatory
La Serena.
Tel (051) 220-5200.
[W] ctio.noao.edu

La Silla Observatory
Ave. Alonso de Córdova 3107, Vitacura, Santiago.
Tel (02) 2464-4100.
[W] eso.org

San Pedro de Atacama Celestial Explorations
San Pedro de Atacama.
Tel (055) 256-6278.
[W] spaceobs.com

Arqueologia

Far Horizons Archaeological and Cultural Trips
Tel (800) 552-4575 (EUA).
[W] farhorizons.com

Enogastronomia

Santiago Adventures
Guardia Vieja 255, Oficina 406, Providencia, Santiago. **Tel** (02) 2244-2750; (802) 904-6798 (EUA). [W] santiagoadventures.com

Viña Casa Silva
Hijuela Norte s/n, San Fernando.
Tel (072) 271-6519.
[W] casasilva.cl

Viña Matetic
Fundo Rosario, Lagunillas, Casablanca.
Tel (02) 2611-1501.
[W] matetic.cl

Agências de Viagens

Birdwatching Chile
[W] birdwatchingchile.com

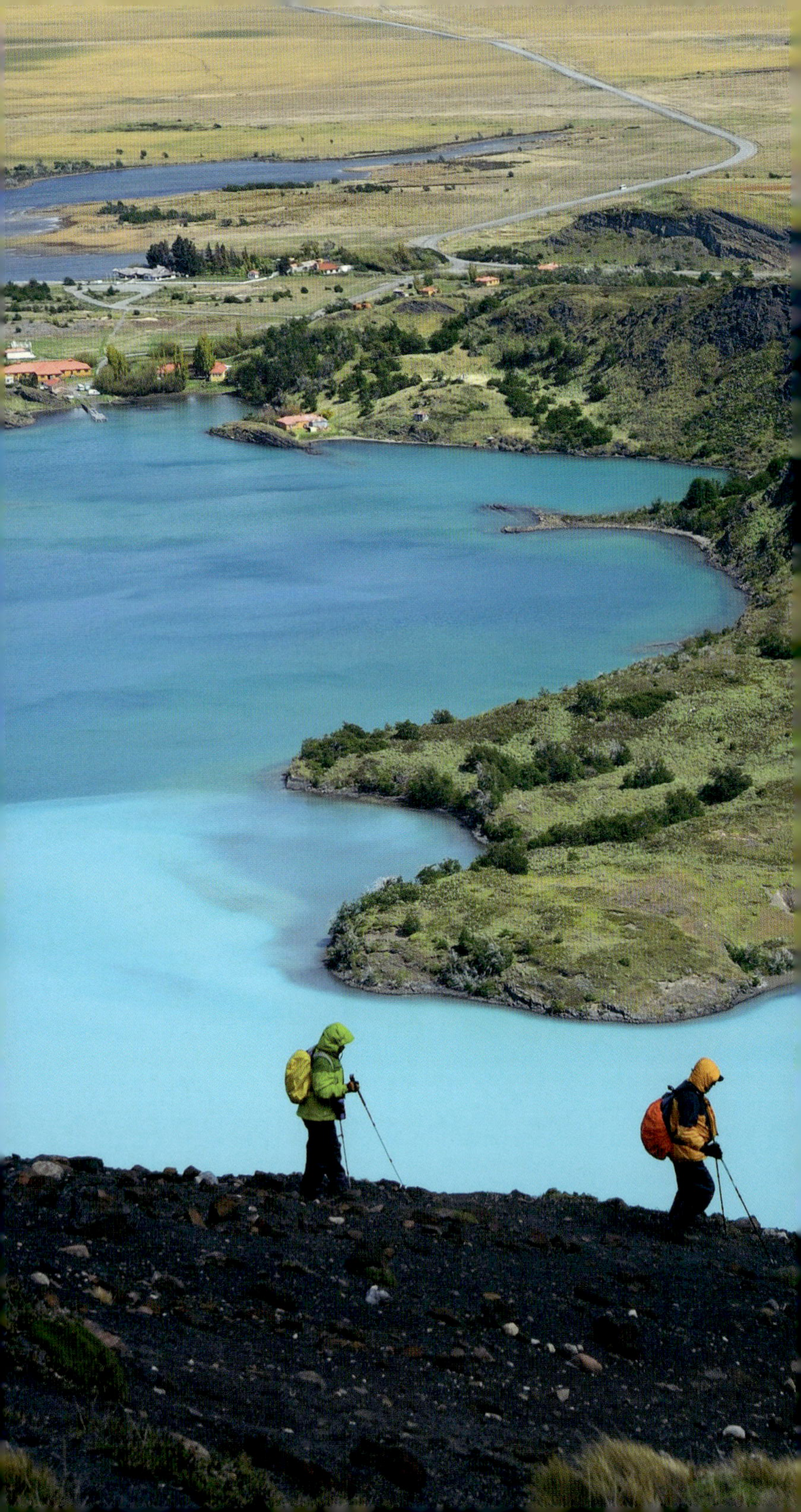

MANUAL DE SOBREVIVÊNCIA

Informações Úteis   **314-323**
Informação de Viagem   **324-329**

INFORMAÇÕES ÚTEIS

A moderna infraestrutura do Chile é uma das melhores da América Latina, muitas vezes comparável à dos países europeus. Santiago, por exemplo, conta com uma eficiente rede de metrô e estradas de qualidade. O sistema de telefonia, tanto fixo como móvel, funciona bem e há boa conexão com a internet em toda parte. Todos os destinos turísticos importantes, com exceção de algumas áreas mais isoladas, estão bem preparados para receber visitantes. Em geral, os chilenos são educados e atenciosos e a polícia do país costuma agir de forma profissional e orientar quem precisa de informações. Nos centros de informação turística é comum encontrar atendentes que falam outras línguas além do espanhol. Esses organismos estão presentes nas capitais e principais cidades, às vezes associados à administração municipal. Neles você poderá obter mapas e dicas sobre os melhores passeios.

Esqui, um esporte bastante praticado nos resorts dos Andes

Quando Viajar

O território do Chile estende-se das áreas desérticas do Atacama às paisagens polares da Patagônia, o que garante atrações o ano todo. A primavera e o outono são especialmente agradáveis *(pp. 38-41)*, e os meses de maior fluxo de turistas (e preços mais altos) são janeiro e fevereiro.

Vistos e Passaportes

O Chile possui acordos com diversos países que eliminam a necessidade de visto, como é o caso dos visitantes vindos do Brasil (você precisa apresentar a carteira de identidade ou algum documento equivalente). Na chegada, os visitantes recebem um cartão de turista – Tarjeta de Turismo –, válido por 90 dias, mas que pode ser prorrogado por mais 90. O cartão é pessoal e intransferível e terá de ser apresentado à polícia na saída do país.

Quem provém de países que exigem visto dos chilenos precisa pagar uma "tarifa de reciprocidade". As tarifas são cobradas só no aeroporto internacional de Santiago.

Alfândega

Os visitantes podem entrar no país portando itens para uso pessoal, como roupas, joias e remédios, além de computadores e câmeras, sem pagar imposto. Também é permitido o ingresso com 500g de tabaco, 6 litros de bebidas alcoólicas (para maiores de 18 anos) e pequenas quantidades de perfume. A entrada de frutas ou outros produtos agrícolas é proibida. As cidades de Iquique e Arica, no norte, e a região de Magallanes, no sul, têm zonas francas. Viajantes provenientes dessas localidades podem enfrentar os controles aduaneiros internos.

Embaixada

Na capital do Chile, Santiago, estão as embaixadas de diversos países, entre elas a **Embaixada do Brasil**. Quem tiver dúvidas ou precisar de orientações pode se dirigir a ela, embora muitas informações estejam disponíveis nos sites oficiais.

Informação Turística

A **Sernatur**, órgão que coordena o turismo, tem postos nos aeroportos internacionais, em Santiago e outras capitais regionais, além dos principais destinos turísticos. A maioria das cidades oferece atendimento municipal, e é possível obter informações nos hotéis.

A **CONAF**, a instituição responsável pelos parques e reservas nacionais, informa sobre visitas a esses locais.

Posto de informação turística na Plaza de Armas de Castro, Chiloé

◂ Trilheiros passam pelo rio Paine, Parque Nacional Torres del Paine, sul da Patagônia

Passageiros em um barco próximo ao glaciar Gray, no sul da Patagônia

O que Vestir

O Chile é um país de temperaturas médias, e o mais adequado é levar roupas de acordo com a estação – leves para o verão, uma capa de chuva para as áreas mais úmidas e peças quentes para o inverno. Quem se dirige a locais altos, como o Atacama e a cordilheira dos Andes, deve se preparar para enfrentar um frio intenso.

Horários e Ingressos

Muitos museus públicos não cobram ingresso, mas as instituições particulares podem ser caras. Os horários variam de acordo com o dia e a época e muitos locais fecham às segundas.

Os parques nacionais em geral ficam abertos o ano todo, alguns com limite de visitação até a hora do anoitecer. A maioria cobra ingressos de US$8, porém os mais disputados podem ter tarifas diferenciadas para estrangeiros. É possível adquirir um ingresso anual (US$15), aceito em todos os parques exceto no Rapa Nui e no Torres del Paine.

Idioma

O espanhol é a língua oficial do Chile, mas a variante local, que omite a última consoante ou até mesmo algumas consoantes internas, pode causar problemas para aqueles que aprenderam o idioma em outros lugares. Muitos chilenos que trabalham com turismo falam inglês, mas para quem visita locais afastados dos principais destinos é útil ter noções básicas do idioma. Grupos indígenas, em especial mapuche (araucanos) e aimarás, falam a própria língua, mas entendem espanhol.

Endereços

Como no Brasil, no Chile os nomes de ruas são informados antes do número das localidades. Não é comum abreviar o nome das ruas, mas com frequência a palavra *calle* (rua) pode ser omitida de uma indicação, o que não costuma acontecer com as avenidas.

A prática adotada no Chile de exibir dois sobrenomes (o do pai vem antes do sobrenome da mãe) também é aplicável aos nomes de ruas. Em Santiago, por exemplo, a Avenida Vicuña Mackenna não é a mesma que a Mackenna (outra via). Por isso, ao procurar um endereço é preciso informar o nome completo do logradouro, para evitar confusões.

Religião e Normas Sociais

O Chile é um país católico, onde a igreja ainda exerce grande influência. No entanto, a dificuldade em formar novos padres criou um vácuo que propiciou o crescimento das crenças evangélicas. Os povos indígenas, especialmente mapuche e aimarás, têm tradições religiosas próprias, mas muitos são católicos ou evangélicos. Embora a sociedade chilena não seja particularmente conservadora no que se refere à forma de se vestir, convém usar trajes simples ao visitar locais religiosos.

Os chilenos são educados e apreciam a cortesia. Ao se dirigir a uma pessoa que não conhece, use sempre os tratamentos formais: *señor*, *señora* ou *señorita*. Os cumprimentos mais comuns são *buenos días*, *buenas tardes* e *buenas noches*. Em geral, visitantes que falam português devagar têm boas chances de ser compreendidos.

As praias de nudismo ficam na costa central do país.

Mulheres

Apesar de eleger uma mulher para a presidência em 2006 e depois reelegê-la em 2014, o Chile não é um país livre do machismo. Mulheres que viajam sozinhas estão sujeitas a ouvir *piropos* (comentários indesejados ou cantadas), em geral gracejos. Mesmo para quem não entende o idioma, o tom geralmente é bastante claro. A melhor tática é ignorar a abordagem ou se refugiar em um lugar público, como um hotel ou um café. Mulheres viajantes devem evitar andar sozinhas à noite e, sempre que possível, chamar um táxi pelo telefone.

Crianças

O Chile recebe bem quem viaja com crianças. Os pequenos turistas só pagam passagem de ônibus quando ocupam um assento e, em geral, também não pagam estadia em hotéis. No entanto, famílias de quatro ou mais pessoas devem considerar a possibilidade de se hospedar em *cabañas*, em geral uma opção com diárias mais em conta do que as dos hotéis.

Turistas e moradores na Plaza José Francisco Vergara, Viña del Mar

Idosos

No Chile, em geral os idosos são tratados com respeito e, quando precisam, têm assistência. Descontos oferecidos à terceira idade chilena não se aplicam a estrangeiros, com exceção das tarifas reduzidas no metrô, que contemplam também os visitantes de outros países.

Gays e Lésbicas

O Chile é um país bastante conservador, e as demonstrações públicas de homossexualidade ainda são desaprovadas. Desde o fim da ditadura Pinochet, no entanto, muitos homossexuais assumiram publicamente sua condição. No final de setembro, Santiago comemora a parada do orgulho gay. Há uma ativa vida noturna gay no Barrio Bellavista, em Santiago, e em balneários como Viña del Mar.

Portadores de Deficiência

Com calçadas estreitas, superfícies íngremes e falta de rampas, o Chile pode ser um destino complicado para quem se desloca em cadeira de rodas. No entanto, os hotéis mais novos oferecem instalações adequadas ou fizeram as adaptações necessárias. Na zona rural, especialmente locais mais afastados, o acesso é bastante limitado.

Estudantes

Muitos estudantes brasileiros fazem intercâmbios no Chile

Garçom e clientes do Café Turri, em Valparaíso

(em geral permanecem um semestre no país), e os principais destinos são Santiago, Valparaíso e Concepción. Para essas viagens, é preciso providenciar um visto de estudante em um consulado do Chile no Brasil. Muitos visitantes também aproveitam a estadia para estudar espanhol. Santiago tem um grande número de escolas de idiomas de qualidade, mas há ofertas de cursos também em Pucón e Valparaíso (algumas vezes, o estudante fica acomodado em casas de família). Para esses cursos, não é preciso obter nenhum visto especial.

Gorjetas

Em restaurantes formais – com serviço de mesa e cardápio impresso – em geral a conta já contempla uma gorjeta opcional de 10% do valor total. Ao pagar com cartão de crédito, os clientes podem optar por pagar a gorjeta em dinheiro ou preencher o campo correspondente a gorjetas no formulário do cartão. Nos táxis, só se deixa gorjeta quando o motorista carrega malas. Nos postos de gasolina, é comum deixar gorjeta ao limpador.

Cigarro

O hábito de fumar ainda é bastante forte no país, mas os chilenos em geral respeitam a proibição do fumo no transporte público, em ambientes de trabalho e em outras áreas restritas. O governo determinou que as embalagens de cigarro estampem advertências bastante chamativas sobre os riscos do consumo desse produto.

A legislação antitabagista proíbe o fumo também no interior de qualquer restaurante ou bar, mas é permitido fumar nas áreas externas. A lei costuma ser observada com rigor.

Universidad de Chile, um dos muitos destinos procurados por quem quer aprender espanhol em Santiago

Banheiros Públicos

As condições de higiene dos banheiros chilenos costumam ser bastante boas e, em geral, os visitantes podem usar os toaletes públicos com tranquilidade. Nos terminais de ônibus, por exemplo, em geral há um funcionário que zela pela ordem das instalações, mas os usuários precisam pagar uma pequena taxa para utilizá-las em certos casos. Alguns postos de gasolina maiores oferecem chuveiro, usados principalmente por caminhoneiros, mas abertos também ao público em geral.

Medidas

O sistema métrico utilizado no Chile é o mesmo adotado no Brasil. Como aqui, os chilenos adotam algumas peculiaridades, como medidas em libras para a calibragem de pneus e, na aviação, de pés para designar altitudes. As distâncias vêm em quilômetros, metros, centímetros e milímetros; os pesos, em toneladas, quilogramas e gramas; e o volume, em litros e mililitros.

Eletricidade

O sistema elétrico do Chile opera em 220 volts, como em algumas cidades brasileiras e na Europa. Alguns aparelhos, como *notebooks* e celulares, funcionam tanto em 220 como em 110 volts. Verifique antes de viajar se os seus aparelhos possuem opção para 220 volts ou se são bivolts. Se o aparelho só operar em 110 volts, será necessário um transformador de voltagem, que normalmente não é oferecido nos hotéis. A maioria das tomadas é para plugues de dois pinos redondos, diferentes dos existentes no Brasil. Providencie um adaptador universal de tomada antes de viajar. Esses adaptadores podem ser encontrados em lojas de materiais elétricos ou pela internet. Um estabilizador de energia também pode ser um bom investimento.

Fuso Horário

O Chile ficava quatro horas atrás em relação ao horário de Greenwich (GMT) e uma hora à frente do Standart Time de Nova York.

Ecolodge Casona Distante, no Valle del Elqui, em Norte Chico

Em 2015, porém, o relógio nacional foi permanentemente adiantado em uma hora ao longo de todo o ano. Assim, nas latitudes mais ao norte, próximas à fronteira com o Peru, o sol nasce só depois das 8h durante quase todo o verão. Na Ilha de Páscoa, a diferença de horário é de duas horas a menos do que o continente.

Turismo Sustentável

Embora certas espécies da flora chilena tenham recebido proteção oficial durante várias décadas, a consciência geral da população em relação às questões ambientais só se fortaleceu nos últimos anos. Com exceção da energia hidrelétrica, o país não conta com muitos recursos, o que intensifica a ameaça da construção de barragens mesmo nas regiões mais belas. A região ao norte de Santiago enfrenta sérios problemas de falta de água; mesmo assim, alguns hotéis instalados em pleno Atacama oferecem piscinas com múltiplas fontes. Devido à escassez de combustíveis fósseis, vários estabelecimentos têm procurado diminuir o consumo de energia, e sobretudo os hotéis mais recentes investem em sistemas de redução de emissão de carbono (p. 329).

Existem iniciativas incipientes de etnoturismo, e as comunidades de San Pedro de Atacama ganharam controle dos gêiseres de Tatio, enquanto os aimarás que vivem no Parque Nacional Lauca geram a hospedagem e atuam como guias ali. Os nativos que habitam a Ilha de Páscoa obtêm cada vez mais controle sobre o parque nacional. No sul, certas atividades como hotéis-fazenda são administradas pelos mapuches. No norte do deserto e na Patagônia, as distâncias são grandes e, em algumas áreas, há limitação de transporte público. Nesses locais, várias pousadas nas montanhas oferecem excursões, que podem valer mais a pena do que se deslocar com carro alugado.

Certos recursos marinhos do Chile, como o robalo-chileno e os moluscos chamados de *locos*, estão ameaçados de extinção. Os criadouros de salmão da Região dos Lagos e da Patagônia têm recebido críticas pelo alto uso de produtos químicos, fonte de poluição do oceano.

AGENDA

Embaixadas

Embaixada do Brasil em Santiago

Allonso Ovalle, 1665, Centro, Santiago. **Tel** (02) 876-3400.

w embajadadebrasil.cl

Embaixada do Chile no Brasil

SES Av. das Nações, qd. 803, lt. 11, Brasília (DF). **Tel** (61) 2103-5151.

w chileabroad.gov.cl

Informação Turística

CONAF

Valenzuela Castillo 1868, Santiago. **Tel** (02) 2328-0300.

w conaf.cl

Sernatur

Avenida Providencia 1550, Providencia, Santiago. **Tel** (02) 2731-8336. w sernatur.cl

Segurança e Saúde

De acordo com os padrões internacionais, o Chile é um país seguro para os visitantes que tomam algumas precauções. Os crimes contra turistas são raros, mas sempre é aconselhável ter cuidado com objetos de valor. O atendimento médico do país é um dos melhores do continente, sobretudo em Santiago, e há poucos riscos sérios – não há malária, por exemplo, e o visitante não precisa de vacinas para entrar no país. O risco de mal-estar provocado pela altitude deve ser considerado, e nas regiões ao sul é essencial se precaver para evitar queimaduras de sol.

Carro de polícia de Viña del Mar

Polícia

A fama de corruptos dos policiais latino-americanos não se aplica aos **carabineros de Chile**, identificados com o boné e trajes cor cáqui e verde e pelo distintivo pentagonal. Em geral definidos como firmes, porém honestos, seus oficiais raramente aparecem envolvidos em delitos, e tentar subornar um deles é considerado crime. Comumente, são preparados para orientar os visitantes estrangeiros, que não devem hesitar em procurá-los se precisarem de informações ou ajuda. Entre os policiais que circulam pelas ruas não é comum encontrar quem saiba falar outros idiomas, sobretudo longe das grandes cidades. Em casos de emergência, muitas vezes um oficial precisa entrar em contato com a central à qual pertence.

Carabinero de uniforme

Cuidados Gerais

Os crimes contra turistas não são comuns, e a maioria das ocorrências envolve situações como furto de carteiras ou de bolsas. Mesmo assim, os visitantes devem sempre prestar atenção e, nas áreas urbanas, evitar locais ermos ou com pouca iluminação.

Os assaltos à mão armada são raros, tanto no caso de turistas como no de moradores.

Como orientação geral, porém, pode ser útil não exibir valores nem objetos caros, a fim de não chamar atenção. Itens mais valiosos devem ser acomodados no cofre dos hotéis, e o dinheiro levado para as despesas do dia deve ficar em bolsos ou junto ao corpo.

Quem se desloca de carro pelo país precisa sempre encontrar um lugar seguro para estacionar durante a noite e jamais deixar objetos chamativos à vista dentro do veículo.

Achados e Perdidos

As chances de encontrar um objeto perdido ou roubado são reduzidas (a menos que a vítima registre o ocorrido rapidamente), mas em geral os *carabineros* fazem o possível para ajudar a solucionar o caso. O procedimento correto é pedir para fazer uma *denuncia* (registrar queixa) que inclua *narración de los hechos* (relato do ocorrido) e uma *declaración jurada de pre-existencia de especies sustraídas* (declaração dos itens perdidos). A perda de passaporte deve ser comunicada a embaixada ou consulado *(p. 317)*, que se encarrega da emissão de um novo. Se perder o cartão de crédito, informe o emissor *(p. 320)*.

Precauções

O padrão da saúde chilena é muito bom. Em quase todo o país, a água da torneira é tratada e potável e os riscos de doenças são baixos. Em 2009, a gripe suína teve pouca disseminação no Chile. Há registros de doença de chagas, dengue e hantavírus, mas poucos casos de contágio de turistas. Não é preciso tomar nenhuma vacina especial para entrar no Chile, mas quem vai para a Ilha de Páscoa deve apresentar comprovante de vacina contra febre amarela.

Problemas com Altitude

No norte do Chile e na região central dos Andes situam-se alguns dos pontos mais elevados

Planalto de altitudes elevadas no Parque Nacional Lauca

INFORMAÇÕES ÚTEIS | **319**

Ambulância de propriedade particular operada pelo SAMU

do hemisfério ocidental, com regiões como o altiplano do Parque Nacional Lauca, com altitudes superiores a 4.400m. Até visitantes mais jovens e pessoas saudáveis sentem-se mal nesses locais de ar rarefeito, e não raro os turistas apresentam um problema conhecido como mal de altitude. Recomenda-se que quem for se deslocar para altitudes acima de 2.400m passe ao menos uma noite em um lugar de altitude intermediária para se acostumar aos poucos. Os sintomas do mal de altitude são dor de cabeça, enjoo, cansaço, tontura e desidratação.

Desastres Naturais

O Chile é um país com uma atividade sísmica intensa, o que resulta em terremotos frequentes e vulcões ativos. Os hotéis de todo o país orientam os hóspedes para os procedimentos em caso de emergência. Cidades como Pucón e Curacautín contam com sistemas de alarme para erupções de vulcão e muitos destinos costeiros exibem placas com roteiro de saída para casos de tsunamis. Os incêndios são comuns nas florestas do centro do país, sobretudo no verão e no outono. Os **bombeiros** e a **CONAF**, que controla os parques e as reservas, dispõem de telefones para chamadas de todo o Chile.

Emergências

Em Santiago, nas capitais das províncias e nas cidades menores, os hospitais públicos e as clínicas são preparados para lidar com quase qualquer emergência. Há um telefone nacional para o chamado de **ambulâncias**. Alguns médicos podem entender e se comunicar em inglês se você preferir, mas, com exceção dos casos de emergência, as esperas são comuns. Até nos menores vilarejos existem clínicas que, mesmo na ausência de um médico, podem prestar atendimento até a remoção para uma instituição maior.

Atendimento Médico

Em Santiago, os padrões de atendimento médico respeitam as exigências internacionais, sobretudo em hospitais particulares como a **Clínica Las Condes** e a **Clínica Alemana de Santiago**. Os hospitais regionais também costumam ser eficientes, mas em locais mais afastados podem ser poucos ou ficar longe. O **Hospital Mutual de Seguridad** tem unidades em várias cidades.

Os hospitais públicos oferecem atendimento básico confiável, mas costumam estar lotados. Não é obrigatório contratar seguro-saúde para entrar no país, mas a medida pode ser útil, uma vez que o atendimento custa caro. A maioria dos hospitais aceita cartão de crédito e fornece recibo para fins de reembolso.

AGENDA

Polícia

Carabineros de Chile
Tel 133.

Desastres Naturais

CONAF
Tel 130.

Bombeiros
Tel 132.

Emergências

Ambulância
Tel 131.

Atendimento Médico

Clínica Alemana de Santiago
Avenida Vitacura 5951, Santiago.
Tel (02) 2210-1111.

Clínica Las Condes
Estoril 450, Santiago.
Tel (02) 2210-4000.

Hospital Mutual de Seguridad
W mutualseg.cl

Farmácias

O Chile tem leis relativas à venda de medicação bastante flexíveis. Diversos remédios vendidos sob prescrição médica em outros países não exigem receita ali, e às vezes os farmacêuticos receitam o medicamento com base no relato dos sintomas. Porém, os remédios são caros. O horário de atendimento varia. Farmácias de grandes redes, como Cruz Verde, Ahumada e Salco Brand, atendem até tarde, mas em locais menores em geral há apenas uma farmácia para casos de emergência.

Unidade da rede de farmácias Cruz Verde

Bancos e Moeda Local

A moeda em circulação no Chile é o peso, mas em muitos destinos turísticos, hotéis, restaurantes e lojas, os dólares norte-americanos costumam ser aceitos. Em Santiago, a taxa de câmbio é mais alta do que no resto do país. Muitos estabelecimentos, com exceção de pequenas lojas, aceitam cartões de crédito. Quem percorre áreas rurais deve levar notas de valores baixos, para evitar problemas com troco. Nas proximidades da fronteira algumas lojas podem aceitar pesos argentinos, mas a taxa de câmbio costuma ser desfavorável. Não há restrição à entrada e à saída do país com altas somas de dinheiro, mas valores superiores a US$10 mil devem ser declarados na alfândega.

Caixa eletrônico móvel

Bancos

As agências bancárias são comuns em quase todas as cidades chilenas, e até nas menores localidades costuma funcionar uma filial do **BancoEstado**, que pertence ao governo. O horário de funcionamento em geral é entre 9h e 14h, de segunda a sexta-feira. O atendimento pode ser lento; por isso, tente ir às agências logo após a abertura. As *casas de cambio* são mais ágeis e atendem até 18h, mas podem fechar na hora do almoço (algumas funcionam aos sábados pela manhã). Há muitas *casas de cambio* em Santiago, mas menos em outras partes. Em geral, as taxas para troca de moedas são mais baixas do que nos bancos.

Caixas Eletrônicos

No Chile, os *cajeros automáticos* são muito abundantes e não há dificuldade de encontrar um na entrada dos bancos, em supermercados, postos de gasolina e outros locais de movimento. No aeroporto de Santiago funcionam locais para troca, mas as taxas são melhores nos caixas eletrônicos instalados no saguão. No verão, é comum encontrar caixas eletrônicos móveis, sobretudo em locais onde não há bancos. Visitantes com cartões emitidos em outros países podem sacar até o equivalente a US$300 por dia, mas apenas em pesos.

Em geral os caixas eletrônicos disponibilizam notas de $10 mil e algumas de $5 mil, o que complica para quem precisa de troco. A maioria dos bancos chilenos, com exceção do BancoEstado e do CorpBanca, cobra cerca de US$4 por saque. Antes de viajar, turistas que possuem cartões emitidos por bancos estrangeiros precisam consultar a instituição sobre as taxas cobradas pelos saques em outros países, que podem ser bastante altas.

Cartão de Crédito e Travellers Cheques

Os cartões de crédito são amplamente aceitos em todo o Chile, sobretudo em hotéis, restaurantes e lojas, com exceção de estabelecimentos pequenos. As administradoras costumam cobrar uma taxa pelo uso do cartão em outros países – convém confirmar antes da viagem para evitar surpresas. Os cartões mais aceitos são **MasterCard**, **Visa** e **American Express**. Em caso de perda ou roubo do cartão de crédito, é preciso comunicar a instituição emissora sem demora.

Os traveller's cheques emitidos em dólares norte-americanos são uma forma segura de levar dinheiro, pois são repostos em caso de roubo. Ao trocar os traveller's cheques, tanto os bancos como as *casas de cambio* exigem identificação, de preferência o passaporte. É importante guardar o recibo da transação e anotar a numeração dos cheques em um local seguro.

Transferência de Dinheiro

É possível fazer remessas de valores para o Chile por meio da Western Union e das *casas de cambio*, e para transferências internas muitos preferem usar o **Chilexpress**, com cerca de 200 endereços no país.

Além da comissão, a Western Union cobra uma taxa pela transação. A **Thomas Cook** também faz transferência de valores.

Impostos

Todas as etiquetas de preço incluem os 19% de *imposto de valor agregado* (IVA), mas em hotéis maiores os turistas podem ser isentos dessa tributação quando pagam em dólares

---

AGENDA

Bancos

BancoEstado
w bancoestado.cl

Cartões de Crédito e Travellers Cheques

American Express
Tel (02) 2672-2156.

MasterCard
Tel (02) 2698-2465.

VISA
Tel (02) 2698-2465.

Transferências

Chilexpress
w chilexpress.cl

Thomas Cook
w thomascook.com

ou cartão de crédito emitido no exterior. No entanto, nem todos os hotéis participam do programa de isenção, e mesmo quando o fazem não o aplicam de forma automática. O melhor é pedir uma *factura de exportación*, emitida depois que o cliente mostra seu cartão de turista *(p. 314)*. Em alguns casos, despesas com restaurantes e excursões são isentas do IVA se o cliente incluir os valores na conta a ser acertada no hotel. Antes de comprar um produto ou serviço, pergunte se os valores são *con IVA* ou *sin IVA*.

Moedas e Cédulas Locais

O símbolo do peso chileno, moeda oficial do país, é $. No passado, essa unidade monetária era dividida em centavos, mas desde 1984 a inflação deixou os centavos sem valor, e essas moedas acabaram saindo de circulação. Para o bicentenário da república em 2010, houve a intenção de criar moedas de $20 e de $200, mas não houve entusiasmo e o projeto nunca chegou a sair do papel.

Prefira ter moedas e cédulas de valores mais baixos para as pequenas compras, em especial para pagar passagens de ônibus ou táxi. No interior e em regiões afastadas, onde os estabelecimentos comerciais em geral não têm muito dinheiro em caixa, é difícil conseguir troco para uma cédula de valor elevado. Na maioria das lojas, é costume arredondar os valores para o múltiplo de $10 mais próximo. A cédula de $1.000 é apelidada de *luca*, nome que facilita as transações com valores mais altos. As cédulas são chamadas de *billetes*, e as moedas, de *monedas*.

Moedas

Existem moedas de $500, $100, $50, $10 e $5. As moedas de $1 ainda circulam, mas são raras e quase não têm valor.

| 5 pesos |  10 pesos |  50 pesos |  100 pesos |  500 pesos |

Cédulas

As cédulas de pesos são emitidas nos valores de $1.000, $2.000, $5.000, $10.000 e $20.000 e em geral exibem a imagem de um herói nacional. Para comemorar o bicentenário da república, foram lançadas cédulas novas, com tamanho e apresentação diferentes.

1.000 pesos

2.000 pesos

5.000 pesos

10.000 pesos

20.000 pesos

Comunicações e Mídia

O Chile conta com um bom sistema de comunicação e mídia, e o telefone é um meio bastante usado. Os aparelhos públicos, que funcionam tanto com moedas como com cartão, ainda são comuns, mas os celulares tornaram-se bastante difundidos. Há acesso à internet em todo o país, até em regiões mais afastadas. O sistema de correios funciona bem, mas alguns preferem a maior agilidade dos serviços de courier. O Chile conta com diversas redes de televisão e estações de rádio. Em Santiago e em outras cidades grandes circulam vários jornais diários, mas as publicações em outros idiomas além do espanhol não são encontradas com facilidade.

Usuários em telefone público de Santiago

Telefones

No Chile não existe um organismo responsável pelas telecomunicações, mas sim diversas operadoras (chamadas de *portadores*) que disputam o mercado. As maiores são a **Movistar** e a **Entel**. Cada uma administra seu sistema de telefones públicos e particulares, com cartões e códigos de acesso específicos. Para fazer uma chamada, você pode usar o cartão de qualquer operadora e digitar os códigos. No entanto, se o telefone pertencer à mesma empresa que o cartão, não é preciso discar nenhum código. Todos os cartões incluem instruções de uso, em geral escritas em espanhol. Um número cada vez maior de telefones públicos aceita apenas cartões pré-pagos e recarregáveis, mas alguns ainda funcionam com pesos. A tarifa básica para chamadas locais é de 100 pesos para 5 minutos. Os cartões telefônicos podem ser comprados em bancas de jornal, farmácias e algumas lojas, e alguns podem ser usados em aparelhos celulares também.

Códigos de Discagem

- No Chile, os números de telefone incluem um código de área com um ou dois dígitos. Os números de telefone têm sete ou oito dígitos.
- Para telefonar para o Chile de outro país, disque o código de acesso internacional e o código do Chile (56), seguido do código de área e do número do telefone.
- Os celulares exibem o prefixo 09 seguido de oito dígitos. Para fazer chamadas entre celulares, assim como dentro de uma mesma área, não é preciso discar o prefixo.
- Para chamadas interurbanas, inclua o código com três dígitos (quando necessário), seguido do código de área e do número do telefone.
- Para telefonar para o Brasil, disque o prefixo da operadora (111, 113, 188, 123), o dígito 0, o código do Brasil (55), o DDD e o telefone.
- Para pedir informações, disque 103.

Para fazer ligações internacionais ou interurbanas uma opção é ir a um *centro de llamados*, centrais telefônicas distribuídas por todo o país. Na maioria das vezes, os usuários podem entrar na cabine e discar para o telefone desejado, mas em alguns casos os operadores fazem a chamada.

Fazer chamadas dos hotéis costuma custar caro. É possível telefonar a cobrar *(cobro revertido)* ou mediante pagamento em *tarjeta de crédito* (cartão de crédito) de aparelhos públicos e particulares, mas as chamadas costumam custar mais do que se fossem feitas em *centros de llamados*. Em geral, custa bem mais caro fazer chamadas internacionais a cobrar e com débito no cartão quando o usuário usa os aparelhos azuis distribuídos pelo país.

Celulares

O uso de celulares é amplamente difundido no Chile, e o número de aparelhos móveis hoje supera o de linhas fixas. A cobertura, porém, pode ser falha em locais mais isolados, como o Deserto de Atacama e a Patagônia. A maioria das grandes operadoras internacionais funciona no Chile, mas quem visita o país deve se certificar de que seu provedor oferece essa cobertura antes de viajar. Em geral, as operadoras disponibilizam cobertura para *roaming*, mas confira antes quais são as tarifas, para não se surpreender com a conta telefônica. Os telefones que funcionam em quatro bandas *(quad-band)* continuam operando no Chile, mas os de funcionamento em três bandas podem encontrar restrições na cobertura. Uma boa medida é ter em mãos o telefone da central de atendimento do provedor, para o caso de dúvidas, e, se o aparelho tiver seguro, guardar a documentação em local confiável, para uso em caso de roubo ou perda. Os cartões locais com chip podem ser encontrados com facilidade, e muitos visitantes preferem alugar ou comprar um aparelho. Há telefones para locação nas lojas das diversas empresas de telefonia. A Movistar e a Entel, por exemplo, têm atendimento no aeroporto internacional Arturo Merino Benítez, em Santiago.

Internet, E-Mail e Fax

Os cibercafés são comuns no Chile, e muitos oferecem também conexão de banda larga (banda ancha) e acesso sem fio. No aeroporto internacional de Santiago há vários quiosques de internet que cobram por minuto, e a maioria dos hotéis e pousadas oferece o acesso sem cobrar por isso. Alguns hotéis internacionais mais sofisticados podem cobrar pelo acesso à internet, mas em estabelecimentos chilenos a prática não é comum. Os muitos centros de llamados disponibilizam o acesso em geral a preços razoáveis (cobram por hora). Para enviar um fax, basta procurar uma das centrais de telefonia existentes no país.

Jornais e Revistas

No Chile existem 27 jornais de circulação nacional e 106 regionais. O *El Mercurio* (p. 126) é o principal jornal diário do país, mas o noticiário volta-se sobretudo para eventos nacionais. O *La Tercera*, um tabloide diário, tem ampla leitura, mas o grande destaque nos últimos tempos é a publicação semanal *The Clinic*. *Estrategia* é uma publicação voltada para o mundo dos negócios e das finanças. Em Santiago é difícil o leitor encontrar jornais em português ou inglês. Se quiser ter notícias do Brasil acesse um dos jornais brasileiros pela internet. Para encontrar publicações de outros países, dirija-se às livrarias situadas no aeroporto de Santiago.

Entrada do *centro de llamados* em Valparaíso

Televisão e Rádio

No Chile funcionam várias redes de televisão. As principais são a Televisión Nacional, estatal, e o Canal 13, que pertence à Universidad Católica. A televisão a cabo tornou-se comum em muitos lares, restaurantes, bares e cafés. A maioria dos hotéis oferece o serviço, mas é raro encontrar canais de outros países.

O rádio é bastante apreciado no Chile, mas fora das grandes cidades a recepção pode ser ruim. Há mais de vinte estações FM no país, que transmitem de música popular a clássicos.

Correios e Courier

A **Correios de Chile**, empresa postal do país atualmente privatizada, tem atendimento em todos os locais e é bastante confiável. Quem visita o Chile pode receber correspondência por meio da *lista de correos* ou por entrega normal.

Também é grande a oferta de serviços de courier: além de empresas internacionais, como a **DHL** e a **Federal Express**, a chilena **Chilexpress** conta com boa rede em todo o território. Em geral, essa opção é mais rápida do que o sistema postal chileno, mas pode custar mais caro.

Revistas à venda em uma banca de Valparaíso

AGENDA

Telefones

Entel
w entel.cl

Movistar
w movistar.cl

Correios e Courier

Chilexpress
Avenida Providencia 1709, Santiago.
Tel (02) 2235-2526.
w chilexpress.cl

Correos de Chile
w correos.cl

DHL
Avenida Nueva Providencia 2070, Santiago.
Tel (02) 2666-2050.
w dhl.cl

Federal Express
Avenida Providencia 2519, Providencia, Santiago.
Tel (02) 2361-6112 (informações gerais).
w fedex.cl

INFORMAÇÃO DE VIAGEM

Muitos visitantes chegam ao Chile por ar, mas é grande também o número de visitantes que chegam por terra vindos do Brasil, Argentina, Bolívia ou Peru. O aeroporto de Santiago recebe voos das principais empresas aéreas do mundo, e algumas linhas de cruzeiro ligam Valparaíso a Buenos Aires, na Argentina. Para se deslocar dentro do país, o turista pode pegar um avião até destinos isolados, como a fronteira com o Peru, ao norte, ou a Patagônia ou a Ilha de Páscoa, mas em geral é preciso trocar de avião em Santiago. Não há muitas linhas de trem de passageiros em operação no país, mas as estradas em geral têm excelentes condições. Pode-se ir de ônibus a muitos destinos e é fácil alugar carro no Chile. No extremo sul, o melhor é ir de balsa.

Como Chegar de Avião

A maioria dos visitantes chega ao país pelo **Aeroporto Internacional Arturo Merino Benítez**, situado 17km ao noroeste de Santiago. O aeroporto tem boa estrutura e acomoda voos para outras cidades chilenas, além de destinos internacionais. Nos demais aeroportos chilenos chegam apenas voos vindos de países próximos, com exceção do Aeroporto Mataveri, na Ilha de Páscoa, onde pousam aviões vindos do Taiti e da Austrália.

A principal empresa aérea é a **LAN Airlines**, com voos para o Brasil, Europa, América do Norte e região do Pacífico. **Aerolineas Argentinas**, **Gol** e **TAM** também têm linhas para Santiago saindo do Brasil. Outras empresas internacionais como **Air Europa**, **Avianca**, **American Airlines**, **Air France KLM**, **Delta Airlines** e **Air Canada** também pousam no aeroporto de Santiago. Do Brasil também é possível voar para a Ilha de Páscoa, Calama, Temuco, Concepción e Punta Arenas, entre outros locais.

Preço das Passagens Aéreas

As passagens aéreas para o Chile não costumam ser baratas, mas os preços variam de acordo com a época e a antecedência da compra. Em geral, as passagens aéreas custam mais para voos entre meados de dezembro e fevereiro, e no inverno os preços costumam cair. Pacotes especiais e tarifas promocionais são anunciados no site da empresa aérea ou em sites especializados em viagens, como **Decolar**, **Travelocity** e **Expedia**. Algumas tarifas promocionais custam bem menos, mas não permitem remarcar a data do voo.

Van do Aeroporto Internacional de Santiago

A LAN Airlines faz parte de um grupo de empresas aéreas chamado **One World**, que oferece o passe Visit South America, válido para uso no Chile ou em outros países do continente sul-americano.

Traslados

Empresas de transporte de Santiago, como a **Transfer Delfos** e a **Transvip**, fazem a conexão entre o aeroporto internacional e a capital chilena em vans que acomodam de 10 a 12 passageiros. Os trajetos para localidades como Providencia e Las Condes custam um pouco mais do que para o centro de Santiago. Várias outras empresas também oferecem esse serviço, e também é possível fazer o percurso de táxi.

Aeroporto Internacional Arturo Merino Benítez, perto de Santiago

Passageiros de um navio de cruzeiro exploram fiordes em botes infláveis

Por Terra

O Chile tem diversas fronteiras com a Argentina e algumas fazem parte do roteiro de confortáveis ônibus rodoviários. A opção mais movimentada é pela passagem Los Libertadores, entre Santiago e Mendoza, na Argentina, que pode ficar fechada no inverno por causa da neve. Outra via disputada liga Osorno, na Região dos Lagos, até a cidade de San Carlos de Bariloche, na Argentina, pela passagem Cardenal Samoré. Situada em altitudes mais baixas, permite tráfego o ano todo. Muitos usam o Paso de Jama, que parte de San Pedro de Atacama, no Chile, e chega em Jujuy e Salta, na Argentina; ou a estrada entre Punta Arenas e Río Gallegos, na Argentina. No verão, as estradas entre Puerto Natales e Torres del Paine até El Calafate, na Argentina, costumam lotar. As principais conexões com a Bolívia são as vias que ligam as cidades de Arica e Iquique a La Paz e Oruro.

As locadoras de veículos permitem que o carro seja alugado na Argentina e circule pelo Chile e vice-versa, mas para isso é preciso contar com cobertura de seguro adequada.

Brasileiros podem ir de carro para o Chile levando uma carteira internacional de habilitação, documento do veículo e seguro. Se o carro não estiver em seu nome, será necessário obter um certificado no Ministério das Relações Exteriores, antes de viajar.

Por Mar

Não existem linhas de cuzeiro com destino ao Chile, mas roteiros marítimos que partem do Peru passam o cabo Horn rumo à Argentina e ao Brasil e depois voltam. Alguns portos chilenos onde essas embarcações passam são Iquique, Arica, Antofagasta, Valparaíso, Puerto Montt, Coquimbo, Puerto Chacabuco, Puerto Natales e Punta Arenas. Se o passageiro quiser, pode deixar o navio em um dos portos e seguir por terra.

Excursões

Muitas empresas de turismo oferecem pacotes para o Chile. Consulte uma agência de viagem ou os sites na internet para mais informações e para encontrar os preços mais vantajosos. Além disso, o visitante pode contratar excursões internas junto a operadores chilenos. Em geral, os pacotes incluem voo, traslado para o hotel, hospedagem e guias.

Algumas excursões são montadas de acordo com um interesse específico, e não faltam agências que oferecem pacotes para quem quer esquiar, praticar snowboarding, mountain bike, surfe e observação de aves. Quem quer visitar a região vinícola no Vale Central do Chile, integrar uma excursão voltada aos aspectos arqueológicos da Ilha de Páscoa ou fazer uma viagem de observação de estrelas a San Pedro de Atacama também encontra boas ofertas.

AGENDA

Viagens Aéreas

Aeropuerto Internacional Arturo Merino Benítez
Casilla 79, Santiago.
Tel (02) 2690-1752. **w** aeropuertosantiago.cl

Aerolineas Argentinas
Tel 0800 707-3313 (Brasil).
w aerolineas.com.ar

Air Canada
Tel (11) 3254-6630.
w aircanada.com.br

Air France
Tel 4003-9955 (capitais e regiões metropolitanas brasileiras), 0800-888-9955 (demais localidades).
w airfrance.com.br

American Airlines
Tel (11) 4502-4000 (SP), (21) 4502-5005 (RJ), 0300-789-7778 (demais localidades). **w** aa.com.br

Delta Airlines
w delta.com

Gol
Tel 0300-115-2121 (Brasil).
w voegol.com.br

LAN Airlines
Tel 0300-788-0045 (Brasil).
w lan.com

Lufthansa
w lufthansa.com.br

Taca
w taca.com

TAM
Tel 4002-5700 (capitais), 0800-570-5700 (demais localidades).
w tam.com.br

Tarifas Promocionais

Decolar
Tel 4003-9444 (Brasil).
w decolar.com

Expedia
w expedia.com

One World
w oneworld.com

Orbitz
w orbitz.com

Travelocity
w travelocity.com

Traslados

Transfer Delfos
Aeropuerto Internacional Arturo Merino Benítez, Santiago.
Tel (02) 2913-8800.
w transferdelfos.cl

Transvip
Aeropuerto Internacional Arturo Merino Benítez, Santiago.
Tel (02) 2677-3000.
w transvip.cl

Voos Domésticos

A disposição geográfica do Chile, que se estende dos trópicos à região Antártica – mas com extensão leste-oeste de no máximo 300km –, torna as viagens de avião a forma mais indicada para se deslocar pelo país. Quem parte do sul rumo ao norte (e vice-versa) em geral precisa trocar de avião em Santiago, e para chegar a destinos mais isolados no sul o visitante viaja a bordo de aeronaves menores, que pertencem a empresas regionais. Para se informar sobre as tarifas em promoção consulte os sites das empresas aéreas, em geral atualizados todas as semanas. Os serviços de bordo variam de acordo com a companhia.

Passageiros aguardam seus voos no aeroporto de Arica

Empresas Domésticas

Duas empresas destacam-se no transporte aéreo interno chileno. Outras companhias investem no mercado local ocasionalmente, mas em geral nenhuma sobrevive por mais que poucos anos. A **LAN Airlines** (p. 325) controla cerca de 85% do mercado doméstico, oferece a maior variedade de voos e é a única empresa que oferece voos para a Ilha de Páscoa. A **Sky Airline** também ocupa um bom nicho do mercado chileno, mas opera menos linhas. Com sede em Santiago, a **Lassa** e a **Aerolíneas ATA** operam voos para a ilha Robinson Crusoé. Empresas como a **Aerocord**, a **Aerotaxis del Sur** e a **Cielomaraustral** oferecem conexões de táxis aéreos entre Puerto Montt e Chaitén. Após a erupção do vulcão Chaitén, em 2008, alguns voos foram direcionados para Palena. Empresas de táxi aéreo, como a **Transporte Aéreo Don Carlos** e a **Transportes Aéreos San Rafael**, operam linhas entre Coyhaique, no norte da Patagônia, e destinos menos conhecidos, como as ilhas de Melinka, o Parque Nacional Laguna San Rafael, Villa O'Higgins e Cochrane. Pequenos aviões partem de Puerto Montt com destino ao arquipélago de Chiloé, mais ao sul. A **Aerovías DAP**, de Punta Arenas, opera voos para Porvenir, na Terra do Fogo, para Puerto Navarino e para a base do Chile na Antártica, na Isla Rey Jorge, de onde saem pequenos cruzeiros que percorrem a península antártica.

Aeroportos Domésticos

O principal aeroporto é o agitado Aeroporto Internacional Arturo Merino Benítez (p. 325). Outros aeroportos importantes são os de **Arica**, **Iquique**, **La Serena**, **Calama** e **Antofagasta**, no Norte Grande e no Norte Chico; **Temuco** e **Puerto Montt**, na Região dos Lagos; e **Punta Arenas** e **Coyhaique**, na Patagônia.

Reservas

Quem compra passagens pela LAN Airlines ou pela Sky Airline não tem dificuldade para fazer reservas on-line. Os bilhetes eletrônicos são válidos, mas o passageiro precisa apresentar um comprovante impresso da reserva ou uma cópia do e-mail de confirmação. Os sites das duas empresas oferecem tarifas promocionais, mas algumas ofertas só são válidas para compras no Chile. A maioria das empresas aéreas menores também aceita reservas pela internet ou por telefone.

Avião da LAN Airlines na pista do Aeroporto Mataveni, na Ilha de Páscoa

Duração dos Voos

1:15 = Duração em horas:minutos

Santiago				
2:45	Arica			
2:30	0:45	Iquique		
2:00	4:35	0:55	Antofagasta	
1:40	4:35	4:40	4:25	Puerto Montt
4:00	8:05	6:10	2:20	2:10	Punta Arenas

Como Chegar

Em diversos trechos, é preciso trocar de avião em alguma cidade do país. O quadro ao lado informa o tempo mínimo de voo, que pode ser maior dependendo das conexões.

Família desembarcando no aeroporto de Puerto Montt

Check-In

Na maioria dos aeroportos do Chile, o processo de check-in costuma ser rápido e eficiente. Os passageiros precisam apresentar o bilhete ou o e-ticket, além do passaporte ou RG. É aconselhável chegar com pelo menos uma hora de antecedência quando o voo partir do Aeroporto Internacional Arturo Merino Benítez, em Santiago. Em aeroportos de cidades menores ou nos aeródromos usados pelas empresas aéreas de atuação regional, não é preciso tanta antecedência.

Descontos

Crianças menores de 2 anos não pagam passagem, mas não têm uma cota própria de bagagem nem podem ocupar um assento. Entre 2 e 11 anos, pagam dois terços do valor da passagem e têm direito à cota de bagagem.

Quem compra os bilhetes aéreos pode economizar bastante – a LAN Airlines, por exemplo, oferece 3% de desconto nas compras on-line. Não há uma política de descontos para estudantes ou idosos, mas o **Student Flight Center** orienta sobre promoções para viajantes jovens ou estudantes.

Bagagens

Nos voos domésticos, os passageiros da LAN Airlines têm direito a embarcar com bagagens de até 23kg por pessoa, além da bagagem de mão e de algum item de uso pessoal, como notebook. Na classe executiva, o limite passa para 23kg para bagagem a ser despachada e 16kg para a bagagem de mão. A Sky Airline limita o peso das bagagens a 20kg por pessoa, além de bagagem de mão pesando até 5kg. A empresa não oferece classe executiva.

Empresas aéreas menores, sobretudo as de táxi aéreo, oferecem limites de peso mais baixos. Em geral, itens como bicicletas, pranchas de surfe e esquis são cobrados à parte, assim como o peso excedente da bagagem.

AGENDA

Empresas Domésticas

Aerocord
Aerodromo La Paloma, Puerto Montt.
Tel (065) 226-2300.
w aerocord.cl

Aerolíneas ATA
Aeropuerto Arturo Merino Benítez, Santiago.
Tel (02) 2611-3670.
w aerolineasata.cl

Aerotaxis del Sur
Aeródromo Teniente Vidal, Coyhaique.
Tel (09) 9583-8374.
w aerotaxisdelsur.cl

Aerovías DAP
O'Higgins 891, Punta Arenas.
Tel (061) 261-6100.
w aeroviasdap.cl

Cielomaraustral
Quillota 254, Puerto Montt.
Tel (065) 226-3654.
w cielomaraustral.cl

Lassa
Avenida Larraín 7941, La Reina, Santiago.
Tel (02) 2273-5209.

Sky Airline
Huerfanos 815, Santiago.
Tel (02) 2352-5600.
w skyairline.cl

Transportes Aéreos San Rafael
18 de Septiembre 469, Coyhaique.
Tel (067) 257-3083.

Aeroportos Domésticos

Antofagasta
Tel (055) 225-4998.

Arica
Tel (058) 221-1116.

Calama
Tel (055) 236-3004.

Coyhaique
Tel (067) 227-2126.

Iquique
Tel (057) 241-0787.

La Serena
Tel (051) 227-0353.

Puerto Montt
Tel (065) 229-4161.

Punta Arenas
Tel (061) 223-8181.

Temuco
Tel (045) 220-1901.

Descontos e Promoções

Student Flight Center
Hernando de Aguirre 201, Santiago.
Tel (02) 2577-1200.
w studentfc.cl

Como Circular pelo Chile

Além do deslocamento aéreo, o transporte terrestre também é boa opção para quem visita o Chile, sobretudo se o destino for a região central. Os ônibus noturnos são confortáveis; alguns têm ar-condicionado, serviço de bordo e opções de lazer. Já os trens são menos frequentes e bem mais lentos. Para percorrer as cidades, algumas alternativas são os *micros*, os táxis e os *colectivos*, que circulam tanto na capital como em outras localidades e costumam ser baratos e eficientes. Na Região dos Lagos e no Arquipélago Sul, os ferryboats são essenciais para o deslocamento dos visitantes.

Ônibus rodoviário, com decoração vistosa

Ônibus

Os ônibus rodoviários oferecem diversas categorias. A opção mais básica, com poltronas reclináveis, pode ser interessante para viagens de 3 a 4 horas de duração. Para trechos mais longos uma alternativa são os ônibus leito *(semi-cama)* ou leito *(salón cama)*, com maior reclinação e mais espaço para as pernas. Viagens longas podem ser cansativas, mas algumas linhas incluem refeições e bebidas e em geral há paradas para descanso. Para se deslocar em locais menores, sobretudo na região rural, a opção são os micro-ônibus, muitas vezes bastante disputados. Ônibus de agências levam os visitantes a destinos específicos. A **Expediciones Manzur**, por exemplo, atende atrações em Cajón del Maipo.

Na maioria das cidades existem rodoviárias, mas algumas empresas têm terminais próprios. Em geral os terminais são seguros, apesar de frequentemente congestionados. Para viagens regionais, tente chegar com meia hora de antecedência.

Trens

A Empresa de Ferrocarriles del Estado ou EFE *(p. 93)*, que pertence ao governo, opera o sistema ferroviário chileno, uma opção mais barata porém mais lenta do que o deslocamento a bordo de ônibus rodoviários. No entanto, os trens que ligam Santiago a Rancagua e a San Fernando oferecem um bom serviço. Geridos pela EFE, os trens da TerraSur oferecem viagens de 5 horas de duração, com cinco partidas por dia, entre Santiago e Chillán, no Vale Central, com conexão de ônibus para Concepción. Uma das experiências marcantes no país é viajar no trem que liga Talca à cidade praiana de Constitución.

Ferries e Catamarãs

Quem visita a Região dos Lagos e a Patagônia conta com um sistema de catamarãs e ferryboats para percorrer os trechos aquáticos. No norte da Patagônia, a opção mais usada são os ferryboats noturnos da **Navimag**, que saem de Puerto Montt rumo a Puerto Chacabuco, e o trajeto com três dias de duração com destino a Puerto Natales, porta de entrada para o Parque Nacional Torres del Paine *(pp. 246-9)*. O ferryboat que sai de Puerto Chacabuco segue para o Parque Nacional Laguna San Rafael *(p. 237)* e volta no mesmo dia, assim como as linhas de catamarã, mais rápidas. Com saídas de Puerto Montt, e algumas vezes também de Quellón, na Isla Grande de Chiloé, a **Naviera Austral** tem como destino o porto de Chaitén. Há também um esquema com ônibus – vai-se de ferry de Puerto Montt ou Hornopirén até Caleta Gonzalo, acesso norte do Parque Pumalín *(p. 230)*, e de lá continua-se até Chaitén pela Ruta Bimodal. Ferries menores ligam a cidade de Pargua, no continente, a Isla Grande e localidades como La Arena e Puelche, a sudeste de Puerto Montt.

No sul da Patagônia, a **Transbordadora Austral Broom** opera um serviço de ferryboat entre Punta Arenas e Porvenir, na parte chilena da Terra do Fogo. Alguns ferries transportam ônibus, carros e passageiros pelo estreito de Magalhães, em Primera Angostura, situada a nordeste de Punta Arenas.

Um dos trens da Empresa de Ferrocarriles del Estado

Visitantes que preferem viajar até a Argentina *(pp. 256-7)* também podem seguir de ferryboat até algumas partes da fronteira. Em Puerto Yungay, extremidade sul da Carretera Austral, um ferryboat gratuito transporta os veículos do fiorde Mitchell até a Villa O'Higgins, de onde catamarãs levam até um posto da fronteira com conexões com El Chaltén, na Argentina. De Puerto Fuy, um ferryboat atravessa o lago Pirihueico rumo a Puerto Pirihueico, acesso para a cidade argentina de San Martín de los Andes. O **Cruce Andino** é um sistema de ônibus-catamarã-ônibus que corta os Andes entre Puerto Montt e Puerto Varas rumo a Bariloche.

Carro

Com uma malha rodoviária que se estende da fronteira com o Peru até Puerto Montt e Chiloé, o Chile convida o motorista que gosta de dirigir a seguir pelas estradas. Entre La Serena, no Norte Chico, e Puerto Montt, na Patagônia, há uma via com quatro pistas, além de estradas secundárias, às vezes estreitas. As vias principais são pedagiadas, e em Santiago é preciso pagar uma taxa diária de permanência do veículo ou adquirir uma autorização eletrônica, disponível nas locadoras de carros, entre outros locais. A **Servipag** vende autorizações pela internet. A Trilha dos Gringos é bastante disputada por turistas, em especial mochileiros. Fazem parte do roteiro trechos como de San Pedro de Atacama a Santiago, partes da Região dos Lagos e Torres del Paine, na Patagônia. O trajeto também pode ser explorado de carro, pois as vias oferecem belas paisagens. Boa parte da Carretera Austral, estrada mais bela do Chile, em meio aos Andes, é bastante estreita e com curvas acentuadas em alguns trechos. Não é preciso contar com veículos 4X4, desde que o motorista tenha bastante cuidado. Não há telefones públicos para emergência e os celulares nem sempre funcionam, mas as pessoas costumam parar para ajudar em caso de acidentes. A lei chilena exige o porte de triângulos luminosos, extintor e kit de primeiros socorros.

O uso do cinto de segurança é obrigatório para todos os passageiros, e quem dirige alcoolizado ou sob efeito de drogas comete um crime.

Motorista na Carretera Austral, norte da Patagônia

Aluguel de Carros

Nas principais cidades do país é fácil encontrar uma filial das locadoras internacionais, como a **Avis** e a **Hertz**. Existem ainda diversas empresas locais, como a **Verschae** e a **Seelmann**, em geral com diárias mais baixas. As tarifas mais comuns oferecem quilometragem irrestrita, mas alugar um carro no Chile custa caro. O motorista precisa ter mais de 21 anos, apresentar habilitação, passaporte e cartão de crédito. Em teoria só tem validade a habilitação internacional, mas nem sempre a exigência ocorre na prática. A locadora deve fornecer os documentos do veículo, que podem ser solicitados pela polícia. Em geral, a cobertura de seguro de veículos alugados custa mais, mas o item é obrigatório para quem vai cruzar a fronteira.

Consciência Ecológica

A consciência dos visitantes em relação ao deslocamento "ecologicamente correto" ainda é pequena, mas a preocupação vem crescendo junto com a elevação dos preços da energia. O aumento da prosperidade permitiu que muitos chilenos comprassem carros, mas em cidades como Santiago, Valparaíso e Viña del Mar o transporte coletivo é mais rápido, mais barato e menos poluente. A rede de ônibus Transantiago atende a capital e arredores. O sistema de trem não é muito amplo, mas há muitas linhas de ônibus, em geral rápidos e confortáveis, para destinos afastados. Muitos viajantes optam por se deslocar nesses ônibus, mais baratos do que o avião. Porém, em trechos longos ou sobre o oceano o avião é a melhor alternativa.

As agências de viagens *(p. 311)* têm preocupações ambientais. Operadoras que atuam na Patagônia, por exemplo, defendem os rios da região contra a construção de hidrelétricas, e novos hotéis contam com instalações que reduzem o impacto ambiental, como sistemas de uso consciente da água.

AGENDA

Ônibus

Expediciones Manzur
Santiago. **Tel** (09) 9335-7800.

Ferries e Catamarãs

Cruce Andino
w cruceandino.com

Navimag
Tel (02) 2442-3120.
w navimag.com

Naviera Austral
Ave. Angelmó 1673, Puerto Montt. **Tel** (065) 227-0430.
w navieraaustral.cl

Transbordadora Austral Broom
Juan Williams 06450, Punta Arenas. **Tel** (061) 272-8100.
w tabsa.cl

Carro

Servipag
w servipag.com

Aluguel de Carros

Avis
w avis.cl

Hertz
w hertz.cl

Seelmann
w seelmann.cl

Verschae
w verschae.cl

Índice Geral

Os números de página em **negrito** referem-se às entradas principais.

A

Achados e perdidos 318
Achao **222**
Acuña, Claudia 29
Agências de viagens **310**, 311
Agostinianos 73
Aguirre, Francisco de 184
Ahu Akivi **264-5**
Ahu Nau Nau 261, 265
Ahu Tahai (Hanga Roa) 15, 116, **262**
Ahu Tongariki 15, 265
Ahu Vinapu 15, 264
Aimará, povo 19, **26**
 festividades 40
 história 45, 161, 164, 166, 167
 vilarejos 169, 172
Alacalufe, povo 241
Albergues 274
Aldea Tulor 162, **179**
Aldunate, Manuel 66, 67
Alemães, imigrantes 27, 191, 210
 Região dos Lagos 211
Alerce Andino, Parque Nacional 25, **217**
Alero de las Manos 237
Alessandri, Arturo 50-1, 81
Alfândega 314
Alfombras de Puyuhuapi 232
Algarrobo **134**
Allende Gossens, Salvador 83, 91
 golpe 52
 morte 68, 90
 presidência **51**
Allende, Isabel 30
Almagro, Diego de 46
Altitude, mal de 318-9
Altos de Lircay, Reserva Nacional 120, **155**
Aluguel de apartamentos 274
Ambulâncias 319
América do Sul
 mapa 16-7
Ana Kai Tangata (Hanga Roa) **263**
Ana Te Pahu **265**
Ancud **218**
 festividades 40
 hotéis 279
Andacollo 39
Andes
 festividades 40
 movimentos tectônicos 23
 música 28, 29
 paisagem e vida selvagem 22-3
Aninat, Isabel 95
Año Nuevo 39
Antiguidades, lojas de 302
 Santiago **98-9**, 101
Antofagasta 49, 162, **180-1**
 festividades 38
 hotéis 278
 restaurantes 294
 shopping 302
Antúnez, Nemesio 128
Anwandter, Karl 207
Apart-hotéis, hospedagem 274
Archipélago de Juan Fernández, Parque Nacional 259, 268
Argentina, visita à **256-7**
Arica 161, 162, **164-5**
 hotéis 278

Arica (cont.)
 mapa 165
 restaurantes 294
Arquitetura **33**
 Igrejas Jesuítas em Chiloé **224-5**
 palafito 116, 192, **221**, 239
 Pukarás e o Camino del Inca **167**
Arquitetura neoclássica 33
Arquitetura vernacular 33
Arrau, Claudio 21, 29, 73, 305
Arte **32**
 Compras em Santiago **99**, 101
 veja também Museus e galerias
Arte rupestre
 Alero de las Manos 237
 Ana Kai Tangata (Hanga Roa) **263**
 Cerro Pintados 14, 162, **173**
 Geóglifos de Cerro Sagrado (Arica) 165
 Monument Nacional Valle del Encanto **189**
 Museo Arqueológico (La Serena) 184
 Península Poike 260, **265**
 Río de los Cipreses 147
Arteaga, Gerardo 85
Artesanato
 no Vale Central **158-9**
Artesanato, lojas de 300, 302
 Poblado Artesanal (Arica) 165
 Santiago **98**, 101
Assler Browne, Federico 93
Astronomia 14, **309**, 311
 observação de estrelas no deserto do Norte **179**
 Observatório Cerro Mamalluca 179, **186**
 Observatório Cerro Paranal 162, 179, **181**
Atacama, Deserto do 20, 33, 49, 53, 161
 1 semana no Atacama 11, 14
 arqueologia 310
 mapa 11
 observação de estrelas no deserto do norte **179**
 paisagem e vida selvagem **22**, 24
 povos do 45
Atacamenho, povo 45, 167, 175, 179
Atividades ao ar livre e interesses especiais **306-11**
Avenida del Mar (La Serena) **185**
Aves 22
 biodiversidade 24
 Monument Natural Cerro Ñielol (Temuco) 194
 Monument Natural Islotes de Puñihuil 218
 observação **307**, 311
 Reserva Nacional Las Vicuñas 166
 Salar de Tara 14, 179
 Santuario Cañi 201
 Santuario de la Naturaleza Carlos Anwandter 208
Avião, viagens de
 voos domésticos **326-7**
 voos internacionais **324**
Aylwin, Patricio 52
Azul, Laguna 203
Azul, Río 231

B

Baburizza, Pascual 126
Bachelet, Michelle 53
Baker, Río **238-9**

Baleias
 Ballenera de Quintay 134
 observação **309**, 311
 preservação **25**
Ballenera de Quintay 134
Balmaceda, José Manuel 49, 92
Bancos **320-1**
Banheiros públicos 317
Banhos termais *veja* Spas e termas
Baños de Puritama **179**
Baqueanos 27
Bar Inglés (Valparaíso) **124**
Bar La Playa (Valparaíso) **124**
Bares e casas noturnas 304
 Santiago **102-3**, 105
Barrio Bellavista (Santiago) 87, 102, 300, 304
Barrio Brasil (Santiago) 78, **82-3**
Barrio Concha y Toro (Santiago) 83
Barrio Dieciocho (Santiago) 84
Barrio El Golf (Santiago) 57, 87, **94**
Barrio Lastarría (Santiago) **74**
Barrio París-Londres (Santiago) **72**
Barrio Patronato (Santiago) **90-1**, 99
Barrio Suecia (Santiago) **93**, 107
Barrio Vitacura (Santiago) 87, **94**
Barrios, Gracia 128
Bascuñán, Raquel 95
Basílicas
 Basílica de los Sacramentinos (Santiago) **84-5**
 Basílica y Museo de la Merced (Santiago) 73
Batalha de Rancagua (1814) 48, 146
Bauer, Alfonso 186
Bebidas
 bebidas tradicionais **36-7**
 compras **100**, 101
 o que beber **288-9**
 pisco **187**
 veja também Comida e bebida
Beltrán, Tito 305
Benmayor, Samy 75
Bernardo O'Higgins, Parque Nacional **245**
Bertrand, lago 228
Bianchi 83
Bibliotecas
 Biblioteca de Santiago **82**
 Biblioteca Nacional (Santiago) **72**
Bicicleta *ver* Ciclismo
Bieregel, Federico 92
Biodiversidade **24-5**
Blest Gana, Alberto 30
Bodegas 273
Bolaño, Roberto 31
Bolívia 49
Bolsa de Comercio (Santiago) **69**
Bosque Fray Jorge, Parque Nacional **189**
Botero, Fernando 75
Bowen, Alex 31
Bravo, Claudio 32
Bravo, Larraín 83
Brown, Ricardo 62
Brunet des Baines, Claude François 73, 74
Butacura 94
Byron, John 227, 237

C

Cabañas 274
Cabezas, Rodrigo 75
Cabo Horn **255**

Caburgua, lago 190, **201**
Cachagua **135**
Cachoeiras
　Cascada La Vírgen 236, 237
　Ojos del Caburgua 191, **201**
　Parque Nacional Radal Siete Tazas 154
　Salto Grande 246
　Saltos del Laja **157**
　Saltos de Petrohué 214
Cadeira de rodas *veja* Portadores de deficiência
Cafés
　Confitería Torres (Santiago) **84**
Caiaque **308**, 311
Caixas eletrônicos 320
Cajón del Maipo **144-5**
　mapa **145**
Calama 13, **174**
Calbuco **217**
Calbuco, vulcão 53
Caldera **182**
　restaurantes 294
Caleta Tortel **239**
　hotéis 280
Calle Esmeralda (Valparaíso) **126**
Calle Prat (Valparaíso) **126**
Camanchaca (neblina) 22, 24
Caminhadas **306**, 311
　Santiago **97**
Camino del Inca **167**
Campanario de los Jesuitas (Puerto Montt) **216**
Camping 274
Campo de Gelo Norte 226
Campo de Gelo Sul 242
Canal do Panamá 50, 240, 254, 255
Cancillería (Santiago) **67**
Canoês 45
Capac, Huayna 46
Capelan, Carlos 95
Captrén, Laguna 198
Carnaval Cultural de Valparaíso 39
Carnaval de Invierno (Punta Arenas) 41
Carnaval de Putre 40
Carnes
　Os Sabores do Chile **287**
Carretera Austral 227, 238, 239, 307, 329
Carros **329**
　aluguel **29**
　direção em Santiago **96-7**
　férias na estrada **307**, 311
　veja também Passeios de carro
Cartagena **134**
Cartões de crédito 320
Casa Colorada (Santiago) 33, 61, **63**
Casa de Cultura Alfredo de Rodt (San Juan Bautista) 268
Casa de la Ciudadanía Montecarmelo (Santiago) **92**
Casa de la Cultura (Rancagua) 146
Casa Mirador de Lukas (Valparaíso) 127
Casa Museo Isla Negra 12, 120, **136-7**
Casa Museo La Chascona (Santiago) 12, **91**
Casablanca, vale de 120, 289, 301
　hotéis 277
　restaurantes 292
　Rota do Vinho **142-3**
Casas noturnas **304**
Cascada La Vírgen 236, 237
Casino Enjoy Viña del Mar **132-3**
Casino Español (Iquique) 162, 171
Caspana 175

Castillo Wulff (Viña del Mar) 118, **132**
Castro **220-1**
　hotéis 279
　mapa 220
　restaurantes 295
Catamarãs **328-9**
Catedrais
　Catedral de La Serena **184**
　Catedral de San Marcos (Arica) 164
　Catedral Metropolitana (Santiago) 56, 61, **62**
　Catedral San Mateo Apóstol (Orsono) 208
　veja também Igrejas
Caubóis *veja* Huasos
Cavendish, Thomas 251
Cavernas
　Ana Kai Tangata (Hanga Roa) **263**
　Ana Te Pahu **265**
　Cueva Robinson **269**
Cazotte, Teresa 83
Cédulas 321
Céjar, Laguna 117
Celulares **322-3**
Cemitérios
　Cementerio Católico (Valparaíso) **127**
　Cementerio Disidentes (Valparaíso) **127**
　Cementerio General (Santiago) **90**
　Cementerio Hanga Roa **262**
　Cementerio Municipal Sara Braun (Punta Arenas) 13, **251**
Centro Cultural El Austral (Valdivia) **206**
Centro Cultural Estación Mapocho (Santiago) **77**
Centro Cultural Palacio La Moneda (Santiago) 12, **68**, 103
Centro de Esqui Antillanca 209
Centro de Esqui Las Araucarias (Parque Nacional Conguillío) 198
Centro de Esqui Pucón 202
Centro de Exposición de Arte Indígena (Santiago) 301
Centros culturais
　Casa de Cultura Alfredo de Rodt (San Juan Bautista) 268
　Casa de la Ciudadanía Montecarmelo (Santiago) **92**
　Casa de la Cultura (Rancagua) 146
　Centro Cultural El Austral (Valdivia) **206**
　Palacio Astoreca (Iquique) 170
　Palacio Carrasco (Viña del Mar) **133**
Cerámica 32, **158**
Cerro Castillo, Reserva Nacional 228, **237**, 306
Cerro Castor **257**
Cerro Macay 236
Cerro Mamalluca, Observatório 179, **186**
Cerro Paranal, Observatório 162, 179, **181**
Cerro Pintados 14, 162, **173**
Cerro Santa Lucía (Santiago) 12, 70-1, **74**, 97, 106
Cervantes, Miguel de 171
Cerveja **288**
Chacabuco, Batalha de (1817) 48
Chaitén **230**
Chango, povo 45
Chaxa, Laguna 180
Chile Chico 228, **238**
　hotéis 280
Chillán **156**
　restaurantes 292

Chiloé 33, 49, **218-25**, 244, 251
　clima 42, 43
　como circular 192
　Fauna e flora **23**
　festividades 40, **223**
　hotéis 279-80
　igrejas jesuítas em Chiloé **224-5**
　mapa 193
　mitos e folclore de Chiloé **219**
　população 27
Chiloé, Parque Nacional **221**
Chilotes **27**
Chinchorro, múmias de **165**
Chinchorro, povo 64, 164
Chiu-Chiu **174**, 175
Chonchi **223**
Chono, povo 191, 218
Chungará, lago 169
Chuquicamata **174**, 180
Chuvas **42-3**
Cibercafés 323
Cicarelli, Alejandro 81
Ciclismo **307**, 311
　Santiago **97**
Cienfuegos, Gonzalo 75
Cinema **31**, **305**
　festividades 38
Circuito Grande (Parque Nacional Torres del Paine) **248**, **249**
Clima **42-3**
Clos Apalta 151
Club de la Unión (Santiago) **69**
Club Hípico (Santiago)
　corridas de cavalo 56, **85**, 104, 304
　eventos musicais **85**, 102, 103
Cocha Resbaladero 173
Cochrane **238**
　hotéis 280
Cochrane, Lord Thomas 124, 207
Codelco 20
Códigos de discagem 322
Colchagua, vale de 120, 150, 151, 289, 301
　hotéis 277
　Rota do Vinho **152-3**
Colectivos 97
Collado, Sebastian 128
Collyer, Jaime 30
Colombo, Cristóvão 46
Comandancia Jefe de la Armada (Valparaíso) 125
Comida e bebida 311
　comidas e bebidas típicas **36-7**
　compras 289, 301
　interesses especiais **310**
　pisco **187**
　sabores do Chile **286-7**
　shopping centers **100**, 101
　veja também Cafés; Restaurantes; Vinho
Compras **300-3**
　alimentos e vinho 289, 301
　antiguidades 302
　horários 300, 315, 320
　lápis-lazúli 98, **303**
　livros e discos 302
　lojas de departamentos 302
　lojas de museu 300-1
　mercados de artesãos 301, 302
　pagamento 300
　Santiago **98-101**
　shopping centers 302
　suvenires 300, 302
Comunicações e mídia **322-3**

ÍNDICE GERAL

CONAF 266, 269, 274, 314, 317
　sede admnistrativa (Parque Nacional Torres del Paine) **248**
Coñaripe **204**
Concepción 46, **156**
　hotéis 277
　restaurantes 292
Concha y Toro, Enrique 83
Concón **133**
Confiteria Torres (Santiago) **84**
Congreso 21
Congreso Nacional (Valparaíso) 12, **129**
Conguillío, lago 199
Conguillío, Parque Nacional 192, **198-9**
　mapa 198-9
Conquistadores 34, 46-7, 72, 161
Consciência ecológica **329**
Conservation Land Trust 20
Constituição do Chile (1833) 48
Constituição do Chile (1925) 51
Constituição do Chile (1980) 52
Contreras, Gonzalo 31
Conventos
　Convento de San Francisco (Santiago) 33
　Iglesia y Convento de San Francisco (Santiago) **72**
　Iglesia y Convento de San Francisco (Valparaíso) **129**
Cook, James 47
Copiapó **182**
　clima 43
　restaurantes 294
Coquimbo 305
Correios e serviços de courier 323
Correo Central (Santiago) 61, **62**
Corrida de cavalos 38, 39, 40
　Club Hípico (Santiago) 56, **85**, 104, 304
Cortés, González 83
Cotacotani, Laguna 169
Cousiño, família 84, 157
Coyhaique 227, 228, **236**
　clima 43
　hotéis 280
　restaurantes 297
Crianças
　em restaurantes 285
　em Santiago **104-5**
　viagem de avião 315
Crime 318
Crina de cavalo (crin) 159
Criolla, comida 286
Cristianismo 21
Cristo Redentor **138-9**
Croatas, imigrantes 27
Cruce de los Lagos 215
Cruz Montt, Alberto 69
Cruzeiros **309**, 311
Cueca 28, 37, 305
Cueva del Milodón 242, **245**
　restaurantes 297
Cueva Robinson **269**
Cumbia 29
Cunaco 292
Curacautín
　hotéis 279
　restaurantes 295
Curaco de Vélez **222**
Curicó 292

D

Dalcahue **222**
Dampier, William 269
Dança **28-9**
　festividades 39, 40, 41
　Santiago **104**, 105

Dario, Rubén 124
Darwin, Charles 139, 147, 227, 237
Defoe, Daniel 268
　Robinson Crusoé 268, 269
Degan 191
Derby de Viña del Mar 40
Desastres naturais 319
Desertos veja Atacama, Deserto de
Desfiles militares 36-7
Desierto Florido **185**
Destilarias
　Destilleria Pisco Mistral (Piso Elqui) 187
　Planta Capel (Vicuña) 186
Dia das Forças Armadas (Dia de las Glorias de Ejército) 36, 37, 38
Día de la Raza 38
Día de las Glorias de Ejército (Dia das Forças Armadas) 36, 37, 38
Día de las Iglesias Evangélicas y Protestantes 38
Diaguita, povo 32, 45, 161
Dittborn, Eugenio
　Pés ausentes 32
Diversão
　bares e casas noturnas **304**
　em Santiago **102-5**
　esportes **304**, 305
　informações úteis **304**, 305
　música **304-5**
　teatro e cinema **305**
Domeyko, Ignacio 185
Donoso, José 30
Dorfman, Ariel 305
Doyere, Emilio 66
Duclos, Arturo 221
Duhart, Emilio 94

E

Eberhard, Hermann 244-5
Economia **20-1**, 50, 53
Edificio de la Aduana (Valparaíso) 12, **124**
Edwards-Ross, família 127
Egidio Meléndez, Luis 67
Egneau, Juan 93
Eiffel, Gustave 77, 164
El Basilisco 219
El Calafate 256
El Camahueto 219
El Colorado **144**
El Coo 219
El Ensayo (Santiago) 38
El Gigante (Rano Raraku) 15, 267
El Mercurio de Valparaíso **127**
El Molle, povo 161
El Teniente **146-7**, 149
El Trauco 219
Eletricidade 317
Elizalde, lago 237
E-mail 323
Embaixadas 314, 317
Emergências 319
Encuentro Folclórico (Ancud) 40
Endereços 315
Englert, Sebastián 262
Era Colonial 60
　arquitetura 33
　arte 32
　colapso do colonialismo **47**
　produção de vinho 151
Ercilla y Zúñiga, Alonso de 30
Escaladas **306-7**, 311
Escola Chilote 224
Escuela de México (Chillán) 156
Escuela Santa María de Iquique 50
Espacio, Arte 95

Espanha
　Chiloé 218
　colonizadores espanhóis 46, 47, 48, 161
　história do vinho no Chile 151
　Santiago 60
Esportes **21**, **34-5**, **304**, 305
　Santiago **104**, 105
Esqui **35**, 41, **308**, 311
　Centro de Esqui Antillanca 209
　Centro de Esqui Corralco **197**
　Centro de Esqui las Araucarias 198
　Centro de Esqui Pucón 202
　Cerro Castor **257**
　El Colorado **144**
　La Parva **144**
　Lagunillas **144-5**
　Nevados de Chillán **156**
　Portillo **138**
　Valle Nevado **144**
Estancia El Cuadro (vale de Casablanca) 143
Estancias 33, 272, 273
Estátua
　Cristo Redentor **138-9**
Estreito de Magalhães **254**
　história 46, 241, 251, 255
Estudantes 316
Etiqueta 315
Etnoturismo 317
Ex-Aduana (Arica) 164
Ex-Congreso Nacional (Santiago) 60, **66**
Ex-Estación El Ferrocarril de Antofagasta a Bolivia 181
Eyraud, Eugene 262

F

Fantasilandia (Santiago) **85**, 104
Farmácias 319
Fauna 20, **22-3**
　biodiversidade **24-5**
Fax 323
Ferham, J. Eduardo 62
Feria del Libro (Santiago) 38, 77, 302
Feria Libre Aníbal Pinto (Temuco) **195**
Feriados 41
Ferroboats e catamarãs **328-9**
Ferrovias veja Trens
Festival Costumbrista Chilote (Chiloé) 40, **223**
Festival de Cine Internacional (Viña del Mar) 38
Festival de Colonias Extranjeras (Antofagasta) 38
Festival de La Tirana 41, **173**
Festival de la Vendimia 40
Festival de los Mil Tambores (Valparaíso) 38
Festival Internacional de la Canción de Viña del Mar 40, 132
Festival Internacional Teatro a Mil (Santiago) 21, 31, 39
Festividades **38-41**
　Fiestas Patrias 27, 28, **36-7**, 38, 85
Fiesta de Cuasimodo 40
Fiesta de la Virgen del Carmen (Santiago) 41
Fiesta de San Pedro 28, 41
Fiesta Grande de la Virgen de Rosario (Andacollo) 39
Fiestas Patrias 27, 28, **36-7**, 38, 85
Figueroa García-Huidobro, Gonzalo 264
Filmes **31**, **305**
　festivais 38
Fin de Año 39
Fiordes do norte da Patagônia **231**

ÍNDICE GERAL | 333

Fortes
  Fuerte Bulnes 251
  Fuerte de Corral 207
  Fuerte de Mancera 207
  Fuerte de Niebla 207
  Fuerte San Antonio (Ancud) 218
  nos arredores de Valdivia **207**
Fox, Tyler 35
Frei Montalva, Eduardo 51
Frei Ruiz-Tagle, Eduardo 52, 53
Frutillar 13, 192, **210-1**
  festividades 39
  hotéis 279
Fuente, Gregorio de la
  Mural Historia de Concepción 156
Fuguet, Alberto 31
Fumo 316
  em restaurantes 285
Funiculares
  Parque Metropolitano de Santiago 88
  Valparaíso 12, **130-1**
Fuso horário 317
Futaleufú **231**
  hotéis 281
  restaurantes 297
Futebol **34**, 104, 304

G

Galerias *veja* Museus e galerias
Garcia Bernal, Gael 31
Garcia Postigo, Gustavo 72
Garrudi Falcón, Don Julio 67
Garzón, Báltazar 53
Gay, Claudio 80
Gays e lésbicas 316
Gazitúa, Francisco 90
Gêiseres de Tatio 14, **175**, 176-7
Geóglifos e petróglifos
  Alero de las Manos 237
  Ana Kai Tangata (Hanga Roa) **263**
  Cerro Pintados 14, 162, **173**
  Geóglifos de Cerro Sagrado (Arica) 165
  Monumento Nacional Valle del Encanto **189**
  Museo Arqueológico (La Serena) **184**
  Península Poike 260, **265**
  Río de los Cipreses 147
Gigante de Atacama 32
Gil de Castro, José 74, 75
Glaciar Grey (Parque Nacional Torres del Paine) 246, **249**
Glaciar Perito Moreno (Parque Nacional Los Glaciares) 256
Glorias Navales 41, 125
Godoy, Juan 48, 182
Golfe **309**, 311
González, Fernando 21, 34
Gordon, Arturo 32
  Paisaje lo Contador 32
Gorjetas 316
  em hotéis 274
  em restaurantes 284
Governo **21**
Guallatire, vulcão 166
Guerrero, Xavier 156
Guzmán, Jaime 52
Guzmán, Juan 53

H

Haciendas 273
  Hacienda Los Andes 188, 307
  Hacienda Los Lingues **150**
Hanga Roa 19, 20, 260, **262-3**
  1 semana no Pacífico Sul 15
  camping 261

Hanga Roa (cont.)
  clima 42
  hotéis 283
  mapa 263
  restaurantes 299
Hare Paenga (Rano Raraku) 267
Henault, Lucien 73
Herbage, Juan 184
Hinariru (Rano Raraku) 266
Hirst, Damien 75
História **45-53**
Hockney, David 75
Holzmann, Ernesto 72
Homem-Pássaro 15, **264**
Hopperdietzel, Walter 232
Horários de funcionamento
  bancos 320
  museus 315
  parques nacionais 315
Hornopirén 230
Hospitais 319
Hostales 273
Hosterías 273
Hotéis *veja* Onde Ficar
Huasos (caubóis) **27**
  chapéus 159
  festividades 27, 40
  história 27, 85, 119
  rodeio 35, 146
Huerquehue, Parque Nacional **201**
Huidobro, Vicente 30, 83, 134
Huilliche, povo 45, 218, 224
Humberstone 14, **172**
Hurtado de Mendoza, García 208

I

Ibáñez del Campo, Carlos 50, 51, 81
Idioma 21, 315
Idosos 316
Igreja Católica 47, 48
Igrejas
  Basilica y Museo de la Merced (Santiago) **73**
  Basilica de los Sacramentinos (Santiago) **84-5**
  Iglesia Anglicana San Pablo (Valparaíso) **127**
  Iglesia Capuchina (Panguipulli) 205
  Iglesia y Convento de San Francisco (Santiago) **72**
  Iglesia y Convento de San Francisco (Valparaíso) **129**
  Iglesia Luterana (Valparaíso) **127**
  Iglesia Parroquial (Puerto Octay) 210
  Iglesia Sagrado Corazón (Hanga Roa) **262**
  Iglesia Sagrado Corazón de Jesús (Puerto Varas) 211
  Iglesia de los Sagrados Corazones (Valparaíso) **129**
  Iglesia San Agustín (Santiago) **73**
  Iglesia San Francisco (Castro) **220-1**
  Iglesia de San Francisco (La Serena) **184**
  Iglesia San Francisco de Chiu-Chiu 33, **174**
  Iglesia de San Gerónimo de Poconchile **166**
  Iglesia de Santo Domingo (Santiago) **76**
  Iglesia de Sewell 149
  Igrejas Jesuítas em Chiloé **224-5**
  Santuario de La Tirana 173
  veja também Catedrais *e cidades individuais e vialarejos*
Ilha de Páscoa 19, 20, **116-7**, 133, **258-69**
  1 semana no Pacífico Sul 15

Ilha de Páscoa (cont.)
  biodiversidade 24
  clima 42
  como circular 261
  economia 20
  etnoturismo 317
  festividades 40, 263
  história **45-53**, 259
  hotéis 275, 283
  mapas 10, 16, 260
  música 28
  paisagem 22
  política 21
  população 26
  Rano Raraku 15, 116, 258, 260, **266-7**
  religião 21
  restaurantes 299
Ilha Robinson Crusoé 24, 258-61, **268-9**
  1 semana no Pacífico Sul 15
  clima 42
  como circular 261
  hotéis 283
  mapas 10, 261
  restaurantes 299
Imigrantes 27
Impostos 320-1
  em hotéis 272-3
Incas 46, 47, 65, 161, 167
Independência **48-9**
Informação turística 314, 317
Ingressos 315
Inmaculada Concepción 39
Interesses especiais **306-11**
Internet 323
Inverno no Chile **41**
Iquique 14, 50, 162, **170-1**
  hotéis 278
  mapa 170
  restaurantes 294
  shopping centers 302
Isla Dawson **255**
Isla Grande 218, 221, 223
Isla Magdalena 13, 25, 242, 251
Isla Negra 136
Isluga, vulcão 172

J

Jara, Victor 29, 90
Jardins *veja* Parques e jardins
Jecquier, Emilio 69, 75, 77
Jesuítas 32
  Campanario de los Jesuitas (Puerto Montt) **216**
  Catedral Metropolitana (Santiago) 61, 62
  Chonchi **223**
  Curaco de Vélez **222**
  Igrejas Jesuítas em Chiloé **224-5**
  Missão Circular **225**
Joalheria
  lapis-lazúli 98, **303**
Jornais 323
Juan Fernández, arquipélago 259, 268
Jufré del Águila, Don Melchor 150

K

Kaulen, Patricio 31
Kawéskar, povo 227, 239, 241, 244, 250-1
Keiser, Bernard 269
Ko Kona He Roa (Rano Raraku) 267
Koski, Markku 35

L

La Campana, Parque Nacional 25, **139**
La Junta 281
La Ley 29
La Parva **144**

ÍNDICE GERAL

La Pincoya 219
La Portada (Antofagasta) 162
La Portada **181**
La Sebastiana (Valparaíso) 12, **128**
La Serena 46, 161, 162, **184-5**
  hotéis 272
  mapa 185
  restaurantes 294
La Tirana 41, **173**
La Vega (Santiago) **90**
Lago Cochrane, Reserva Nacional 238
Lago Jeinemeni, Reserva Nacional 228, **238**, 239
Lago na Cratera (Rano Raraku) 266
Lagos e lagoas
  Lago Bertrand 228
  Lago Caburgua 190, **201**
  Lago Chungará 169
  Lago Conguillío 199
  Lago Elizalde 237
  Lago Llanquihue 13, **210**, 211
  Lago na Cratera (Rano Raraku) 266
  Lago Ranco **208**
  Lago Tinquilco 201
  Lago Todos Los Santos 212-3, 215
  Lago Vichuquén **154**
  Laguna Azul 203
  Laguna Captrén 198
  Laguna Céjar 117
  Laguna Chaxa 180
  Laguna Cotacotani 169
  Laguna Santa Rosa 183
  Laguna Témpanos 233
  Laguna Verde 183
  Salar de Tara 14, **179**
Lagos, Ricardo 52, 53, 68
Laguna de Laja, Parque Nacional 120, **157**
Laguna San Rafael, Parque Nacional 226, 228, **237**
Lagunillas **144-5**
Lanches
  os sabores do Chile **287**
Lanín, vulcão 203
Lápis-lazúli 98, **303**
Larraín Bravo, Ricardo 84
Larraín García-Moreno, Sergio **65**
Larraín, Pablo 31
Las Vicuñas, Reserva Nacional **166**
Lathoud, Paul 84
Lauca, Parque Nacional 20, 25, **168-9**
Lehuedé, Pedro 92
Lei de Imigração Seletiva (1845) 211
Letelier, Orlando 52, 90
Licán Ray **204**
Lira, Pedro 46, 81
Literatura 21, **30-1**, 38, 91
Littín, Miguel 31
Livrarias 302
  Santiago **99**, 101
Llaima, vulcão 198, **199**
Llanquihue, lago 13, **210**, 211
  hotéis 275
Lloyd, William 127
Lojas de departamentos 302
Los Andes **138**
Los Cuernos 13, 18, 240, 247
Los Glaciares, Parque Nacional **256**
Los Jaivas 21
Los Santos Vasconcelos, Juan de 76
Lota **157**
Luco, Barros 84
Luz do sol **42-3**

M

MAC Espacio Quinta Normal (Santiago) **80-1**
Machiacao 83
Madeira **159**
Magellan, Ferdinand 46, 241, **254**
Maitencillo
  hotéis 277
Mall Zofri (Iquique) 171
Mamiña, Termas de **172**
Mapas
  Arica 165
  América do Sul 16-7
  Atacama 11
  biodiversidade do Chile **24-5**
  Cajón del Maipo **145**
  Castro 220
  Chile e Ilha de Páscoa 116-7
  clima do Chile **42-3**
  funiculares de Valparaíso 131
  Hanga Roa 263
  Ilha de Páscoa 10, 16, 116, 260
  Iquique 170
  La Serena 185
  norte da Patagônia 229
  Norte Grande e Norte Chico 163
  Parque Nacional Conguillío 198-9
  Parque Nacional Torres del Paine 246-7
  Parque Nacional Vicente Pérez Rosales 214-5
  Parque Nacional Villarrica 202-3
  Patagônia 11, 229, 242-3
  Puerto Montt 216
  Punta Arenas 250
  Região dos Lagos e Chiloé 193
  Robinson Crusoé, ilha 10, 261
  Rota do Vinho no Vale de Casablanca **142-3**
  Rota do Vinho no Vale de Colchagua **152-3**
  Santiago 56-7
  Santiago: Guia de Ruas 106-13
  Santiago: Nordeste do Centro 87
  Santiago: Oeste do Centro 79
  Santiago: Plaza de Armas e Centro 59, 60-1
  sul da Patagônia e Terra do Fogo 242-3
  Temuco 195
  Valdivia 206
  Vale Central 121
  Valparaíso 122-3
  Viña del Mar 133
Mapuche, povo 19, **26**, 30, 94, 95
  artes e artesanato 32, 159, 207
  Colo-Colo 34
  festividades 38
  história 45, 46, 49
  mitos 219
  música 28
  Região dos Lagos 191
  Temuco 194-5
  Vale Central 119
  Villarrica 200
  vulcão Villarrica 203
Marin, Gladys 90
Marín, Hugo 75
Márquez, Gabriel García 31
Massú, Nicolás 21, 34
Matta, Roberto 32, 75, 99, 128
Matte, Rebecca 75
Matucana 100 (Santiago) **82**
Maule
  vinícolas **154-5**
Médicos 319
Medidas 317
Melinka 228, **231**
Melville, Herman 25
Mercados
  Centro de Exposición de Arte Indígena (Santiago) 301

Mercados (cont.)
  de artesãos 301, 302
  Feria Libre Aníbal Pinto (Temuco) **195**
  La Vega (Santiago) **90**
  Mercado Artesanal (Hanga Roa) **262**, 301
  Mercado Central (Santiago) **76-7**
  Mercado Chillán 156
  Mercado de Peixes de Angelmó (Puerto Montt) **217**
  Mercado Fluvial (Valdivia) **206**
  Mercado Municipal (Temuco) **194**, 301
  Santiago **90**, **100**, 101
Mergulho **308**, 311
Mestizos, povos **27**, 47
Metrô de Santiago **96**
Mídia **322-3**
Minas 161
  Chuquicamata **174**
  El Teniente **146-7**, 149
Mirador Selkirk 15, 260, 261, 268, **269**
Miró, Joan 83, 99
Missão Circular **225**
Mistral, Gabriela 21, **30**, 82, 186, 187
Mitos e Folclore
  Chiloé **219**
  música tradicional 28
Moai
  Ahu Akivi 15, **264-5**
  Hanga Roa 19, 262
  história 45, 259
  Rano Raraku 15, 116, 258, 260, **266-7**
  suvenir *moai* 262
Moche, povo 65
Moda, lojas de
  Santiago **99**, 101
Moedas **321**
Molle, civilização 184
Monckeberg, Gustavo 83
Monte Verde 45, 310
Montegrande **187**
Monumento al Navegante Solitario 242
Monumento Nacional Valle del Encanto **189**
Monumento Natural Cerro Ñielol (Temuco) **194**
Monumento Natural El Morado **145**
Monumento Natural Islotes de Puñihuil **218**
Monumento Natural Pichasca **188**
Monumentos
  Campanario de los Jesuitas (Puerto Montt) **216**
  Centro Cultural Estación Mapocho (Santiago) **77**
  Palacios Rioja e Carrasco (Viña del Mar) **133**
Mori, Camilo 92
Morro de Arica 164
Mountain bike **307**, 311
Movimentos tectônicos **23**
Muelle Prat (Valparaíso) **125**
Mulheres viajantes 315
Mulloy, William 262, 263, 264
Múmias dos Chinchorros **165**
Municipalidad de Santiago 61, **63**
Mural Historia de Concepción (de la Fuente) 156
Museu do Vinho (Santiago) 89
Museus e galerias (geral)
  horários 315
  ingressos 315
  lojas 300-1, 302

ÍNDICE GERAL | 335

Museus e galerias (individual)
Ballenera de Quintay 134
Casa Mirador de Lukas (Valparaíso) 127
Casa Museo La Chascona (Santiago) 12, **91**
Casa Museo Isla Negra 12, 120, **136-7**
Centro Cultural Palacio La Moneda (Santiago) 12, **68**, 103
Estancia El Cuadro (vale de Casablanca) 143
Galería Animal (Santiago) 94-5, 99
Galería Isabel Aninat (Santiago) 57
MAC Espacio Quinta Normal (Santiago) **80-1**
Matucana 100 (Santiago) **82**
Museo de Achao 222
Museo Antropológico P. Sebastián Englert (Hanga Roa) 15, **263**
Museo de Arqueología e Historia Francisco Fonck (Viña del Mar) **133**
Museo Arqueológico (La Serena) **184**
Museo Arqueológico Gustavo Le Paige (San Pedro de Atacama) 178
Museo Arqueológico Municipal Mapuche (Villarrica) 200
Museo Arqueológico San Miguel de Azapa (Arica) 165, 301
Museo de Arte Contemporaneo (Santiago) 75, 80, 81, 83
Museo de Arte Contemporaneo (Valdivia) **206-7**
Museo de Arte Moderno Chiloé (Castro) 221
Museo Artequín (Santiago) **81**
Museo de Artes Decorativos (Santiago) **90**
Museo de Artes Visuales (Santiago) **75**
Museo de la Casa de Cultura (Chile Chico) 238
Museo Casa El Solar de los Madariaga (Vicuña) 186
Museo Chileno de Arte Precolombino (Santiago) 12, 60, **64-5**, 300
Museo a Cielo Abierto (Valparaíso) **128**
Museo de Ciencia y Tecnología (Santiago) **81**
Museo de Colchagua (Santa Cruz) 150, 301
Museo Colonial Alemán (Frutillar) 210-1
Museo El Colono (Puerto Octay) 210
Museo Cultural de Dalcahue 222
Museo Etnográfico (Caspana) 175
Museo Ferroviario (Santiago) **81**
Museo Gabriela Mistral (Vicuña) 186
Museo Geológico de Chiu-Chiu 174
Museo de la Gran Minería del Cobre 149
Museo de Historia Natural de Valparaíso **128**
Museo Histórico y Antropológico Mauricio Van de Maele (Valdivia) **207**
Museo Histórico y de Armas (Arica) 164
Museo Histórico de Lota 157
Museo Histórico Municipal (Osorno) 208
Museo Histórico Municipal (Puerto Natales) 244, 245
Museo Histórico Nacional (Santiago) 61, 62-3

Museus e galerias (individual) (cont.)
Museo Histórico Religioso del Antiguo Monasterio del Espiritu Santu 64
Museo Histórico de Vichuquén 154
Museo Inchin Cuivi Ant (Quellón) 223
Museo del Limarí 188
Museo Mapuche (Pucón) 200
Museo del Mar Lord Thomas Cochrane (Valparaíso) **124**
Museo Marítimo Nacional (Valparaíso) **124**
Museo de la Memoria y los Derechos Humanos (Santiago) 12, **80**
Museo Mineralógico (Copiapó) 182
Museo Mineralógico (La Serena) **185**
Museo de la Moda (Santiago) **95**
Museo Municipal de Curaco de Vélez 222
Museo Municipal Juan Pablo II (Puerto Montt) **217**
Museo Nacional de Bellas Artes (Santiago) 69, **75**, 82
Museo Nacional Ferroviario Pablo Neruda (Temuco) **195**
Museo Nacional de Historia Natural (Santiago) **80**
Museo Pablo Fierro (Puerto Varas) 211
Museo Paleontológico (Caldera) 182
Museo Pedagógico Gabriela Mistral (Santiago) **82**
Museo de Pica 173
Museo Provincial Fernando Cordero Rusque (Porvenir) 254
Museo Ralli (Santiago) **95**
Museo del Recuerdo (Punta Arenas) **251**
Museo Regional de Ancud 218
Museo Regional de Antofagasta 181
Museo Regional de la Araucanía (Temuco) **194**
Museo Regional de Atacama (Copiapó) 182
Museo Regional Braun Menéndez (Punta Arenas) 13, **250**
Museo Regional de Castro **220**
Museo Regional de Rancagua 146
Museo Regional Salesiano Maggiorino Borgatello (Punta Arenas) **250-1**
Museo de Santiago 61, 63
Museo de Sitio Casa-Escuela Gabriela Mistral (Montegrande) 187
Museo de Sitio Colón (Arica) 164
Museo de Sitio Plaza Sotomayor (Valparaíso) **125**
Museo de la Solidaridad (Santiago) **83**
Museo de Tajamares (Santiago) **93**
Museo de las Tradiciones Chonchinas (Chonchi) 223
Museo Tringlo Lago Ranco 208
Museu do Vinho (Santiago) 89
Palacio Baburizza (Valparaíso) **126**
Palacio Rioja (Viña del Mar) **133**
Posada del Corregidor (Santiago) **76**
Música 21, **28-9**
clássica 29, **305**
compras **99**, 101, 302
contemporânea **29**, **305**
festividades 39, 40
folclórica **304-5**
Santiago **99**, 101, **103-4**, 105
tradicional **28-9**, **304-5**

N

Napoleão Bonaparte 47
Natal 39
Neblina 22, 24
Neruda, Pablo 21, 30, **91**, 116
Casa Museo Isla Negra 12, 120, **136-7**
Fundación Neruda 300-1
La Sebastiana (Valparaíso) 128
Museo Nacional Ferroviario Pablo Neruda (Temuco) 195
Nevado Tres Cruces, Parque Nacional **183**
Nevados de Chillán 156
Nevados de Sollipulli **197**
Noche Buena 39
Noche Valdiviana (Valdivia) 40
Nomes de ruas 315
Norte da Patagônia **226-39**
como circular 229
fiordes do norte da Patagônia **231**
hotéis 275, 280-1
mapa 11, 229
restaurantes 297
Norte Grande e Norte Chico **160-89**
clima 42
como circular 163
hotéis 278-9
mapas 163
Parque Nacional Lauca **168-9**
Pukarás e o Camino del Inca **167**
restaurantes 294-5
Nueva Canción Chilena 29
Núñez de Pineda y Bascuñan, Francisco 30

O

O'Higgins, Bernardo 150, **157**
Batalha de Rancagua (1814) 146
cidade natal 156
em Santiago 62, 63, 85
guerra de independência 44, 47, 48
morte 69, 90
Museo Marítimo Nacional (Valparaíso) 124
Parque Bernardo O'Higgins (Santiago) 85
Termas de Cauquenes 147
Villa O'Higgins 239
Ojos del Caburgua 191, **201**
Olvín, Marta 93
Ona, povo (Selk'nam) 45, 241, 250-1, 255
Onde Comer **284-99**
conta e gorjeta 284
crianças 285
fumo 285, 316
horário das refeições 284
Ilha de Páscoa e Ilha Robinson Crusoé 299
norte da Patagônia 297
Norte Grande e Norte Chico 294-5
portadores de deficiência 285
refeições vegetarianas 285
Santiago 290-2
sul da Patagônia e Terra do Fogo 297-9
Vale Central 292-4
veja também Comida e bebida
Onde Ficar **272-83**
apart-hotéis 274
classificação 272
gorjetas 274
hospedagem econômica 273
hotéis de luxo e hotéis-butique 273, **275**
Ilha de Páscoa e Ilha Robinson Crusoé 275, 283

ÍNDICE GERAL

Onde Ficar (cont.)
  impostos 272-3
  norte da Patagônia 275
  Norte Grande e Norte Chico 278-9
  portadores de deficiência 274
  preços e reservas 272
  redes hoteleiras 273, 274
  Região dos Lagos e Chiloé 275, 279-80
  Santiago 275, 276-7
  sul da Patagônia 281-3
  Terra do Fogo 281-3
  Vale Central 277-8
Ônibus 129, **328**, 329
  em feriados 307
  Santiago **96**
Osorno **208**, 211
  hotéis 279
  restaurantes 295
Osorno, vulcão 13, 210, 214, 306, 307
Ossa Mercado, Francisco 67
Outono no Chile **40-1**
Ovalle 162, **188**
  restaurantes 294

P

Paine *veja* Torres del Paine
Paisaje Lo Contador (Gordon) 32
Palacio Alhambra (Santiago) **67**
Palacio Astoreca (Iquique) 170
Palacio Baburizza (Valparaíso) 12, **126**
Palacio Carrasco (Viña del Mar) **133**
Palacio Cousiño (Santiago) 12, **84**
Palacio de la Justicia (Valparaíso) **125**
Palacio de La Moneda (Santiago) 12, 33, **68**
Palacio de la Real Aduana (Santiago) 60
Palacio de la Real Audiencia (Santiago) 61, **62-3**
Palacio de los Tribunales de Justicia (Santiago) 60, **66**
Palacio Lyon (Valparaíso) **128**
Palacio Rioja (Viña del Mar) **133**
Palacio Vergara (Viña del Mar) **132**
Palafitos 116, 192, 239
  Castro **221**
Palena 231
Palha, objetos de **159**
Pan de Azúcar, Parque Nacional **182-3**
Panguipulli **205**
  restaurantes 295
Papudo **135**
  restaurantes 292
Paragliding **309**, 311
Parinacota, vulcão 169
Parques de diversão
  Fantasilandia (Santiago) **85**, 104
Parques e jardins
  Cerro Santa Lucía (Santiago) 12, 70-1, **74**, 97, 106
  Parque Aiken del Sur **236**
  Parque Balmaceda (Santiago) **92-3**
  Parque Bernardo O'Higgins (Santiago) 37, **85**
  Parque de las Esculturas (Santiago) **93**
  Parque El Loa (Calama) 174
  Parque Metropolitano de Santiago 57, 87, **88-9**, 97, 104
  Parque Pewenche Quinquén **197**
  Parque Pumalín 228, **230**, 231, 281, 301
  Parque Quinta Normal (Santiago) 79, **80-1**, 82, 105
  veja também Parques Nacionais; Reservas Nacionais
Parques nacionais
  Alerce Andino 25, **217**

Parques nacionais (cont.)
  Archipélago de Juan Fernández 259, 268
  Bernardo O'Higgins **245**
  Bosque Fray Jorge **189**
  Chiloé **221**
  Conguillío 192, **198-9**
  horários e ingressos 315
  Huerquehue **201**
  La Campana 25, **139**
  Laguna de Laja 120, **157**
  Laguna San Rafael 226, 228, **237**
  Lauca 20, 25, **168-9**
  Los Glaciares **256**
  Nevado Tres Cruces **183**
  Pan de Azúcar **182-3**
  Puyehue **208-9**
  Queulat 117, 232, **233**
  Radal Siete Tazas **154**
  Rano Kau **264**
  Tierra del Fuego **257**
  Tolhuaca **196**
  Torres del Paine 117, **246-9**, 306, 307
  Vicente Pérez Rosales 13, 192, 212-3, **214-5**, 279
  Villarrica 192, **202-3**
  Volcán Isluga **172**
Parra, Marco Antonio de la 305
Parra, Nicanor 30
Parra, Roberto 305
Parra, Skármeta 30
Parra, Violeta 29, 90
Parrilla 284
Páscoa 40
Paseo Ahumada (Santiago) 60, **66**, 102
Paseo Gervasoni (Valparaíso) **127**
Paseo Horn 227
Paseo Huérfanos (Santiago) 60, **66**, 102
Passaportes 314
Passeios a cavalo **307**, 311
  Hacienda Los Andes 188, 307
Passeios de carro
  Rota do Vinho no Vale de Casablanca **142-3**
  Rota do Vinho no Vale de Colchagua **152-3**
Passeios
  excursões 325
  fiordes do norte da Patagônia 231
Patagônia
  1 semana na Patagônia 11, 13
  clima 38, 41, 42
  fauna e flora 20, **23**
  mapa 11
  população 26, 27, 45
  veja também Norte da Patagônia; Sul da Patagônia
Patagonia Sin Represas 20
Patio Bellavista (Santiago) **92**, 100
Pecchenino Raggi, Renzo Antonio 127
Pehoé, lago 18, 240
Peixes e frutos do mar
  os sabores do Chile **286-7**
Pelli, César 94
Península Poike 260, **265**
Pérez, Andrés 31
Peru 165, 170
  influências peruanas na comida e na bebida 287
Pés ausentes (Dittborn) 32
Pesca **308**, 311
Peso 321
Petróglifos, geóglifos e arte rupestre
  Alero de las Manos 237
  Ana Kai Tangata (Hanga Roa) **263**
  Cerro Pintados 14, 162, **173**
  Geóglifos de Cerro Sagrado (Arica) 165

Petróglifos, geóglifos e arte rupestre (cont.)
  Monumento Nacional Valle del Encanto **189**
  Museo Arqueológico (La Serena) **184**
  Península Poike 260, **265**
  Río de los Cipreses 147
Pewenche, povo 45, 197
Pica **173**
Pichilemu 120, **150**
  hotéis 277
  restaurantes 292
Picq, Henri 81
Piñera, Sebastián 53
Pinochet, Augusto **52**, 66, 195
  Chama da Liberdade 69
  economia 20
  Isla Dawson 255
  Neuva Canción Chilena 29
  o Chile depois de Pinochet 53
  presidência de Salvador Allende 51
  prisão 98, 102
  Valparaíso 129
Pipa 37
Piropiro (Rano Raraku) 266
Pirque
  vinícolas de **144**
Piscina Antilén (Santiago) 89
Pisco **187**, **288**, 301
Pisco Elqui 162, **187**
Pisco Mistral, Destilleria (Piso Elqui) 187
Pizzarro, Francisco 46
Planetario USACH (Santiago) **82**
Planta Capel (Vicuña) 186
Playa Anakena (Ilha de Páscoa) 15, 22, 260, 261, **265**
Playa Cavancha (Iquique) 171
Plaza Aníbal Pinto (Temuco) **194-5**
Plaza Aníbal Pinto (Valparaíso) **126**
Plaza Arturo Prat (Iquique) 171
Plaza Buenaventura Martínez (Puerto Montt) **216**
Plaza Bulnes (Santiago) **69**
Plaza Camilo Mori (Santiago) **92**
Plaza de Armas (La Serena) **184**
Plaza de Armas (Puerto Natales) 245
Plaza de Armas e El Centro (Santiago) **58-77**
  mapa da área 59
  Mapa Rua a Rua 60-1
  Museo Chileno de Arte Precolombino 12, **64-5**
Plaza de la Constitución (Santiago) 21
Plaza Echaurren (Valparaíso) **124**
Plaza José Francisco Vergara (Viña del Mar) **132**
Plaza Sotomayor (Valparaíso) **125**, 126, 131
Plaza Teodoro Schmidt (Temuco) **194**
Plaza, Nicanor 73
Plazoleta El Yunque 15, 268, **269**
Poblado Artesanal (Arica) 165
Polícia 318, 319
Política **21**, 29
População **26-7**
Portadores de deficiência 316
  hotéis 274
  restaurantes 285
Portales, Diego 48
Portillo 120, **138**
Porvenir **254**
  hotéis 282
  restaurantes 298
Posada del Corregidor (Santiago) **76**
Povos indígenas 19, **26**
  arte 32
  festividades 38

Povos indígenas (cont.)
  história 45
  idioma 315
  religião 315
  veja também povos individuais
Praias 39
  Arica 164
  Bahía Inglesa (Caldera) 182
  Playa Anakena (Ilha de Páscoa) 15, 22, 260, 261, **265**
  Playa Cavancha (Iquique) 171
  Reñaca (Viña del Mar) **133**
  Vale Central 119
Prat, Arturo 124, 125, 171
Prats, Carlos 52
Primavera no Chile **38**
Provasoli, Eduardo 220
Pucón 192, **200**
  atividades ao ar livre 306, 307
  diversão 304
  hotéis 272, 279-80
  restaurantes 285, 295-6
Pueblo Los Dominicos (Santiago) **95**, 301
Puelche, povo 45
Puerto Aisén 227
Puerto Bertrand
  hotéis 281
Puerto Chacabuco **236**
  hotéis 281
Puerto Edén 228, **239**, 245
Puerto Guadal
  hotéis 281
Puerto Hambre 242, **251**
Puerto Montt 27, 192, **216-7**, 245
  compras 302
  hotéis 280
  mapa 216
  restaurantes 296
Puerto Natales 242, **244-5**
  hotéis 275, 282
  restaurantes 298
Puerto Octay **210**, 211
  hotéis 280
  restaurantes 296
Puerto Puyuhuapi **232**
  hotéis 281
Puerto Varas 192, 210, **211**, 301
  1 semana em Puerto Varas e Paine 13
  atividades ao ar livre 306, 307
  diversão 304
  hotéis 272, 280
  restaurantes 296
Puerto Williams 241, 242, **255**
  hotéis 282
Pukará de Lasana **175**
Pukará de Quitor (San Pedro de Atacama) 14, 178
Pukarás **167**
Punta Arenas 13, 49, 242, 243, **250-1**
  clima 43
  compras 302
  festividades 41
  hotéis 283
  mapa 250
  restaurantes 298-9
Putre **166**
  festividades 40
Puyehue, Parque Nacional **208-9**
Puyuhuapi Lodge & Spa **232**

Q

Quando ir 314
Quechua, povo 161, 165
Quellón **223**
Queulat, Parque Nacional 117, 232, **233**
Quintay **134**
Quiroga, Rodrigo de 73

R

Radal Siete Tazas, Parque Nacional **154**
Rádio 323
Rafting **308**, 311
Rancagua **146**, 149
  batalha (1814) 48, 146
  clima 43
  hotéis 278
  restaurantes 293
Ranco, lago **208**
Rano Kau 15, 260, **264**
Rano Raraku 15, 116, 258, 260, **266-7**
Rapa Nui, povo 19, **26**, 262
  Homem-Pássaro 15, **264**
  moai 266
  música 28
Rapu, Sergio 265
Ready, Patricia 95
Recanati, Harry 95
Refugios 274
Região dos Lagos 20, **190-217**
  campings 274
  clima 38, 41, 42, 43
  como circular 192
  fauna e flora **23**
  hotéis 272, 273, 275, 279-80
  mapa 193
  Parque Nacional Conguillío **198-9**
  Parque Nacional Vicente Pérez Rosales 13, **214-5**
  Parque Nacional Villarrica **202-3**
  população 26, 27
Religião 21, 315
Reloj de Flores (Viña del Mar) **132**
Reñaca (Viña del Mar) **133**
Reserva Biológica Huilo-Huilo **205**
Reserva Forestal Edmundo Winkler (Frutillar) 211
Reservas nacionais
  Altos de Lircay 120, **155**
  Cerro Castillo 228, **237**, 306
  Futaleufú 231
  Lago Cochrane 238
  Lago Jeinemeni 228, **238**, 239
  Las Vicuñas **166**
  Reserva Nacional Coyhaique 236
  Río de los Cipreses **147**
  Río Clarillo **144**
  Río Simpson **236-7**
Reservas naturais
  Parque Aiken del Sur **236**
  Parque Pumalín 228, **230**, 231, 301
Restaurantes *veja* Onde Comer
Revistas 323
Río Clarillo, Reserva Nacional **144**
Río de los Cipreses, Reserva Nacional **147**
Río Simpson, Reserva Nacional **236-7**
Rioja, Fernando 133
Rios
  Azul 231
  Baker 228
  Futaleufú 228
  Petrohué 214
  Simpson 234-5
Ríos, Marcelo 34
Robinson Crusoé (Defoe) 268, 269
Roca Argentino, Julio 257
Rodeos **35**, 37
Rodríguez, Germán 91
Rodríguez, Jorge Alessandri 51
Rogers, Woodes 269
Roggeveen, Jacob 47
Rojas, Román 184
Rolland, Michel 151
Romas, comunidades **27**
Ross-Edwards, Agustín 150

Roubos 318
Roupas
  huasos 159
  o que vestir 315
  povo mapuche 159
  shopping centers **99**, 101
Ruffa, Bruna 95
Ruinas de Huanchaca (Antofagasta) 181
Ruiz, Raúl 31

S

Saavedra, Juan de 124
Salar de Atacama 14, 161, 162, **180**
Salar de Tara 14, **179**
Salto Grande 246
Saltos de Petrohué 214
Saltos del Laja **157**
San Fernando
  restaurantes 293
San Juan Bautista 15, 259, 260, **268**, 269
  hotéis 283
San Martín, José de 44, 47, 48, 63
San Pedro de Atacama 14, 41, 162, **178**
  atividades ao ar livre 307
  hotéis 272, 275, 279
  restaurantes 295
Sánchez, Alexis 34
Santa Cruz **150**, 152
  hotéis 278
  restaurantes 293
Santa Laura 14, **172**
Santa Rosa, Laguna 183
Santiago 19, 21, **55-113**
  2 dias em Santiago 12
  arquitetura 33
  atividades ao ar livre 308
  clima 43
  como circular **96-7**
  compras **98-101**, 300, 301, 302
  diversão **102-5**, 304, 305
  festividades 36, 39, 41, 85
  Guia de Ruas 106-13
  história 46, 48, 52, 119
  hotéis 272, 273, 275, **276-7**
  mapas 59, 60-1, 79, 87
  nordeste do centro **86-95**
  oeste do centro **78-85**
  Plaza de Armas e centro **58-77**
  restaurantes 285, 290-2
  teatro 31
Santuario Cañi **201**
Santuario de la Naturaleza Carlos Anwandter **208**
Santuario de la Naturaleza Cascada de las Animas **145**
Santuario de La Tirana 173
Sarmiento de Gamboa, Pedro 251
Saúde **318-9**
Schmidt, Teodoro 194
Segurança **318-9**
  mulheres viajantes 315
Selk'nam (Ona), povo 45, 241, 250-1, 255
Selkirk, Alexander 259, 268, 269
Semana Musical de Frutillar 39
Sendero Pingo-Zapata (Parque Nacional Torres del Paine) **249**
Sendero Salsipuedes 15, 260, **268**
Sendero Sierra Nevada 199
Sendero W (Parque Nacional Torres del Paine) 13, **248-9**, 306, 307
Seno Otway 13, **251**
Sepúlveda, Luís 30
Sewell **148-9**
Sewell, Bartin 149
Sharp, Bartholomew 184
Siegel, Alberto 66, 83

338 | ÍNDICE GERAL

Silva, Sebastián 31
Simpson, Río 234-5
Siqueiros, David Alfaro 156
Sítios arqueológicos **310**, 311
   Ahu Tahai (Hanga Roa) 15, 116, **262**
   Aldea Tulor 162, **179**
   Alero de las Manos 237
   Ana Kai Tangata (Hanga Roa) **263**
   Cerro Pintados 14, 162, **173**
   Cueva del Milodón 242, **245**
   Deserto do Atacama 310
   Geóglifos de Cerro Sagrado (Arica) 165
   Monumento Nacional Valle del Encanto **189**
   Monumento Natural Pichasca **188**
   Península Poike 260, **265**
   Pukará de Lasana **175**
   Pukará de Quitor (San Pedro de Atacama) 14, 178
   Pukarás e o Camino del Inca **167**
   Rano Raraku 15, 116, 258, 260, **266-7**
Smith, Josue 67, 85
Snowboard **35**, **308**, 311
   Centro de Esqui Corralco **197**
   Cerro Castor **257**
   El Colorado **144**
   La Parva **144**
   Portillo **138**
   Valle Nevado **144**
Sotomayor, Fernando Alvarez de 32
Spas e termas **310**
   Banhos Termais de Jurasi (Parque Nacional Lauca) 168
   Baños de Puritama **179**
   Cocha Resbaladero 173
   Nevados de Chillán **156**
   Puyuhuapi Lodge & Spa **232**
   Termas Aguas Calientes 208-9
   Termas Coñaripe 204
   Termas Geométricas (Coñaripe) 204
   Termas de Cauquenes **147**
   Termas de Huife (Pucón) 200
   Termas de Jahuel **139**
   Termas de Malalcahuello **196**
   Termas de Mamiña **172**
   Termas de Panimávida **155**
   Termas de Puyehue **209**
   Termas de Quinamávida 155
   Termas de Socos **189**
   Termas Los Pozones (Pucón) 200
   Termas Valle de Colina **145**
   Termas Ventisquero de Puyuhuapi 232
Stark, general Sergio Arellano 52
Stradling, Thomas 269
Stuardo, Carlos 82
Suarez, Inés de 73
Subercaseaux, Pedro 48
Suíços, imigrantes **27**
Sul da Patagônia e Terra do Fogo **240-57**
   hotéis 281-3
   mapas 11, 242-3
   Parque Nacional Torres del Paine **246-9**
   restaurantes 297-9
Surfe **35**, **308**, 311
   Pichilemu **150**
Suvenir, lojas de 300, 302
   Santiago **98**, 101

T
Talca
   hotéis 278
Tapati Rapa Nui 40, **263**
Tarapacá, Batalha de (1879) 49

Táxis
   Santiago **97**
Teatro 21, **31**, **305**
   festivais 39
   Santiago **104**, 105
   Teatro Municipal (Iquique) 170-1
   Teatro Municipal (Santiago) 21, **73**, 104, 305
Tecidos **159**
Tehuelche, povo 45, 227, 241, 244
Telefones 322-3
Televisão 323
Témpanos, Laguna 233
Temperaturas **42-3**
Temuco 191, 192, **194-5**
   hotéis 280
   mapa 195
   restaurantes 296
   shopping centers 302
Tênis **34**, 304
Teresa de los Andes, Santa 62
Termas Aguas Calientes 208-9
Termas Coñaripe 204
Termas de Cauquenes 120, **147**
Termas de Huife (Pucón) 200
Termas de Jahuel 120, **139**
Termas de Malalcahuello **196**
Termas de Panimávida **155**
Termas de Puyehue **209**
Termas de Quinamávida 155
Termas de Socos **189**
Termas Geométricas (Coñaripe) 204
Termas Los Pozones (Pucón) 200
Termas Valle de Colina **145**
Termas Ventisquero de Puyuhuapi 232
Terminal Pesquero (Arica) 164
Terra do Fogo **240-57**
   fauna e flora **23**
   história 46
   hotéis 281-3
   mapa 242-3
   Parque Nacional Tierra del Fuego, **257**
   população 26
   restaurantes 297-9
Terremotos **156**, 301
Tinquilco, lago 201
Tiwanaku, império 161, 167
Todos Los Santos, lago 212-3, 215
Tomic, Radomiro 51
Tompkins, Doug 20, 230
Tomé 120, **157**
Toesca, Joaquín 63, 68, 73, 76, 93
Tolhuaca, Parque Nacional **196**
Toro y Zambrano, Don Mateo de 63
Torrecilla, Antonio 171
Torres del Paine, Parque Nacional 117, **246-9**, 306, 307
   1 semana em Puerto Varas e Paine 13
   caminhada e escalada 306, 307
   hotéis 272, 281-2
   mapa 246-7
   restaurantes 297-8
Torres, Miguel 151, 154
Transferência de dinheiro 320
Traslados (aeroporto) 324, 325
Traveler's cheques 320
Tren del Vino (Colchagua) 150, 152, 273
Trens **328**
   Centro Cultural Estación Mapocho (Santiago) **77**
   Ex-Estación El Ferrocarril de Antofagasta a Bolivia (Antofagasta) 181
   Museo Ferroviario (Santiago) **81**
   Museo Nacional Ferroviario Pablo Neruda (Temuco) **195**

Trens (cont.)
   Santiago **96**
   Tren del Vino (Colchagua) 150, 152, 273
Trolebuses **129**
Tronador, vulcão 215
Tsunami **268**
Tucapel, Batalha de (1553) 46
Tukuturi (Rano Raraku) 267

U
U2 103
Undurraga, Cristián 68
Unesco, patrimônios da
   Humberstone e Santa Laura 14, **172**
   Iglesia San Francisco (Castro) **220-1**
   Igrejas Jesuítas em Chiloé **224-5**
   Museo Nacional Ferroviario Pablo Neruda (Temuco) **195**
   Parque Nacional Archipélago de Juan Fernández 259, 268
   Parque Nacional La Campana 25, **139**
   Sewell **148-9**
   Valparaíso **122-31**
Unesco, Reserva da Biosfera da
   Parque Nacional Bosque Fray Jorge 189
   Parque Nacional Laguna San Rafael **237**
   Parque Nacional Torres del Paine **246-9**
Ushuaia 256, **257**

V
Valdivia 192, **206-7**
   clima 42
   festividades 40
   fortes nos arredores **207**
   história 46, 49, 211
   hotéis 280
   mapa 206
   restaurantes 296
Valdivia, Pedro de
   Santiago 46, 59, 61, 62, 74
   Valdivia 206
Vale Central 20, 33, **118-59**
   artesanato regional **158-9**
   Casa Museo Isla Negra 12, **136-7**
   clima 42, 119
   como circular 120
   fauna e flora **22**
   história do vinho no Chile 151
   hotéis 273, 277-8
   mapa 121
   população 27
   restaurantes 292-4
   Rota do Vinho no Vale de Casablanca **142-3**
   Rota do Vinho no Vale de Colchagua **152-3**
   Sewell **148-9**
Valle Ascencio 247
Valle de Cachapoal **146**
Valle de Curicó 151, **154**
Valle de la Luna 14, **180**
Valle de la Muerte **180**
Valle del Elqui 184, 186, 187, 289
Valle Nevado **144**
Valparaíso **122-31**
   2 dias em Valparaíso 12
   arquitetura 33
   como circular 123, **129**, **130-1**
   compras 302
   diversão 304, 305
   esporte 34
   festividades 38, 39, 41
   funiculares 12, **130-1**

Valparaíso (cont.)
  história 27, 46, 49, 50, 119
  hotéis 275, 278
  mapas 122-3, 131
  restaurantes 293
Vegetarianos, pratos 285
Verão no Chile **39-40**
Verde, Laguna 183
Vergara, José Francisco 127, 132
Viagem **324-9**
  a pé **97**
  avião **324**, **326-7**
  bicicleta **97**
  carro **96-7**, 329
  consciência ecológica **329**
  excursões 325
  ferryboats e catamarãs **328-9**
  funiculares 12, **130-1**
  Ilha de Páscoa 261
  ilha Robinson Crusoé 261
  metrô **96**
  norte da Patagônia 229
  Norte Grande e Norte Chico 163
  ônibus **96**, **328**, 329
  Parque Nacional Conguillío 199
  Parque Nacional Torres del Paine 246
  Parque Nacional Vicente Pérez Rosales 215
  Parque Nacional Villarrica 203
  por mar 325
  por terra 325
  Região dos Lagos e Chiloé 192
  Santiago **96-7**
  sul da Patagônia e Terra do Fogo 243
  táxis **97**
  traslados 324, 325
  trens **96**, **328**
  trolebuses **129**
  Vale Central 120
  Valparaíso 123, **129**
Vicente Pérez Rosales, Parque Nacional 13, 192, 212-3, **214-5**
  hotéis 279
Vichuquén, lago **154**
Vicuña **186**
Vicuña Mackenna, Benjamin 74
Vicuña, Pedro Felix 127
Vida selvagem **22-3**
  biodiversidade **24-5**
  Desierto Florido **185**
  estreito de Magalhães **254**
  Isla Magdalena 13, 25, 242, 251
  Monumento Natural Cerro Ñielol (Temuco) 194
  Monumento Natural Islotes de Puñihuil 218
  observação de aves **307**, 311
  observação de baleias **309**, 311
  Reserva Nacional Futaleufú 231
  Reserva Nacional Las Vicuñas 166
  Río de los Cipreses 147
  Salar de Tara 14, 179
  Santuario Cañi 201
  Santuario de la Naturaleza Carlos Anwandter 208
  Sendero Salsipuedes 15, **268**
  Seno Otway 13, **251**
  veja também Parques Nacionais; Reservas Nacionais; Zoológicos

Viernes Santo 40
Villa O'Higgins 228, **239**
  hotéis 281
Villa Tehuelches 242, **245**
Villarrica 46, 192, **200**
  restaurantes 296
Villarrica, Parque Nacional 192, **202-3**
  mapa 202-3
Villarrica, vulcão 200, 202
  erupções 53, 203
  snowboard 35
Viña Casa Tamaya (Ovalle) 188
Viña Concha y Toro 289
Viña del Mar 118, 120, 127, **132-3**
  diversão 304
  festividades 38, 40, 132, 305
  hotéis 272, 278
  mapa 133
  restaurantes 293-4
Viña Lapostolle 289
Viña Montes 289
Viña Tabalí (Ovalle) 188
Vinhedos e vinícolas 301
  bodegas 273
  Destilleria Pisco Mistral (Piso Elqui) 187
  Estancia El Cuadro (vale de Casablanca) 143
  história do vinho no Chile **151**
  Pisco Elqui 162
  Planta Capel (Vicuña) 186
  Rota do Vinho no Vale de Colchagua **152-3**
  Valle de Cachapoal **146**
  Valle de Curicó **154**
  Viña Balduzzi 155
  Viña Casa Silva (vale de Colchagua) 153
  Viña Casa Tamaya (Ovalle) 188
  Viña Casas del Bosque (vale de Casablanca) 142
  Viña Catrala (vale de Casablanca) 142
  Viña Corral Victoria 154-5
  Viña Emiliana (Vale de Casablanca) 143
  Viña Indómita (Vale de Casablanca) 143
  Viña Kingston (vale de Casablanca) 142
  Viña Lapostolle (vale de Colchagua) 153
  Viña Las Niñas (vale de Colchagua) 153
  Viña Los Vascos (vale de Colchagua) 152
  Viña Mar (vale de Casablanca) 143
  Viña Matetic (vale de Casablanca) 142
  Viña Montes (vale de Colchagua) 153
  Viña MontGras (vale de Colchagua) 152
  Viña Tabalí (Ovalle) 188
  Viña Veramonte (vale de Casablanca) 143
  Viña Viu Manent (vale de Colchagua) 153

Vinhedos e vinícolas (cont.)
  Viña William Cole (vale de Casablanca) 143
  Vinícola Gillmore 155
  Vinícolas de Pirque **144**
  Vinícolas Maule **154-5**
  veja também Vinho
Vinho 311
  bodegas 273
  compras 301
  compras em Santiago **100**, 101
  festividades 40
  história do vinho no Chile **151**
  interesses especiais **310**
  Rota do Vinho no Vale de Casablanca **142-3**
  Rota do Vinho no Vale de Colchagua **152-3**
  Vale Central 119, 120
  Valle de Cachapoal **146**
  Valle de Curicó **154**
  vinhos chilenos **289**
  vinícolas de Maule **154-5**
  vinícolas de Pirque **144**
  veja também Vinhedos e vinícolas
Vistos e passaportes 314
Vivaceta, Fermín 72, 73, 74, 76
Volcán Isluga, Parque Nacional **172**
Vulcões 20, 22, 319
  Calbuco 53
  Guallatire 166
  Isluga 172
  Lanín 203
  Llaima 198, **199**
  movimentos tectônicos **23**
  Osorno 13, 210, 214, 306, 307
  Parinacota 20, 169
  Pomerape 20
  Rano Raraku 15, 116, 258, 260, **266-7**
  Tronador 215
  Villarrica 35, 53, 200, 202, 203

W

Weber, Hugo 269
Well, Thomas 127
Wheelwright, William 124
Wi-Fi 323
Williams, Juan 255
Willmann, Edward 50
Wulff, Gustavo Adolfo 132

Y

Yamana, povo 241, 255, 257
Yarur, Juan 95
Yrarrázaval, Ricardo 221

Z

Zañartu, Dario 76
Zañartu, Luis Manuel 76
Zanelli, Ottorino 126
Zapallar **135**
  hotéis 278
  restaurantes 294
Zoológicos
  Zoológico Nacional (Santiago) 88, 105
  veja também Vida Selvagem

Agradecimentos

A Dorling Kindersley agradece a todas as pessoas que colaboraram na preparação deste guia:

Colaboradores
Wayne Bernhardson visita regularmente o Chile há mais de três décadas. Escreveu para muitos jornais, revistas e guias de viagem, entre eles *Moon Handbooks*, *Lonely Planet* e *National Geographic Traveler*. Wayne também é coautor do *Guia Visual Argentina*.

Declan McGarvey é jornalista e vive em Buenos Aires desde 1999. É coautor do *Guia Visual Argentina* e do *Guia Top 10 Buenos Aires* e também colaborou com o livro *As melhores viagens do mundo*.

Kristina Schreck mudou-se para o Chile em 1998 e foi editora da revista *Adventure Journal* por muitos anos. Já trabalhou com vários aspectos da indústria do turismo, como guia de caminhadas na Patagônia, autora da primeira edição do guia Frommer's *Chile & Easter Island* e diretora de mídia no departamento de turismo do Chile.

Cartografia
Os guias nas páginas 59, 79, 87 e 106-112 são de autoria de © www.openstreetmap.org e colaboradores, sob a licença CC-BY-SA; visite www.creativecommons.org para mais detalhes.

Checagem de Dados Rodrigo Cabezas
Consultor Editorial Nick Rider
Revisão Kathryn Glendenning, Janice Pariat
Índice Hilary Bird, Vanessa Bird
Design e Editorial
Editor Douglas Amrine
Gerente de mailing Vivien Antwi
Editor de projeto de arte Shahid Mahmood
Editora de projeto Michelle Crane
Editor sênior de cartografia Casper Morris
Design de capa Tessa Bindloss, Stephen Bere
Diagramador sênior Jason Little
Pesquisadora de imagens sênior Ellen Root
Controller de produção Rebecca Short

Assistência Editorial Namrata Adhwaryu, Vicki Allen, Marta Bescos, Louise Cleghorn, Thomas Connelly, Fay Franklin, Sumita Khatwani, Carly Madden, Hayley Maher, Shafik Meghji, Lucy Richards, Sands Publishing Solutions, Ankita Sharma, Neil Simpson, Joanna Stenlake Anna Streiffert, Hollie Teague, Ed Wright

Fotografias Adicionais Geoff Brightling, Tony Briscoe, Demetrio Carrasco, Frank Greenaway, Nigel Hicks, Dave King, Greg Roden, Rough Guides / Tim Draper, Jerry Young, Ian O'Leary Studios

Assistência de Design Janice Utton

Assistência Especial A Dorling Kindersley gostaria de agradecer às seguintes pessoas por sua assistência: Lawrence Lamonica da Lapis Lazuli House, Aya Nishimura da Hers Agency e Preeti Pant.

Autorização de Fotos
A Dorling Kindersley agradece aos que seguem pela colaboração e permissão de fotografar seus estabelecimentos:
Bar La Playa, Basilica y Museo de la Merced, Biblioteca de Santiago, Biblioteca Nacional, Bolsa de Comercio, Cancellería, Casa Museo Isla Negra, Casino Español em Iquique, Catedral Metropolitana, Centro Cultural Estación Mapocho, Centro Cultural Palacio La Moneda, Cerro Central, Iglesia de San Francisco in Chiu Chiu, Iglesia de Santo Domingo, Hotel Indigo e Spa, Isabel Aninat Galleria, Lagos in Patagonia, Mamiña Hot Springs, Mercado Central, Museo Chileno de Arte Precolombino, Museo de Colchagua in Santa Cruz, Museo de la Moda, Museo de Santiago in Casa Colorada, Museo Ferroviaria Pablo Neruda, Museo Ferroviario, Museo Muncipal Juan Pablo II, Museo Nacional de Bellas Artes, Museo Nacional de Historia Natural, Marítimo Nacional, Museo Regional Braun Menendez, Palacio Cousiño, Palacio de los Tribunales de Justicia, Puyuhupai Lodge & Spa, Teatro Municipal, Termas de Socos, Hotel Zero, Zona Franca Zofri.

Crédito das Fotos
a = acima; b = abaixo; c = centro; f = afastado; e = esquerda; d = direita; t = topo.

As seguintes obras de arte foram reproduzidas com a permissão dos detentores de copyright: *Pés ausentes Pinturas Via Aérea*, nº 153 2002-03 tintura, impressão fotográfica, cetim e costura em quatro partes de tecido de algodão 210 x 560cm, cortesia do artista e de Alexander and Bonin, Nova York © Eugenio Dittborn 32be; *New Nature I* e *New Nature II* © Pedro Tyler 57cdb; *Fotógrafo II*, 2008, Ed 6 Originales Alto 165cm, Base 55 x 33cm, Altura 65 x 21 x 11cm © Aurora Cañero 99cb; *Historia de Concepción*, Gregorio de la Fuente © Pablo de la Fuente 156bd.

Os editores agradecem às seguintes pessoas, companhias e bancos de imagens pela permissão para reproduzir suas fotos:

© **Unesco**: CODELCO 149bc, 149cda. **123RF.com**: Ekaterina Pokrovsky 252-253. **4Corners**: H P Huber 258. **Eduardo Abasolo**: 198cea, 199te. **Alamy Images**: Alaska Stock LLC / John Hyde 25bd; Arco Images /Stengert, N. 154bc; The Art Archive/ Gianni Dagli Orti 46ceb; Roussel Bernard 20t, 130-31c; Blickwinkel/ Brehm 23bd; Cephas Picture Library/ Matt Wilson153cea; Chile /Chris Howarth 94be; Chile DesConocido 161be, 185te, 218bd; Dennis Cox 152td; Creative Trails 173td; Jan Csernoch 169be; David R. Frazier Photolibrary, Inc. 320ce; Celso Diniz 314ce; Eagle Visions Photography/ Craig Lovell 26cdb; Reiner Elsen 86, 293bd; Peter Flaco 291bc; GM Photo Images 161b; Fabian Gonzales Editorial 25cd, 289c; FAN travelstock 183t; Chris Gomersall 22cdb; Blaine Harrington III 27cda; Hemis.fr 103b;/ Hughes Hervé 191b, 293te; Nigel Hicks 301bd; Marla Holden 263cd; Chris Howarth / Chile 12tc; Imagebroker 27cea,/Christian Handl 214ceb,/Nico Stengert 32td; Infocusphotos.com/ Malie Rich-Griffith 161b; Interfoto 26bd, 49bd; John Warburton-Lee Photography 35te; Mooney-Kelly 298bd; Russell Kord 22td, 324b; Frans Lemmens 255c; Yadid Levy 39te, 39c; LOOK Die Bildagentur der Fotografen GmbH/ Michael Boyny 35cda/Hauke Dressler 17bd; Chris Mattison 224be; Yannis Emmanuel Mavromatakis 247cea; Megapress 96bd; Randy Mehoves 289be; Nifro Travel Images 203tc; North Wind Picture Archives 46be, 139bd; M. Timothy O'Keefe 8-9; Astrid Padberg 264cd; Photoshot Holdings Ltd 198bc; Picture Contact/ Jochem Wijnands 26be, 74te; Sergio Pitamitz 25pcb, 241b; Leonid Plotkin 116td, 119b; Radharc Images 299bd; StockShot/ Dan Milner 35bd; Top-Pics TBK 246cea; travelbild.com 14tc; V1 41td; Simon Vine 127ce; John G. Walter 123te; Wide Eye Pictures 37ceb; WoodyStock/ Begsteiger 41b; World History Archive 47bd; Fernando Zabala 215te. **Alto Atacama**: 279bd; **Hector Hugo Gutierrez Alvarado**: 48bc. **Alexander and Bonin**: Bill Orcutt 32be.

AGRADECIMENTOS | 341

Altos De Lircay: 155be. Atacama Photo: Gerhard Huedepohl 4-5tc, 24ce, 24bd, 24be, 248ce, 259b, 261t, 269ce, 269bd. The Aubrey: 277td. Carolina Alicia Dagach Avila: 104te. AWASI - San Pedro de Atacama: 275td. AWL Images: Paul Harris 118. Bio Bio Expeditions: 5cda, 231te, 308tc. The Bridgeman Art Library: Naval Combat beween the Peruvian Ship 'Huascar' against the Chilean 'Blanco Encalada' and the 'Cochrane' in 1879, Monleon y Torres, Rafael (1847-1900) / Private Collection / Index 49fclb. La Casona: 295bd. Centro De Ski Araucarias: 198ceb. Joao Colella: 223bd. Colibri Music: 29cdb. Niall Corbet: 147t. Corbis: Lucien Aigner 29te; Bettmann 30bc, 48bd, 51ctc, 51cdb; Julio Donoso 224cea; Ric Ergenbright 266ceb; Martin Harvey 34td; Blaine Harrington III 22ce; Jon Hicks 81te; Dave G. Houser 242b; Masterfile / Graham French 78,/ R. Ian Lloyd 212-213. NewSport/ Chris Trotman 34bc; Gregg Newton 52te; Jonathan Selkowitz 35be; Hubert Stadler 23cd, 210b; Sygma/Sophie Bassouls 30td,/Carlos Carrion 51bd,/Diego Goldberg 52bc,/Thierry Orban 34cd; Pablo Corral Vega 316td; Xinhua Press/ Zhang Yuwei 34be. Danita Delimont Stock Photography: Bill Bachmann 40td; Ric Ergenbright 27be; Wendy Kaveney/ Jaynes Gallery 36bc, 288ce; John Warburton-Lee 221b. Dawsonlapelicula.cl: 255tc. Juan Eduardo Donoso: 319td. Marcela Donoso: 219cea, 219cdb, 219cb. Dreamstime.com: Steve Allen 226; Andreviegas 240; Paul Brighton 27td; Byvalet 234-235; Alexandre Fagundes De Fagundes 270-271; Ildipapp 296bc; Michal Kniti 114-115; Jesse Kraft 70-71; Larissapereira 29ceb; Marconi Couto De Jesus 176-177; Ghm Meuffels 13te, 15td; Kelly Price 15bd; Kseniya Ragozina 244b. Ejecutiva Comercial Hoteles Huilo Huilo: La Montana Magica Hotel 205bd. Endémica Expediciones: 308be. Paz Errazuriz: 65cd. Explora: 283td. Caroline Fink: 147be. Fotoscopio Latin America Stock Photo Agency: 37cda, 37bc; Horst Von Irmer 305te. Pablo De La Fuente: 156bd. Fundación Artesanias De Chile: 10tc, 19c, 32cb, 32cdb, 32fclb, 98ce, 158td, 158cd, 158bc, 158bd, 159td, 159tc, 159cd, 159ceb, 159be, 159bc. Fundación Sewell: 148cea, 149cdb. German Del Sol - Arquitecto: 204te. Getty Images: AFP /Staff/ Pablo Porciuncula 53bc,/ Martin Bernetti 35ce, 37cdb, 53cd, 53cdb, 144te,/ Mauricio Lima 34cea,/Pedro Ugarte 53te; AFP/ STF 51be,/ STR/ Stringer 199bc; AFP/ Stringer 36td,/ Claudio Pozo 103td,/ Raul Bravo 288bc, 327ce/ David Lillo 36-7c; Aurora/ Bernardo Gimenez 231cd; FoodPix/ Sheridan Stancliff 36bc; Gems/ Redferns 29td; Krzysztof Dydynski 102bc; The Image Bank/ Frans Lemmens 306bd ,/Eastcott Momatiuk 117bd; John Warburton-Lee 231bc; Kean Collection/ Staff/ Archive Photos 47ca; Lonely Planet Images/ Bethune Carmichael 116ce; National Geographic/ Stephen Alvarez 267cdb,/Joel Sartore 22be; Popperfoto 34cb; David Redfern 21ca; STF / Gabriel Rossi 92bd; Time & Life Pictures/ Robert Nickelsberg 304be;/Travel Ink/ Gallo Images 137bd, 179be, 326cea. Andrew Gould: 130bd. The Granger Collection, New York: 151cea. Hacienda Los Andes: 307bd. Isabel Aninat Galeria De Arte: 57cdb. Istockphoto.com: Piet Veltman 139c; Sara Winter 54-55. François Jolly: 328bd. La Sonora Palacios: 29ce. Lapis Lazuli House: 303cea, 303ca, 303cd, 303fcr, 303cda, 303fclb, 303ce, 303c, 303cb, 303cdb, 303fcrb, 303fbl, 303be, 303bd, 303fbr. Lapostolle: 153ceb; Clos Apalta Winery 151be, 273ce, 310te. Latin Photo: Felipe Gonzalez V. 28be, 39bd; Nicolas Nadjar 158ce; Ely Negri 29cd. Marco Lillo: 32cd, 103b. Lindsay Simmonds Design: 215bd. Lonely Planet Images: John Elk III 225te; Oliver Strewe Randy Mehovestl. Los Huasos Quincheros: 29bc. Magical Andes Photography: James Brunker 23ce. Mary Evans Picture Library: Aisa Media 44. MASTERFILE: Graham French 88td. Restaurante Martin Pescador: 299td. Declan Mcgarvey: 158ceb. Montgras Properties: 152ce. Mumbai-Lima: 297bd. Museo Historica Nacional De Chile: 50te. Museo Nacional de Bellas Artes, Chile: Colección Museo Nacional de Bellas Artes de Santiago de Chile 32bd. Santiago Rios Pacheco: 154te. Gregory Panayotou: 266cea. Peter Langer/ Associated Media Group: 28cdb, 130ceb, 131cdb, 148td. Photographers Direct: Alimdi.net/ Thomas Muller 202bd. Photolibrary: 140-41; age fotostock/ Wojtek Buss 266bd; Armytage/ Anne Green 205cb; Wojtek Buss 20be; Rob Crandall 21bd; Denkou Images 255b; Fresh Food Images/ Steven Morris Photography 22cd; Garden Picture Library/ J S Sira 23cb; Oliver Gerhard 249te; Christian Handl 56cea; Paul Harris 27cdb; Imagebroker.net/ Oliver Gerhard 210tc,/Sepp Puchinger 28td,/Nico Stengert 169cdb, 169te; John Warburton-Lee Photography 146te,/Paul Harris 151bd, 230bd,192td, 214bd,/ Nick Laing 272ce,/ John Warburton-Lee 246ceb, 254te,/Diego Martin 11bd; Jon Arnold Travel/ Michele Falzone 11te; Christophe Lehenaff 181bd; Lonely Planet Images/ Grant Dixon 199cd,/Richard l'Anson 130ce,/ Paul Kennedy 150be,/Oliver Strewe 97te; Mary Evans Picture Library 46bd, 47cb, 49td, 65te, 269be; Aris Mihich 202ce; Laurence Mouton 42cea; Peter Arnold Images/ James L Amos 267cda,/Fred Bruemmer 268b, 269td,/Alexandra Edwards 45bd,/Kevin Schafer 249c,/Gunter Ziesler 23fbr; Photononstop/ Bruno Barbier 214cea,/Marc Vérin 322ce; Pixtal Images 19b, 265b, 266td; The Print Collector 50cb; Robert Harding Travel/ Ken Gillham 220cea,/ Geoff Renner 96ce/Marco Simoni 198td, 249bd/Michael Snell 57be,/Tony Waltham 25t; Robin Smith 251tc; Tips Italia/ Wojtek Buss 263tc,/Paolo Olaco 1c; Wave 203cdb; White ./Medio Images 38bd; Bob Wickham 10cda. Photoshot: C2070 Rolf Haid 134bc; UPPA 91tc; World Pictures 192be. The Picture Desk: The Art Archive: Museo Nacional de Historia Lima / Dagli Orti 49ceb; The Kobal Collection: Cine Experimental de La Universdad de Chile 31bd. David Pin: 56ceb. Heinz Plenge: 37te. DON PORTER: 131te. Private Collection: 45ceb, 50bd. Qantas Airways Limited: Javiera Quenaya: 4bd, 36ce. RANCHO-DE-CABALLOS: 203be. Random House Mondadori: 30ce. ALVARO RIVAS: 197td. Robert Harding Picture Library: Barbara Boensch 294bd; Christian Goupi 292tc; Blaine Harrington 18; Peter Langer 58; Robert Seitz 312-313. South American Pictures: Robert Francis 40be; Sue Mann 38ce; Tony Morrison 26ce; Karen Ward 27tc; Rebecca Whitfield 26td. SuperStock: Eye Ubiquitous 290bc, Hemis.fr 291td. Vasile Tomoiaga: 27ce. Topfoto.co.uk: Chilepic/ Rose Deakin 28ce. Travel-images.com: Craig Lovell 202td, 323be. Turtransfer: 324c. Valle Chacabuco: 280bd. Vina Casas Del Bosque: 142ce, 289bd. Viu Manent: 152bd, 153cdb. W Santiago: 276bc. Bernhardson Wayne: 275cd. WIKIPEDIA, The Free Encyclopedia: 48t. www.macondo.cl: Clara Salina 31c.

Guarda da frente: Esquerda: 4Corners: H P Huber ce; AWL Images: Paul Harris te; Dorling Kindersley: Rough Guides / Tim Draper tc, bc.
Direita: Alamy Images: Reiner Elsen c; Corbis: Masterfile / Graham French td; Dreamstime.com: Steve Allen bc,/ Andreviegas bd. Robert Harding Picture Library: Peter Langer tc.

Capa: Frente: Alamy Images: Image Gap be; AWL Images: Michele Falzon principal. Lombada: AWL Images: Michele Falzone.

Todas as outras imagens © Dorling Kindersley.
Veja mais informações em www.dkimages.com

Frases

Os chilenos costumam pedir desculpas por não falar o espanhol corretamente, e alguém que tenha aprendido a língua em outro lugar terá certa dificuldade com o espanhol local. Muitas dessas particularidades, no entanto, se devem ao isolamento do país e à influência mapuche.

A pronúncia do espanhol no Chile é um tanto peculiar. Normalmente, os chilenos omitem o "s" no fim das palavras, o que às vezes torna difícil distinguir o singular do plural e até mesmo notar o "s" no meio das palavras. *Las escuelas* (as escolas), por exemplo, pode soar como "la ecuela". Anglicismos como "show", por sua vez, são pronunciados como "cho" na língua local.

Em conversas informais, os chilenos costumam usar formas verbais fora do padrão. Por exemplo, verbos conjugados na segunda pessoa terminam com um "i" tônico, como em "¿Querí?" (Você quer?) em vez da forma tradicional "¿Quieres?".

Algumas Palavras Chilenas

carrete	carrete	festa
chupe	tchupe	guisado de frutos do mar
completo	completo	cachorro-quente chileno
copa	copa	taça (de vinho)
galería	galeria	shopping center
oficina	oficina	escritório; nas cidades de Atacama onde há extração de nitrato
parcela	parcela	casa de fazenda ou pequena fazenda
parrilla	parrilha	churrascaria
paseo	passeo	calçadão de compras

Emergência

Socorro!	¡Socorro!	socorro
Pare!	¡Pare!	pare
Chame o médico!	¡Llamen un médico!	yamen un medico
Chame a ambulância	¡Llamen una ambulancia	yamen a una ambulancia
Polícia!	¡Policía!	policia
Fui roubado	Me robaron	me robaron
Onde é o hospital mais próximo?	¿Dónde queda el hospital más cercano?	donde queda el ospital mas cercano
Pode me ajudar?	¿Me puede ayudar?	me puede ayudar

Comunicação Essencial

Sim	Sí	si
Não	No	no
Por favor	Por favor	por fabor
Perdão	Perdone	perdone
Desculpa	Disculpe	disculpe
Sinto muito	Lo siento	lo siento
Obrigado	Gracias	gracias
Olá!	¡Hola!	ola
Bom dia	Buenos días	buenos dias
Boa tarde	Buenas tardes	buenas tardes
Boa noite	Buenas noches	buenas notches
Noite	Noche	notche
Manhã	Mañana	manhana
Amanhã	Mañana	manhana
Ontem	Ayer	ayer
Aqui	Acá	aca
Como?	¿Cómo?	como
Quando?	¿Cuándo?	cuando
Onde?	¿Dónde?	donde
Por quê?	¿Por qué?	por que
Como vai?	¿Cómo está?	como essa
Bem, obrigado	Muy bien, gracias	mui bien, gracias
Prazer em conhecê-lo	Encantado/mucho gusto	encantado/mutcho gusto

Frases Úteis

Que bom!	¡Qué bien!	que bien
Fala português?	¿Habla usted portugués?	abla uste portugues
Não entendo	No entiendo	no entiendo
Pode falar mais devagar?	¿Puede hablar más despacio?	puede ablar mas despacio
Tudo bem/OK	De acuerdo/bueno	de acuerdo/bueno
Vamos!	¡Vámonos!	bamonos
Como chego a.../ Qual o caminho para...?	¿Cómo se llega a...?/ ¿Por dónde se va a...?	como se lhega a / por donde se ba a

Palavras Úteis

grande	grande	grande
pequeno	pequeño	pequenho
quente	caliente	caliente
frio	frío	frio
bom	bueno	bueno
ruim	malo	malo
suficiente	suficiente	suficiente
aberto	abierto	abierto
fechado	cerrado	cerrado
entrada	entrada	entrada
saída	salida	salida
cheio	lleno	yeno
direita	derecha	deretcha
esquerda	izquierda	izquierda
direto	derecho	deretcho
em cima	arriba	arriba
rápido	rápido	rapido
cedo	temprano	temprano
tarde	tarde	tarde
agora	ahora	aora
logo	pronto	pronto
menos	menos	menos
muito	mucho	mutcho
adiante	delante	delante
em frente a	enfrente	enfrente
atrás	detrás	detras
primeiro andar	segundo piso	segundo piso
térreo	primer piso	primer piso
bar	bar	bar
boliche	boliche	bolitche
elevador	ascensor	ascensor
toalete	baño	banho
papel higiênico	papel higiénico	papel igienico
suborno	coima	coima
garota/mulher	mina	mina
mulheres	mujeres	muheres
homens	hombres	ombres
criança (menino/menina)	niño/niña	ninho, ninha
câmera	cámara	camara
baterias	pilas	pilas
passaporte	pasaporte	pasaporte
visto	visa	bisa
cartão de turista	tarjeta turística	tar-rreta turística
carteira de habilitação	licencia de conducir	licencia de conducir

Português	Espanhol	Pronúncia
ladrão	**ladrón**	*ladron*
policial	**carabinero**	*carabinero*
dinheiro	**dinero**	*dinero*
preguiçoso	**flojo**	*florro*
bagunça	**lío**	*lio*
favela	**callampa**	*cayampa*
comer	**comer**	*comer*
roubar	**robar**	*robar*
afastar-se	**arrugar**	*arrugar*
suportar	**soportar**	*soportar*
De jeito nenhum	**¡De ningun manera!**	*De ningun manera*

Saúde

Não me sinto bem	**No me siento bien**	*No me siento bien*
Tenho dor de estômago/ dor de cabeça	**Me duele el estómago/ la cabeza**	*me duele el estómago/ la cabessa*
Ele/ela está mal	**Está enfermo/a**	*essa enfermo/a*
Preciso descansar	**Necesito decansar**	*necessito decansar*

Correios e Bancos

Procuro uma casa de câmbio	**Busco una casa de cambio**	*busco una casa de cambio*
Quanto está o peso?	**¿A cómo está el peso?**	*a como essa el peso*
Quero enviar uma carta	**Quiero enviar una carta**	*quiero embiar una carta*
um postal	**postal**	*postal*
selo	**estampilla**	*estampiya*
tirar dinheiro	**sacar dinero**	*sacar dinero*

Compras

Gostaria...	**Me gustaría**	*me gustaria*
Quero...	**Me quiero**	*me quiero*
Tem...?	**¿Tiene...?**	*tiene*
Quanto é?	**¿Cuánto cuesta?**	*quanto cuesta*
A que horas abre/fecha?	**A qué hora abre/cierra?**	*a que hora abre/cierra*
Posso pagar com cartão de crédito?	**¿Puedo pagar con tarjeta de crédito?**	*puedo pagar con tar-rreta de credito*
caro	**caro**	*caro*

Passeios

praia	**playa**	*playa*
castelo, fortaleza	**castillo**	*castilho*
guia	**guía**	*gúa*
rodovia	**autopista**	*autopista*
estrada	**carretera**	*carretera*
rua	**calle**	*caye*
posto de turismo	**oficina de turismo**	*oficina de turismo*
prefeitura	**municipalidad**	*municipalidad*

Circulando

Quando sai?	**A qué hora sale?**	*a que ora sale*
Quando sai o próximo trem/ônibus...?	**¿A qué hora sale el próximo tren/ autobús a...?**	*a que ora sale el procssimo tren/ autobús a*
Pode chamar um táxi?	**¿Me puede llamar un taxi?**	*me puede jamar un taxi*
portão de embarque	**puerta de embarque**	*puerta de embarque*
cartão de embarque	**tarjeta de embarque**	*tar-rreta de embarque*
alfândega	**aduana**	*aduana*
tarifa	**tarifa**	*tarifa*
seguro	**seguro**	*seguro*
aluguel de carro	**alquiler de autos**	*alquiler de autos*
bicicleta	**bicicleta**	*bicicleta*
posto de gasolina	**estación de servicio**	*estacion de servicio*
garagem	**garage**	*gara-rre*
Furou o pneu	**Se me pinchó un pneumatico**	*se me pinchó un neumatico*

Em Hotéis

Tenho uma reserva	**Tengo una reserva**	*tengo una reserva*
Tem quarto disponível?	**¿Hay habitación disponible?**	*ai abitacion disponible*
quarto individual/ de casal	**habitación single/ doble**	*abitacion single doble*
quarto duplo	**habitación con camas gemelas**	*abitacion con camas remelas*
ducha	**ducha**	*dutcha*
banheira	**tina**	*tina*
Quero acordar às...	**Necesito que me despierten a las...**	*necessito que me despierten a las*
água quente	**agua caliente**	*agua caliente*
água fria	**agua fría**	*agua fria*
sabonete	**jabón**	*rabon*
toalha	**toalla**	*toaya*
chave	**llave**	*yabe*

Em Restaurantes

Sou vegetariano	**Soy vegetariano**	*soy berretariano*
preço fixo	**precio fijo**	*precio firro*
copo	**vaso**	*baso*
talheres	**cubiertos**	*cubiertos*
Posso ver o cardápio, por favor?	**¿Puedo ver la carta, por favor?**	*puedo ver la carta, por fabor*
A conta, por favor	**la cuenta, por favor**	*la cuenta por fabor*
Quero água	**Quiero un poco de agua**	*quiero un poco de agua*
café da manhã	**desayuno**	*desajuno*
almoço	**almuerzo**	*almuerso*
jantar	**cena**	*cena*

Cardápio

parrillada	*parriada*	churrasco
lomo	*lomo*	filé
lomo a la pimienta	*lomo a la pimienta*	filé apimentado
lomo vetado	*lomo vetado*	costela
lomo liso	*lomo liso*	contrafilé
barros luco	*barros luco*	sanduíche de carne com queijo derretido
cazuela de vacuno	*casuela de vacuno*	cozido de carne e legumes
cazuela de ave	*casuela de ave*	cozido de frango e legumes
centolla	*centolha*	king crab (caranguejo-real)
pebre	*pebre*	molho chileno
chorizo	*chorisso*	chouriço
choripán	*choripan*	sanduíche de chouriço
churrasco	*churrasco*	sanduíche de bife bovino
cola de mono	*cola de mono*	aperitivo de café, leite e licor
curanto	*curanto*	frutos do mar com carne de porco e legumes
lúcuma	*lucuma*	lucuma (tipo de fruta típica do Chile e do Peru)
mollejas	*moyerras*	timo de vitela ou de cordeiro
pastel de choclo	*pastel de tchoclo*	torta de milho com carne
plateada	*plateada*	cozido de carne e legumes
terremoto	*terremoto*	coquetel de vinho branco, Fernet e sorvete de abacaxi
humita	*umita*	pamonha salgada
arroz	*arroz*	arroz
atún	*atun*	atum
azúcar	*assucar*	açúcar

bacalao	bacalao	bacalhau
camarones	camarones	camarões
carne	carne	carne
cebolla	ceboya	cebola
chirimoya	chirimoia	fruta-do-conde
huevo	uebo	ovo
jugo	rugo	suco de fruta
langosta	langosta	lagosta
leche	letche	leite
mantequilla	mantequilha	manteiga
marisco	marisco	frutos do mar
pan	pan	pão
papas	papas	batatas
pescado	pescado	peixe
pimienta dulce	pimienta dulce	pimenta-doce
pollo	poyo	frango
postre	postre	sobremesa
roseta	rosseta	pão francês
sal	sal	sal
salsa	salsa	molho
sopa	sopa	sopa
té	te	chá
vinagre	binagre	vinagre
zapallito	sapalhito	abobrinha

Tempo

minuto	**minuto**	minuto
hora	**hora**	ora
meia hora	**media hora**	media ora
quarto de hora	**un cuarto**	un cuarto
Segunda	**lunes**	lunes
Terça	**martes**	martes
Quarta	**miércoles**	miercoles
Quinta	**jueves**	ruebes
Sexta	**viernes**	biernes
Sábado	**sábado**	sabado
Domingo	**domingo**	domingo
Janeiro	**enero**	enero
Fevereiro	**febrero**	febrero
Março	**marzo**	marso
Abril	**abril**	abril
Maio	**mayo**	mayo
Junho	**junio**	runio
Julho	**julio**	rulio
Agosto	**agosto**	agosto
Setembro	**septiembre**	septiembre
Outubro	**octubre**	octubre
Novembro	**noviembre**	nobiembre
Dezembro	**diciembre**	diciembre

Números

0	**cero**	cero
1	**uno**	uno
2	**dos**	dos
3	**tres**	tres
4	**cuatro**	cuatro
5	**cinco**	cinco
6	**seis**	seis
7	**siete**	siete
8	**ocho**	otcho
9	**nueve**	nuebe
10	**diez**	dies
11	**once**	once
12	**doce**	doce
13	**trece**	trece
14	**catorce**	catorce
15	**quince**	quince
16	**dieciséis**	diecisseis
17	**diecisiete**	diecissiete
18	**dieciocho**	dieciotcho
19	**diecinueve**	diecinuebe
20	**veinte**	beinte
30	**treinta**	treinta
40	**cuarenta**	cuarenta
50	**cincuenta**	cincuenta
60	**sesenta**	sessenta
70	**setenta**	setenta
80	**ochenta**	otchenta
90	**noventa**	nobenta
100	**cien**	cien
500	**quinientos**	quinientos
1.000	**mil**	mil
primeiro	**primero/a**	primero/a
segundo	**segundo/a**	segundo/a
terceiro	**tercero/a**	tercero/a
quarto	**cuarto/a**	cuarto/a
quinto	**quinto/a**	quinto/a
sexto	**sexto/a**	secsto/a
sétimo	**séptimo/a**	septimo/a
oitavo	**octavo/a**	octabo/a
nono	**noveno/a**	nobeno/a
décimo	**décimo/a**	decimo/a

Tudo para uma viagem perfeita.
Conheça todos os títulos da série Guias Visuais.

Guias Visuais
Os guias que mostram o que os outros só contam

África do Sul • Alemanha • Amsterdã • Argentina • Austrália • Áustria • Barcelona e Catalunha
Bélgica e Luxemburgo • Berlim • Brasil • Califórnia • Canadá • Caribe • Chile e Ilha de Páscoa • China
Costa Rica • Croácia • Cuba • Egito • Espanha • Estados Unidos • Estônia, Letônia e Lituânia • Europa
Flórida • França • Holanda • Ilhas Gregas e Atenas • Índia • Inglaterra, Escócia e País de Gales • Irlanda
Istambul • Itália • Japão • Jerusalém e a Terra Santa • Las Vegas • Lisboa • Londres • Madri • México
Moscou • Nova York • Nova Zelândia • Paris • Peru • Portugal, Madeira e Açores • Praga • Roma
São Francisco e Norte da Califórnia • Suíça • Turquia • Vietnã e Angkor Wat
Walt Disney World® Resort & Orlando

Guias Visuais de Bolso
Guia e mapa: a cidade na palma da mão

Amsterdã • Barcelona • Berlim • Boston • Bruxelas, Bruges, Antuérpia e Gent • Budapeste
Edimburgo • Las Vegas • Lisboa • Londres • Madri • Melbourne • Milão • Nova York • Paris • Praga
Roma • São Francisco • São Petersburgo • Sevilha • Sydney • Toronto • Vancouver • Veneza

Top 10
O guia que indica os programas nota 10

Barcelona • Berlim • Bruxelas, Bruges, Gent e Antuérpia • Budapeste • Buenos Aires
Cancún e Yucatán • Cidade do México • Florença e Toscana • Israel, Sinai e Petra
Istambul • Las Vegas • Londres • Los Angeles • Miami e Keys • Nova York • Orlando
Paris • Praga • Rio de Janeiro • Roma • São Petersburgo • Toronto

Estradas
Viagens inesquecíveis

Alemanha • Califórnia • Espanha • França • Inglaterra, Escócia e País de Gales • Itália

Férias em Família
Onde ficar, o que ver e como se divertir

Flórida • Itália • Londres • Nova York • Paris

Guias de Conversação para Viagens
Manual prático para você se comunicar

Alemão • Árabe • Chinês • Espanhol • Europa • Francês • Grego • Holandês
Inglês • Italiano • Japonês • Portuguese • Russo • Tailandês • Tcheco • Turco

Guias de Conversação Ilustrados
Essencial para a comunicação – livro e CD

Alemão • Chinês • Espanhol • Francês • Inglês • Italiano

15 Minutos
Aprenda o idioma com apenas 15 minutos de prática diária

Alemão • Árabe • Chinês • Espanhol • Francês • Inglês • Italiano • Japonês

Confira a lista completa no site da Publifolha
www.publifolha.com.br

Mapa Rodoviário do Chile

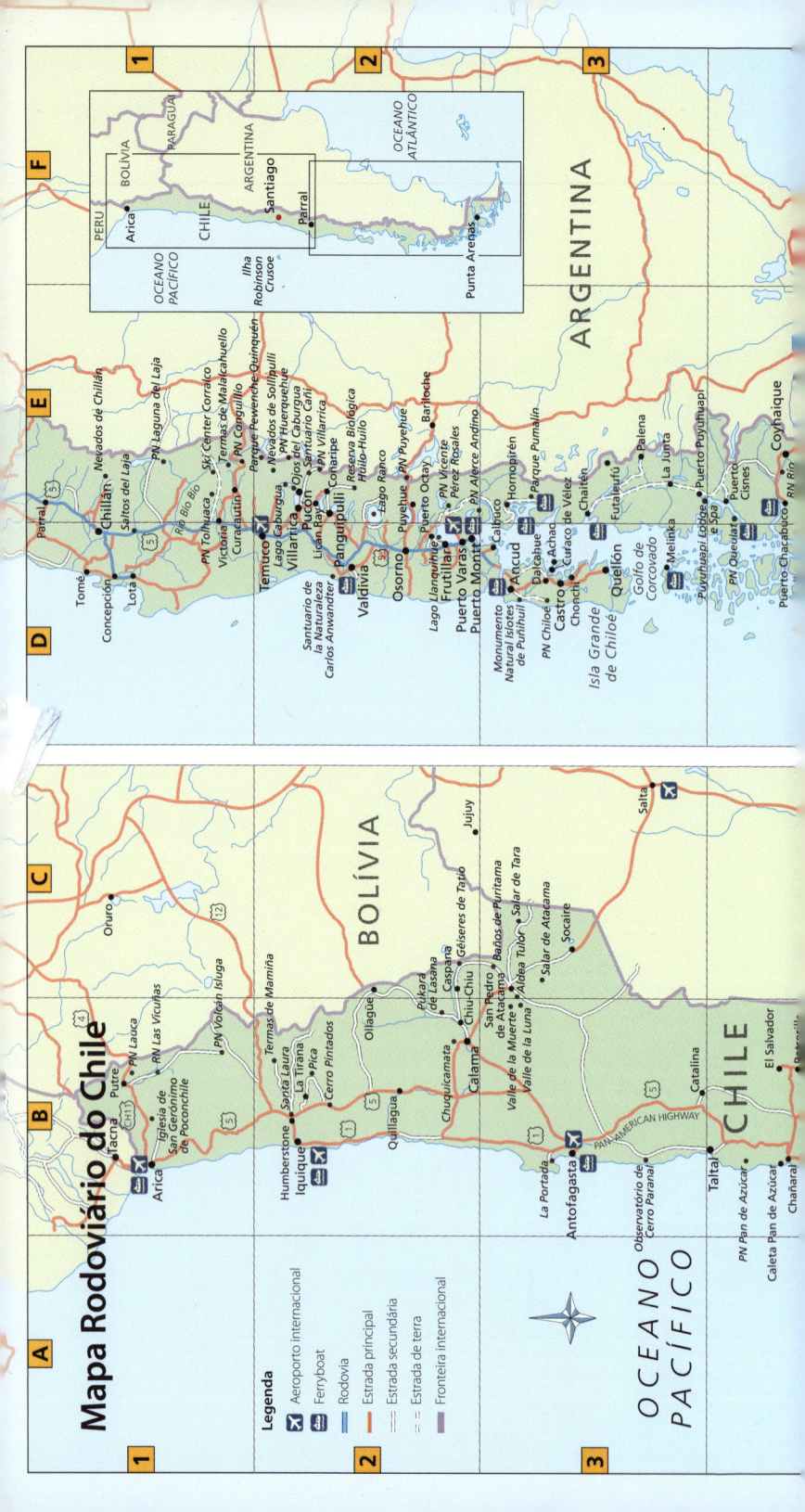

Legenda
- ✈ Aeroporto internacional
- ⚓ Ferryboat
- Rodovia
- Estrada principal
- Estrada secundária
- Estrada de terra
- Fronteira internacional